谨以此书献给陆婉珍院士诞辰100周年

国家科学技术学术著作出版基金资助出版

近红外光谱在炼油和化工领域的研究与应用实践

Research and Application of
Near Infrared Spectroscopy in
Petroleum Refinery and Chemical Industry

褚小立
陈　瀑
许育鹏
李敬岩　著

化学工业出版社

·北京·

内容简介

本书结合作者团队多年的科研成果，系统介绍了近红外光谱分析通用技术，分析了国内外研究和应用的最新进展，重点展示了近红外光谱分析技术在炼油和化工领域中的应用实践成果。全书主要包含两部分内容：一是从实用性角度系统介绍了近红外光谱分析通用技术及其进展，包括近红外光谱解析、仪器、化学计量学方法与软件、在线分析技术等；二是作者团队多年来在炼油和化工领域进行应用研究和应用实践中取得的成果，涉及的领域包括催化重整、MTBE 生产、S Zorb、汽油调和、柴油分析、润滑油基础油生产、原油快评、蒸汽裂解、聚丙烯生产、PAO 生产、双氧水生产和成品油管道输送等。

全书图文并茂、通俗易懂、理论联系实际，可作为从事近红外光谱分析技术研究和应用的教学、科研和管理人员的参考用书，也可作为炼油和化工企事业单位运用近红外光谱技术的培训教材以及高校和科研院所相关专业师生的选修读物。

图书在版编目（CIP）数据

近红外光谱在炼油和化工领域的研究与应用实践 / 褚小立等著． -- 北京：化学工业出版社，2024. 11.
ISBN 978-7-122-46233-6

I. F407.22；F407.7

中国国家版本馆 CIP 数据核字第 2024P5R168 号

责任编辑：傅聪智　　　　　　装帧设计：刘丽华
责任校对：宋　夏

出版发行：化学工业出版社
　　　　（北京市东城区青年湖南街 13 号　邮政编码 100011）
印　　装：北京建宏印刷有限公司
787mm×1092mm　1/16　印张 29¼　字数 710 千字
2024 年 11 月北京第 1 版第 1 次印刷

购书咨询：010-64518888　　　　　售后服务：010-64518899
网　　址：http://www.cip.com.cn
凡购买本书，如有缺损质量问题，本社销售中心负责调换。

定　　价：298.00 元　　　　　　　　版权所有　违者必究

序

随着新分析技术的不断突破，石化工业过程感知正在由温度、压力、流量和液位等物理量测量走向关键物料的化学成分和性质的快速准确分析。以近红外光谱为代表的现代过程分析技术（PAT），因其分析速度快、准确性好、仪器性能优异、在线实施易行、可实现多物流多物化参数同时测量等特点，近年来在我国炼化企业逐渐得到推广应用，在原油资源优化选择利用、科学制定生产加工方案以及工业装置的优化控制等方面发挥着重要作用，为推动石化工业智能化转型和高质量发展做出了贡献。

《近红外光谱在炼油和化工领域的研究与应用实践》一书的作者是我国最早开展近红外光谱在石化领域应用研究的中国石化石油化工科学研究院的创新科研团队，该团队由我国著名分析化学家、石油化学家陆婉珍院士于20世纪90年代初创建。该书从科研一线人员的视角，系统介绍了近红外光谱分析技术的原理和特色，全面总结了自主技术研发及应用等方面取得的创新性成果，其中的很多研究成果得到了长时间的工业应用实践，为强化生产过程的实时分析和生产稳定优化提供了支撑，取得了良好的经济效益和社会效益。

该专著理论与实践相结合，内容翔实，特色鲜明，创新性和实用性均达到了较高水平，对于石化行业乃至整个流程制造业的过程分析和过程控制的深度融合都具有现实的指导意义和借鉴作用。该书的出版填补了我国在石化现代过程分析技术领域的图书空白，相信会受到广大石化企业管理人员、分析技术人员、信息和生产技术人员的欢迎，进一步促进以近红外光谱为代表的现代过程分析技术在石化企业的广泛应用，对推进工厂智能化建设产生积极影响。

2024年9月29日是陆婉珍院士诞辰100周年，该专著的出版是继承和发扬陆先生科学家精神的重要方式。陆先生高瞻远瞩，极具前瞻性和战略性地在我国创立这一学科并组建科研团队，体现了她高超的智慧和远见。期望《近红外光谱在炼油和化工领域的研究与应用实践》一书的科研团队立足于新时代、新使命、新要求，继承陆婉珍院士创新基于实践的科学家精神，继续将科技创新之花不断地绽放在石化企业的装置现场。

中国科学院院士
2024 年 4 月 3 日

前　言

石油分析化学是获得石油化学组成和结构信息的科学，石油分析测试是石油炼制和石油化工科技与生产的眼睛，也是衡量一个国家石油炼制和石油化工发展水平的主要标志之一。纵观石油分析科学与技术的发展，其大致是沿着两条主线展开的：一条主线是在原有的油品族组成和结构族组成分析基础上，通过当代更为先进的分离和检测方法，对油品的化学组成进行更为详细的表征，即分子水平表征技术，其主要目的是为开发炼油和化工新技术提供理论和数据支持，以求索研发变革性的炼油和化工新技术；另一条主线则是采用新的分析手段，快速甚至实时在线测定炼油和化工工业过程各种物料的关键物化性质，这即是现代工业过程分析技术，其主要目的是为先进过程控制和优化技术提供更快、更全面的分析数据，从而实现炼油和化工装置的平稳、优化运行。

我国正处于从炼油和化工大国向强国转变时期，智能化是炼油和化工企业发展的必然趋势。智能工厂的三大核心特性包括对信息深层次的自动感知、智能化的自主决策优化以及精确的自动执行控制，而信息的深层次自动感知构成了智能工厂的基石。在智能工厂中，对原材料、中间产品以及最终产品的化学成分和物理性质进行分析的数据是实现信息自动感知的关键部分。以近红外光谱技术为代表的现代过程分析技术为化学信息的自动感知提供了一种高效且强有力的工具。近红外光谱因其自身特点和技术优势在炼油和化工领域有着广泛的应用，与先进过程控制和实时优化控制技术相结合，可为企业带来可观的经济和社会效益，也因此成为现代炼油和化工企业标志性的技术之一。

本书作者长期致力于光谱尤其是近红外光谱分析技术在炼油和化工领域的研究和应用工作，在探索研究近红外光谱分析技术的同时，重点围绕其在炼油和化工领域中的应用进行技术研发，取得了一些研究进展和应用成果，积累了较为厚实的工作基础和实践经验。结合作者团队多年来的科研成果，本书从实用性角度系统介绍了近红外光谱分析通用技术，分析了国内外研究和应用的最新进展，其中包含有作者的思索和领悟，重点展示了近红外光谱分析技术在炼油和化工领域中的应用实践成果，并对这一技术领域的发展方向进行探析。尽管书中有些成果是10年前取得的，但对现在本领域的相关科学研究和应用仍具有参考意义和借鉴价值。

作者团队是由陆婉珍院士于20世纪90年代中期在中国石化石油化工科学研究院组建成立的，自创建起一直从事近红外光谱仪器的研制、化学计量学方法的研究和软件的开发以及在炼油和化工领域中的应用研究。本书的大部分研究和应用成果是在陆婉珍院士的布局和指导下取得的，2024年9月29日是陆婉珍院士诞辰100周年，撰写本书是纪念这个特殊日子最好的方式。每当找不到存在的意义，每当迷失在黑夜里，是先生这颗闪亮的星，照耀我们前行。感谢袁洪福教授，本书的一些成果，例如重整装置的在线分析、MTBE 装置的在线分析、聚丙烯专用分析仪的研制、汽油调和项目的前期工作等，是在袁洪福教授带领下完成的。感谢田松柏教授，本书很多工作是在田松柏教授直接领导和鼓励下完成的，书中的不少成果含有他的科研创新思想。除了本书的署名作者外，王艳斌博士、孙岩峰博士、杨玉蕊高工、刘丹高工等同事参与了本书相关的研究和应用工作。

本书的研究受到国家自然科学基金、国家科技部重点研发项目和中国石化科技项目的资助，对以上项目和相应主管部门提供的各方面支持表示衷心的感谢。另外，作者团队的硕士研究生、博士研究生和博士后参与了本书很多内容的研究工作，他们所完成的学位论文和期刊论文都为本书提供了坚实的支撑。工业在线近红外光谱项目的实施是一个复杂的系统工程，每一项目的成功应用都与中国石化系统内外相关合作单位的鼎力相助密不可分，合作单位发挥了重要的协同攻关作用。此外，近红外光谱的研究和应用依赖大量的基础数据测试，本书一些样本和基础数据取自中国石化石油化工科学研究院分析研究室的相关课题组。在此一并表示感谢。

本书见证了我国近红外光谱分析技术在石油炼制和化工领域的研究和应用历程，期望它的出版能促进我国这一领域技术的积累与传承，进一步推动相关的基础研究、技术创新和工程实践，将近红外光谱分析技术的研究和应用推向新的高度。

近红外光谱还是一门比较新的多学科交叉技术，尤其是近些年随着新原理、新材料、新加工制作工艺以及人工智能、云计算和大数据的发展，其理论和技术尚需进一步充实和完善。加之作者水平和能力所限，书中难免存在不足，敬请专家和读者提出宝贵建议并指正。

中国科学院院士、中国石化股份有限公司谢在库总工程师在百忙之中为本书作序，谢院士的鼓励和期望是我们继续奋进的强大动力，在此向谢院士表示诚挚的感谢。

作者
2024 年 5 月 18 日

目 录

第1章 概述 // 001

- 1.1 近红外光谱的发展历程 ………………………………………………… 001
- 1.2 近红外光谱产生机理 …………………………………………………… 003
- 1.3 近红外光谱吸收谱带的解析 …………………………………………… 007
  - 1.3.1 C—H 的吸收谱带 ……………………………………………… 008
  - 1.3.2 O—H 的吸收谱带 ……………………………………………… 014
  - 1.3.3 N—H 的吸收谱带 ……………………………………………… 018
  - 1.3.4 C=O、P—H 和 S—H 的吸收谱带 …………………………… 019
  - 1.3.5 复杂物质的吸收谱带 …………………………………………… 021
- 1.4 近红外光谱定量分析原理 ……………………………………………… 023
- 1.5 近红外光谱分析技术的特点 …………………………………………… 025
- 1.6 近红外光谱在石油炼制和化工领域中的应用现状 …………………… 026
  - 1.6.1 引言 ……………………………………………………………… 026
  - 1.6.2 油气分析 ………………………………………………………… 029
  - 1.6.3 化工品分析 ……………………………………………………… 040
- 1.7 近红外光谱标准方法 …………………………………………………… 043
- 参考文献 ………………………………………………………………………… 045

第2章 近红外光谱仪器 // 052

- 2.1 仪器的基本构成 ………………………………………………………… 052
- 2.2 分光类型 ………………………………………………………………… 053
  - 2.2.1 滤光片型 ………………………………………………………… 053
  - 2.2.2 发光二极管型 …………………………………………………… 054
  - 2.2.3 光栅色散型 ……………………………………………………… 054
  - 2.2.4 傅里叶变换型 …………………………………………………… 054
  - 2.2.5 声光可调滤光器型 ……………………………………………… 055
  - 2.2.6 阵列检测器型 …………………………………………………… 056
  - 2.2.7 其他类型 ………………………………………………………… 056
- 2.3 测样附件 ………………………………………………………………… 057
  - 2.3.1 透射和透反射附件 ……………………………………………… 058
  - 2.3.2 漫反射测样附件 ………………………………………………… 058
  - 2.3.3 漫透射和漫透反射附件 ………………………………………… 060

2.4 仪器的性能指标 ·· 061
2.4.1 波长范围 ·· 061
2.4.2 分辨率 ·· 061
2.4.3 波长准确性 ·· 062
2.4.4 波长重复性 ·· 062
2.4.5 吸光度准确性 ·· 062
2.4.6 吸光度重复性 ·· 062
2.4.7 噪声 ·· 063
2.4.8 杂散光 ·· 063
2.5 仪器的应用类型 ·· 063
2.5.1 实验室型仪器 ·· 063
2.5.2 便携式仪器 ·· 063
2.5.3 在线型仪器 ·· 064
2.6 微小型近红外光谱仪器应用进展 ································ 065
2.6.1 农业与林业 ·· 065
2.6.2 食品与药品 ·· 067
2.6.3 炼油与化工 ·· 069
2.6.4 刑侦安全 ·· 070
2.6.5 其他 ·· 070
2.6.6 展望 ·· 071
参考文献 ··· 072

第 3 章 化学计量学方法与软件 // 080

3.1 引言 ·· 080
3.2 常用的化学计量学方法 ······································ 081
3.2.1 光谱预处理方法 ·· 081
3.2.2 波长筛选方法 ·· 082
3.2.3 异常样本的识别方法 ···································· 084
3.2.4 样本的选择方法 ·· 086
3.2.5 定量建模方法 ·· 087
3.2.6 定量模型评价方法 ······································ 090
3.2.7 模型传递方法 ·· 094
3.3 定量模型建立与验证流程 ···································· 094
3.3.1 样本的收集 ·· 095
3.3.2 代表性样本的挑选 ······································ 095
3.3.3 光谱测定 ·· 096
3.3.4 基础数据的测定 ·· 097
3.3.5 定量校正模型的建立 ···································· 097
3.3.6 定量校正模型的验证 ···································· 097

		3.3.7 校正模型适用性判据的建立	098
		3.3.8 常规分析与模型的更新	098
3.4	RIPP 化学计量学软件		100
3.5	化学计量学方法新进展		104
	3.5.1	光谱预处理方法	104
	3.5.2	变量选择和数据降维方法	106
	3.5.3	多元定量和定性校正方法	108
	3.5.4	模型传递与模型维护方法	111
	3.5.5	多光谱融合方法	112
3.6	化学计量学方法在石油分析中的应用进展		114
	3.6.1	色谱	115
	3.6.2	质谱	116
	3.6.3	核磁共振谱	117
	3.6.4	其他分析技术	117
	3.6.5	小结	118
参考文献			118

第 4 章 近红外光谱在线分析技术 // 132

4.1	概述		132
4.2	在线分析系统的构成		134
	4.2.1	硬件	134
	4.2.2	软件及模型	139
4.3	在线分析系统的性能评价		141
4.4	在线分析项目的实施		143
4.5	在线分析项目的管理与维护		145
	4.5.1	管理	145
	4.5.2	验证和维护	146
参考文献			147

第 5 章 近红外光谱在重整装置中的研究与应用 // 149

5.1	应用基础研究		149
	5.1.1	重整生成油详细烃组成的预测分析	149
	5.1.2	石脑油单体烃的预测分析研究	153
	5.1.3	基础数据准确性对预测结果影响的研究	155
	5.1.4	遗传算法用于波长筛选的研究	159
	5.1.5	样品温度稳健校正模型的建立	162
	5.1.6	小波变换提取定量建模信息的研究	170
	5.1.7	小波变换结合多维校正方法的研究	176

5.1.8　普鲁克分析用于不同仪器光谱传递的研究 ······ 180
　　　5.1.9　基于目标因子分析的模型传递方法研究 ······ 185
　　　5.1.10　消除在线多通道光谱间差异的研究 ······ 189
　5.2　一种新型在线近红外光谱分析仪的研制 ······ 197
　　　5.2.1　引言 ······ 197
　　　5.2.2　分析仪构造设计与光学原理 ······ 197
　　　5.2.3　主要技术指标与特征 ······ 199
　　　5.2.4　几个关键实验结果 ······ 200
　　　5.2.5　工业应用 ······ 203
　　　5.2.6　小结 ······ 204
　5.3　在重整中型装置上的应用 ······ 204
　　　5.3.1　仪器系统及其安装 ······ 204
　　　5.3.2　分析模型的建立 ······ 207
　　　5.3.3　准确性和重复性 ······ 209
　　　5.3.4　在线应用 ······ 210
　　　5.3.5　小结 ······ 211
　5.4　在重整工业装置上的应用 ······ 211
　　　5.4.1　在线近红外光谱分析系统 ······ 211
　　　5.4.2　分析模型的建立与评价 ······ 213
　　　5.4.3　在线分析运行效果 ······ 216
　　　5.4.4　小结 ······ 216
参考文献 ······ 217

第6章　近红外光谱在 MTBE 装置中的研究与应用　//　220

　6.1　支持向量回归建立醇烯比预测模型的研究 ······ 220
　　　6.1.1　样本与方法 ······ 220
　　　6.1.2　PLS 方法结果 ······ 221
　　　6.1.3　SVR 方法结果 ······ 223
　　　6.1.4　与 ANN 方法比较 ······ 223
　　　6.1.5　小结 ······ 224
　6.2　在 MTBE 工业装置上的应用 ······ 224
　　　6.2.1　样本与方法 ······ 224
　　　6.2.2　在线分析系统的设计与集成 ······ 225
　　　6.2.3　在线分析系统的实验室考核 ······ 226
　　　6.2.4　在线应用研究 ······ 228
　　　6.2.5　工业应用 ······ 230
　　　6.2.6　小结 ······ 230
参考文献 ······ 231

第7章 近红外光谱在 S Zorb 装置中的应用 // 232

- 7.1 在线分析系统配置 ······ 232
  - 7.1.1 系统概述 ······ 232
  - 7.1.2 在线光谱仪与预处理系统 ······ 233
- 7.2 在线分析模型的建立 ······ 234
  - 7.2.1 样本与方法 ······ 234
  - 7.2.2 模型的建立 ······ 235
- 7.3 在线分析运行效果 ······ 237
- 7.4 小结 ······ 240
- 参考文献 ······ 240

第8章 近红外光谱在汽油调和装置中的研究与应用 // 241

- 8.1 汽油近红外光谱数据库的建立 ······ 241
  - 8.1.1 建库的实验条件 ······ 241
  - 8.1.2 催化裂化汽油数据库 ······ 242
  - 8.1.3 成品汽油数据库 ······ 246
  - 8.1.4 小结 ······ 250
- 8.2 自动检索算法在建立汽油预测模型中的应用 ······ 250
  - 8.2.1 样本与方法 ······ 251
  - 8.2.2 校正模型的建立 ······ 251
  - 8.2.3 预测分析 ······ 255
  - 8.2.4 小结 ······ 256
- 8.3 PLSRR-ELM 建立辛烷值模型的研究 ······ 256
  - 8.3.1 理论与算法 ······ 257
  - 8.3.2 样本与方法 ······ 259
  - 8.3.3 光谱区间选择 ······ 260
  - 8.3.4 模型参数优化 ······ 261
  - 8.3.5 方法比较 ······ 263
  - 8.3.6 小结 ······ 265
- 8.4 在汽油调和装置中的应用 ······ 265
  - 8.4.1 在线分析系统开发 ······ 267
  - 8.4.2 在线模型的建立与验证 ······ 270
  - 8.4.3 推广应用 ······ 272
  - 8.4.4 小结 ······ 274
- 参考文献 ······ 275

第9章 近红外光谱在柴油分析中的研究与应用 // 277

9.1 人工神经网络预测柴油闪点的研究 ………… 277
9.1.1 原理与策略 ………… 277
9.1.2 样本与方法 ………… 278
9.1.3 ANN模型的建立与评价 ………… 278
9.1.4 小结 ………… 281

9.2 柴油近红外光谱数据库的建立 ………… 281
9.2.1 建库的实验条件 ………… 281
9.2.2 分析模型的建立 ………… 282
9.2.3 预测分析 ………… 284
9.2.4 小结 ………… 284

9.3 LTAG加氢单元原料和产品组成的快速分析及应用 ………… 285
9.3.1 样本与方法 ………… 285
9.3.2 数据处理及建模 ………… 286
9.3.3 准确性和重复性分析 ………… 287
9.3.4 在炼厂中的应用 ………… 288
9.3.5 小结 ………… 289

9.4 虚拟光谱方法预测LTAG原料与产物烃组成的研究 ………… 290
9.4.1 样本与方法 ………… 290
9.4.2 PLS方法结果 ………… 291
9.4.3 虚拟光谱识别方法结果 ………… 291
9.4.4 小结 ………… 294

9.5 预测生物柴油主要组成的研究 ………… 294
9.5.1 样本与方法 ………… 294
9.5.2 生物柴油的光谱解析 ………… 295
9.5.3 文冠果油单原料油模型与验证 ………… 296
9.5.4 多种原料油模型与验证 ………… 297
9.5.5 方法的适用性和重复性研究 ………… 297
9.5.6 小结 ………… 299

参考文献 ………… 299

第10章 近红外光谱在润滑油基础油生产装置中的研究与应用 // 301

10.1 预测基础油黏度及黏度指数 ………… 301
10.1.1 样本与方法 ………… 302
10.1.2 黏度分析模型的建立 ………… 302
10.1.3 黏度指数分析模型的建立 ………… 308
10.1.4 小结 ………… 309

10.2 润滑油加氢异构装置上的应用 ········· 309
10.2.1 在线分析系统配置 ········· 310
10.2.2 在线分析模型建立 ········· 311
10.2.3 在线运行效果 ········· 313
10.2.4 小结 ········· 318

参考文献 ········· 319

第 11 章 原油快评技术的研发与应用 // 320

11.1 原油近红外光谱数据库的建立 ········· 321
11.1.1 样本与方法 ········· 321
11.1.2 原油主要性质的预测分析 ········· 322
11.1.3 小结 ········· 325

11.2 原油种类快速识别的研究 ········· 325
11.2.1 算法原理 ········· 326
11.2.2 识别参数的选择 ········· 326
11.2.3 未知原油的识别 ········· 328
11.2.4 混兑原油的识别 ········· 329
11.2.5 小结 ········· 331

11.3 预测原油混兑比例的研究 ········· 331
11.3.1 算法原理 ········· 331
11.3.2 样本与方法 ········· 333
11.3.3 混兑油的光谱分析 ········· 334
11.3.4 混兑比例校正模型的建立 ········· 334
11.3.5 预测验证分析 ········· 335
11.3.6 小结 ········· 336

11.4 库光谱拟合方法用于原油评价的研究 ········· 336
11.4.1 方法原理 ········· 337
11.4.2 原油光谱的拟合结果 ········· 339
11.4.3 性质预测分析 ········· 340
11.4.4 小结 ········· 342

11.5 原油快评技术的开发与应用 ········· 342

11.6 Web 版原油快评技术的开发与应用 ········· 344

11.7 配方原油技术的研发与应用 ········· 346
11.7.1 配方原油技术的实施流程 ········· 348
11.7.2 类阿曼原油的配方设计 ········· 348
11.7.3 工业应用试验 ········· 352
11.7.4 小结 ········· 353

参考文献 ········· 353

第 12 章 近红外光谱在蒸汽裂解装置中的应用 // 355

- 12.1 在线近红外分析系统的设计与安装 ·········· 356
  - 12.1.1 系统概述 ·········· 356
  - 12.1.2 技术规格及功能 ·········· 356
  - 12.1.3 现场安装 ·········· 358
- 12.2 在线分析模型的开发 ·········· 358
  - 12.2.1 石脑油在线分析模型的建立 ·········· 358
  - 12.2.2 加氢裂化尾油在线分析模型的建立 ·········· 360
- 12.3 在线分析系统的运行 ·········· 361
- 12.4 小结 ·········· 363
- 参考文献 ·········· 363

第 13 章 近红外光谱在聚丙烯装置中的研制与应用 // 365

- 13.1 聚丙烯专用分析仪的研制 ·········· 365
  - 13.1.1 专用分析仪的设计 ·········· 365
  - 13.1.2 专用分析仪的主要技术参数 ·········· 367
  - 13.1.3 专用分析仪的应用 ·········· 368
  - 13.1.4 小结 ·········· 369
- 13.2 聚丙烯在线分析系统的研制与应用 ·········· 369
  - 13.2.1 硬件系统的方案设计 ·········· 370
  - 13.2.2 现场安装测试与应用 ·········· 371
  - 13.2.3 小结 ·········· 373
- 参考文献 ·········· 374

第 14 章 近红外光谱在 PAO 分析中的应用研究 // 375

- 14.1 样本与方法 ·········· 375
  - 14.1.1 样本来源 ·········· 375
  - 14.1.2 光谱采集 ·········· 376
  - 14.1.3 校正集与验证集 ·········· 376
- 14.2 单光谱模型 ·········· 376
  - 14.2.1 NIR 光谱模型 ·········· 376
  - 14.2.2 FT-IR 光谱模型 ·········· 377
  - 14.2.3 Raman 光谱模型 ·········· 378
  - 14.2.4 3 种光谱模型的比较 ·········· 379
- 14.3 光谱融合模型 ·········· 382
  - 14.3.1 低层融合模型 ·········· 382

14.3.2 中层融合模型 ··· 383
14.3.3 高层融合模型 ··· 385
14.3.4 SO-PLS融合模型 ·· 386
14.3.5 N-PLS融合模型 ·· 388
14.4 小结 ··· 389
参考文献 ··· 390

第15章 近红外光谱在双氧水生产装置中的应用 // 392

15.1 偏最小二乘建模 ··· 393
 15.1.1 建模样品及数据集 ··· 393
 15.1.2 光谱采集 ··· 393
 15.1.3 模型建立与评价 ·· 394
15.2 随机森林建模 ·· 395
 15.2.1 建模样品及数据集 ··· 396
 15.2.2 RF校正模型的建立 ·· 397
 15.2.3 氢效和氧效RF混合模型效果 ·· 397
 15.2.4 萃余RF分析模型效果 ··· 398
15.3 在线工业应用试验 ·· 399
 15.3.1 在线近红外分析系统 ·· 399
 15.3.2 在线分析结果准确性评价 ·· 401
 15.3.3 在线分析模型重复性评价 ·· 403
15.4 小结 ··· 403
参考文献 ··· 404

第16章 近红外光谱在成品油管道输送中的应用 // 405

16.1 实验室模拟混油界面检测 ·· 405
 16.1.1 硬件系统设计开发 ··· 405
 16.1.2 混油界面检测系统模拟装置搭建 ······································· 407
 16.1.3 同种油品模拟 ··· 407
 16.1.4 汽油-柴油过渡 ·· 408
 16.1.5 柴油-汽油过渡 ·· 408
16.2 工业管道混油界面检测试验 ··· 410
 16.2.1 硬件配置 ··· 410
 16.2.2 试验方法 ··· 410
 16.2.3 混油界面检测 ··· 410
16.3 小结 ··· 411
参考文献 ··· 412

第17章 中红外光谱在原油及油品分析中的应用 // 413

- 17.1 二维红外相关光谱在原油快速识别中的研究 ………………………… 413
  - 17.1.1 二维相关光谱算法 …………………………………………… 414
  - 17.1.2 样本与方法 …………………………………………………… 415
  - 17.1.3 识别参数的选择 ……………………………………………… 417
  - 17.1.4 混合原油的识别 ……………………………………………… 417
  - 17.1.5 小结 …………………………………………………………… 418
- 17.2 中红外光谱预测原油酸值的研究 ……………………………………… 419
  - 17.2.1 样本与方法 …………………………………………………… 419
  - 17.2.2 模型建立与验证 ……………………………………………… 420
  - 17.2.3 方法的重复性 ………………………………………………… 421
  - 17.2.4 小结 …………………………………………………………… 422
- 17.3 中红外光谱预测汽油二烯值的研究 …………………………………… 422
  - 17.3.1 样本与方法 …………………………………………………… 422
  - 17.3.2 谱图解析 ……………………………………………………… 423
  - 17.3.3 模型建立与验证 ……………………………………………… 424
  - 17.3.4 小结 …………………………………………………………… 426
- 17.4 中红外光谱预测润滑油新油碱值和酸值的研究 ……………………… 426
  - 17.4.1 样本与方法 …………………………………………………… 426
  - 17.4.2 校正模型的建立 ……………………………………………… 427
  - 17.4.3 模型的验证 …………………………………………………… 429
  - 17.4.4 小结 …………………………………………………………… 430
- 17.5 中红外光谱预测渣油组成和多种物化性质的研究 …………………… 431
  - 17.5.1 样本与方法 …………………………………………………… 431
  - 17.5.2 分类与判别研究 ……………………………………………… 432
  - 17.5.3 渣油四组分的校正与验证 …………………………………… 435
  - 17.5.4 渣油其他物化性质的校正与验证 …………………………… 436
  - 17.5.5 小结 …………………………………………………………… 437
- 参考文献 ……………………………………………………………………… 438

第18章 近红外光谱分析技术展望 // 439

- 18.1 硬件 ……………………………………………………………………… 439
- 18.2 化学计量学方法与软件 ………………………………………………… 440
- 18.3 应用的拓展与深入 ……………………………………………………… 441
- 参考文献 ……………………………………………………………………… 443

索引 // 445

第1章 概述

1.1 近红外光谱的发展历程

近红外光谱的历史要从 1800 年英国物理学家赫歇尔（F. W. Herschel，1738—1822）发现红外光讲起。赫歇尔通过自己磨制镜片制作的天文望远镜发现了天王星。他制作了 400 多个望远镜提供给天文爱好者使用，其中有些人抱怨透过望远镜观测星体会灼痛眼睛。于是，赫歇尔设计了一个实验来研究太阳光线的热效应，他利用 1666 年牛顿发现的三棱镜分光现象将太阳光色散成不同颜色的光，然后用温度计逐一测量不同颜色光的热量。在偶然情况下他发现在红色光之外仍存在更大强度的热量，他断定在红光之外仍存在不可见的光，他用拉丁文称之为"红外"（Infra-red）。他的棱镜是玻璃制成的，吸收中红外区域的辐射，实际上该波段是近红外（Near Infrared，NIR）[1]。

巧合的是，第一次测量近红外吸收谱带的人是赫歇尔的儿子约翰·赫歇尔（John Herschel），1840 年他设计了一个巧妙的实验，将经玻璃棱镜色散后的太阳光照射到乙醇上，用黑色多孔纸吸收乙醇蒸气，然后通过称重方法测定乙醇的蒸发速度。1881 年英国天文学家阿布尼（W. Abney）和费斯汀（E. R. Festing）用 Hilger 光谱仪以照相的方法拍摄下了 48 个有机液体的近红外吸收光谱（700～1100 nm），发现近红外光谱区的吸收谱带均与含氢基团（例如 C—H、N—H 和 O—H 等）有关，并指认出了乙基和芳烃的 C—H 特征吸收位置。

1905 年美国科学家柯布伦茨（W. W. Coblentz）测定并发表了 124 个有机化合物的中红外光谱，他给出了 15 种典型基团的特征吸收谱带。1910 年韦尼格（W. Weniger）在研究含氧有机物时发现了中红外区域最具特征的羰基吸收谱带。1924 年法国科学家勒孔特（J. Lecomte）首次提出分子指纹图谱的概念，发现中红外光谱可以识别同分异构体（如所有的辛烷异构体）。这一发现为第二次世界大战期间将中红外光谱用于分析性质相似的烃燃料以及橡胶产品提供了重要信息，人们真正认识到了中红外光谱的实用价值。1939 年，全世界仅有几十台中红外光谱仪，但到 1947 年，全世界已有 500 余台红外光谱仪在工作，中红外光谱已成为分子结构分析的主要手段[2]。随后，质谱和核磁共振波谱也在分析化学中得到了非常成功的应用。

相比之下，在这一时期人们发现近红外光谱吸收非常弱，而且谱带宽，交叠严重，特征性不强，这是因为它们是中红外光谱基频吸收的倍频和合频，通称为泛频吸收。因此，在很长时间内，人们很少关注近红外光谱的研究和应用，近红外光谱成为被遗忘的光谱区域，这一情况一直持续到20世纪50年代后期。20世纪50年代末，美国农业部工程师卡尔·诺里斯（Karl Norris）首先采用短波近红外透射方式测定谷物和油菜籽中的水分含量。为提高线性范围，起初他将样品磨碎后用四氯化碳稀释，后来直接将检测器紧贴磨碎的样品进行测量。1976年，他采用长波漫反射近红外光谱结合多元线性回归的方式测定了复杂体系（例如草料）的化学成分含量。基于以上研究成果，美国农业部于1978年建立了NIRS草料网络中心，掀起了近红外光谱应用的一个小高潮。1985年该网络中心的7个实验室在美国农业部643手册中概括性地报道了它们的研究成果，该项目的范围扩展到了谷物、大豆和其他农产品[3]。

在这一时期，影响近红外光谱发展的事件是1974年瑞典化学家沃尔德（S. Wold）和美国华盛顿大学科瓦尔斯基（B. R. Kowalski）创建了化学计量学（Chemometrics）学科。化学计量学是将数学、统计学、计算机科学与化学结合形成的化学分支学科，其产生的基础是计算机技术的快速发展和分析仪器的现代化。计算机使仪器的控制实现了自动化，而且更加精密准确，同时使数据分析变得相对简单，可以用来处理更为复杂的定量或定性程序。遗憾的是，化学计量学产生初期并没有与近红外光谱在农业中的应用结合起来。直到20世纪80年代中期，一些国际知名的光谱学家开始重视这一技术，例如美国著名光谱学家赫希菲尔德（T. Hirschfeld），逐步推动了近红外光谱技术的广泛研究和应用。

1984年，赫希菲尔德与科瓦尔斯基，在美国 *Science* 杂志上发表了题为"Chemical Sensing in Process Analysis"的文章，文中多次提到近红外光谱技术[4]。值得一提的是，1985年赫希菲尔德通过巧妙的实验设计找到了近红外光谱可以预测水中氯化钠含量的光谱信息依据[5]。1984年，在赫希菲尔德倡导下，美国材料与试验协会（ASTM）成立了近红外光谱工作组（E13.03.03），研究近红外光谱技术的标准方法问题。1986年，近红外光谱测定小麦硬度的方法获美国谷物化学师协会认可（AACC Method 39-70A），这是国际上首个近红外光谱官方方法。同年，国际近红外光谱协会（ICNIRS）成立，并于1987年举办了第一届国际近红外光谱学术会议，至今已举办了21届。

在近红外光谱技术发展过程中，一件里程碑意义的事件是1984年科瓦尔斯基受美国国家科学基金会（National Science Foundation，NSF）和21家企业共同资助，在美国华盛顿大学建立了过程分析化学中心（Center for Process Analytical Chemistry，CPAC），后更名为过程分析与控制中心（Center for Process Analysis and Control，CPAC）。该中心的核心任务是研究和开发以化学计量学为基础的先进过程分析仪器及分析技术，使之成为生产过程自动控制的组成部分，为生产过程提供定量和定性的信息，这些信息不仅用于对生产过程的控制和调整，而且还用于能源、生产时间和原材料等的有效利用和最优化，近红外光谱是其中一项关键的技术。与CPAC合作的这些企业都是当时化工和石化等领域知名的大企业，这意味着近红外光谱技术已开始从农业应用领域转向工业过程分析领域。同时一些知名的仪器制造商也开始研制新型近红外光谱仪器，近红外光谱仪器市场开始呈现出百花齐放的局面。

20世纪80年代后期和90年代前期，近红外光谱技术迎来了一个难得的发展机遇，这期间，美国国会通过了清洁空气法修正案，使实施新配方汽油成为法律。新配方汽油要求满足烯烃、芳烃、苯、含氧化合物含量以及辛烷值和蒸气压等多项质量指标[6]。

诸如埃克森（Exxon）、环球油品（UOP）和英国石油（BP）这样的国际知名石化公司，都已与分析仪器制造商合作，共同开发了成套的在线近红外（NIR）分析设备[7]。在这个过程中，如 Guided Wave、Analect 和 Petrotemrix 等公司也应运而生，它们针对石化行业在汽油调和等过程分析方面的特定需求提供解决方案。以近红外光谱技术为核心的汽油优化调和系统成为当时炼油行业的一个标志性技术，并持续影响至今。随后的 10 年，近红外光谱技术逐步应用于从原油开采、输送到原油调和，从原油进厂监测、炼油加工（如原油蒸馏、催化裂化、催化重整、蒸汽裂解和烷基化等）到成品油（汽、柴油）调和和成品油管道输送等整个炼油环节，与过程控制技术结合，为工业企业带来了巨大的经济和社会效益。

21 世纪初期，在近红外光谱技术发展过程中出现了另一个具有里程碑意义的事件，即美国食品药品监督管理局（Food and Drug Administration，FDA）以工业指南的方式颁布了《PAT——创新药物的研发、生产和质量保障框架》（Guidance for Industry PAT—A Framework for Innovative Pharmaceutical Development, Manufacturing, and Quality Assurance），旨在通过过程分析技术（PAT）实现对药品研发、生产和质量全过程更加科学性的控制。FDA 的这份工业指南指出，PAT 就是通过对关键质量数据（包括原始物料质量、中间物料质量及工艺过程质量）和工艺工程数据的实时监控进行生产设计、分析及控制，以确保成品的质量。由此可见，以近红外光谱为代表的现代分析检测手段是其核心技术之一。PAT 框架体系促进了近红外光谱技术在制药领域的实施和应用，为制药企业和管理部门带来了诸多益处。这期间，近红外光谱技术在食品工业、农业、生物化工和医学等领域的研究和应用也有了突飞猛进的发展，成为一种工业生产过程中不可或缺的快速（或在线）、高效和无损检测技术。

随着光谱仪器件的发展，近红外化学成像技术得到了越来越多的关注。近红外化学成像技术将传统的光学成像和近红外光谱相结合，可以同时获得样品空间各点的光谱，从而进一步得到空间各点的组成和结构信息[8,9]。目前，该技术已在农业、食品、药品和临床医学等领域得到了一定的研究和应用。例如在制药领域，采用近红外化学成像可以方便直观地识别假药和劣药，还可用于混合均匀性、药品上的微量污染物及少量有效成分降解物的鉴别分析等。近红外化学成像是近红外技术今后发展的主要方向之一，将会越来越多地应用到过程分析和高通量分析中，成为传统近红外光谱的一种强有力的互补技术。

国际上，近红外光谱经过近半个世纪的发展，已走过所谓的概念炒作期，进入稳步发展的平台期。实践证明，以近红外光谱为主力军的过程分析技术对发达国家的工业信息化与自动化的深度融合起到了决定性的作用，它所提供的快速、实时测量信息可使工业生产过程保持最优化控制，在显著提高产品质量的同时降低生产成本和资源消耗，从而优化资源配置，给企业带来丰厚的经济和社会回报。这也是近红外光谱技术之所以生生不息的生命力所在。

1.2 近红外光谱产生机理

近红外光是介于紫外-可见光和中红外光之间的电磁波，其波长范围为 700～2500 nm（14286～4000 cm^{-1}），又分为短波（700～1100 nm）近红外和长波（1100～2500 nm）近红外两个区域。由紫外-可见光谱延伸来的仪器，光谱常以波长（nm 或 μm）为横坐标单位，而由红外光谱延伸来的仪器尤其是傅里叶变换型仪器，光谱则多以波数（cm^{-1}）为横坐标单位。

分子是由化学键相连的原子组成的，分子的运动状态除分子的整体平动外，还包括分子的转动、核间相对位置变化的振动和电子运动。分子的后 3 种运动状态都具有一定的能量，

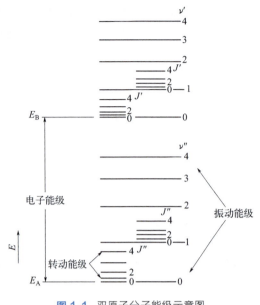

图 1-1 双原子分子能级示意图

属于一定的能级。图 1-1 是双原子分子能级示意图,其中 E_A 和 E_B 表示不同能量的电子能级,在每个电子能级中因振动能量不同分为若干个振动能级(振动量子数 $\nu=0,1,2,\cdots$),在同一电子能级和同一振动能级中还因转动能量不同分为若干个转动能级(转动量子数 $J=0,1,2,\cdots$)。当它们受到电磁辐射的激发时,会从一个能级转移到另一个能级,称为跃迁。按量子理论,它们是不连续的,即具有量子化的性质。一个分子吸收外来辐射后,它的能量变化 ΔE 为其振动能变化 ΔE_v、转动能变化 ΔE_r 以及电子运动能量变化 ΔE_e 之和,即 $\Delta E=\Delta E_v+\Delta E_r+\Delta E_e$。

当能量接近 E_v 的中红外和近红外光($10^2 \sim 10^4 \, \text{cm}^{-1}$)与分子作用时,由于其能量不足以引起电子能级变化,只能引起分子振动能级变化并伴随转动能级的变化,此时分子产生的吸收光谱称为振动-转动光谱或振动光谱,振动光谱以谱带形式出现[10,11]。

对于谐振子,振动量子数变化只能为 1 个单位($\Delta\nu=\pm1$),多于 1 个能级的跃迁是禁止的。因室温下大多数分子处于基态($\nu=0$),允许的跃迁 $\nu=0\rightarrow\nu=1$ 称为基频跃迁,这种跃迁在红外吸收光谱中占主导地位,其谱带出现在中红外区域。其他允许的跃迁,如 $\nu=1\rightarrow\nu=2$、$\nu=2\rightarrow\nu=3$、$\cdots$,是由激发态($\nu\neq0$)开始的跃迁,由于处于激发态的分子数相对较少,相应的谱带强度比基频吸收弱得多,通常在强度上相差 1~3 个数量级。温度增加将会增加激发态的分子数目,也将增加其吸收强度,故这类谱带又称"热峰"或"热谱带"。对于谐振子,热谱带跃迁与基频跃迁具有相同的频率。

实际上,分子不是理想的谐振子,具有非谐性。首先,振动能级能量间隔不是等间距的,其能级间隔随着振动量子数 ν 的增加慢慢减少。热谱带的频率与基频振动的频率并不完全相同。其次,倍频跃迁($\Delta\nu=\pm2、\pm3、\pm4、\cdots$),即 $\nu=0\rightarrow\nu=2、\nu=3、\nu=4、\cdots$,是允许的。但倍频吸收的频率并不恰好是基频吸收的 2、3、4、$\cdots$ 倍,而是略小于对应的整数倍。

这可由非谐性振动的能级公式说明:

$$E_v = \left(\nu+\frac{1}{2}\right)hc\bar{\nu} - X\left(\nu+\frac{1}{2}\right)^2 hc\bar{\nu} + X\left(\nu+\frac{1}{2}\right)^3 hc\bar{\nu}\cdots$$

式中,E_v 为振动量子数为 ν 的能级的能量值;ν 为振动量子数($\nu=0,1,2,\cdots$);h 为普朗克常量;c 为光速;$\bar{\nu}$ 为振动频率;X 为非谐性常数(Anharmonic Constants),是很小的正数,约等于 0.01。

若只取上式的前两项,当非谐振子从 $\nu=0$ 向 $\nu=1$ 跃迁时,即非谐振子的基频振动频率为

$$\bar{\nu}_{\text{非}} = \frac{\Delta E_v}{hc} = \bar{\nu} - 2\bar{\nu}X$$

式中，$\bar{\nu}$ 为谐振子的基频振动频率。

可以看出，非谐振子的基频振动频率比谐振子的基频振动频率低 $2\bar{\nu}X$。

（1）倍频

当非谐振子从 $\nu=0$ 向 $\nu=2$ 跃迁时，即一级倍频振动频率为

$$\bar{\nu}_{非}^{一级倍频} = 2\bar{\nu} - 6\bar{\nu}X$$

当非谐振子从 $\nu=0$ 向 $\nu=3$ 跃迁时，即二级倍频振动频率为

$$\bar{\nu}_{非}^{二级倍频} = 3\bar{\nu} - 12\bar{\nu}X$$

例如，游离 O—H 键的基频吸收峰约为 3625 cm^{-1}，若 X 取 0.01，则可计算出其一级倍频的预计吸收位置出现在 7033 cm^{-1} 附近，二级倍频的预计吸收位置出现在 10440 cm^{-1} 附近。

（2）合频

合频（也称组合频）是指一个光子同时激发两种或多种跃迁所产生的泛频，包括二元组合频（2 个基频之和，$\bar{\nu}_1 + \bar{\nu}_2$）、三元组合频（3 个基频之和，$\bar{\nu}_1 + \bar{\nu}_2 + \bar{\nu}_3$）以及其他类型的组合频如基频和倍频的组合频（$2\bar{\nu}_1 + \bar{\nu}_2$）等。合频振动也是在非谐振子中才会出现，合频的频率也一定小于对应基频之和。

另外需要指出的是，并非只有红外活性的两个基频或两个强的基频吸收峰才有可能出现合频。一个拉曼活性的振动和一个红外活性的振动也可以产生合频[12]，如图 1-2 所示，CaCO$_3$ 红外光谱中的 2511 cm^{-1} 附近的弱峰就是 CO$_3^{2-}$ 反对称伸缩振动吸收峰（1433 cm^{-1}，红外活性）和 CO$_3^{2-}$ 对称伸缩振动吸收峰（1089 cm^{-1}，非红外活性，拉曼活性）的合频。两个弱的基频吸收也可能产生合频，如图 1-3 所示，KNO$_3$ 红外光谱中的 1763 cm^{-1} 附近的吸收峰就是红外弱吸收峰 716 cm^{-1}（NO$_3^-$ 的面外弯曲振动吸收峰，红外活性和拉曼活性）与拉曼吸收峰 1053 cm^{-1}（NO$_3^-$ 的对称伸缩振动吸收峰，非红外活性，拉曼活性）的合频。

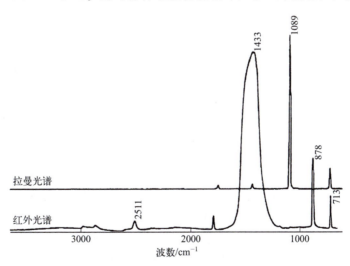

图 1-2 碳酸钙的红外光谱和拉曼光谱

（3）费米共振

当一个振动的倍频或合频与另一振动的基频相近时，就有可能发生费米共振。其结果是使基频与倍频或合频的距离加大，形成两个吸收谱带。也可能使基频振动强度降低，而使原来很弱的倍频或合频振动强度明显增大或发生分裂。同样，拉曼活性的振动也可以与红外活

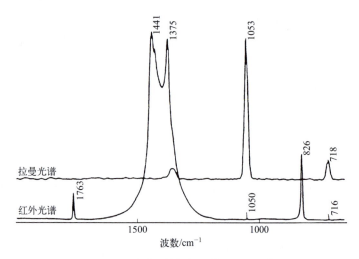

图 1-3 硝酸钾的红外光谱和拉曼光谱

性的振动发生费米共振。费米共振对近红外光谱影响较大，不仅会使谱带的位置与预期的频率存在较大偏差，而且会多出一些谱带，并使倍频谱带的强度变大。

理论上，近红外谱区的分子振动倍频和合频的信息量可能比中红外基频的信息量更多，因为一些非活性的红外吸收也有可能发生倍频和合频吸收以及出现费米共振峰。但由于倍频和合频的跃迁概率远小于基频，有实际意义的谱峰会有所减少。

基于产生的机理，可以总结出近红外光谱具有以下特性[13,14]：

① 近红外光谱主要是分子基频振动的倍频和合频吸收峰，与中红外光谱（基频吸收峰）相比，产生近红外光谱的概率低 1~3 个数量级，所以近红外光谱吸光度系数比中红外光谱低 1~3 个数量级（见表 1-1），这要求仪器要具有极高的信噪比。

表 1-1 C—H 基团各级倍频谱带的吸收强度比较

谱 带	波长/nm	相对强度	需用光程(对液体烃样品)/cm
基频 (ν)	3300~3500	1	0.001~0.04
合频	2200~2450	0.01	0.1~2
一级倍频 (2ν)	1600~1800	0.01	0.1~2
二级倍频 (3ν)	1150~1250	0.001	0.5~5
三级倍频 (4ν)	850~940	0.0001	5~10
四级倍频 (5ν)	720~780	0.00005	10~20

② 如表 1-1 和图 1-4 所示，近红外光谱主要是由分子振动的非谐振性使分子振动从基态向高能级跃迁时产生的，在近红外区域最常观测到的谱带是含氢基团（C—H、N—H 和 O—H）的吸收。这一方面是由于含氢基团（X—H）伸缩振动的非谐性常数非常高，相比而言，羰基伸缩振动的非谐性较小，其倍频吸收强度就很低。另一方面是 X—H 伸缩振动出现在红外的高频区，而且吸收最强，其倍频及其与弯曲振动的合频吸收恰好落入近红外光谱区。

③ 与红外光谱相比，近红外光谱谱带重叠严重，单一的谱带可能是由几个基频的倍频和合频组成，很难像红外光谱或拉曼光谱那样对其进行精确归属，因此，不能采用传统光谱学方法将其用于分子结构的鉴定。在定量分析方面，由于近红外谱带之间的重叠干扰，基于

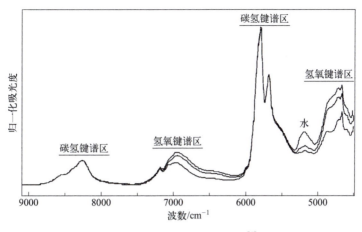

图 1-4 多元醇的近红外光谱[8]

单波长的朗伯-比尔定律工作曲线方法往往也不能得到满意的结果。但是，不同基团（如甲基、亚甲基、苯环等）或同一基团在不同化学环境中的近红外吸收波长与强度都有明显差别，近红外光谱含有丰富的结构和组成信息，利用化学计量学方法，它非常适合用于含氢有机物质如农产品、石化产品和药品等的物化参数测量。

④ 氢键的变化会改变 X—H 键的力常数。通常，氢键的形成会使谱带频率发生位移并使谱带变宽。因合频是两个或多个基频之和，倍频是基频的倍数，所以氢键对合频和倍频谱的影响要大于对基频谱的影响。溶剂和温度变化产生的氢键效应是近红外光谱区的一个重要特性，即溶剂稀释和温度升高引起氢键的减弱将使谱带向高频（短波长）方向位移（图 1-5）。可以观测到的谱带位移的幅度为 $10\sim100\ cm^{-1}$，相当于几纳米至 50 nm。在使用近红外光谱进行定量和定性分析时，应注意氢键的影响。

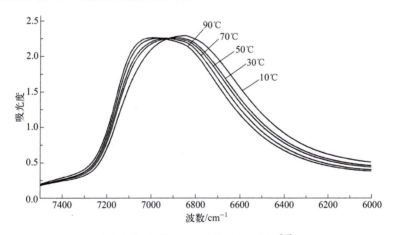

图 1-5 不同温度下水的近红外光谱[15]

1.3　近红外光谱吸收谱带的解析

在对近红外光谱进行解析时，通常将其分成 3 个谱区：谱区 I（800~1200 nm，12500~8500 cm^{-1}），主要是 X—H 基团伸缩振动的二级倍频和三级倍频及其组合频；谱区 II

(1200~1800 nm,8500~5500 cm^{-1}),主要是 X—H 基团伸缩振动的一级倍频及组合频;谱区Ⅲ(1800~2500 nm,5500~4000 cm^{-1}),主要是 X—H 基团伸缩振动的组合频以及羰基(C=O)伸缩振动的二级倍频。近红外光谱区的主要吸收谱带见表1-2[16]。

表1-2 近红外光谱区的主要吸收谱带、振动类型及其谱带位置

基团	振动类型	波数/cm^{-1}	波长/nm
游离 OH	3ν(二级倍频)	10400~10200	960~980
结合 OH	3ν(二级倍频)	10000~8850	1000~1130
C—H(CH_3,CH_2)	3ν(二级倍频)和 组合频 2ν+2δ	8700~8200 7350~7200	1150~1220 1360~1390
游离 OH	2ν(一级倍频)	7140~7040	1400~1420
C—H(CH_3,CH_2)	组合频 2ν+δ	7090~6900	1410~1450
游离 NH	2ν(一级倍频)	6710~6500	1490~1540
氢键键合 NH	2ν(一级倍频)	6620~6250	1510~1600
S—H	2ν(一级倍频)	5780~5710	1730~1750
CH_3 和 CH_2	2ν(一级倍频)	6020~5550	1660~1800
C=O	3ν(二级倍频)	5230~5130	1910~1950
游离 OH	组合频 ν+2δ 和 3δ	5210~5050	1920~1980
C—H(CH_3,CH_2)	组合频 ν+δ	4440~4200	2250~2380

1.3.1 C—H 的吸收谱带

烷烃和芳烃 C—H 伸缩振动的近红外光谱区与基频振动一样含有丰富的信息,而且这些伸缩振动和其他振动模式的组合频为近红外区提供了更多的光谱结构信息。

概括来说,如图1-6所示,烃类 C—H 振动的一级倍频出现在1600~1800 nm(6250~5555 cm^{-1})之间,二级倍频在1100~1200 nm(9090~8333 cm^{-1})之间,三级倍频在900~950 nm(11111~10526 cm^{-1})之间,四级倍频在730~760 nm(13698~13158 cm^{-1})之间;第一组合频出现在2000~2400 nm(5000~4160 cm^{-1})之间且谱带较强,第二组合频在1300~1400 nm(7692~7143 cm^{-1})之间,第三组合频在1000~1100 nm(10000~9090 cm^{-1})之间[17,18]。

(1)甲基 C—H

如图1-7所示,烷烃甲基 C—H 的反对称和对称伸缩振动一级倍频吸收峰约出现在5905 cm^{-1}(1693 nm)和5876 cm^{-1}(1700 nm)处,5876 cm^{-1} 处的吸收峰会随链长增加向低波数位移。

甲基 C—H 伸缩振动的位置会受邻近原子影响。与芳环相连甲基 C—H 的反对称和对称伸缩振动一级倍频吸收峰约出现在5790 cm^{-1}(1727 nm)和5735 cm^{-1}(1744 nm)处,此外在5660 cm^{-1}(1767 nm)附近还出现一组合频峰(ν_a+2δ_a)。与羰基相连甲基 C—H 的反对称和对称伸缩振动一级倍频吸收峰分别出现在5960 cm^{-1}(1678 nm)和5898 cm^{-1}(1695 nm)处,甲氧基则出现在5880 cm^{-1}(170 nm)和5770 cm^{-1}(1733 nm)附近。

甲基 C—H 的二级、三级、四级(3ν、4ν、5ν)倍频分别只有一个吸收谱带,是反对称振动产生的,因为对称谱带在高阶倍频区的吸收更弱。如图1-8所示,链烷烃甲基 C—H 的

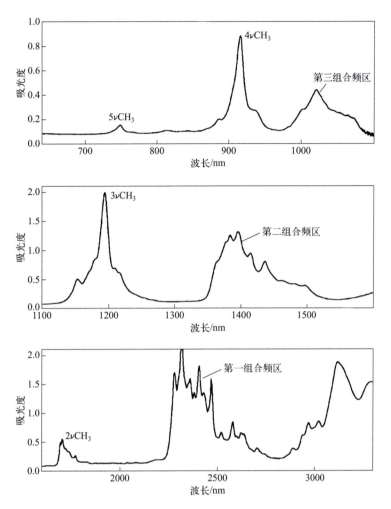

图 1-6 异辛烷（2,2,4-三甲基戊烷）C—H 吸收的吸收谱带
上部光谱（从左到右）为四级倍频（5ν）、三级倍频（4ν）和组合频；
中间光谱为二级倍频（3ν）和组合频；下部光谱为一级倍频（2ν）、组合频和部分基频

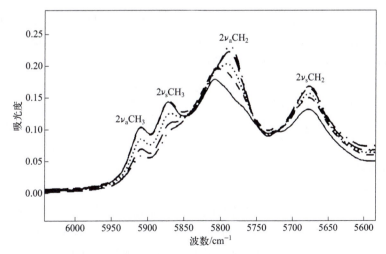

图 1-7 甲基和亚甲基 C—H 伸缩振动的一级倍频区
实线为己烷，短虚线为庚烷，点线为壬烷，长虚线为十二烷，点划线为十六烷

二级倍频吸收出现在 8365～8400 cm^{-1}（1190～1195 nm）。例如，戊烷和己烷的甲基C—H吸收出现在 8396 cm^{-1}（1191 nm）附近，庚烷在 8388^{-1}（1192 nm）附近，癸烷在 8378^{-1}（1194 nm）附近。己烷甲基的三级倍频吸收出现在 10953 cm^{-1}（913 nm）附近，甲苯和乙苯甲基的三级倍频吸收则分别出现在 10977 cm^{-1}（911 nm）和 10953 cm^{-1}（913 nm）附近。

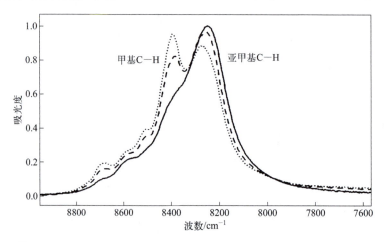

图 1-8　甲基和亚甲基的二级倍频吸收谱带——己烷（点线）、辛烷（短划线）和十八烷（实线）

甲基C—H 的第一组合频区位于 4500～4545 cm^{-1} 附近，包含C—H伸缩振动、中红外"指纹"区多种弯曲和伸缩振动的组合吸收峰，而且也可能含有单独弯曲振动的倍频吸收。烷烃的甲基在 4395 cm^{-1}（2275 nm）附近有一强的吸收峰，这可能是 $\nu+\delta$ 的组合频。4100 cm^{-1}（2440 nm）附近的吸收常归属为甲基伞状对称弯曲振动的二级倍频（3δ）。反对称弯曲振动的二级倍频（3δ）应出现在 4400 cm^{-1}（2270 nm）附近，对称弯曲振动的三级倍频（4δ）应出现在 5520 cm^{-1}（1812 nm）附近，而反对称弯曲振动的三级倍频（4δ）则应出现在 5814 cm^{-1}（1720 nm）附近。

甲基C—H 的第二组合频区位于 7100 cm^{-1}（1400 nm）附近，其中 7355 cm^{-1}（1360 nm）和 7263 cm^{-1}（1377 nm）附近的双峰认为是 $2\nu+\delta$ 的组合频。

（2）亚甲基C—H

如图 1-7 所示，在一级倍频区，线型烷烃的亚甲基C—H 主要有两个吸收峰，约在 5800 cm^{-1}（1724 nm）和 5680 cm^{-1}（1761 nm）附近。5800 cm^{-1} 处的吸收峰通常认为是组合频谱带，归属为 $\nu_a+\nu_s$；5680 cm^{-1} 处的吸收峰认为是亚甲基C—H 反对称或对称伸缩振动的一级倍频谱带。5800 cm^{-1} 处的吸收峰通常是线型烷烃在一级倍频区最强的谱带。

环己烷C—H 伸缩振动一级倍频的两个最强峰出现在 5697 cm^{-1}（1755 nm）附近和 5791 cm^{-1}（1727 nm）附近，分别是 $2\nu_a$ 和 $2\nu_s$ 产生的。在基频吸收区，吸收频率随环张力增加而升高。第一倍频区也反映出这一趋势，例如环戊烷的两个最强峰就出现在 5730 cm^{-1}（1745 nm）附近和 5834 cm^{-1}（1714 nm）附近。

在二级倍频区，如图 1-8 所示，通常只能在 8389 cm^{-1}（1192 nm）和 8264 cm^{-1}（1210 nm）附近分别观测到一个甲基和一个亚甲基的吸收峰，采用更高分辨率时，也可在 8673 cm^{-1}（1153 nm）和 8503 cm^{-1}（1176 nm）附近观察到吸收峰。比十二烷更长的链烷烃的甲基吸收峰已变为亚甲基吸收峰的肩峰。环己烷亚甲基C—H 的二级倍频出现在 8290 cm^{-1}（1206 nm）附近，环戊烷在 8434 cm^{-1}（1186 nm）附近，环丙烷在 9116 cm^{-1}（1097 nm）附近，可用来鉴别石油馏分中的多种环状结构化合物。

戊烷、己烷、庚烷、癸烷亚甲基C—H伸缩振动的二级倍频吸收分别出现在8284 cm^{-1}（1207 nm）、8271 cm^{-1}（1209 nm）、8256 cm^{-1}（1211 nm）、8247 cm^{-1}（1213 nm）处。己烷亚甲基C—H的三级倍频吸收出现在10776 cm^{-1}（928 nm）处，乙苯则在10753 cm^{-1}（930 nm）处。

第一组合频区的两个最强吸收峰是亚甲基对称和反对称伸缩与弯曲振动的合频。丁烷、戊烷、庚烷的反对称伸缩与弯曲振动的组合频分别出现在4336 cm^{-1}（2306 nm）、4334 cm^{-1}（2307 nm）、4332 cm^{-1}（2308 nm）处，而其对称伸缩与弯曲振动的组合频分别出现在4257 cm^{-1}（2349 nm）、4262 cm^{-1}（2346 nm）、4259 cm^{-1}（2348 nm）处。在第二组合频区，与亚甲基有关的吸收为双重峰，较强的是7186 cm^{-1}（1392 nm）处的峰，较弱的是7080 cm^{-1}（1412 nm）处的峰，该双峰归属为$2\nu+\delta$。

（3）次甲基C—H

在甲基和亚甲基存在下，次甲基的吸收非常弱，通常观测不到。在中红外区，该峰的基频出现在2900 cm^{-1}处，位于甲基和亚甲基双重峰之间。这表明其一级倍频吸收应包含在5882～5555 cm^{-1}（1700～1800 nm）区域的小峰中。烷烃次甲基的二级倍频通常认为应出现在8163 cm^{-1}（1225 nm）处，第二组合频则出现在6944 cm^{-1}（1440 nm）处。

（4）烯烃C—H

相对于饱和键C—H的伸缩振动，靠近双键的C—H伸缩振动一级倍频的吸收位置发生在更高波数（更短波长）区。在一些分子结构中该峰较强且明显，尤其是末端双键的亚甲基。乙烯基和亚乙烯基结构的端亚甲基C—H伸缩振动的一级倍频吸收峰较为独立，1-己烯在6120 cm^{-1}（1634 nm）附近出现吸收峰（图1-9）。与氧原子连接的乙烯基（1-乙烯基丁基醚）在6200 cm^{-1}（1613 nm）附近出现吸收峰。顺式双键C—H伸缩振动的一级倍频吸收峰非常独特，出现在约5963 cm^{-1}（1677 nm）处，与乙烯基的倍频吸收峰分离（图1-10）。1-烯烃化合物中端亚甲基C—H伸缩振动的二级和三级倍频吸收分别出现在8944～8897 cm^{-1}（1118～1124 nm）和11390 cm^{-1}（878 nm）附近。

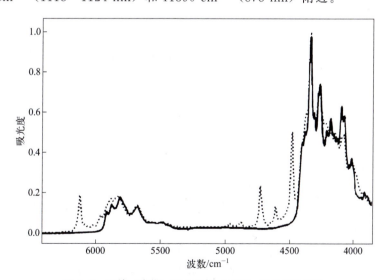

图1-9 己烷（实线）和1-己烯（点线）的近红外光谱

在第一组合频区，乙烯基C—H具有3个极具特征的合频吸收谱带。如图1-9所示，3个吸收峰的位置分别为4482 cm^{-1}（2230 nm）、4600 cm^{-1}（2170 nm）、4780～4670 cm^{-1}

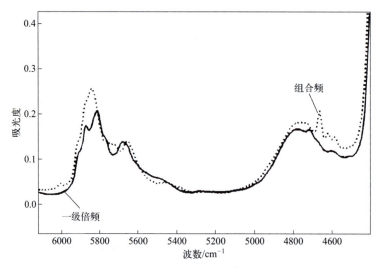

图 1-10　顺-3-己烯-1-醇（虚线）和反-2-己烯-1-醇（实线）的近红外光谱
（引线标注的是顺式双键 C—H 的吸收峰）

（2090～2140 nm）。在第一组合频区，反式双键没有明显的吸收，但顺式双键却在 4673 cm^{-1}（2140 nm）附近有一强吸收峰，其第二个吸收峰出现在 4587 cm^{-1}（2180 nm）附近。

与直链烯烃的顺式双键类似，如图 1-11 所示，环己烯也在 4670 cm^{-1}（2140 nm）附近出现组合频吸收，环己烯双键 C—H 伸缩振动的倍频吸收出现在 6050 cm^{-1}（1650 nm）附近。

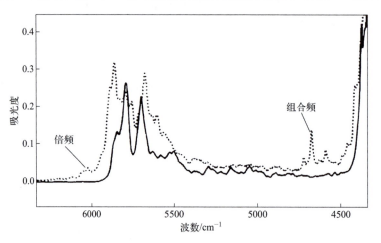

图 1-11　环己烷（实线）和环己烯（虚线）的近红外光谱

（5）炔烃 C—H

如图 1-12 所示，炔的 C—H 振动一级倍频吸收峰出现在 6500 cm^{-1}（1538 nm）附近。在 3930 cm^{-1}（2545 nm）附近还有一组合频谱带，为 C—H 伸缩和弯曲振动的组合频。

（6）芳烃 C—H

苯分子具有很高的对称性，只有很少一部分分子振动具有红外活性，然而非红外活性的振动却可在近红外区产生倍频和合频的吸收。如图 1-13 所示，苯在 6000 cm^{-1}（1670 nm）处的双峰是红外活性和非红外活性伸缩振动的一级倍频吸收。苯红外活性振动的二级倍频吸收出现在 8834 cm^{-1}（1132 nm）处，三级倍频吸收出现在 11442 cm^{-1}（874 nm）处。4050 cm^{-1}（2469 nm）处的强吸收峰是 C—H 伸缩振动和 C—H 弯曲振动的组合频。4660 cm^{-1}（2146 nm）

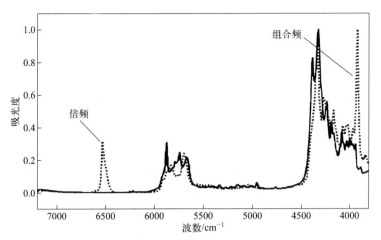

图 1-12　1-己炔（虚线）和 2-己炔（实线）的近红外光谱

处的一系列吸收峰是 C—C 伸缩振动和 C—H 伸缩振动的组合频，其二倍的组合频（$2\nu_{C-C}+2\nu_{C-H}$）出现在 9259 cm^{-1}（1080 nm）处。8770 cm^{-1}（1140 nm）处的吸收峰则通常归属为二倍的 C—H 伸缩振动和 C—H 弯曲振动的组合频。

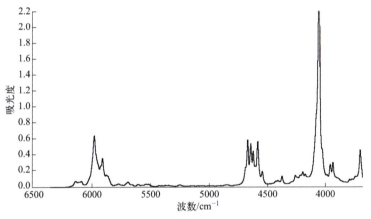

图 1-13　苯的近红外光谱

苯环上的取代基降低了苯分子的对称性，可能会导致出现更多的振动吸收峰。从图 1-14 可以看出，甲苯在 4060 cm^{-1}（2460 nm）处的强吸收峰是双峰。由于正电活性，苯环上的

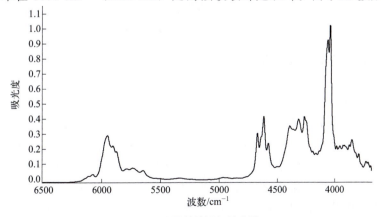

图 1-14　甲苯的近红外光谱

烷基会使苯环C—H的倍频吸收谱带向低波数（长波长）方向位移。烷基苯芳香C—H伸缩振动的一级倍频出现在5935 cm^{-1}（1685 nm）附近，二级倍频出现在8734 cm^{-1}（1145 nm）附近，三级倍频出现在11425 cm^{-1}（875 nm）附近，四级倍频出现在14025 cm^{-1}（713 nm）附近。

1.3.2　O—H的吸收谱带

在C、O和N这3种元素中，氧原子的电负性最大，O—H键的力常数比N—H键和C—H键高，因此其基频频率也较高。醇和酚中游离的O—H伸缩振动的基频约在3650 cm^{-1}，面内弯曲振动的基频约在1300 cm^{-1}。由此可估算出，其一级倍频约在6993 cm^{-1}（1430 nm）附近，二级倍频约在10560 cm^{-1}（950 nm）附近，组合频约在5000 cm^{-1}（2000 nm）附近。

O—H基团具有较强的极性，容易通过氢键发生多种形式的缔合，使峰形变宽，并向短波数（长波长）方向位移，这是O—H基团的一个重要的光谱特性。

（1）醇的O—H

如图1-15所示，醇游离的O—H（稀四氯化碳溶液或低密度气态醇）一级倍频吸收位于7090 cm^{-1}（1410 nm）附近。如图1-16所示，对于伯醇、仲醇以及叔醇来说，该吸收峰会出现在不同的位置。氢键键合的O—H则在6850～6240 cm^{-1}（1460～1600 nm）之间出现一个宽吸收峰。非键合羟基伸缩振动的二级倍频出现在约10400 cm^{-1}（960 nm），三级倍频出现在约13500 cm^{-1}（740 nm）。键合羟基的二级倍频吸收谱带出现在9550 cm^{-1}（1047 nm）。

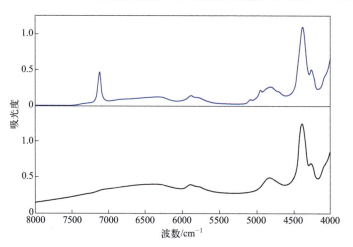

图1-15　四氯化碳中的甲醇（上）和纯甲醇（下）的光谱

醇的O—H的组合频吸收很有特征，出现在5550～4550 cm^{-1}（1800～2200 nm）。这个宽峰主要是O—H伸缩振动和O—H弯曲振动的组合频，也含有O—H伸缩振动和C—H弯曲振动以及O—H伸缩振动和C—O伸缩振动的组合频。该谱带已大量用于定量分析，包括测定聚合物的羟值、水中的乙醇以及共聚物中的乙烯/乙烯醇含量等。

高波数处的合频吸收谱带包括9386 cm^{-1}（1065 nm）处由O—H伸缩振动的一级倍频与甲基C—H变形振动的一级倍频的组合频，以及9720 cm^{-1}（1029 nm）处O—H伸缩振动的一级倍频与C—O伸缩振动的二级倍频的组合频。

二元醇和多元醇化合物可以形成不同类型的氢键，这些化合物存在于许多天然产物中，

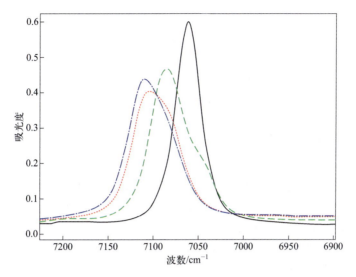

图 1-16　异丁醇（蓝线）、1-丁醇（红线）、2-丁醇（绿线）和叔丁醇（黑线）羟基的一级倍频吸收峰

如蔗糖、淀粉和纤维素。在稀溶液中，会出现反映二元醇中分子内氢键键合的羟基吸收峰，还能观察到非键合的羟基峰和键合的羟基峰。从 2-甲基-2,4-戊二醇的光谱（图 1-17）可以看出，7065 cm^{-1}（1415 nm）处为非键合的羟基吸收峰，6850 cm^{-1}（1460 nm）处为分子内键合的羟基吸收峰，6370 cm^{-1}（1570 nm）处则是分子间键合的羟基弱吸收峰。

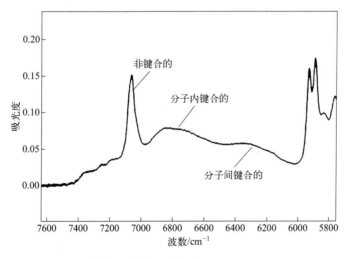

图 1-17　2-甲基-2,4-戊二醇的光谱

（2）酚的 O—H

酚的 O—H 的一级倍频吸收出现在 7140～6940 cm^{-1}（1400～1440 nm）区域。四氯化碳中单体苯酚的一级倍频吸收出现在 7040 cm^{-1}（1420 nm）附近，二级倍频吸收出现在 10000 cm^{-1}（1000 nm）附近，三级倍频吸收出现在 13250 cm^{-1}（750 nm）附近。酚 O—H 的合频吸收出现在 5210～4760 cm^{-1}（1950～2100 nm）区域。

（3）羧酸的 O—H

羧酸的单体游离 O—H 伸缩振动的一级倍频吸收出现在 6920 cm^{-1}（1445 nm）附近。在中红外区通常可以看到宽的二聚羟基吸收谱带，但在近红外区，该吸收仅抬高了 1700～

2200 nm 之间的基线,通过差谱可得到一个非常宽而弱的吸收谱带。羧酸非键合羟基的二级倍频吸收出现在约 10000 cm^{-1} (1000 nm),三级倍频吸收出现在 12500 cm^{-1} (800 nm) 附近。

羧酸 O—H 的组合频吸收更为复杂,除了 O—H 自身的合频外,还有与 C=O、H—C=O、C—O 等的合频吸收。例如,O—H 伸缩振动与 C=O 伸缩振动的组合频出现在 5290 cm^{-1} (1890 nm) 附近,O—H 伸缩振动与 C—H 伸缩振动的组合频出现在 6500 cm^{-1} (1540 nm) 附近,O—H 伸缩振动与 H—C=O 弯曲振动的组合频出现在 8200 cm^{-1} (1220 nm) 附近等。这些峰通常只有在高温或气态下才能观测到。

(4) 水的 O—H

液态水由于氢键的缔合,其吸收峰都为宽谱带。如图 1-18 和图 1-19 所示,O—H 伸缩振动的一级倍频和二级倍频吸收分别出现在 6944 cm^{-1} (1440 nm) 和 10420 cm^{-1} (960 nm) 附近。其组合频吸收谱带主要有两个,较强的在 5155 cm^{-1} (1940 nm) 附近,较弱的在 8197 cm^{-1} (1220 nm) 附近。这些特征吸收十分有用,例如农产品、食品和药品中的水分含量都可以通过这些特征吸收测定。

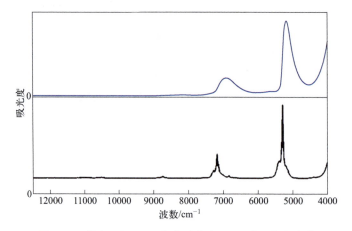

图 1-18 纯水(上)和四氯化碳中水(下)的近红外光谱

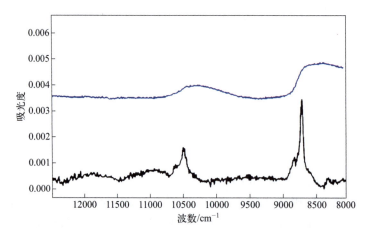

图 1-19 高波数区纯水(上)和四氯化碳中水(下)的近红外光谱

水的 O—H 谱带的位置和宽度随着氢键形成程度的变化而改变,若缔合程度增大,谱带会向低波数位移,并使谱带变宽。水吸收谱带的相对位置可为研究人员提供大量的信息。例如,在研究蛋白质变性时,光谱的吸收峰从 1410 nm 到 1490 nm 的位移说明了结合水的增多。

水中的离子化合物会以多种不同的方式影响水的近红外光谱，例如离子和水分子之间的电荷-偶极相互作用会影响水分子本身的氢键，还有一些离子本身存在具有近红外活性的基团（如 OH^-、HCO_3^-、NH_2^- 等）。如图 1-20 所示，尽管 NaCl 本身没有近红外谱带，但是 NaCl 会减少水中的氢键数量，从而影响水的光谱，使水的吸收峰强度降低，并使吸收峰向高频方向位移。利用这一光谱信息，可以测定水中的 NaCl 浓度。依据离子的尺寸和电学特性，不同离子的影响效果也略有不同。

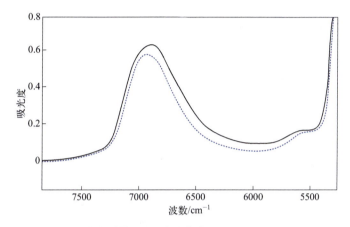

图 1-20　NaCl 对水光谱的影响（实线为纯水，点线为 20% NaCl 水溶液）

（5）石英中的 O—H

如图 1-21 所示，熔融石英光导纤维中硅烷醇 O—H 伸缩振动的一级倍频吸收峰出现在约 7200 cm^{-1}（1390 nm），二级倍频吸收峰以 10600 cm^{-1}（940 nm）为中心。4500～4100 cm^{-1}（2440～2210 nm）的强吸收为 SiO_2 的一个基频与 O—H 伸缩振动的组合频吸收。

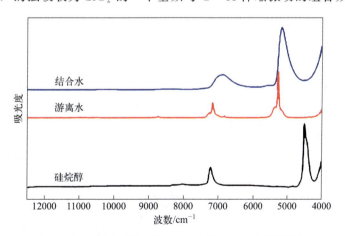

图 1-21　石英中硅烷醇的 OH 和水的 OH 吸收谱带比较

（6）过氧化合物的 O—H

如图 1-22 所示，过氧化氢稀溶液的非键合羟基的一级倍频吸收峰出现在 6850 cm^{-1}（1460 nm）附近，O—H 伸缩振动和 O—H 弯曲振动的组合频吸收出现在 4850 cm^{-1}（2060 nm）附近。在稀过氧化氢水溶液中，其氢键键合的羟基一级倍频吸收被水的 O—H 遮蔽，但能够看到 4850 cm^{-1}（2060 nm）附近的组合频吸收。

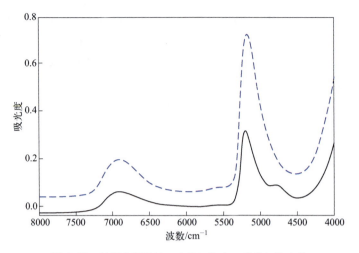

图 1-22 过氧化氢溶液(实线)和水(虚线)的光谱

1.3.3　N—H 的吸收谱带

与农产品、食品、药品和生命物质相关的有机化合物(如胺类、酰胺类、氨基酸和蛋白质等)大都含有 N—H 键。在中红外区,N—H 伸缩振动出现在 $3350\sim3250$ cm^{-1} 范围内,剪切弯曲振动出现在 1600 cm^{-1} 附近,因此,其伸缩振动的一级倍频将会出现在 6666 cm^{-1}(1500 nm)附近,伸缩振动与弯曲振动的组合频在 4650 cm^{-1}(2150 nm)附近。

(1)胺的 N—H

如图 1-23 所示,伯胺和仲胺在一级倍频区 6600 cm^{-1} 附近存在明显差异。伯胺为双峰;仲胺为单峰;叔胺没有 N—H 键,在该区域无吸收峰。丁胺的四氯化碳溶液中 N—H 反对称和对称伸缩振动吸收峰分别出现在 6730 cm^{-1}(1486 nm)和 6553 cm^{-1}(1625 nm)处。仲胺的一级倍频吸收出现在 6530 cm^{-1}(1530 nm)处,为单峰。伯胺 N—H 的二级倍频吸收位于 9700 cm^{-1}(1031 nm)处,为单峰;三级倍频吸收为双峰,分别出现在 12407 cm^{-1}(806 nm)和 12837 cm^{-1}(779 nm)处,后一吸收峰的强度更强,并随着链长度的增加而增强。

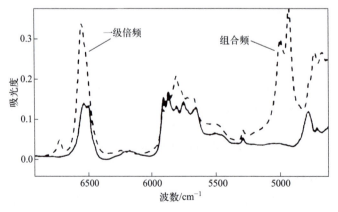

图 1-23 正丁胺和二异丁胺的近红外光谱图

如图 1-23 所示,正丁胺的 CCl$_4$ 溶液在 5000 cm^{-1}(2000 nm)附近的双峰为伯胺 N—H 伸缩振动和 NH$_2$ 官能团变形或剪式振动的组合频峰,仲胺(或叔胺)在此处无吸收峰。

伯芳香胺（如苯胺）N—H 伸缩振动的一级倍频吸收为双峰，但其吸收波数略高于脂肪胺。如图 1-24 所示，苯胺的反对称振动的一级倍频吸收峰位于 6890 cm^{-1}（1450 nm）附近，对称振动吸收峰位于 6685 cm^{-1}（1496 nm）附近。其对称伸缩振动的二级倍频出现在 9804 cm^{-1}（1020 nm）附近。与脂肪胺相同，仲芳香胺也只有一个 N—H 伸缩倍频峰，例如 CCl_4 溶液中正丁基苯胺的倍频吸收峰位于 6675 cm^{-1}（1498 nm）附近。伯芳香胺 N—H 伸缩振动和弯曲振动的组合频吸收峰出现在 5070 cm^{-1}（1972 nm）附近。

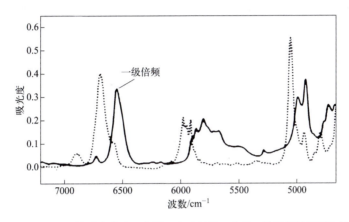

图 1-24　CCl_4 溶液中苯胺（点线）和正丁胺（实线）的近红外光谱比较

（2）酰胺的 N—H

伯酰胺 N—H 的对称振动和反对称振动的一级倍频吸收峰分别出现在 6710 cm^{-1}（1490 nm）和 6995 cm^{-1}（1430 nm）附近。仲酰胺如 N-甲基乙酰胺的 N—H 伸缩振动的一级倍频吸收峰出现在 6803～6711 cm^{-1}（1470～1490 nm）区间，为单谱带。伯酰胺和仲酰胺 N—H 的二级倍频吸收峰分别出现在 10260～10110 cm^{-1}（975～989 nm）和 10194 cm^{-1}（981 nm）附近。

在伯酰胺中，N—H 对称和反对称伸缩振动的组合频谱带出现在 6805 cm^{-1}（1470 nm）附近。5100 cm^{-1}（1960 nm）和 4925 cm^{-1}（2030 nm）附近的若干吸收峰分别为 N—H 伸缩与酰胺Ⅱ、酰胺Ⅲ振动的组合频吸收。

仲酰胺的 N—H 伸缩振动与酰胺Ⅱ的组合频、酰胺Ⅲ的组合频吸收谱带分别位于 5000～4950 cm^{-1}（2000～2020 nm）和 4740～4695 cm^{-1}（2110～2130 nm）。4630 cm^{-1}（2160 nm）处的吸收峰归属于 C=O 的一级倍频与酰胺Ⅲ的组合频。

叔酰胺没有 N—H 吸收谱带，N,N-二甲基甲酰胺在 4675 cm^{-1}（2139 nm）处的谱带应归属为 $2\nu_{C=O}$ 与酰胺Ⅲ的组合频吸收峰。

1.3.4　C=O、P—H 和 S—H 的吸收谱带

（1）C=O

醛、酮、酯、酸酐、酰氯和羧酸在近红外区都有羰基相关的吸收谱带。在中红外区，羰基的伸缩振动非常强，其一级倍频吸收峰仍在中红外区，其二级倍频吸收峰位于近红外区。虽然二级倍频相对较弱，还有可能被水的谱带掩盖，但在一些无水的情况下，仍可将近红外光谱用于羰基化合物的分析。

像中红外区一样，C=O 吸收峰的位置会随基团所处环境不同发生改变。简单的非环脂肪族化合物的羰基二级倍频吸收位置按以下顺序向低波数方向位移：酰氯、酸酐、羧酸单体、内酯、醛、酮、酯。例如，酰氯 C=O 的二级倍频吸收峰出现在 5400 cm^{-1}（1850 nm），羧酸 C=O 的二级倍频吸收峰出现在约 5260 cm^{-1}（1900 nm），乙酸乙酯 C=O 的二级倍频吸收峰出现在约 5160 cm^{-1}（1940 nm）(图 1-25)，丙酮 C=O 的二级倍频吸收峰出现在约 5100 cm^{-1}（1960 nm）(图 1-26)。酰胺羰基的二级倍频完全被 N—H 的伸缩振动掩盖。像中红外区一样，与芳环和双键的共轭以及与卤素和环结构之间的相互作用都会影响羰基二级倍频谱带的吸收位置。此外，有时这些二级倍频峰也会发生分裂，在理论计算的二级倍频吸收峰附近会出现两个或多个谱带。

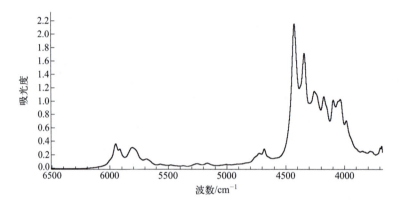

图 1-25　乙酸乙酯的近红外光谱

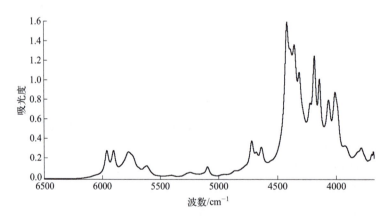

图 1-26　丙酮的近红外光谱

除倍频吸收外，C=O 伸缩振动还有合频吸收。酮中 C=O 和 C—H 的合频吸收非常弱，因为这两个基团不能共用同一个碳原子。但对于醛和甲酯，氧原子和氢原子连在同一个碳原子上，致使在 4760～4445 cm^{-1}（2100～2250 nm）区间产生了组合频吸收谱带。例如，甲酯中 4650 cm^{-1}（2150 nm）处的强吸收谱带归属为 C—H 伸缩振动和 C=O 伸缩振动的组合频；戊醛 C—H 伸缩振动和 C=O 伸缩振动的组合频出现在 4504 cm^{-1}（2220 nm）处，C—H 弯曲振动（面内摇摆）的一级倍频与羰基伸缩振动的组合频出现在 4514 cm^{-1}（2215 nm）处。

（2）P—H 和 S—H

如图 1-27 所示，正丁硫醇 S—H 伸缩振动的一级倍频弱吸收峰出现在 5051 cm^{-1}（1980 nm）

附近。苯硫酚的吸收峰出现在 5076 cm^{-1}（1970 nm）附近。有机磷化合物的 P—H 伸缩振动的一级倍频吸收峰出现在 5288 cm^{-1}（1891 nm）附近，比 S—H 吸收略强。

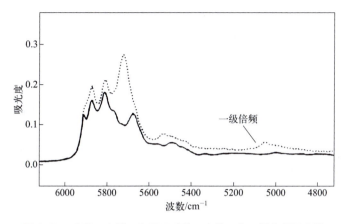

图 1-27　戊烷（实线）和正丁硫醇（点线）的一级倍频区光谱

1.3.5　复杂物质的吸收谱带

近红外光谱面对的分析对象大多是复杂的化合物，如石油、农产品和中药材等。对于复杂物质的近红外光谱，其主要反映的也是所含各种物质的含氢基团信息[19]。

原油是多组分的复杂混合物，其沸点范围很宽，从常温到 500 ℃ 以上，分子量范围从数十至数千。尽管原油中含有非烃类化合物，如含硫、含氮和含氧化合物，但这些杂原子化合物的含量较低，约占 5%，剩余的 95% 以上都是碳、氢元素。因此，如图 1-28 所示，在原油的近红外光谱中主要是烷烃和芳烃中 C—H 的吸收谱带。由于沥青质等大分子产生的散射和颜色等影响，原油近红外光谱的 10000～6500 cm^{-1} 波数区域出现了明显的基线倾斜现象。可见，在复杂物质的近红外光谱中，除了化学组成信息外，还含有样品的物理特性信息。由于不同种类原油中所含的烃类化合物差异较大，基团所处的化学环境各不相同，致使不同种类原油的近红外光谱有明显差别，这是近红外光谱测定油品物化参数的基础。

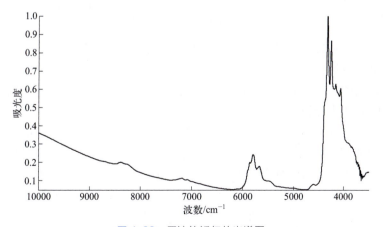

图 1-28　原油的近红外光谱图

图 1-29 和图 1-30 分别是汽油和柴油的近红外光谱，由于汽油的馏程范围（30～210 ℃）小于柴油的馏程范围（200～370 ℃），汽油的碳数分布（C_5～C_{12}）也低于柴油的碳数分布

（$C_{11}\sim C_{21}$），比较图 1-29 和图 1-30 可以发现，汽油的甲基 C—H 的吸收谱带（例如 5905 cm^{-1} 和 5880 cm^{-1}）明显高于柴油相应的谱带，而亚甲基 C—H 的吸收谱带（例如 5800 cm^{-1} 和 5680 cm^{-1}）却相反。因此，利用近红外光谱可以测定与甲基和亚甲基存在显著构效关系的汽油辛烷值和柴油十六烷值等物化性质。

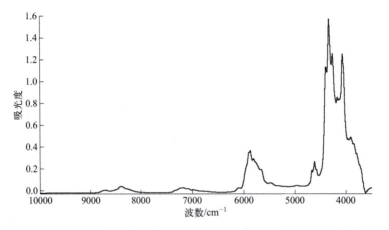

图 1-29　成品汽油的近红外光谱图

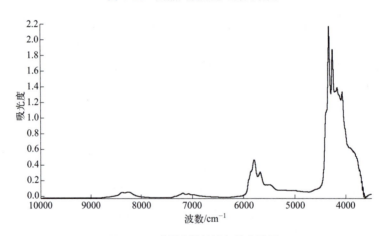

图 1-30　成品柴油的近红外光谱图

农产品的近红外光谱中含有更丰富的化学官能团信息。除了 C—H 外，还有蛋白质、淀粉、纤维素和水分中的 N—H、O—H 和 C=O 的倍频及其组合频吸收谱带。图 1-31 是面粉的漫反射近红外光谱，由于不同化合物官能团的特征谱带重叠严重，每一个明显的吸收谱带都是由多种不同类型化合物的官能团构成的。例如，5170 cm^{-1}（1940 nm）附近的吸收谱带中就含有水的 O—H 弯曲振动的二级倍频吸收（5170 cm^{-1}，1940 nm）、蛋白质伸酰胺 CONH 中 C=O 伸缩振动的二级倍频吸收（5208 cm^{-1}，1920 nm）、淀粉与纤维素中 O—H 伸缩振动和 HOH 变形振动的组合频吸收（5180 cm^{-1}，1930 nm）、淀粉中 O—H 伸缩振动和 O—H 变形振动的组合频吸收（5102 cm^{-1}，1960 nm）以及蛋白质伯酰胺 $CONH_2$ 中 N—H 伸缩振动与酰胺 Ⅱ 谱带的组合频吸收（5051 cm^{-1}，1980 nm）等。4760 cm^{-1}（2100 nm）附近的吸收谱带中则含有蛋白质中 N—H 伸缩振动和酰胺 Ⅰ 谱带的组合频吸收、蛋白质中 N—H 弯曲振动的二级倍频吸收（4854 cm^{-1}，2060 nm）、淀粉中 O—H 弯曲振动和 C—O 伸缩振动的组合频吸收（4762 cm^{-1}，2100 nm）、蛋白质中 C—H 伸缩振动与 C=O 伸缩振动的组合频吸收（4608 cm^{-1}，2170 nm）以及蛋白质中 C=O 伸缩振动与酰胺Ⅲ谱带的组合频吸收（4587 cm^{-1}，2180 nm）等。近红外光谱对农产品化学成分的快速测定就是基于上述谱带，通过多元校正方法提取特征信息实现的。

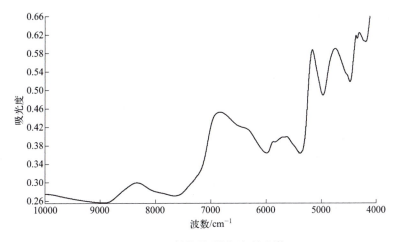

图 1-31　面粉的漫反射近红外光谱

1.4　近红外光谱定量分析原理

近红外光谱分析技术是由光谱仪硬件、化学计量学软件和校正模型（或称分析模型、定标模型或数据库）三部分构成的，近红外光谱仪硬件用于测定样品的光谱，化学计量学软件用于建立校正模型，校正模型用于待测样品的定量或定性预测分析。在线近红外光谱分析系统往往还包括取样与预处理、数据通信等部分。

样品的近红外光谱包含了其化学组成的分子结构信息，而其组成含量与性质参数也与其分子结构信息密切相关。使用化学计量学算法可将两者进行关联，确立它们之间的定量或定性关系，即校正模型。建立模型后，根据校正模型和样品的近红外光谱就可以预测样品的组成含量或性质参数。因此，整个近红外光谱分析方法包括校正和预测两个过程。

图 1-32 中的实线部分是校正过程，用来确立上述函数关系。首先收集许多具有代表性的样品，分别测定其光谱，并使用常规分析方法测定待测性质或组成数据（称为基础数据、参考值或定标数据）。然后使用化学计量学软件将光谱和性质或组成数据进行关联，得到分析模型。图 1-32 中的虚线部分是预测过程，用于常规分析，即使用化学计量学软件，通过待测样品的光谱和模型计算出其性质和组成数据。

如图 1-33 所示，性能稳定可靠的近红外光谱仪是该技术的基础和前提，这是近红外光谱分析有别于其他分析技术的一个主要因素，因为建立近红外光谱分析模型所用的样本为实际样本（如原油、小麦和饲料等），基础数据则必须采用传统的分析方法测定得到，建立一个相对完善的分析模型往往需要几百甚至上千个有代表性的样本，这通常要花费大量的时间、人力和物力。因此，对光谱仪器的性能指标要求极为苛刻，如果不能保证仪器的长期稳定性和仪器之间的一致性，所建立的分析模型就不能长期和广泛应用，成为限制该技术应用推广的瓶颈。

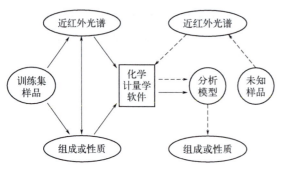

图 1-32　近红外光谱分析过程示意　　　　图 1-33　近红外光谱技术"金字塔"

从 20 世纪 70 年代中后期近红外光谱仪器商品化以来，国内外各仪器厂家开始批量生产各种不同分光方式（如傅里叶变换型、光栅扫描型、阵列检测器型、AOTF 型等）和不同用途的 NIR 仪器，如通用型仪器、专用/便携仪器和在线过程分析仪器等。迄今，国内外有 30 余个厂家在生产不同用途的近红外光谱仪。与早期的光谱仪器相比，光谱仪的主要技术指标，如信噪比、稳定性、仪器间一致性，得到极大的提高，制造技术也已趋成熟。这些技术指标保证了分析模型的通用性，光谱或分析结果不需要任何数学处理便可在不同仪器间得到一致的结果，避免每台仪器重复建模等繁琐工作，部分实现了分析模型的硬拷贝（即实现 Calibration Transport，而非 Calibration Transfer）。近些年，仪器设计正在采用一些最新的光学原理和加工技术（如 MEMS，微机电系统），使仪器更趋小型化和专用化，这类仪器具有体积小、重量轻、可集成化、可批量制造以及成本低廉等优点，存在着较强的生命力和巨大的潜在应用市场。近红外光谱仪器的详细介绍可参见本书第 2 章内容。

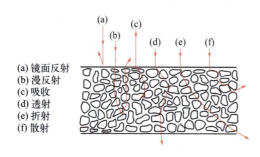

图 1-34　近红外光与物质的相互作用形式

近红外光谱分析有别于其他分析技术的另一个特点是，近红外光谱仪器的附件形式多样，以适合不种物态样品的测量。如图 1-34 所示，根据近红外光与物质的作用形式，近红外光谱测量附件可分为透射测量附件、漫反射测量附件、漫透射测量附件和漫透反射测量附件等。对于固体颗粒和粉末，多采用漫反射或漫透射测量附件，这类附件往往是旋转的或上下往复移动的，以保证光谱更具代表性。对于液体样品，多采用透射或漫透射测量附件，由于液体样品的近红外光谱对温度较为敏感，液体附件往往采用恒温方式。这些附件大多采用模块化设计，用户可根据实际需要选配不同的测量附件。

对于近红外光谱在线仪器，尤其近年来过程分析技术（PAT）在制药等领域中的兴起，针对特定行业的应用，有多种在线测样附件，如不同材质和规格的流通池、光纤探头以及专用漫反射附件等，以适应对不同物态（如液体、黏稠体、涂层、粉末和颗粒等）、不同条件下（高温、高压和强腐蚀等）样品的在线测量。几乎针对任何样品类型，目前都可以找到合适的在线测量附件。这些附件可以直接安装到工业装置上（In-line），或通过样品预处理系统处理后对样品进行在线测量（On-line）。近红外光谱在线分析技术的详细介绍可参见本书第 4 章内容。

化学计量学是综合使用数学、统计学和计算机科学等方法从化学测量数据中提取信息的一门新兴的交叉学科。用于近红外光谱分析的化学计量学方法主要有光谱预处理和变量选择方法、多元定量校正方法、模式识别方法和模型传递方法等。模型的建立对于近红外光谱分析技术非常关键，直接影响近红外光谱分析的工作效率和质量。在实际应用过程中，建立模型都是通过化学计量学软件实现的，并且有严格的规范（如 ASTM E1655 和 GB/T 29858）。利用化学计量学方法和建模的详细介绍可参见本书第 3 章内容。

1.5　近红外光谱分析技术的特点

（1）优越性

目前，近红外光谱已经成为在工农业生产过程质量监控领域中不可或缺的重要分析手段之一，这与该技术具有的本质特点是分不开的，其独有的优越性如下[20]。

① 测试方便　近红外光谱吸收强度弱，对大多数类型的样品不需进行任何处理便可直接进行测量，不破坏试样、不用试剂、不污染环境。例如，对于液体的测量，通常可选用 2~5 mm 范围光程的比色皿进行测量，相比红外光谱采用 30~50 μm 光程的液体池，其装样和清洗都非常方便和快捷，甚至可以使用廉价的一次性玻璃小瓶。由于光程长，不仅对光程精度的要求显著下降，日常分析时通常也不需要对光程进行校准，而且痕量物质对测量结果的干扰影响也不明显。对于固体样品，则可以采用漫反射测量方式，直接对样品进行分析，不破坏样品、不需要化学试剂，属环境友好型分析技术，但若想得到更精确的测量结果，有时也需要制样，如粉碎和磨粉等。

② 仪器成本低，非常适用于在线分析　近红外光比紫外光波长长，比中红外光波长短，所用光学材料为石英或玻璃，仪器和测量附件的价格都较低。近红外光还可通过相对便宜的低羟基石英光纤进行传输，适合于有毒材料或恶劣环境的远程在线分析，也使光谱仪和测量附件的设计更灵活和小型化。例如，目前有各式各样的商品化光纤探头，可以测定多种形态的样品。

③ 分析速度快，分析效率高　可在几秒内通过一张光谱测定样品的多种组成和性质数据。分析结果的重复性和再现性通常优于传统的常规分析方法。

（2）局限性

伴随着以上优点，近红外光谱分析技术也存在着以下的局限性。

① 近红外光谱定量和定性分析几乎完全依赖校正模型，校正模型往往需要针对不同的样品类型单独建立，需花费大量的人力和物力。校正模型的建立不是一劳永逸的，在实际应用中，遇到模型界外样本，需要根据待测样本的组成和性质变动不断对校正模型进行扩充维护。对于经常性的质量控制是非常适合的，但并不适用于非常规性的分析工作。

② 校正模型要求近红外光谱仪器具有长期稳定性，仪器的各项性能指标不能发生显著改变，而且光谱仪光路中任何一个光学部件的更换都可能会使模型失效。如果所建模型用于不同的仪器，则要求所用的近红外光谱仪器之间有很好的一致性，否则将带来较大的甚至不可接受的预测误差。尽管模型传递技术可以在一定程度上解决这一问题，但不可避免地会降低模型的预测能力。

③ 物质一般在近红外区的吸收系数较小，其检测限通常为 0.1%，对痕量分析往往并不适用。为了克服其局限性，可采用样品预处理的方法（如固相微萃取等富集方法）提高检测限，但这时将近红外光谱作为检测技术可能不是最佳的选择。

(3) 适用场合

基于上述特点，近红外光谱分析技术尤其适合以下场合。

① 对天然复杂体系样品的快速、高效、无损和现场分析，如石油及其产品、农产品多种物化指标的同时分析等。

② 高度频繁重复测量的快速分析场合，即分析对象的组成具有相对强的稳定性、一致性和重复性，如炼油厂、食品厂或制药厂的化验室。通过网络化管理，可实现大型集团企业的校正模型共享。

③ 适用于大型工业装置如炼油、化工和制药的在线实时过程分析，与过程控制和优化系统结合可带来可观的经济效益。

1.6 近红外光谱在石油炼制和化工领域中的应用现状

1.6.1 引言

自 20 世纪 90 年代以后，近红外光谱分析技术正在以产业链的方式应用于多个领域，如农业、石化、制药、食品和饲料等[21,22]，它可以快速高效地测定样品的化学组成和物化性质，成为农工矿企业和科研部门不可或缺的一种分析手段。近红外光谱分析技术在工业（尤其是大型流程工业）应用中的优势逐渐被人们认识，迅速应用到实验室快速分析、现场分析以及在线分析中，为企业带来了丰厚的效益。更为重要的是，在一些行业近红外光谱分析技术成为促进技术进步（例如生产工艺的改革）以及提高科学管理（例如保证产品质量）的重要手段之一，已成为现代优化操作和控制系统中的一个重要组成部分。

在国外，近红外光谱分析技术在大型流程工业的应用日趋成熟和广泛，但由于涉及企业经济利益及商业秘密等原因，很多实际应用未见正式报道。例如在石化行业，据统计全球仅汽油调和装置就有几百套安装了在线近红外光谱仪，其他主要炼油装置如催化重整和催化裂化也都以在线近红外光谱分析技术为基础实现了优化控制操作。在农产品的现场收购环节，在线、便携式和台式近红外光谱被广泛用作按质论价的分析手段，例如，仅在日本就有 550 家果品等级分拣企业安装了 2000 多台在线近红外分析仪。在制药领域，近红外光谱分析技术正在由可选方法（Alternative Method）向一次方法（Primary Method）做跨越式转变。近红外光谱分析技术的应用为上述行业带来了丰厚的经济效益，已成为提高企业科学管理必不可少的一种手段。

为了解决模型维护问题，美国、法国、德国、丹麦、瑞士、加拿大和澳大利亚等国家的官方机构已经组织建立了粮食、甘蔗和果品分析的近红外网络，这些网络由国家相关管理部门（网络管理中心）牵头，由研究机构（建模中心）、行业检验机构（标准化学实验室）、仪器厂家和用户组成。最早的近红外网络是 1991 年丹麦建立的，含有 40 台仪器。目前规模最大的是法国的 Agroreso 近红外网络，包含 1000 多台仪器。实践证明，网络化技术是将近红外优势在实际应用中发挥到最大的一个重要途径。例如，法国、德国和丹麦等国家的近红外网络已覆盖几乎所有的粮食收购点，较好地解决了收购现场粮食快速检测问题，真正实现了谷物的优质优价及按质分类储存。

近 10 年来，国外还颁布了几十项标准方法，包括 ASTM（美国材料与试验协会）标准、ISO（国际标准化组织）标准、AACC（美国谷物化学家协会）标准、AOAC（美国官方分析化学家协会）标准、ICC（国际谷物协会）标准、AOCS（美国油类化学家学会）标准和药典（USP、PASG、CPMP & CVMP、RIVM 等），这些标准方法对保障近红外应用的规范化起到了重要作用。

近些年，国际近红外光谱技术的应用热点集中在替代能源领域（如燃料乙醇和生物柴油）、精细化工（如农药合成以及高聚物合成）、制药等领域的原料品质检测、生产过程控制分析以及产品质量的快速分析等。此外，近红外光谱成像技术作为传统近红外光谱分析技术的一种补充，也越来越多地用于制药和化工等领域[23]。

与国际近红外光谱技术的发展历程类似，我国近红外光谱技术的应用也起始于农业，然后是石化，接着是药品和制药等领域。20 世纪 80 年代中后期，中国农业大学严衍禄教授开展了近红外光谱用于农产品快速分析的研究工作。20 世纪 90 年代初，后勤工程学院冯新泸教授将近红外光谱用于石油产品的应用研究，20 世纪 90 年代中期，中国石化石油化工科学研究院（RIPP）陆婉珍院士团队在国内研发出成套的近红外光谱分析技术，并将其应用于多套炼油生产装置，为企业带来了可观的经济效益和社会效益，随之在国内掀起了研究和应用的热潮。

2006 年中国药品生物制品检定所（现中国食品药品检定研究院）以近红外光谱为核心技术研制出药品检测车，目前已装备有 400 余辆，在基层实现了现场对药品质量的快速筛查，提高了药品监管工作的效率和质量。2004 年美国食品药品监督管理局（FDA）颁布 PAT 框架后，近红外光谱在我国制药领域的研究与应用工作也迅速展开，尤其是在我国的中药企业，近红外光谱已成为企业提升药品品质的一个重要技术手段。

此外，近些年我国大型饲料集团公司几乎都采用近红外光谱快速或在线分析手段，一方面对饲料原料按照其品质进行按质论价收购，另一方面在保证饲料产品合格的前提下调整配方，显著降低生产成本，从而获取可观的经济效益。在我国大型烟草企业，近红外光谱技术的应用也已相对成熟，尤其是在烟草常规化学成分测定方面，近红外光谱模型库越来越丰富，预测准确性也越来越高，在配方设计和质量监控中发挥着重要作用。

本节主要综述近红外光谱在石油炼制和化工领域的研究和应用现状。石油炼制和化工是国民经济最重要的支柱产业之一，是提供能源尤其是交通运输燃料和有机化工原料的最重要的流程工业。石油炼制和化工是指以石油和天然气为原料生产石油产品和石油化工产品的加工工业。石油产品主要包括各种燃油（汽油、煤油、柴油等）和润滑油以及液化石油气、石油焦炭、石蜡、沥青等。生产这些产品的加工过程常称为石油炼制，简称炼油。石油化工产品以炼油过程提供的原料油进一步进行化学加工获得。生产石油化工产品的第一步是对原料油和气（如丙烷、石脑油、加氢尾油等）进行裂解，生成以三烯（乙烯、丙烯、丁二烯）和三苯（苯、甲苯、二甲苯）为代表的基本化工原料；第二步是以基本化工原料生产多种有机化工原料（约 200 种）及合成材料（塑料、合成纤维、合成橡胶）。这两步产品的生产属于石油化工的范围。有机化工原料继续加工可制得更多品种的化工产品。在有些资料中，以天然气、轻汽油、重油为原料合成氨、尿素，甚至制取硝酸，也列入石油化工。

石油产品和化工产品种类繁多，但以碳氢化合物为主，尽管部分产品也包括含氧、氮和硫等元素的化合物，大多也是与氢原子结合的化合物。这些化合物中含氢基团的振动吸收光谱的倍频及组合频正好位于近红外光谱范围（700～2500 nm）内，因此，近红外光谱中含有丰富的化学结构信息，利用化学计量学方法可以快速测定石油产品和化工产品的化学组成以及与组成密切相关的物理特性，还可对产品的质量等级进行鉴别分析。

石化领域的分析对象和项目繁多，传统分析方法大多耗时长、不环保、不利于在线分析，近年来国内大力发展智能制造，石化企业也逐步向"智能工厂"转型，力推先进控制和实时优化控制技术，特别需要在线分析技术及时可靠地提供原料和成品质量信息[24-26]。通过近20年广泛深入研究核磁共振、中红外光谱、拉曼光谱和近红外光谱与化学计量学相结合的方法，人们最终发现对于石油及其产品（包括原油、汽油、柴油和润滑油等）的快速和在线分析，近红外光谱是最实用的技术。表1-3给出了近红外光谱可以准确分析的油品及其物性参数，表1-4对核磁共振、中红外光谱、拉曼光谱和近红外光谱四种方式用于快速或在线分析油品物性的特点进行了对比。可以看出，近红外光谱因其自身特点和优势，在石化行业是优选的工业过程分析技术，在国内外炼油化工企业得到了越来越广泛的应用，亦为企业带来了可观的经济和社会效益。

表1-3　近红外光谱可以准确分析的油品及其物性参数

石油及其产品	物性参数
原油	密度、硫、酸值、残炭、氮、蜡、胶质、沥青质、实沸点蒸馏
石脑油	PIONA、PIONA碳数分布、密度、馏程，结合原油评价数据库可得到详细的原油评价数据
汽油	
成品汽油	辛烷值（RON，MON）、密度、芳烃含量、烯烃含量、苯含量、MTBE含量、乙醇含量、馏程
催化裂化汽油	辛烷值（RON，MON）、芳烃含量、烯烃含量、苯含量、馏程
S Zorb汽油	辛烷值（RON，MON）、芳烃含量、烯烃含量、苯含量、馏程
重整汽油	辛烷值（RON，MON）、PIONA、芳烃碳数分布、馏程
烷基化汽油	辛烷值（RON，MON）、馏程
裂解汽油	辛烷值（RON，MON）、二烯含量、二甲苯异构体含量
柴油	十六烷值、密度、折射率、凝点、闪点、馏程、芳烃组成（单环、双环和多环）、碳氢含量
航煤	冰点、芳烃、馏程、烃组成数据
减压瓦斯油	密度、族组成、黏度、残炭、硫、氮、馏程、烃组成数据
润滑油基础油	族组成、黏度指数、倾点、烃组成数据
渣油	密度、四组分组成、硫、氮、残炭、馏程
沥青	蜡含量、针入度、密度

表1-4　核磁共振、中红外光谱、拉曼光谱和近红外光谱四种方式用于油品物性快速或在线分析的比较

项目	中红外光谱	拉曼光谱	近红外光谱	低场核磁共振氢谱
谱学信息	反映的是分子化学键振动的基频信息，由分子偶极矩的变化产生，强极性官能团信息丰富，如C＝O等。光谱范围4000～400 cm^{-1}，基频吸收强度较强	反映的是分子化学键振动的基频信息，由分子极化率的变化产生，非极性或弱极性官能团信息丰富，如C＝C等。光谱范围4000～10 cm^{-1}，拉曼散射光强度很弱	反映的是分子化学键振动的倍频和组合频信息，由分子偶极矩的变化即非谐性产生，主要是含氢官能团的信息，如C—H、N—H和O—H等。光谱范围12000～4000 cm^{-1}，倍频和组合频化学信息丰富，但有重叠	反映的是氢核对射频辐射的吸收，核磁共振氢谱的化学位移与氢核所处的分子结构密切相关，主要是不同化学环境下的氢核信息。化学信息丰富，但核磁信号较弱，易受外界环境干扰

续表

项目	中红外光谱	拉曼光谱	近红外光谱	低场核磁共振氢谱
定量原理	对于汽油、柴油和原油等复杂混合物，需要采用多元校正方法（如PLS或ANN）建立校正模型	对于汽油，需要采用多元校正方法（如PLS或ANN）建立校正模型。对于一些相对简单的石油化工物料（如C_8芳烃混合物），通过特征吸收峰的吸光度或峰面积便可建立定量校正曲线	对于汽油、柴油和原油等复杂混合物，需要采用多元校正方法（如PLS或ANN）建立校正模型	对于汽油、柴油和原油等复杂混合物，高分辨的优势无法发挥，仍需要采用多元校正方法（如PLS或ANN）建立校正模型
实验室快速分析技术	汽柴油采用透射方式进行测量；原油或重油多采用ATR方式测量	汽油和轻质化工品采用背散射测量方式。由于荧光干扰等原因，不适合测量沸点比柴油馏分还高的油品，包括原油	不需要样品预处理，原油及其所有馏分段的油品（包括渣油）都采用透射方式进行测量	对于实验室高分辨核磁共振氢谱，样品需要进行溶解稀释等预处理，分析步骤相对繁琐。对于实验室低场核磁共振氢谱，不需要样品稀释，但温度等外界因素影响大，仪器稳定性较差
工业现场在线分析技术	多用于气体分析。因光纤材料所限，较难实现对液态油品进行在线分析	对于汽油和轻质化工产品可采用低羟值的石英光纤，传输距离大于100 m，但激光存在一定的安全问题	可采用低羟值的石英光纤，传输距离大于100 m。可同时对多路物料进行测量，目前在工业生产中应用广泛	采用阀切换方式进行多路测量，样品中的金属物质和温度对谱图测量影响大，样品预处理复杂
工业应用成熟度	对于汽柴油的实验室和便携式快速分析，已建立较为完善的中红外光谱数据库，已有较为成熟的产品	对于芳烃分离单元，拉曼光谱在线分析较为成熟。对于汽油在线分析尚未形成完整的拉曼数据库，拉曼光谱信号弱，信噪比低，结果的重复性相对较差	已建立完善的原油光谱数据库和汽油、柴油、润滑油等油品光谱数据库。实验室快速分析和工业在线分析应用广泛，工程化成熟度高	工业在线核磁仪器尚不成熟，受温度等外界环境干扰大，核磁信号不稳定，也未建立完善的油品数据库，工业应用成熟度低

1.6.2　油气分析

1.6.2.1　天然气分析

天然气或液化气中的碳氢化合物在近红外光谱区有丰富的倍频和合频吸收，结合多元定量校正方法可以对其组成进行快速或在线定量分析[27,28]。早在1988年，Brown等就开始研究利用近红外光谱结合化学计量学方法预测天然气热值的方法，随后探索了在线分析天然气热值的可行性[29,30]。Makhoukhi等比较了中红外光谱和近红外光谱结合化学计量学方法测定甲烷、乙烷和丙烷混合物的组成，对不同的光谱范围和分辨率进行了系统研究，结果表明近红外光谱的结果更优[31]。Haghi等采用近红外光谱结合偏最小二乘法（PLS）建立了不同温度和压力条件下预测天然气中甲烷、乙烷、丙烷、异丁烷和正丁烷含量的校正模型，其结果与气相色谱一致[32]。

Barbosa等设计搭建了自动配制天然气近红外光谱建模标样的系统，采用氮气、甲烷、乙烷和丙烷制备的建模标样具有实际应用价值，减少了对实际样本的需求[33-37]。Paiva等提出了一种通过添加固体颗粒物增加气体漫反射测量的附件，可以方便地获取天然气等气体样品的近红外光谱[38]。Mullins等则采用近红外方法在高温和高压条件下直接表征井液中的气体，测定了含气原油的气油比，并对气体的成分含量进行了预测分析[39,40]。

1.6.2.2 石脑油分析

石脑油由原油蒸馏或石油二次加工切割相应馏分而得，它由不同的碳氢化合物混合组成，其主要成分是含 5~11 个碳原子的链烷烃、环烷烃或芳烃。石脑油是管式炉裂解制取乙烯、丙烯，催化重整生产高辛烷值汽油组分以及制取苯、甲苯和二甲苯的重要原料。石脑油也可以用于生产溶剂油或直接作为汽油产品的调和组分。作为裂解原料，要求石脑油组成中烷烃和环烷烃的含量尽可能高；作为催化重整原料，用于生产高辛烷值汽油组分时沸点范围一般要求为 80~180 ℃，用于生产芳烃时沸点范围要求为 60~165 ℃。

在炼化一体化企业中，石脑油的利用原则是"宜油则油，宜烯则烯，宜芳则芳"。因用途不同，石脑油有各种不同的质量技术指标要求，其中石脑油的 PIONA（直链烷烃、支链烷烃、环烷烃、烯烃和芳烃）组成无论对哪种加工工艺都是十分重要的指标。传统的 PIONA 组成分析都采用气相色谱方法，由于分析时间较长，无法满足过程控制尤其是先进控制和优化系统的需要。因此，现代炼厂都采用在线近红外光谱技术实时分析作为裂解原料和重整原料的石脑油的 PIONA 组成含量，可在几十秒内为先进控制和优化系统提供原料的组成数据，这对于优化装置的工艺操作参数、保证装置高负荷平稳运行具有重要的作用。

1991 年，英国石油公司（BP）法国 Lavera 炼厂就采用在线近红外光谱对裂解原料的 PIONA 组成和密度等参数进行分析，参与裂解过程的优化控制，取得了良好的经济效益[41]。2007 年，燕山石化乙烯装置在国内首次采用国产在线近红外光谱技术[42]，随后茂名石化、扬子石化和兰州石化等企业也陆续在乙烯装置上采用近红外光谱技术，实时检测石脑油的物性参数，这对我国乙烯原料物性变化较大的炼厂尤为重要[43-45]。

较多的文献表明，近红外光谱可以准确测定更详细的基于碳数分布的 PIONA 组成，但对于石脑油中含量低于 0.5%（也有人认为 1.0%）的混合组分，例如 C_{10} 芳烃，不仅含量低，而且化合物种类较多、含量分布也很不均匀，通常很难建立稳健、实用的近红外光谱分析模型[46]。Chung 等比较了拉曼光谱与近红外光谱测定石脑油 PIONA 组成的优劣，结果表明，尽管拉曼光谱有更好的光谱分辨性，但由于仪器的信噪比和稳定性等问题，拉曼光谱的预测准确性不如近红外光谱[47]。近期，刘秋芳等采用近红外光谱结合样本增强方法，利用 PLS 法和 K-近邻回归（K-Neighbors Regressor，KNR）法分别建立了石脑油 PIONA 组成和单体烃分布比例预测模型，将石脑油组成的预测扩展到单体烃层级[48]。

对于石脑油的密度和馏程，近红外光谱也能给出满足工艺需求的分析结果[49]。近红外光谱对密度的预测准确性和重复性都劣于常规方法，通常在 0.66~0.76 g/cm^3 范围内，近红外光谱预测密度的 SEP（预测标准偏差，详见 3.2.6 节）为 0.0008 g/cm^3 左右。对于馏程，近红外光谱能反映其大致变化趋势，30%、50% 和 70% 能得到相对准确的结果；对于初馏点和终馏点，因影响其变化的烃类组成含量极低，常规分析方法的重复性也相对较差，近红外光谱预测初馏点和终馏点的 SEP 通常为 4 ℃。

石化厂常用 BMCI 值衡量裂解原料石脑油等油品的裂解性能。BMCI 值也称芳烃指数，原是"U. S. Bureau of Mines Correlation Index"（美国矿物局相关指数）一词的缩写，现常用作表示油品芳构性的指数。定义正己烷的 BMCI=0，苯的 BMCI=100，故直链烷烃的 BMCI 值接近 0，较多支链的烷烃的 BMCI 值为 10~15。烃类化合物的芳香性越强，则 BMCI 值越大。石脑油等裂解原料的 BMCI 值越小，乙烯收率越高；反之，BMCI 值越大，乙烯收率越低。

BMCI 值的计算公式如下：

$$\mathrm{BMCI} = \frac{48640}{T_V} + 473 \times d_{15.6}^{15.6} - 456.8$$

式中，T_V 是体积平均沸点（K），为恩氏蒸馏的 10%、30%、50%、70%、90% 5 个馏出温度的平均值，$T_V = (T_{10} + T_{30} + T_{50} + T_{70} + T_{90})/5 + 273$；$d$ 为相对密度。

可以直接通过近红外光谱建立预测 BMCI 值的预测模型。也可以由近红外光谱预测出的密度和馏程数据计算出 BMCI 值，其准确性依赖于近红外光谱预测密度和馏程数据的准确性。

除了将近红外光谱技术用于蒸汽裂解和催化重整装置进料的在线分析外，为合理利用石脑油资源，一些石化公司（例如韩国 SK 公司）还建有石脑油优化自动调和装置（图 1-35），将在线近红外光谱技术用于调和组分和产品的 PINA（直链烷烃、支链烷烃、环烷烃和芳烃）组成、密度和馏程的分析，为优化石脑油调和配方实时提供数据。据 SK 公司报道，对于蒸汽裂解装置，石脑油中的正构烷烃含量每增加 1%，每吨产品可增加 0.4 美元的效益；对于催化重整装置，石脑油中的芳烃潜含量（N+2A）每增加 1%，每吨产品可增加 0.6 美元的效益。因此，其产生的经济效益是很大的。

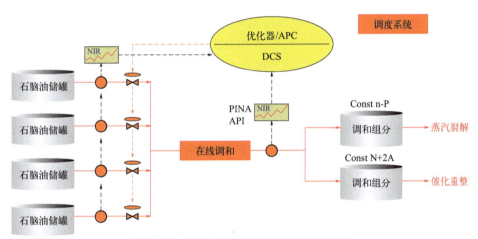

图 1-35 近红外光谱用于石脑油调和示意图

1.6.2.3 汽油分析

汽油是用量最大的轻质石油产品之一，主要成分为 $C_5 \sim C_{12}$ 复杂烃类的混合物，是无色至淡黄色的易流动液体，馏程范围为 30~205 ℃。原油蒸馏、催化裂化、热裂化、加氢裂化、催化重整、焦化等炼油过程都产生汽油组分，但从这些装置直接生产的汽油组分不单独作为发动机燃料，而是将其按一定比例调配，有时还加入添加剂如甲基叔丁基醚（MTBE）等，以调和成满足一定质量规格要求的商品汽油。

辛烷值是汽油最重要的质量指标，用于表征汽油的抗爆性。辛烷值有研究法辛烷值（RON）和马达法辛烷值（MON）两种，它们测试的条件和代表的意义不同。车用汽油牌号是按研究法辛烷值等级划分的，例如 89 号、92 号、95 号和 98 号等。92 号汽油表示它的辛烷值不低于 92，但同时要求其抗爆指数（研究法辛烷值和马达法辛烷值的平均值）不低于 87。标号越高，抗爆性越好。传统测定辛烷值的方法不仅速度慢（约 30 min）、分析成本高（需要标准试剂，分析设备维护费用高）、所需测试样品量大（400 mL）、噪声和有害挥发物质污染大，而且不适合在线分析。

1989 年，美国华盛顿大学过程分析化学中心（CPAC）Kelly 等利用近红外光谱结合 PLS 法建立快速测定汽油辛烷值方法[50]，从而掀起了近红外光谱用于油品分析的研究和应用热潮。随后，1990 年，Kelly 等又采用近红外光谱快速测定汽油中的芳烃、烯烃等族组成含量[51]。这期间，美国国会通过了《清洁空气法修正案》，使实施新配方汽油成为法律。新配方汽油限制烯烃、芳烃特别是苯的含量，要求添加含氧化合物（以 MTBE 为主），以改善燃烧性能和降低汽车排放，同时补偿限制芳烃引起的辛烷值短缺，维持汽油辛烷值保持现有的水平。

20 世纪 90 年代前期，美国新配方汽油的实施为近红外光谱分析技术在石化领域中的应用提供了难得的机遇。为实现在调和成本最小的前提下满足新配方汽油多项质量规格的要求，炼油企业就必须用优化算法计算调和组分配方，用管道自动调和工艺代替原来的罐调和方式，这就需要一种能够在线快速测定组分汽油和成品汽油多种关键物性（研究法辛烷值、抗爆指数、烯烃、芳烃、苯、MTBE 含量、蒸气压等）的分析技术。尽管当时人们也广泛、深入地研究了核磁共振、中红外光谱和拉曼光谱与化学计量学相结合的方法，但最终发现近红外光谱对于复杂的汽油混合物是最实用的在线分析技术[52,53]。

如图 1-36 所示，在线近红外分析仪可实时、准确地为调和优化控制系统提供各种汽油组分和产品的多种关键物性，调和优化控制系统利用各种汽油组分之间的调和效应实时优化计算出调和组分之间的相对比例，即调和配方，保证调和后的汽油产品满足质量规格要求，并使调和成本和质量过剩降低到最小。在 20 世纪 90 年代初期，全球领先的石化企业如埃克森（Exxon）、环球油品（UOP）和英国石油（BP）等，便与分析仪器制造商合作开发了一整套在线近红外（NIR）光谱分析仪器。同期，Guided Wave、Analect 和 Petrotemrix 等公司也应市场需求，针对石化行业汽油调和等过程分析的特定需求而成立和发展。这些公司以近红外光谱分析技术为核心，开发的汽油优化调和系统成为当时炼油行业的标志性技术进步。这一时期，我国大连西太平洋石化、福建炼厂、兰州炼厂、大连石化等先后从国外引进了在线近红外分析仪用于汽油调和[54,55]。2005 年，由中国石化石油化工科学研究院自主知识产权技术建成的汽油优化调和系统在中国石化广州分公司正式投产运行，据财务核算，这套系统应用当年带来的经济效益就有千万元人民币[25]。随后，我国青岛炼化、海南炼化、齐鲁石化、燕山石化、锦州石化和锦西石化等也相继建成了以在线近红外光谱为测试手段的汽油调和系统[56-59]。

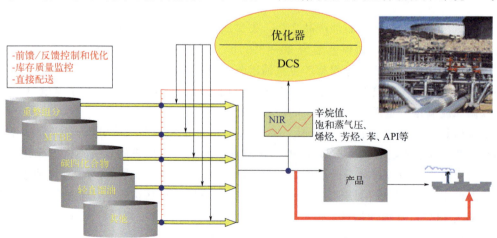

图 1-36　近红外光谱在汽油调和工艺中的应用示意图

近红外光谱测定汽油的辛烷值是石化领域研究最广泛和深入的测试项目。辛烷值与汽油组成的分子结构有很好的对应关系，例如甲基、烯键和芳烃的 C—H 数量增加辛烷值则升高，亚甲基的 C—H 数量增加辛烷值则降低。因此，对于同一类型的汽油，近红外光谱吸光度与辛烷值之间有良好的线性关系，通过 PLS 法可建立实用性强的分析模型。美国休斯敦岩心实验室公司 1993 年从美国多个石油公司收集了 15000 余个汽油样本，其中研究法辛烷值范围为 98.3～89.5，抗爆指数范围为 85.4～93.2。用 13700 个样本建立模型，用 2071 个样本进行验证。统计结果表明，近红外光谱预测研究法辛烷值的 SEP 为 0.36，抗爆指数的 SEP 为 0.29。100 天的重复性实验表明，近红外光谱测定辛烷值的长期稳定性为±0.13 个辛烷值单位[60]。传统辛烷值测定方法要求重复性为 0.3 个辛烷值单位、再现性为 0.7 个辛烷值单位。如图 1-37 所示，汽油调和装置采用在线近红外光谱技术后，可将成品汽油的辛烷值变动由原来的±0.25 个辛烷值单位降低为±0.10 个辛烷值单位，从而可为企业带来丰厚的经济效益[61]。

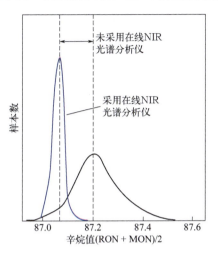

图 1-37　在线近红外光谱分析仪应用前后成品汽油辛烷值的变动分布

其他文献报道的近红外光谱测定辛烷值的准确性与重复性与这一结果大致相同。中国石化石油化工科学研究院从 2006 年开始，连续多年收集了国内多家炼厂近千个成品汽油样本，利用误差反向传输人工神经网络（BP-ANN）建立了傅里叶变换近红外光谱预测汽油辛烷值的分析模型，研究法辛烷值分布范围为 86.4～99.1，抗爆指数分布范围为 82.2～92.9，用 539 个样本建立模型，用 136 个样本作监控集（防止过训练），用 230 个样本作验证集，所得研究法辛烷值和抗爆指数的 SEP 分别为 0.44 和 0.35[62]。

现行测定汽油烯烃和芳烃组成的荧光指示剂方法（GB/T 11132—2022）也较为繁琐，不仅使用大量有害试剂、分析时间长，而且重复性受多种因素影响。对于汽油烯烃、芳烃组成的分析，近红外光谱可以快速给出准确的预测结果。中国石化石油化工科学研究院基于 579 个成品汽油，利用 BP 神经网络方法建立了分析模型，模型覆盖的烯烃分布范围为 7.7%～59.2%，芳烃分布范围为 10.3%～48.9%。215 个验证集样本表明近红外光谱预测汽油烯烃和芳烃的 SEP 分别为 1.59%（体积分数）和 1.66%（体积分数）。这与国内外相关文献发表的数据相一致。

汽油中苯和 MTBE 含量（氧含量）通常采用气相色谱方法测定，分析时间长，难以满足炼厂过程控制的需求。由于苯和 MTBE 都是纯化合物，与芳烃和烯烃等族组成相比，不仅参考数据的获取较为精确，而且在近红外光谱中的化学信息也十分明确，因此采用线性 PLS 方法便可建立优秀的近红外光谱分析模型。中国石化石油化工科学研究院基于 472 个成品汽油建立了近红外光谱预测苯和氧含量的 PLS 分析模型，校正集样本中苯含量范围为 0.2%～2.2%（体积分数），氧含量分布范围为 0.01%～2.93%（质量分数）。170 个验证集样本表明近红外光谱预测汽油苯含量和氧含量的 SEP 分别为 0.06% 和 0.08%。除 MTBE 含量外，近红外光谱还可准确测定乙醇、甲醇、乙基叔丁基醚（ETBE）等含氧化合物的含量[63-65]。

近红外光谱预测汽油的蒸气压和馏程也有不少文献报道[66,67]。对于蒸气压、初馏点和终馏点等指标，由于外界影响因素较多、传统方法提供的参考数据误差大、近红外光谱中信息少且无明显的对应化学特征，尽管近红外光谱可以给出大致的变化趋势，但预测误差较大，初馏点和终馏点的 SEP 为 2.5 ℃ 左右。对于中间馏程数据，如 30 ℃、50 ℃、70 ℃ 馏程，近红外光谱的预测准确性相对较好，其 SEP 大多在 1.5 ℃ 左右。

He 等利用自适应区间高斯过程回归（GPR）波长选择算法、基于局部学习和递归的自适应建模算法、半监督高斯混合算法等方法对汽油调和过程中在线近红外光谱分析模型进行改进[68-70]，现场应用结果证明了方法的有效性和优越性。苏曼等提出了一种用于成品油近红外光谱校正集自动维护的方法[71]，可在一定程度上解决新样本偏离原校正集样本分布区域导致的模型预测准确性降低的问题。Li 等将移动窗口相关系数法（MW-CC）与蒙特卡罗（Monte Carlo）方法结合用于近红外光谱定量分析，直接用谱图检索算法预测汽油的辛烷值和化学组成[72]，可显著降低模型的维护工作量。

为了解决多变量校准模型因通道间差异而无法共享的问题，Sun 等提出了一种基于分段余弦谱的光谱标准化方法[73]，能有效地消除不同噪声造成的通道差异，提高分析模型通用性。近红外光谱不仅可用来实时分析组分油和成品油性质，Silva 等还将其用于调和配方的快速设计[74]（图 1-38），结果表明，利用各组分油近红外光谱按一定比例计算出的成品油近红外光谱和用光谱仪采集的由同种组分油按相同比例调和出的实际成品油的近红外光谱，两者相似度很高，经同一模型预测出的辛烷值也很接近，证明利用组分油近红外光谱和辛烷值数据通过计算机辅助设计调和比例指导生产目标辛烷值成品汽油是可行的。该技术一旦用于实际，可帮助炼厂生产调度人员方便快捷地设计调和配方，最大化提高调和效益。该技术对原油、石脑油等物料的调和同样适用。

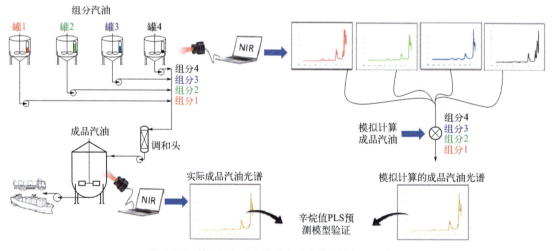

图 1-38 基于近红外光谱的汽油辛烷值模拟器示意图

除了汽油调和装置外，生产汽油调和组分的催化裂化、催化重整、蒸汽裂解等装置也采用近红外光谱对汽油的性质和组成进行快速或在线分析。相比成品汽油，近红外光谱在测定催化裂化汽油和重整汽油的性质和组成时，因组成结构变动相对较小，其预测准确性有一定程度的提高。

1996 年，沧州炼油厂就将近红外光谱方法用于催化裂化汽油的中间过程控制分析。根据沧州炼厂化验室成本数字统计，采用近红外光谱方法后，仅节省辛烷值测试费一项，每年就为企业带来近 20 万元人民币的效益。更为重要的是，使用近红外光谱分析技术后，显著缩短了分析时间（5 min/样品），可及时监测生产装置产品质量，对于生产上的波动可通过调整工艺条件使产品质量迅速恢复到正常情况，有效避免了多次加工再处理带来的较大经济损失[75]。随后，燕山石化、广州石化、武汉石化和乌鲁木齐石化等企业也都采用近红外光谱快速测定催化裂化汽油的辛烷值、芳烃和烯烃含量，该方法在中间过程控制分析中发挥着重要作用[76-78]。

2011 年，中国石化石油化工科学研究院基于 300 多个样本（包括重油催化裂化、蜡油催化裂化和 S Zorb 汽油等类型），利用傅里叶变换近红外光谱建立了催化裂化汽油辛烷值、芳烃和烯烃含量的 PLS 分析模型，研究法辛烷值和抗爆指数分布范围分别为 87.3～95.2 和 82.9～88.6，烯烃和芳烃分布范围分别为 18.0%～59.6% 和 13.5%～34.8%。100 多个验证集样本的预测结果表明，近红外光谱预测催化裂化汽油研究法辛烷值、抗爆指数、芳烃含量、烯烃含量的 SEP 分别为 0.34、0.28、1.21%、1.15%。

相对于催化裂化汽油，催化重整汽油的化学组成更简单，近红外光谱测定其辛烷值的准确性也更好。中国石化石油化工科学研究院在 10 年多的时间里收集了 1500 多个固定床半再生和连续再生重整汽油样本，研究法辛烷值范围为 90.1～105.2，300 余个验证样本研究法辛烷值的 SEP 为 0.31。催化重整生成油除作为汽油调和组分外，还用作生产芳烃的原料，因此需要测定重整生成油中详细的族组成数据[79]。与石脑油分析相似，近红外光谱除了可以准确测定 PIONA 组成外，还可准确测定浓度在 0.5% 以上的基于碳数分布的详细族组成，例如 C_6～C_9 芳烃、C_5～C_8 烷烃、C_5～C_8 环烷烃等，其 SEP 通常在 0.15%～0.30% 之间。

我国有多套催化重整装置采用在线近红外光谱分析技术。例如广州石化和兰州石化，为先进过程控制系统实时提供石脑油原料和重整汽油的关键物化参数，不仅增强了装置对原料变化的适应能力、稳定产品质量，还节约装置的能源消耗[80,81]。中国石化石油化工科学研究院还将在线近红外光谱技术用于 8 套催化重整中型装置，实时监测反应产物的变动情况，为催化剂研制过程中的快速评价提供丰富的信息[82]。在重整联合装置的芳烃分离单元，近红外光谱用于多种物料中的 BTEX（苯、甲苯、乙苯和二甲苯异构体）、碳八总芳烃和总非芳烃等组分含量的分析[83,84]。在吸附分离法生产对二乙苯（PDEB）过程中，韩国 SK 公司采用近红外光谱快速分析对二乙苯（PDEB）、邻二乙苯（ODEB）、间二乙苯（MDEB）和对二甲苯（PX）含量[85]。

2021 年，中国石化石油化工科学研究院将在线近红外光谱分析技术用于 S Zorb 吸附脱硫装置，实时检测 S Zorb 装置原料汽油和脱硫汽油的密度、辛烷值、蒸气压、馏程、烃组成等合计 62 个指标，近红外光谱对 S Zorb 脱硫汽油密度的 SEP 为 1.5 kg/m³，RON 的 SEP 为 0.2 个辛烷值单位，初馏点、50% 馏出温度、90% 馏出温度、终馏点的 SEP 分别为 3.1 ℃、2.8 ℃、2.9 ℃、3.2 ℃，蒸气压的 SEP 为 1.9 kPa，烯烃含量和芳烃含量的 SEP 分别为 0.65% 和 0.51%。该分析技术的投用为 RTO（Real Time Optimization，实时优化）智能优化操作提供了实时准确的物料性质数据，极大提升了生产企业的物料感知能力。

近红外光谱还用于其他类型汽油（例如蒸汽裂解汽油、烷基化汽油、焦化汽油以及一些特殊工艺汽油）的组成和性质分析，所测指标除辛烷值、族组成、密度和馏程外，还有一些特定的指标，例如裂解汽油中的二烯含量等[86,87]。

近红外光谱分析技术不仅用于工业装置的过程检测与控制，而且在工艺技术的研发过程中发挥着重要的作用[88]。结合现代模式识别方法，还用于不同类型、不同牌号汽油的分类与识别，还可用于海关物品的快速定性分析以及流通领域中伪劣油品的快速筛查鉴别分析[89-91]。

1.6.2.4 喷气燃料分析

喷气发动机燃料又称航空涡轮燃料，是一种轻质石油产品，是主要由直馏馏分、加氢裂化和加氢精制等组分及必要的添加剂调和而成的一种透明液体。喷气燃料分宽馏分型（沸点范围 60~280 ℃）和煤油型（沸点范围 150~315 ℃）两大类，广泛用于各种喷气式飞机。煤油型喷气燃料也称航空煤油。我国喷气燃料目前分为 5 个牌号：1 号喷气燃料和 2 号喷气燃料均为煤油型，馏程为 135~240 ℃，不同的是 1 号结晶点为 -60 ℃，而 2 号结晶点为 -50 ℃，两者均用于军用及民用飞机；3 号喷气燃料为煤油型，馏程为 140~260 ℃，冰点不高于 -46 ℃，闪点大于 38 ℃，用于民航飞机；4 号喷气燃料为宽馏分型燃料，馏程为 60~280 ℃，结晶点不高于 -40 ℃，一般用于军用飞机；5 号喷气燃料为重煤油型燃料，馏程为 150~280 ℃，冰点不高于 -46 ℃，闪点大于 60 ℃，芳烃含量不高于 25%，用于舰载飞机。3 号喷气燃料是现行最常用的航空煤油。

烃族组成是喷气燃料的重要质量指标。根据喷气燃料热值要求，族组成中饱和烃含量越高越有利，但因受冰点指标限制，正构烃含量又不能太多；芳烃含量影响到燃料对橡胶件溶胀性能、燃烧积炭性质、火焰温度及烟度等性质；烯烃含量直接影响燃料的安定性。因此喷气燃料质量标准中对芳烃、烯烃含量都有指标要求，3 号喷气燃料标准中规定芳烃的体积含量不大于 20%（军用）和 25%（民用），烯烃的体积含量不大于 5%。喷气燃料的烃族组成的标准分析方法与汽油相同，均采用荧光指示剂方法（GB/T 11132—2022），较为繁琐，分析时间长，重复性较差。

冰点是评价喷气燃料低温性能的重要指标，是燃料在冷却时形成烃类结晶而在温度升高时结晶又消失的温度，在大多数国家的喷气燃料规格中采用。还有与冰点的作用相同但定义不同的指标结晶点，它指燃料冷却时最初出现烃类结晶时的温度，通常比冰点的测定值低 1~3 ℃。我国对 1 号、2 号和 4 号喷气燃料的低温性能按照结晶度进行要求，而对最常用的 3 号喷气燃料则采用冰点进行评价。燃料的低温性能很大程度上取决于其化学组成，分子量较大的正构烷烃及某些芳烃冰点较高，环烷烃和烯烃冰点则较低，同族烃类冰点大多随其分子量增加而升高。冰点的标准测定方法（GB/T 2430）采用制冷剂如干冰对油品降温处理，以温度计确定冰点，操作较复杂和费时。

20 世纪 90 年代后，美军为了寻找能满足在接近战场条件下实现快速、准确鉴别军用燃料质量的技术途径，进行了用先进分析仪器代替传统化验方法的研究，近红外光谱分析技术的应用研究即是其中的一种[92]。1993 年，美国华盛顿大学过程分析化学中心（CPAC）Lysaght 等对近红外光谱结合 PLS 方法快速测定芳烃含量和冰点进行研究，得到了满意的结果[93]。在这一时期，解放军后勤工程学院与北京分析仪器厂联合研制了喷气燃料质量指标测定仪[94]。1996 年开始，中国石化石油化工科学研究院开始使用自行研制的国产 CCD 近红外光谱仪开展对喷气燃料性质的快速研究工作，建立了近红外光谱快速测定 3 号喷气燃料芳烃含量、冰点、密度和馏程的分析模型[95]。在此基础上，总后勤部油料研究所、海军航空工程学院和第二炮兵工程学院等单位针对我国的军用喷气燃料建立了近红外光谱快速分析方法，涉及的评价指标包括馏程、冰点、密度、黏度和闪点等[96,97]。

对文献进行统计的结果表明[98,99]，冰点在 -65~-45 ℃ 范围内，近红外光谱预测 3 号喷气燃料冰点的准确性（SEP）约为 1.4 ℃，芳烃含量在 4.0%~20.0% 范围内的预测准确性（SEP）约为 1.5%。由于 3 号喷气燃料的调和组分相比汽油较为单一，因此，近红外光谱预测 3 号喷气燃料馏程、密度和闪点的准确性略优于成品汽油的结果，例如对于密度，在 0.77~0.82 g/cm³ 范围内，近红外光谱的预测准确性（SEP）可达 0.0006 g/cm³ 左右。

1.6.2.5 柴油分析

柴油机燃料是目前我国石油产品中消费量最多的发动机燃料。我国柴油机燃油分轻柴油（沸点范围 180~370 ℃）和重柴油（沸点范围 350~410 ℃）两类，轻柴油主要作柴油机车、拖拉机和各种高速柴油机的燃料，重柴油主要作船舶、发电等各种中速和低速柴油机的燃料。近些年，我国又将轻柴油分为车用柴油和其他用途柴油两类。车用柴油按凝点分级，有 5 号、0 号、-10 号、-20 号、-35 号和-50 号共 6 个牌号。下面主要介绍近红外光谱在车用柴油中的应用情况。

车用柴油主要由直馏柴油、催化柴油及焦化柴油调和组分经必要的加氢处理后按一定比例调配而成，主要由含 10~24 个碳原子的各族烃类化合物组成。自燃性是柴油机燃料重要的性能，十六烷值是衡量燃料在压燃式发动机中发火性能的指标。十六烷值高，表明自燃性能好，滞燃期短，燃烧均匀且完全，发动机工作平稳；十六烷值低，则表明发火困难，滞燃期长，发动机工作状态粗暴。但十六烷值过高，将会由于局部不完全燃烧而产生少量黑色排烟。因而对各种不同压缩比、不同结构和运行条件的高速柴油机使用的燃料应选择一个适宜的十六烷值范围。我国目前使用的高速柴油机要求燃料的十六烷值不低于 45。

与汽油的辛烷值相似，柴油的十六烷值也是在标准的试验用单缸柴油机中测定的（GB/T 386）。所用的标准燃料是正十六烷和 α-甲基萘。正十六烷具有很短的发火延迟期，自燃性能很好，因而规定其十六烷值为 100。而 α-甲基萘的发火延迟期很长，自燃性能很差，规定其十六烷值为 0。将这两种化合物按不同比例混合，即可配成各种十六烷值不同的标准燃料。柴油的十六烷值与其化学组成有关。在烃族组成中正构烷烃的十六烷值最高，并随着链的增长而增高。碳数相同的异构烷烃的十六烷值低于正构烷烃，单取代基异构烷烃的十六烷值比二取代基异构烷烃高。无侧链环烷烃的十六烷值低于碳数相同的正构烷烃和正构烯烃。碳数相同的烷基环己烷的十六烷值高于烷基苯。无侧链芳烃的十六烷值最低，芳环环数增加其十六烷值降低。随着在苯环上引入烷基侧链，并随着侧链链长的增长，十六烷值增高。

由于近红外光谱中含有丰富的化学组成的结构信息，而柴油的十六烷值与其化学组成密切相关，加之传统的十六烷值发动机台架试验机价格昂贵、分析时间长且使用和维护费用高，近红外光谱成为实验室快速分析和工业在线分析的首选方法。1990 年，英国石油公司（BP）研究院 Williams 等首先将傅里叶变换拉曼光谱结合多元校正方法用于柴油十六烷值的快速分析[100]。以后，随着近红外光谱在汽油辛烷值和族组成测定中的成功应用，近红外光谱也越来越多地用于柴油关键物化性质的分析[101]。从 20 世纪 90 年代中后期开始，我国也开始研究和应用近红外光谱技术快速测定柴油的十六烷值，中国石化石油化工科学研究院基于自行研制的 CCD 型近红外光谱仪在国内炼厂分类建立了快速测定柴油调和组分和成品柴油的分析模型，得到了较好的应用效果[102-104]。Velvarská 等还比较了拉曼光谱和近红外光谱对加氢柴油的十六烷值指数进行快速测定的效果[105]，结果表明近红外光谱的预测结果更准确。

中国石化石油化工科学研究院从 2006 年开始，连续多年收集了国内多家炼厂 700 余个成品柴油样本，利用 BP-ANN 建立了傅里叶变换近红外光谱预测十六烷值的分析模型，十六烷值的分布范围为 37.1~73.6。用 400 余个样本建立模型，用 100 余个样本作监控集（防止过训练），用 100 余个样本作验证集，所得十六烷值的 SEP 为 1.60，该结果优于标准方法（GB/T 386）的再现性要求（依据十六烷值不同，标准方法的再现性范围为 2.5~3.3），略高于标准方法的重复性要求（0.6~0.9），与国内外其他文献报道的近红外光谱测定十六烷值的准确性大致相同。上述结果是基于不添加任何低含量的十六烷值改进剂（如硝酸异辛酯）得到的，一般加入 0.1%~0.3% 的硝酸异辛酯可提高 2~9 个十六烷值单位。而近红外光谱对低含量的硝酸异辛酯几乎没有任何响应，因此近红外光谱预测的十六烷值为添加改进剂前的结果。

国内外车用柴油质量规范都对芳烃尤其是多环芳烃含量做了严格限制，我国 GB 19147—2016《车用柴油》要求多环芳烃含量不大于 11%（质量分数）。质谱方法（NB/SH/T 0606）是目前测定柴油组成最常用的标准方法。该方法除测定柴油的饱和烃、芳烃和胶质外，通过质谱还可以测定柴油的详细组成，如饱和烃中的链烷烃和环烷烃、芳烃中不同环数芳烃的含量分布等，这些信息的获得对研究柴油燃烧的环境行为以及炼油工艺和催化剂的开发非常重要。但该方法首先要用分离方法（如经典柱色谱法）把柴油分离成饱和烃和芳烃馏分，再分别进行质谱测定，耗时较长，难以满足快速分析的要求。

中国石化石油化工科学研究院自 2006 年开始，连续多年从国内多家炼厂和研究单位收集了包括催化裂化、加氢处理和直馏柴油在内的 500 余个样本，以质谱方法分析结果为基础数据，利用 BP-ANN 建立了傅里叶变换近红外光谱预测柴油详细族组成的分析模型，包括链烷烃、一环烷烃、二环烷烃、三环烷烃、总环烷烃、烷基苯、茚满、茚类、总单环芳烃、萘、萘类、苊烯类、总双环芳烃、总多环芳烃和总芳烃含量。其中，多环芳烃含量范围为 0~95.2%，近红外光谱方法的 SEP 为 1.20%。陈瀑等还将近红外光谱用于 LTAG（LCO to Aromatics and Gasoline，轻循环油转化为芳烃或汽油）加氢单元原料和产品组成的快速分析[106]。

除了十六烷值和组成分析外，近红外光谱还可较为准确地预测柴油密度、折射率、碳含量、氢含量、馏程、闪点、凝点和冷滤点等性质[107-109]。近红外光谱预测柴油密度的准确性（SEP）为 0.0025 g/cm^3 左右；预测碳含量和氢含量的准确性（SEP）分别为 0.08% 和 0.06% 左右。预测凝点或冷滤点（不含降凝剂样本）的准确性（SEP）为 2.0 ℃ 左右。由于随着烃类分子碳数的增加，分子间的近红外光谱差异性明显下降，近红外光谱预测柴油馏程的准确性略劣于汽油的结果，而且这些物理性质大多与近红外光谱呈非线性响应[110]，采用支持向量回归（SVR）非线性校正方法得到的柴油闪点模型明显优于 PLS 方法，在 25~75 ℃ 范围内 350 个柴油校正样本和 110 个验证样本的结果表明 SVR 方法和 PLS 方法预测闪点的准确性（SEP）分别为 2.0 ℃ 和 3.8 ℃[111]。

1.6.2.6　重馏分油分析

重油通常是指原油经蒸馏提取汽油、煤油、柴油馏分后剩下的残余物。下面简要介绍近红外光谱在润滑油、减压馏分油（Vacuum Gas Oil，VGO）、常压渣油、减压渣油和沥青中的应用。

族组成是评价重油的关键物化参数。对于重油详细的族组成较难获得，目前多采用四组分（饱和烃、芳烃、胶质和沥青质）表征重油的化学族组成。经典的四组分分析方法需要用柱色谱进行分离，不仅使用大量有毒有害试剂，而且分析速度慢。因此，国内外有较多关于采用近红外光谱快速测定重油（包括常压渣油、减压渣油、润滑油基础油和二次加工渣油等）四组分族组成的文献报道[112-114]，近红外光谱预测渣油四组分的准确性（SEP）为 1.5%~2.0%，预测润滑油基础油族组成的准确性为 0.3%~1.0%。

近红外光谱在快速预测重油性质方面也有较多的应用。Gilbert 等建立了近红外光谱在线测定催化裂化进料（减压馏分油、常压渣油和脱沥青油）密度、苯胺点、馏程（初馏点、10% 和 50%）、黏度、残炭、硫和碱性氮含量的工业分析模型，预测密度、苯胺点、残炭含量、硫含量的准确性（SEP）分别为 0.0007 g/cm^3、2.1 ℃、0.24%、0.031%，满足工业控制的需要[115]。Chung 等将在线近红外光谱用于测定润滑油基础油的倾点，在 −35 ℃～−10 ℃ 的倾点范围内预测准确性（SEP）在 1.0 ℃ 左右[116]。Dupuy 等利用独特的玻璃纤维采样池实现了对船舶重燃料油的原位免洗采样，结合近红外光谱建立了燃料油密度、闪点、黏度和硫含量等性质的快速分析方法[117]。另外，近红外光谱还被用来研究原油及重油中的沥青质絮凝动力学和机理、温度等外部条件对絮凝的影响以及絮凝对重质燃料油稳定性的影响[118-120]。

如今国家对润滑油产品质量要求不断提升，导致高品质润滑油基础油的需求增加。高品质润滑油基础油生产工艺复杂，生产过程中需要及时获取 VGO、加氢尾油、加氢基础油的组成、倾点和黏度指数分析数据，以指导工艺参数的调整，保证生产合格率。中国石化石油化工科学研究院在利用近红外光谱快速分析基础油原料与产物方面做了大量工作，开发了基于近红外光谱预测 VGO、加氢尾油、基础油性质和组成的成套分析技术[121]，特别针对黏度指数和倾点这类与本身化学组成存在严重非线性关系的性质开发了全新的数据校正方法，显著提高了预测准确性，目前预测黏度指数和倾点的 SEP 分别为 2 个黏度指数单位和 2 ℃。该技术已在工业装置上得到实际应用[122]。

在沥青性质的快速分析方面，1995 年壳牌加拿大有限公司申请了近红外光谱快速预测沥青针入度和软化点的专利，在该专利给出的实例中，针入度（单位：0.1 mm）值在 20～140 范围内，72 个样本的 SECV（Standard Error of Cross Validation，交互验证标准偏差）为 3，软化点在 42～62 ℃ 范围内的 SECV 为 0.7 ℃[123]。Blanco 等还将近红外光谱用于沥青黏度、密度和脆点等性质的快速分析，结果表明，对于沥青的物理性质，人工神经网络（ANN）非线性校正方法的结果比 PLS 线性方法有一定程度的提高[124,125]。

1.6.2.7　原油分析

原油由于产地不同存在着性质以及组成上的差异，即使同一油田，采油层不同也会出现很大的差别。因此，原油评价在原油开采、原油贸易和原油加工等方面发挥着十分重要的作用。尽管现已建立了一套较为完整的原油评价方法，但这些方法分析时间长、工作量大、成本高，不能满足实际应用的需要。目前，也存有较为完善的原油评价数据库并不断得到更新和扩充，但原油的性质会随时间发生较大变化，而且在储运过程中经常发生不同原油种类的混合情况。另外，机会原油交易逐渐频繁。以上这些情况都需要原油快速评价技术。因此，国内外大型石化企业都在基于多种现代仪器分析手段研发原油快速评价技术，包括色谱-质谱联用（GC-MS）、核磁共振（NMR）和近红外光谱（NIR）等，其中近红外光谱方法由于测量方便、速度快、成本低并可用于现场或在线分析而成为首选[126-130]。

与上述汽油、柴油和重油等油品分析不同，原油评价不仅需要测定原油的基本性质，如密度、残炭、酸值、硫含量、氮含量、蜡含量、沥青质含量和实沸点（True Boiling Point，TBP）蒸馏曲线等，还需要测定原油各馏分油的物化性质，分析项目近百种。因此，在实际应用中，采用传统的多元校正方法逐个建立校正模型是行不通的。20 世纪 90 年代，英国石油公司（BP）采用拓扑学原理建立了基于模式识别的近红外光谱油品分析技术，该技术首先应用于 BP Oil Lavera 炼油厂，在线监控原油的密度和实沸点蒸馏数据，根据进料性质及时调整操作参数，因而可以最大限度地发挥装置的加工能力，带来可观的经济效益（年收益约 190 万美元)[131]。

在 2001 年，ABB 公司收购了这项技术，并与 INTERTEK 公司联手，共同创建了一个近红外光谱原油数据库，旨在为顾客提供"及时且精准的原油特性分析服务"。到了 2004 年，ABB 公司旗下的 TOPNIR 近红外部门分化出来，在法国成立了 TOPNIR Systems 公司。该公司目前仍在积极开展近红外原油快速评估技术的开发与应用，包括利用近红外原油评估技术选择原油、鉴别原油、优化原油混合过程、实时监测原油的各项特性等。

2005 年，TOPNIR 公司在哥伦比亚国家石油公司（Ecopetrol）成功实施了一项原油监测和优化项目。该项目的目标是识别和描述整个原油生产网络的特性，包括与内地油井相连的泵站以及位于 Cartagena 和 Barrancabermeja 的两座炼油厂。该公司所采用的技术能够直接测量未知混合原油的比例，并能在 1 min 内实时测定原油及其混合物的性质，测定的数据涵盖全实沸点蒸馏曲线、总酸值、硫含量、API 度等多项关键指标[132]。我国大连石化和金陵石化等企业也于 2010 年前后购买了 TOPNIR 公司的原油快评成套技术，在原油调和中发挥着重要作用[133]。

2012 年，中国石化石油化工科学研究院基于国内外有代表性的近千种原油，建立了拥有自主知识产权的原油近红外光谱数据库。该数据库收集的原油样本囊括了全球多数主要的原油产区，并且以我国炼油厂经常处理的原油类型为主。在该数据库中，原油的密度、硫含量、酸值的分布范围依次为 $0.7687 \sim 1.009 \text{ g/cm}^3$、$0.03\% \sim 7.8\%$、$0.01 \sim 11.5 \text{ mg KOH/g}$。中国石化石油化工科学研究院还开发了原油近红外光谱数据库软件，包括光谱库、模型库、识别库、拟合库和方法维护等主要功能[134-136]。对于单种类原油，该技术采用移动窗口相关系数法（MW-CC）从原油近红外光谱数据库中进行识别，若光谱库中存在与待测原油一致的光谱则可给出该待测原油的种类，进而利用原油评价数据库给出完整的详细评价数据。对于已知种类混兑的原油，通过模拟混兑光谱建立分析模型，可快速计算出原油的混兑比例，从而得到该混兑原油的详细评价数据。对于未知种类的混兑原油，采用库光谱拟合方法，从原油近红外光谱数据库中解析出一组参与混兑的"伪原油种类"及其混兑比例，结合原油评价数据库，可得到该混兑原油的详细评价数据。

2013 年，中国石化石油化工科学研究院研制开发的原油近红外快评系统在中国石化十条龙攻关项目"镇海炼化原油调和国产化技术开发"中得到了成功应用。实际应用结果表明，它可在 10 min 内预测出单种类原油和混兑原油的主要基本性质数据，如密度、残炭、酸值、硫含量、氮含量、蜡含量、胶质含量、沥青质含量以及实沸点蒸馏数据等。几百种原油和混兑原油的对比数据表明，该快评系统的预测准确性在传统分析方法的再现性要求之内，可在原油贸易、原油调和以及原油加工等方面发挥越来越重要的作用。2020 年，中国石化石油化工科学研究院开发了网络版原油快评系统[137]。基于原油近红外光谱数据库和优化算法，中国石化石油化工科学研究院还开发出配方原油技术，可以快速、高效地调配出与目标原油相似的原油配方，在不降低原油可加工性能的前提下减少原油的选购成本[138]。

1.6.3 化工品分析

1.6.3.1 聚氨酯分析

聚氨酯是一种高分子化合物，是最重要的六大合成材料之一。生产聚氨酯最主要的化学反应为多元醇和多异氰酸酯（MDI 和 TDI）的加成反应，其中参与反应的主要官能团分别为羟基（—OH）和异氰酸酯基（—NCO），因此羟值和—NCO 含量是原料的关键指标。在聚酯多元醇和聚醚多元醇合成过程中，近红外光谱可以在线测定聚合物的羟值和酸值，实时监控合成反应程度，及时判断聚合反应的终点。异氰酸酯是含有异氰酸酯基团（—NCO）的化合物的统称，—NCO含量是衡量聚氨酯产品质量的重要指标，也是研究反应动力学、优化工艺参数的关键控制点。近红外光谱可在线监测异氰酸酯反应过程中—NCO含量的变化，通过判断反应终点控制反应过程，可以得到不同—NCO含量的系列产品。通过近红外光谱测定羟值、酸值和—NCO含量在化工领域得到广泛应用[139-143]，2009年颁布了国家标准GB/T 12008.3《塑料 聚醚多元醇 第3部分：羟值的测定》。

近红外光谱在聚氨酯领域有着很广阔的应用。例如，二苯甲烷二异氰酸酯（MDI）是制造聚氨酯弹性体的主要原料，它主要有4,4′-二苯甲烷二异氰酸酯、2,4′-二苯甲烷二异氰酸酯、2,2′-二苯甲烷二异氰酸酯3种异构体，这些异构体的反应活性和熔点等性质不同，投入生产前需要进行分离提纯。近红外光谱技术可以实时监控分离提纯过程，为工艺参数的调整和优化及时提供分析数据，从而提高生产效率和产品合格率。

除了聚氨酯材料外，近红外光谱在其他材料的合成中也有着广泛的应用。例如，有机硅材料是典型的半无机半有机高分子材料，具有独特的耐高温、耐氧化和耐光等性能。有机硅材料品种繁多，常见的达几千种，像硅油、硅橡胶、硅树脂等，有"工业味精"的美誉。其中，甲基乙烯基硅橡胶（简称乙烯基硅橡胶）是有机硅材料的下游产品，它由二甲基硅氧烷与少量乙烯基硅氧烷共聚而成，其乙烯基含量一般为0.1%～0.3%（摩尔分数）。少量不饱和乙烯基的引入使它的成品性能特别是耐热老化性和高温抗压缩变形有很大改进，所以几乎所有的商品硅橡胶都含有一定量的乙烯基。因此，乙烯基含量是有机硅材料品质的重要参考指标，一般认为乙烯基含量的最佳区间为0.07%～0.15%（摩尔分数），这个区间内的硅橡胶硬度高、压缩变形低、气泡发生少、厚制品硫化进行得较均匀，有着最好的综合性能。

传统上测定乙烯基含量采用滴定法，这种方法耗时且不环保。近红外光谱中乙烯基的吸收强度与其质量分数有很好的相关性，因此可以用近红外光谱法对它进行快速无损检测。这项方法已被有机硅生产企业广泛使用，也成为国家标准方法GB/T 36691—2018《甲基乙烯基硅橡胶 乙烯基含量的测定 近红外法》。

1.6.3.2 聚丙烯分析

聚丙烯的生产过程中，熔融指数、等规度和乙烯基含量是工艺控制最重要的质量控制指标，通过这3个指标可以表征聚合深度、分子质量分布和聚合物悬冲性能等物理性能。聚丙烯等规度与产品的结晶性能密切相关，等规度越高，结晶度越高。聚丙烯等规度通常采用索氏萃取法测定，每个样品的分析时间约8h，操作难度大，分析频次高。熔融指数和乙烯基含量的测定也是如此。这些传统方法往往不能及时指导工艺修改和调整技术参数，造成大量的过渡料。

为了提高分析效率，国内有多家企业利用聚丙烯尤其是粉料聚丙烯的近红外漫反射光谱建立了快速预测等规度、熔融指数和乙烯基含量的近红外光谱分析模型。广州石化收集了千余个聚丙烯粉料样本，其中等规度的范围为93.0%～98.0%，熔融指数的范围为2.0～4.0 g/10 min，乙烯基含量的范围为0.6%～1.1%，在此范围内近红外光谱对等规度、熔融指数、乙烯基含量的预测准确性分别约为0.3%、0.2 g/10 min、0.04%，满足工艺控制的要求，可快速反映聚合深度，缩短研发周期，并尽可能减少过渡料的产生，尤其是在催化剂和新产品开发中发挥着重要作用[144,145]。中国石化石油化工科学研究院已先后研制出用于聚丙烯粉料和粒料快速分析的实验室型聚丙烯专用分析仪以及用于聚丙烯粉料的在线近红外光谱分析仪[146,147]。除了聚丙烯上述 3 个参数之外，近红外光谱已被用来快速预测多种聚合物的化学组成和物理性质，例如聚丙烯的分子量和二甲苯可溶物含量、端羟基聚丁二烯中 3 种不饱和结构（顺式、反式和乙烯基）含量、聚乙烯密度、聚己内酰胺切片相对黏度等[148-152]。

另外，在高聚物合成过程中，近红外光谱通过光纤探头的原位测量方式可实时监测整个反应过程，主要用来测定反应过程中单体浓度、聚合物浓度、分子量和转化率等，以及对反应动力学和机理进行研究[153]。近红外光谱还被用于高聚物挤出过程的在线分析，对样品的化学组成和性质进行实时测定[154]。在废旧塑料或纤维分类方面，近红外光谱结合可见光成像技术可对聚丙烯（PP）、聚乙烯（PE）、聚苯乙烯（PS）、聚氯乙烯（PVC）和聚对苯二甲酸乙二醇酯（PET）等废旧塑料进行现场快速或实时在线识别[155-158]，现已在一些国家的垃圾自动鉴别分类装置上得到实际应用。

1.6.3.3　醋酸等生产过程产物分析

醋酸是一种重要的有机化工原料，可用于生产醋酸乙烯等醋酸酯、醋酸酐、对苯二甲酸等。成熟的醋酸生产工艺有很多，目前应用较广泛的是甲醇低压羰基化法。该工艺是在一定温度和压力下将一氧化碳原料气通入装有液体甲醇的反应釜中，在铑催化剂、碘甲烷促进剂及碘化锂稳定剂作用下生成醋酸。该反应液中主要含有醋酸、碘甲烷、碘化氢、水及醋酸甲酯等组分。在反应生产的中间控制过程中，传统做法是从装置取样后，采用实验室色谱测定反应液中的醋酸、碘甲烷和醋酸甲酯含量，采用卡尔费休法和电位滴定法分别测定水和碘离子含量，由于取样和分析的周期很长，无法满足工艺控制的要求。

反应液中的醋酸、碘甲烷、水和醋酸甲酯都有含氢基团，在近红外光谱区化学信息丰富。碘化氢中的碘离子浓度会影响水的氢键，从而在近红外光谱上有明显响应。因此，通过多元校正方法可以建立预测这些主要反应过程产物浓度的模型。有文献报道[159]，近红外光谱预测醋酸、碘甲烷、碘离子、水、醋酸甲酯浓度的准确性（SEP）分别为 0.26%、0.16%、0.11%、0.11%、0.14%，这是实验室可行性实验的结果，实际工业过程中可能存在其他干扰物，其预测准确性会有一定程度的下降。目前，国外有几十套醋酸装置安装了在线近红外光谱分析仪，我国也有几套醋酸装置采用在线近红外光谱分析技术，在保证醋酸生产工艺运行的平稳性和安全性方面发挥着重要作用。

除了醋酸工业反应装置外，近红外光谱还被用于丙烯腈用微生物法水合生成丙烯酰胺、甘油通过微生物法生成 1,3-丙二醇、甲醇与碳四馏分合成甲基叔丁基醚（MTBE）、发酵生产燃料乙醇、酯化反应生产生物柴油等工艺过程[160-164]。实际上，上述这些近红外光谱技术在化工领域中的应用只是很小的一部分，国内外还有大量的应用由于技术保密等原因未公开。

1.6.3.4　特殊化学品分析

近红外光谱快速分析技术在消防、军工、航天等特殊行业也有较为广泛的应用[165-169]。例如，液体推进剂是发动机的能源和工作介质，其质量好坏直接影响发动机的正常工作。液体推进剂出厂后，在运输、转注、贮存过程中，受空气、水分、设备、管理水平等因素影响，其成分会发生改变。为确保推进剂的质量符合要求，不仅在加注前要分析化验，在贮存过程中还要定期检验。液体推进剂质量分析主要采用传统的化学分析和简单的仪器分析。常规化验涉及大量的各种分析仪器设备和分析方法，其中有些设备和分析维护费用很高。多数分析方法比较费事、费时，分析前还要对样品进行复杂的前处理，分析效率低。

单推-3 是一种性能优良的低冰点单组元推进剂，被多种火箭和武器型号采用作为姿控推进剂，它是无水肼、硝酸肼和水的混合体系，在出厂和使用前必须经过严格的化验。经典的分析方法为：以酸碱滴定法分析无水肼、硝酸肼和氨含量后，再以差减法求出水含量。这种滴定方法操作繁琐、分析时间长、滴定终点判断难度大，无法实现快速分析，增大了出厂检验和入库分析的难度，尤其不适用于野战化验。吴联相等采用近红外光谱建立了快速测定单推-3 推进剂中无水肼、硝酸肼和氨含量的分析模型[170]，该体系较为简单，得到了非常准确的预测结果。对于含量在 59.8%～75.1% 范围内的无水肼，近红外光谱的预测准确性（SEP）为 0.17%；对于含量在 16.9～30.2% 范围内的硝酸肼，SEP 为 0.19%；对于含量在 0.16%～0.31% 范围内的氨，SEP 为 0.01%。

混胺是一种常见的液体推进剂燃料，是由三乙胺和二甲苯胺各约 50% 组成的，还含有少量的二乙胺和水分。王菊香等采用近红外光谱快速预测混胺中三乙胺和二甲苯胺含量[171]，SEP 约为 0.25%，对低含量的二乙胺和水分也有较好的准确性。李伟等用近红外光谱快速测定鱼雷动力燃料中的主要组分含量[172]，该燃料主要由 1,2-丙二醇二硝酸酯、2-硝基二苯胺和癸二酸二丁酯 3 种成分组成，目前该方法已被装备质量监测单位用于鱼雷燃料的定期检查，取得了较好的应用效果。

红烟硝酸是双组元液体推进剂中的氧化剂，主要成分是硝酸，加入约 20% 的四氧化二氮。为了抑制红烟硝酸对金属容器的腐蚀，其中加入一定量的氢氟酸和磷酸。红烟硝酸极易挥发，并有很强的吸湿性，若在存放过程中密封不好极易导致不合格。虽然红烟硝酸所有的组成均是无机物，因其主成分是硝酸，其中的四氧化二氮、水、磷酸和氢氟酸也含有含氢基团，因此在近红外区也有较丰富的光谱信息。王菊香等采用近红外光谱建立了预测红烟硝酸中四氧化二氮和水含量的分析模型，得到了满意的结果[173]。李定明等还采用近红外光谱方法快速测定核燃料后处理水相料液中的硝酸浓度[174,175]。

1.7　近红外光谱标准方法

近 20 年来，近红外光谱分析技术在实际应用中取得了丰硕成果，该技术被越来越多的应用企业认可和接受，在工农业生产过程以及商业中发挥着重要作用[176,177]。迄今国内外颁布的近红外光谱标准方法已有近百项，这将在一定程度上加快近红外光谱分析技术普及的步伐。其中，国际上与石化领域最为相关的近红外光谱标准是 ASTM（美国材料与试验学会）方法。

ASTM E1790-04（Standard Practice for Near Infrared Qualitative Analysis，近红外定性分析标准规程）规定了近红外光谱定性分析的基本原理和方法、使用软件、仪器设备、光谱测量、样品、定性分析试验步骤、试验数据处理、试验报告等内容的通用要求。

ASTM E1655-17（Standard Practices for Infrared Multivariate Quantitative Analysis，红外多变量定量分析标准规程）规定了采用分子光谱多元校正定量测定样品组成浓度或样品性质的指导原则，适用于中红外光谱（4000～400 cm^{-1}）和近红外光谱（780～2500 nm）范围的分子光谱。该规程是基于样品组成浓度或性质变化与对应的分子光谱之间的相关关系，采用多元校正方法建立校正模型，应用校正模型和未知样品光谱实现定量预测一种或多种组成浓度或性质的一种快速分析方法。

ASTM D6342-12（2017）[Standard Practice for Polyurethane Raw Materials: Determining

Hydroxyl Number of Polyols by Near Infrared（NIR）Spectroscopy，聚氨酯原材料标准规程：用近红外（NIR）光谱法测定多元醇羟基数］涵盖了近红外光谱测定多元醇羟值所涉及的样本选择和收集、建立分析模型的数据处理，以及模型建立、评估和验证等一系列规范。

ASTM D8321-20（Standard Practice for Development and Validation of Multivariate Analyses for Use in Predicting Properties of Petroleum Products，Liquid Fuels，and Lubricants based on Spectroscopic Measurements，基于光谱测量预测石油产品、液体燃料和润滑油性能用多元分析的开发和验证的标准规程）对基于红外光谱仪和拉曼光谱仪通过多元校正方法对石油产品、液体燃料（包括生物燃料）和润滑油的物理化学性质测定进行规范。

ASTM D7825-12（Standard Guide for Generating a Process Stream Property Value through the Application of a Process Stream Analyzer，通过过程流分析器的应用生成过程流属性值标准规程）针对通过过程分析仪得到工艺物流性质给出了标准指南。该指南概括了应用在线近红外光谱分析仪对工艺物流进行分析所涉及的管线取样和样品输送（ASTM D7453）、过程分析仪的现场精密度确定（ASTM D7808）、过程分析仪校正（ASTM E1655）和过程分析仪性能验证（ASTM D6122）等规范。

ASTM D6122-23（Standard Practice for Validation of the Performance of Multivariate Online，At-Line，Field and Laboratory Infrared Spectrophotometer，and Raman Spectrometer Based Analyzer Systems，多变量侧线在线、线内在线、现场和实验室红外分光光度计及基于分析仪系统的拉曼光谱仪性能验证标准规程）用于对实验室、现场或过程（近线或在线）红外（近红外光谱或中红外分析仪）和拉曼分析仪通过多元建模方法从光谱数据计算液体石油产品和燃料的物理、化学或质量参数的过程进行规范。该标准规程包括仪器性能验证、校正模型对测试样品光谱的适用性验证以及红外或拉曼测量计算结果的准确性验证等。

ASTM D8340-20（Standard Practice for Performance-Based Qualification of Spectroscopic Analyzer Systems，光谱分析仪系统性能鉴定标准规程）通过将光谱分析系统应用所涉及的样品引入、分析仪校准和分析仪验证一系列环节组织在一起，对整个光谱分析系统的性能认证进行规范。

我国颁布了多项与石化相关的国家标准、行业标准和地方标准。例如，制定了我国近红外光谱分析指导性通用建模推荐性国家标准 GB/T 29858—2013《分子光谱多元校正定量分析通则》和 GB/T 37969—2019《近红外光谱定性分析通则》，国家标准 GB/T 12008.3—2009《塑料 聚醚多元醇 第3部分：羟值的测定》和 GB/T 36691—2018《甲基乙烯基硅橡胶 乙烯基含量的测定 近红外法》，以及非离子表面活性剂羟值测定国家标准 GB/T 7383—2020、表面活性剂碘值测定国家标准 GB/T 13892—2020、表面活性剂皂化值测定行业标准 HG/T 3505—2020 等，为生产企业质量控制提供了法规依据。

我国也制定了多项与油品近红外光谱分析相关的地方标准，例如成品油快检的系列技术规范，包括 DB37/T 3638—2019《车用柴油快速检测方法 近红外光谱法》（山东省质量技术监督局）、DB37/T 3639—2019《车用乙醇汽油（E10）快速筛查技术规范》（山东省质量技术监督局）、DB37/T 3640—2019《车用乙醇汽油（E10）快速检测方法 近红外光谱法》（山东省质量技术监督局）等。还有多项团体标准，例如中国石油和化学工业联合会团体标准 T/CPCIF 0195—2022《原油性质快速测定法 近红外光谱法》。另有企业标准，例如中国石油天然气集团有限公司企业标准 Q/SY 04800—2021《汽油中烯烃、芳烃和乙醇含量的快速测定 近红外光谱法》。

参考文献

[1] Davies T. The history of near infrared spectroscopic analysis:past,present and future[J]. Analusis,1998,26(4): 17-19.
[2] McClure W F. Review:204 years of near infrared technology:1800-2003[J]. J Near Infrared Spectrosc,2003,11 (6):487-518.
[3] Norris K H. History of NIR[J]. J Near Infrared Spectrosc,1996,4(1):31-37.
[4] Hirschfeld T,Callis J B,Kowalski B R. Chemical sensing in process analysis[J]. Science,1984,226(4672): 312-318.
[5] Hirschfeld T. Salinity determination using NIRA[J]. Appl Spectrosc,1985,39(4):740-741.
[6] Barsamian A. Get the most out of your NIR analyzers[J]. Hydrocarbon Processing,2001,80(1):69-72.
[7] Foulk S J,Catalano V J. Determination of octane number using remote sensing NIR spectroscopy[J]. American Laboratory,1989(11):78-81.
[8] Bakeev K A. 过程分析技术——针对化学和制药工业的光谱方法和实施策略[M]. 姚志湘,褚小立,粟晖,张莉,译. 北京:机械工业出版社,2014.
[9] 褚小立,陆婉珍. 近红外化学成像的原理、仪器及应用[J]. 分析仪器,2008(4):1-5.
[10] Siesler H W,Ozaki Y,Kawata S. Near-infrared Spectroscopy:Principles,Instruments,Applications[M]. Weinheim: Wiley-VCH,2002.
[11] 褚小立. 化学计量学方法与分子光谱分析技术[M]. 北京:化学工业出版社,2011.
[12] 翁诗甫. 傅里叶变换红外光谱仪[M]. 北京:化学工业出版社,2005.
[13] 陆婉珍. 现代近红外光谱分析技术[M]. 2版. 北京:中国石化出版社,2006.
[14] 陆婉珍. 近红外光谱仪器[M]. 北京:化学工业出版社,2010.
[15] Gauglitz G,Vo-Dinh T. Handbook of Spectroscopy[M]. Weinheim:Wiley-VCH,2003.
[16] Bruno T J,Svoronos P D N. Hand book of Fundamental Spectroscopic Correlation Charts[M]. Boca Raton:CRC Press,2006.
[17] Workman J,Weyer L. Practical Guide to Interpretive Near-infrared Spectroscopy[M]. Boca Raton:CRC Press,2008.
[18] Workman J,Weyer L. Practical Guide and Spectral Atlas for Interpretive Near-infrared Spectroscopy[M]. 2nd ed. Boca Raton:CRC Press,2012.
[19] Burns D A,Ciurczak E W. Handbook of Near-infrared Analysis[M]. 3rd ed. New York:Marcel Dekker Inc,2007.
[20] 褚小立. 近红外光谱分析技术实用手册[M]. 北京:机械工业出版社,2016.
[21] 褚小立,袁洪福,陆婉珍. 近年来我国近红外光谱分析技术的研究与应用进展[J]. 分析仪器,2006(2):1-10.
[22] 褚小立,陆婉珍. 近五年我国近红外光谱分析技术研究与应用进展[J]. 光谱学与光谱分析,2014,34(10): 2595-2605.
[23] 杨辉华,褚小立,李灵巧. 拉曼、红外和近红外化学成像[M]. 北京:化学工业出版社,2021.
[24] Caricato E,Hoffeldt J H,Kotze P,et al. Catalytic naphtha reforming:a novel control system for the bench-scale evaluation of commercial continuous catalytic regeneration catalysts[J]. Industrial & Engineering Chemistry Research,2017,56:6854-6863.
[25] 谢勇勇,费彦仁,谢六磊. 重整连续装置实时优化系统应用[J]. 炼油技术与工程,2021,51(10):59-64.
[26] 王银银. 在线快速分析仪在实时优化系统中的应用[J]. 化工设计通讯,2021,47(10):55-56.
[27] Rest A J,Warren R,Murray S C. Assignment of the overtones and combination bands for liquid methane across the near infrared spectrum[J]. Spectrochimica Acta Part A:Molecular Spectroscopy,1996,52(11):1455-1463.
[28] Rest A J,Warren R,Murray S C. Near-infrared study of the light liquid alkanes[J]. Applied Spectroscopy, 1996,50:517-520.
[29] Donahue S M,Brown C W,Caputo B,et al. Near-infrared multicomponent analysis in the spectral and Fourier domains:energy content of high-pressure natural gas[J]. Analytical Chemistry,1988,60(18):1873-1878.
[30] Brown C W,Lo S C. Feasibility of on-line monitoring of the BTU content of natural gas with a near-infrared fiber optic system[J]. Applied Spectroscopy,1993,47:812-815.
[31] Makhoukhi N,Pere E,Creff R,et al. Determination of the composition of a mixture of gases by infrared analysis

and chemometric methods[J]. Journal of Molecular Structure,2005,744:855-859.

[32] Haghi R K,Yang J,Tohidi B. Fourier transform near-infrared (FTNIR) spectroscopy and partial least-squares (PLS) algorithm for monitoring compositional changes in hydrocarbon gases under in situ pressure[J]. Energy & fuels,2017,31(9):10245-10259.

[33] Barbosa M F,Dantas H V,Moreira P N T,et al. Use of an automatic system in the preparation of gas mixtures for multivariate calibration: a case study involving NIR analysis of natural gas[J]. Journal of the Brazilian Chemical Society,2015,26(10):2029-20341.

[34] Barbosa M F,Santos J R B,Silva A N. A cheap handheld NIR spectrometric system for automatic determination of methane,ethane,and propane in natural gas and biogas[J]. Microchemical Journal,2021,170:106752.

[35] Dantas H V,Barbosa M F,Nascimento E C L,et al. Screening analysis of natural gas with respect to methane content by near-infrared spectrometry[J]. Microchemical Journal,2014,114:210-215.

[36] Dantas H V,Barbosa M F,Moreira P N T,et al. An automatic system for accurate preparation of gas mixtures[J]. Microchemical Journal,2015,119:123-127.

[37] Dantas H V,Barbosa M F,Nascimento E C L,et al. An automatic flow system for NIR screening analysis of liquefied petroleum gas with respect to propane content[J]. Talanta,2013,106:158-162.

[38] Paiva E M,Ribessi R L,Rohwedder J J R. Near-infrared spectra of liquid and gas samples by diffuse reflectance employing benchtop and handheld spectrophotometers [J]. Spectrochimica Acta Part A: Molecular and Biomolecular Spectroscopy,2022,264:120302.

[39] Mullins O C,Daigle T,Crowell C,et al. Gas-oil ratio of live crude oils deter mined by near-infrared spectroscopy[J]. Applied Spectroscopy,2001,55:197-201.

[40] Fujisawa G,van Agthoven M A,Jenet F,et al. Near-infrared compositional analysis of gas and condensate reservoir fluids at elevated pressures and temperatures[J]. Applied Spectroscopy,2002,56:1615-1620.

[41] Lambert D,Descales B,Bages S,et al. Optimize stream cracking with online NIR analysis[J]. Hydrocarbon Processing,1995,74(12):103-108.

[42] 刘丰合,魏月娥. 燕山乙烯裂解炉优化运行措施及成效[J]. 乙烯工业,2013(3):47-50.

[43] 王瑞,徐海燕,邢龙春. 乙烯裂解原料在线近红外光谱分析模型的建立与评价[J]. 现代化工,2013,33(4):136-139.

[44] 韩旻. 在线近红外光谱法测定乙烯装置进料石脑油的芳烃含量[J]. 工业控制计算机,2008,21(10):43-44.

[45] 安晓春,冯肖荣,李弋鹏. 在线近红外用于蒸汽裂解装置石脑油进料关键性质检测[J]. 现代科学仪器,2012(4):155-158.

[46] Macho S,Larrechi M S. Near-infrared spectroscopy and multivariate calibration for the quantitative determination of certain properties in the petrochemical industry[J]. Trends in Analytical Chemistry,2002,21(12):799-806.

[47] Ku M S,Chung H. Comparison of near-infrared and Raman spectroscopy for the determination of chemical and physical properties of naphtha[J]. Appl Spectrosc,1999,53(5):557-564.

[48] 刘秋芳,褚小立,陈瀑,等. 基于近红外光谱快速预测石脑油单体烃分子组成[J]. 石油炼制与化工,2022,53(1):86-92.

[49] Reboucas M V,Santos E C,Vieira F S V. Feasibility of quality process control of a naphtha fractioning unit based on near-infrared spectroscopic prediction of physical and chemical properties of medium naphtha streams [J]. Vibrational Spectroscopy,2007,44(1):187-191.

[50] Kelly J J,Barlow C H,Jinguji T M,et al. Prediction of gasoline octane numbers from near-infrared spectral features in the range 660-1215 nm[J]. Analytical Chemistry,1989,61(4):313-320.

[51] Kelly J J,Callis J B. Non-destructive analytical procedure for simultaneous estimation of the major classes of hydrocarbon constituents of finished gasolines[J]. Analytical Chemistry,1990,62(14):1444-1451.

[52] Barsamian A. Get the most out of your NIR analyzers[J]. Hydrocarbon Processing,2001,80(1):69-72.

[53] Lang Q A. NIRs monitor critical gasoline parameter[J]. Hydrocarbon Processing,1994,73(2):69-71.

[54] 董镇,梁宝成,夏荣安,刘新民. 辛烷值分析仪在汽油管道调和中的应用[J]. 化工自动化及仪表,1998,25(6):44-47.

[55] 蒋凡,何盛宝,刘东嵩,等. 汽油在线调和及移动自动化系统的应用[J]. 石油化工自动化,2004(6):39-43.

[56] 张蕾,房鞴,郭锦标,等. 汽油管道调和工艺成套技术的开发与应用[M]//洪定一. 炼油与石化工业技术进展(2009). 北京:中国石化出版社,2009:222-227.

[57] 郑友. 汽油在线优化调和调和技术的应用[J]. 齐鲁石油化工,2008,36(2):109-112.
[58] 边伟英. 海南炼化汽油在线调和调和系统的应用分析[J]. 当代石油化工,2012(9):19-22.
[59] 沈惠明,王俊涛. 汽油调和在线优化控制系统的开发及应用[J]. 石油化工自动化,2009,45(5):7-11.
[60] Difoggio R,Sadhukhan M,Ranc M L. Near-infrared offers benefits and challenges in gasoline analysis[J]. J Oil & Gas,1993,91(5):87-90.
[61] Zetter M S,Politzer B A. On-line octane control with NIR analyzers[J]. Hydrocarbon Processing,1993,72(3):103-104.
[62] 褚小立,许育鹏,陆婉珍. 汽、柴油近红外光谱数据库的建立[C]//全国第四届近红外光谱学术会议论文集. 桂林,2012.
[63] Cooper J B,Wise K L,Welch W T,et al. Determination of weight percent oxygen in commercial gasoline:a comparison between FT-Raman,FT-IR,and dispersive near-IR spectroscopies[J]. Applied Spectroscopy,1996,50(7):917-921.
[64] Choquette S J,Chesler S N,Duewer D L. Identification and quantitation of oxygenates in gasoline ampules using Fourier transform near-infrared and Fourier transform Raman spectroscopy[J]. Analytical Chemistry,1996,68(20):3525-3533.
[65] Fernandes H L,Raimundo I M Jr,Pasquini C,et al. Simultaneous determination of methanol and ethanol in gasoline using NIR spectroscopy:Effect of gasoline composition[J]. Talanta,2008,75(3):804-810.
[66] 邵波,黄小英,王京华. 近红外光谱快速测定成品罐汽油的有关性质[J]. 石油化工,2002,31(10):848-851.
[67] 吴艳萍,李国梁,陆婉珍,等. 近红外光谱快速测定轻质油品馏程及蒸气压[J]. 石油炼制与化工,2002,33(5):57-61.
[68] Wang K,He K,Du W,et al. Novel adaptive sample space expansion approach of NIR model for in-situ measurement of gasoline octane number in online gasoline blending processes[J]. Chemical Engineering Science,2021,242:116672.
[69] He K,Zhong M,Li Z,et al. Near-infrared spectroscopy for the concurrent quality prediction and status monitoring of gasoline blending[J]. Control Engineering Practice,2020,101:104478.
[70] He K,Qian F,Cheng H,et al. A novel adaptive algorithm with near-infrared spectroscopy and its application in online gasoline blending processes[J]. Chemometrics and Intelligent Laboratory Systems,2015,140:117-125.
[71] 苏曼,陈夕松,段佳. 一种成品油模型校正集自动维护方法设计[J]. 石油化工应用,2019,38(03):106-111.
[72] Li J,Chu X. Rapid determination of physical and chemical parameters of reformed gasoline by NIR combined with monte carlo virtual spectrum identification method[J]. Energy and Fuels,2018,32(12):12013-12020.
[73] Sun X,Zhang P,Shen Z,et al. Investigation on spectral standardization among multi-channel of an on-line near-infrared spectrometer[J]. Vibrational Spectroscopy,2021,113:103206.
[74] Silva N,Rosa C,Do mingos D,et al. NIR-based octane rating simulator for use in gasoline compounding processes[J]. Fuel,2019,243:381-389.
[75] 马忠惠,李克中. 经济快速的汽油辛烷值测定方法[J]. 现代仪器,2000(5):23-25.
[76] 刘莎,朱虹,褚小立,等. 汽油族组成的近红外光谱快速测定[J]. 分析测试学报,2002,21(1):40-43.
[77] 余新铭. 近红外光谱仪在汽油质量过程控制上的应用[C]//石油和石油化工系统第六届光谱分析技术报告会文集. 北京,2002.
[78] 张伟红,陈国强. 近红外光谱快速测定催化汽油辛烷值及组成[J]. 乌石化科技,2003(3):34-36.
[79] 褚小立,袁洪福,纪长青,等. 近红外光谱快速测定重整汽油详细族组成[J]. 石油化工,2001,30(11):866-870.
[80] 袁洪福,褚小立,陆婉珍. 一种新型CCD在线近红外光谱分析仪的研制[J]. 分析化学,2004,32(2):255-261.
[81] 王京华,褚小立,袁洪福,等. 在线近红外光谱分析技术在重整装置的应用[J]. 炼油技术与工程,2007,37(7):24-28.
[82] 褚小立,袁洪福,陆婉珍. 在线近红外光谱分析技术在重整中型试验装置上的应用[J]. 炼油技术与工程,2005,35(4):26-29.
[83] Cooper J B,Wise K L,Welch W T,et al. Comparison of near-IR,Raman,and mid-IR spectroscopies for the determination of BTEX in petroleum fuels[J]. Appl Spectrosc,1997,51(11):1613-1620.
[84] Reboucas M V,Santos J,Do mingos D,et al. Near-infrared spectroscopic prediction of chemical composition of a series of petrochemical process streams for aromatics production[J]. Vibrational Spectroscopy,2010,52(1):97-102.

[85] Chung H, Ku M S, Lee J. Near-infrared spectroscopy for monitoring the p-diethylbenzene separation process [J]. Applied Spectroscopy, 2000, 54(5): 715-720.

[86] 张坤. 近红外光谱法快速测定加氢物料的双烯含量[J]. 石化技术, 2005, 12(4): 35-39.

[87] Lopez-Garcia C, Biguerd H, Marchal-George N, et al. Near infrared monitoring of low conjugated diolefins content in hydrotreated FCC gasoline streams[J]. Oil Gas Sci Technol, 2007, 62(1): 57-68.

[88] 杨玉蕊, 董金辉, 袁洪福. 近红外光谱快速测定催化裂化汽油重馏分选择性加氢脱硫产物的辛烷值[J]. 国外分析仪器技术与应用, 2002(2): 68-72.

[89] Balabin R M, Safieva R Z, Lomakina E I. Gasoline classification using near infrared (NIR) spectroscopy data: comparison of multivariate techniques[J]. Analytica Chimica Acta, 2010, 671(1-2): 27-35.

[90] 田高友, 熊春华, 刘慧颖. 近红外光谱技术识别车用汽油的应用研究[J]. 现代科学仪器, 2006(5): 84-87.

[91] 王豪, 林振兴, 邬蓓蕾. 基于目标因子分析的成品油近红外光谱定性鉴别[J]. 计算机与应用化学, 2010, 27(9): 1187-1190.

[92] Westbrook S R. Army use of near-infrared spectroscopy to estimate selected properties of compression ignition fuels[R]. SAE Technical Paper 930734, 1993.

[93] Lysaght M J, Kelly J J, Callis J B. Rapid spectroscopic determination of percent aromatics, percent saturates and freezing point of JP-4 aviation fuel[J]. Fuel, 1993, 72(5): 623-631.

[94] 刘慧颖, 鲁长波, 韦锐, 等. 近红外光谱分析仪测定轻质石油燃料质量的应用研究[C]//中国汽车工程学会燃料与润滑油分会第十一届年会论文集. 北京, 2004.

[95] 岳俊奇. 近红外光谱快速测定喷气燃料性质及化学组成[D]. 北京: 石油化工科学研究院, 1998.

[96] 韦锐, 张德志. 用便携式油料质量分析仪测定 3 号喷气燃料的性质[J]. 石油商技, 2003, 21(1): 48-51.

[97] 樊瑞君, 王煊军, 张有智, 等. 近红外光谱在喷气燃料分析中校正模型的建立[J]. 石油炼制与化工, 2006, 37(6): 57-62.

[98] 袁洪福, 岳俊奇, 陆婉珍. CCD 近红外光谱快速测定喷气燃料的冰点[J]. 分析化学, 1998, 26(5): 603-606.

[99] 刘馥, 黄小英, 邵波, 等. 近红外光谱快速测定喷气燃料的冰点和馏程[J]. 广石化科技, 2004(1): 33-37.

[100] Williams K P J, Aries R E, Cutler D J, et al. Determination of gas oil cetane number and cetane index using near-infrared Fourier-transform Raman spectroscopy[J]. Analytical Chemistry, 1990, 62(23): 2553-2556.

[101] Parisi A F, Nogueiras L, Priet H. On-line determination of fuel quality parameters using near-infrared spectrometry with fibre optics and multivariate calibration[J]. Analytica Chimica Acta, 1990, 238(1): 95-100.

[102] 徐广通, 袁洪福, 陆婉珍. 近红外光谱技术快速测定柴油物理性质[J]. 石油学报(石油加工), 1999, 15(5): 63-68.

[103] 徐广通, 陆婉珍, 袁洪福. CCD 近红外光谱仪在柴油生产控制分析中的应用[J]. 石油炼制与化工, 1999, 30(9): 57-61.

[104] 徐广通, 刘泽龙, 杨玉蕊, 等. 近红外光谱法测定柴油组成及其应用[J]. 石油学报(石油加工), 2002, 18(4): 65-71.

[105] Velvarská R, Fiedlerová M, Kadlec D, et al. Comparison of near infrared and Raman spectroscopies for determining the cetane index of hydrogenated gas oil[J]. International Journal of Industrial Chemistry, 2020, 11: 187-194.

[106] 陈瀑, 祝馨怡, 李敬岩, 等. LTAG 加氢单元原料和产品组成的近红外快速分析及应用[J]. 石油炼制与化工, 2017, 48(7): 98-102.

[107] Soyemi O O, Busch M A, Busch K W. Multivariate analysis of near-infrared spectra using the G-programming language[J]. J Chem Inf Comput Sci, 2000, 40(5): 1093-1100.

[108] Jr Vianney O S, Flavia C C O, Daniella G L, et al. A comparative study of diesel analysis by FTIR, FTNIR and FT-Raman spectroscopy using PLS and artificial neural network analysis[J]. Analytica Chimica Acta, 2005, 547(2): 188-196.

[109] Zanier-Szydlowski N, Quignard A, Baco F, et al. Control of refining processes on mid-distillates by near infrared spectroscopy[J]. Oil & Gas Science and Technology- Rev IFP, 1999, 54(4): 463-472.

[110] 王艳斌, 袁洪福, 陆婉珍. 人工神经网络用于近红外光谱测定柴油闪点[J]. 分析化学, 2000, 28(9): 1070-1073.

[111] Alves J C L, Henriques C B, Poppi R J. Determination of diesel quality parameters using support vector regression and near infrared spectroscopy for an in-line blending optimizer system[J]. Fuel, 2012, 97(7): 710-717.

[112] Hannisdal A, Hem mingsen P V, Sjöblom J. Group-type analysis of heavy crude oils using vibrational spectroscopy in combination with multivariate analysis[J]. Ind Eng Chem Res, 2005, 44(5): 1349-1357.

[113] Aske N, Kallevik H, Sjöblom J. Determination of saturate, aromatic, resin, and asphaltenic (SARA) components in crude oils by means of infrared and near-infrared spectroscopy[J]. Energy & Fuels, 2001, 15(5): 1304-1312.

[114] 王艳斌, 郭庆洲, 陆婉珍, 等. 近红外分析方法测定润滑油基础油的化学族组成[J]. 石油化工, 2001, 30(3): 224-227.

[115] Gilbert W R, Gusmao F S, Bueno A F. Comparison of NIR and NMR spectra chemometrics for FCC feed online characterization[J]. Studies in Surface Science and Catalysis, 2004, 149(1): 203-215.

[116] Chung H, Ku M-S. Near-infrared spectroscopy for on-line monitoring of lube base oil processes[J]. Applied Spectroscopy, 2003, 57(5): 545-550.

[117] Dupuy N, Brahem Z, Amat S, et al. Near-infrared spectroscopy analysis of heavy fuel oils using a new diffusing support[J]. Applied Spectroscopy, 2015, 69(10): 1137-1143.

[118] Yang Z, Quan X. Experimental study on the stability of heavy fuel oil based on near infrared light detection[J]. International Core Journal of Engineering, 2021, 7(1): 278-283.

[119] Enayat S, Babu N R, Kuang J, et al. On the development of experimental methods to deter mine the rates of asphaltene precipitation, aggregation, and deposition[J]. Fuel, 2020, 260: 116250.

[120] Santos D, Filho E B M, Dourado R S, et al. Study of asphaltene precipitation in crude oils at desalter conditions by near-infrared spectroscopy[J]. Energy and Fuels, 2017, 31(5): 5031-5036.

[121] 任小甜, 褚小立, 田松柏. 减压馏分黏度指数的近红外预测研究[J]. 石油炼制与化工, 2019, 50(1): 81-84.

[122] 许育鹏, 刘丹, 褚小立, 等. 在线近红外光谱分析技术在润滑油工业装置上的应用研究[J]. 石油学报(石油加工), 2022, 38(3): 729-738.

[123] Hooyman-Spaargaren F H, Neugebauer R J, Smeets L M, et al. Method for predicting a physical property of a residual hydrocarbonaceous material: WO 1997014953 A1[P]. 2000-05-02.

[124] Blanco M, Maspoch S, Villarroya I, et al. Determination of physico-chemical parameters for bitumens using near infrared spectroscopy[J]. Analytica Chimica Acta, 2001, 434(1): 133-141.

[125] Blanco M, Maspoch S, Villarroya I, et al. Determination of the penetration value of bitumens by near infrared spectroscopy[J]. Analyst, 2000, 125(10): 1823-1828.

[126] Chung H. Applications of near-infrared spectroscopy in refineries and important issues to address[J]. Applied Spectroscopy Reviews, 2007, 42(3): 251-285.

[127] Valleur M. Spectroscopic methods in refining and petrochemicals[J]. Computer Control and Instrumentation, 2000(1): 82-85.

[128] Macho S, Larrechi M S. Near-infrared spectroscopy and multivariate calibration for the quantitative determination of certain properties in the petrochemical industry[J]. Trends in Analytical Chemistry, 2002, 21: 799-806.

[129] Pasquini C, Bueno A F. Characterization of petroleum using near-infrared spectroscopy: quantitative modeling for the true boiling point curve and specific gravity[J]. Fuel, 2007, 86(12): 1927-1934.

[130] Falla F S, Larini C, Le Roux G A C, et al. Characterization of crude petroleum by NIR[J]. Journal of Petroleum Science and Engineering, 2006, 51(1): 127-137.

[131] Kania A I. CDU and FCCU optimization using NIR technology[C]//1997 NPRA Annual Meeting. San Antonio, Texas: 1997.

[132] Lambert D. Determination of crude properties[J]. Petroleum Technology Quarterly, 2007(Q2): 119-123.

[133] 李建华, 崔鸿伟. 近红外原油快速评价系统在原油评价中的应用[J]. 现代科学仪器, 2011(1): 123-125.

[134] 褚小立, 田松柏, 许育鹏, 等. 近红外光谱用于原油快速评价的研究[J]. 石油炼制与化工, 2012, 43(1): 72-77.

[135] Chu X L, Xu Y P, Tian S B, et al. Rapid identification and assay of crude oils based on moving-window correlation coefficient and near infrared spectral library[J]. Chemometrics and Intelligent Laboratory Systems, 2011, 107: 44-49.

[136] 金文英. 近红外光谱在原油评价中的应用研究[J]. 石化技术, 2019, 26(7): 156-158.

[137] 李敬岩, 褚小立, 刘丹, 等. Web近红外光谱原油快评技术开发与应用[J]. 石油学报(石油加工), 2022, 38(3): 710-717.

[138] 章群丹, 许育鹏, 田松柏, 等. 配方原油技术及其在原油资源优化中的应用[J]. 石油炼制与化工, 2019, 50(9): 64-69.

[139] 李淑杰, 周青, 张丽丽, 等. 近红外光谱在聚氨酯原料检测中的应用[J]. 聚氨酯工业, 2016, 31(2): 42-46.

[140] 葛翠年, 许灿, 张庆雨. 近红外光谱在羟值测定中的应用研究[J]. 石化技术, 2017, 24(10): 6-8.

[141] 刘发龙,胡伟,程福银,等.近红外光谱法测定端羟基环氧乙烷-四氢呋喃共聚醚的羟值[J].理化检验(化学分册),2012,48(6):634-637.

[142] 袁永朝,曹红宝,吕小王,等.近红外光谱法同时测定端羟基聚丁二烯数均相对分子质量、黏度和羟值[J].化学推进剂与高分子材料,2011,9(1):97-99.

[143] 袁永朝,肖恒,黄瑞,等.近红外光谱法同时测定聚醚羟值和伯羟基相对含量[J].化学推进剂与高分子材料,2008,6(5):52-55.

[144] 张彦君,蔡莲婷,丁玫,等.近红外技术在聚丙烯物性测试中的应用研究[J].当代化工,2010,39(1):93-97.

[145] 蔡莲婷,龚德词,丁玫.近红外技术测定乙烯基含量的应用研究[J].当代化工,2009,38(3):315-322.

[146] 孙岩峰,李卓越,钟洋,等.聚丙烯在线分析系统的研制[J].现代科学仪器,2011(1):60-62.

[147] 孙岩峰,陆婉珍.聚丙烯专用分析仪的研制与应用[J].现代科学仪器,2008(4):46-49.

[148] 吴艳萍,袁洪福,陆婉珍,等.采用近红外漫反射光谱表征聚丙烯树脂的平均相对分子质量[J].石油学报(石油加工),2003,19(5):86-91.

[149] 淡春荣.FT-NIR光谱法测定聚乙烯密度[J].广东化工,2006,33(12):86-89.

[150] 段青兵,孙岩峰.近红外光谱测定聚己内酰胺切片相对黏度[J].化工进展,2005,24(5):556-558.

[151] 袁永朝,曹红宝,李青,等.近红外光谱法测定端羟基聚丁二烯不饱和度分布[J].化学推进剂与高分子材料,2009,7(4):55-57.

[152] 张雪梅.近红外漫反射分析技术在测定聚丙烯粉料中二甲苯可溶物方面的应用[J].广东化工,2011,38(11):126-127.

[153] 郭隆海,袁洪福,邱藤,等.苯乙烯/丙烯酸正丁酯乳液聚合反应过程中残余单体含量的实时监测[J].高等学校化学学报,2008,26(6):1255-1261.

[154] Watari M,Higashiyama H,Mitsui N,et al. On-line monitoring of the density of linear low-density polyethylene in a real plant by near-infrared Spectroscopy and chemometrics[J]. Applied Spectroscopy,2004,58(2):248-255.

[155] 田静,王晓娟,齐文良,等.基于近红外光谱分析技术的食品包装塑料的定性分析[J].分析测试学报,2020,39(11):1416-1420.

[156] 张毅民,白家瑞,刘红莎,等.基于近红外的Fisher判别法鉴别废塑料[J].工程塑料应用,2014,42(5):75-79.

[157] 方圆,何张平,朱世超,等.近红外光谱的通用聚苯乙烯牌号在线识别方法[J].光谱学与光谱分析,2021,41(09):2759-2763.

[158] 雷玉,郭雪媚,朱世超,等.近红外光谱检测技术在聚合物领域的应用研究进展[J].光谱学与光谱分析,2019,39(7):2114-2118.

[159] Chung H,Ku M S. Feasibility of monitoring acetic acid process using near-infrared spectroscopy[J]. Vibrational Spectroscopy,2003,31(1):125-131.

[160] 端木勉.近红外光谱分析在微生物法丙烯酰胺及其聚合物生产中的应用前景[J].广州化工,1998,26(2):74-76.

[161] 周学秋,刘旭,吴严巍,等.傅里叶变换近红外过程分析技术在中国的应用[J].光谱学与光谱分析,2006,26(7):155-158.

[162] 骆献辉,袁洪福,褚小立,等.在线近红外光谱测定MTBE装置醇烯比[C]//当代中国近红外光谱技术(全国第一届近红外光谱学术会议论文集),2006:612-619.

[163] 孔翠萍,褚小立,杜泽learn,等.近红外光谱方法预测生物柴油主要成分[J].分析化学,2010,38(6):805-810.

[164] 张小希,李伟,许伟,等.近红外光谱DA7200在燃料乙醇工业中的应用[J].酿酒科技,2008(8):92-94.

[165] 李芳,蔺向阳,陈陈,等.近红外光谱法在线检测复合固体推进剂的组分含量[J].火工品,2019(6):35-38.

[166] 东靖飞,薛岗,冯伟,等.灭火剂及阻燃材料质量的快速检测体系[J].消防科学与技术,2014,33(6):685-687.

[167] 温晓燕,陈曼,严蕊,等.硝化甘油生产过程中硝化酸的快速检测方法[J].火炸药学报,2018,41(6):599-604.

[168] 邹志云,孟磊,刘英莉,等.近红外光谱检测技术在精细化工生产过程中的应用[J].计算机与应用化学,2018,35(10):809-820.

[169] 李定明,赵胜洋,王玲.近红外光谱法测定亚硝酸钠的含量[J].中国原子能科学研究院年报,2010(1):271.

[170] 吴联相,刘勤勤,贾月,等.近红外光谱法快速测定单推-3液体推进剂组分含量的研究[J].导弹与航天运载技术,2008(4):51-55.

[171] 王菊香,申刚,邢志娜.近红外光谱快速测定混胺组分含量[J].分析化学,2004,32(4):459-463.

[172] 李伟,郁俊江,邓鹏.基于近红外光谱技术的鱼雷燃料组分含量分析系统[J].鱼雷技术,2012,20(3):206-209.

[173] 王菊香,邢志娜,叶勇,等.近红外光谱分析技术在液体推进剂分析测试中的应用研究[C]//当代中国近红外

光谱技术(全国第一届近红外光谱学术会议论文集),2006:125-132.

[174] 李定明,王玲,张丽华.近红外光谱法直接测定后处理水相料液中硝酸浓度[J].核化学与放射化学,2013,35(2):96-105.

[175] 李定明,朱海巧,王玲,等.水溶液中硝酸的近红外光谱定量分析[J].原子能科学技术,2010,44(z1):69-74.

[176] 褚小立.现代光谱分析中的化学计量学方法[M].北京:化学工业出版社,2022.

[177] 褚小立,张莉,刘慧颖.近红外光谱在线仪器设备手册[M].北京:化学工业出版社,2022.

第 2 章
近红外光谱仪器

2.1 仪器的基本构成

与传统的紫外、红外光谱仪器类似，近红外光谱仪器也是由光学系统、电子系统、机械系统和计算机系统等部分组成。其中，电子系统由光源电源电路、检测器电源电路、信号放大电路、A/D 变换、控制电路等部分组成；计算机系统通过接口与光学系统和机械系统的电路相连，主要用来操作和控制仪器的运行，还负责采集、处理、存储、显示光谱数据等。

光学系统是光谱仪的核心，光学系统主要包括光源、分光系统、测样附件和检测器等部分[1-4]。

近红外光谱仪器最常用的光源是卤钨灯，在 2800 K 灯丝温度下，卤钨灯的光谱辐射亮度峰值位于约 10000 cm^{-1}（1000 nm）。卤钨灯的外壳通常是石英材质，卤钨灯内充入惰性气体（如氩气或氪气）和微量的卤素（通常是溴或碘）。其工作原理为：当灯丝发热时，钨原子被蒸发后向石英管壁方向移动，当接近石英管壁时，钨蒸气被冷却到大约 800 ℃并和卤素原子结合在一起，形成卤化钨（碘化钨或溴化钨）。卤化钨向玻璃管中央继续移动，重新回到被氧化的灯丝上，由于卤化钨是一种很不稳定的化合物，其遇热后又会重新分解成卤素蒸气和钨，这样钨又在灯丝上沉积下来，弥补被蒸发的部分。通过这种再生循环过程，灯丝的使用寿命不仅得到了大大延长（平均无故障时间 MTBF 可达 5 年），同时由于灯丝可以在更高温度下工作，从而使其具有更高的亮度、更高的色温和更高的发光效率。

在一些近红外光谱专用仪器上，也有仪器使用发光二极管（LED）作为光源，GaAlAs 材料制成的 LED 光源的光谱覆盖范围为 600～900 nm，InGaAs 材料的 LED 光源光谱覆盖范围为 1000～1600 nm。

分光系统也称单色器，其作用是将复合光变成单色光。实际上，单色器输出的光并非真正的单色光，也具有一定的带宽。色散型仪器的单色器通常由准直镜、狭缝、光栅（或棱镜）等构成。另一种常用的单色器是干涉仪，如傅里叶干涉仪等。也有一些专用仪器采用滤光片得到所需的单色光。近红外光谱仪的分光原理有多种类型，详细介绍参见 2.2 节。

测样附件是指承载样品的器件。液体样品可使用玻璃或石英样品池，在短波近红外区常使用较长光程的样品池（20～50 mm），在长波区光程通常为 0.5～5 mm。固体样品可使用积分球或漫反射探头，在短波或中短波区也可采用透射方式测量固体颗粒（如谷物或聚合物颗粒）或厚度固定的固体薄片样品（如药片或胶囊）。现场分析和在线分析则常用光纤附件。目前，针对不同的测量对象有多种形式商品化的测量附件，将在 2.3 节做详细介绍。

检测器用于把携带样品信息的近红外光信号转变为电信号，再通过 A/D 转变为数字形式输出。用于近红外区域的检测器有单点检测器和阵列检测器两种。响应范围、灵敏度、线性范围是检测器的 3 个主要指标，均取决于它的构成材料以及使用条件如温度等。在短波区域多采用 Si 检测器，在长波区域多采用 PbS 或 InGaAs 检测器。其中，InGaAs 检测器响应速度快，信噪比和灵敏度更高，但响应范围相对较窄，价格也较贵；PbS 检测器相应范围较宽，价格相对便宜，但其响应呈较高的非线性。为了提高检测器的灵敏度、扩展响应范围，在使用时往往采用半导体或液氮制冷，以保持较低的恒定温度。

2.2 分光类型

如图 2-1 所示，按单色器分类，商品化的近红外光谱仪器主要可分为滤光片型、光栅色散型、声光可调滤光器型（AOTF）和傅里叶变换型（FT）4 类。对光栅色散型仪器，又可分为扫描单通道检测器和固定光路阵列检测器两种类型。除采用单色器分光外，也有仪器采用多种不同波长的发光二极管（LED）作光源，即 LED 型近红外光谱仪。

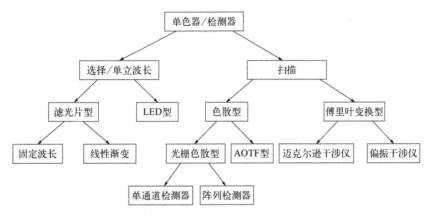

图 2-1 按单色器和检测器方式对近红外光谱仪器分类框图

2.2.1 滤光片型

滤光片型仪器采用干涉滤光片进行分光。光学干涉滤光片是建立在光学薄膜干涉原理上的精密光学滤光器件。滤光片型仪器所用的带通滤光片只允许较窄波长范围的光通过，其半波带宽可在 10 nm 以下，基本能达到单色器的分光质量。

可针对特定的应用要求，在转盘上设计安装多个近红外干涉滤光片（一般含有 6~44 个），转动转盘，便可依次测量样品在多个波长处的近红外光谱数据，显然这种仪器得到的数据是几个特定波长下的离散点。滤光片型仪器由于有较大的光通量，多用于积分球漫反射方法测量固体样品的光谱。

此类仪器的优点是采样速度快，比较坚固，可做成现场分析的手提式仪器。但这类仪器灵活性差，有移动部件，波长稳定性、重现性相对较差，而且只能在单一或少数几个波长下测定（非连续波长），波长数目有限，如样品的基体发生变化，往往会引起较大的测量误差。因此，主要用于较为简单的专用近红外光谱仪，对一些成熟的特定项目进行分析。

线性渐变滤光片（Linear Variable Filter，LVF）是一种特殊的带通滤光片，使用光学镀膜和制造技术，向特定方向形成楔形镀层。由于通带中心波长与膜层厚度相关，滤光片的穿透波长在楔形方向上发生线性变化，从而起到分光作用。这类仪器通常将线性渐变滤光片和线性阵列 InGaAs 检测器耦合，具有紧凑、轻便、无移动部件的特点，而且扫描速度快，可在 250 μs 内完成 50 次光谱累加测量。因分光器件和检测器所限，线性渐变滤光片型仪器的光谱扫描范围相对较窄（可根据需要定制不同波段的光谱仪，如 1000～1700 nm 或 1200～2200 nm 等），分辨率也不高（光谱带宽一般为 15 nm 左右）。

2.2.2 发光二极管型

这类仪器采用发光二极管（LED）作光源，单个 LED 光源所发出的光的中心波长和带宽是确定的，其带宽为 30～50 nm。可将多个相邻波长的 LED 组合，得到在确定范围内的连续波长的光源。也可以将其单独作为稳定的光源使用，再通过常见的分光方式如光栅或滤光片进行分光。

发光二极管发出的光通过相应的窄带滤光片，形成单色的近红外光，经菲涅尔透镜汇聚到被测样品上，与样品发生作用后由检测器接收。LED 器件体积小，消耗低，没有移动部件，较为坚固。但其缺点是 LED 覆盖的波长数目有限，光谱分辨率差。

2.2.3 光栅色散型

光栅色散型近红外光谱仪器通常也称为光栅扫描型光谱仪，多采用全息凹面光栅作分光元件，光栅是利用机械刻画或全息原理形成周期性变化的空间结构，不同波长的光通过光栅因衍射和多光束干涉而色散。根据光路设计和使用的检测器不同，又有光栅扫描单通道和固定光路阵列检测之分。

在光栅色散型光谱仪的光路中，光源发出的复色光束经准直后通过入射狭缝，照射到单色器（光栅）上，将复色光色散为单色光，从单色器出射的不同波长单色光的出射角度不同，通过转动光栅按照波长顺序依次通过出射狭缝，与待测样品发生作用后，到达检测器被检测。目前，绝大多数紫外-可见光谱仪器以及早期的中红外光谱仪器均采用这种分光方式，最早的商品化近红外光谱仪也是从色散型紫外-可见光谱仪器发展过来的。

这类仪器的特点是结构不复杂，容易制造。与中红外光谱仪器相比，由于近红外光谱仪区可采用高能量的光源和高灵敏度的检测器，其信噪比相对较高。但仪器的分辨率较傅里叶变换型仪器稍差，单台仪器的波长准确性与仪器之间的一致性也随之有所下降。此外，因光栅转动，为保证仪器的长期稳定性，需要进行特殊的设计考虑，对仪器的装配也有很高的要求。

2.2.4 傅里叶变换型

20 世纪 70 年代傅里叶变换技术在中红外光谱仪器上的应用使其性能得到革命性的变化，进入 20 世纪 80 年代该类型的仪器已成为中红外光谱仪器的主导产品。借助研制中红外光谱仪器的基础，通过调整光源、分束器和检测器，傅里叶变换型近红外光谱仪器应运而生。常用的分束器材料有石英、CaF-Si、KBr-Ge 等。

傅立叶变换光谱仪的核心部件是迈克尔逊干涉仪。传统迈克尔逊干涉仪对光的调制是靠镜面的机械扫描运动实现的，这就决定了这种仪器的扫描速度不可能很高，要想达到比较高的光谱分辨率，则要求动镜移动量很大，会使系统庞大。同时它对机械扫描系统的加工、装配等的精度提出了非常高的要求。

为了提高干涉仪系统的稳定性、可靠性和耐久性，降低加工和装配精度以及缩小系统体积，国际各大知名仪器制造商对经典的迈克尔逊干涉仪进行了各种改进。一方面是针对系统的抗震性能，提出了用60°或90°角镜、猫眼反射器代替平面反射镜及定镜动态调整技术，或者在机械扫描运动系统中采用气浮导轨、磁浮轴承、面弹簧支撑等以减小摩擦。另一方面，由于动镜机械扫描的本质是为了改变两条光路之间的光程差，也相应地提出了许多改变光程差的方案，如扫描分光镜结构、钟摆结构、旋转角镜或平板介质结构、插入光楔结构、转动平面镜组结构等。

傅里叶变换型近红外光谱仪器的特点是光谱扫描范围宽，扫描速度快，波长精度高，分辨率好，光谱信噪比高。这类仪器的弱点是干涉仪中有移动性部件，对仪器的使用环境有一定要求。

除采用中红外光谱仪使用的干涉仪类型外，在近红外光谱区，还有一种基于偏振干涉原理的干涉仪，称为偏振干涉仪（Polarization Interferometer）。这种干涉仪属于共光路结构，具有高光通量和抗干扰的特点，有利于克服温度变化、机械振动等环境因素的影响，但其分辨率较传统的干涉仪略差。

2.2.5 声光可调滤光器型

声光可调滤光器（Acousto Optical Tunable Filter，AOTF）型仪器以双折射晶体为分光元件，采用声光衍射原理对光进行色散。AOTF由双折射晶体、射频辐射源、电声转换器和声波吸收器组成。双折射晶体多采用TeO_2，也可使用石英或锗；射频辐射源提供频率可调的高频辐射输出；晶体上的电声转换器将高频的驱动电信号转换为在晶体内的超声波振动；声波吸收器用来吸收穿过晶体的声波，防止产生回波。

高频电信号由电声转换器转换成超声信号并耦合到双折射晶体内后，在晶体内形成一个声行波场，当一束复色光以一个特定的角度入射到声行波场后，经过光与声的相互作用，入射光被超声衍射成两束正交偏振的单色光和一束未被衍射的光，其中两束衍射光的波长与高频电信号的频率有一一对应的关系。当改变入射超声频率时，晶体内的声行波就会发生相应的变化，衍射光波长也将随之改变。因此，自动连续改变超声频率，就能实现衍射光波长的快速扫描，达到分光的目的。

一般射频的输出频率改变后$20\ \mu s$的时间内，晶体内的声行波就会变化，扫描速度很快，约4000波长点/s，最快可达16000波长点/s。分光后光束的带宽由晶体的特性与尺寸、射频输出功率和射频输出带宽决定。近红外光谱仪器通常只用其中的一束衍射光进行分析，另外两束光则用挡光板吸收去掉，也可将另外一束衍射光用于仪器的参比光束。

AOTF型近红外光谱仪的显著特点是分光系统中无可移动部件，扫描速度快。它既可以实现扫描范围内的全光谱扫描，也可以在扫描范围内任意选定一组波长进行扫描，对于固定的应用对象可以大大节省测量时间。另外，AOTF滤光器体积小、重量轻，可以做到光谱仪器的小型化。但这类仪器的分辨率不如光栅扫描型和傅里叶型仪器高，价格也较为昂贵。由于晶体制作等原因，仪器间的一致性较难保证，晶体也易受温度影响，需要采取严格的温控措施，才能保证波长的稳定性。

2.2.6 阵列检测器型

固定光路阵列检测器型仪器是 20 世纪 90 年代发展起来的一种新型仪器。这类仪器多采用后分光方式，即光源发出的光首先经过样品，再由光栅分光，光栅不需要转动，经过色散后的光聚焦在阵列检测器的焦面上同时被检测。在短波区域多采用 Si 基的电荷耦合器件（CCD）；在长波区域采用 InGaAs 或 PbS 基的二极管阵列检测器（PDA），可选的阵列检测器的像元数有 256、512、1024 和 2048 等。

这类仪器的特点是分光系统中无可移动光学部件，成本低，极易实现小型化，而且扫描速度快。这类仪器看似结构简单，但实现光学设计与整机部件的优化装配并非易事，而且此类仪器的分辨率相对较低，仪器之间的一致性比光栅扫描型仪器更难保证。在对强吸收物质测量时，还需要注意杂散光的影响。

2.2.7 其他类型

除了上述几种常见的分光类型外，近些年基于微机电系统（Micro Electro Mechanical System，MEMS）和微光机电系统（Micro Opto Electro Mechanical System，MOEMS）开发出了多款新型的近红外光谱仪，这类仪器具有尺寸小、重量轻、功耗低、价格低廉等优点[5,6]。

如图 2-2 所示，MEMS 阿达玛变换型光谱仪以一个可编程控制的阿达玛变换 MEMS 芯片为核心分光器件，用单点检测器。这类仪器的特点是光通量大、信噪比高、可以在短时间内获得高质量的光谱，但光谱范围相对较窄。

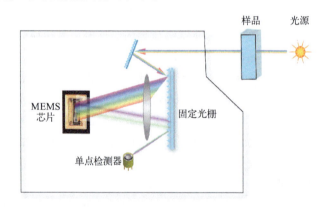

图 2-2 MEMS 阿达玛变换型光谱仪示意图

如图 2-3 所示，基于 MEMS 数字微镜阵列（DLP）的色散光谱调制器既可以实现顺序扫描、间隔扫描，也可以通过编码调制方式实现阿达玛变换扫描，用单点检测器。这类仪器具有抗振动能力强、温度适应性好、光谱分辨率可调等特点。

如图 2-4 所示，法布里-珀罗干涉仪（Fabry-Perot Interferometer，FPI）是由两块平行的玻璃板组成的多光束干涉仪，其中两块玻璃板相对的内表面都具有高反射率，当入射光的频率满足其共振条件时，其透射频谱会出现很高的峰值，对应很高的透射率，改变两块玻璃之间的距离就可获得不同频率（波长）的单色光。这种仪器的特点是体积小、重量轻、易于批量生产，但光谱范围相对较窄。

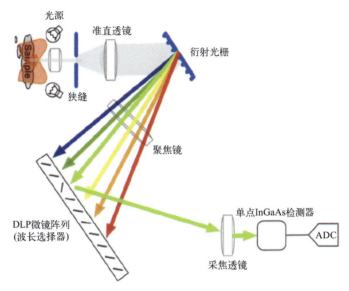

图 2-3 MEMS 数字微镜阵列光谱仪光路示意图

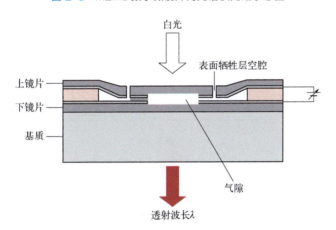

图 2-4 法布里-珀罗干涉仪原理示意图

如图 2-5 所示，MEMS 傅里叶变换干涉仪将全部光学和机械组件集成在单个 MEMS 芯片上，甚至可以将微镜直接和光子探测器及光源集成在一起，从而实现芯片级傅里叶变换光谱仪功能。这种仪器具有光谱范围宽、性价比高等特点，但与传统傅里叶变换光谱仪相比分辨率和信噪比都相对较差。

2.3 测样附件

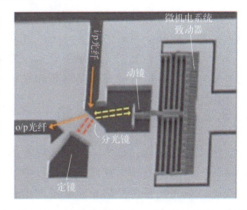

图 2-5 MEMS 傅里叶变换干涉仪芯片结构示意图

一般可直接对样品进行近红外光谱测量，不需要预处理。但样品的物态、形状各式各样，这就需要采用不同的测量附件适应不同类型的样品。近红外光谱的测试方法主要分为透射和反射两种类型。依据不同的测量对象，又可细分为透（反）射、漫透（反）射、漫反射等方式。针对不同的测量对象，市场上有各式各样的商品化测量附件。

2.3.1 透射和透反射附件

对于均匀的流动性好的液体样品，如汽油、白酒等，透射是最理想的测量方式。最常用的透射测量附件是石英（或玻璃、CaF_2 等）材料制成的比色皿，图 2-6 给出了常见光学材料在近红外区的透射特性。依据不同的测量对象和使用的波段，可选用不同光程和结构的比色皿[7]。

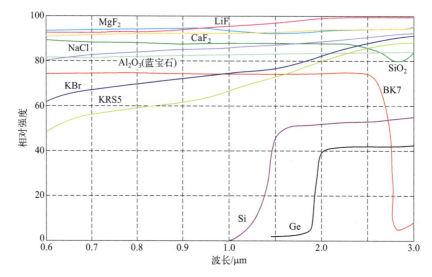

图 2-6 常见光学材料在近红外区的透射特性

对于对温度敏感（如含氢键）的样品，为得到稳定可靠的光谱，可选用恒温式的测量方式。对于自动进样的附件，需要注意在进样过程中是否有气泡产生，造成假吸收。测试黏稠较难清洗的样品时，可选用一次性的玻璃样品瓶。

透反射与透射的测量原理相同，只是在比色皿后放置一组反射镜，使透过比色皿的光折回重新通过样品。与透射相比，透反射的光程增加 1 倍。

浸入透（反）射式光纤探头是另一种常用的透射测样附件，多用于在线分析，根据测试的对象和应用环境可选择不同材质和光程的探头。

2.3.2 漫反射测样附件

对于固体颗粒、粉末、纸张和织物等样品，如谷物、饲料、肉类等，漫反射是最常见的近红外光谱测量方式。在漫反射过程中，光与样品表面或内部发生相互作用，光传播方向不断变化，最终携带样品信息后又反射出样品表面，由检测器进行检测。

目前主要有以下 3 种附件类型用于近红外漫反射光谱的测量。

2.3.2.1 普通漫反射附件

图 2-7 是一种经典的漫反射测量附件光路示意图。来自单色器的光垂直照射到样品杯或样品瓶中盛放的样品上，检测器在 45°收集反射光。为有效收集漫反射光，在 45°方向上可

使用 2 个或 4 个检测器。为了减少样品的不均匀性给光谱测量带来的影响,用于漫反射测量的样品杯通常设计为可旋转式或上下往复运动式,以得到重复性和再现性好的光谱。

在采用漫反射方式分析样品时,应注意保持装样的一致性,如颗粒大小、样品的松紧度等。为保证每次装样的松紧度,可采用标准重量的压件将样品压实。此外,还应保证装样厚度对近红外光来说是无穷厚。

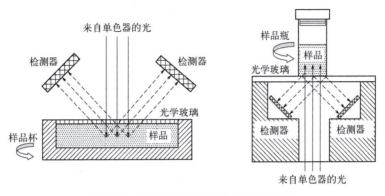

图 2-7　经典的漫反射测量附件光路示意图

2.3.2.2　积分球

对于固体和小颗粒状样品,另一种常见的漫反射测样方式是积分球(图 2-8)。从固体或粉末样品表面漫反射回来的光的方向是向四面八方的,积分球的作用就是收集这些反射光以被检测器检测。积分球的反射光收集率在一定程度上优于普通的漫反射测量附件,得到信噪比高、重复性好的光谱。检测器放置在积分球的出口,不易受到入射光束波动影响。为进一步提高反射光收集率,也有使用多个检测器的积分球。

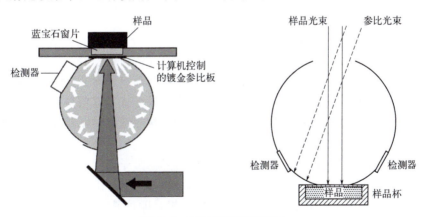

图 2-8　积分球的结构示意图

积分球可提供内参比,制成伪双光束的近红外光谱仪器。积分球的载样器件可采用通用的漫反射样品杯,也可选用一次性样品瓶。同样,旋转式的样品杯或样品瓶有利于获得稳定可靠的漫反射光谱。

2.3.2.3　漫反射光纤探头

漫反射光纤探头可以用来测量多种类型的固体样品,如塑料、水果、药片和谷物等。为有效收集样品漫反射的光,探头多采用光纤束。如 $n \times m$ 光纤束,n 根光纤用来传输来自光源或单色器的光（称为光源光纤，Source Fiber）并使之照射到待测样品上，m 根光纤则用来收集样品的漫反射光（称为检测光纤，Detector Fiber）并传输回光谱仪。光纤束的排列有多种方式，有规则的，如内圈光纤作检测光纤、外圈光纤作光源光纤，或检测光纤和光源光纤均匀间隔排列，也有无规则随意排列的。

采用光纤探头可以方便地对固态样品进行测量，如它可以直接插进原料桶，也可以对包装袋中的样品直接进行测量。为了测试方便，可在光纤探头上安装各种类型的吹扫附件，对光纤探头上粘连的粉末等污染物进行自动吹扫。这种探头经过特殊设计，还可用于工业过程的在线分析。

也有一类商品化光纤探头，将一个或多个（2～4 个）光源与收集反射光的光纤（检测光纤）集成为一体。光源发出的光从不同方向照射到样品上，探头中的检测光纤负责收集与样品作用产生的漫反射光，并传输到光谱仪的单色器中进行分光后，由检测器进行检测。这种光纤探头结构可方便地实现光谱仪的小型化，而且光源的能量利用率也相对较高，特别适合于野外现场的光谱测量，例如可以在果园对水果进行现场分析，还可以用于在线分析。

2.3.3 漫透射和漫透反射附件

对于浆状、黏稠状以及含有悬浮物颗粒的液体，如牛奶、涂料和油漆等，多采用漫透射或漫透反射方式进行测量。当一束平行光照射到上述样品时，与均匀透明液体相比，除了吸收外还产生光的散射，因此，对这些样品进行透射分析时称为漫透射。它的测试方式与透射相同，只是光与样品的作用形式不同，有些文献也将这类方式直接称为透射方式。

利用透射附件如比色皿和透射式光纤探头可以对这类液体进行测量。对于较难清洗的样品如原油、渣油、涂料和油漆等，往往采用一次性样品瓶或塑料袋。对于流动性差的样品，需要有加热恒温附件。

对于一些透光性较好的固体颗粒或粉末，如高分子颗粒，也可采用漫透射或漫透反射方式进行测量。例如，将一块陶瓷或镀金板等放到漫反射积分球的样品杯杯底，经样品吸收、散射或折射后的光又被反射回样品中，再经历这样一个光传播过程后，被检测分析。

也有近红外仪器厂商基于漫透射原理开发出了用于药片或胶囊分析的漫透射式附件，可自动对几十片样品进行测定。与漫反射方式相比，漫透射方式可以获得更多有关药品主体组成的信息。例如，对于胶囊药品，由于较厚明胶层的干扰，漫反射测量方式往往不能得到足够的胶囊内有效药物成分的光谱信息。

对于谷物如小麦、玉米和大豆等固体农作物颗粒和高分子如聚丙烯等颗粒样品，也可通过漫透射方式进行测定。由于这些样品的透光性较差，通常采用穿透能力较强的短波区域（700～1100 nm），而且该波段的光学材料和检测器相对廉价易得，可以制造低价位的专用分析仪。仪器厂商一般可以提供多种用途的光程范围为 5～30 mm 的透射式颗粒样品槽和粉末样品盘，为得到代表性强的光谱，通常需要将样品槽进行上下或左右运动，样品盘则做旋转运动。市场上还有一些特殊的颗粒透射附件，如单籽粒样品杯，主要用于育种分析，根据测量对象不同又可分为小麦/水稻、玉米/大豆以及油菜籽/亚麻籽等专用型单籽粒样品杯。

采用漫透射方式还可对水果如苹果、柑橘等的内部品质参数进行检测。将一组呈圆弧状配置的光源对称排列在果斗上方，其发出的光均匀照射水果表面，透过水果内部的光线由果斗下方的光纤探头收集后传回到光谱仪中。与传统的漫反射方式相比，这种方法几乎可以得到整个水果果肉的组成信息，同时避免了果实表面反射光和外部光线的干扰，因此测定精度比其他方式高，能消除由果实不同部位造成的糖、酸等成分的测定误差，而且能测定果皮较厚的甜瓜、小个儿西瓜及大果形橘柑等水果。

2.4 仪器的性能指标

近红外光谱仪器种类繁多，用户在选购、使用近红外光谱分析技术时充分了解和掌握仪器的主要技术指标及其评价方法是十分重要的。本节就这一问题进行概述，以期对用户深入了解和选购近红外光谱仪以及使用好近红外分析技术具有参考作用，同时对光谱分析仪器研究、设计和制造单位也具借鉴意义。

2.4.1 波长范围

波长范围是指仪器能够有效检测到的光谱范围，主要取决于仪器的分光方式、光路设计、检测器类型、光源以及光学材料（如光纤、分束器）等。近红外光谱仪器的波长范围通常分两段：700～1100 nm 的短波近红外光谱区域和 1100～2500 nm 的长波近红外光谱区域。

短波区域的光透射性强，吸光系数小，常使用长光程如 30～50 mm，取样代表性及样品池抗污染能力相对较强。短波区域可以使用硅基检测器和普通光学材料，制造成本较长波仪器低，而且可使用普通石英光纤进行传输，便于在线分析。但与长波区域相比，短波区域的信息量相对少一些，测量复杂体系中较低含量组分的精度可能会下降。由于颜色吸收的影响，短波区域也不适合深色样品的分析。总之，短波近红外光谱区域较适用于工业常规分析、现场分析，以及一些专用分析仪，如小麦专用分析仪、汽油专用分析仪和啤酒专用分析仪等。

长波近红外光谱区域较短波区域信息丰富，而且吸收波带的重叠没有短波区域严重。采用透射、漫透射、透反射和漫反射等方式，适合各类样品的测量。但仪器价格昂贵，较适用于科研院所，进行分析方法的开发、光谱理论研究以及一些复杂体系中低含量组分的常规分析[8,9]。

2.4.2 分辨率

光谱分辨率是指仪器区分两个相邻吸收峰能力的量度，主要取决于光谱仪器的分光系统。光栅分光仪器的分辨率与狭缝的设计有关，狭缝越窄，分辨率越高，但光通量会下降，显著降低光谱的信噪比。阵列检测器的分辨率还与检测器的像素有关。傅里叶型近红外光谱仪的分辨率由动镜移动距离决定。

傅里叶型近红外光谱仪分辨率可由 CO 或大气中水蒸气的某些特征吸收谱线的半峰宽判定。对于扫描型近红外光谱仪，分辨率可用高压汞弧灯或标准物质测量。

一般要求仪器的分辨率是测量峰宽的 1/10 左右。样品在近红外区域的吸收多为宽峰且重叠严重，进行定量分析时通常不要求高的仪器分辨率。因此，在实际应用中，近红外光谱仪器一般不追求高分辨率，通常 16 cm^{-1} 或 10 nm（在 2500 nm 处）的分辨率就可满足绝大多数分析对象的应用要求。如分析汽油的辛烷值，一般 40 nm 的分辨率便可满足常规分析精度的要求。但对于结构特征十分相近的复杂样品，要得到准确的分析结果，就要对仪器的分辨率提出一定的要求，一般也不会超过 4 cm^{-1}。

2.4.3 波长准确性

近红外光谱分析几乎完全依赖于校正模型，校正模型的准确性、通用性和稳定性在很大程度上取决于仪器的稳定性和重现性。因此，国际各近红外光谱仪器厂商一直在追求仪器的高信噪比、高稳定性以及仪器间的高度一致性，这通过仪器信噪比、波长（波数）准确性和重现性、光度重现性等指标体现。

光谱仪器波长准确性是指仪器测定标准物质某一谱峰的波长或波数与该谱峰的标定波长或波数之差。波长准确性对保证近红外光谱仪器间的模型传递非常重要。为了保证仪器间校正模型的有效传递，对于光栅扫描型仪器，通常要求在长波近红外光谱范围波长准确性优于 ± 1.0 nm，在短波近红外光谱范围波长准确性则要求好于 ± 0.5 nm。由于傅里叶变换型仪器采用单一波长的 HeNe 激光作为仪器内部波长校准的标准且分辨率较高，具有较好的波长准确性，通常优于 ± 0.1 cm^{-1}，有些仪器甚至达到 ± 0.03 cm^{-1}（0.006 nm@1250 nm）。常用某些水蒸气峰（如 7299.45 cm^{-1} 或 7306.74 cm^{-1}）评价傅里叶变换型仪器的波长准确性。

2.4.4 波长重复性

波长重复性是指对标准物质进行多次扫描，谱峰位置间的差异。通常用多次测量某一谱峰位置所得波长或波数的标准偏差表示。波长重复性是体现仪器稳定性的一个重要指标，对校正模型的建立以及模型的传递均有较大的影响，同样也会影响最终分析结果的准确性。扫描型近红外光谱仪器波长重复性通常应好于 0.04 nm。傅里叶变换型仪器通常优于 0.02 cm^{-1}，有些仪器甚至达到 0.006 cm^{-1}（10 次测量的标准偏差）。

2.4.5 吸光度准确性

吸光度准确性是指仪器所测某标准物质的吸光度值与该物质标定值之差。对于同一台近红外光谱仪而言，波长准确性和吸光度准确性并不是关键性指标，只要有稳定的波长重复性和吸光度重复性以及宽的吸光度线性范围，便可建立优秀的校正模型。但若将一台仪器上建立的校正模型直接用于另一台仪器，波长准确性和吸光度准确性就成为至关重要的指标。尽管近几年有了许多有效的模型传递算法，但仪器间的差异越小，模型传递的精度会越高。

测量光谱仪的吸光度准确性可选择合适的标准物质，如标准溶液或标准滤光片，在规定的波长处连续取 10 个吸光度的平均值，与标准吸光度之差即为吸光度准确度。在近红外光谱区域，目前国际上尚未制定测量吸光度准确性的标准方法，仪器生产厂家大多采用企业内部标准，也有不少厂家对吸光度准确性不做要求。为满足模型的传递性，有厂商要求甲苯在不同仪器之间的吸光度差异小于 0.002 AU（0.5 mm 光程，甲苯 28 ℃，分辨率 2 cm^{-1}，50 次扫描，7500～4200 cm^{-1}）。

2.4.6 吸光度重复性

吸光度重复性指在同一条件下对同一样品连续在同一台仪器上进行多次光谱测量之间的差异。通常用整个光谱区间或某一特征谱峰的吸光度标准偏差表示。吸光度重复性对近红外检测来说是一个极其重要的指标,它直接影响模型建立的质量以及预测结果的准确性和重复性。一般要求吸光度重复性优于 0.0004 AU。

2.4.7 噪声

吸光度噪声是影响吸光度准确性和重复性的主要因素之一,尤其对低吸光度样品,噪声的影响更加显著。

噪声通常在零吸光度,即光路中没有样品的情况下,通过峰/峰值测量评价,称为零基线噪声。一般近红外光谱仪的零基线噪声要小于 5×10^{-5} AU,目前有些仪器的零基线噪声(1 min 扫描,分辨率 16 cm^{-1})已小于 5.0×10^{-6} AU。

对比不同类型仪器的噪声时应注意扫描时间和分辨率的影响,同类型仪器需在相同的测试条件下才有可比性。由于检测器等因素的限制,噪声、吸光度重复性及准确性在整个近红外光谱波长范围内也有差异,通常仪器所测波长范围两端的噪声较高。

2.4.8 杂散光

杂散光是指未透过样品而到达检测器的光或虽透过样品但不是用于对样品进行光谱扫描的单色入射光。在仪器方面,杂散光是影响吸光度和浓度之间线性关系的主要因素之一。对光栅分光型光谱仪,杂散光的控制尤为重要。杂散光对仪器噪声、基线及光谱的稳定性均有不同程度的影响。

在测试某波长的杂散光时,将具有相应截止波长的材料置于样品光路中,则在透光率值应为零的波长上所测得的透光率值即为仪器的杂散光。可采用二溴甲烷(CH_2Br_2)和 50 mm 光程比色皿测量 1690 nm 处的杂散光。一般近红外光谱区域的杂散光要求透过率小于 0.01%。

2.5 仪器的应用类型

2.5.1 实验室型仪器

实验室所用的台式(Benchtop)近红外光谱仪器根据功能和用途可又分成两种类型:通用型和专用型。

通用型仪器附件较为完备,可提供多种测量附件,如透射、漫透射、漫反射(积分球)、透反射光纤探头等,几乎满足各种类型样品的测量。仪器的性能指标(如光谱范围、分辨率、信噪比、自身的稳定性和仪器之间的一致性等)也是相对较高的。

专用型仪器是针对特定应用对象开发的,其测量附件和功能相对单一,但内置有较完善的校正模型。这类仪器类似于"傻瓜型"相机,用户只需按要求进样,分析结果便可在屏幕上显示出来。目前市场上有多种类型的专用型仪器,如谷物分析仪、肉制品分析仪、牛奶分析仪、高聚物分析仪和果品分析仪等。

2.5.2 便携式仪器

由于近红外光谱区处于紫外-可见光谱与中红外光谱之间,光谱仪有很多分光方式,尤其是微机电系统（MEMS）和微光机电系统（MOEMS）技术的发展，为近红外光谱仪器的小型化和微型化带来极大的便利。近红外光谱仪从台式（Benchtop）、便携式（Portable）、手持式（Hand-held）发展到袖珍式（Pocket-sized），用了不到 10 年的时间。手持式或便携式现场快速分析成为近红外光谱分析技术最值得关注的发展方向之一[5]。

对于微小型仪器，通常认为重量不大于 5 kg 的为便携式仪器，重量不大于 1 kg 的为手持式仪器，重量不大于 0.1 kg 的为袖珍式仪器。与实验室台式仪器相比，近红外光谱手持式或便携式现场快速分析是一种更经济、更高效、更灵活的方法，具有小体积、低功耗、低成本、便于二次开发等优点。

由于便携式设备受到性能参数的限制，包括其相对较窄的光谱范围、较低的分辨率以及设备间较差的一致性，某些应用的性能尚未达到实验室级台式设备的水准。然而，在最近几年，微型近红外光谱仪器已经开始在多个行业的整个产业链中得到实际应用。例如，它们在畜牧（包括饲料）、加工和物流等全过程中，为肉类及其制品的质量控制和现场监测提供了巨大的潜力。此外，微型近红外光谱仪器与智能手机、云计算和物联网等技术的结合日益紧密，这为其在更广泛领域的应用开辟了广阔的前景。现已有专门用于聚合物识别、药物原料鉴别、果品分析和野外矿物类别鉴定的便携式分析仪。

2.5.3 在线型仪器

在线近红外光谱分析仪除包括光谱仪和测量附件外，通常还包括取样和预处理系统、防爆箱、数据通信模块等。目前，商品化在线近红外光谱仪的分光类型有多种，如光栅扫描型、阵列检测器型、傅里叶变换型和声光可调滤光器（AOTF）型等。

针对不同的测量体系，在线近红外光谱分析仪的复杂程度也不尽相同。例如，对于简单的液体物流体系，只需将光纤探头安装到管道上，将实验室型仪器稍加改动，放置到检测点附近，便可用于在线测量。但对于一些特殊应用场合，需要考虑取样和测量附件的适应性，如温度、压力和腐蚀性等问题。为得到稳定可靠的分析结果，往往需要取样后进行适当的预处理再进行测量，光谱仪则安装在离取样点相对较远、环境相对较好的分析小屋内[10,11]。

在线近红外光谱的测量方式也是多种多样的。对于液体测量最常用的是光纤探头和流通池。也有一些特殊设计的液体测量方式，例如可用一对直对的光纤探头对挤出机末端的熔融高分子进行在线测量。对于固体测量，可选用漫反射光纤探头，直接插入装置或容器内，与粉末或颗粒样品直接接触进行测量，如制药过程中粉末的混合均匀度以及流化床干燥过程中的水分和溶剂含量的在线分析等。往往在漫反射光纤探头上安装有不种类型的吹扫装置，对探头上粘连的粉末等污染物定时进行快速自动吹扫。在短波近红外光谱区域，也可通过取样的方式利用透射样品池分析，或将光源与光谱仪分离，利用光纤探头进行分析，例如果品的在线筛选等。

还有一类直接安装在传送带或装置上的在线近红外光谱分析仪，可对烟草、煤粉、矿粉、食品（如炸薯片、饼干、奶粉、可可脂球和咖啡等）、饲料、水泥、纸张、高分子薄膜等进行在线分析。

在线近红外光谱分析仪很容易实现一台仪器检测多路物料（多通道测量），可将一根光纤分成多束分别进入多个单立的检测器，或采用光纤多路转换器（光开关）将光依次切入不同的测量通道，从而提高仪器的利用效率，减少用户的投资成本。

2.6 微小型近红外光谱仪器应用进展

近期，便携式近红外光谱设备已在众多行业的全产业链中发挥作用，尤其是在肉类及其制品行业，它们在养殖（涵盖饲料[12,13]）、加工和物流等环节的质量控制与现场监测方面展现出巨大的应用潜力。此外，这类微型光谱仪器与智能手机、云计算技术以及物联网的紧密结合，为它们在未来的广泛应用带来了广阔的前景[14]。例如，Baumann 等开发了智能手机端的化学计量学建模和预测 App（NanoMetrix），可以与便携式近红外光谱仪器集成，可在现场进行数据处理，缩短分析和获得结果的时间[15]。Zhou 等基于便携式近红外光谱仪器和深度学习算法研发了便携式分析系统 NIR-Spoon，用于粉状样品的快速评价[16]。Rego 等也基于便携式近红外光谱仪器研制了便携式物联网近红外光谱系统，用于奶牛场饲料品质的现场分析[17]。

2.6.1 农业与林业

微小型近红外光谱仪器在农业中（例如在土壤、饲料、果品等农产品方面）有着广泛的应用。在土壤现场快速分析方面，Husnain 等使用低成本 NeoSpectra 便携式近红外光谱仪（Si-Ware 公司，波长范围 1300~2600 nm）开发了土壤光谱库，建立了预测土壤关键物化参数的分析模型，用于土壤的精确施肥[18]。Lopos 等采用 Model NIR-512 便携式近红外光谱仪（Ocean Optics 公司，波长范围 866~1670 nm）对葡萄园的土壤进行分类，其偏最小二乘判别分析（PLS-DA）结果与实验室台式仪器的结果相当[19]。Vohland 等将便携式近红外光谱与便携式中红外光谱进行数据融合，对区域土壤的有机碳含量进行现场分析，获得了较好的预测结果[20]。

在饲料草料分析方面，周昊杰等采用 poliSPEC 便携式近红外光谱仪（IT Photonics 公司，波长范围 902~1680 nm）建立了苜蓿干草、玉米青贮等奶牛常用粗饲料原料中主要营养成分（干物质、粗蛋白、酸性洗涤纤维、中性洗涤纤维等）的分析模型，指导苜蓿干草、玉米青贮的高效精准利用，帮助奶牛养殖者实现节本增效[21]。Berauer 等采用 SVC HR 1024-i 便携式近红外光谱仪（Spectra Vista 公司，波长范围 350~2500 nm）对牧草饲料的品质进行评价，并就气候变化和土地管理对饲料质量的影响进行研究[22]。

在农作物田间监测方面，Bantadjan 等自行研制了手持式短波近红外光谱仪，用于田间收割前快速测定新鲜木薯根中淀粉含量，以判断木薯的成熟度[23]。Maraphum 等使用 P-TF1 手持式近红外光谱仪（HNK Engineering 公司，波长范围 570~1031 nm）在田间对育种过程中的新鲜木薯块茎的淀粉含量进行快速预测，并探讨最有效的光谱采集方法[24]；此外，他们还利用 P-TFI 预测甘蔗的转光度（pol 值），以监测甘蔗质量并评估甘蔗成熟度[25]。Aykas 等研究了 NeoSpectra 便携式近红外光谱仪（Si-Ware 公司，波长范围 1300~2600 nm）现场快速测定大豆品质的可行性，为育种家和农民提供大豆蛋白质和脂肪等品质的实时筛选[26]。Corredo 等采用 AgriNIR 手持式近红外光谱仪（Dynamica Generale 公司，波长范围 1100~1800 nm）对甘蔗品质属性进行预测，可以用于田间分析这些属性的空间变异性[27]。Sun 等考察了光谱预处理方法对两台手持式近红外光谱仪预测橄榄果干物质含量模型传递性的影响[28]。

在农作物品质安全和病虫害快速鉴别方面，Entrenas 等采用 MicroNIR 便携式近红外光谱仪（Viavi 公司，波长范围 908～1676 nm）对菠菜和南瓜的品质（质地、干物质和可溶性固形物含量）和安全性（硝酸盐含量）进行现场分析[29]。Torres 等用这种方法监测完整的菠菜生长过程，并根据内部质量和安全指标对菠菜种植做出决策[30,31]。Sánchez 等采用便携式近红外光谱仪对农田藤蔓上西葫芦中硝酸盐含量进行预测，以确定在婴儿食品生产中使用该产品的适宜性[32]。Wang 等采用 NIR-S-R2 便携式近红外光谱仪（InnoSpectra 公司，波长范围 900～1700 nm）对茶树进行现场营养诊断，可快速预测叶片中叶绿素 a、叶绿素 b 和类胡萝卜素含量[33]。Zhao 等采用 Flame-NIR 手持式近红外光谱仪器（Ocean Optics 公司，波长范围 900～1700 nm）对苹果树腐烂病进行分类，可为大规模果园病害的诊断提供一种快速鉴别方法[34]。

微小型近红外光谱仪器在果品分析中的应用最为广泛和成熟。Kasim 等利用 SCiO 袖珍式近红外光谱仪（Consumer Physics 公司，波长范围 740～1070 nm）对芒果果实的硬度进行快速估计，可以掌握芒果果实的成熟过程，以优化上市时间，更好地满足市场需求，从而改善整个供应链[35]。Anderson 和 Mishra 等基于 F750 手持式短波近红外光谱仪（Felix 公司，波长范围 300～1150 nm）上获得的上万条芒果光谱，研究了深度学习、人工神经网络（ANN）、高斯过程回归（GPR）和局部偏最小二乘（PLS）法等建立预测干物质含量的预测模型，证明了大数据下深度学习有较强的优势[36-39]。Pires 等采用定制的便携式近红外光谱仪快速测定柑橘树上果实的多种内部质量属性，可实时评估柑橘果实的成熟度[40]。Ncama 等也采用手持式近红外光谱仪评估果树上哈斯鳄梨的成熟度[41]。

在苹果和梨等水果的全产业链品控方面，Zhang 等使用 F750 手持式短波近红外光谱仪（Felix 公司，波长范围 300～1150 nm）建立了预测多个品种苹果在收获和贮藏后的可溶性固形物含量和干物质含量的模型，结果表明用不同产地、季节、成熟期、贮藏条件和时期的样品建立单个品种的模型最优[42]。Li 等用自行组装的微型近红外光谱仪考察了温度对预测苹果可溶性固形物含量的影响，建立了温度稳健的校正模型[43]。Subedi 等对 3 款手持式近红外光谱仪测量鳄梨果肉干物质含量的结果进行比较，结果表明采用交互光学几何采样装置和波长范围为 720～975 nm 的仪器获得的预测结果最好[44]，该技术可在田间使用中在几个月内跟踪树上果实干物质含量的变化，从而决定采收时机[45]。

在樱桃等小个头水果的品质检测方面，Wang 等基于两种微型光谱仪研制了基于云的超便携式水果分析仪，用于樱桃的成熟度等级分类和总可溶性固形物含量的预测[46]。王冬等采用 MicroNIR 便携式近红外光谱仪（Viavi 公司，波长范围 908～1676 nm）建立了快速预测樱桃可溶性固形物含量的模型[47]。Marques 等比较了 3 款手持式近红外光谱仪测量乌姆布果实品质的可行性，结果表明 3 款仪器没有显著性的差异[48]。Brito 等使用 F750 手持式短波近红外光谱仪（Felix 公司，波长范围 300～1150 nm）现场对市场上番茄的可溶性固形物含量进行预测，以确保消费者所需的品质[49]。王凡等研制了便携式番茄多品质参数可见/近红外光谱全透射分析仪，实现了番茄颜色、硬度、总酸、总糖含量的同时快速无损实时检测[50]。

微小型近红外光谱仪器越来越多地用于林业和木材制造领域。Mayr 等比较了 3 台手持式近红外光谱仪和 2 台台式近红外光谱仪预测天然植物样品中水分含量的效果，当采用人工神经网络（ANN）或高斯过程回归（GPR）非线性校正方法时，手持式仪器的性能与台式仪器相当[51]。Rubini 等将 SCiO 袖珍式近红外光谱仪（Consumer Physics 公司，波长范围 740～1070 nm）用于海岸松松脂中化学成分含量的快速预测，尽管其结果没有台式仪器更准确，但可以用作质量控制工具[52]。Hadlich 等采用 LabSpec® 4 便携式近红外光谱仪（ASD 公司，波长范围 350~2500 nm）通过树皮组织的近红外光谱野外直接判断亚马孙森林中的树种，可以提高物种鉴定的准确率，更好地促进森林管理[53]。Ramadevi 等采用 Polychromix 便携式近红外光谱仪（Thermo Fisher 公司，波长范围 940~1800 nm）直接预测森林中立木的纸浆材特性，例如硫酸盐浆产量的估算等[54]。Sandak 等采用 MicroNIR 便携式近红外光谱仪（Viavi 公司，波长范围 1000~1700 nm）预测黏合木材的品质参数，以用于胶合层压木材生产过程的质量保证[55]。

2.6.2 食品与药品

微小型近红外光谱仪器在食品和药品中的应用主要集中在掺假鉴别、真伪鉴定以及类别识别方面。在肉类的新鲜度和掺假鉴别方面，Parastar 等采用 MicroNIR 便携式近红外光谱仪（Viavi 公司，波长范围 908~1676 nm）鉴别鸡肉的品质，该技术既可以区分鲜肉和解冻肉也可以根据鸡的生长状况对鸡肉片进行分类，为消费者和执法部门检查鸡肉的真实性和来源提供了可能性[56]。Cáceres-Nevado 等则将该方法用于快速区分新鲜和冻融伊比利亚猪里脊肉[57]。Silva 等也利用同款便携式近红外光谱仪对牛肉馅中掺杂猪肉和鸡肉进行定量分析，结果令人满意[58]。Schmutzler 等采用 Polychromix 便携式近红外光谱仪（Thermo Fisher 公司，波长范围 940~1800 nm）对纯小牛肉产品中的猪肉和猪肉脂肪进行现场快速鉴别，肉类和脂肪掺假可以检测到的最低水平为 10%[59]。Grassi 等将手持式近红外光谱仪用于区分不同鳕鱼种类的鱼片和肉饼，有助于打击不法商业欺诈行为，并可在加工产品中鉴定鱼类的物种[60]。Coombs 等用 NIRvascan 便携式近红外光谱仪（Allied Scientific Pro 公司，波长范围 900~1700 nm）准确区分草饲和谷饲牛肉[61]。Curro 等采用 PoliSPEC 便携式近红外光谱仪（IT Photonics 公司，波长范围 902~1680 nm）现场快速鉴别新鲜的、冷冻解冻的以及用过氧化氢处理过的冻融墨鱼，取得了满意的结果[62]。

在屠宰现场，微型近红外光谱仪器能对胴体不同部位的肉快速分析，以品质分类后论价出售。Cáceres-Nevado 等采用 MicroNIR 便携式近红外光谱仪（Viavi 公司，波长范围 908~1676 nm）对猪肉中的脂肪、蛋白和水分进行现场快速分析，可根据猪肉的脂肪含量分类出售[63]。Prieto 等采用 LabSpec® 4 便携式近红外光谱仪（ASD 公司，波长范围 350~2500 nm）预测猪皮下脂肪中多种脂肪酸含量和碘值，可直接在屠宰场的胴体上收集光谱，基于脂肪成分和硬度进行分类，以达到市场销售的目的[64]。Patel 等比较了 3 款便携式近红外光谱仪器评价牛肉化学组成和物性参数的可行性，结果表明这些仪器都可以有效地用于屠宰场和肉类加工厂的实际工作条件，直接在肌肉表面收集光谱，而无需对肉类样本进行预处理[65]。Piao 等用手持式光纤近红外光谱仪预测肉类市场上牛肉胴体的单不饱和脂肪酸、油酸和饱和脂肪酸含量，并在多台仪器上成功进行了模型传递[66]。Perez 等将 DLP NIRscan Nano 便携式近红外光谱仪（Texas 公司，波长范围 900~1650 nm）用于工业加工过程中不同部位鸡肉的快速分类[67]。Dixit 等也采用同款便携式近红外光谱仪预测冻干羔羊肉的肌肉脂肪含量，并与多台台式仪器的结果进行了比较[68]。

在蛋奶和米面分析方面，Liu 等尝试用 MicroNIR 便携式近红外光谱仪（Viavi 公司，波长范围 908~1676 nm）区分有机牛奶和其他类型牛奶，其结果与台式近红外光谱仪器的分类结果相似[69]。Pereira 等将 DLP NIRscan Nano 便携式近红外光谱仪（Texas 公司，波长范围 900～1650 nm）用于羊奶和牛奶的掺假分析，为羊奶掺假现场鉴定提供了可行性[70]。Manuelian 等评估了 SCiO 袖珍式近红外光谱仪（Consumer 公司，波长范围 740～1070 nm）评价奶酪品质的可行性，结果表明其预测总脂肪酸和总氮含量是准确可靠的[71]。Santos 等采用 MicroNIR 便携式近红外光谱仪（Viavi 公司，波长范围 908～1676 nm）对母乳的品质进行评价，能够很好地预测水分、粗蛋白质、总脂、碳水化合物含量和含能值[72]，并研究了母乳储存过程中营养成分的变化[73]。Cruz-Tirado 等利用 DLP NIRscan Nano 便携式近红外光谱仪（Texas 公司，波长范围 900～1650 nm）判别鸡蛋和鹌鹑蛋的新鲜度，可以准确预测蛋的哈夫单位（Haugh Unit）等品质参数[74,75]。Tao 等将手持式近红外光谱仪用于小麦粉掺杂木薯粉的快速鉴别[76]。Shannon 等采用 SCiO 袖珍式近红外光谱仪（Consumer 公司，波长范围 740～1070 nm）对市场上的印度香米品种进行分类，以保护供应链免受欺诈[77]。Jiang 等将 HL-2000 便携式近红外光谱仪（Ocean Optics 公司，波长范围 900～1700 nm）用于小麦储存过程中脂肪酸含量的快速分析[78]。

在茶叶和咖啡等饮品的品质分析和掺假鉴别方面，李文萃等开发了便携式近红外光谱茶叶品质快速检测仪，可以快速预测茶叶的水分、茶多酚、游离氨基酸、水浸出物和咖啡碱含量[79]。Wang 等采用便携式近红外光谱仪对绿茶和红茶中的儿茶素和咖啡因含量进行测定，并比较了局部模型和全局模型的优劣[80,81]。Sun 等采用 DLP NIRscan Nano 便携式近红外光谱仪（Texas 公司，波长范围 900～1700 nm）对速溶绿茶的质量进行评价[82]。Wang 和 Jin 等将便携式近红外光谱仪与计算机视觉融合，用于红茶发酵过程的品质监控，有助于提高红茶的口感和色泽[83,84]。Wang 等采用便携式近红外光谱仪快速分析抹茶样品的品质，可根据茶多酚与氨基酸的比例对不同的抹茶样品进行无损分类[85]。Li 等基于智能手机的手持式近红外光谱技术对绿茶中的糖和糯米粉等掺假物进行快速定性和定量分析，具有成本低、简便、快速的特点[86]。Manuel 等采用 DLP NIRscan Nano 便携式近红外光谱仪（Texas 公司，波长范围 937～1655 nm）成功鉴别了巴西一种特殊种植的咖啡品种[87]。Correia 等采用 MicroNIR 便携式近红外光谱仪（Viavi 公司，波长范围 908～1676 nm）对咖啡的掺假进行快速鉴别，掺假的最低检测限为 5%～8%（质量分数）[88]。Baqueta 等采用同款近红外光谱仪和 PLS-DA 方法直接预测烘焙和研磨咖啡混合物的杯测特征（Coffee Cup Profile），可以进一步协助对咖啡的特性进行分析[89]。

在饮料和甜食等分析方面，Chen 等采用手持式近红外光谱仪建立了预测果蔬汁中糖和碳水化合物含量的校正模型，预测结果良好[90]。Giovenzana 等将 AvaSpec-2048 便携式近红外光谱仪（Avantes 公司，波长范围 450～980 nm）用于精酿啤酒发酵过程中的品质检测，以便及时调整发酵过程的工艺参数[91]。Kapoor 等用 DLP2010 微型近红外光谱仪（NIRTexas 公司，波长范围 900～1700 nm）对苹果片热风干燥过程中的水分含量进行快速预测[92]。Ferreira 等利用 Spec1700 便携式近红外光谱仪（SpecLab Holding 公司，波长范围 900～1700 nm）快速鉴别巧克力上的脂肪花，可以快速获取巧克力在储存和运输中化学成分的结构变化信息[93]。Melo 等采用便携式近红外光谱仪对制糖工业过程多个加工步骤中样品的物化性质进行快速分析，以指导工业生产过程[94]。Aykas 等利用 NeoSpectra 便携式近红外光谱仪（Si-Ware 公司，波长范围 1350～2560 nm）对开心果粉中掺入绿豌豆粉和花生粉的样品进行快速鉴别[95]。

在油料和食用油品质分析和鉴别方面，Yu 等自制了专门的测量附件，将便携式近红外光谱仪器用于高油酸花生的分类以及预测花生籽粒中油酸、亚油酸和棕榈酸等脂肪酸含量，得到了与台式近红外光谱仪器相当的结果[96,97]。Kaufmann 等利用 DLP NIRscan Nano 便携式近红外光谱仪（Texas 公司，波长范围 900～1700 nm）快速鉴别掺入棕榈油、大豆油和菜籽油的芫荽油，获得了满意的结果[98]。Borghi 等采用 MicroNIR 便携式近红外光谱仪（Viavi 公司，波长范围 908～1676 nm）对掺假大豆油、葵花籽油、玉米油和菜籽油的初榨橄榄油进行快速鉴别[99]。MacArthur 等采用 SCiO 袖珍式近红外光谱仪（Consumer Physics 公司，波长范围 740～1070 nm）对橄榄油中添加苏丹红 IV 进行快速鉴别[100]。McGrath 等采用同款袖珍式近红外光谱仪对调味品牛至的掺假样品进行现场快速筛选，并考察了多种模型传递方法校正多台便携式仪器的效果[101]。Oliveira 等则利用 DLP NIRscan Nano 便携式近红外光谱仪（Texas 公司，波长范围 900～1700 nm）快速鉴别辣椒粉的掺假[102]。

在药品分析方面，Foo 等将 MicroNIR 便携式近红外光谱仪（Viavi 公司，波长范围 950～1650 nm）用于口腔分散膜剂制备过程中有效成分的快速分析，为配药质量控制提供了一种实时、低成本的工具[103]。Vakili 等将 NIRONE 便携式近红外光谱仪（Spectral Engines 公司，波长范围 1550～1950 nm）用于监测喷墨打印生产过程的口腔分散膜剂药物[104]。Hespanhol 等利用 DLP NIRscan Nano 便携式近红外光谱仪（Texas 公司，波长范围 937～1655 nm）对 omega-3 补充剂制备过程中的原料和有效成分品质进行快速预测，以鉴别欺诈和不合格成分[105]。Tie 等采用 MicroPHAZIR 便携式近红外光谱仪（Thermo Fisher 公司，波长范围 1600～2400 nm）对劣质和伪造的抗生素药物进行快速鉴别，其结果与台式近红外光谱仪器相当[106]。Ciza 等比较了 NIR-M-T1 手持式近红外光谱仪（InnoSpectra 公司，波长范围 900～1700 nm）和便携式拉曼光谱仪识别假药的能力，结果表明近红外光谱的鉴别准确率优于拉曼光谱[107]。Guillemain 等使用两款手持式近红外光谱仪基于不同的模式识别策略对假药进行鉴别分析，两款手持式近红外光谱仪都能得到满意的鉴别结果[108]。Ciza 等还采用手持式近红外光谱仪结合模式识别方法对抗疟药物的质量进行现场评价[109]。

在中草药分析方面，Ashie 等用 MicroNIR 便携式近红外光谱仪（Viavi 公司，波长范围 950～1650 nm）对水飞蓟提取物中 3 种主要活性成分进行快速分析[110]。Fan 等用 PV500R-I 便携式近红外光谱仪（Panovasic 公司，波长范围 1353～1850 nm）对川贝药材进行鉴别，并对有效成分进行定量分析[111]。李庆等用自行研制的便携式近红外光谱仪成功对西红花及其掺伪品进行鉴别[112]。Zhang 等把 NIR-S-G1 便携式近红外光谱仪（InnoSpectra 公司，波长范围 900～1700 nm）用于陈皮贮藏期的快速识别[113]。Vega-Castellote 等采用两种款式的手持式近红外光谱仪研究原位测量完整的带壳杏仁和去壳杏仁中脂肪酸分布的可行性，以便现场收购时判断坚果的质量和新鲜度，结果表明，为了获得最佳结果，需要在杏仁去壳后对样品进行动态的近红外光谱分析[114]。随后，他们又将手持式近红外光谱仪用于杏仁中苦杏仁苷含量现场分析，并对苦杏仁进行分类[115]。

2.6.3 炼油与化工

相比工业在线过程分析技术，微小型近红外光谱仪器在石油和化工领域的应用报道相对较少。在石油产品和化学品分类鉴别方面，Santos 等采用 MicroNIR 便携式近红外光谱仪（Viavi 公司，波长范围 950～1650 nm）可有效地对原油样品及其衍生物进行分类和定量分析，对于石脑油和汽油混合物的定量限为 4.4%（质量分数），对于柴油和煤油的定量限为

9.3%（质量分数）[116]。Correia 等也采用同款便携式近红外光谱仪对巴西商品汽油和柴油的品质进行快速检测，可以判别柴油和生物柴油的掺假，以及定量预测柴油中生物柴油含量、汽油中甲醇和乙醇含量[117,118]。Paiva 等基于 LED 光源和干涉滤光片研制了一款便携式近红外光谱仪，可用于生物柴油掺假的快速鉴别[119]。van Kollenburg 等采用 SCiO 袖珍式近红外光谱仪建立了有机试剂光谱库，用于快速鉴别进厂试剂的种类[120]。Yan 等比较了 4 款不同类型的便携式近红外光谱仪，用于废塑料种类的鉴别，均获得了满意的结果[121]。

在油品生产和使用的过程分析方面，Sales 等将 MicroNIR 便携式近红外光谱仪（Viavi 公司，波长范围 950~1650 nm）用于生物柴油连续生产过程中关键化学成分的监测[122]。Barri 等将 SCiO 袖珍式近红外光谱仪（Consumer Physics 公司，波长范围 740~1070 nm）用于现场检测沥青黏结剂的老化以及对各种沥青黏结剂和混合料类型进行分类，为制定及时和适当的损伤预防策略提供信息，有望为沥青混合料的质量控制节省大量的时间和成本[123,124]。

2.6.4 刑侦安全

在法庭科学领域，微小型近红外光谱仪器已应用于刑事案件、交通肇事案件等有关物证的分析，作为预筛选样本检测的一种手段，可以帮助犯罪现场的快速调查[125]。Céline 等采用 MicroPHAZIR 便携式近红外光谱仪（Thermo Fisher 公司，波长范围 1600~2400 nm）按照四氢大麻酚含量对大麻进行分类，能够区分合法和非法的大麻样品[126]。Deidda 等对比了两种便携式近红外光谱仪预测大麻中四氢大麻酚含量的优劣[127]。Risoluti 等把 MicroNIR 便携式近红外光谱仪（Viavi 公司，波长范围 950~1650 nm）用于现场检测口服液中的可卡因、安非他命、四氢大麻酚，以快速筛查药物的滥用[128-130]。Correia 等采用同款便携式近红外光谱仪用于管制药物的现场检测[131]。Coppey 等也基于同型号近红外光谱仪结合云平台建立了非法药物快速鉴别系统，可在 5s 内识别出非法药物的种类[132]。Hespanhol 等探究采用 DLP NIRscan Nano 便携式近红外光谱仪（Texas 公司，波长范围 937~1655 nm）对查获的疑似可卡因样品进行现场鉴别的可行性，并得到了肯定的结果[133]。

在现场遗留物证的快速筛查方面，Risoluti 等研究了 MicroNIR 便携式近红外光谱仪（Viavi 公司，波长范围 950~1650 nm）与模式识别方法结合，现场快速识别人手上爆炸物类别的新方法，该方法能够正确地识别手上微量的爆炸物类别，而不受基体复杂性和可变性影响[134]。Rashed 等将两款手持式近红外光谱仪 NIRscan Nano（Texas 公司，波长范围 900~1700 nm）和 SCiO（Consumer Physics 公司，波长范围 740~1070 nm）用于法医学犯罪现场常见织物材料（棉花、聚酯、牛仔布、聚丙烯、涤棉和黏胶纤维等）的快速鉴别，非常适合在犯罪现场进行直接分析[135]。Morillas 等采用 SCiO 袖珍式近红外光谱仪（Consumer Physics 公司，波长范围 740~1070 nm）对能否区分血迹和可能出现在犯罪现场的类似血液物质进行了可行性研究，为快速、低成本和非破坏性的犯罪现场体液筛查提供了很大的机会[136]。Fonseca 等用 MicroNIR 便携式近红外光谱仪（Viavi 公司，波长范围 950~1650 nm）对不同类型地砖上的血污渍类型进行现场鉴别，可快速识别人类血液和动物血液[137]。此外，也有用便携式近红外光谱仪对纸币真伪进行鉴别的研究[138]。

2.6.5 其他

除了上述应用外，微小型近红外光谱仪器还在医学、矿物、文物等领域有着广泛的应用。Ni 等采用 MicroNIR 便携式近红外光谱仪（Viavi 公司，波长范围 950~1650 nm）通过人体不同组织（手臂、耳朵、脸、下巴和手腕）的近红外光谱预测年龄、体重指数、呼吸商、体脂和静息代谢率等指标，得到初步可行的结果[139]。Oravec 采用 NIR256-2.5 便携式近红外光谱仪（Ocean Optics 公司，波长范围 900~2500 nm）对历史旧照片的材质进行分类，与便携式中红外光谱仪器结合，可直接在画廊和博物馆进行无损快速分析[140]。吴珍珠等采用 oreXpress 便携式矿物分析仪（Spectral Evolution 公司，波长范围 350~2500 nm）获取了高岭石、蛇纹石、滑石、叶腊石、白云母 5 种层状硅酸盐的近红外光谱，可反映出样品的矿物类型、结晶度、含水量等信息[141]。我国也研制出了便携式近红外矿物分析仪，已用于矿产勘查和矿业市场等领域[142]。

2.6.6 展望

国际上近红外光谱分析仪器的微小型化是一个重要的发展方向，市场上已经出现了多种微小型近红外光谱仪器。物联网技术的发展正在智能农业、智能制造、智能医疗和智慧城建等多个领域掀起革命，它也成为促进近红外光谱传感器向更小型化、便携化发展的关键驱动力。尽管如此，便携式近红外光谱仪器在某些应用上仍然面临挑战，这主要是由于它们的性能参数限制，如波长覆盖范围有限、分辨率较粗以及不同设备间的一致性不足，导致其在一些情况下无法完全达到实验室内台式仪器的分析效果[143-146]。用户在购置这类仪器时要充分了解其性能指标、测量方式和附件类型是否符合自己的应用需求，例如仪器的测量方式和附件决定着所采集光谱的品质和信息量（比如不均匀样本需要大光斑的漫反射附件），波长范围在很大程度上决定着所建模型的准确性（比如一些组成复杂的农产品或石油产品往往需要 1900~2500 nm 波段范围），波长的准确性直接决定着模型的可移植性等[147-148]。

然而，可以预期，随着创新原理、先进材料和精密制造技术的不断进步，各种类型的便携式近红外光谱仪器（包括不同分光原理的设备）都将针对它们特定的应用场景进行性能上的改进和优化。这意味着未来这些仪器的整体性能有望得到显著提升。具体来说，预计仪器的体积将进一步缩小，重量将进一步减轻，不同仪器之间的一致性将得到增强，波长覆盖范围将变得更加广泛，测量配件将变得更加高效，同时仪器的光学性能参数也将获得全面的改进和提升[149-151]。

微型近红外光谱仪器也将在多波段、多光谱数据融合方面扮演越来越重要的角色[152-154]，例如近红外光谱与激光诱导击穿光谱（Laser-induced Breakdown Spectroscopy，LIBS）的融合、与拉曼光谱的融合以及与其他光谱成像的融合[155]。除光谱仪硬件的改进外，化学计量学算法的提升也不容忽视，例如，如何将实验室台式仪器上基于大型光谱数据库建立的校正模型移植到便携式仪器上以及如何进行应用端的模型更新是值得深入研究的问题[156-159]。此外，为保证微小型近红外光谱仪器的性能在应用过程中得到保证，建立仪器安装和运行确认（Installation Qualification and Operation Qualification，IQOQ）程序也非常重要[160]。

在应用方面，随着人们生活水平的不断提高和美好生活需要的日益增长，对于高品质消费品的需求大幅提升，消费品的质量品质越来越受到消费者的重视，对消费品真伪鉴别及品质溯源的关注度也越来越高，微小型近红外光谱仪器作为物联网节点的核心感知部件之一，在食品和药品等人们日常用品中的应用将会越来越广泛[161-163]。未来微小型近红外光谱仪器与智能手机和云平台的紧密结合将使数据传输和存储更加灵活和便捷，也将为大数据分析和应用奠定基础[164-166]。因此可以预期的是，未来微型近红外光谱仪器的用户主体将不是光谱分析工作者，而是普通的消费者，即消费级的应用将占主体。

参考文献

[1] Siesler H W, Ozaki Y, Kawata S. Near-Infrared Spectroscopy: Principles, Instruments, Applications[M]. Weinheim: Wiley-VCH, 2002.

[2] 陆婉珍. 现代近红外光谱分析技术[M]. 2版. 北京: 中国石化出版社, 2006.

[3] 陆婉珍. 近红外光谱仪器[M]. 北京: 化学工业出版社, 2010.

[4] 褚小立. 近红外光谱分析技术实用手册[M]. 北京: 机械工业出版社, 2016.

[5] 霍学松, 陈瀑, 戴嘉伟, 等. 微小型近红外光谱仪的应用进展与展望[J]. 分析测试学报, 2022, 41(9): 1301-1313.

[6] 褚小立, 张莉, 刘慧颖. 近红外光谱在线仪器设备手册[M]. 北京: 化学工业出版社, 2022.

[7] 褚小立. 化学计量学方法与分子光谱分析技术[M]. 北京: 化学工业出版社, 2011.

[8] 田高友, 褚小立, 袁洪福, 等. 近红外光谱仪器的主要技术指标与评价方法概述[J]. 现代科学仪器, 2005(4): 18-21.

[9] 褚小立, 王艳斌, 陆婉珍. 近红外光谱仪国内外现状与展望[J]. 分析仪器, 2007(4): 1-5.

[10] 褚小立, 袁洪福, 陆婉珍. 在线近红外光谱过程分析技术及其应用[J]. 现代科学仪器, 2004(2): 3-21.

[11] 褚小立, 袁洪福, 陆婉珍. 用于石化工业的光谱和波谱类过程分析技术[J]. 现代科学仪器, 2006(3): 8-13.

[12] Balehegn M, Varijakshapanicker P, Zampaligre N, et al. Near-infrared reflectance spectroscopy for forage nutritive value analysis in sub-Saharan African countries[J]. Agronomy Journal, 2021, 7: 1-15.

[13] Modroño S, Soldado A, Martínez-Fernández A, et al. Handheld NIRS sensors for routine compound feed quality control: real time analysis and field monitoring[J]. Talanta, 2017, 162: 597-603.

[14] Kademi H I, Ulusoy B H, Hecer C. Applications of miniaturized and portable near infrared spectroscopy (NIRS) for inspection and control of meat and meat products[J]. Food Reviews International, 2019, 35(1-4): 201-220.

[15] Baumann L, Librelotto M, Pappis C, et al. NanoMetrix: An app for chemometric analysis from near infrared spectra[J]. Journal of Chemometrics, 2020, 6: e3281.

[16] Zhou L, Tan L H, Zhang C, et al. A portable NIR-system for mixture powdery food analysis using deep learning[J]. LWT-Food Science and Technology, 2022, 153: 112456.

[17] Rego G, Ferrero F, Valledor M, et al. A portable IoT NIR spectroscopic system to analyze the quality of dairy farm forage[J]. Computers and Electronics in Agriculture, 2020, 175: 105578.

[18] Ng W, Husnain, Anggria L, et al. Developing a soil spectral library using a low-cost NIR spectrometer for precision fertilization in Indonesia[J]. Geoderma Regional, 2020, 22: e00319.

[19] Pascoa M L R N M J, Graça A R, Lopes J A. Classification of vineyard soils using portable and benchtop near-infrared spectrometers: a comparative study[J]. Soil Science Society of America Journal, 2016, 80(3): 652-661.

[20] Vohland M, Ludwig B, Seidel M, et al. Quantification of soil organic carbon at regional scale: benefits of fusing vis-NIR and MIR diffuse reflectance data are greater for in situ than for laboratory-based modelling approaches[J]. Geoderma, 2022, 405: 115426.

[21] 周昊杰, 李小宇, 冯煜, 等. 奶牛常用粗饲料营养成分近红外数据库的建立[J]. 黑龙江畜牧兽医, 2020(3): 106-109.

[22] Berauer B J, Wilfahrt P A, Reu B, et al. Predicting forage quality of pasture grasslands using vis-NIRS to reveal effects of management intensity and climate change[J]. Agriculture, Ecosystems and Environment, 2020, 296: 106929.

[23] Bantadjan Y, Rittiron R, Malithong K, et al. Rapid starch evaluation in fresh cassava root using a developed portable visible and near-infrared spectrometer[J]. ACS Omega, 2020, 5: 11210-11216.

[24] Maraphum K, Saengprachatanarug K, Wongpichet S, et al. In-field measurement of starch content of cassava tubers using handheld vis-near infrared spectroscopy implemented for breeding programmes[J]. Computers and Electronicsin Agriculture, 2020, 175: 105607.

[25] Maraphum K, Chuan-Udom S, Saengprachatanarug K, et al. Effect of waxy material and measurement position of a sugarcane stalk on the rapid determination of Pol value using a portable near infrared instrument[J]. Journal of Near Infrared Spectroscopy, 2018, 26(5):287-296.

[26] Aykas D P, Ball C, Sia A, et al. In-situ screening of soybean quality with a novel handheld near-infrared sensor [J]. Sensors, 2020, 20 (21):6283.

[27] Corredo L P, Wei M C F, Ferraz M N, et al. Near-infrared spectroscopy as a tool for monitoring the spatial variability of sugarcane quality in the fields[J]. Biosystems Engineering, 2021, 206:150-161.

[28] Sun X D, Subedi P, Walker R, et al. NIRS prediction of dry matter content of single olive fruit with consideration of variable sorting for normalisation pre-treatment[J]. Postharvest Biology and Technology, 2020, 163:111140.

[29] Entrenas J A, Pérez-Marín D, Torres I, et al. Simultaneous detection of quality and safety in spinach plants using a new generation of NIRS sensors[J]. Postharvest Biology and Technology, 2020, 160:111026.

[30] Torres I, Sanchez M-T, Entrenas J A, et al. Monitoring quality and safety assessment of summer squashes along the food supply chain using near infrared sensors[J]. Postharvest Biology and Technology, 2019, 154:21-30.

[31] Torres I, Sánchez M-T, Vega-Castellote M, et al. Routine NIRS analysis methodology to predict quality and safety indexes in spinach plants during their growing season in the field[J]. Spectrochimica Acta Part A: Molecular and Biomolecular Spectroscopy, 2021, 246:118972.

[32] Sánchez M-T, Perez-Marin D, Torres I, et al. Use of NIRS technology for on-vine measurement of nitrate content and other internal quality parameters in intact summer squash for baby food production[J]. Postharvest Biology and Technology, 2017, 125:122-128.

[33] Wang Y J, Jin S S, Li M H, et al. Onsite nutritional diagnosis of tea plants using micro near-infrared spectrometer coupled with chemometrics[J]. Computers and Electronics in Agriculture, 2020, 175:105538.

[34] Zhao Y R, Fang S Y, Ye Y K, et al. Chemometric development using portable molecular vibrational spectrometers for rapid evaluation of AVC (*Valsa mali* Miyabe et Yamada) infection of apple trees[J]. Vibrational Spectroscopy, 2021, 114:103231.

[35] Kasim N F M, Mishra P, Schouten R E, et al. Assessing firmness in mango comparing broadband and miniature spectrophotometers[J]. Infrared Physics and Technology, 2021, 115:103733.

[36] Mishra P, Woltering E, Harchioui N E. Improved prediction of 'Kent' mango firmness during ripening by near-infrared spectroscopy supported by interval partial least square regression[J]. Infrared Physics and Technology, 2020, 110:103459.

[37] Anderson N T, Walsh K B, Subedi P P, et al. Achieving robustness across season, location and cultivar for a NIRS model for intact mango fruit dry matter content[J]. Postharvest Biology and Technology, 2020, 168:111202.

[38] Anderson N T, Walsh K B, Flynn J R, et al. Achieving robustness across season, location and cultivar for a NIRS model for intact mango fruit dry matter content. II. Local PLS and nonlinear models[J]. Postharvest Biology and Technology, 2021, 171:111358.

[39] Mishra P, Passos D. Deep chemometrics: validation and transfer of a global deep near-infrared fruit model to use it on a new portable instrument[J]. Journal of Chemometrics, 2021, 35:e3367.

[40] Pires R, Guerra R, Cruz S P, et al. Ripening assessment of 'Ortanique' (*Citrus reticulata* Blanco x *Citrus sinensis* (L) Osbeck) on tree by SW-NIR reflectance spectroscopy-based calibration models[J]. Postharvest Biology and Technology, 2022, 183:111750.

[41] Ncama K, Magwaza L S, Poblete-Echeverría C A, et al. On-tree indexing of 'Hass' avocado fruit by non-destructive assessment of pulp dry matter and oil content[J]. Biosystems Engineering, 2018, 174:41-49.

[42] Zhang Y Y, Nock J F, Shoffe Y A, et al. Non-destructive prediction of soluble solids and dry matter concentrations in apples using near-infrared spectroscopy[J]. Acta Horticulturae, 2020, 1275:341-348.

[43] Li H, Zhang M S, Shen M S, et al. Effect of ambient temperature on the model stability of handheld devices for predicting the apple soluble solids content[J]. European Journal of Agronomy, 2022, 133:126430.

[44] Subedi P P, Walsh K B. Assessment of avocado fruit dry matter content using portable near infrared spectroscopy: method and instrumentation optimisation[J]. Postharvest Biology and Technology, 2020, 161:111078.

[45] Shah S S A, Zeb A, Qureshi W S, et al. Towards fruit maturity estimation using NIR spectroscopy[J]. Infrared Physics and Technology, 2020, 111:103479.

[46] Wang T, Chen J, Fan Y Y, et al. SeeFruits: Design and evaluation of a cloud-based ultra-portable NIRS system for sweet cherry quality detection[J]. Computers and Electronics in Agriculture, 2018, 152: 302-313.

[47] 王冬, 张鹤冬, 朱业伟, 等. 基于LVF-NIR的樱桃可溶性固形物含量无损速测模型的建立与优化[J]. 食品安全质量检测学报, 2020, 11(3): 854-859.

[48] Marques E J N, Freitas S T D. Performance of new low-cost handheld NIR spectrometers for nondestructive analysis of umbu (*Spondias tuberosa* Arruda) quality[J]. Food Chemistry, 2020, 323: 126820.

[49] Brito A A D, Campos F, Nascimento A D R, et al. Determination of soluble solid content in market tomatoes using Near-infrared Spectroscopy[J]. Food Control, 2021, 126(1): 108068.

[50] 王凡, 李永玉, 彭彦昆, 等. 便携式番茄多品质参数可见/近红外检测装置研发[J]. 农业工程学报, 2017, 33(19): 295-300.

[51] Mayr S, Bec K B, Grabska J, et al. Challenging handheld NIR spectrometers with moisture analysis in plant matrices: performance of PLSR vs. GPR vs. ANN modelling[J]. Spectrochimica Acta Part A: Molecular and Biomolecular Spectroscopy, 2021, 249: 119342.

[52] Rubini M, Feuillerat L, Cabaret T, et al. Comparison of the performances of handheld and benchtop near infrared spectrometers: application on the quantification of chemical components in maritime pine (*Pinus pinaster*) resin[J]. Talanta, 2020, 221: 121454.

[53] Hadlich H L, Durgante F M, Santos J D, et al. Recognizing Amazonian tree species in the field using bark tissues spectra[J]. Forest Ecology and Management, 2018, 427: 296-304.

[54] Ramadevi P, Kamalakannan R, Suraj G P, et al. Evaluation of Kraft pulp yield and syringyl/guaiacyl ratio from standing trees (*Eucalyptus camaldulensis*, *E. urophylla*, *Leucaena leucocephala* and *Casuarina junghuhniana*) using portable near infrared spectroscopy[J]. Journal of Near Infrared Spectroscopy, 2022, 30(1): 40-47.

[55] Sandak J, Niemz P, Hansel A, et al. Feasibility of portable NIR spectrometer for quality assurance in glue-laminated timber production[J]. Construction and Building Materials, 2021, 308: 125026.

[56] Parastar H, Kollenburg G V, Weesepoel Y, et al. Integration of handheld NIR and machine learning to "Measure & Monitor" chicken meat authenticity[J]. Food Control, 2020, 112: 107149.

[57] Cáceres-Nevado J M, Garrido-Varo A, Pedro-Sanz E D, et al. Non-destructive Near Infrared Spectroscopy for the labelling of frozen Iberian pork loins[J]. Meat Science, 2021, 175: 108440.

[58] Silva L C R, Folli G S, Santos L P, et al. Quantification of beef, pork, and chicken in ground meat using a portable NIR spectrometer[J]. Vibrational Spectroscopy, 2020, 111: 103158.

[59] Schmutzler M, Beganovic A, Bohler G, et al. Methods for detection of pork adulteration in veal product based on FT-NIR spectroscopy for laboratory, industrial and on-site analysis[J]. Food Control, 2015, 57: 258-267.

[60] Grassi S, Casiraghi E, Alamprese C. Handheld NIR device: a non-targeted approach to assess authenticity of fish fillets and patties[J]. Food Chemistry, 2018, 243: 382-388.

[61] Coombs C E O, Liddle R R, Gonzalez L A. Portable vibrational spectroscopic methods can discriminate between grass-fed and grain-fed beef[J]. Journal of Near Infrared Spectroscopy, 2021, 29(6): 321-329.

[62] Curro S, Fasolato L, Serva L, et al. Use of a portable near-infrared tool for rapid on-site inspection of freezing and hydrogen peroxide treatment of cuttlefish (*Sepia officinalis*)[J]. Food Control, 2022, 132: 108524.

[63] Cáceres-Nevado J M, Garrido-Varo A, Pedro-Sanz E D, et al. NIR handheld miniature spectrometer to increase the efficiency of Iberian pig selection schemes based on chemical traits[J]. Spectrochimica Acta Part A: Molecular and Biomolecular Spectroscopy, 2021, 258(11): 119865.

[64] Prieto N, Dugan M E R, Juarez M, et al. Using portable near-infrared spectroscopy to predict pig subcutaneous fat composition and iodine value[J]. Canadian Journal of Animal Science, 2018, 98: 221-229.

[65] Patel N, Toledo-Alvarado H, Bittante G. Performance of different portable and hand-held near-infrared spectrometers for predicting beef composition and quality characteristics in the abattoir without meat sampling[J]. Meat Science, 2021, 178(3): 108518.

[66] Piao S, Okura T, Irie M. On-site evaluation of Wagyu beef carcasses based on the monounsaturated, oleic, and saturated fatty acid composition using a handheld fiber-optic near-infrared spectrometer[J]. Meat Science, 2018, 137: 258-264.

[67] Perez I M N, Badaro A T, Jr S B, et al. Classification of chicken parts using a portable near-infrared (NIR) spectrophotometer and machine learning[J]. Applied Spectroscopy, 2018, 72(12): 1774-1780.

[68] Dixit Y, Pham H Q, Realini C E, et al. Evaluating the performance of a miniaturized NIR spectrophotometer for predicting intramuscular fat in lamb: a comparison with benchtop and hand-held Vis-NIR spectrophotometers [J]. Meat Science, 2019, 162: 108026.

[69] Liu N, Parra H A, Pustjens A, et al. Evaluation of portable near-infrared spectroscopy for organic milk authentication [J]. Talanta, 2018, 184: 128-135.

[70] Pereira E V D S, Fernandes D D D S, Araujo M C U D, et al. In-situ authentication of goat milk in terms of its adulteration with cow milk using a low-cost portable NIR spectrophotometer[J]. Microchemical Journal, 2020, 163: 105885.

[71] Manuelian C L, Ghetti M, Lorenzi C D, et al. Feasibility of pocket-sized near-infrared spectrometer for the prediction of cheese quality traits[J]. Journal of Food Composition and Analysis, 2022, 105: 104245.

[72] Santos V J, Baqueta M R, Neia V J C, et al. MicroNIR spectroscopy and multivariate calibration in the proximal composition determination of human milk[J]. LWT-Food Science and Technology, 2021, 147: 111645.

[73] Santos V J, Baqueta M R, Março P H, et al. Proof-of-concept on the effect of human milk storage time: Lipid degradation and spectroscopic characterization using portable near-infrared spectrometer and chemometrics[J]. Food Chemistry, 2022, 368: 130675.

[74] Cruz-Tirado J P, Medeiros M L D S, Barbin D F. On-line monitoring of egg freshness using a portable NIR spectrometer in tandem with machine learning[J]. Journal of Food Engineering, 2021, 306: 110643.

[75] Brasil Y L, Cruz-Tirado J P, Barbin D F. Fast online estimation of quail eggs freshness using portable NIR spectrometer and machine learning[J]. Food Control, 2022, 131: 108418.

[76] Tao F F, Liu L, Kucha C, et al. Rapid and non-destructive detection of cassava flour adulterants in wheat flour using a handheld MicroNIR spectrometer[J]. Biosystems Engineering, 2021, 203: 34-43.

[77] Shannon M, Ratnasekhar C H, Mcgrath T F, et al. A two-tiered system of analysis to tackle rice fraud: the Indian Basmati study[J]. Talanta, 2020, 225(5): 122038.

[78] Jiang H, Liu T, Chen Q S. Quantitative detection of fatty acid value during storage of wheat flour based on a portable near-infrared (NIR) spectroscopy system[J]. Infrared Physics and Technology, 2020, 109: 103423.

[79] 李文萃,周新奇,范起业,等.便携式近红外茶叶品质快速检测仪设计与试验[J].现代食品科技,2021,37(5): 303-309.

[80] Wang Y J, Li T H, Li L Q, et al. Micro-NIR spectrometer for quality assessment of tea: comparison of local and global models[J]. Spectrochimica Acta Part A: Molecular and Biomolecular Spectroscopy, 2020, 237: 118403.

[81] Wang Y, Li M H, Li L Q, et al. Green analytical assay for the quality assessment of tea by using pocket-sized NIR spectrometer[J]. Food Chemistry, 2021, 345: 128816.

[82] Sun Y M, Wang Y J, Huang J, et al. Quality assessment of instant green tea using portable NIR spectrometer [J]. Spectrochimica Acta Part A: Molecular and Biomolecular Spectroscopy, 2020, 240: 118576.

[83] Wang Y J, Li L Q, Liu Y, et al. Enhanced quality monitoring during black tea processing by the fusion of NIRS and computer vision[J]. Journal of Food Engineering, 2021, 304: 110599.

[84] Jin G, Wang Y J, Li M H, et al. Rapid and real-time detection of black tea fermentation quality by using an inexpensive data fusion system[J]. Food Chemistry, 2021, 358: 129815.

[85] Wang J J, Zareef M, He P H, et al. Evaluating matcha tea quality index using portable NIR spectroscopy coupled chemometric algorithms[J]. Journal of the Science of Food and Agriculture, 2019, 99(11): 5019-5027.

[86] Li L Q, Jin S S, Wang Y J, et al. Potential of smartphone-coupled micro NIR spectroscopy for quality control of green tea[J]. Spectrochimica Acta Part A: Molecular and Biomolecular Spectroscopy, 2021, 247: 119096.

[87] Manuel M N B, Silva A C D, Lopes G S, et al. One-class classification of special agroforestry brazilian coffee using NIR spectrometry and chemometric tools[J]. Food Chemistry, 2022, 366: 130480.

[88] Correia R M, Tosato F, Do mingos E, et al. Portable near infrared spectroscopy applied to quality control of Brazilian coffee[J]. Talanta, 2018, 176: 59-68.

[89] Baqueta M R, Coqueiro A, Marco P H, et al. Multivariate classification for the direct determination of cup profile in coffee blends via handheld near-infrared spectroscopy[J]. Talanta, 2020, 222: 121526.

[90] Chen W C, Li H, Zhang F Y, et al. Handheld short-wavelength NIR spectroscopy for rapid determination of sugars and carbohydrate in fresh juice with Sampling Error Profile Analysis[J]. Infrared Physics and Technology, 2021, 115: 103732.

[91] Giovenzana V, Beghi R, Guidetti R. Rapid evaluation of craft beer quality during fermentation process by vis/NIR spectroscopy[J]. Journal of Food Engineering, 2014, 142:80-86.

[92] Kapoor R, Malvandi A, Feng H, et al. Real-time moisture monitoring of edible coated apple chips during hot air drying using miniature NIR spectroscopy and chemometrics[J]. LWT-Food Science and Technology, 2022, 154: 112602.

[93] Ferreira D S, Gatti R F, Santana F B, et al. Portable NIR spectrometer for quick identification of fat bloom in chocolates[J]. Food Chemistry, 2021, 342:12826.

[94] Melo B H D S, Sales R F, Filho L D S B, et al. Handheld near infrared spectrometer and machine learning methods applied to the monitoring of multiple process stages in industrial sugar production[J]. Food Chemistry, 2021, 369(2):130919.

[95] Aykas D P, Menevseoglu A. A rapid method to detect green pea and peanut adulteration in pistachio by using portable FT-MIR and FT-NIR spectroscopy combined with chemometrics[J]. Food Control, 2021, 121(1):107670.

[96] Yu H W, Liu H Z, Wang Q, et al. Evaluation of portable and benchtop NIR for classification of high oleic acid peanuts and fatty acid quantitation[J]. LWT-Food Science and Technology, 2020, 128:109398.

[97] Yu H W, Liu H Z, Erasmus S W, et al. Rapid high-throughput determination of major components and amino acids in a single peanut kernel based on portable near-infrared spectroscopy combined with chemometrics[J]. Industrial Crops and Products, 2020, 158:112956.

[98] Kaufmann K C, Sampaio K A, Garcia-Martin J F, et al. Identification of coriander oil adulteration using a portable NIR spectrometer[J]. Food Control, 2022, 132:108536.

[99] Borghi F T, Santos P C, Santos F D, et al. Quantification and classification of vegetable oils in extra virgin olive oil samples using a portable near-infrared spectrometer associated with chemometrics[J]. Microchemical Journal, 2020, 159:105544.

[100] MacArthur R L, Teye E, Darkwa S. Predicting adulteration of Palm oil with Sudan Ⅳ dye using shortwave handheld spectroscopy and comparative analysis of models[J]. Vibrational Spectroscopy, 2020, 110:103129.

[101] McGrath T F, Haughey S A, Islam M, et al. The potential of handheld near infrared spectroscopy to detect food adulteration: results of a global, multi-instrument inter-laboratory study[J]. Food Chemistry, 2021, 353:128718.

[102] Oliveira M M, Cruz-Tirado J P, Roque J V, et al. Portable near-infrared spectroscopy for rapid authentication of adulterated paprika powder[J]. Journal of Food Composition and Analysis, 2020, 87:103403.

[103] Foo W C, Widjaja E, Khong Y M, et al. Application of miniaturized near-infrared spectroscopy for quality control of extemporaneous orodispersible films[J]. Journal of Pharmaceutical and Biomedical Analysis, 2018, 150:191.

[104] Vakili H, Wickstrom H, Desai D, et al. Application of a handheld NIR spectrometer in prediction of drug content in inkjet printed orodispersible formulations containing prednisolone and levothyroxine[J]. International Journal of Pharmaceutics, 2017, 524(1-2):414-423.

[105] Hespanhol M C, Souza J C, Pasquini C. Feasibility of a portable, low-cost near-infrared spectrophotometer for the quality screening of omega-3 dietary supplements[J]. Journal of Pharmaceutical and Biomedical Analysis, 2020, 189:113436.

[106] Tie Y X, Duchateau C, Steene S V D, et al. Spectroscopic techniques combined with chemometrics for fast on-site characterization of suspected illegal antimicrobials[J]. Talanta, 2020, 217:121026.

[107] Ciza P H, Sacre P Y, Waffo C, et al. Comparing the qualitative performances of handheld NIR and Raman spectrophotometers for the detection of falsified pharmaceutical products[J]. Talanta, 2019, 202:469-478.

[108] Guillemain A, Dégardin K, Roggo Y. Performance of NIR handheld spectrometers for the detection of counterfeit tablets[J]. Talanta, 2017, 165:632-640.

[109] Ciza P H, Sacre P Y, Kanyonyo M R, et al. Application of NIR handheld transmission spectroscopy and chemometrics to assess the quality of locally produced antimalarial medicines in the Democratic Republic of Congo[J]. Talanta Open, 2021, 3:100025.

[110] Ashie A, Lei H, Han B X, et al. Fast determination of three components in milk thistle extract with a handheld NIR spectrometer and chemometrics tools-ScienceDirect[J]. Infrared Physics and Technology, 2021, 113: 103629.

[111] Fan L H, Liu S Q, Fan W X, et al. Quality assessment of *Fritillariae cirrhosae* using portable NIR spectrometer[J]. Spectrochimica Acta Part A: Molecular and Biomolecular Spectroscopy, 2022, 265: 120325.

[112] 李庆, 闫晓剑, 赵魁, 等. 基于云端-互联便携式近红外技术现场快检西红花真伪[J]. 光谱学与光谱分析, 2020, 40(10): 3029-3037.

[113] Zhang X, Gao Z M, Yang Y L, et al. Rapid identification of the storage age of dried tangerine peel using a handheld near infrared spectrometer and machine learning[J]. Journal of Near Infrared Spectroscopy, 2022, 30(1): 31-39.

[114] Vega-Castellote M, Perez-Marin D, Torres I, et al. Non-destructive determination of fatty acid composition of in-shell and shelled almonds using handheld NIRS sensors[J]. Postharvest Biology and Technology, 2021, 174: 111459.

[115] Vega-Castellote M, Perez-Marin D, Torres I, et al. Exploring the potential of NIRS technology for the in situ prediction of amygdalin content and classification by bitterness of in-shell and shelled intact almonds[J]. Journal of Food Engineering, 2021, 294: 110406.

[116] Santos F D, Santos L P, Cunha P H P, et al. Discrimination of oils and fuels using a portable NIR spectrometer[J]. Fuel, 2021, 283: 118854.

[117] Correia R M, Do mingos E, Cao V M, et al. Portable near infrared spectroscopy applied to fuel quality control[J]. Talanta, 2017, 176: 26-33.

[118] Paiva E M, Rohwedder J J R, Pasquini C, et al. Quantification of biodiesel and adulteration with vegetable oils in diesel/biodiesel blends using portable near-infrared spectrometer[J]. Fuel, 2015, 160: 57-63.

[119] Paiva E M, Rohwedder J J R, Pasquini C, et al. Method for building a portable near infrared photometer based on LEDs and interference filters chosen by a spectral variable selection algorithm[J]. Microchemical Journal, 2019, 146: 842-849.

[120] van Kollenburg G H, Manen H J V, Admiraal N, et al. Low-cost handheld NIR spectroscopy for identification of organic solvents and low-level quantification of water contamination[J]. Talanta, 2021, 223: 121865.

[121] Yan H, Siesler H W. Identification performance of different types of handheld near-Infrared (NIR) spectrometers for the recycling of polymer commodities[J]. Applied spectroscopy, 2018, 72(9): 1362.

[122] Sales R, Silva N C D, Silva J P D, et al. Handheld near-infrared spectrometer for on-line monitoring of biodiesel production in a continuous process[J]. Fuel, 2019, 254: 115680.

[123] Barri K, Jahangiri B, Davami O, et al. Smartphone-based molecular sensing for advanced characterization of asphalt concrete materials[J]. Measurement, 2020, 151: 107212.

[124] Jahangiri B, Barri K, Alavi A H, et al. A molecular sensing method integrated with support vector machines to characterize asphalt mixtures[J]. Measurement, 2021, 179(15): 109528.

[125] Araujo W R, Cardoso T M G, Rocha R G, et al. Portable analytical platforms for forensic chemistry: A review[J]. Analytica Chimica Acta, 2018, 1034: 1-21.

[126] Céline D, Jean-Michel K, Michael C, et al. Discrimination of legal and illegal *Cannabis* spp. according to European legislation using near infrared spectroscopy and chemometrics[J]. Drug Testing and Analysis, 2020, 12(9): 1309-1319.

[127] Deidda R, Coppey F, Damergi D, et al. New perspective for the in-field analysis of cannabis samples using handheld near-infrared spectroscopy: a case study focusing on the determination of Δ^9-tetrahydrocannabinol[J]. Journal of Pharmaceutical and Biomedical Analysis, 2021, 202: 114150.

[128] Risoluti R, Pichini S, Pacifici R, et al. Miniaturized analytical platform for cocaine detection in oral fluids by MicroNIR/Chemometrics[J]. Talanta, 2019, 202: 546-553.

[129] Risoluti R, Gullifa G, Buiarelli F, et al. Real time detection of amphetamine in oral fluids by MicroNIR/Chemometrics[J]. Talanta, 2019, 208(1): 120456.

[130] Risoluti R, Gullifa G, Battistini A, et al. MicroNIR/Chemometrics: A new analytical platform for fast and accurate detection of Δ^9-tetrahydrocannabinol (THC) in oral fluids[J]. Drug and Alcohol Dependence, 2019, 205: 107578.

[131] Correia R M, Do mingos E, Tosato F, et al. Portable near infrared spectroscopy applied to abuse drugs and medicine analyses[J]. Analytical Methods, 2018, 10: 593.

[132] Coppey F, Becue A, Sacre P-Y, et al. Providing illicit drugs results in five seconds using ultra-portable NIR

[133] Hespanhol M C, Pasquini C, Maldaner A O. Evaluation of a low-cost portable near-infrared spectrophotometer for in situ cocaine profiling[J]. Talanta, 2019, 200: 553-561.

[134] Risoluti R, Gregori A, Schiavone S, et al. "Click and Screen" technology for the detection of explosives on human hands by a portable microNIR-chemometrics platform[J]. Analytical Chemistry, 2018, 90(7): 4288-4292.

[135] Rashed H S, Mishra P, Nordon A, et al. A comparative investigation of two handheld near-IR spectrometers for direct forensic examination of fibres in-situ[J]. Vibrational Spectroscopy, 2021, 113: 103205.

[136] Morillas A V, Gooch J, Frascione N. Feasibility of a handheld near infrared device for the qualitative analysis of bloodstains[J]. Talanta, 2018, 184: 1-6.

[137] Fonseca A C S, Pereira J F Q, Honorato R S, et al. Hierarchical classification models and handheld NIR spectrometer to human blood stains identification on different floor tiles[J]. Spectrochimica Acta Part A: Molecular and Biomolecular Spectroscopy, 2022, 267: 120533.

[138] Oliveira V D S, Honorato R S, Honorato F A, et al. Authenticity assessment of banknotes using portable near infrared spectrometer and chemometrics[J]. Forensic Science International, 2018, 286: 121-127.

[139] Ni D, Smyth H E, Gidley M J, et al. A preli minary study on the utilisation of near infrared spectroscopy to predict age and in vivo human metabolism[J]. Spectrochimica Acta Part A: Molecular and Biomolecular Spectroscopy, 2022, 265(6): 120312.

[140] Oravec M, Haberova K, Jančovičová V, et al. Identification of the historic photographic print materials using portable NIR and PCA[J]. Microchemical Journal, 2019, 150: 104202.

[141] 吴珍珠, 张一艳, 刘乃利, 等. 便携式近红外光谱对层状硅酸盐矿物结构及成因探讨[J]. 化工矿产地质, 2016, 38(3): 171-177.

[142] 周延, 修连存, 杨凯, 等. 红外光谱矿物填图技术及其应用[J]. 华东地质, 2019, 40(4): 289-298.

[143] Mayr S, Bec K B, Grabska J, et al. Near-infrared spectroscopy in quality control of Piper nigrum: a comparison of performance of benchtop and handheld spectrometers[J]. Talanta, 2020, 223: 121809.

[144] Nogales-Bueno J, Feliz L, Baca-Bocanegra B, et al. Comparative study on the use of three different near infrared spectroscopy recording methodologies for varietal discrimination of walnuts[J]. Talanta, 2019, 206: 120189.

[145] González-Martín M I, Escuredo O, Hernández-Jiménez M, et al. Prediction of stable isotopes and fatty acids in subcutaneous fat of Iberian pigs by means of NIR: a comparison between benchtop and portable systems[J]. Talanta, 2021, 224: 121817.

[146] Kirchler C G, Pezzei C K, Bec K B, et al. Critical evaluation of spectral information of benchtop vs. portable near-infrared spectrometers: quantum chemistry and two-dimensional correlation spectroscopy for a better understanding of PLS regression models of the rosmarinic acid content in Rosmarini[J]. Analyst, 2016, 142(3): 455-464.

[147] 王宇恒, 胡文雁, 宋鹏飞, 等. 不同傅里叶近红外仪器间(积分球漫反射测量)的模型传递及误差分析[J]. 光谱学与光谱分析, 2019, 39(3): 964-968.

[148] Schoot M, Alewijn M, Weesepoel Y, et al. Predicting the performance of handheld near-infrared photonic sensors from a master benchtop device[J]. Analytica Chimica Acta, 2022, 1203: 339707.

[149] Cabassi G, Cavalli D, Fuccella R, et al. Evaluation of four NIR spectrometers in the analysis of cattle slurry[J]. Biosystems Engineering, 2015, 133: 1-13.

[150] Tang Y J, Jones E, Minasny B. Evaluating low-cost portable near infrared sensors for rapid analysis of soils from South Eastern Australia[J]. Geoderma Regional, 2020, 20: e00240.

[151] Baca-Bocanegra B, Hernández-Hierro J M, Nogales-Bueno J, et al. Feasibility study on the use of a portable micro near infrared spectroscopy device for the "in vineyard" screening of extractable polyphenols in red grape skins[J]. Talanta, 2019, 192: 353-359.

[152] Xu D Y, Chen S C, Xu H Y, et al. Data fusion for the measurement of potentially toxic elements in soil using portable spectrometers[J]. Environmental Pollution, 2020, 263: 114649.

[153] Mishra P, Marini F, Brouwer B, et al. Sequential fusion of information from two portable spectrometers for improved prediction of moisture and soluble solids content in pear fruit[J]. Talanta, 2021, 223: 121733.

[154] Shrestha G, Calvelo-Pereira R, Roudier P, et al. Quantification of multiple soil trace elements by combining

[155] Medeiros M L D S, Cruz-Tirado J P, Lima A F, et al. Assessment oil composition and species discrimination of Brassicas seeds based on hyperspectral imaging and portable near infrared (NIR) spectroscopy tools and chemometrics[J]. Journal of Food Composition and Analysis, 2022, 107:104403.

[156] Silva V H D, Silva J J D, Pereira C F. Portable near-infrared instruments: Application for quality control of polymorphs in pharmaceutical raw materials and calibration transfer[J]. Journal of Pharmaceutical and Biomedical Analysis, 2017, 134:287-294.

[157] Mishra P, Woltering E. Handling batch-to-batch variability in portable spectroscopy of fresh fruit with minimal parameter adjustment[J]. Analytica Chimica Acta, 2021, 1177:338771.

[158] Brito A L B, Santos A V P, Milanez K D T M, et al. Calibration transfer of flour NIR spectra between benchtop and portable instruments[J]. Analytical Methods, 2017, 9(21):3184-3190.

[159] Li L J, Huang W Q, Wang Z L, et al. Calibration transfer between developed portable Vis/NIR devices for detection of soluble solids contents in apple[J]. Postharvest Biology and Technology, 2022, 183:111720.

[160] Eady M, Payne M, Changpim C, et al. Establishment of instrument operation qualification and routine performance qualification procedures for handheld near-infrared spectrometers used at different locations within a laboratory network[J]. Spectrochimica Acta Part A: Molecular and Biomolecular Spectroscopy, 2022, 267:120512.

[161] Müller-Maatsch J, Bertani F R, Mencattini A, et al. The spectral treasure house of miniaturized instruments for food safety, quality and authenticity applications: A perspective[J]. Trends in Food Science and Technology, 2021, 110:841-848.

[162] Rodriguez-Saona L, Aykas D P, Borba K R, et al. Miniaturization of optical sensors and their potential for high-throughput screening of foods[J]. Current Opinion in Food Science, 2020, 31:136-150.

[163] Wang X Q, Wang L L, Fang J X. Research and application progresses of near-infrared spectral sensing internet of things[J]. Chinese Journal of Lasers, 2021, 48(12):1210001.

[164] Crocombe R A. Portable spectroscopy[J]. Applied Spectroscopy, 2018, 72(12):1701-1751.

[165] McVey C, Elliott C T, Cannavan A, et al. Portable spectroscopy for high throughput food authenticity screening: Advancements in technology and integration into digital traceability systems[J]. Trends in Food Science and Technology, 2021, 118:777-790.

[166] Neves M D, Poppi R J, Siesler H W. Rapid determination of nutritional parameters of pasta/sauce blends by handheld near-infrared spectroscopy[J]. Molecules, 2019, 24(11):2029.

第 3 章
化学计量学方法与软件

3.1 引言

近红外光谱（700～2500 nm）主要是由含氢基团的倍频和组频吸收峰组成，吸收强度弱，灵敏度相对较低，吸收带较宽且重叠严重。因此，对于近红外光谱定量分析，若采用单波长或多波长，依靠像传统紫外-可见光谱那样基于朗伯-比尔定律建立工作曲线的方法，通常得不到准确可靠的分析结果。如图 3-1 所示，自 20 世纪 70 年代后期，化学计量学方法在近红外光谱分析技术中的应用使近红外光谱有了跳跃式发展。目前，几乎所有的近红外光谱定量和定性分析都是采用化学计量学方法通过建立多元校正模型（Multivariate Calibration Model）实现的。

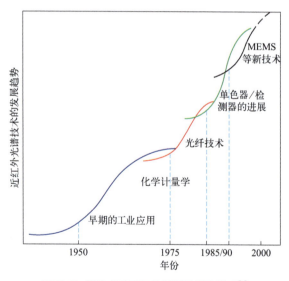

图 3-1 新技术对近红外光谱发展的影响[1]

化学计量学方法在近红外光谱分析中的应用主要包括以下几个方面[2-8]：

（1）光谱预处理和变量选择与压缩方法，如导数、傅里叶变换、小波变换、遗传算法等。其目的是，针对特定的样品体系，通过对光谱的适当处理或变换减弱以至消除各种非目标因素对光谱的影响，尽最大可能去除无关信息变量，提高分辨率和灵敏度，从而提高校正模型的预测能力和稳健性。

（2）建立定量模型的多元校正方法，如多元线性回归（MLR）、主成分回归（PCR）、偏最小二乘（PLS）、人工神经网络（ANN）和支持向量回归（SVR）等。目的是建立用于预测未知样品性质或组成的分析模型。

（3）定性分析模式识别方法和模型界外点检测方法，如用于模式识别的主成分分析（Principal Component Analysis，PCA）-马氏距离（Mahalanobis Distance，MD）方法（PCA-MD）、相关系数法（CC），用于界外点检测的光谱残差均方根方法和最邻近距离方法等。目的是对不同类型的样本进行聚类或识别，以及判别待测样品在定量模型的覆盖范围之内，确保预测结果的准确性。

（4）模型传递方法，如有限脉冲响应算法（FIR）、直接校正算法（DS）、分段直接校正算法（PDS）和Shenk's算法等，目的是将在一台仪器上建立的定性或定量校正模型可靠地移植到其他相同或类似的仪器上使用，或将在某一条件下建立的模型用于同一台仪器另一条件下采集的光谱，从而减少建模所需的时间和费用。

除此之外，应用于NIR分析的化学计量学方法还有校正样品选择方法、模型质量控制方法以及模型评价方法等。

3.2 常用的化学计量学方法

国内外已有多本专著介绍了用于近红外光谱分析的化学计量学算法[9-14]，本书只扼要介绍每种算法的特点和应用场合。

3.2.1 光谱预处理方法

在建模过程中，光谱的预处理往往是必不可少的，是近红外光谱定量分析与定性分析中非常关键的一步，采用适当的近红外预处理方法可有效提高模型的适用性。合理的预处理方法可以有效地过滤近红外光谱中的噪声信息，保留有效信息，从而降低近红外定量模型的复杂度，提高近红外模型的稳健性。

目前，常用的近红外光谱预处理方法主要有平滑、导数、乘性散射校正（MSC）和标准正态变量变换（SNV）等。

（1）平滑

平滑是一种提高光谱信噪比的简单算法，其数学原理是认为光谱的噪声是白噪声，符合均值为零的正态分布，这样经过平滑后可以有效减少光谱的噪声。平滑只适用于不规则的随机噪声，对于有部分相关性的噪声没有效果。尤其是在定量近红外模型构建过程中，收集近红外光谱的条件发生了变化，比如温度发生了变化，此时采用平滑并不能增加模型的适用能力。

常用的平滑算法有移动窗口平均平滑和S-G卷积平滑。S-G卷积平滑法与移动窗口平均平滑法的基本思想类似，只是S-G卷积方法没有使用简单的平均，而是通过多项式对移动窗口内的数据进行多项式最小二乘拟合，其实质是一种加权平均法，更强调中心点的中心作用。

在使用平滑方法时，需要注意移动窗口宽度的选择。窗口宽度过小过滤不掉噪声；窗口宽度过大会把有效的光谱信息平滑掉，降低光谱的分辨能力，使模型的预测能力变差。

（2）导数

光谱的一阶导数（1st Derivative）和二阶导数（2nd Derivative）是光谱分析中常用的基线校正和光谱分辨预处理方法。导数光谱可有效地消除基线和其他背景的干扰，分辨重叠峰，提高分辨率和灵敏度。

对光谱求导一般有两种方法：直接差分法（也称为 Norris 方法）和 S-G 卷积求导法。对于分辨率高、波长采样点多的光谱，直接差分法求取的导数光谱与实际相差不大。但对于稀疏波长采样点的光谱，该方法所求的导数则存有较大的误差。这时可采用 S-G 卷积求导法计算，目前大多数化学计量学软件采用 S-G 卷积求导法。

差分宽度的选择是十分重要的。如果差分宽度太小，噪声会很大，影响所建分析模型的预测能力；如果差分宽度过大，平滑过度，会失去大量的细节信息。

（3） SNV 和 MSC

标准正态变量变换（Standard Normal Variate Transformation，SNV）主要用来消除固体颗粒大小、表面散射以及光程变化对近红外漫反射光谱的影响。乘性散射校正（Multiplicative Scatter Correction，MSC）的目的与 SNV 基本相同，主要是消除颗粒分布不均匀及颗粒大小产生的散射影响，在固体漫反射和浆状物透（反）射光谱中应用较为广泛。MSC 主要通过一组样本的光谱，基于统计方法修正光谱因散射发生的线性变化，SNV 则通过单个样本光谱的标准偏差修正光谱的变化。由于 SNV 与 MSC 之间有很强的相似性，不建议这两种方法同时使用。

3.2.2 波长筛选方法

在建立近红外光谱分析模型时，必须对波长进行筛选。主要有以下几个原因：①由于光谱仪器噪声的影响，在某些波段下样品光谱信噪比较低，光谱质量较差，这些波段会引起模型不稳健；②在某些波段，样品光谱信息与被测组成或性质间不存在线性相关关系，若选用线性建模方法，可能会降低模型的预测能力；③近红外光谱波长之间存在多重相关性，即波长变量之间存在线性相关现象，导致光谱信息中存在冗余信息，模型计算复杂，预测精度也会降低；④有些波长对外界环境因素变化敏感，一旦外界环境因素发生变化，不仅影响预测结果，还会使所测样本成为异常点；⑤波长优选可以减少波长变量的个数，提高测量速度，利于现场快速及过程在线检测。综上所述，波长选择一方面可以简化模型，更主要的是由于不相关或非线性变量的剔除，可以得到预测能力强、稳健性好的校正模型。

目前，在近红外定量和定性分析中，波长选择方法主要有相关系数法、方差分析法、无信息变量消除法（UVE）、竞争性自适应权重取样法（CARS）、连续投影算法（SPA）和遗传算法（GA）等。

（1）相关系数法和方差分析法

相关系数法（Correlation Coefficient）是将校正集光谱矩阵中每个波长点对应的吸光度向量与待测组分的浓度向量进行相关性计算，得到每个波长变量下的相关系数，然后将相关系数排序，选择合适的阈值，保留相关系数大于该阈值的波长点，进而建立多元校正模型。该方法考察的是单个波长向量和浓度向量的相关性。如果波长向量之间有协同作用，即每个波长向量与浓度向量单独的相关性很差，但是它们组合在一起后与浓度向量的相关性变好，对于这种情况，相关系数法不能选出最优的波长变量。同样，相关系数法对于非线性的光谱体系也不能给出最优的结果。

方差分析法（Variance Analysis）计算校正集各波长变量的方差，按方差从大到小的顺序对变量进行排序，保留大于合适阈值的变量。该方法只考虑光谱的影响，未考虑浓度的影响。可以在近红外定性分析方法中使用方差分析识别噪声与信号，一般方差变化小的是噪声，方差变化大的是信息。但是值得注意的是，外界环境改变或仪器自身的变动也可引起光谱的改变，因此大方差波长点下的吸光度未必一定是样品化学组成的信息。

（2）无信息变量消除法

无信息变量消除法（Elimination of Uninformative Variables，UVE）是基于 PLS 回归系数建立的一种波长选取方法，这种方法的基本思想是将回归系数作为波长重要性的衡量指标。该方法将一定变量数目的随机变量矩阵加入光谱矩阵中，然后通过传统的交互验证或蒙特卡罗交互验证建立 PLS 模型，通过计算 PLS 回归系数平均值与标准偏差的比值选取有效光谱信息。UVE 方法在选取波长时集噪声和浓度信息于一体，也较直观实用。

（3）竞争性自适应权重取样法

竞争性自适应权重取样法（Competitive Adaptive Reweighted Sampling，CARS）也是一种基于回归系数进行波长点选择的方法。该方法模仿达尔文进化论中的"适者生存"原则，将每个波长看作一个体，对波长实施逐步淘汰。利用回归系数绝对值的大小作为衡量波长重要性的指标，同时引入指数衰减函数控制波长的保留率。每次通过自适应重加权采样技术筛选出 PLS 模型中回归系数绝对值大的波长点，去掉权重小的波长点，利用交互验证选出模型交互验证均方根误差（RMSECV，详见 3.2.6 节）值最低的子集，可有效选择出最优波长组合。

（4）连续投影算法

连续投影算法（Successive Projections Algorithm，SPA）是一种前向循环选择方法，利用向量的投影分析，选取含有最少冗余度和最小共线性的有效波长。该方法从一个波长开始，每次循环都计算它在未选入波长上的投影，将投影向量最大的波长引入到波长组合。每一个新选入的波长都与前一个线性关系最小。

（5）间隔与移动窗口 PLS 法

间隔偏最小二乘法（Interval PLS，iPLS）是一种波长区间选择方法，其原理是将整个光谱等分为若干个等宽的子区间，在每个子区间上进行 PLS 回归，找出最小 RMSECV 对应的区间，再以该区间为中心单向或双向扩充（或消减）波长变量，得到最佳的波长区间。

协同间隔偏最小二乘法（Synergy Interval PLS，SiPLS）、正向间隔偏最小二乘法（Forward Interval PLS，FiPLS）、后向间隔偏最小二乘法（Backward Interval PLS，BiPLS）是在 iPLS 的基础上发展出来的波长选择方法，其中 SiPLS 是通过不同波长区间个数的任意组合得到相关系数最大且预测误差最小的波长区间组合。

移动窗口偏最小二乘法（Moving Window PLS，MWPLS）的基本思想是将一个窗口沿着光谱轴连续移动，每移动一个波长点，采用交互验证方式建立一个模型，得到系列不同窗口（移动波长点）和主因子数对应的残差平方和（预测残差平方和，Prediction Residual Error Sum of Squares，PRESS；或残差平方和，Sum of Squared Residuals，SSR），便可选择出与待测组分相关的高信息量的光谱区间。

（6）遗传算法

遗传算法（Genetic Algorithm，GA）模仿自然界中的生物选择和遗传过程，通过应用选择、交叉（或称为交换）和变异等操作符，经过连续的迭代进化过程逐步筛选出能够使目标函数取得更优值的变量，同时淘汰较差的变量。这个过程最终旨在找到问题的最优解。遗传算法主要包括5个基本步骤：参数编码、群体的初始化、适应度函数的设计、遗传操作设计、收敛判据及最终变量选取等。

遗传算法根据适应度函数评价个体的优劣。由于在整个搜索进化过程中只有适应度函数与所解决的具体问题相联系，适应度函数的确定至关重要。对于波长选择，适应度函数可采用交互验证或预测过程中因变量的预测值和实际值的相关系数（R）、RMSECV 或 RMSEP（预测均方根误差，详见 3.2.6 节）等作为参数。

遗传算法具有全局最优、易实现等特点，成为目前较为常用且非常有效的波长选择方法。目前，遗传算法还与其他波长选择方法（如间隔偏最小二乘法）结合，选择出多个波长区间的优化组合。

3.2.3 异常样本的识别方法

异常样本（Outliers，也称界外样本、奇异点或异常点等）会对近红外模型产生很大的影响，不仅会误导近红外光谱变量的选择，而且这些奇异点还会给模型参数估计带来偏离，降低模型的预测准确性与稳健性。

3.2.3.1 异常样本的产生

在近红外模型的实际构建过程中有很多情况会产生异常样本，大体上分为近红外光谱的异常与化学值的异常，主要包括如下几种情况：

① 环境引起的异常光谱。例如近红外仪器背景变化产生的影响，或者测量条件的变化，如样本的温度或湿度改变显著。

② 仪器自身的不稳定引起的异常光谱。例如仪器检测器等部件的老化，以及更换近红外仪器的部件带来的光谱差异。

③ 被测样品自身引起的异常光谱。例如工业装置工艺参数发生较大改变，待测样品的组成有可能，其光谱将有可能为奇异点。

④ 基础数据产生的异常样本。当参考方法操作失误或者样品混淆等情况发生时，化学值与样本所对应的近红外光谱不一致，有可能产生这类异常样本。

3.2.3.2 异常样本的识别

异常样本的识别在近红外光谱分析中主要用于两个方面：一是模型建立过程中界外样本的识别，二是预测分析时需要判断待测样本是否为模型的界外样本。

在校正过程中可能会出现两类异常样本：

第一类是含有极端组成的样本，常称为高杠杆点样本，这些样本对回归结果有强烈的影响。通常通过光谱阵的主成分分析（PCA）得分或 PLS 交互验证过程的主因子得分与马氏距离（MD）相结合（PCA-MD 或 PLS-MD）的方法检测这类异常样本，剔除马氏距离大于 $3f/n$ 的校正样本（其中 f 为 PCA 所用的主因子数，n 为校正集样本数）。

第二类异常样本是指参考数据与预测值在统计意义上有差异的校正样本。存在这样的界外样本表明该参考数据可能存在较大的误差。可通过将相应参考方法规定的再现性要求剔除异常样本，即剔除交互验证过程的预测值与参考方法测量值之间偏差大于相应参考方法规定的再现性的校正样本。若参考方法没有提供再现性，可根据交互验证标准偏差（SECV）的

2 倍值为参考，剔除界外样本。也可采用 t 检验或 F 检验的方法识别异常样本。

上述每种异常样本识别方法只能判别一类奇异点，通过蒙特卡罗交互验证方法（Monte Carlo Cross Validation，MCCV）可以同时检测光谱异常点、参考数据异常点及它们的共同异常点。该方法的基本思路是基于蒙特卡罗采样，随机将样本集划分为校正集与预测集，用校正集建模，并对没参与建模的样本进行预测误差的计算，进行几千次这样的随机采样，每个样本点都可得到其预测误差的一个分布。如果异常样本在校正集中，整个模型的质量将受到影响；相反，如果异常样本在预测集中，仅此样本的预测结果受到影响。尽管这种情况对预测结果都有影响，但效果明显。

3.2.3.3 预测过程异常样本的识别

预测过程界外样本的识别主要是用来检验待测样本是否在所建校正模型的覆盖范围内，以确保对其预测结果的准确性。模型界外样本主要有以下 3 类：浓度界外样本，即使用马氏距离（MD）通过光谱主成分得分，检测未知样本的浓度是否超出校正样本的浓度范围；光谱残差界外样本，即使用光谱残差均方根（Root Mean Square Spectral Residuals，RMSSR）检测未知样本是否含有校正集样本不存在的组分；最邻近距离界外样本，即使用最邻近距离检测未知样本是否位于校正集样本分布稀疏的区域。当未知样本的光谱残差、马氏距离和最邻近距离中有任何一项超出相应阈值时，则说明该样本为模型界外样本，其预测结果的准确性将受到较大质疑。

（1）浓度界外样本的识别

通常采用主成分分析（PCA）或偏最小二乘（PLS）和马氏距离（MD）相结合的 PCA-MD 或 PLS-MD 方法识别浓度界外样本。对未知样本光谱，通过校正集样本求得光谱载荷，计算其光谱得分，再计算其马氏距离，根据校正过程中确定的马氏距离阈值判断界外样本。例如，对于一个由 A、B、C 3 种纯物质混合组成的体系，校正集中这 3 种组分的浓度范围为 A 组分 0～10%、B 组分 5%～25%、C 组分 50%～75%；若一待测样本组成为 A 组分 5%、B 组分 40%、C 组分 55%，由于 B 组分的浓度超出了校正样本的浓度范围，则该样本应被识别为马氏距离界外样本。

（2）光谱残差界外样本的识别

当未知样本含有校正集样本不存在的组分时，可采用光谱残差方法进行检测。通过选定的主因子对校正集光谱阵进行重构，得到重构后的光谱阵，由校正集的光谱残差及光谱的重复性可以确定光谱残差均方根（RMSSR）阈值。对未知样本光谱，可通过 PLS 校正模型的光谱载荷计算出其光谱残差均方根，如果该值大于设定的阈值，则说明该样本是光谱残差界外样本，即该样本可能含有校正集样本不存在的组分。例如，对于一个由 A、B、C 3 种纯物质混合组成的体系，校正集中这 3 种组分的浓度范围为 A 组分 0～10%、B 组分 5%～25%、C 组分 50%～75%，若一待测样本组成为 A 组分 9%、B 组分 10%、C 组分 61%、D 组分 61%，则该样本为光谱残差界外样本，因为该样本含有校正集样本不存在的 D 组分。

（3）最邻近距离界外样本的识别

如果校正集样本在变量空间中分布不均匀，对一待测未知样本，尽管其马氏距离和 RMSSR 值都小于设定的阈值，但可能会落入一相对样本聚集较少的校正空间。在这种情况下，需要使用最邻近距离检测未知样本是否落入校正空间的空白区。通常采用 PCA-MD 方法计算最邻近距离。具体步骤如下：通过主成分得分计算校正集所有样本间的马氏距离

(NND),得到最大的 NND_{max} 值,该值代表校正集样本之间的最大距离。对于未知样本光谱,通过校正集样本求得光谱载荷,计算其光谱得分,再计算其与校正集每个样本之间的马氏距离,并求取最小值,如果此最小值大于 NND_{max},则说明该样本落入校正样本分布较少的空间,这类样本称为最邻近距离界外样本。

3.2.4 样本的选择方法

近红外光谱分析的应用对象大多数是复杂的样品体系,如汽油、小麦和烟草等。对于这些不可能通过人工配制获得的校正样品,必须收集实际样本。用于实验室日常分析的样本,通常几个月就会得到上千个,但这些样本有可能 80% 以上是重复样本。因此,有必要从中选择代表性强的样本建立校正模型,这样不仅可以提高模型建立速度、减少模型库的储存空间,更为重要的是,当遇到模型界外样品时,利用较少的样本便可扩大模型的适用范围,便于模型的更新和维护。此外,如果收集的样本没有对应的基础性质数据,若不进行筛选,将所有样本都进行分析测试,其费用也将是巨大的。

理想的校正样品集应满足以下几个条件:校正集中的样品应包含未来待测样品中可能存在的所有化学组成,其浓度(或性质)范围应超过未来待测样品中可能遇到的情况(通常要求其标准偏差大于参考方法再现性的 5 倍);校正集中样品的物化参数应是均匀分布的;校正集中要具有足够的样品数,以便能够统计确定光谱变量与浓度(或性质)之间的数学关系[通常要求其数量不小于 $6(f+1)$,f 为 PLS 的主因子数]。

采用随机选取样本(Random Selection)的方法很难得到较为理想的样品集,仅根据性质分布选择校正样本往往也不能得到满意的结果,因为某一性质相同的两个样本的光谱也可能存在较大的差异。目前,最常用的方法是基于光谱变量的 Kennard-Stone(K-S)选择方法。K-S 方法基于变量之间的欧氏距离,在特征空间中均匀选取样本。可以直接采用光谱作为特征变量,也可以将光谱进行主成分分析(PCA)后选用主成分得分为特征变量选择样本。K-S 方法首先计算两两样本之间的距离,选择距离最大的两个样品,然后分别计算剩余样本与已选择的两个样本之间的距离,对于每个剩余样本先选择其与已选样品之间最短距离的样本,再选择这些最短距离中最长距离所对应的样本作为第三个被选中样品,重复上述步骤,直至所选的样品个数等于事先确定的数目为止。

K-S 方法是基于光谱特征选取样本的,没有考虑性质变量的影响。对于低含量的组分,若光谱特征不显著,采用 K-S 方法可能不会得到的满意的校正集样本。基于联合 X-Y 距离的样本集划分法(Sample Set Partitioning Based on Joint X-Y Distances,SPXY)是在 K-S 方法的基础上提出的,其样本的选择策略与 K-S 方法相同,只是在计算样本之间的距离时,除考虑以光谱为特征参数计算的样本之间的距离外,还考虑以浓度为特征参数计算的样本之间的距离。为使样本在光谱空间和浓度空间具有相同的权重,分别除以它们各自的最大值进行标准化处理。

还有一类方法是对样本进行缩合,以获取有代表性的样本。这类方法以光谱(或 PCA 的得分变量)为特征进行聚类分析,聚类数即为要选择的校正样本数,从每一类中任选一个作为校正样本。也可把每一类中所有样本的光谱及性质数据进行平均,将其作为一个校正样本。这种方法的优点是,通过数据的平均处理,可在一定程度上改善基础数据的准确性。

除校正集样本需要优化选择外,验证集同样需要选择代表性强的样本,实际上对验证集样本或测试集样本的代表性要求并不比校正集低。可以将校正集样本的选取方法用于测试集样本和验证集样本的选取。例如，可将 K-S 方法交替用于校正集样本和验证集样本的选取。在选取校正集样本前，必须首先剔除异常样本。选取样本后，可通过校正集样本或验证集样本的浓度值分布图检验所选择的样本是否均匀和有代表性。

3.2.5 定量建模方法

定量建模方法也称多元定量校正方法，是建立分析仪器响应值与物质浓度（或其他物化性质）之间定量数学关系的一类算法。在近红外光谱分析中常用的定量建模方法包括多元线性回归（MLR）、主成分回归（PCR）和偏最小二乘（PLS）等线性校正方法以及人工神经网络（ANN）和支持向量机（SVM）等非线性校正方法。其中，PLS 在近红外光谱分析中得到较为广泛的应用，事实上已经成为一个标准的常用方法；ANN 和 SVM 等方法也越来越多地用于非线性的近红外光谱分析体系。

（1）多元线性回归

多元线性回归（Multivariate Linear Regression，MLR）方法又称逆最小二乘法，是早期近红外光谱定量分析常用的校正方法。该方法计算简单，公式含义也较清晰。但由于光谱变量之间往往存在共线性问题，无法求光谱阵的逆矩阵或求取的逆矩阵不稳定，从而在很大程度上降低了所建模型的预测能力，使 MLR 方法在近红外光谱分析中的应用受到了很大限制。

但在一些近红外应用领域，MLR 方法仍发挥着一定的作用，这时波长变量的选择就变得尤为重要。一方面可凭借化学知识进行选取，如早期的实际工作中测定大麦总淀粉含量采用了 4 波长（2139 nm、2270 nm、2310 nm 和 2348 nm）MLR 回归方法，其中 2270 nm 是淀粉的特征吸收波长，2139 nm 和 2348 nm 两个波长用来修正蛋白质和油分对淀粉含量测试的干扰。另一方面，可采用波长筛选算法（如遗传算法等）与 MLR 方法结合，得到一组最佳的波长组合。

（2）主成分回归

主成分回归（Principal Component Regression，PCR）方法是采用多元统计中的主成分分析（PCA）方法，先对近红外光谱矩阵进行分解，然后选取主成分得分进行多元线性回归运算，得到定量模型。

PCR 的核心是 PCA。PCA 在化学计量学中的地位举足轻重，它是一种古老的多元统计分析技术。PCA 的中心目的是将数据降维，将原变量进行转换，使少数几个新变量是原变量的线性组合，同时这些变量要尽可能多地表征原变量的数据特征而不丢失信息。经转换得到的新变量是相互正交的，即互不相关，所以 PCR 可有效克服 MLR 由于输入变量间严重共线性引起的模型不稳定问题。

在 PCR 及下面介绍的 PLS 方法中，确定参与回归的最佳主成分数尤为重要。如果选取的主因子太少，将会丢失原始光谱较多的有用信息，拟合不充分；如果选取的主因子太多，会将测量噪声过多地包括进来，会出现过度拟合现象，所建模型的预测误差会显著增大。有多种选取主因子数的方法，在近红外光谱分析中绝大多数采用交互验证方法（Cross Validation）选取，最常用的判据是预测残差平方和（Prediction Residual Error Sum of Squares，PRESS）。

交互验证方法的步骤为：对某一因子数，从校正集中拿出一定数量的样本作预测（通常采用"留一法"，即每次留取一个样本作为预测。当样品数量较多时，"留一法"计算量较大，这时可采用"留五法"或"留十法"），用余下的样品建立校正模型，预测拿出去的样品。重复上述过程，经反复建模及预测，直至这些样品均被预测一次且只被预测一次，则得到对应这一因子数的 PRESS 值。PRESS 值越小，说明模型的预测能力越好。一般使用 PRESS 值对主成分数目（PC）作图（称为 PRESS 图）的方法确立最佳主成分数。

理想的 PRESS 图是随主成分的增加呈递减趋势，但当 PRESS 值达到最低点后又开始出现微小上升或波动，如图 3-2 所示，说明在这点以后加入的主成分是与被测组分无关的噪声成分。但在有些情况下，如样品集分布较窄、信息相对较弱或存在异常样品等，可能会出现非理想状态的 PRESS 图，较难确定最佳主成分数，这时可采用 F 统计法或人工方法确定。

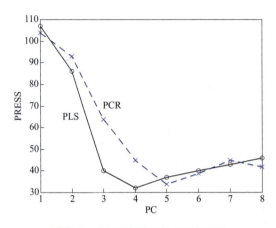

图 3-2　交互验证得到的 PRESS 图

除了交互验证选取主因子数外，还有自举（Bootstrap）法和蒙特卡罗（Monte Carlo）法等。自举法的基本思路是从整个校正集中有放回地随机抽取样本以组成新的校正集，其样本数量与原校正集相同，这样做若干次，得到若干个自举校正集，用其分别建立模型，再用原校正集做预测分析，求出相应的预测误差的均值作为选取主因子数的参数。蒙特卡罗法的思路是随机把原始校正集样本分成训练集和预测集两部分，用训练集建立模型，用预测集评价模型的预测误差，重复若干次，取其预测误差的均值作为选取主因子数的参数。对于信息强、样本分布均匀、数量足够多的校正集，以上方法所选取的最佳主因子数通常不会有较大差异。

（3）偏最小二乘

在 PCR 中，只对光谱阵进行分解，消除无用的噪声信息。同样，浓度阵 Y 也包含有无用信息，应对其做同样的处理，而且在分解光谱阵时应考虑浓度阵的影响。偏最小二乘法（Partial Least Squares，PLS）就是基于以上思想提出的多元回归方法。

在 PLS 算法中，把矩阵分解和回归并为一步，即对光谱阵和浓度阵分解的同时将浓度阵信息引入到光谱阵分解过程中，在每计算一个新主成分前将光谱阵的得分与浓度阵的得分进行交换，使得到的光谱阵主成分直接与浓度关联。这就克服了 PCR 只对光谱阵进行分解的缺点。

PLS 又分为 PLS1 和 PLS2，PLS1 是每次只校正一个组分，PLS2 则可对多组分同时校正回归。PLS2 在对所有组分进行校正时采用同一套得分阵和载荷矩阵，显然这样得到的 T 和 P 对 Y 中的所用浓度向量都不是最优化的，对于复杂体系会显著降低预测精度。在近红外光谱分析中，如果不特别注明，一般 PLS 均指的是 PLS1 方法。

MLR、PCR 和 PLS 是一脉相通、相互连贯的，从中可以清晰看出一条线性多元校正方法逐步发展的历程。PCR 克服了 MLR 不满秩求逆和光谱信息不能充分利用的弱点，采用 PCA 对光谱阵进行分解，通过得分向量进行 MLR 回归，显著提高了模型预测能力。PLS 则对光谱阵和浓度阵同时进行分解，并在分解时考虑两者之间的关系，加强对应计算关系，从而保证获得最佳的校正模型。可以说，偏最小二乘方法是多元线性回归、典型相关分析和主成分分析的完美结合。这也是 PLS 在近红外光谱分析中得到最广泛应用的主要原因之一。

（4）人工神经网络

人工神经网络（Artificial Neural Network，ANN）通过模仿人脑神经的活动建立脑神经活动的数学模型，即把对信息的储存和计算同时储存在神经单元中，所以在一定程度上神经网络可以模拟动物神经系统的活动过程，具有自学习、自组织、自适应能力，很强的容错能力，分布储存与并行处理信息的功能及高度非线性表达能力，这是其他传统方法所不具备的。

ANN 有多种算法。按学习策略可以粗略地分为两类：有监督式的人工神经网络（Supervised Learning Network）和无监督式的人工神经网络（Unsupervised Learning Network）。有监督式的人工神经网络方法主要是对已知样本进行训练，然后对未知样本进行预测。此类方法的典型代表是误差反向传输（Back Propagation，BP）人工神经网络（BP-ANN）。无监督式人工神经网络亦称自组织（Self-organization）人工神经网络，无须对已知样本进行训练即可用于样本的聚类和识别，如 Kohonen 神经网和 Hopfield 模型。

目前在近红外定量建模中应用最多的是 BP-ANN，它是最简单的多层神经网络，也是人工神经网络中最具代表性和广泛用途的一种网络模型，它采用基于 BP 神经元的多层前向神经网络的结构形式。如图 3-3 所示，BP 神经网络一般由 3 个神经元层次组成，即输入层、输出层和隐含层。数据由输入层输入，经标准化处理并施以权重传到第二层即隐含层，隐含层经过权值、阈值和激励函数运算后传输到输出层，输出层给出神经网络的预测值，并与期望值进行比较，若存在误差，则从输出开始反向传播该误差，进行权值、阈值调整，使网络输出逐渐与希望输出一致。

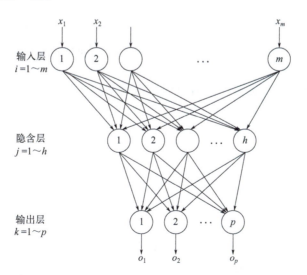

图 3-3　典型的 BP 神经网络拓扑结构

各层的神经元之间形成全互联连接,各层次内的神经元之间没有连接。利用人工神经网络进行计算主要分两步:首先对网络进行训练,即网络的学习过程,再利用训练好的网络对未知样本进行预测。BP 网络的基本原理是利用最陡坡降法概念将误差函数予以最小化,误差逆传播,把网络输出出现的误差归结为各连接权的"过错",通过把输出层单元的误差逐层向输入层逆向传播"分摊"给各层神经元,从而获得各层单元的参考误差,以便调整相应的连接权,直到网络的误差达到最小。

标准的 BP 学习算法是梯度下降算法,即网络的权值和阈值是沿着网络误差变化的负梯度方向进行调节的,最终使网络误差达到极小值或最小值(该点误差梯度为零)。梯度下降学习算法存在固有的收敛速度慢、易陷于局部最小值等缺点。因此出现了许多改进的快速算法,从改进途径上主要分两大类:一类是采用启发式学习方法,如上面提到的引入动量因子的学习算法,以及变学习速率的学习算法、"弹性"学习算法等;另一类是采用更有效的数值优化算法,如共轭梯度学习算法、Quasi-Newton 算法以及 Levenberg-Marquardt(L-M)优化算法等。目前在光谱定量模型建立中多选用 L-M 优化算法,该学习算法可有效抑止网络陷于局部最小,增加了 BP 算法的可靠性。

(5)支持向量机

支持向量机(Support Vector Machine,SVM)是在统计学习理论(Statistical Learning Theory,SLT)的基础上发展起来的一种方法。由于统计学习理论是专门针对小样本建立的统计学习方法,SVM 方法可有效克服神经网络方法收敛难、解不稳定以及推广性(即泛化能力或预测能力)差的缺点,在涉及小样本数、非线性和高维数据空间的模式识别问题上表现出了许多传统模式识别算法所不具备的优势。

SVM 方法最早是针对模式识别问题提出来的,随着 ε 不敏感函数的引入,SVM 已推广用于非线性的回归和函数逼近,称为支持向量回归(Support Vector Regression,SVR)。若用拟合的数学模型表达多维空间的某一曲线,则根据 ε 不敏感函数所得的结果就是包括该曲线和训练点的"ε 管道"。在所有样本点中,只有分布在"管壁"上的那一部分样本点决定管道的位置。这一部分训练样本称为"支持向量"。SVR 方法的主要思想是将原问题通过非线性变换转化为某个高维空间的线性问题,并在高维空间中进行线性求解。SVR 方法采用核函数(Kernel Function)将高维空间的内积进行运算,转化为低维输入空间的核函数计算,从而解决了在高维特征空间中计算的"维数灾难"等问题。SVR 方法中多采用多项式、径向基和 S 形等核函数。

SVR 方法的优点在于它是专门针对有限样本情况的,其目标是得到现有信息下的最优解而不仅仅是样本数趋于无穷大时的最优值。SVR 求解算法可以转化成为一个二次型寻优(二次规划)问题,从理论上说得到的将是全局最优点,但 SVR 方法所能处理的校正样本数不能过多。

3.2.6 定量模型评价方法

3.2.6.1 模型建立和验证统计参数

模型建立和验证过程中会用到一些统计参数,如校正标准偏差(SEC)、预测标准偏差(SEP)、决定系数(R^2)或相关系数(R)等[15-20]。

(1)偏差或残差(d)与极差(e)

$$偏差\ d_i = y_{i,\text{predicted}} - y_{i,\text{actual}}$$

式中，$y_{i,\text{predicted}}$ 为校正集或验证集中第 i 样品的预测值；$y_{i,\text{actual}}$ 为第 i 样品参考方法的测定值。

一般要求偏差 d_i 小于参考测量方法规定的再现性。

平均偏差（bias）为所有校正集或验证集所有样本偏差 d_i 的平均值。

极差 e 为校正集或验证集所有样本偏差中的最大值，即 $e=\max d_i$。

（2）校正标准偏差（Standard Error of Calibration，SEC）

$$\text{SEC}=\sqrt{\frac{\sum_{i=1}^{n}(y_{i,\text{actual}}-y_{i,\text{predicted}})^2}{n-1}}$$

式中，$y_{i,\text{actual}}$ 为第 i 样品参考方法的测定值；$y_{i,\text{predicted}}$ 为用所建模型对校正集中第 i 样品的预测值；n 为校正集的样品数。

在一些文献中，SEC 也称为 RMSEC（Root Mean Square Error of Calibration，校正均方根误差）。

（3）交互验证标准偏差（Standard Error of Cross Validation，SECV）

$$\text{SECV}=\sqrt{\frac{\sum_{i=1}^{n}(y_{i,\text{actual}}-y_{i,\text{predicted}})^2}{n-1}}$$

式中，$y_{i,\text{actual}}$ 为第 i 样品参考方法的测定值；$y_{i,\text{predicted}}$ 为校正集交互验证过程中第 i 样品的预测值；n 为校正集的样品数。

在一些文献中，SECV 也称为 RMSECV（Root Mean Square Error of Cross Validation，校正验证均方根误差）。

（4）预测标准偏差（Standard Error of Prediction，SEP）

$$\text{SEP}=\sqrt{\frac{\sum_{i=1}^{n}(y_{i,\text{actual}}-y_{i,\text{predicted}})^2}{m-1}}$$

式中，$y_{i,\text{actual}}$ 为第 i 样品参考方法的测定值；$y_{i,\text{predicted}}$ 为验证集预测过程中第 i 样品光谱方法的预测值；m 为验证集的样品数。

在一些文献中，SEP 也称为 RMSEP（Root Mean Square Error of Prediction，预测均方根误差）。SEP 越小，表明所建模型的预测能力越强。通常 SEP 要大于 SEC 和 SECV。

不同文献中的 SEC 和 SEP 计算公式也略有不同。例如，有些文献给出的 SEC 考虑了 PLS 主因子数 f，SEP 则是经过平均偏差（Bias）修正的，即

$$\text{SEC}=\sqrt{\frac{\sum_{i=1}^{n}(y_{i,\text{actual}}-y_{i,\text{predicted}})^2}{n-f-1}}$$

$$\text{SEP}=\sqrt{\frac{\sum_{i=1}^{n}(y_{i,\text{actual}}-y_{i,\text{predicted}}-\text{bias})^2}{m-1}}$$

（5）验证集标准偏差与预测标准偏差的比值（Ratio of Standard Error of Prediction to Standard Deviation，RPD）

$$\text{RPD}=\frac{\text{SD}_v}{\text{SEP}}$$

式中，SD_v 为验证集所有样本浓度值的标准偏差。

验证集样本的性质分布越宽越均匀、SEP 越小，RPD 值越大。

（6）决定系数（R^2）或相关系数（R）

$$R^2 = 1 - \frac{\sum_{i=1}^{n}(y_{i,\text{actual}} - y_{i,\text{predicted}})^2}{\sum_{i=1}^{n}(y_{i,\text{actual}} - \bar{y}_{\text{actual}})^2}$$

式中，$y_{i,\text{actual}}$ 为第 i 样品参考方法的测定值；$\bar{y}_{\text{actual}}$ 为校正集或验证集所有样品参考方法测定值的平均值；$y_{i,\text{predicted}}$ 为校正集或验证集预测过程中第 i 样品的预测值；n 为校正集或验证集的样品数。

在浓度范围相同的前提下，R 越接近 1，回归或预测结果越好。

（7）成对 t 检验

假设光谱方法与参考方法间无系统误差，则两种方法测定结果间差值的平均值 $\bar{d}$ 与 0 之间应无显著性差异，即 $\bar{d}=0$。

成对 t 检验统计量为

$$t = \frac{\bar{d}}{s_d/\sqrt{m}}$$

式中，$\bar{d}$ 为光谱法和参考方法两种测定结果间偏差的平均值；s_d 为两种分析方法测定结果间的标准偏差；m 为测定样本数。

对一给定的显著性水平 α，若 $|t| < t_{\alpha, m-1}$，说明校正模型的预测值与参考方法的平均测定值结果之间无显著性差异。

模型建立过程中，可用 SEC、SECV 和 R^2 等指标对模型的质量进行评价，以选取最优的建模参数。

SEC 越小，表明模型回归得越好。一般 SEC 与参考测量方法规定的重复性相当。如果 SEC 过小，说明校正过程可能存在过拟合现象，通常 SECV>SEC。

校正结果的决定系数（R^2）也可写成

$$R^2 = 1 - \frac{\text{SEC}^2}{\text{SD}_c^2}$$

式中，SEC 为校正标准偏差；SD_c 为校正集浓度值的标准偏差。

可以看出，R^2 的大小与浓度分布范围有关。相同的 SEC，浓度分布范围越宽（SD_c 越大），R^2 也越大。

可以估算出 R^2 的最大值：

$$R^2_{\max} = 1 - \frac{\text{SEL}^2}{\text{SD}_c^2}$$

式中，SEL 为参考方法的重复性。

若得到的 R^2 超过了该最大值，则说明极有可能存在过拟合现象。

3.2.6.2 评价模型准确性参数

在模型验证过程中，可用以下参数评价模型的准确性：

① 预测标准偏差（SEP）。SEP 越小，结果越准确。有文献要求 SEP/SEC≤1.2，即

SEP 不能大于 1.2 倍的 SEC。

按照概率统计，通过 SEP 可以估计出预测值与参考方法实际值之间的偏差。若光谱方法的预测值为 $\hat{y}$，则参考方法实际值落在 [$\hat{y}\pm$SEP] 范围的概率为 67% 左右，落在 [$\hat{y}\pm$2×SEP] 范围的概率为 95% 左右。例如，近红外光谱测定小麦水分的 SEP 为 0.5%，若一样本的预测值为 20.0%，则参考方法的实际值落在 19.0%～21.0% 之间的概率约为 95%。

② 相关系数（R）或决定系数（R^2）。在验证集标准偏差（SD_v）相同的前提下，R 越大，准确性越高。R^2 值的大小与待测性质的分布范围（SD_v）关系极大，对于分布范围很宽的性质，R 值有可能接近 1，但其准确性可能较差。

③ 验证集标准偏差与预测标准偏差的比值（RPD）。在浓度范围相同的前提下，RPD 越大，准确性越高。通常认为，若 RPD>5，模型的预测结果可以接受；若 RPD>8，模型的预测准确性很高；若 RPD<2，预测结果是不可接受的。

实际上，RPD 与 R^2 是同一评价参数，其关系为

$$\mathrm{RPD}=\frac{1}{\sqrt{1-R^2}}$$

例如，若 $R^2=0.90$，则 RPD=2.29；若 $R^2=0.98$，则 RPD=5.0。

需要注意的是，有些文献计算 RPD 时用校正集的 SD 代替验证集的 SD，这时上述关系不成立。

④ t 检验。t 检验用来检验光谱方法预测值与参考方法测定值之间有无显著性差别。如果通过了 t 检验，只能说明光谱方法与参考方法之间不存在系统误差，并不能完全说明其预测结果的准确性。

上述 4 个参数都是基于统计检验的评价结果。另一类准确性方法是基于单个样本的验证方法，即考察光谱方法预测值与参考方法实际值之间的绝对偏差是否小于参考方法要求的再现性。如果有 95% 的验证集样本满足这一要求，则通过检验。当参考分析方法的精密度在整个校正集浓度或性质范围内不是均匀分布时，这种准确性验证方法更为适用。

3.2.6.3 模型建立和验证需要报告的参数

对于近红外光谱定量模型的建立和验证，通常需要报告以下模型的参数：

① 样本的来源；
② 样品的制备和储存方法；
③ 校正集和验证集样本的选取方法；
④ 校正集样本数量，测试集样本数量，验证集样本数量；
⑤ 实验室参考方法及其标准误差（Standard error of the laboratory for wet chemical method，SEL）；
⑥ 参考值的均值和标准偏差；
⑦ 建模方法及其参数（例如 PLS 方法的主成分数等）；
⑧ 数据预处理方法及其参数；
⑨ 光谱波长区间或变量选取方法及结果；
⑩ 交互验证方式（例如留一法等）；
⑪ 界外样本识别方法及结果；
⑫ SECV（或 RMSECV）；

⑬ 回归系数、斜率和截距；
⑭ RPD、相关系数（R）或决定系数（R^2）；
⑮ 预测结果的重复性；
⑯ 所使用的软件及版本。

3.2.7 模型传递方法

在近红外光谱分析技术应用过程中常遇到这种情况，在某一光谱仪（称源机，Master）上建立的校正模型用于另一台光谱仪（称目标机，Slave）上使用时，因不同仪器所测的光谱存在一定差异，模型不能给出正确的预测结果。解决这一问题首先是选择同一型号的仪器，并通过仪器硬件的标准化使得同一样品在不同仪器上量测的光谱尽可能一致。尽管如此，光谱仪硬件尤其是不同品牌仪器之间仍有可能存在差异，这种差异依然会引起模型的不适用性，需要通过数学方法解决，通常称为模型传递（Calibration Transfer）。

模型传递是通过数学方法建立源机和目标机所测光谱之间的函数关系，由确定的函数关系对光谱进行转换实现模型的通用性。光谱的转换有两种模式：一种是将源机的校正集光谱进行转换，再重新建立适合目标机光谱的校正模型；另一种是将目标机的光谱进行转换，直接用源机的模型预测结果。两种方式各有优缺点，需要根据不同的应用场合加以选择。

常用的模型传递方法有光谱差值校正算法（Spectra Subtraction Correction，SSC）、Shenk's 算法、直接校正算法（DS）和分段直接校正算法（PDS）等。这些方法都需要一组标样集（一般在 15 个样本左右），称为有标模型传递方法。具体算法可参见参考文献 [21-24]。

3.3 定量模型建立与验证流程

近红外光谱定量分析在多数情况下是一种间接的方式，建立稳健可靠、准确性高的校正模型是该方法成功应用的关键技术之一。如图 3-4 所示，近红外光谱定量分析模型的建立大都是采用相似的流程模式，即基于一组已知样本建立校正模型（Calibration Model），也称为校正集样本（Calibration Samples）或训练集样本（Training Samples），通过这组样本的光谱及其对应基础数据（也称为参考数据或标准值），利用化学计量学多元定量建模方法建

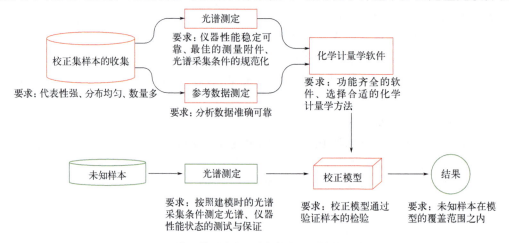

图 3-4 校正模型建立和未知样本预测的简要过程

立分析模型。对于待测样本，只需测定其光谱，根据已建的模型便可快速给出定量分析结果。

基于 ASTM E1655（Standard practices for infrared multivariate quantitative analysis，红外多变量定量分析标准规程）、GB/T 29858（分子光谱多元校正定量分析通则）、AACC 39-00（Near-infrared methods—Guidelines for model development and maintenance，近红外方法—模型建立与维护通则）、ISO 12099（Animal feeding stuff, cereals and milled cereal products—Guidelines for the application of near infrared spectrometry，动物饲料、谷物及其粉制品—近红外光谱法应用指南）以及 EN 15948（Cereals—Determination of moisture and protein—Method using Near-Infrared-Spectroscopy in whole kernels 谷物—水分和蛋白质的测定—在整个谷粒中使用近红外光谱方法）方法，本节将近红外光谱定量模型建立与验证流程及相关注意事项整理如下[25,26]。

3.3.1 样本的收集

在近红外数学模型的建立过程中，最困难、花费时间比较多的一步就是样品的收集。影响近红外数学模型的因素非常多，在模型建立时，首先要明确是建立某一特定条件下的模型还是适应所有应用条件的模型，再确定所要收集的目标样品范围。

样品收集过程中必须考虑样品种类，样品表面和物化性质，颗粒形状、大小和颜色，栽培方式和加工条件等因素。通常，天然产物样品的收集需要花费大量的时间，应考虑多种影响因素。例如在收集农作物样本时，应包含不同生长气候、不同生长条件、不同品种、不同质地和不同收获季节的样本，模型也需要逐年优化；再如对化工在线检测的样本，要包含各个工艺条件，如原料、温度、压力和催化剂等。

此外，在样品收集时，还应注意以下问题：

① 样品的存放。在未测量光谱和进行基础数据测量前，应保证所收集样本的组成不发生任何变化。

② 样品信息的记录。收集样本时，应注意相关信息的收集。例如对于汽油样本，应尽量得到原油性质、装置工艺条件、是否含有微量添加剂（如抗爆剂）等，这对以后异常样品的分析十分重要。

③ 样品分类收集的重要性。例如汽油，根据加工工艺不同，有重整、催化裂化、异构化和烷基化等类型，由于不同类型汽油的组成差异很大，在测量辛烷值等性质时很难通过线性的校正算法（如偏最小二乘）得到光谱与性质之间精确的数学关系，须对同类样本单独建立校正模型。

3.3.2 代表性样本的挑选

建立模型需要大量有代表性且化学值已知的样品。首先，将各种因素考虑在内收集到的样品数量大，样品信息也会有所重叠。如果所有样品都测定化学值，需要的时间长、花费大；其次，近红外数学模型包含的样品数也不是越多越好，样品数越多则干扰信息越多；另外，随着建立模型的样品数目增多，模型优化的时间增长，工作量也随之加大。因此必须从大量的样品中挑选部分样品，这部分样品既能为化学分析承受，又能充分代表原来样品的全部信息。

建模样品集中要包含所有可预期到的变换因素下的样品，如果没有收集全代表各种变化因素的样品，就会对模型的适应性产生较差的影响。定标模型的稳定性决定于建模样品集所覆盖范围的大小，在应用近红外光谱对复杂背景的农产品、食品等天然产物进行定量分析时定标就比较复杂，这需要从大量的样品中挑选出有代表性的样品才能实现。所谓代表性就是建模样品集包含的有效信息与背景信息的范围要足够宽，从待测组分含量到样品来源等都要能够代表待测集这个大群体。

挑选代表性样品的方法为数众多。首先，可根据样品的品种、产地、年份、性状等特征进行人工挑选，此时应尽可能地增大上述因素的变化范围，从而使挑选出的建模样品更具代表性；也可以按照已知组分的化学值，在综合考虑常量成分与微量成分及其成分含量范围的基础上，通过正交实验设计等方法进行人工设计挑选；还可以根据样品的近红外光谱特征用数学方法进行计算机挑选，如 Kennard-Stone 法、SPXY 法和聚类法等。在选择代表性样品的过程中，应尽量避免挑选主要成分间存在共线性的样品，除非实际样品的确存在共线性。

用来建模的有代表性的样品数量直接影响分析的准确性。样品数量太少，不足以反映待测样品的分布规律；样品数目也不应过多，因为在模型建立中每增加一个样品，在增加信息量的同时也会增加干扰信息，对模型十分不利。在实际工作中具体的样品数量应由建模对象的复杂程度决定。一般来说，对于简单的测量体系，至少需要 60 个有代表性的样品；对于复杂的测量体系，至少需要上百个有代表性的样品。

3.3.3 光谱测定

近红外光谱的测量方式是决定光谱质量（信噪比、重复性和信息量等）的重要因素之一，而光谱质量将显著影响校正模型的预测能力，因此选择合适的近红外光谱测量方式至关重要。

合适的测量方式应满足以下条件：
① 光谱的重复性和再现性好；
② 测试方便、快速；
③ 光谱的信噪比高；
④ 光谱包含的样品物化信息完整。

近红外光谱的采集方式有多种，根据测量对象的不同可选择透射方式、漫反射方式和漫透射方式。即使是相同的漫反射方式，也有多种测量附件，如积分球和漫反射探头等。因此，采集条件的优化选择和规范化测量是光谱采集的核心内容。需要优化的光谱采集条件主要包括测量方式和附件、样品温度、光程、光谱仪的分辨率、光谱累加次数和光谱波长范围，以及样品的预处理方法如固态样品的粉碎、液态样品的萃取或果品切片等，但在大多数情况下用于近红外光谱测量的样品不需要任何处理。光谱的测量方式与附件的选择是紧密相关的，对同一种样品类型（如透明液体、黏稠体、固体颗粒和粉末等）可采用多种测量方式和附件进行光谱分析测量。在实际应用前的可行性研究过程中，应对比所有可行测量方式及其可能测量附件的优缺点，以选择合适便捷的光谱测量方式。

为得到一致性测量的光谱，光谱的规范化采集十分重要。同一校正模型中的所有样品的光谱测量条件应尽可能保持一致，包括样品的温度、样品的含水量（例如谷物和烟草样品的含水量）、环境温度和湿度等。此外，在取样（如样品均匀性问题）和装样（如固体颗粒的密实度、液体比色皿的方向、单籽粒或果品的放置朝向等）等方面也应规范化操作。在校正样品收集时，最好收集一个样品便立即进行光谱采集，而尽可能不集中时间测量光谱，以把仪器和环境的变动等因素都包含其中，提高模型的稳健性（动态适应性）。

3.3.4 基础数据的测定

基础数据（参考数据或标准值）的准确性对近红外校正模型的预测精度有较大的影响，因此对于建模所用的基础数据大都采用标准方法或经典的分析方法进行测定。如果必要，需要对这些常规方法的准确性和重复性进行评估。为得到准确性高的基础数据，有时需要多次测量取平均值，而且尽可能采用同一台仪器、用熟练的操作人员测量校正样本的基础数据。

此外，用于基础数据测量的样品必须与光谱采集所用的样品对应一致，而且尽可能在取样后及时测定基础数据和近红外光谱，以免样品组成变化影响校正模型的准确性。

3.3.5 定量校正模型的建立

校正模型的建立需要化学计量学软件，商品化的 NIR 光谱仪都会配备相应的软件。

模型建立的顺序大致如下：

① 光谱和对应基础数据组成校正数据阵。
② 对光谱进行必要的光谱预处理，如导数、MSC 和 SNV 等。
③ 光谱区间（范围）的选择，如相关系数法、遗传算法等。
④ 定量校正（交互验证过程）。将处理后的光谱数据和性质数据通过主成分回归（PCR）、偏最小二乘（PLS）或人工神经网络（ANN）进行回归运算，得到定量校正模型。在定量校正过程中，需确定多种参数，如导数点数、PLS 最佳主因子数和光谱范围等。建模过程实际是这些方法和参数的筛选过程，筛选的依据是模型交互验证结果和验证集预测结果。
⑤ 异常样品的剔除。异常样品是指交互验证过程得到的预测值与其实际值有显著性差别的样品。可能的产生原因主要是：这些样品的基础数据测量或光谱测量有误；或者近红外方法不适用于该类样品的测定，例如在建立汽油辛烷值模型时，由于微量的抗爆剂（如 MMT，甲基环戊二烯三羰基锰）在 NIR 光谱中没有响应，使得含抗爆剂汽油的 NIR 预测值明显低于实际值；或者这些样品与校正集中其他样本不属于一类样本等。
⑥ 模型重新建立。将异常样品从校正集中剔除，采用相同的校正参数重新进行回归运算，如此反复，直至得到满意的定量校正模型。

3.3.6 定量校正模型的验证

在模型建立完成后，需要用一组验证集样本对模型的准确性、重复性、稳健性和传递性等性能进行验证。验证集样本应包含待测样品所包含的所有化学组分，验证集样本的浓度或性质范围至少应覆盖校正集样品的浓度或性质范围的 95% 且分布均匀。此外，验证集样本的样品数量应足够多，以便进行统计检验，通常要求不少于 28 个样本。

准确性：应完全按校正集样品的光谱测量方式测定验证集光谱，参考值的测定也应与校正集样品采用同一种方法。通常用预测标准偏差（SEP）、相关系数（R）或决定系数（R^2）、绝对偏差等参数评价模型的准确性。

重复性：从验证集中选取 5 个以上样本，这些样本的浓度必须覆盖校正集浓度范围的 95% 且均匀分布。对每个样本分别进行至少 6 次连续光谱测量，光谱采集时要重复装样，用建立的校正模型计算结果，通过平均值、极差和标准偏差评价 NIR 方法的重复性。

稳健性：模型的稳健性是指其抗外界干扰因素的性能，这些影响因素主要包括同类型测样器件（如比色皿、光纤探头和积分球等）的更换、光纤弯曲程度的变化、光源的更换、参比物质（如陶瓷片或硫酸钡粉末等）的更换、装样条件的变化、温度（环境温度和样品温度）的变化以及颗粒物理状态（如谷物含水量、聚合物粒度以及残余溶剂等）的变化等。可以用考察重复性的样本对模型的稳健性进行评价。例如在考察比色皿的影响时，可以选用多个同一规格的比色皿（材质和光程），如不同生产厂家的比色皿以及同一厂家相同批次和不同批次的比色皿等，通过平均值、极差和标准偏差评价模型的稳健性。

传递性：分析模型的传递性主要取决于仪器系统间的硬件差异，其实质是考核光谱仪及其关键部件（光学系统如干涉仪）的可更换性。可以用考察重复性的样本对模型的传递性进行评价。例如选取多台同一型号的光谱仪，对以上样品分别进行光谱采集，用一台仪器上建立的模型分别对同一样本在不同仪器上测量的光谱进行预测分析，通过平均值、极差和标准偏差评价模型的传递性。

3.3.7　校正模型适用性判据的建立

对于近红外光谱分析方法而言，由于不可能建立一个覆盖所有未知样品的校正模型，建立模型的适用性判据尤为重要和必要。在对未知样本进行预测分析时，只有待测样品在模型覆盖的范围之内，才能保证分析结果的有效性和准确性。

通过 3 个判据保证模型的适用性：

① 马氏距离。如果待测样品的马氏距离大于校正集样品的最大马氏距离，则说明待测样品中的一些组分浓度超出了校正集样品组分浓度的范围。

② 光谱残差。如果待测样品的光谱残差大于规定的阈值，则说明待测样品中含有校正集样品中没有的组分。

③ 最邻近距离。如果待测样品与所有校正集样本之间距离的最小值（最邻近距离）大于规定的阈值，则说明待测样品落入了校正集分布比较稀疏的地方，预测结果的准确性将受到质疑。

3.3.8　常规分析与模型的更新

3.3.8.1　常规分析

近红外校正模型经过验证后，便可对日常样品进行快速测定。采集光谱时应完全按照校正集样品的光谱测量方式，如分辨率、背景采集方式、样品和环境温度、装样方式以及样品预处理方式（如粉碎程度）等。

采集光谱时，应先对光谱仪的状态如光源能量、波长准确性和吸光度准确性等指标进行测试，确保仪器是在正常的工作状态。

在对待测样品进行定量预测分析前应对模型的适用性进行判断，如果 3 个适用性判据中任何一个超出了设定的阈值范围，说明所建模型不适用于该样品的定量分析。

3.3.8.2　模型的更新

校准模型的迭代更新是近红外分析技术中的一个关键环节。无论用户所使用的仪器和软件技术多么先进以及模型库多么庞大，所开发的校准模型都需要定期更新，并非一次性完成就能永久使用。在实际应用过程中模型的更新是必须的和必要的，甚至在很多时候这一工作成为影响近红外光谱是否成功应用的关键性因素。

模型更新可分为两类：

① 遇到模型界外样品。这时应搞清模型界外样品产生的原因，是待测样品的化学组分发生了变化引起的，还是非样品化学组成因素如环境引起的光谱仪改变、光源工作异常、样品温度或粒度等发生显著变化等引起的。若是前一种情况，需要及时将这些样品补充到样品集中，对校正模型进行更新，扩充模型的覆盖范围。若属于后一种情况，则需要找出具体原因加以解决，如排除硬件故障，保证分析条件的一致性。面对由样品温度、农产品的水分含量或粒度等变化引起的异常样本，可以通过将这些变化因素纳入模型中应对。然而，这种方法虽然能够处理这些变异因素，但可能会在一定程度上牺牲模型的精确度。

② 对模型定期维护更新。这是建立稳健校正模型的需要，因为仪器或样品的一些微小的变动在很多时候通过模型适用性判据很难做出判别。所以非常有必要利用定期验证样本的对比数据，集中（如 2 个月）对模型进行更新，以提高模型的稳健性。

在进行模型更新时，需要重新进行校正过程的异常点检验。如果只添加一个代表新范围或新类型的样品，新样品有可能作为异常点被剔除，因此要求每一类型的新样品添加多个。模型更新后需要重新进行验证，可以使用初始的验证集样品对新模型进行验证，但是必须补充代表新范围或新类型的样品，其比例应不小于新样品在校正集中所占的比例。

3.3.8.3 定期检测

在近红外光谱日常分析时，另一项重要的工作是定期对模型和仪器进行检测，称之为分析质量的保证和控制。

可以采用以下方式进行检测：

① 采用实际分析样品定期验证，如每周 2～3 次与建立模型所用的参考方法进行对比，其绝对偏差不应超过再现性范围。另外，若引起待测样品组分发生变化的工艺条件发生较大变动，如温度、溶剂或催化剂改变，或近红外光谱仪器更换部件，如光源和测量附件更换后，不论模型是否适合，都应及时加样进行对比分析。

② 如果待测样品可以密封保存，选取 3～5 个代表性强的实际样品进行密封保存，定期进行测量，如 1 天一次或隔天一次等。

③ 如果待测样本的组成体系简单，可通过配制标样，定期进行准确性验证。

可以使用参考值和近红外预测值差异控制图对定量模型例行分析性能进行评估。控制图以分析样品数作为横坐标，以参考值和近红外预测值的差作为纵坐标。"95%的概率"和"99.8%的概率"可以用作报警线和警戒线。

出现下列情况之一时，说明近红外预测值不在可控范围之内：1 个样本超过了警戒线；连续 3 个样本中有 2 个样本在报警线之外；连续 9 个样本在 0 线的同一侧。

如果出现上述结果，首先应重新多次采集近红外光谱，进行预测分析，以确保光谱采集的正确，再对基础数据的准确性进行核对，然后判断待测样本是否与校正集中的样本存在较大差异。若不是上述问题，则应对光谱仪的硬件进行全面的测试检查，直到找出出错原因。

图 3-5 给出了一个质量控制图实例。从该图可以看出，前 34 个样本中有一个样本超出了 UAL，这标志着严重问题的出现。有 3 个样本中的两个样本（第 22 样本和第 23 样本）超出了 UWL，两个独立的样本也超出了 LWL。检测点均衡分布于零线附近（9 样本规则），但 34 个样本中有 5 个在 95% 置信区间（UWL，LWL）之外，并且有一个样本超出了

99.9%的置信区间（UAL，LAL）。经检查发现，出现上述问题的主要原因是实测样品与校正样本有显著差异。因此，对校正集进行扩展更新，使之包含质控样本，并生成新的定标模型。在第35个样本处进行了重新建模，由第35～62质控样本的结果可以看到新定量模型的性能显然得到了改善。

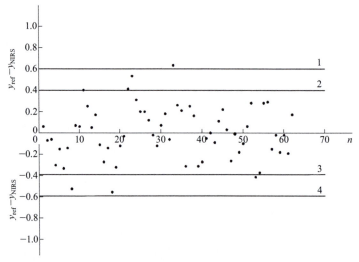

图 3-5　质量控制图实例（ISO 12099）

1—上警戒线（UAL，$+3s_{SEP}$）；2—上报警线（UWL，$+2s_{SEP}$）；3—下报警线（LWL，$-2s_{SEP}$）；4—下警戒线（LAL，$-3s_{SEP}$）；n—检测数量；y_{ref}—参考值；y_{NIRS}—近红外预测值；s_{SEP}—预测标准误差

3.4　RIPP 化学计量学软件

化学计量学软件与光谱仪硬件构成了近红外光谱分析方法的技术平台。对于近红外光谱分析工作者，掌握化学计量学方法的基本原理是非常容易的，但将这些算法变成应用程序则需要精通数学和高级编程技巧，存在一定的难度。商品化学计量学软件的开发和使用为近红外光谱分析方法的普及应用起到了非常关键的作用，掌握这些软件可以解决实际应用中的大部分问题[27-30]。

目前，近红外光谱仪器供应商大都开发了专用的化学计量学光谱分析软件，如 FOSS 公司的 WinISI 软件、Thermo 公司的 TQ Analyst 软件、Bruker 公司的 OPUS 软件和 Buchi 公司的 NIRCal 软件等。此外，还出现了一些通用的化学计量学计算软件，如 Camo 公司的 Unscrambler 软件、Eigenvector Research 公司的 PLS_Toolbox 软件、InfoMetrix 公司的 Pirouette 软件、PRS 公司的 Sirius 软件和 Thermo 公司的 GRAMS IQ 软件等。国内也开发了多套化学计量学软件，如中国农业大学的 Caunir 软件和中国石化石油化工科学研究院的 RIPP 软件等。这些软件采用的核心算法和功能大同小异，但每套软件都有各自的特点，以满足不同用户群的需求。

为配合近红外光谱成套技术的开发和应用，中国石化石油化工科学研究院（RIPP）先后于 1996 年和 1999 年编制了 "RIPP 化学计量学光谱分析软件 1.0 版本" 和 "RIPP 化学计量学光谱分析软件 2.0 版本"，其中 2.0 版本软件在我国石化企业中得到了较为广泛的应用，得到了普遍的认可。2008 年开发出了 "RIPP 化学计量学光谱分析软件 3.0 版本"，开发环境为 Visual C♯.net。该软件尽管是配合近红外光谱技术开发的，但也具备用于其他谱图分析的主要功能[30]。

"RIPP 化学计量学光谱分析软件 3.0 版本"主要包括样品集编辑、建立校正模型、模型验证和未知样品预测 4 个主要功能。

（1）样品集编辑

样品集编辑的主要功能是建立样品集，同时也具有 Kennard-Stone（K-S）分集功能，按设定比例将样品集分成校正集和验证集，分别用于建立校正模型和模型验证评价。另外还可以对样品集的光谱进行数据处理分析（如主成分分析）和图形查看（如主成分分析三维得分图等）以及对性质数据进行统计分析等。

在样品集编辑界面（图 3-6），用户可以方便地添加和删除光谱和性质，对光谱名称和性质数据进行排序和查找等。用户还可以将样品集的光谱和性质数据转成标准矩阵形式，以便 MATLAB 等高级语言直接调用。

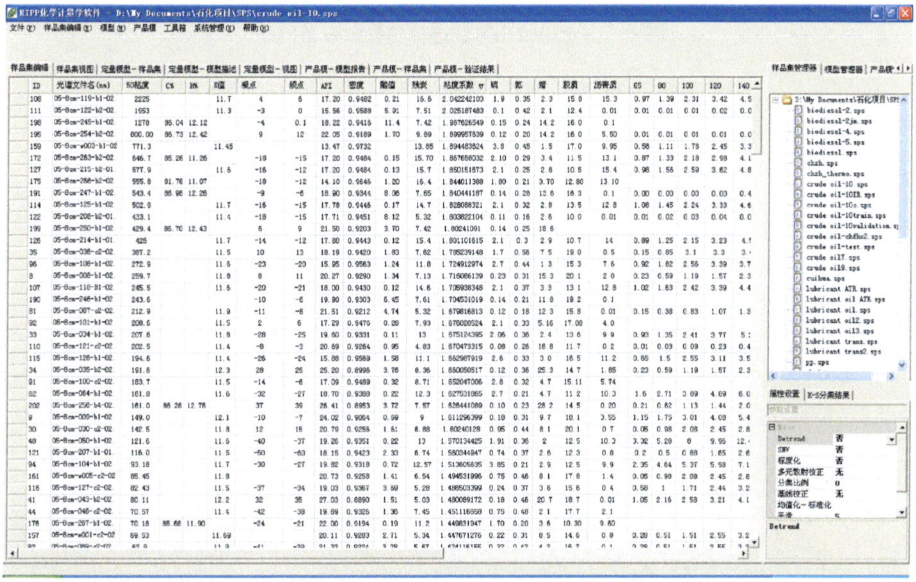

图 3-6 样品集编辑界面

（2）建立校正模型

如图 3-7 所示，软件 3.0 版本提供的定量建模方法包括多元线性回归（MLR）、主成分回归（PCR）、偏最小二乘（PLS1 和 PLS2）、遗传算法-偏最小二乘（GA-PLS）、局部权重回归（LWR）、人工神经网络（ANN，PCA-ANN，PLS-ANN）等，定性建模（模式识别）方法包括 SIMCA 和主成分分析-马氏距离（PCA-MD）方法等。

软件 3.0 版本提供的光谱预处理方法包括 Detrend、SNV、乘性散射校正（MSC）和分段乘性散射校正（PMSC）、基线校正（其中包括基线扣减、一阶导数和二阶导数）、均值化和标准化以及平滑算法等。

如图 3-8 所示，在光谱区间选择界面，用户可根据校正集光谱的方差图或光谱与性质之间的相关图手动选择一段或多段光谱区间，也可通过设定阈值的方法自动选择光谱区间。

软件 3.0 版本提供的视图分析包括 PRESS 图、预测-实际图、性质残差图（绝对残差和学生残差）、光谱残差图、马氏距离图、得分图和载荷图等。用户可根据性质残差图、光谱

图 3-7　定量校正方法选择和参数设置界面

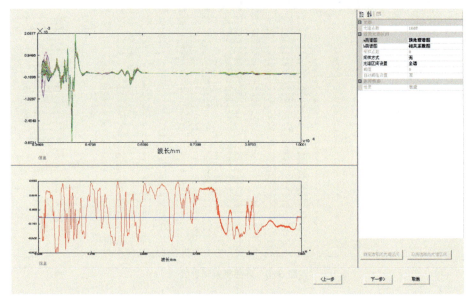

图 3-8　光谱区间选择界面

残差图和马氏距离图剔除不同类型的异常样本。异常样本剔除后，软件具有重新建模的功能，可在已设建模参数不变的条件下重新建立模型。如图 3-9 所示，在预测-实际图界面可对模型的质量进行评价，评价参数包括平均偏差、RMSEC、RMSECV、R^2 等。

如图 3-10 所示，模型建立完毕后，便可对模型进行保存。按照 ASTM E1655 的要求，需要对光谱残差系数进行设定。用户可通过软件提供的向导功能计算出光谱残差系数，也可手动输入经验数值。

如图 3-11 所示，如果一个样品集含有多个性质，可通过生成产品模功能将所有性质捆绑在一起，并可对预测结果进行性质计算和性质归一处理。

如果有多个定量产品模，软件还提供模式识别和定量产品模打包的功能，对未知样品预测分析时软件自动识别样品类型，并自动选择合适的定量产品模进行性质预测。

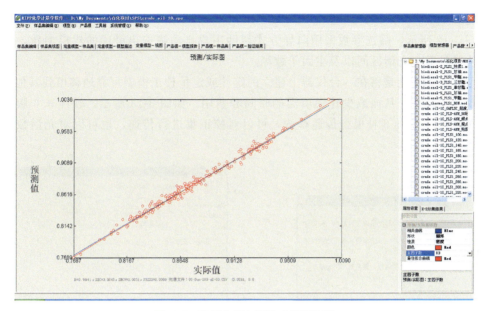

图 3-9　视图分析中预测-实际图界面

图 3-10　模型保存界面

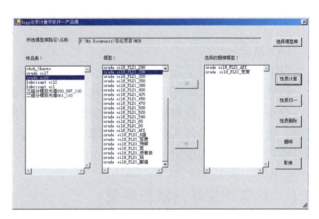

图 3-11　产品模生成界面

（3）模型验证

模型验证包括单性质模型验证和产品模验证两部分。模型验证功能可方便地计算出验证集的 RMSEP、平均偏差、R^2 和成对 t 检验值，并给出相应的视图。同时，对马氏距离、光谱残差和最邻近距离超出阈值的样品给出了相应不同的标记。

（4）未知样品预测

未知样品预测由定量检测、模型识别和模型识别-定量检测 3 个模块组成。定量检测的功能是调用产品模对未知样品的性质进行定量预测分析。模型识别的功能是调用定性模型文件对未知样品的类别进行预测分析。模型识别-定量检测的功能是调用模型识别-定量检测文件对未知样品进行类别分析，然后调用相应的定量模型进行预测。若未知样品为界外点，即其马氏距离、光谱残差或最邻近距离超出设定的阈值，则给出相应的标记。

（5）其他功能

除了以上主要功能外，软件 3.0 版本还提供以下两项重要功能：建模参数的自动筛选和模型传递。

如图 3-12 所示，筛选参数采用向导方式帮助用户自动筛选出最优的建模参数，包括预处理方法及参数、光谱区间以及主因子数等。

模型传递的功能是将在一台仪器上建立的定性或定量校正模型可靠地移植到其他相同或类似的仪器上使用，从而减少建模所需的时间和费用。如图 3-13 所示，软件 3.0 版本提供 DS、PDS 和 Shenk's 3 种模型传递算法，可以对校正集进行传递，也可以对光谱数据进行传递。

图 3-12　自动筛选参数向导界面　　　　图 3-13　模型传递中计算传递矩阵界面

（6）结语

"RIPP 化学计量学光谱分析软件 3.0 版本"可满足光谱分析尤其是分子光谱（如近红外、红外、紫外和拉曼光谱）的定量和定性多元校正分析的需求。软件界面友好，计算速度快，操作更为方便，模型界外样品识别完善，自动参数筛选和模型验证功能突出，运行稳定可靠，符合工厂和科研人员的使用习惯，适合应用于工矿企业的实验室和现场在线分析，对科研部门也有重要的应用价值。

3.5　化学计量学方法新进展

近些年，人工智能（机器学习和深度学习）、大数据和云计算等新兴科技的飞速发展为化学计量学注入了新思路、新途径和新方法，用于光谱分析的新型化学计量学方法如雨后春笋般涌现出来，化学计量学成为国内外本领域专家学者的重点和热点研究方向[31-33]。本节主要介绍近 10 年来用于现代光谱分析的各类化学计量学方法的新进展，包括光谱预处理方法、变量选择方法、数据降维方法、定量校正方法、定性校正（模式识别）方法、模型传递方法、模型维护方法和多光谱融合方法等。

3.5.1　光谱预处理方法

光谱除含有样品自身的化学信息外，还含有其他无关信息和噪声，如电噪声、样品背景和杂散光等。因此，在用化学计量学方法建立模型时，旨在消除光谱数据无关信息和噪声的预处理方法变得十分关键和必要[34-36]。常用的谱图预处理方法有去噪、导数、标准正态变量变换（SNV）、乘性散射校正（MSC）、傅里叶变换、小波变换、正交信号校正和净分析信号等以及上述这些方法的改进算法。例如，为了提高 SNV 方法的校正效果，Bi 等将光谱进行分段后，对每个区间分别进行局部 SNV 处理，优于全谱进行 SNV 的效果[37]。Rabatel 等基于颗粒大小等物理因素对光谱影响权重大的思想提出了加权的正态变量变换方法（Variable Sorting for Normalization，VSN），在进行 SNV 前对不同的波长变量赋予不同的权重[38]。除此之外，还有概率商正态变换方法（Probabilistic Quotient Normalisation，PQN）和稳健的正态变量变换方法（Robust Normal Variate，RNV）等[39]。

光谱信号中既含有有用信息，同时也叠加着随机误差，即噪声。常用的光谱去噪方法有移动平均平滑法、Savitzky-Golay 卷积平滑法、傅里叶变换和小波变换等。但传统的光谱平滑去噪方法在消除噪声的同时也往往会使光谱信号失真，尤其是对于尖峰光谱（例如拉曼、LIBS、核磁和 XRD）的去噪。Yao 等认为传统方法引起尖峰降噪失真的原因是光谱采样不足，使得信号与噪声之间的频率分布差异不显著。为此，他们提出了四步操作的信号产率调整方法（Yield-adjusted Operation），首先对尖峰谱带进行标记，然后线性插值处理和卷积平滑，最后将降噪的数据恢复到原始尺度。对于实际的尖锐光谱，该方法的去噪效果优于 Savitzky-Golay 卷积平滑和小波变换[40]。

不同的光谱仪器基线漂移的诱因可能有所差异，经典的基线校正方法包括迭代多项式拟合法、分段拟合算法、小波变换、惩罚最小二乘算法、鲁棒基线估计法等[41]。这些方法广泛应用于多种光谱分析中，可在很大程度上消除基线漂移给定量和定性分析带来的不利影响，但它们各有特点和不足。近年来，一些改进算法和新颖的光谱基线校正方法相继出现，如自适应迭代重加权惩罚最小二乘算法、基于图像处理中形态学算子的基线校正方法[42]、基于稀疏表示的同时拟合纯光谱和基线的方法[43] 等，光谱基线校正的准确性和可靠性在很大程度上得到了提高。上述基线校正方法都属于单原始光谱输入单校正光谱输出的方法（Single raw spectrum Input and Single corrected Output，SISO），还有一类是多原始光谱输入单校正光谱输出的方法（Multiple raw spectral Inputs and Single corrected Output，MISO），例如 Yao 等基于独立成分分析（ICA）和混合熵准则提出的 BRACK 方法[44]。

导数光谱（如 Savitzky-Golay 卷积求导和 Norris 光谱导数）可有效地消除基线和其他背景的干扰，分辨重叠峰，提高分辨率和灵敏度。但同时会引入噪声，降低信噪比，求导阶数越高噪声越显著。因此，在计算高阶导数光谱（如三阶或四阶）时，为提高信噪比，多采用小波变换求导[45]。此外，还可采用 Li 等提出的基于奇异摄动（Singular Perturbation）和泰勒级数的求导方法[46]。与整数阶导数相比，分数阶导数（Fractional Order Derivative）能够更准确地揭示光谱细节信息随求导阶数的变化，还可平衡光谱分辨率和信号强度之间的矛盾[47]。分数阶导数有多种经典算法[48]，Zheng 等基于 Savitzky-Golay 滤波器提出了用于光谱求导的分数阶 Savitzky-Golay 导数法（Fractional Order Savitzky-Golay Derivation，FOSGD）[49]。

外部参数正交化（External Parameter Orthogonalization，EPO）是建立在主成分分析基础上的光谱预处理方法[50,51]。它假设光谱中外部干扰变量和浓度变量是独立的，目的是把光谱投影到与干扰变量（如样品温度和样品中水含量等）正交的空间中，达到滤除干扰的作用。类似于 EPO，广义最小二乘加权方法（Generalized Least Squares Weighting，GLSW）主要是通过构造滤波器消除外界干扰（如温度和水分）对光谱的影响[52,53]。

连续统去除法（Continuum Removed）也称包络线去除法，是一种有效增强感兴趣吸收特征的光谱处理方法[54,55]，广泛应用于反射光谱的处理上。它可以有效突出光谱曲线的吸收和反射特征，并将反射率归一化为 0～1 之间，这有利于与其他光谱曲线进行特征数值的比较，从而提取特征波段，以供定量和定性分析。连续统去除法在算法上有多种方法，其中常用的是 Clark 等提出的外壳系数法[56,57]。图 3-14 是我国玉兔二号巡视器驶抵月背表面，其上携带的近红外成像光谱仪获取的着陆区探测点的原始光谱图，图 3-15 是经过连续统去除法（包络线去除法）处理后的谱图。可以看出，该方法有效增强了光谱曲线的反射特征，为进一步解析月幔的化学成分提供了可能[18]。

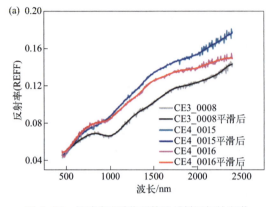 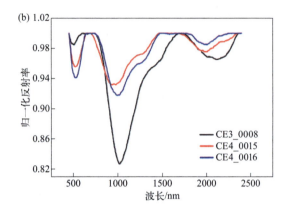

图 3-14　月球表面矿物质的漫反射近红外光谱　　　　图 3-15　经过连续统去除法处理后的谱图

将预处理方法融入多元校正步骤中形成新的校正和预处理方法，而非在校正之前单独使用，是未来的一个重要发展方向。例如，借鉴多光谱融合算法序贯正交偏最小二乘（SO-PLS）的思想，Roger 等提出了基于正交运算的序贯预处理方法（SPORT）[58,59]。Mishra 等通过并行正交偏最小二乘方法（Parallel and Orthogonalized Partial Least Squares，PO-PLS），提出了基于正交运算的并行预处理方法（PORTO）[60,61]。

3.5.2　变量选择和数据降维方法

在光谱分析中，波长变量的选择可以简化模型，提高模型的运行效率并提高模型的可解释性，更重要的是由于不相关或非线性变量的剔除，可以得到预测能力强、稳健性好的校正模型。因此，波长变量的选择成为校正模型建立过程中的关键步骤之一，也成为化学计量学和光谱分析领域的研究热点[62-64]。

2012 年 Mehmood 等综述了基于偏最小二乘算法的波长选择算法，并对算法进行了分类[63]。按照机器学习中的特征选取分类方式，将这些波长选择算法大致分为过滤法（Filter method）、包裹法（Wrappe method）和嵌入法（Embedded method）3 类。过滤法在选择变量时对变量进行独立评价，不考虑变量之间的依赖性或协同性，常用的方法有相关系数法、方差分析方法等。包裹法考虑到变量之间的相关性，通过评价变量的组合对模型性能的影响选取性能最好的组合，常用的方法有间隔 PLS 方法（Interval PLS，iPLS）、连续投影算法（SPA）、变量投影重要性方法（Variable Importance in Projection，VIP）、无信息变量消除方法（Elimination of Uninformative Variables，UVE）和优化算法［如遗传算法（GA）、模拟退火算法（Simulated Annealing Algorithm，SAA）、粒子群优化算法（Particle Swarm Optimization，PSO）］等。嵌入法是在建立模型的同时对变量进行选取，最常用的策略是通过增加正则项约束模型的复杂度，如 Lasso 方法等，随机森林对变量的选取也属于嵌入法。

Yun 等人系统综述了用于近红外光谱多元分析的变量选取方法，并对现存方法的优缺点及算法进展进行了评述[64,65]。近些年，以竞争性自适应重加权采样方法（Competitive Adaptive Reweighted Sampling，CARS）为代表的基于模型集群分析（Model Population Analysis，MPA）的变量选择方法得到了广泛应用[66]。这类变量选取方法还有迭代保留信息变量算法（Iteratively Retaining Informative Variables，IRIV）、迭代变量子集优化（Iteratively Variable Subset Optimization，IVSO)、变量组合集群分析（Variable Combination Cluster Analysis，VCPA）、Fisher 最优子空间收缩（Fisher Optimal Subspace Shrinkage，FOSS）、自举柔性收缩（Bootstrapping Soft Shrinkage，BOSS）、变量空间迭代收缩（Variable Iterative Space Shrinkage Approach，VISSA）、自加权变量组合集群分析（Automatic Weighting Variable Combination Population Analysis，AWVCPA）等方法。

随着变量选择方法的不断发展，各式各样的不同变量选择算法的联合和融合使用也逐渐受到重视。这些联用组合方法利用不同算法之间的互补性，先粗选出波长变量或波长区间，再精选、优选出更少更有效的变量，在此基础上所建模型的预测能力往往比单一变量选择方法好，例如 CARS-SPA 方法的联合、VCPA-GA 方法的联合和 VCPA-IRIV 方法的联合等[67]。Shen 等还将多种光谱选择方法得到的变量进行交集融合，采用 VIP 方法、Boruta 算法、GA-RF 算法和 GA-SVM 算法分别选取特征波长，然后通过 Venn 图获得交集的波长变量[68]。

若分析体系相对复杂，仅用一种光谱预处理方法和波长变量选择往往不能得到最优的结果。这时可将不同预处理和波长选取方法结合使用，以获得预期的结果，但不同预处理方法、不同波长选取方法的组合以及它们的执行顺序仍需要尝试优化[69]。Zhao 等采用系统跟踪图（Systematic Tracking Mapping）同时对预处理方法、波长选择方法和定量校正方法的最佳组合进行选择[70]。Stefansson 等采用遗传算法对预处理方法和波长变量筛选的组合进行优化选取，获得了较好的效果[71]。Rato 等采用穷举配对统计比较方法选择最优的光谱预处理方法及其组合[72]。Gerretzen 等则采用实验设计方法对波长变量筛选和预处理方法同时进行选择[73]。

光谱数据降维的实现方式主要包括变量或特征选择（Feature Selection）和特征提取或特征变换（Feature Extraction）两类方法。特征提取（特征变换）是指将原始特征空间进行变换，重新生成一个维数更低、各维之间相互独立的特征空间。本小节主要介绍光谱特征提取方法。

特征提取分为线性方法和非线性方法[74,75]，线性方法有主成分分析法（Principal Component Analysis，PCA）、独立成分分析法（Independent Component Analysis，ICA）、多维尺度变换（Multidimensional Scaling，MDS）和多级同时成分分析（Multilevel Simultaneous Component Analysis，MSCA）等，非线性方法有等距映射法（Isometric Mapping，ISOMAP）、局部线性嵌入法（Locally Linear Embedding，LLE）和 t-分布式随机邻域嵌入算法（t-Distributed Stochastic Neighbor Embedding，t-SNE）等。目前这些非线性方法大多是基于流形学习（Manifold Learning）策略提出的，流形学习是模式识别和机器学习研究中的热点，它能够对高维数据空间进行非线性降维，并且揭示其流形分布，从中找出隐藏在高维光谱数据中特定的低维结构，从而从中提取易于识别的特征。

在非线性流形降维方法中，除了常用的 LLE、ISOMAP、t-SNE 等方法外，还有拉普拉斯特征映射方法（Laplacian Eige nmaps，LE）、局部保持投影方法（Locality Preserving Projections，LPP）、扩散映射方法（Diffusion Maps，DM）、海森局部线性嵌入方法

(Hessian Locally Linear Embedding，HLLE)、线性局部切空间排列方法（Linear Local Tangent Space Alignment，LLTSA）等[76,77]。

近些年，基于深度学习的特征提取方法越来越多地用于光谱分析。例如自编码神经网络（Auto Encoder，AE），它属于非监督学习领域中的一种，是一种以重构输入信号为目标的神经网络，可以自动从无标注的数据中学习相应的特征，重构出比原始数据更好的数据特征描述原始数据所代表的类别，学习特征的能力较强。在深度学习中，经常用自编码神经网络训练生成的数据特征代替原始数据，以便在后续的回归运算和识别分类中有更好的效果[78,79]。Liu等将5层的去噪自编码器（Denoising Autoencoder，DAE）用于烟草近红外光谱的特征提取，把2760维的光谱降为3维，其对烟草的分类效果明显优于PCA方法[80]。Yu等将栈式自编码器（Stacked Autoencoder，SAE）与全连接神经网络（Fully-connected Neural Network，FNN）相结合，利用可见-短波近红外光谱成像预测库尔勒香梨的硬度和可溶性固形物含量[81]，他们首先对SAE网络进行预训练，其输出作为FNN的初始输入值，然后通过反向传播对整个SAE-FNN的权重进行微调，得到最终的预测模型。

3.5.3 多元定量和定性校正方法

光谱多元定量校正方法包括线性和非线性两类。最常用的线性校正算法是偏最小二乘（PLS）法。近些年，最小绝对收缩和选择算法（Least Absolute Shrinkage and Selection Operator，LASSO）、最小角回归（Least Angle Regression，LARS）和弹性网络（Elastic Net）等方法也越来越多地用于线性校正模型的建立以及特征变量的选择[82-84]。最常用的非线性校正算法是BP神经网络和支持向量机（SVM），另外相关向量机（Relevance Vector Machines，RVM）、极限学习机（Extreme Learning Machine，ELM）和高斯过程回归（Gaussian Process Regression，GPR）也成为建立光谱非线性定量校正模型的常用方法[85-90]。

针对非线性定量校正体系，可采用基于局部（Local）样本的建模策略。根据如何选取局部样本以及如何得到最终的预测结果出现了多种方法，如使用重构近红外和组分数据的比较分析（Comparison Analysis using Restructured Near infrared And Constituent data，CARNAC）方法、局部加权回归（Locally Weighted Regression，LWR）方法和LOCAL方法等[91,92]。这类方法的优点是可充分利用光谱数据库的优势，避免传统因子分析方法因样品组成等变动需要频繁更新模型的弊病；缺点是需要对每个预测样本单独建立校正模型，局部样本的选取方式和数量对预测结果有较大的影响[93]。

为提高模型的预测稳定性，可采用集成或共识的建模策略（Ensemble or Consensus Strategy），其基本思想是采用随机或组合的方式，利用同一训练集中的不同子集建立多个模型（成员模型）同时进行预测，将多个预测结果通过简单平均或加权平均作为最终的预测结果，以降低预测结果对某一（或某些）样本的依赖性。集成建模中成员模型样本的选择至关重要，Bagging（Bootstrap Aggregating，引导聚集）与Boosting是两种主要的方法[94,95]。除了基于校正集样本选取的集成建模策略外，还有基于波长范围选取、数据预处理（图3-16）、校正算法以及与浓度分类相结合的集成建模方式[96-98]。

多目标回归（Multi-target Regression，MTR）是一种同时预测多个相互关联的连续型目标变量的回归分析方法，通过挖掘、利用多个目标变量之间的关联关系提高预测的准确性[99]。在光谱定量分析中，多目标回归策略利用目标（浓度或物性Y）变量之间的相关性提高模型的预测能力，其中最常用的方法是单目标堆栈（Stacked Single-Target，SST），也

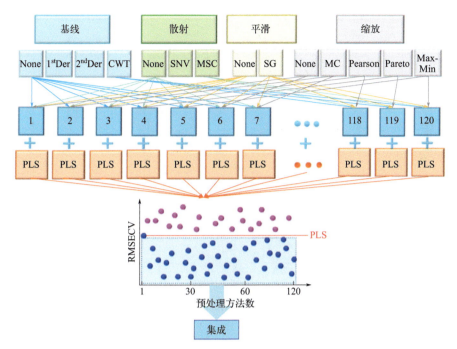

图 3-16 基于数据预处理方法的集成建模策略

称多目标回归堆栈（Multi-target Regressor Stack，MTRS）[100]。Santana 等提出了一种多目标增强堆栈方法（Multi-target Regressor Stack，MTRA），用于近红外光谱预测家禽胸肌的多个属性，包括颜色特征、pH 值、化学成分、保水能力、蒸煮损失和嫩度等，提高了模型的预测能力[101]。Junior 等采用多目标回归策略建立了近红外光谱预测面粉容重、降落数值、蛋白含量、吹泡指标和粉质稳定性的模型，其预测准确性提高了约 7%[102]。

模式识别方法依据学习过程（或称训练过程）可分为有监督和无监督两类。在光谱分析中，常用的无监督方法有系统聚类分析法、K-均值聚类方法、模糊聚类法、高斯混合模型（Gaussian Mixture Model，GMM）和自组织（Kohonen）神经网络等[103,104]。常用的有监督方法有 Bayes 线性判别法（Linear Discriminant Analysis，LDA）、Fisher 线性判别法、线性学习机（Linear Learning Machine，LLM）、K-最近邻法（K-nearest Neighbour method，KNN）、势函数判别方法（Classification with potential function）、SIMCA 方法（Soft Independent Modeling of Class Analogy，簇类独立软模式法）、PLS-DA、随机森林（Random Forest，RF）和支持向量机（SVM）算法等[105,106]。

对于单类（即正常样本和非正常样本）的判别分析（One-class Classification 或 Class-modelling）[107]，例如中药材的原产地、食品掺假、药物真伪鉴别等，常采用数据驱动 SIMCA 方法（Data-driven Soft Independent Modeling of Class Analogy，DD-SIMCA）[108-110]。如图 3-17 所示，该方法通过概率统计分析可给出正常样本的卡方接受区域（Chi-square acceptance area），也能给出极端样本和非正常样本的分布区域[111,112]。

与光谱定量校正类似，在模式识别领域也采用集成建模策略，即多分类系统（Multiple Classifier System，MSC），通过对基分类器的选择与组合能够获得比任何一个单一分类器更好的分类性能。常见的集成建模策略包括自适应提升（Adaptive Boosting，Adaboost）、梯度提升决策树（Gradient Boosting Decision Tree，GBDT）、极限梯度提升（Extreme Gradient

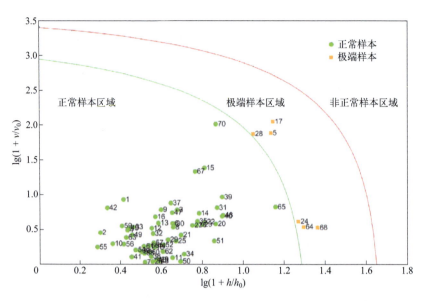

图 3-17　DD-SIMCA 方法得到的卡方接受区域示意图

Boosting，XGBoost）以及轻型梯度提升机算法（Light Gradient Boosting Machine，LightGBM）等。堆栈泛化（Stacked Generalization），也称为堆栈学习（Stacking Learning），则是一种串行结构的多层集成学习系统。为了更好地描述堆栈泛化的多级处理过程，堆栈泛化引入基分类器（Base-Classifier）和元分类器（Meta-Classifier）概念，其中基分类器使用原始特征进行训练，其输出结果作为二级新的特征，而元分类器将重新训练二级特征并形成最终的判决分类器[113]。

光谱检索方法是另一类光谱模式识别方法，如相关系数、夹角余弦、欧氏距离和光谱信息散度等。这类算法根据待测样本的光谱，从已建的光谱库中检索出与待测样本最相近的一个或多个样本，从而实现定性甚至定量分析[114-116]。将模式识别方法与谱图检索算法联合使用，可以提高光谱的检索速度和准确性。加拿大皇家骑警法医实验室开发的国际法医汽车油漆数据查询（Paint Data Query，PDQ）系统是一个以汽车原油漆化学与颜色信息为检索信息的数据库，可将犯罪现场或嫌疑车辆的油漆数据与数据库已知的油漆样本做比较，搜索出信息相似的车辆，很快缩小侦查的范围[117]。基于 PDQ 红外光谱数据库，Lavine 等开展了系统的研究工作[118-120]。

将谱图检索算法直接用于近红外光谱定量分析也取得了较大进展。例如 Li 等将移动窗口相关系数法与蒙特卡罗方法结合用于近红外光谱定量分析中，直接用谱图检索算法预测汽油的辛烷值和化学组成[121]。Bi 等也提出类似的思路，将谱图检索算法用于烟草品质的评价、烟叶替代以及卷烟配方维护[122]。

近几年，深度学习方法尤其是卷积神经网络被越来越多地用于光谱的定量和定性分析[123,124]。Acquarelli 等针对分子光谱分类问题设计了一种卷积神经网络框架，基于 10 个不同振动光谱数据库（包括中红外、近红外和拉曼光谱），比较了该卷积神经网络与 PLS-DA、Logistic 回归和 KNN 方法的分类效果，结果表明，在分类前无论是否采用光谱预处理方法，该卷积数据网络的结果都是最好的[125]。Ho 等利用卷积神经网络 DenseNet 架构对常见的 30 种常见病原菌的拉曼光谱进行鉴别，即使在光谱噪声很大的情况下也能获得准确的预测结果[126]。Padarian 等利用上万个土壤可见-近红外光谱样本建立了同时预测土壤 6 个物化性质的卷积神经网络，其输入是通过对原始光谱进行短时傅里叶变换得到的频谱图（Spectrogram），将 4200 个波长点的光谱一维向量转换成 51×83 的二维矩阵，卷积神经网络的预测结果优于 PLS 和 Cubist 回归树模型[127]。该研究的结果还表明，与小数据集相比，利用卷积神经网络处理大数据集样本更具优势。

随着现代分析仪器技术的突飞猛进，越来越多的设备能够产生二维乃至更高维度的响应数据，如激发-发射荧光仪、色谱-质谱联用系统、气相色谱-红外光谱联用分析仪等都是能够提供复杂多维数据的先进仪器。当用这些仪器测量一组样本时，得到的是一个三维数据阵。随之，多维（Multi-way）化学计量学解析和校正方法应运而生，如 Tucker 3 方法、平行因子分析方法（Parallel Factor Analysis，PARAFAC）、多元分辨交替最小二乘算法（Multivariate Curve Resolution Alternating Least Squares，MCR-ALS）、多维偏最小二乘（N-Way Partial Least Squares，N-PLS）和交替三线性分解（Alternating Trilinear Decomposition，ALTD）等。这类方法分辨分析能力较强，可以在未知干扰物存在的情况下同时分辨出多个性质相似分析物的响应信号，并直接对感兴趣的分析物组分进行定量测定[128,129]。Wu 等引用 283 篇文献对多维光谱数据的校正算法进展和相关问题进行了系统综述，这里不再赘述[130]。

3.5.4 模型传递与模型维护方法

校正模型的维护更新是光谱结合化学计量学分析技术的主要工作内容之一，不论采用的仪器和软件有多先进、模型库有多大，其所建立的校正模型都不是一劳永逸的。对于在线光谱分析技术，越来越多地采用将即时学习（Just-in-time Learning，JITL）、移动窗以及递推方法相结合的方式对模型进行更新。JITL 是一种基于数据库的局部模型在线更新方法，其基本思想与局部权重回归策略类似，对新样本进行实时建模，以适应最新过程状态，提高建模的预测能力[131,132]。Tulsyan 等借助 JITL 建模思想和高斯过程回归（GPR）方法提出模型自动实时校正策略，实现了模型维护的"智能化"[133]。

近些年，机器学习中的主动学习（Active Learning，AL）思想应用于光谱校正模型的维护[134-137]。在光谱分析中应用较多的是基于主动学习和支持向量机分类的模型更新，称为增量式支持向量数据描述（Incremental Support Vector Data Description，ISVDD）。它利用主动学习算法的不确定采样策略，选择离分类最优超平面最近的一些待测新样本，添加到旧模型的校正集中，尽可能使旧模型的校正样本具备待测新样本的所有信息，从而实现模型的更新，提高模型对待测新样本的预测能力。

模型传递是解决模型在不同仪器（或不同光谱测量条件）上通用性问题的总称，主要包括以下 3 类解决方案[138-140]：一是光谱之间的变换，即通过数学方法建立主机和从机所测光谱之间的函数关系，由确定的函数关系对光谱进行转换，实现模型的通用性。二是对主机上建立的模型回归系数进行转换，使其适用于从机光谱[141]。三是通过光谱预处理算法、波长变量筛选算法等建立稳健模型（Robust Calibration），或通过添加不同测试条件下的光谱、从机的光谱等扩充主机的校正集，建立全局模型（Global Calibartion）或称为混合模型（Hybrid Calibration）[142]，从而实现不同仪器不同测量环境下模型的共享。

模型传递算法通常是指光谱之间的变换方法，分为有标传递算法和无标传递算法，其中有标传递算法最成熟也最常用。常见的有标传递算法包括 Shenk's 算法、直接校正算法（Direct Standardization，DS）、分段直接校正算法（Piecewise Direct Standardization，PDS）、典型相关分析（Canonical Correlation Analysis，CCA）、光谱空间转换方法（Spectral Space Transformation，SST）

和交替三线性分解（ATLD）等[143-145]。

Shan 等基于主成分分析和核主成分分析提出了联合光谱子空间光谱传递方法（Principal Component Analysis or Kernel Principal Component Analysis Based Joint Spectral Subspace Method，JPCA 或 JKPCA），该方法将主机和从机的标样集光谱阵组合进行主成分分析或核主成分分析，在低维特征空间通过最小二乘求取转换矩阵[146]。Khaydukova 等基于吉洪诺夫正则化（Tikhonov Regularization，TR）提出了正则化系数标准化方法（Standardization with Regularization Coefficients，SRC）[147]。Zhang 等利用主机所建 PLS 模型的 X 权重矩阵对主机标样光谱进行投影得到矩阵 L，再用 PLS 求取 L 与从机标样光谱阵之间的转换矩阵 F，提出了基于 PLS 权重矩阵的传递方法（Calibration Transfer Based on Weight Matrix，CTWM）[148]。Skotare 等在潜结构多块正交投影算法（Multiple Block Orthogonal Projections to Latent Structures，OnPLS）的基础上提出了用于多台仪器光谱转换的共同和独特多块分析算法（Joint and Unique Multiblock Analysis，JUMBA），可以同时对多台仪器的光谱阵进行处理[149]。

模型维护与模型传递密不可分，尤其是随着消费端便携式和袖珍式光谱仪器的不断普及，如何将实验室主机上的模型传递到消费端仪器上，以及如何利用消费端仪器上大量无标准参考数据（或无标签）的光谱数据对模型进行维护，新型模型维护和模型传递方法将变得越来越重要，尤其是无标样的模型传递方法将发挥极其重要的作用[150]。近些年，一些半监督（不需要同时在主机和从机上得到一组标样的光谱，只需要在从机上获得一组样品的光谱及其参考数据）的模型传递方法得到了验证和应用，例如动态正交投影算法（Dynamic Orthogonal Projection，DOP）和半监督无参数校正增强方法（Semi-supervised Parameter-free Framework for Calibration Enhancement，SS-PFCE）[151,152]，甚至出现了一些性能良好的无监督（只需要在从机上获得一组样品的光谱）模型传递方法，例如域不变偏最小二乘（Domain Invariant Partial Least Squares，di-PLS）、迁移成分分析（Transfer Component Analysis，TCA）和无监督无参数校正增强方法（Non-supervised Parameter-free Framework for Calibration Enhancement，NS-PFCE）等[153,154]。

3.5.5 多光谱融合方法

多光谱数据融合是将不同类型的光谱进行优化和整合，实现单光谱优势互补，以获得更全面、更可靠、更丰富的特征数据，再结合化学计量学方法构建回归或识别模型，对样品进行定量和定性分析。多光谱融合通过综合多种来源的信息充分发挥多种光谱之间的互补性，并可全面、深入挖掘信息，达到提高模型预测准确性和稳定性的目的[155,156]。

根据多光谱数据融合结构的不同，可将融合策略分为三大类：低层融合、中层融合和高层融合[157]。

低层融合即光谱数据层融合，来自不同光谱源的数据按一定顺序排列到一个矩阵中，即光谱矢量的串接（Vectors Concatenation），然后利用常规的化学计量学方法建立最终的单个模型。这一方式常称为串联方法，例如串联偏最小二乘（Concatenated PLS）等。Moros 等提出了另外 3 种不同的低层融合算法，分别是累加融合（Coaddition Fusion，CF）、等权融合（Equal Rights Fusion，ERF）和外积融合（Outer Product Fusion，OPF）[158]。光谱的外积运算和光谱的外和运算通常用于两类光谱的融合计算，对于多类光谱的融合可分别进行两两的运算，或者先进行光谱矢量的串接，再进行外积运算或外和运算。

中层融合也称为特征层融合,是将不同来源的光谱数据经过特征提取(如主成分、波长变量的选择及其比率、小波系数等)[159],并对选取的特征变量按照一定的顺序进行矢量化,实现数据的融合。除了传统的光谱特征提取方法外,还可用深度学习方法对光谱特征进行提取[160]。Ahmmed 等通过将主成分分析后的 Raman 与 MIR 光谱特征变量进行融合并建立偏最小二乘回归(Partial Least Squares Regression,PLSR)模型,得到了比单光谱更准确的磷虾油中 EPA 与 DHA 含量[161]。Xu 等将 LIBS 和 NIR 进行融合,采用多层感知-主成分分析方法鉴别柑橘叶片的黄龙病,取得了满意的结果[162]。

高层融合亦称作决策级融合,它从每个光谱数据源单独建立分类或回归模型,并将每个单独模型的预测结果进行组合以得到最终的决策结果。实际上,在高层融合中往往还包含光谱数据的低层融合、中层融合。如图 3-18 所示,利用近红外光谱信息、核磁共振谱信息、拉曼光谱信息以及近红外光谱与核磁共振谱的特征融合信息分别建立 4 个 SVR 模型,对 4 个预测结果可以采用加权或投票机制方式进行决策融合,得到最终的预测结果。决策融合的方式是高层融合成功的关键,常用的方式有基于离散概率分布的贝叶斯共识和投票机制等,往往需要根据实际应用对象,通过尝试方法最终确定[163,164]。Ballabio 等分别采用多数投票和贝叶斯共识融合 NIR、MIR、Raman、PTR-MS、电子鼻的数据,对蜂蜜样品进行分析,结果表明采用 NIR+PTR-MS+Raman 组合的贝叶斯共识表现更好[165]。Legner 等使用^{1}H-NMR、NIR、Raman 进行高层融合,对汽油中的添加剂开展分析,通过将每种光谱单独输入矩阵执行 PLS,然后将这 3 个模型的中间结果去除异常值后进行平均,选票的平均值代表了最终的高层融合的决策,有效提高了预测准确性[166]。

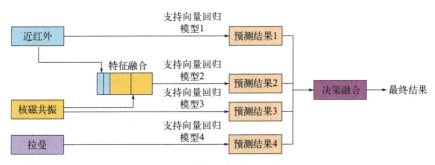

图 3-18 高层融合框架示意图

除了常规的化学计量学方法外,还有一些针对多光谱融合的专用算法,例如采用并联校正模式的多块偏最小二乘方法(Multiblock PLS)和采用串校正方式的序贯正交偏最小二乘方法(Sequential and Orthogonalized PLS,SO-PLS)[167]。多块偏最小二乘和序贯正交偏最小二乘与多光谱融合技术相结合,可用于生产过程的管控,对工艺系统内各单元的关键品质进行预测分析,以深入理解过程系统中各因素间的因果关系,辨识关键质控位点,稳定并提升产品质量。

在多光谱融合技术中还有通用成分特有权重分析方法(Common Components and Specific Weights Analysis,CCSWA),其算法称为 ComDim(Common Dimension Analysis,共同维度分析),它是一系列算法的统称[168,169],以及并行正交偏最小二乘(Parallel and Orthogonalized Partial Least Squares,PO-PLS)等方法[170,171]。德国 Art Photonics 公司将拉曼光谱、中红外光谱、近红外光谱和分子荧光光谱组合,结合 ComDim 算法和 SO-PLS 算法对多光谱数据进行融合辨析和建模,用于化学反应过程的监测[172]。Baqueta 等将 ComDim 多区块分析用于咖啡^{1}H-NMR、NIR 和感官特性等数据处理,得到了咖啡工业质量控制中一些有用的信息[173]。

3.6　化学计量学方法在石油分析中的应用进展

石油分析化学是获得石油化学组成和结构信息的科学。石油分析测试是炼油科技与生产的眼睛,也是衡量一个国家炼油技术发展水平的主要标志之一。自 20 世纪 90 年代起,石油分析科学与技术的进展大致沿着两个主要方向进行:首先,基于对油品的族组成和结构组成的传统理解,利用当时更先进的分离与检测技术对油品的化学构成进行了更为详尽的分子层面表征,即油品的分子水平表征技术,这旨在为新型分子炼油技术的开发提供理论基础和数据支撑,推动炼油技术的根本性创新[174];其次,通过引入创新的分析技术实现了对炼油工业过程中各类物料关键物理化学性质的快速乃至实时在线测量,这属于现代工业过程分析技术的范畴,目的是为先进的流程控制和优化技术提供更迅速、更全面的分析信息,确保炼油设备的稳定和高效运作[175]。在上述两项技术的发展和应用过程中化学计量学方法都发挥着重要作用,尤其对后者起到了非常关键的作用。

化学计量学利用数学、统计学、计算机等方法和手段对化学测量数据进行处理与解析,以最大限度地获取有关物质的成分、结构及其他相关信息。石油组成极其复杂,需要多种近现代分析方法的量测数据进行表征,如何将这些仪器的量测数据高效快速地转化为有用的特征信息就成为化学计量学应用于石油分析的原动力,因此化学计量学学科自创建伊始就与石油工业和石油分析有着不解之缘[176]。

石油分析主要涉及的化学计量学方法包括多元分辨、多元校正和模式识别[177]。多元分辨能够从未知混合物的各种演进过程的分析数据中提取出纯物质的各种响应曲线,而不需要预先知道未知样本的种类及组成信息,可解决传统分析化学不能解决的问题,如复杂多组分平衡与动力学体系的解析、色谱及其联用方法中复杂体系的峰纯度检测、重叠谱峰的分辨等问题。多元校正将自变量(分析量测信息)与因变量(组成浓度或其他物理化学性质等)关联起来,建立多元校正模型,对于未知样本可根据已建立的模型预测得到浓度或性质参数,这些浓度或性质数据以往都需要用费力、费时、成本高的方法测量得到。模式识别是对样本进行特征选择,寻找分类的规律,再根据分类规律对未知样本集进行分类和识别,用来解释谱图数据、研究构效关系、进行油品分类、识别真伪油品等。图 3-19 给出了多元分辨、多元校正和模式识别常用的方法。

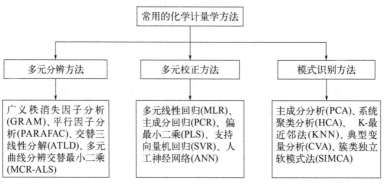

图 3-19　用于石油分析的常见化学计量学方法

本节主要综述国内外近 20 年来化学计量学（主要是多元分辨、多元校正和模式识别方法）在石油分析中（除近红外光谱、中红外光谱和拉曼光谱等）的研究与应用进展。

3.6.1 色谱

Flumignan 等基于 2000 多个汽油样本的 GC-FID（气相色谱-火焰离子化检测器联用）数据，利用 PLS 方法建立了预测汽油馏程、密度、辛烷值、苯、乙醇、烯烃、芳烃等含量的校正模型[178]。Zanao 等基于上千个柴油样本，采用 GC-FID 数据与 PLS 结合，成功预测了柴油密度、馏程、闪点和十六烷值等物性参数[179]。Lee 等采用快速气相色谱（6 min 之内），用 PLS 方法建立了预测汽油辛烷值，芳烃、含氧化合物、苯、甲苯、二甲苯含量以及汽油掺假的检测方法[180]。Bukkarapu 等用色谱组成数据和 MLR 方法建立了预测生物柴油热值、十六烷值、密度和运动黏度的模型，与中红外光谱结合 PLS 方法的预测准确性相当[181]。Chowdhury 等将微气相色谱与化学计量学方法结合，快速识别掺杂煤油的柴油样本[182]。Nespeca 等将超快气相色谱与 PLS 结合，用于汽油掺假的快速鉴别[183]。Hupp 等将超快气相色谱与化学计量学方法结合，用于生物柴油的快速定性和定量分析[184]。Rodrigues 等将高温色谱与 PLS 结合，用于原油的 API、残炭、运动黏度、倾点、饱和烃含量、芳烃含量的预测分析[185]。Marcia 等将高温色谱与色谱单体烃分析进行融合，采用 PLS 方法建立了预测原油闪点和蒸气压的分析模型[186]。

化学计量学越来越多地用于全二维气相色谱（GC×GC）及其联用技术[187,188]。de Godoy 等采用 GC×GC-FID 结合 PLS 方法对汽油密度和馏程进行快速分析，得到了比一维色谱更准确的结果[189]。Parastar 等将全二维色谱展开后结合 PLS 方法对汽油掺假（煤油或油漆稀释剂）进行了定量分析[190]。Ferreira 等采用 GC×GC 结合 PARAFAC 和 N-PLS 等方法对汽油中非法添加的煤油进行了定量测定[191]。Rathsacka 等采用 PCA 对废轮胎裂解液体的全二维色谱峰进行降维聚类，辨析出裂解条件对产物分布的影响[192]。Kehimkara 等用 GC×GC、GC×GC-TOFMS（飞行时间质谱）和 PLS 建立预测火箭推进燃料化学组成和性质（如密度、运动黏度、净燃烧热等）的预测模型，并根据 PLS 模型的结果识别出对燃料特性有显著影响的化合物[193,194]。Shi 等采用 GC×GC-MS/FID 分析航空燃料的详细化学组成，然后采用化学计量学方法建立了化学组成与性质（密度、凝固点、闪点和净燃烧热）之间的定量关系[195]。Berrier 等采用全二维气相色谱-飞行时间质谱 GC×GC-TOFMS 与 PLS 建立了预测航空燃料黏度、燃烧热、氢含量、密度的校正模型，预测准确性分别为 0.0450 cSt（1cSt=1 mm^2/s）、41.3 Btu/lbm（1 Btu/lbm = 2.326 kJ/kg）、0.130% 和 0.0064 g/mL[196]。Chakravarthy 等采用 GC×GC-FID 得到的详细烃组成数据建立了预测柴油浊点、倾点和十六烷指数的 PLS 定量模型[197]。Mogollón 等将多维主成分分析与全二维色谱结合，鉴定出了多个不饱和化合物，成功用于生物柴油原料种类的判别[198]。Vale 等将 GC×GC-TOFMS 和 N-PLS 结合，快速预测原油的 API 和蜡表观温度[199]。Lelevic 等将化学计量学方法用于真空紫外检测器气相色谱中的去噪、基线校正和光谱辨析等[200,201]。Huygens 等则应用进化算法优化全二维色谱中一维和二维梯度色谱分离条件[202]。

全三维气相色谱与飞行时间质谱联用（GC^3-TOFMS）是全二维气相色谱技术的延伸。Sudol 等采用 PCA 对喷气燃料的 GC^3-TOFMS 谱图进行辨析，揭示了燃料之间细微的化学组成差异[203]。Watson 等将四维 PARAFAC 方法用于解析柴油的 GC^3-TOFMS 谱图，获得了可解释性的质谱载荷图[204]。

3.6.2 质谱

美国海军实验室基于 NIR 和 GC-MS 开发出了舰载式快速预测轻质油品（汽油、柴油和喷气燃料）关键物化性质的技术[205]。近些年，针对成品油调和组分日益复杂，尤其是生物质替代燃料组分的添入，Cramer 等分别对近红外光谱分析模型的适用性和 GC-MS 模型在不同仪器上的稳健性进行改进，建立了适应性更宽的分析模型[206,207]。Fortunado 等将 GC-MS 数据与 PLS、SVM 结合，用于预测多种石油馏分的物化参数[208]。Leal 等将电喷雾质谱结合化学计量学方法，用于预测生物柴油的运动黏度和密度[209]。Cramer 等采用 PARAFAC 方法对柴油的 GC-MS 谱图进行辨析，成功鉴别出微生物生长过程对柴油化学成分产生的微小变化[210]。Pierce 等分别采用 GC、GC-MS、GC×GC、GC×GC-MS 4 种方式，结合 PLS 方法，测定生物柴油在调和柴油中的比例，4 种方式的相对误差分别为 12.0%、6.89%、6.16%、6.12%[211]。Flood 等也将 GC-MS 与多种化学计量学方法结合，用于生物柴油的定性和定量分析[212]。Eide 等采用电喷雾电离质谱（ESI-MS）和 PLS 快速检测喷气燃料中 5×10^{-6} 含量的脂肪酸甲酯[213]。Blivernitz 等则将 GC-MS 和 PLS 用于预测航空燃料对弹性高分子体的膨胀势[214]。

Guillemant 等采用化学计量学方法对柴油的大气压光电离离子回旋共振质谱［APPI（+）-FT-ICR MS］谱图中的芳香族含硫化合物组成进行分析，显示出化学计量学方法具有从超高分辨率质谱中提取特定分子信息的能力[215]。随后，他们使用 APPI（+）-FT-ICR MS 结合主成分分析对不同温度或使用不同催化剂的中试装置试验中获得的 1 个减压瓦斯油进料和 6 个加氢处理样品进行分析，通过加氢处理样品芳香性和碳原子数的差异研究解释了催化剂和温度对加氢处理过程的影响[216]。他们还将 3 种不同电离模式［电喷雾电离（ESI）（+）、电喷雾电离（ESI）（-）和大气压光电离（APPI）（+）］获得的 FT-ICR MS 谱图进行数据融合，采用 PARAFAC 方法解析了减压瓦斯油中含氮和含硫分子类别的异同[217]。Knudsen 等将多维分辨方法用于行波离子迁移质谱，鉴别出了含氮多环芳香族化合物的同分异构体[218]。Parastar 等将 MCR-ALS 方法用于 GC×GC-TOFMS 数据解析，获得了重油中多种多环芳烃单体化合物的定性和定量信息[219]。

Hur 等将 FT-ICR MS 获取的原油含硫、含氮、含氧、含镍、含钒分子信息与其宏观物性如 API 度、硫含量、氮含量、酸值及常渣含量进行相关分析，通过和弦图（Circos）进行表达，证实了 FT-ICR MS 所得分子组成的准确性，并获得了原油宏观物性在分子水平上的新认识[220,221]。Folli 等采用 PCA 对电喷雾电离傅里叶变换离子回旋共振质谱中正离子和负离子电离模式［ESI(±)］分析原油的精密度进行了考察，PCA 得分图表明 ESI（-）对区分原油有更好的结果[222]。Vaz 等采用 ESI FT-ICR 质谱结合 PLS、SVM 方法建立了预测原油酸值的多元校正模型，与仅采用 O_2 类化合物建立单变量校正曲线相比，多元校正结果有显著提高[223]。Terra 等采用 ESI（-）-FT-ICR 质谱建立预测原油酸值的 PLS 模型，获取了 5700 个含有杂原子分子的质谱峰，从中选取与酸值最相关的 183 个质谱峰作为特征变量，该模型在 0.06～3.61 mgKOH/g 酸值范围内的预测准确性为 0.32 mgKOH/g[224]。同时，该研究团队还采用 LDI（+）FT-ICR 质谱建立了原油碱性氮和芳烃含量的预测模型，通过 CARS 变量选取方法从 47873 个质谱峰中分别选取最相关的 48 个和 10 个特征峰建立原油碱性氮和芳烃含量的 PLS 模型，碱性氮和芳烃的范围分别为 0.016%～0.151%（质量分数）和 8.4%～35.1%（质量分数），预测准确性分别为 0.012%和 3.73%[225]。

3.6.3 核磁共振谱

Leal 等采用 80 MHz ^{1}H-NMR，基于重复双重交互验证的 PLS 方法建立了预测汽油 13 项物化参数的模型，并根据各预测参数的 2.5%和 97.5%残差分布计算出各自的 95%耐受区间（TI95）[226]。他们还将近红外光谱与核磁共振谱进行数据融合，用于汽油物化参数的预测，获得了更好的结果[227]。Aguiar 等将低场和中场核磁用于汽油物性参数的快速分析[228]。Duchowny 等将低场核磁与化学计量学结合，用于天然气热值的预测研究[229]。此外，核磁共振谱也用于生物柴油及其混兑柴油的种类判别分析、质量控制和反应过程监测[230-233]。

Masili 等采用 300MHz ^{1}H-NMR 建立了预测原油基本性质的 PLS 模型，其预测密度、酸值、硫含量的 SEP 分别为 3 kg/m^3、0.17 mgKOH/g、0.25%[234]。Duarte 等采用 ^{1}H-NMR 与 PLS 方法建立预测原油 API、残炭、蜡表观温度、碱性氮含量的校正模型，其 SEP 分别为 0.8、0.598%（质量分数）、3.8 ℃、0.009%（质量分数）[235]，他们还采用 ^{1}H-NMR 结合 PLS 方法预测原油的蒸馏温度曲线[236]。Paulo 等采用粒子群优化算法（PSO）和有序预测选择方法（Ordered Predictor Selection，OPS）对 ^{1}H-NMR、^{13}C-NMR 变量进行优选，建立了预测原油运动黏度、热燃烧值、总酸值和 SARA 四组分的预测模型[237]。Vieira 等采用高分辨核磁共振氢谱和多种校正方法建立了预测原油溶解度参数、黏度、倾点、氮含量和硫含量等物化参数的定量校正模型，预测准确性较好[238]。de Paulo 等采用高分辨核磁共振碳谱，利用 PLS 结合多种变量筛选方法建立模型预测了原油的总热值[239]。Moro 等将中红外光谱、核磁共振氢谱和核磁共振碳谱进行数据融合，预测原油的基本性质，获得了比单独使用任何一种谱学更优的结果[240]。

化学计量学方法与核磁共振谱结合，还用来预测与炼油生产工艺更直接相关的参数。Molina 等将减压渣油的 ^{1}H-NMR 与脱沥青工艺参数作为输入变量，采用 PLS 建立了预测脱沥青油产率的模型[241]。Daniel 等利用 400 MHz ^{1}H-NMR 和 PLS 建立了快速预测原油相容性参数（稳定性参数和胶体不稳定性指数）的模型[242-244]。Mejiamiranda 等采用类似的方法对原油的腐蚀性进行快速预测，均得到较好的效果[245]。Leonardol 等将核磁共振谱与化学计量学方法结合，用于快速评价沥青的针入度和软化点等质量参数，并从生产沥青的过程中提取出了分子结构变化的特征信息[246,247]。

3.6.4 其他分析技术

除了分子振动光谱、色谱、质谱、核磁共振谱之外，化学计量学方法也与其他分析仪器信号结合，用于石油及其产品的定性和定量分析。Henriques 等对能量 X 射线光谱结合 SVR 用于快速预测原油 API 和 TBP 进行可行性研究，取得了满意的结果[248]。Lara 等采用电感耦合等离子体发射光谱（ICP-OES）对柴油重型机械润滑油进行多元素测定，结合模式识别方法快速准确地评估润滑油的衰变程度，防止发动机中可能发生的磨损故障[249]。Zhang 等采用激光诱导击穿光谱（LIBS）结合支持向量回归（SVR）方法测定石油焦中钒、铁和镍含量，该方法快速、简单，能够满足工业生产监测的需求[250]。Holkem 等将数字图像与 PLS 结合,用于原油盐含量的分析,是一种绿色的高通量测试方法[251]。Ghatee 等还将 MCR-ALS 用于沥青质的三维荧光光谱,解析出溶液中沥青质的聚集形态,为沥青质絮凝解释提供了一个可能的途径[252]。

一些传统油品分析仪器信号也与化学计量学方法结合,用于油品物性的快速预测。Barbeira 等将 ASTM D86 蒸馏曲线与 PLS 结合,用于汽油和柴油多种物性(如汽油蒸气压、辛烷值、柴油闪点、十六烷值、密度和黏度等)的快速分析,对汽油蒸气压和柴油闪点的预测准确性优于光谱方法[253-256]。Insausti 等采用 ASTM D86 蒸馏曲线预测柴油中十六烷值改进剂硝酸异辛酯含量[257]。Mendes 等还将 ASTM D86 蒸馏曲线与 PLS-DA 等模式识别方法结合,用于汽油非法添加物的鉴别分析[258]。

仪器分析结合化学计量学的方法在石油地质地球化学中得到了研究和应用[259,260]。例如,GC×GC-MS/SIM(SIM:选择离子监测)结合化学计量学方法可以增强原油的地球化学特征,根据其来源和/或化学相似性程度区分原油。Prata 等利用多维主成分分析对巴西 4 个盆地原油的 GC×GC-QMS(QMS:四极杆质谱)谱图进行辨析,得到了沉积环境、成熟度和生物降解等原油成因信息[261]。化学计量学方法(例如交替最小二乘法)在混油的比例计算、端元分析等方面也具有重要作用,可为区域油气勘探提供新的基础参考信息[262-265]。

GC、GC×GC、GC-MS、荧光光谱等分析手段与化学计量学(例如多元分辨方法)结合,也越来越多地应用于环境和刑侦领域[266-268],例如溢油的溯源[269,270]、土壤或水中石油分析[271,272]、火灾碎片燃油分析等[273-275]。

3.6.5 小结

化学计量学运用数学、统计学、计算机科学等理论和方法对量测数据进行处理和解析,最大限度地获取有用信息。随着石油分析迅速朝向分子水平表征和快速在线方向发展,化学计量学起到了越来越重要的作用。经过近 20 年的发展,化学计量学方法在石油分析中得到了较为广泛的应用,尤其是在油品物性的快速和在线分析方面发挥着重要作用,而其与现代分子表征技术的融合则获取了更多、更有用的信息。

从近些年的研究和应用情况可以看出,化学计量学方法在石油分析中的应用广度、深度和发挥的作用仍在迅速发展过程之中。现代优化控制技术在炼厂的广泛应用,以及在分子水平上认识石油、炼制石油这一理念的不断实践,为化学计量学提供了发展和应用的机遇。同时,化学计量学也为油品的分子表征技术与现代过程分析技术搭起一座桥梁,以化学计量学为基础的快速和在线分析技术将会为炼厂提供更快、更准、更有用的化学感知信息。

参考文献

[1] Siesler H W,Ozaki Y,Kawata S. Near-Infrared Spectroscopy:Principles,Instruments,Applications[M]. Weinheim: Wiley-VCH,2002.
[2] 陆婉珍. 现代近红外光谱分析技术[M]. 2 版. 北京:中国石化出版社,2006.
[3] 褚小立,袁洪福,陆婉珍. 近红外分析中光谱预处理及波长选择方法进展与应用[J]. 化学进展,2004,16(4): 528-542.
[4] 褚小立,许育鹏,陆婉珍. 用于近红外光谱分析的化学计量学方法研究与应用进展[J]. 分析化学,2008,36(5):

702-709.

[5] 褚小立,陈瀑,许育鹏,等.化学计量学方法在石油分析中的研究与应用进展[J].石油学报(石油加工),2017,33(6):1029-1038.

[6] Lavine B K, Brown S D, Booksh K S. 40 Years of Chemometrics-from Bruce Kowalski to the Future[M]. Oxford:Oxford University Press,2015.

[7] Lindon J. Encyclopedia of Spectroscopy and Spectrometry[M]. 2nd ed. New York:Academic Press,2020.

[8] Brereton R G. Chemometrics:Data Driven Extraction for Science[M]. 2nd ed. Roseland:Wiley,2018.

[9] 梁逸曾,许青松.复杂体系仪器分析——白、灰、黑分析体系及其多变量解析方法[M].北京:化学工业出版社,2012.

[10] Brown S D, Tauler R, Walczak B. Comprehensive Chemometrics[M]. 2nd ed. Amsterdam:Elsevier,2020.

[11] Otto M. Chemometrics:Statistics and Computer Application in Analytical Chemistry[M]. 3rd ed. Verlag:Wiley-VCH,2017.

[12] 梁逸曾,吴海龙,俞汝勤.分析化学手册 10 化学计量学[M].3 版.北京:化学工业出版社,2016.

[13] 褚小立.化学计量学方法与分子光谱分析技术[M].北京:化学工业出版社,2011.

[14] 褚小立.现代光谱分析中的化学计量学方法[M].北京:化学工业出版社,2022.

[15] 冯艳春,张琪,胡昌勤.药品近红外光谱通用性定量模型评价参数的选择[J].光谱学与光谱分析,2016,36(8):2447-2454.

[16] Bellon-Maurel V, Fernandez-Ahumada E, Palagos B, et al. Critical review of chemometric indicators commonly used for assessing the quality of the prediction of soil attributes by NIR spectroscopy[J]. Trends in analytical chemistry,2010,29(9):1073-1081.

[17] Davies A M C, Fearn T. Back to basics:calibration statistics[J]. Spectroscopy Europe,2006,18(2):31-32.

[18] Williams P, Antoniszyn J, Manley M. Near Infrared Technology:Getting the Best out of Light[M]. Stellenbosch:SUN Press,2019.

[19] Williams P. Tutorial:The RPD statistic:a tutorial note[J]. NIR News,2010,21(1):22-23.

[20] Williams P, Dardenne P, Flinn P. Tutorial:items to be included in a report on a near infrared spectroscopy project[J]. Journal of Near Infrared Spectroscopy ,2017,25(2):85-90.

[21] 褚小立,袁洪福,陆婉珍.光谱多元校正中的模型传递[J].光谱学与光谱分析,2001,21(6):881-885.

[22] 张进,蔡文生,邵学广.近红外光谱模型转移新算法[J].化学进展,2017,29(8):101-109.

[23] 史云颖,李敬岩,褚小立.多元校正模型传递方法的进展与应用[J].分析化学,2019,47(4):479-487.

[24] Workman J J. A review of calibration transfer practices and instrument differences in spectroscopy[J]. Applied Spectroscopy,2018,72(3):340-365.

[25] 褚小立,王艳斌,陆婉珍.近红外光谱定量校正模型的建立及应用[J].理化检验(化学分册),2008,44(8):796-800.

[26] 褚小立主编.近红外光谱分析技术实用手册[M].北京:机械工业出版社,2016.

[27] 李钦,侯新文,田润涛,等.用于复杂体系及仪器大数据分析的化学计量学软件 ChemPattern 的研制与应用[J].计算机与应用化学,2014,31(3):268-274.

[28] 曾仲大,陈爱明,梁逸曾,等.智慧型复杂科学仪器数据处理软件系统 ChemDataSolution 的开发与应用[J].计算机与应用化学,2017,34(1):35-39.

[29] 杨辉华,李灵巧,覃炳达,等.CloudChem——基于云计算的化学计量学软件服务[J].计算机与应用化学,2011,28(5):523-526.

[30] 褚小立,王艳斌,许育鹏,等.RIPP 化学计量学光谱分析软件 3.0 的开发[J].现代科学仪器,2009(4):6-10.

[31] Ramirez C A M, Greenop M, Ashton L, et al. Applications of machine learning in spectroscopy[J]. Applied Spectroscopy Reviews,2021,56(8-10):733-763.

[32] Anderson N T, Walsh K B. Review:The evolution of chemometrics coupled with near infrared spectroscopy for fruit quality evaluation[J]. Journal of Near Infrared Spectroscopy,2022,30(1):3-17.

[33] Zhang T, Tang H, Li H. Chemometrics in laser-induced breakdown spectroscopy[J]. Journal of Chemometrics, 2018, 32(2):e2983.

[34] Rinnan A, van den Berg F, Engelsen S B. Review of the most common pre-processing techniques for near-infrared spectra[J]. Trends in Analytical Chemistry,2009,28:1201-1222.

[35] Engel J, Gerretzen J, Szymanska E, et al. Breaking with trends in pre-processing? [J]. Trends in Analytical

Chemistry,2013,50:96-106.

[36] Rinnan A. Pre-processing in vibrational spectroscopy-when, why and how[J]. Analytical Methods,2014,6:7124-7129.

[37] Bi Y M, Yuan K L, Xiao W Q, et al. A local pre-processing method for near-infrared spectra, combined with spectral segmentation and standard normal variate transformation[J]. Analytica Chimica Acta, 2016, 909: 30-40.

[38] Rabatel G, Marini F, Walczak B, et al. VSN: variable sorting for normalization[J]. Journal of Chemometrics, 2020,34(2):e3164.

[39] Mishra P, Roger J M, Rutledge D N, et al. MBA-GUI: a chemometric graphical user interface for multi-block data visualisation, regression, classification, variable selection and automated pre-processing[J]. Chemometrics and Intelligent Laboratory Systems,2020,205:104139.

[40] Yao Z, Su H, Yao J, et al. Yield-adjusted operation for convolution filter denoising[J]. Analytical Chemistry,2021,93: 16489-16503.

[41] 王海朋,褚小立,陈瀑,等. 光谱基线校正算法研究与应用进展[J]. 分析化学,2021,49(8):1270-1281.

[42] Koch M, Suhr C, Roth B, et al. Iterative morphological and mollifier-based baseline correction for Raman spectra [J]. Journal of Raman Spectroscopy,2017,48:336-342.

[43] Han Q, Xie Q, Peng S, et al. Simultaneous spectrum fitting and baseline correction using sparse representation[J]. Analyst,2017,142:2460-2468.

[44] Yao J, Su H, Yao Z X. Blind source separation of coexisting background in Raman spectra[J]. Spectrochimica Acta Part A:Molecular and Biomolecular Spectroscopy,2020,238:118417.

[45] Shao X G, Cui X Y, Wang M, et al. High order derivative to investigate the complexity of the near infrared spectra of aqueous solutions[J]. Spectrochimica Acta Part A:Molecular and Biomolecular Spectroscopy,2019, 213:83-89.

[46] Li Z G, Wang Q Y, Lv J T, et al. Improved quantitative analysis of spectra using a new method of obtaining derivative spectra based on a singular perturbation technique[J]. Applied Spectroscopy,2015,10(6):39-41.

[47] Hu W, Tang R, Li C, et al. Fractional order modeling and recognition of nitrogen content level of rubber tree foliage[J]. Journal of Near Infrared Spectroscopy,2020,29:42-52.

[48] Hong Y, Chen Y, Yu L, et al. Combining fractional order derivative and spectral variable selection for organic matter estimation of homogeneous soil samples by VIS-NIR spectroscopy[J]. Remote Sensing, 2018, 10 (3):479.

[49] Zheng K Y, Zhang X, Tong P J, et al. Pretreating near infrared spectra with fractional order Savitzky-Golay differentiation (FOSGD)[J]. Chinese Chemical Letters,2015,26:293-296.

[50] Roger J M, Chauchard F, Bellon-Maurel V. EPO-PLS external parameter orthogonalisation of PLS application to temperature-independent measurement of sugar content of intact fruits[J]. Chemometrics and Intelligent Laboratory Systems,2003,66(2):191-204.

[51] Amirvaresi A, Parastar H. External parameter orthogonalization-support vector machine for processing of attenuated total reflectance-mid-infrared spectra: a solution for saffron authenticity problem[J]. Analytica Chimica Acta, 2021,1154:338308.

[52] Martens H, Høy M, Wise B M, et al. Pre-whitening of data by covariance-weighted pre-processing[J]. Journal of Chemometrics,2003,17(3):153-165.

[53] Rozenstein O, Paz-Kagan T, Salbach C, et al. Comparing the effect of preprocessing transformations on methods of land-use classification derived from spectral soil measurements[J]. IEEE Journal of Selected Topics in Applied Earth Observations & Remote Sensing,2015,8(6):2393-2404.

[54] Dotto A C, Dalmolin R S D, Grunwald S, et al. Two preprocessing techniques to reduce model covariables in soil property predictions by Vis-NIR spectroscopy[J]. Soil and Tillage Research,2017,172:59-68.

[55] Vasat R, Kodesova, Klement R, et al. Simple but efficient signal pre-processing in soil organic carbon spectroscopic estimation[J]. Geofisica International,2017,298:46-53.

[56] Clark R N, Roush T L. Reflectance spectroscopy: quantitative analysis techniques for remote sensing applications[J]. Journal of Geophysical Research,1984,89(B7):6329-6340.

[57] Li C L, Liu D W, Liu B, et al. Chang'E-4 initial spectroscopic identification of lunar far-side mantle-derived materials[J]. Nature,2019,569:378-382.

[58] Roger J M, Biancolillo A, Marini F. Sequential preprocessing through orthogonalization (SPORT) and its application to near infrared spectroscopy[J]. Chemometrics and Intelligent Laboratory Systems, 2020, 199:103975.

[59] Mishra P, Biancolillo A, Roger J M, et al. New data preprocessing trends based on ensemble of multiple preprocessing techniques[J]. Trends in Analytical Chemistry, 2020, 132:116045.

[60] Mishra P, Roger J M, Marini F, et al. Parallel preprocessing through orthogonalization (PORTO) and its application to near-infrared spectroscopy[J]. Chemometrics and Intelligent Laboratory Systems, 2021, 212:104190.

[61] Mishra P, Nordon A, Roger J M. Improved prediction of tablet properties with near-infrared spectroscopy by a fusion of scatter correction techniques[J]. Journal of Pharmaceutical and Biomedical Analysis, 2021, 192:113684.

[62] Gomes A A, Azcarate S M, Diniz P H G D, et al. Variable selection in the chemometric treatment of food data: a tutorial review[J]. Food Chemistry, 2022, 370:131072.

[63] Mehmood T, Liland K H, Snipen L, et al. A review of variable selection methods in partial least squares regression[J]. Chemometrics and Intelligent Laboratory Systems, 2012, 118:62-69.

[64] Yun Y H, Li H D, Deng B C, et al. An overview of variable selection methods in multivariate analysis of near-infrared spectra[J]. Trends in Analytical Chemistry, 2019, 113:102-115.

[65] Yun Y H, Wang W T, Tan M L, et al. A strategy that iteratively retains informative variables for selecting optimal variable subset in multivariate calibration[J]. Analytica Chimica Acta, 2014, 807(1):36-43.

[66] Li H, Liang Y, Xu Q, et al. Key wavelengths screening using competitive adaptive reweighted sampling method for multivariate calibration[J]. Analytica Chimica Acta, 2009, 648(1):77-84.

[67] Yun Y H, Bin J, Liu D L, et al. A hybrid variable selection strategy based on continuous shrinkage of variable space in multivariate calibration[J]. Analytica Chimica Acta, 2019, 1058(13):58-69.

[68] Shen T, Yu H, Wang Y Z. Discrimination of gentiana and its related species using IR spectroscopy combined with feature selection and stacked generalization[J]. Molecules, 2020, 25(6):1442.

[69] Torniainen J, Afara I O, Prakash M, et al. Open-source python module for automated preprocessing of near infrared spectroscopic data[J]. Analytica Chimica. Acta, 2020, 1108:1-9.

[70] Zhao N, Ma L J, Huang X G, et al. Pharmaceutical analysis model robustness from bagging-PLS and PLS using systematic tracking mapping[J]. Frontiers in Chemistry, 2018, 6:262.

[71] Stefansson P, Liland K H, Thiis T, et al. Fast method for GA-PLS with simultaneous feature selection and identification of optimal preprocessing technique for datasets with many observations[J]. Journal of Chemometrics, 2020, 34:e3195.

[72] Rato T J, Reis M S. SS-DAC: a systematic framework for selecting the best modeling approach and pre-processing for spectroscopic data[J]. Computers and Chemical Engineering, 2019, 128:437-449.

[73] Gerretzen J, Szymanska E, Bart J, et al. Boosting model performance and interpretation by entangling preprocessing selection and variable selection[J]. Analytica Chimica Acta, 2016, 938:44-52.

[74] Cui X Y, Liu X W, Yu X M, et al. Water can be a probe for sensing glucose in aqueous solutions by temperature dependent near infrared spectra[J]. Analytica Chimica Acta, 2017, 957:47-54.

[75] Kassouf A, Ruellan A, Bouveresse D J R, et al. Attenuated total reflectance-Mid infrared spectroscopy (ATR-MIR) coupled with independent components analysis (ICA): a fast method to determine plasticizers in polylactide (PLA)[J]. Talanta, 2016, 147:569-580.

[76] Chen Y M, Lin P, He J Q, et al. Combination of the manifold dimensionality reduction methods with least squares support vector machines for classifying the species of sorghum seeds[J]. Scientific Reports, 2016, 6:19917.

[77] Liu P, Zhu X, Hu X, et al. Local tangent space alignment and relevance vector machine as nonlinear methods for estimating sensory quality of tea using NIR spectroscopy[J]. Vibrational Spectroscopy, 2019, 103:102923.

[78] Sohng J S, Lee W H, Chung H. Evaluation of an autoencoder as a feature extraction tool for near-infrared spectroscopic discriminant analysis[J]. Food Chemistry, 2020, 331:127332.

[79] Tsimpouris E, Tsakiridis N L, Theocharis J B. Using autoencoders to compress soil VNIR-SWIR spectra for more robust prediction of soil properties[J]. Geoderma, 2021, 393:114967.

[80] Liu T, LiZ R, Yu C X, et al. NIRS feature extraction based on deep auto-encoder neural network[J]. Infrared Physics and Technology, 2017, 87:124-128.

[81] Yu X J, Lu H D, Wu D. Development of deep learning method for predicting firmness and soluble solid content of postharvest korla fragrant pear using Vis/NIR hyperspectral reflectance imaging[J]. Postharvest Biology and Technology,2018,141:39-49.

[82] Liu C, Yang S X, Deng L. A comparative study for least angle regression on NIR spectra analysis to deter mine internal qualities of navel oranges[J]. Expert Systems with Applications,2015,42(22):8497-8503.

[83] Zhang R, Zhang F, Chen W, et al. A new strategy of least absolute shrinkage and selection operator coupled with sampling error profile analysis for wavelength selection[J]. Chemometrics & Intelligent Laboratory Systems, 2018,175:47-54.

[84] Zhang L, Tedde A, Ho P, et al. Mining data from milk mid-infrared spectroscopy and animal characteristics to improve the prediction of dairy cow's liveweight using feature selection algorithms based on partial least squares and elastic net regressions[J]. Computers and Electronics in Agriculture,2021,184:106106.

[85] Barra I, Haefele S M, Sakrabani R, et al. Soil spectroscopy with the use of chemometrics, machine learning and pre-processing techniques in soil diagnosis: recent advances-a review[J]. Trends in Analytical Chemistry,2021, 135:116166.

[86] Wang N, Nørgaard L, Mørup M. Non-linear calibration models for near infrared spectroscopy[J]. Analytica Chimica Acta,2014,813:1-14.

[87] Li L N, Liu X F, Yang F, et al. A review of artificial neural network based chemometrics applied in laser-induced breakdown spectroscopy analysis[J]. Spectrochimica Acta Part B: Atomic Spectroscopy,2021,180:106183.

[88] Ying Y W, Jin W, Yan Y W, et al. Gaussian process regression coupled with MPT-AES for quantitative determination of multiple elements in ginseng[J]. Chemometrics and Intelligent Laboratory Systems,2018,176:82-88.

[89] Martinez-Espana R, Bueno-Crespo A, Soto J, et al. Developing an intelligent system for the prediction of soil properties with a portable mid-infrared instrument[J]. Biosystems Engineering,2019,177:101-108.

[90] Li W L, Yan X, Pan J C, et al. Rapid analysis of the tanreqing injection by near-infrared spectroscopy combined with least squares support vector machine and Gaussian process modeling techniques[J]. Spectrochimica Acta Part A: Molecular and Biomolecular Spectroscopy,2019,218:271-280.

[91] Allegrini F, Pierna J A F, Fragoso W D, et al. Regression models based on new local strategies for near infrared spectroscopic data[J]. Analytica Chimica Acta,2016,933:50-58.

[92] He K X, Cheng H, Du W L, et al. Online updating of NIR model and its industrial application via adaptive wavelength selection and local regression strategy[J]. Chemometrics and Intelligent Laboratory Systems,2014, 134:79-88.

[93] Luo X, Ye Z, Xu H, et al. Robustness improvement of NIR-based determination of soluble solids in apple fruit by local calibration[J]. Postharvest Biology and Technology,2018,139:82-90.

[94] Fearn T. Bagging[J]. NIR News,2006,17(8):15.

[95] Fearn T. Boosting[J]. NIR News,2007,18(1):11-12.

[96] Chen H, Tan C, Lin Z. Ensemble of extreme learning machines for multivariate calibration of near-infrared spectroscopy [J]. Spectrochimica Acta Part A: Molecular and Biomolecular Spectroscopy,2020,229:117982.

[97] Bian X H, Wang K Y, Tan E X, et al. A selective ensemble preprocessing strategy for near-infrared spectral quantitative analysis of complex samples [J]. Chemometrics and Intelligent Laboratory Systems, 2020, 197:103916.

[98] Lascola R, O'Rourke P E, Kyser E A. A piecewise local partial least squares (PLS) method for the quantitative analysis of plutonium nitrate solutions[J]. Applied Spectroscopy,2017,71(12):2579-2594.

[99] Shukla A K. Spectroscopic Techniques & Artificial Intelligence for Food and Beverage Analysis[M]. Singapore: Springer,2020.

[100] Spyromitros-Xioufis E, Tsoumakas G, Groves W, et al. Multi-target regression via input space expansion: treating targets as inputs[J]. Machine Learning,2016,104(1):55-98.

[101] Santana E J, Geronimo B C, Mastelini S M, et al. Predicting poultry meat characteristics using an enhanced multi-target regression method[J]. Biosystems Engineering,2018,171:193-204.

[102] Junior S B, Mastelini S M, Barbon A P A C, et al. Multi-target prediction of wheat flour quality parameters with near infrared spectroscopy[J]. Information Processing in Agriculture 2019,7:342-354.

[103] Popovic A, Morelato M, Roux C, et al. Review of the most common chemometric techniques in illicit drug

profiling[J]. Forensic Science International,2019,302:109911.
[104] Gautam R,Vanga S,Ariese F,et al. Review of multidimensional data processing approaches for Raman and Infrared spectroscopy[J]. EPJ Techniques and Instrumentation,2015,2(1):8.
[105] Zeng Q,Sirven J B,Gabriel J,et al. Laser induced breakdown spectroscopy for plastic analysis[J]. Trends in Analytical Chemistry,2021,140:116280.
[106] Xu Y,Zhong P,Jiang A,et al. Raman spectroscopy coupled with chemometrics for food authentication: a review[J]. Trends in Analytical Chemistry,2020,131:116017.
[107] Oliveri P. Class-modelling in food analytical chemistry: development, sampling, optimisation and validation issues-a tutorial[J]. Analytica Chimica Acta,2017,982:9-19.
[108] Rodionova O Y,Oliveri P,Pomerantsev A L. Rigorous and compliant approaches to one-class classification[J]. Chemometrics and Intelligent Laboratory Systems,2016,159:89-96.
[109] Moussa Y,Ferey L,Sakira A K,et al. Green analytical methods of antimalarial artemether-lumefantrine analysis for falsification detection using a low-cost handled NIR spectrometer with DD-SIMCA and drug quantification by HPLC[J]. Molecules,2020,25(15):3397.
[110] Faqeerzada M A,Lohumi S,Joshi R,et al. Non-targeted detection of adulterants in almond powder using spectroscopic techniques combined with chemometrics[J]. Foods,2020,9(7):876.
[111] Chen H,Tan C,Lin Z. Express detection of expired drugs based on near-infrared spectroscopy and chemometrics: a feasibility study [J]. Spectrochimica Acta Part A: Molecular and Biomolecular Spectroscopy,2019,220:117153.
[112] Mazivila S J,Pascoa R N M J,Castro R C,et al. Detection of melamine and sucrose as adulterants in milk powder using near-infrared spectroscopy with DD-SIMCA as one-class classifier and MCR-ALS as a means to provide pure profiles of milk and of both adulterants with forensic evidence: a short communication[J]. Talanta 2020,216:120937.
[113] Shen T,Yu H,Wang Y Z. Discrimination of gentiana and its related species using IR spectroscopy combined with feature selection and stacked generalization[J]. Molecules,2020,25(6):1442.
[114] 褚小立,李敬岩,陈瀑,等. 分子光谱自动检索算法、策略与应用进展[J]. 分析化学,2014,42(9):1379-1386.
[115] Ramirez-Lopez L,Behrens T,Schmidt K,et al. Distance and similarity-search metrics for use with soil Vis-NIR spectra[J]. Geoderma,2013,199(1):43-53.
[116] Loethen Y L,Kauffman J F,Buhse L F,et al. Rapid screening of anti-infective drug products for counterfeits using Raman spectral library-based correlation methods[J]. Analyst,2015,140:7225-7233.
[117] Lavine B K,Mirjankar N,Ryland S,et al. Wavelets and genetic algorithms applied to search prefilters for spectral library matching in forensics[J]. Talanta,2011,87:46-52.
[118] Lavine B K,White C,Allen M,et al. Pattern recognition-assisted infrared library searching of the paint data query database to enhance lead information from automotive paint trace evidence[J]. Applied Spectroscopy,2016,71(3):480-495.
[119] Lavine B K,White C,Allen M. Forensic analysis of automotive paints using a pattern recognition assisted infrared library searching system: ford (2000—2006)[J]. Microchemical Journal,2016,129:173-183.
[120] Lavine B K,White C G,Ding T. Library search prefilters for vehicle manufacturers to assist in the forensic examination of automotive paints[J]. Applied Spectroscopy,2018,72(3):476-488.
[121] Li J Y,Chu X L. Rapid determination of physical and chemical parameters of reformed gasoline by near-infrared (NIR) spectroscopy combined with the Monte Carlo virtual spectrum identification method[J]. Energy and Fuels,2018,32(12):12013-12020.
[122] BiY M,Li S T,Zhang L L,et al. Quality evaluation of flue-cured tobacco by near infrared spectroscopy and spectral similarity method[J]. Spectrochimica Acta Part A:Molecular and Biomolecular Spectroscopy,2019, 215:398-404.
[123] Yang J,Xu J F,Zhang X L,et al. Deep learning for vibrational spectral analysis: recent progress and a practical guide[J]. Analytica Chimica Acta,2019,1081:6-17.
[124] Cui C H,Fearn T. Modern practical convolutional neural networks for multivariate regression: applications to NIR calibration[J]. Chemometrics and Intelligent Laboratory Systems,2018,182:9-20.
[125] Acquarelli J,Laarhoven T V,Gerretzen J,et al. Convolutional neural networks for vibrational spectroscopic

data analysis[J]. Analytica Chimica Acta,2017,954:22-31.

[126] Ho C S,Jean N,Hogan C A,et al. Rapid identification of pathogenic bacteria using Raman spectroscopy and deep learning[J]. Nature Communications,2019,10:4927.

[127] Padarian J,Minasny B,McBratney A B. Using deep learning to predict soil properties from regional spectral data[J]. Geoderma Regional,2019,16:e00198.

[128] De La Pena A M,Goicoechea H C,Escandar G M,et al. Fundamentals and Analytical Applications of Multiway Calibration[M]. Burlington:Elseview,2015.

[129] Vignaduzzo S E,Maggio R M,Olivieri A C. Why should the pharmaceutical industry claim for the implementation of second-order chemometric models—a critical review[J]. Journal of Pharmaceutical and Biomedical Analysis,2020,179:112965.

[130] Wu H L,Wang T,Yu R Q. Recent advances in chemical multi-way calibration with second-order or higher-order advantages: Multilinear models, algorithms, related issues and applications[J]. Trends in Analytical Chemistry,2020,130:115954.

[131] He K X,Zhong M Y,Du W L. Weighted incremental minimax probability machine-based method for quality prediction in gasoline blending process [J]. Chemometrics and Intelligent Laboratory Systems, 2020, 196:103909.

[132] Ren M L,Song Y L,Chu W. An improved locally weighted PLS based on particle swarm optimization for industrial soft sensor modeling[J]. Sensors,2019,19(19):4099.

[133] Tulsyan A,Wang T,Schorner G,et al. Automatic real-time calibration,assessment,and maintenance of generic Raman models for online monitoring of cell culture processes[J]. Biotechnology and Bioengineering,2019,117(2):406-416.

[134] Hu M H,Zhao Y,Zhai G T. Active learning algorithm can establish classifier of blueberry damage with very small training dataset using hyperspectral transmittance data[J]. Chemometrics and Intelligent Laboratory systems,2018,172:52-57.

[135] Huang M,Tang J Y,Yang B,et al. Classification of maize seeds of different years based on hyperspectral imaging and model updating[J]. Computers and Electronics in Agriculture,2016,122:139-145.

[136] Xie L,Yang Z,Tao D,et al. The model updating based on near infrared spectroscopy for the sex identification of silkworm pupae from different varieties by a semi-supervised learning with pre-labeling Method[J]. Spectroscopy Letters,2019,52(10):642-652.

[137] Jin H P,Chen X G,Wang L,et al. Dual learning-based online ensemble regression approach for adaptive soft sensor modeling of nonlinear time-varying processes[J]. Chemometrics and Intelligent Laboratory Systems,2016,151:228-244.

[138] Fearn T. Standardization and calibration transfer for near infrared instruments:a review[J]. Journal of Near Infrared Spectroscopy,2001,9(4):229-244.

[139] Malli B,Birlutiu A,Natschlager T. Standard-free calibration transfer-an evaluation of different techniques[J]. Chemometrics and Intelligent Laboratory Systems,2017,161(1):49-60.

[140] Workman J J. A review of calibration transfer practices and instrument differences in spectroscopy[J]. Applied Spectroscopy,2018,72(3):340-365.

[141] Forina M,Drava G,Armanino C,et al. Transfer of calibration function in near-infrared spectroscopy[J]. Chemometrics and Intelligent Laboratory Systems,1995,27:189-203.

[142] Dardenne P,Welle R. New approach for calibration transfer from a local database to a global database[J]. Journal of Near Infrared Spectroscopy,1998,6(1):55-60.

[143] Wei F,Liang Y Z,Yuan D L,et al. Calibration model transfer for near-infrared spectra based on canonical correlation analysis[J]. Analytica Chimica Acta,2008,623(1):22-29.

[144] Du W,Chen Z P,Zhong L J,et al. Maintaining the predictive abilities of multivariate calibration models by spectral space transformation[J]. Analytica Chimica Acta,2011,690(1):64-70.

[145] Liu Y,Cai W S,Shao X G. Standardization of near infrared spectra measured on multi-instrument[J]. Analytica Chimica Acta,2014,836(1):18-23.

[146] Shan P,Zhao Y H,Wang Q Y,et al. Principal component analysis or kernel principal component analysis based joint spectral subspace method for calibration transfer[J]. Spectrochimica Acta Part A:Molecular and

Biomolecular Spectroscopy,2020,227:117653.

[147] Khaydukova M,Panchuk V,Kirsanov D,et al. Multivariate calibration transfer between two potentiometric multisensor systems[J]. Electroanalysis,2017,29(9):2161-2166.

[148] Zhang F Y,Zhang R Q,Ge J,et al. Calibration transfer based on the weight matrix (CTWM) of PLS for near infrared (NIR) spectral analysis[J]. Analytical Methods,2018,10(18):2169-2179.

[149] Skotare T,Nilsson D,Xiong S,et al. Joint and unique multiblock analysis for integration and calibration transfer of NIR instruments[J]. Analytical Chemistry,2019,91(5):3516-3524.

[150] Mishra P,Nikzad-Langerodi R,Marini F,et al. Are standard sample measurements still needed to transfer multivariate calibration models between near-infrared spectrometers? The answer is not always[J]. Trends in Analytical Chemistry,2021,143:116331.

[151] Mishra P,Roger J M,Rutledge D N,et al. Two standard-free approaches to correct for external influences on near-infrared spectra to make models widely applicable [J]. Postharvest Biology and Technology,2020, 170:111326.

[152] Zhang J,Li B Y,Hu Y,et al. A parameter-free framework for calibration enhancement of near-infrared spectroscopy based on correlation constraint[J]. Analytica Chimica Acta,2020,1142:169-178.

[153] Mishra P,Nikzad-Langerodi R. A brief note on application of domain-invariant PLS for adapting near-infrared spectroscopy calibrations between different physical forms of samples[J]. Talanta,2021,232:122461.

[154] Nikzad-Langerodi R,Zellinger W,Lughofer E,et al. Domain-invariant partial-least-squares regression[J]. Analytical Chemistry,2018,90(11):6693-6701.

[155] Azcarate S M,Ríos-Reina R,Amigo J M,et al. Data handling in data fusion:methodologies and applications [J]. Trends in Analytical Chemistry,2021,143:116355.

[156] Zhang H,Liu Z,Zhang J,et al. Identification of edible gelatin origins by data fusion of NIRS,fluorescence spectroscopy,and LIBS[J]. Food Analytical Methods,2021,14(3):1-12.

[157] Cocchi M. Data Fusion Methodology and Applications[M]. Amsterdam:Elsevier,2019.

[158] Moros J,Laserna J J. Unveiling the identity of distant targets through advanced Raman-laser-induced breakdown spectroscopy data fusion strategies[J]. Talanta,2015,134:627-639.

[159] Sanaeifar A,Li X,He Y,et al. A data fusion approach on confocal Raman microspectroscopy and electronic nose for quantitative evaluation of pesticide residue in tea[J]. Biosystems Engineering,2021,210:206-222.

[160] Mishra P,Passos D. Deep multiblock predictive modelling using parallel input convolutional neural networks [J]. Analytica Chimica Acta,2021,1163:338520.

[161] Ahmmed F,Fuller I D,Killeen D P,et al. Raman and infrared spectroscopic data fusion strategies for rapid, multicomponent quantitation of krill oil compositions[J]. Food Science & Technology,2021,1(4):570-578.

[162] Xu F,Hao Z,Huang L,et al. Comparative identification of citrus huanglongbing by analyzing leaves using laser-induced breakdown spectroscopy and near-infrared spectroscopy[J]. Applied Physics B,2020,126(3):43.

[163] Rios-Reina R,Azcarate S M,Camina J M,et al. Multi-level data fusion strategies for modeling three-way electrophoresis capillary and fluorescence arrays enhancing geographical and grape variety classification of wines[J]. Analytica Chimica Acta,2020,1126:52-62.

[164] Malechaux A,Ledreau Y,Artaud J,et al. Control chart and data fusion for varietal origin discrimination: application to olive oil[J]. Talanta,2020,217:121115.

[165] Ballabio D,Robotti E,Grisoni F,et al. Chemical profiling and multivariate data fusion methods for the identification of the botanical origin of honey[J]. Food Chemistry,2018,266:79-89.

[166] Legner R,Voigt M,Wirtz A,et al. Using compact proton nuclear magnetic resonance at 80 MHz and vibrational spectroscopies and data fusion for research octane number and gasoline additive determination[J]. Energy & Fuels,2020,34 (1):103-110.

[167] Mishra P,Roger J M,Rutledge D N,et al. Recent trends in multi-block data analysis in chemometrics for multi-source data integration[J]. Trends in Analytical Chemistry,2021,137:116206.

[168] Cordella C B Y,Bertrand D. SAISIR:a new general chemometric toolbox[J]. Trends in Analytical Chemistry, 2014, 54:75-82.

[169] Ghaziri A El,Cariou V,Rutledge D N,et al. Analysis of multiblock datasets using comdim:overview and extension to the analysis of (K+1) datasets[J]. Journal of Chemometrics,2016,30:420-429.

[170] Næs T, Tomic O, Afseth N K, et al. Multi-block regression based on combinations of orthogonalisation, PLS-regression and canonical correlation analysis[J]. Chemometrics and Intelligent Laboratory Systems, 2013, 124: 32-42.

[171] Biancolillo A, Marini F, Ruckebusch C, et al. Chemometric strategies for spectroscopy-based food authentication[J]. Applied Sciences, 2020, 10(18): 6544.

[172] Mishra P, Roger J M, Rutledge D N, ct al. MBA-GUI: a chemometric graphical user interface for multi-block data visualisation, regression, classification, variable selection and automated pre-processing[J]. Chemometrics and Intelligent Laboratory Systems, 2020, 205: 104139.

[173] Baqueta M R, Coqueiro A, Março P H, et al. Integrated ^{1}H NMR fingerprint with NIR spectroscopy, sensory properties, and quality parameters in a multi-block data analysis using ComDim to evaluate coffee blends[J]. Food Chemistry, 2021, 355: 129618.

[174] Rodgers R P, McKenna A M. Petroleum analysis[J]. Analytical Chemistry, 2011, 83(12): 4665-4687.

[175] Workman J Jr, Lavine B, Chrisman R, et al. Process analytical chemistry[J]. Analytical Chemistry, 2011, 83(12): 4557-4578.

[176] Kvalheim O M, 梁逸曾, 谢玉珑, 等. 从斯堪的纳维亚的化学计量学看大学与工业界的合作道路[J]. 大学化学, 1993, 8(1): 56-61.

[177] Houhou R, Bocklitz T. Trends in artificial intelligence, machine learning, and chemometrics applied to chemical data[J]. Analytical Science Advances, 2021, 2: 128-141.

[178] Flumignan D L, Ferreira F O, Tininis A G, et al. Multivariate calibrations in gas chromatographic profiles for prediction of several physicochemical parameters of Brazilian commercial gasoline[J]. Chemometrics and Intelligent Laboratory Systems, 2008, 92: 53-60.

[179] Zanao L R, Santos B C, Sequinel R, et al. Prediction of relative density, distillation temperatures, flash point, and cetane number of S500 diesel oil using multivariate calibration of gas chromatographic profiles[J]. Energy & Fuels, 2018, 32: 8108-8114.

[180] Lee D M, Lee D H, Hwang I H. Gasoline quality assessment using fast gas chromatography and partial least-squares regression for the detection of adulterated gasoline[J]. Energy & Fuels, 2018, 32: 10556-10562.

[181] Bukkarapu K R, Krishnasamy A. A relative assessment of chromatographic and spectroscopic based approaches to predict engine fuel properties of biodiesel[J]. Fuel Processing Technology, 2021, 222: 106960.

[182] Chowdhury M, Gholizadeh A, Agah M. Rapid detection of fuel adulteration using microfabricated gas chromatography[J]. Fuel, 2021, 286: 119387.

[183] Nespeca M G, Munhoz J F V L, Flumignan D L, et al. Rapid and sensitive method for detecting adulterants in gasoline using ultra-fast gas chromatography and partial least square discriminant analysis[J]. Fuel, 2018, 215: 204-211.

[184] Hupp A M, Joseph P, Ned R, et al. Analysis of biodiesel-diesel blends using ultrafast gas chromatography (UFGC) and chemometric methods: extending ASTM D7798 to biodiesel[J]. Fuel, 2018, 231: 264-270.

[185] Rodrigues E V A, Silva S R C, Romao W, et al. Determination of crude oil physicochemical properties by high-temperature gas chromatography associated with multivariate calibration[J]. Fuel, 2018, 220: 389-395.

[186] Marcia H C, Rodrigues E V A, Rainha K P, et al. Determination of flash point and Reid vapor pressure in petroleum from HTGC and DHA associated with chemometrics[J]. Fuel, 2018, 234: 643-649.

[187] Prebihalo S E, Berrier K L, Freye C E, et al. Multidimensional gas chromatography: Advances in Instrumentation, chemometrics, and applications[J]. Analytical Chemistry, 2018, 90: 505-532.

[188] Pollo B J, Teixeira C A, Belinato J R, et al. Chemometrics, comprehensive two-dimensional gas chromatography and "omics" sciences: basic tools and recent applications[J]. Trends in Analytical Chemistry, 2021, 134: 116111.

[189] de Godoy L A, Pedroso M P, Ferreira E C, et al. Prediction of the physicochemical properties of gasoline by comprehensive two-dimensional gas chromatography and multivariate data processing[J]. Journal of Chromatography A, 2011, 1218(12): 1663-1667.

[190] Parastar H, Mostafapour S, Azimi G. Quality assessment of gasoline using comprehensive two-dimensional gas chromatography combined with unfolded partial least squares: a reliable approach for the detection of gasoline adulteration[J]. Journal of Separation Science, 2016, 39: 367-374.

[191] Ferreira E C. Quantification of kerosene in gasoline by comprehensive two-dimensional gas chromatography and N-

way multivariate analysis[J]. Analytical Letters,2008,41(9):1603-1614.

[192] Rathsacka P,Rieger A,Haseneder R,et al. Analysis of pyrolysis liquids from scrap tires using comprehensive gas chromatography-mass spectrometry and unsupervised learning [J] . Journal of Analytical and Applied Pyrolysis,2014,109:234-243.

[193] Kehimkara B,Hoggard J C,Marney L C,et al. Correlation of rocket propulsion fuel properties with chemical composition using comprehensive two-dimensional gas chromatography with time-of-flight mass spectrometry followed by partial least squares regression analysis[J]. Journal of Chromatography A,2014,1327:132-140.

[194] Freye C E,Fitz B D,Billingsley M C,et al. Partial least squares analysis of rocket propulsion fuel data using diaphragm valve-based comprehensive two-dimensional gas chromatography coupled with flame ionization detection[J]. Talanta,2016,153:203-210.

[195] Shi X,Li H,Song Z,et al. Quantitative composition-property relationship of aviation hydrocarbon fuel based on comprehensive two-dimensional gas chromatography with mass spectrometry and flame ionization detector [J]. Fuel,2017,200:395-406.

[196] Berrier K L,Freye C E,Billingsley M C,et al. Predictive modeling of aerospace fuel properties using comprehensive two-dimensional gas chromatography with time-of-flight mass spectrometry and partial least squares analysis [J]. Energy & Fuels,2020,34(4):4084-4094.

[197] Chakravarthy R,Acharya C,Savalia A,et al. Property prediction of diesel fuel based on the composition analysis data by two-dimensional gas chromatography[J]. Energy & Fuels,2018,32(3):3760-3774.

[198] Mogollón N G S,Ribeiro F A. Poppi R J,et al. Exploratory analysis of biodiesel by combining comprehensive two-dimensional gas chromatography and multiway principal component analysis[J]. J Braz Chem Soc,2017,28:740-746.

[199] Vale L,De Aguiar P F,De Oliveira L M S L,et al. Comprehensive and multidimensional tools for crude oil property prediction and petrochemical industry refinery inferences[J]. Fuel,2018,223:188-197.

[200] Lelevic A,Souchon V,Moreaud M,et al. Gas chromatography vacuum ultraviolet spectroscopy:a review[J]. Journal of Separation Science,2019,43:150-173.

[201] Lelevic A,Souchon V,Geantet C,et al. Advanced data preprocessing for comprehensive two dimensional Gas Chromatography with Vacuum Ultraviolet Spectroscopy detection[J]. Journal of Separation Science,2021,44:4141-4150.

[202] Huygens B,Efthymiadis K,Nowé A,et al. Application of evolutionary algorithms to optimise one-and two-dimensional gradient chromatographic separations[J]. J Chromatogr A,2020,1628:461435.

[203] Sudol P E,Schneich S,Synovec R E. Principal component analysis of comprehensive three-dimensional gas chromatography time-of-flight mass spectrometry data[J]. Journal of Chromatography Open,2022,2:100043.

[204] Watson N E,Prebihalo S E,Synovec R E. Targeted analyte deconvolution and identification by four-way parallel factor analysis using three-dimensional gas chromatography with mass spectrometry data[J]. Analytica Chimica Acta,2017:67-75.

[205] Brouillette C,Smith W,Shende C,et al. Analysis of twenty-two performance properties of diesel,gasoline,and jet fuels using a field-portable near-infrared (NIR) analyzer[J]. Applied Spectroscopy,2016,70(5):746-755.

[206] Cramer J A,Hammond M H,Myers K M,et al. Noveldata abstraction strategy utilizing gas chromatography-mass spectrometry data for fuel property modeling[J]. Energy & Fuels,2014,28(3):1781-1791.

[207] Cramer J A,Hammond M H,Myers K M,et al. Expandedframework for the prediction of alternative fuel content and alternative fuel blend performance properties using near-infrared spectroscopic data[J]. Energy & Fuels,2015,29(11):245-254.

[208] Fortunado D,Sheen D A. Determination of physicochemical properties of petroleum derivatives and biodiesel using GC/MS and chemometric methods with uncertainty estimation[J]. Fuel,2019,243:413-422.

[209] Leal R V,Sarmanho G F,Leal L H,et al. Prediction of kinematic viscosity and density of biodiesel using electrospray ionization mass spectrometry (ESI-MS) by multivariate statistical models[J]. Energy & Fuels,2016,30(9):7284-7290.

[210] Cramer J A,Begue N J,Morris R E. Improved peak selection strategy for automatically deter mining minute compositional changes in fuels by gas chromatography-mass spectrometry[J]. Journal of Chromatography A,2011,1218(6):824-832.

［211］ Pierce K M,Schale S P. Predicting percent composition of blends of biodiesel and conventional diesel using gas chromatography-mass spectrometry, comprehensive two-dimensional gas chromatography-mass spectrometry, and partial least squares analysis[J]. Talanta,2011,83(4):1254-1259.

［212］ Flood M E,Connolly M P,Comiskey M C,et al. Evaluation of single and multi-feedstock biodiesel-diesel blends using GCMS and chemometric methods[J]. Fuel,2016,186:58-67.

［213］ Eide I,Neverdal G,Westad F. Detection of 5 ppm fatty acid methyl ester (FAME) in jet fuel using electrospray ionization mass spectrometry and chemometrics[J]. Energy & Fuels,2010,24(6):3661-3664.

［214］ Blivernitz A,Försterb T,Eibl S. Chemometric prediction of swelling potentials of aviation fuels towards elastomers using various spectroscopic data[J]. Polymer Testing,2019,76:261-272.

［215］ Guillemant J,Albrieux F,Lacoue-Nègre M,et al. Chemometric exploration of APPI(+)-FT-ICR MS data sets for a comprehensive study of aromatic sulfur compounds in gas oils[J]. Analytical Chemistry,2019,91:11785-11793.

［216］ Guillemant J,Berlioz-Barbier A,Chainet F,et al. Sulfur compounds characterization using FT-ICR MS: towards a better comprehension of vacuum gas oils hydrodesulfurization process[J]. Fuel Processing Technology,2020,210:106529.

［217］ Guillemant J,Berlioz-Barbier A,Albrieux F,et al. Low-level fusion of Fourier transform ion cyclotron resonance mass spectrometry data sets for the characterization of nitrogen and sulfur compounds in vacuum gas oils[J]. Analytical Chemistry,2020,92:2815-2823.

［218］ Knudsen S B,Christensen J H,Tomasi G. Resolving isomers of nitrogen containing polycyclic aromatic compounds by travelling wave ion mobility spectrometry-mass spectrometry and multiway curve resolution-ScienceDirect[J]. Chemometrics and Intelligent Laboratory Systems,2021,208:104201.

［219］ Parastar H,Radović J R,Jalali-Heravi M,et al. Resolution and quantification of complex mixtures of polycyclic aromatic hydrocarbons in heavy fuel oil sample by means of GC×GC-TOFMS combined to multivariate curve resolution[J]. Analytical Chemistry,2011,83(24):9289-9297.

［220］ Hur M,Yeo I,Kim E,et al. Correlation of FT-ICR mass spectra with the chemical and physical properties of associated crude oils[J]. Energy & Fuels,2010,24:5524-5532.

［221］ Hur M,Yeo I,Park E,et al. Combination of statistical methods and Fourier transform ion cyclotron resonance mass spectrometry for more comprehensive, molecular-level interpretations of petroleum samples[J]. Analytical Chemistry,2010,82(1):211-218.

［222］ Folli G S,Souza L M,Araújo B Q,et al. Estimating the intermediate precision in petroleum analysis by (±) electrospray ionization Fourier transform ion cyclotron resonance mass spectrometry[J]. Rapid Communications in Mass Spectrometry,2020,34:e8861.

［223］ Vaz B G,Abdelnur P V,Rocha W F C,et al. Predictive petroleomics: measurement of the total acid number by electrospray Fourier transform mass spectrometry and chemometric analysis[J]. Energy & Fuels,2013,27(4):1873-1880.

［224］ Terra L A,Tose L V,Romão W,et al. Petroleomics by electrospray ionization FT-ICR mass spectrometry coupled to partial least squares with variable selection methods: prediction of the total acid number of crude oils[J]. Analyst,2014,139:4908-4916.

［225］ Terra L A,Filgueiras P R,Tose L V,et al. Laser desorption ionization FT-ICR mass spectrometry and CARSPLS for predicting basic nitrogen and aromatics contents in crude oils[J]. Fuel,2015,160(15):274-281.

［226］ Leal A L,Albuquerque R M,Silva A,et al. Estimation of gasoline properties by ^{1}H NMR spectroscopy with repeated double cross-validated partial least squares models[J]. Journal of Chemometrics,2020,34:e3212.

［227］ Leal A L,Silva A M S,Ribeiro J C,et al. Data driven models exploring the combination of NIR and ^{1}H NMR spectroscopies in the determination of gasoline properties[J]. Microchemical Journal,2022,175:107217.

［228］ Aguiar L M,Bona E,Colnago L A,et al. Application of low-field and medium-resolution ^{1}H NMR spectroscopy combined with chemometric methods for automotive gasoline quality control[J]. Fuel,2020,282:118684.

［229］ Duchowny A,Mohnke O,Thern H,et al. Composition analysis of natural gas by combined benchtop NMR spectroscopy and mechanistical multivariate regression[J]. Energy Reports,2022,8:3661-3670.

［230］ Killner M H M,Danieli E,Casanova F,et al. Mobile compact ^{1}H NMR spectrometer promises fast quality control of diesel fuel[J]. Fuel,2017,203:171-178.

[231] Máquina A D V, Sitoe B V, Cruz W, et al. Analysis of ^{1}H NMR spectra of diesel and crambe biodiesel mixtures using chemometrics tools to evaluate the authenticity of a Brazilian standard biodiesel blend[J]. Talanta, 2020, 209: 120590.

[232] Mazivila S J. Trends of non-destructive analytical methods for identification of biodiesel feedstock in diesel-biodiesel blend according to European Commission Directive 2012/0288/EC and detecting diesel-biodiesel blend adulteration: a brief review[J]. Talanta, 2018, 180: 239-247.

[233] Singh K, Blumich B. NMR spectroscopy with compact instruments[J]. Trends in Analytical Chemistry, 2016, 83: 2-11.

[234] Masili A, Puligheddu S, Sassu L, et al. Prediction of physical-chemical properties of crude oils by ^{1}H NMR analysis of neat samples and chemometrics[J]. Magnetic Resonance in Chemistry: MRC, 2012, 50(11): 729-738.

[235] Duarte L M, Filgueiras P R, Silva S R C, et al. Determination of some physicochemical properties in Brazilian crude oil by ^{1}H NMR spectroscopy associated to chemometric approach[J]. Fuel, 2016, 181: 660-669.

[236] Duarte L M, Filgueiras P R, Dias J C M, et al. Study of distillation temperature curves from Brazilian crude oil by ^{1}H nuclear magnetic resonance spectroscopy in association with partial least squares regression[J]. Energy & Fuels, 2017, 31: 3892-3897.

[237] Paulo E, Folli G S, Nascimento M, et al. Particle swarm optimization and ordered predictors selection applied in NMR to predict crude oil properties[J]. Fuel, 2020, 279: 118462.

[238] Vieira A P, Portela N A, Neto Á C, et al. Determination of physicochemical properties of petroleum using ^{1}H NMR spectroscopy combined with multivariate calibration[J]. Fuel, 2019, 253: 320-326.

[239] de Paulo E H, dos Santos F D, Folli G S, et al. Determination of gross calorific value in crude oil by variable selection methods applied to ^{13}C NMR spectroscopy[J]. Fuel, 2022, 311: 122527.

[240] Moro M K, Netoá C, Lacerda J V, et al. FTIR, ^{1}H and ^{13}C NMR data fusion to predict crude oils properties[J]. Fuel, 2020, 263: 116721.

[241] Molina D, Parra M, Murgich J. MRL and PLS correlations between the ^{1}H NMR spectra of vacuum residues and the deasphalting conditions with the DMO yields[J]. Petroleum Science & Technology, 2011, 29(6): 640-648.

[242] Daniel M V, Angulo R, Dueñez F Z, et al. Partial least squares (PLS) and multiple linear correlations between Heithaus stability parameters (Po) and the colloidal instability indices (CII) with the ^{1}H nuclear magnetic resonance (NMR) Spectra of Colombian crude oils[J]. Energy & Fuels, 2014, 28(3): 1802-1810.

[243] Castillo A M, Rueda-Chacon H, Agudelo J L, et al. Prediction of the stability and compatibility of Colombian heavy crude oils by 1D low field nuclear magnetic resonance relaxometry and chemometric methods[J]. Fuel, 2021, 298: 120721.

[244] Andrea C M, Alejandra P A, Hoover R C, et al. Prediction of the insolubility number and the solubility blending number of colombian heavy crude oils by ^{1}H nuclear magnetic resonance and partial least squares[J]. Energy & Fuels 2020, 34: 1592-1600.

[245] Mejiamiranda C, Laverde D, Daniel M V. Correlation for predicting corrosivity of crude oils using proton nuclear magnetic resonance and chemometric methods[J]. Energy & Fuels, 2015, 29(11): 7595-7600.

[246] Leonardo J M, Nicolás S S, Daniel M V. Prediction of the penetration grade and softening point of vacuum residues and asphalts by nuclear magnetic resonance and chemometric methods[J]. Energy & Fuels, 2019, 33: 6264-6272.

[247] Leonardo J M, Nicolás S S, Daniel M V. Study of vacuum residues and their transformation to asphalts for the pavement industry by nuclear magnetic resonance and chemometric methods[J]. Energy & Fuels 2019, 33: 1682-1692.

[248] Henriques C B, Alves J C L, Poppi R J, et al. X-ray spectroscopy and chemometric methods for real-time characterization of petroleum for the refining process through true boiling point curve and american petroleum institute gravity[J]. Energy & Fuels, 2013, 27(6): 3014-3021.

[249] Lara R F, Azcarate S M, Cantarelli M A, et al. Lubricant quality control: a chemometric approach to assess wear engine in heavy machines[J]. Tribology International, 2015, 86: 36-41.

[250] Zhang W, Zhuo Z, Lu P, et al. Determination of vanadium, iron, and nickel in petroleum coke by laser-induced

[251] Holkem A P, Voss M, Schlesner S K, et al. A green and high throughput method for salt determination in crude oil using digital image-based colorimetry in a portable device[J]. Fuel, 2021, 289: 119941.

[252] Ghatee M H, Hemmateenejad B, Sedghamiz T, et al. Multivariate curve resolution alternating least-squares as a tool for analyzing crude oil extracted asphaltene samples[J]. Energy & Fuels, 2012, 26(9): 5663-5671.

[253] Mendes G, Aleme H G, Barbeira P J S. Reid vapor pressure prediction of automotive gasoline using distillation curves and multivariate calibration[J]. Fuel, 2017, 187: 167-172.

[254] Barbeira P J S, Aleme H G. Determination of flash point and cetane index in diesel using distillation curves and multivariate calibration[J]. Fuel, 2012, 102: 129-134.

[255] Aleme H G, Assuncao R A, Carvalho M, et al. Determination of specific gravity and kinematic viscosity of diesel using distillation curves and multivariate calibration[J]. Fuel Processing Technology, 2012, 102: 90-95.

[256] Aleme H G, Barbeira P. Determination of biodiesel content in diesel using distillation curves and multivariate calibration[J]. Energy & Fuels, 2012, 26(9): 5769-5774.

[257] Insausti M, Band B S F. Fast determination of 2-ethylhexyl nitrate diesel/biodiesel blends by distillation curves and chemometrics[J]. Energy & Fuels, 2016, 30(7): 5341-5345.

[258] Mendes G, Barbeira P J S. Detection and quantification of adulterants in gasoline using distillation curves and multivariate methods[J]. Fuel, 2013, 112(10): 163-171.

[259] Alexandrino G L, Augusto F. Comprehensive two-dimensional gas chromatography-mass spectrometry/selected ion monitoring (GC×GC-MS/SIM) and chemometrics to enhance inter-reservoir geochemical features of crude oils[J]. Energy & Fuels, 2018, 32: 8017-8023.

[260] Melendez-Perez J J, Luan F, Miranda N, et al. Lacustrine versus marine oils: fast and accurate molecular discrimination via electrospray Fourier transform ion cyclotron resonance mass spectrometry and multivariate statistics[J]. Energy & Fuels, 2020, 34: 9222-9230.

[261] Prata P S, Alexandrino G L, Mogollón N G, et al. Discriminating Brazilian crude oils using comprehensive two-dimensional gas chromatography-mass spectrometry and multiway principal component analysis[J]. Journal of Chromatography A, 2016, 1472: 99-106.

[262] Zhan Z W, Zou Y R, Shi J T, et al. Unmixing of mixed oil using chemometrics[J]. Org Geochem, 2016, 92: 1-15.

[263] Zhan Z W, Zou Y R, Pan C C, et al. Origin, charging, and mixing of crude oils in the Tahe oilfield, Tarim Basin, China[J]. Org Geochem, 2017, 108: 18-29.

[264] Jiang B, Zhan Z W, Shi Q, et al. Chemometric unmixing of petroleum mixtures by negative ion ESI FT-ICR MS Analysis[J]. Analytical Chemistry, 2019, 91(3): 2209-2215.

[265] 蒋文龙,阿布力米提·依明,李卉,等. 准噶尔盆地玛东斜坡区百口泉组-下乌尔禾组混源油地球化学特征及定量判识[J]. 地球化学, 2021, 50(2): 185-198.

[266] Pollo B J, Alexandrino G L, Augusto F, et al. The impact of comprehensive two-dimensional gas chromatography on oil & gas analysis: recent advances and applications in petroleum industry[J]. Trends in Analytical Chemistry, 2018, 105: 202-217.

[267] Sudol P E, Pierce K M, Prebihalo S E, et al. Development of gas chromatographic pattern recognition and classification tools for compliance and forensic analyses of fuels: a review[J]. Analytica Chimica Acta, 2020, 1132: 157-186.

[268] Escandar G M, Olivieri A C. Multi-way chromatographic calibration—a review[J]. Journal of Chromatography A, 2019, 1587: 2-13.

[269] Oliveira L G, Araújo K C, Barreto M C, et al. Applications of chemometrics in oil spill studies[J]. Microchemical Journal, 2021, 166(8): 106216.

[270] Alexandrino G L, Tomasi G, Kienhuis P, et al. Forensic investigations of diesel oil spills in the environment using comprehensive two-dimensional gas chromatography-high resolution mass spectrometry and chemometrics: new perspectives in the absence of recalcitrant biomarkers[J]. Environmental Science & Technology, 2019, 53(1): 550-559.

[271] Kumar K. Competitive adaptive reweighted sampling assisted partial least square analysis of excitation-emission matrix fluorescence spectroscopic data sets of certain polycyclic aromatic hydrocarbons[J]. Spectrochimica

Acta Part A:Molecular and Biomolecular Spectroscopy,2021,244:118874.

[272] Escandar G M,de la Pena A M. Multi-way calibration for the quantification of polycyclic aromatic hydrocarbons in samples of enviro nmental impact[J]. Microchemical Journal,2021,164(4):106016.

[273] Sigman M E,Williams M R. Chemometric applications in fire debris analysis[J]. Wiley Interdisciplinary Reviews Forensic Science,2020,2:e1368.

[274] Gruber B,Weggler B A,Jaramillo R,et al. Comprehensive two-dimensional gas chromatography in forensic science:a critical review of recent trends[J]. Trends in Analytical Chemistry,2018,105:292-301.

[275] Pasternak Z,Avissar Y Y,Ehila F,et al. Automatic detection and classification of ignitable liquids from GC-MS data of casework samples in forensic fire-debris analysis[J]. Forensic Chemistry,2022,29:100419.

第4章 近红外光谱在线分析技术

4.1 概述

进入20世纪80年代之后,工业生产技术发展十分迅速,而且社会对环境保护提出了更高的要求,再加上国际激烈的市场竞争,要求工业生产做到既保证产品有稳定的高质量又最大限度地降低成本。因此,在线分析技术越来越广泛地进入了工业生产的各个环节,不论对于分布式控制系统(DCS)还是先进过程控制(APC)或实时优化系统(RTO),快速可靠的在线分析技术都是非常关键的(图4-1),它所提供的及时、准确的分析数据为稳定生产、优化操作、节能降耗起到了至关重要的作用[1-3]。

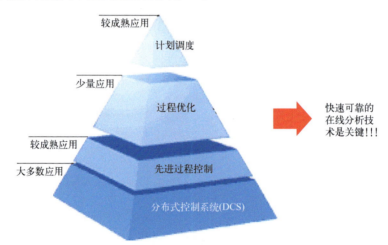

图4-1 在线分析技术在过程控制中的作用

在线分析的作用可归纳为以下几个方面:①可实现产品的质量卡边控制操作,提高产量、降低能源消耗、减少不合格品数量等,以获得最大的经济效益;②对原料和生产的中间环节进行监测,提高对生产过程的认识和了解,以保证装置的稳定生产和及时调整;③对影响生产安全运行的要素进行监控,以保证生产的安全运行;④对影响环保的排放口进行监控,以达到环境保护的要求[4-6]。

在线分析仪与实验室光谱仪相比,具有以下3个特点:

(1) 从取样到数据处理、分析结果的显示和输送全是自动进行的,即在线分析仪必须是完全自动化的,这主要依靠计算机的应用。

(2) 在线分析通常采用侧线在线方式（On-line），需要有自动取样和样品预处理系统，它往往是在线分析仪能否快速、准确、长期稳定可靠工作的关键。

(3) 许多生产过程需每天 24 小时连续运行，在线分析仪也应无间断连续运行，而且工作环境相对复杂，这对仪器的长期可靠性提出了更严格的要求。因此在线分析仪大多在实验室仪器基础上做了软硬件的技术改进，如增加密封、抗震和抗电磁干扰等硬件措施，以及增加仪器的自诊断和定期标定/校准等软硬件功能。

传统在线分析仪表大多是由实验室仪器改进而来的，因测量原理所限，分析速度慢，精度差，一种仪表仅能测量一种参数，如需测量多种物化参数则要购置多台仪表，设备投资过大，仪器的易损件和消耗品多，维护量大。因此，这些仪表的实际应用效果并不理想，甚至有相当一部分被停用。

20 世纪 90 年代以来，在光纤、计算机、化学计量学和仪器制造等技术不断发展的带动下，出现了许多新型的在线光谱分析技术，如红外、近红外、拉曼等，使得原来只能在实验室中进行物质成分分析的结构复杂、体积庞大的分析仪器也能用于工业现场的实时在线分析。分子光谱在线分析技术大多具有以下特点：①可以对多路多组分连续同时测量；②测量速度快；③多采用化学计量学方法建立分析模型，测量准确性高；④通常不需要化学试剂或特殊制样，即无损分析；⑤仪器易损件和消耗品少，维护量小；⑥大多数光谱类在线分析仪可采用光纤传输技术，适用于较为苛刻的工作环境。

如图 4-2 所示，在线光谱分析技术的测量方式有 3 种：侧线在线方式（On-line）、线内（或原位）在线方式（In-line）和无接触（或线上）在线方式（Non-invasive）。这 3 种方式的应用对象以及优缺点对比见表 4-1。

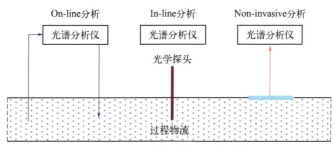

图 4-2 3 种在线测量方式示意图

表 4-1 3 种在线近红外测量方式比较

在线测量方式	定　义	优　点	缺　点	应用对象
侧线在线 (On-line)	通过旁路将样品引出后进行分析	可对引出的样品进行预处理，如恒温、恒压、过滤等，分析结果准确可靠，便于硬件和模型的维护	依据取样的距离和预处理的繁琐程度，分析存在滞后问题，约 30s～3 min	适用于对分析滞后要求不严格、可以通过旁路取样的场合
线内在线 (In-line)	直接将光学探头安装在生产线上或特定的测样部位	不需要取样管线和预处理系统，实时分析，无取样滞后	对探头的设计和制造要求很高，以适应高温、高压和腐蚀性测量环境。分析模型的建立和数据比对较为困难。分析结果易受环境干扰	适用于无法通过旁路取样以及对滞后要求严格的场合
无接触在线 (Non-invasive)	光学探头与样品不直接接触	不对生产过程产生任何影响，实时分析，无取样滞后	分析结果易受环境和样品运动情况影响，模型建立也相对困难	可以直接安装在传送带上方或通过开光学视窗方式安装在输送管道或装置上

4.2 在线分析系统的构成

如图 4-3 所示，在线近红外光谱分析系统除了光谱仪外，还需要自动取样系统、样品预处理系统、测量附件、样品回收系统和数据通信等配套设施，以及根据实际工作环境所需配置的防爆箱和分析小屋等辅助系统[7-9]。

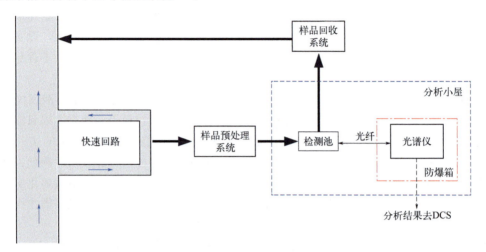

图 4-3 一种典型的光谱在线分析仪的构成示意图

4.2.1 硬件

4.2.1.1 光谱仪

光谱仪是整个在线分析系统的心脏。目前，几乎所有类型的近红外光谱仪器，如固定波长滤光片、扫描光栅色散、固定光路阵列检测器（CCD，PDA）、傅里叶变换和声光可调滤光器（AOFT）等，都有用于在线分析的报道。

许多生产过程需每天 24 小时连续运行，在线分析仪也应无间断连续运行。在选择在线光谱仪时，抗环境干扰以保持自身稳定性的性能指标成为首要考虑的问题。对于固定光路阵列检测器和 AOFT 两类仪器，由于内部没有移动光学部件，在长期稳定性方面具有较强的优势，其性能价格比也较为合理。但在光谱测量范围上，傅里叶变换光谱仪可以覆盖整个近红外波段（700～2500 nm），而阵列检测器类型的仪器由于所用光学晶体及检测器所限，一般只能达到 1800 nm，有些扩展型的光谱仪可达到 2500 nm，分辨率也较低，应用于一些特殊的测量对象会受到限制。因此，在选择在线光谱仪时，应根据具体的实际情况（如经费、分析场合和检测对象等），综合评价仪器的各种性能（如波长范围、分辨率、采集时间、信噪比等指标）来决定[10-12]。

4.2.1.2 光纤及其附件

近红外区域的光可以用光纤进行有效传输，大多数在线近红外光谱分析仪采用光纤方式远距离传输光。采用光纤具有以下优势：直径细，易弯曲，可直接插入生产装置中，进行原位分析和实时跟踪检测，还可用于遥测分析；光纤的化学和热稳定性、对电磁干扰不敏感等特性，使其可在困难条件或危险环境以及复杂的工业生产现场进行工作；价廉、轻巧、使用寿命长，安装和维护方便；更重要的是，采用光纤和光纤多路转换器，在线近红外光谱分析仪很易实现一台光谱仪检测多路物料，提高仪器的利用效率。

有多种方式可以实现一台光谱仪检测多路物料。例如可将一根光纤分成多束，分别进入多个单立的检测器；也可通过计算机控制，依次切换不同管线物料进入分析器实现多物流分析。目前，对液体分析而言，在线近红外光谱分析中实现多路物料检测的最常用方式是采用光纤多路转换器。

4.2.1.3　取样系统

取样系统的作用是从现场工艺管线抽取在线分析仪表所用的样品。取样点应选在取出的样品具有代表性且响应速度最快之处，避免选在死角和低流速区、气液混相区等。取样系统设计是否合理将直接影响分析结果的可靠性，有时甚至决定着整个分析系统的成败。在实际过程分析中，相当数量的故障问题和错误结果是由取样系统（包括测样装置）而非光谱仪本身失灵引起的。因此，选择一个可靠的取样系统对在线近红外分析是必要的[13-15]。

对于液体分析体系，取样系统主要有 3 种方式：泵抽采样、压差引样和实时测量。

泵抽采样是通过在旁路上附加泵实现的，多用于取样点与测样装置（如流通池）之间无压力差的过程中。样品从装置经阀门由泵抽出后进入流通池，泵的输送速度、输送方式（连续或间断）、测试后的样品是否返回主管线等可根据测试过程的具体要求确定。

压差引样则要求取样点与测样装置之间存在压力差，靠该压力差将主管线或装置中的样品经旁路引入测样装置。在旁路取样系统中，较长的取样管线以及较慢的输送速度将产生滞后，不能及时反映工艺浓度的快速变化。如果过程分析仪放置到工厂共用的分析小屋中，根据不同的工厂布局和输送速度，滞后时间可达几分钟。

在以上两类取样系统中往往设有快速回路，以减少滞后时间。而且在取样系统与测样装置之间通常加有一个样品预处理系统，对样品的流速、压力进行控制，使其保持稳定，这是旁路取样方式的一个突出优点。此外，根据所测样品的具体情况，还需要进行过滤、恒温及除气等处理，样品预处理系统将在下面予以讨论。

对于管道中的液体样品，通常有两种取样方式：一种是管壁式，另一种是插入式。在实际应用过程中多采用插入式取样探头，它可使取样点远离管壁以避免管壁效应和低流速区域，还可在一定程度上滤除绝大部分机械杂质。如果可能，最好在混合良好（紊流）的工艺流路上取样。层流的工艺管会出现分层和引入较大的样品密度偏差。层流工艺取样要在充分混合后或创造一个紊流取样点。通常取样探头插入深度应在管道内直径的 25%～30%处，或在平均密度分布的地方。对于在水平管道上取样，取样口通常不能开在管线的顶部或底部，因为顶部含有气泡，底部可能含有固体颗粒，最好从水平工艺管线的侧面取样；气体可从侧面或顶部取样，除特殊情况外一般不要从底部取样。

实时测量是将测样装置直接安装到装置流程中或主管线上的一种取样方式，如将光纤探头直接插入反应装置中或将流通池直接安装到装置管线中。与旁路取样方式相比，这种方式反馈速度快，实现了真正意义上的实时分析，但取样点处的压力、温度及流速的波动会对分析结果产生影响，苛刻的取样条件如高温、高压、易污染光学窗片等也给光纤探头或流通池的设计和加工带来困难。

固体样品的取样系统也有 3 种方式：靠重力输送的被动方式、靠压缩空气或电动输送带传输的主动方式以及实时测量方式。其原理与相应的液体样品取样方式相似。与分析液体样品不同的是，固体样品的取样系统通常与测样装置合并在一起，一般不需要样品预处理系统,但测样装置更为复杂。

4.2.1.4 测样装置

近红外光谱在过程分析中所测量的样品非常复杂,样品状态(固体粉末、颗粒、液体、浆状物等)、样品性质(样品形状、流动性、透光性等)以及温度等外界因素都有较大差别,在进行光谱采集时要根据所测样品的实际情况选择合适的测样方式和测样装置。

对于透明和半透明液体,一般采用透射或透反射方式采集光谱;对于不透明液体,一般采用漫反射方式。

用于液体测量的测样装置主要有流通池和插入式光纤探头两种形式。

液体流通池主要用于流动性好、以透射方式测量的样品。可以通过光纤将流通池安装到采样点附近,也可通过管线将物料引到置于光谱仪内部的流通池中。前者滞后时间小;后者由于不使用光纤,光通量损失小,光谱质量相对较高。由于流通池光程较短、容积小、不能通过大量液体,一般不将流通池直接安装到主管线上,通常采用旁路方式从主管线取样。旁路可嵌入不同的样品预处理装置,用来调节压力、温度等参数。采用旁路方式和双流通池切换使用,可在不中断主管线的情况下对流通池进行清洗。由于上述优点,只要测量速度满足生产装置的要求,一般优选光纤流通池作为液体的测样装置。流通池可承受压力和温度以及主体和光学窗片的材质可由测量对象确定。

对于半透明或含有固体微粒的液体,也可采用透反射式流通池采集光谱,其结构如图 4-4 所示。

将光纤探头直接插入主流路中可用于实时测量液体和固体样品,但这种方式会受到较多因素如压力、温度、气泡等对光谱测量的影响,探头还容易被污染,需定期清洗。透射式光纤探头较适合用于中型或微型间歇式反应器中,实时监测反应和生成物的浓度。对于一些特殊

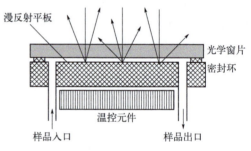

图 4-4 一种透反射式流通池结构示意图

的间歇式反应过程(如发酵),开始时样品为透明状,随着反应的进行,样品变得越来越浑浊,到一定程度便不透光了。对于这种情况,可采用透射和漫反射双探头进行测量,开始时采用透射探头,反应中后期通过光开关切换为漫反射探头。也可采用专门为这种应用设计的透射和漫反射双用探头[13]。

光纤探头是目前进行固体漫反射在线测量的主要器件。一般用于透射式探头或流通池的光纤为单根,其传输距离在 200 m 以上。漫反射式探头都采用光纤束,以增加光通量和光的收集效率,通常其传输距离较短,一般在 10 m 以下,价格也较高。

与液体相比,固态样品更为复杂,如晶态粉末、粒状塑料或动物饲料等通常是非均匀性的,而且非均匀性可能是物理作用、化学作用或两者共同产生的,因此对固态的原材料、中间产品和最终产品进行连续取样分析将更加困难。针对不同的样品几何形状、不同的颗粒直径及不同的光学物理特性,通常需要建立专门的取样-测样装置。

以旁路方式使固体粉末通过流通池比输送液体存在更多的问题。液体可充满整个流通池,即使存有气泡,气泡也会跑到流通池的上端,可使用底部连续的物流进行测量。对于固体粉末,只有保持一定的流通角度才能克服颗粒间的粘连。流通角度是每种材料的固有特性。如果湿度较大,颗粒间的粘连将更强,为倒空流通池需要使用超声波或其他机械辅助设

备。此外,在常压下固体粉末是可压缩的,要保证光密度和光程都恒定是极其困难的。充填紧密程度可显著影响光散射和光的穿透深度,会对最终的分析结果产生影响。

非接触式近红外光谱分析仪则多用于浑浊液体和固体样品如烟草、食品和塑料的加工过程,它一般不需要专门的取样系统,光纤探头或分析仪直接安装在装置、管道或输送带的侧方或上方(如图 4-5 所示),因此,对食物和药物等样品的在线分析,不必考虑取样点的卫生问题。但非接触式测量方式易受许多因素(如样品-探头间距离变化、输送速度的波动、样品温度和环境温度的变化以及环境杂散光等)的影响,在实际应用时应特别注意。

图 4-5 非接触式在线近红外光谱分析仪

4.2.1.5 样品预处理系统

样品预处理系统并非在线近红外光谱分析技术的必需部分,但在一些液体样品的过程分析如石油产品分析中却扮演着重要的角色。在线分析仪的开机率在很大程度上取决于预处理系统是否完善。它的主要功能是控制样品的温度、压力和流速,以及脱除样品中的气泡、水分和机械杂质等影响因素,确保分析结果有效、准确[14]。

对不同的测量体系,预处理系统的组成也不尽相同,一般由过滤(除尘、除机械杂质)、压力调节(减压或抽引)、温度调节(降温或加热)、有害或干扰成分处理(除水分等)、流量调节等组成。预处理装置流程的确定首先要搞清两个问题:所用分析仪对样品的要求是什么?取样点的工艺条件是什么?预处理装置就是要使取样点取出的样品经过其处理后符合分析仪对样品的要求。在此前提下,预处理装置的流程愈短愈好,当然还要考虑工艺环境和维护工作量等其他因素。

样品温度变化将导致化学键振动能量和能级跃迁概率的变化,对光谱吸光度和吸收峰位置都有一定的影响,为获得准确的分析结果,保证样品测试时温度的恒定是非常重要的。因此,在流通池周围加有恒温装置,依据所测对象和周围环境可选择不同的恒温方式,如水浴、电或蒸汽加热、半导体或旋涡制冷等,一般要求温度控制精度为 0.1~0.2 ℃。此外,对于流动性较差的液体样品(如塑料、植物黄油、润滑油等),在过程分析时必须具有一定的温度以保持其良好的流动性,在这种情况下输送管线和流通池的设计必须避免有冷部位点,以防样品冷却沉积,逐渐将流通池阻塞。

对于无法进行恒温的情况,如将探头直接插入主管线,则需要建立温度校正曲线,通过温度与光谱的同时测量修正分析结果。如对于近红外测定汽油辛烷值,温度升高 1 ℃,其辛烷值约降低 0.02 个单位。也可以将温度作为一个变量,与吸光度一起参与建立模型。此外,将不同样品温度下采集的光谱组成混合样品集,建立温度全局稳健模型(Global Calibration),也是一种常用的方法。

过程分析的样品中经常含有机械杂质或悬浮物,如铁锈、催化剂或添加剂粉末、泥土等,这些杂物进入光路将引起光散射,影响光谱的测量。若样品流速较慢,这些杂物还会逐渐沉积在流通池中或污染光学窗片,使分析结果产生较大误差。过滤器的类型、过滤材料和孔径大小也需要根据样品的实际情况确定,有时甚至需要多级过滤器串联。图 4-6 为一个旁路液体过滤器示意图,其优点是滤渣不会在过滤器中屯留,而是被不断地冲出过滤器。需要提出的是,尽管现在已有可以滤除 1 μm 杂质的商品化过滤器,但对几微米直径大小的均匀悬浮颗粒仍较难过滤,如果它们的浓度和颗粒大小分布保持相对稳定,在不进行过滤的条件下仍能得到精度较高的测量结果。

对液体样品进行在线分析,另一种需考虑的干扰因素是气泡的存在。众所周知,液体可以从大气中溶解相当数量的气体,如果升高温度或降低压力,气体便以气泡的形式释放。在实际取样点,这两种情况都会发生,打破原来的平衡,形成气泡。气泡的存在会引起光的散射和反射,产生假分析信号,影响最终的分析结果。可以通过特殊设计的流通池或气泡分离装置脱除气泡。图 4-7 为一个气泡分离器结构示意图,样品中的气泡经分离器分离,由上端排出,脱气后的样品经底部进入其他预处理单元或流通池。

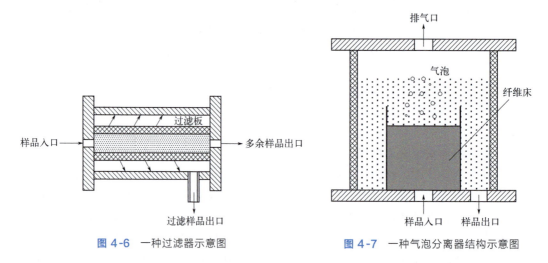

图 4-6　一种过滤器示意图　　图 4-7　一种气泡分离器结构示意图

样品的流动状况(层流还是紊流)与流速(包括反应釜搅拌速度、传送带速度与样品通过流通池的流速等)变化等因素将影响光的散射,从而使吸光度发生变化,成为影响最终分析结果的一个因素,其影响程度则随选用的波长范围和具体被测物的特性而异。如对于近红外测定汽油辛烷值而言,随样品流速的增加,其预测结果有增加趋势,流速在 0~480 mL/min 范围内,辛烷值约增加 0.2 个单位。同样,样品的压力变化也会对结果产生影响,压力升高,样品的密度将增加,相当于测量光程发生了变化,会导致吸光度偏高。因此,非常有必要对样品进行恒速和恒压控制,以获取准确可靠的分析结果。

4.2.1.6　其他部分

除了以上提到的各部件外,在线近红外光谱分析系统有时还涉及样品回收系统、模型建立模拟系统、模型界外样品抓样系统、防爆系统和户外分析小屋等部分[15]。

在线分析后的样品必须得到妥善处理。根据具体情况,可以将这些样品重新返回主管线中，也可以进行回收再利用处理。图 4-8 给出了一种用于流动性好的液体如轻质油品的典型回收系统示意图，主要由回收罐、泵和液位控制器组成。回收罐安装有上、下限液位开关。当液位上升到上限时，上限液位开关动作，使泵启动，将回收罐中的样品打回到工艺管线中；当液位下降到下限时，下限液位开关动作，泵停止运行。

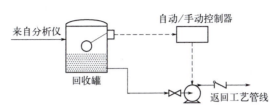

图 4-8　一种典型的液体样品回收系统示意图

模型建立模拟系统是为建立高精度分析模型，模拟现场实际测试条件如压力、流速等的装置。利用该系统还可进行其他工作，如定期通入标准样品对光谱仪性能进行检测、定期通入溶剂对流通池进行清洗等。

模型界外样品抓样系统则用于自动收集分析模型不能覆盖的样品，并通过一定的方式通知有关部门将这些样品送往中心化验室，采用标准方法分析后，进一步扩充模型的适用范围。模型界外样品抓样系统在设计时需考虑在线光谱采集与在线样品收集之间的时间对应关系，否则会引入误差。

在一些易爆、易燃的分析场合，如化工厂和炼油厂，为了安全，对放置到生产现场的在线分析仪器往往需要防爆系统。防爆方式和等级可根据现场要求，根据国家或企业的相关标准确定。防爆系统除为在线仪表现场应用提供安全保证外，还为光谱仪、工控机（用于控制光谱仪和样品预处理系统，以及显示、保存和传输分析数据等）提供接近实验室的环境条件。

现场分析小屋可使系统设计、现场安装、连接简单方便。根据需要，现场分析小屋可提供仪器工作所需的各种气体、供电、信号电缆等公用工程，并采取防震、防静电、防尘、屏蔽、抗干扰等措施，为仪表提供良好的操作运行环境，增强系统的可靠性，确保仪表的安全正常运行。

4.2.1.7　集成

取样和样品预处理系统属于复杂的机电一体化装置，也是专业性很强的装置。即使同类型的工业装置，由于原料、加工工艺和环境（气候和腐蚀等）的差异，往往需要特定的预处理单元。专用的样品预处理系统研发费用很高，有时会占整套在线分析仪成本的 50% 甚至更高，其研发不仅需要在实验室进行模拟评价，还需在现场反复试验，不断改进完善。它的专用性和通用单元组合的要求促成发展了专门设计生产各式各样预处理装置的专业公司，对整套预处理系统进行集成设计和制造。此外，各大专业的在线分析仪器厂商也大多有自己专门的预处理设计和加工部门。这些专业公司或部门有许多仪表和各领域的专家，可根据用户的需求，开展包括与用户联合搞前期试验、安装调试、培训和定期检修维护工作。

4.2.2　软件及模型

4.2.2.1　软件

在线近红外光谱分析系统的软件除具备必需的光谱实时采集和化学计量学光谱分析（定

量定性模型的建立、待测样品类型及模型界外样品的判断、样品性质或组成的定量计算等）功能外，还应包括以下功能：

（1）数据与信息显示功能。如显示各个通道所测的当前物化性质结果及历史趋势图、各个通道的历史数据、质量及模型界外点报警内容等。

（2）数据管理功能。如分析模型库、光谱和分析测量结果的储存管理、分析模型输出输入等。

（3）通信功能。如执行操作室发送的查询、数据传输等命令（如分析模型、测定结果的输入与输出），以模拟信号（如 4~20mA）、RS232、ModBUS 或 OPC 等方式向 DCS、APC 提供数据等。

（4）故障诊断与安全功能。如由气泡、电压波动等因素引起的假分析信号的识别，光谱仪性能安全监控，环境条件监控，样品预处理系统安全监控，紧急报警等。

（5）监控功能。如对样品预处理系统各单元的操作参数以及模型界外样品抓样系统进行调节和控制。

（6）网络化功能。目前，分析仪器的网络化成为一种发展趋势，可直接通过有线或无线网络将现场仪器与制造商或第三方的网络服务器系统相连，实现对仪器的异地、全球远程监控（包括手机短信或即时消息等方式对紧急工况报警），维修，对分析模型的维护、更新和数据共享等。

4.2.2.2　模型

分析模型在近红外光谱分析中处于核心地位。与实验室相比，建立一个适用范围广、稳健性好的在线近红外光谱分析模型将更为复杂。有许多文献给出了建立在线分析模型的策略。

对一般情况，在系统建立、调试初期，可利用一段时期内现场收集的有代表性样品，使用模型建立模拟系统建立一个初始模型，然后随着在线检测逐渐扩充模型。在线分析模型的建立可参照 ASTM E1655 方法。定量校正方法除常用的因子分析方法（如偏最小二乘和局部权重回归）和人工神经网络外，也可采用拓扑方法。拓扑方法基于模式识别建立光谱库，根据"相同样品，相同光谱，相同性质"的原则，通过光谱的编码特征从库中搜索与待测样品匹配的光谱，给出该光谱对应的性质数据，所以该方法可以克服因子校正方法的需频繁更新模型及针对不同类型样品建立多个模型的弊病。但其对光谱的质量有更高的要求，尤其是光谱一致性尤为重要，所以对样品预处理系统各控制指标需要更高的精度。

对在线分析，为得到安全性高的分析数据，在数据报出前须严格按照 ASTM E1655、ASTM E1790 和 ASTM E6122 方法对模型界外样品进行识别，只有完全满足要求，即通过马氏距离、光谱残差和最邻近距离 3 种方法的检测，得到的结果才认为有效。

在建立模型时，应注意模型预测精度与模型稳健性之间的冲突问题。一般来讲，若校正集中光谱采集条件完全相同（如光谱仪的环境温度、样品温度、压力和流速），则所建模型对相同条件下采集光谱的预测准确性较高。但若采集条件发生了波动，其预测结果将会产生较大的偏差。因此，在建立模型时往往人为地在一定范围内变动某些测试条件，如样品的温度或流速，以提高模型的稳健性和预测能力，但这样做会在一定程度上降低模型的预测精度。所以在具体的实施过程中应对其进行取折处理。

也可将实验室建立的近红外光谱分析模型通过模型传递方法转换后用于在线分析。模型传递的方式有多种，可以将建立好的分析模型直接传递，可以将光谱在不同仪器间传递后重新建立模型，也可以将分析结果进行校正。

所建分析模型在实际使用前应按照 ASTM E1655 和 ASTM E6122 方法对模型的有效性进行验证，并需要定期使用标准样品对其进行验证，以确保分析结果的准确性。

4.3 在线分析系统的性能评价

优秀的在线分析仪表应具有测量准确性高、长期稳定性好、故障率低、日常维护工作较少、易出现故障部件更换简易等性能。除此之外，技术支撑和售后服务也是评估在线近红外光谱分析仪器性能的一项关键指标。

（1）测量结果的准确性

分析数据的准确性是评价在线分析仪表可信度的最重要的指标。

分析结果的准确性实际上是一个综合性指标，主要由以下因素决定：

① 光谱仪的性能。如波长覆盖范围、波长的准确性和重复性、吸光度的准确性和重复性、分辨率、信噪比和检测限等。

② 分析模型的有效性和稳健性。如校正和光谱预处理方法选用得是否合适、模型样品是否够多且具有代表性、是否将非化学组成的信息如温度和压力等变化因素包含其中等。

③ 采用近红外光谱分析方法的合理性。如样品中的被测组分在近红外区域是否有响应、测量灵敏度是否满足工艺要求等。

④ 取样点以及配套设施的设计合理性。如预处理系统设计的合理性和有效性、光谱仪运行环境的保障等。

（2）测量的长期稳定性

评价一台在线分析仪表的标准除了准确性之外，测量的长期稳定性和可靠性也同样至关重要。实际上，没有测量的长期稳定性就没有测量的准确性。

影响在线近红外光谱分析仪器长期稳定性的因素主要包括：

① 光谱仪的长期稳定性。如抗粉尘、温度、振动、电磁等干扰因素的能力。

② 配套设施的长期可靠性。如防爆箱、样品预处理系统等。

③ 测量软件的可靠性和"鲁棒性"。

④ 分析模型的稳健性。

（3）测量速度

测量速度也是评价在线分析仪表的一个关键指标。影响在线近红外光谱分析仪器测量速度的因素主要是取样和预处理的滞后时间以及多通道循环测量时间。相比之下，光谱仪的扫描时间和数据处理计算时间往往花费的时间较少。

影响测量速度的因素包括：

① 取样和预处理的滞后时间。

② 多通道循环测量时间。

③ 光谱仪扫描时间。

④ 数据处理和计算时间。

⑤ 数据传输时间。

（4）安全性能

在线近红外分析仪的安全性能主要包括仪器自身的安全性和分析数据的安全性。

1) 仪器自身的安全性

通过以下措施得到保障：

① 分析仪及其配套系统的防爆符合国家或行业标准。

② 安装调试施工符合国家或行业标准。

③ 高温、带压器件（如流通池）的合理设计、使用与维护。

④ 硬件故障报警。

⑤ 软件功能和数据分级密码管理、误操作提示与报警。

⑥ 废弃物的合理处置。

⑦ 制订全面合理的紧急预案。

2) 分析数据的安全性

通过以下措施得到保障：

① 模型界外样品分析数据报警。

② 异常数据（如超出工艺设定控制范围数据）的判断、剔除和报警。

③ 建立内部质量控制图。

（5）易用性能

易用性包括分析仪的易操作性和易维护性，其具体内容包括：

① 操作软件界面友好、本土化语言、简单方便的操作过程。

② 仪器硬件维护项目少且方便。

③ 过滤网等消耗品和损坏部件的快速方便更换。

④ 计算机网络管理，通过办公室的计算机终端就可以观察分析仪的运行情况以及历史记录，以便及早发现和解决问题，部分分析仪的参数也可以通过终端进行修改。

⑤ 自动化、智能化程度高，故障自动诊断。

⑥ 分析项目和测量通道的易扩充性。

（6）性能价格比

在考虑在线分析仪表费用问题时，不能仅以总费用高低进行选择，而应与仪器质量和满足需要的程度综合考虑，以求选择既能满足实际应用要求性能价格比又最优的仪器。一般来说，目前市场上参与竞争的各类在线近红外光谱分析仪器本身的性能价格比大体接近，明显偏低者将被淘汰。

在线近红外光谱分析仪器投资费用主要包括：

① 光谱仪费用。

② 分析软件费用。

③ 测量附件费用，如光纤及其附件、样品预处理系统等。

④ 配套设施费用，如分析小屋、防爆箱。

⑤ 工程费用，如土建、水电气暖等。

⑥ 分析模型建立费用。

⑦ 售后服务费用。

⑧ 资料及培训费用。

（7）技术支撑和售后服务

对在线近红外光谱分析技术，技术支撑和售后服务问题如何强调都是不过分的。据调研，在我国，由于技术支撑不到位引起的分析仪停用的比例占 90% 以上。

在线近红外光谱分析技术的成功应用需要厂家和用户的合作，必须由一个团队来保证。通常，仪器供应商应对在线分析系统尤其是分析模型持续维护 2 年。在最初的安装调试、建立模型和系统连接阶段，应选派 1 名技术专家现场维护 1 个月；在随后的 7 个月内，应保证每月派 1 名技术专家维护 2 个工作日；在最后的 16 个月内，则需要派 1 名技术专家每 2 个月维护 2 个工作日。

技术支撑和售后服务的内容包括：
① 前期的技术咨询、工程计划、系统设计和分析方案的确定。
② 故障的现场（或远程）诊断与迅速排除。多数情况下远程诊断是不够的。
③ 模型的更新与评价指导。这是技术支撑的核心内容。
④ 消耗品的及时提供与更换指导。
⑤ 软硬件的升级与维护指导。
⑥ 新分析项目的开发指导。
⑦ 最新技术发展的定期交流和培训。
⑧ 使用过程遇到的其他问题答疑。

4.4　在线分析项目的实施

在线近红外光谱分析系统实际上是一项小的系统工程，涉及面很广，包括分析、仪表、电气、设备、工艺、计算机软件和自动化控制等诸多技术，在具体实施过程中需要集分析仪的设计选型、配套、安装、现场调试、开车、售后服务及管理等因素于一体，其中有一个环节有疏漏，都会使最终的分析结果产生偏差或错误。因此，在线近红外光谱分析项目的实施应按照工程项目管理的规程进行。

在线近红外光谱分析项目的实施主要包括以下部分。

（1）可行性研究
① 经济研究：投资成本评估（最初投资、操作费用）和预期效益。
② 技术研究：近红外光谱的分析原理、近红外光谱技术优缺点、与其他分析技术（如色谱、拉曼、核磁和中红外等）的对比。对于从未开展过的近红外光谱分析项目，需要在实验室进行可行性试验。
③ 安全和环境影响评估。

（2）成立项目组
① 项目组成员应由用户的在线分析现场工程师、实验室分析工程师、仪表工程师、装置工艺工程师、科技管理工程师和自动化工程师等相关人员组成。组长应由工厂负责仪表或工艺的总工担任，以对各部门进行协调，保证项目的顺利实施。仪表供应商确定后，其技术研发和现场应用人员也应加入项目组。新建厂还需设计单位相关部门（工艺和仪表等）人员的参与。
② 编制组织管理图，确定每个成员的负责领域和主管范围。
③ 项目管理制度，包括技术文档的管理、技术保密和技术方案的审批等。

（3）用户的初步设计
① 提出需求，编写需求说明书。
② 收集详细的工艺过程数据（取样点和回样点）。包括压力、温度、流速等物理量；黏度、密度、露点、泡点等物理参数；化学组成（每种成分的最小/最大/正常值）；污染物或

不利条件（颗粒、毒物、腐蚀）；待测组分或参数的变化范围、准确性要求和响应时间要求。

③ 制定项目的进度表。

④ 取样系统（取样点、回样点和快速回路）的初步设计，分析小屋选址，测量方式和流路数的初步确认。

⑤ 提出环境、安全等级，以及仪器厂商认证的要求。

（4）市场调研和分析仪厂家评估

① 仪器生产厂家技术交流，参观研发和加工车间，参观厂商实际应用示范现场，并与用户进行技术交流。仪器厂商具有本项目相同或类似的应用业绩是极其重要的。

② 索要报价，制作技术和经济对比表，认真考虑售后服务和质量保证，做出最佳选择。

（5）用户和分析仪供应商共同参与的详细设计

① 取样系统：快速回路的设计图；样品输送系统计算，包括压力降和响应时间。

② 预处理系统：详细的样品预处理图；确认各模块技术指标和技术方案；非标准件的加工图。

③ 分析仪：软硬件技术方案和指标；分析参数及其技术要求。

④ 分析模型：标样收集计划和实施方案；基础数据分析方法；建模策略。

⑤ 分析小屋：设备基本布置图；地台设计施工图；与公用工程的接口标准和接线图；通风或 HVAC（加热、通风和空调）计算。

⑥ 公用工程：仪表风、氮、蒸汽、冷却水、电、数据通信等的规格；公用工程的设计、施工图。

⑦ 安全：报警和联锁；安全软硬件措施（包括防爆等级）。

（6）采购

① 可由用户按照详细设计要求逐项向不同的供应商采购，也可由近红外分析仪供应商总承包。

② 包括开工、运行和维护（2年）所需的备件。

③ 签署技术协议和购销合同。

（7）开工会

① 确认工程设计方案。

② 确定系统软硬件配置和规格。

③ 核准工程接口标准。

④ 再次确认项目进度。

⑤ 确定本项目的所有供货清单。经确认的供货清单与服务条款即为生产订单。

⑥ 确认文件资料的详细内容及具体的交付时间。双方确认的文件即成为技术附件，具有合同附件的同等效力。

⑦ 在项目执行过程中，如果有必要，供、需双方还可就系统详细设计与现场工程设计之间进行必要的协调，组织设计联络协商处理。双方确认的文件及修改版也具有合同附件的同等效力。

（8）工厂验收测试（FAT）

① 各部分加工完成后，为避免现场安装调试出现较大问题以降低开工成本、节约时间，在用户组织下，在供应商工厂进行预系统、分析仪和分析小屋等的验收测试。

② 根据质量标准和技术指标，按照审定的程序进行验收测试。

③ 测试记录应附在最终项目文档中。

（9）现场安装和调试

① 取样系统的安装与调试。

② 分析小屋的安装与调试，包括安全报警等设施。

③ 预处理系统的安装与调试，以及和取样系统的对接。

④ 公用工程的施工，以及和分析小屋的对接。

⑤ 光谱仪软硬件的安装调试、检测池的安装及其与光谱仪的对接。

⑥ 数据通信的对接调试，包括与DCS、与维护PC机和远程服务器的连接等。

⑦ 整套系统的联调。

⑧ 编写试运行、开车和停车说明书，制订应急预案。

（10）试运行

① 公用工程供给和系统上电。

② 输送管线吹扫清洗。

③ 用标样运行分析仪，并建立初步分析模型。

④ 开通整套系统流路，试运行，对分析模型进行验证和扩充。

⑤ 根据试运行情况，对出现的软硬件问题进行改进和最终调整。

⑥ 现场验收测试（SAT）。

（11）开车

在线分析仪表正式投入使用，建立在线分析仪表运行、维护维修台账和档案。

（12）技术终交和培训

① 在试运转和开车阶段，对维护人员和技术人员进行理论、实际操作和维修维护等培训。

② 完整的技术资料，包括所有设计、施工图纸，仪器说明书，质量证书和测试证书，用户手册和培训手册等文档。

③ 安全说明（高温、低温、易燃、易爆、高压、辐射或有毒等）和紧急情况应对方案。

④ 维护和操作人员的责任和工作内容。

⑤ 分析系统供应商提供终身售后服务。质保期内免费服务，质保期后按双方商定的协议继续提供服务。服务响应时间为接到用户通知后24小时内到达现场，若属于产品质量问题免费更换。

4.5 在线分析项目的管理与维护

4.5.1 管理

在线近红外光谱分析技术是一套复杂的系统，在管理模式和人员素质要求上都有别于传统思路，不能将常规仪表或化验室的管理模式简单地套用到在线分析仪的管理上。如果这一问题得不到足够的重视，不论近红外在线分析仪表在性能上有多么先进，其使用效果也不会太理想，这样的教训不在少数。

传统上往往将在线分析仪表看成是仪表专业的一个分支，采用常规仪表的管理方式，由仪表车间（或相应的机构）进行管理。但是在线分析仪表运行好坏主要决定于该仪表是否能提供稳定准确的分析数据，尤其数据的准确性是评价在线分析仪表可信度的最重要的指标，这项工作单靠仪表专业是难以完成的，需要分析专业强有力的支持与帮助。所以，在管理模式上应采用在线分析仪表与分析化验室同处于一个部门（或者是两个部门同处于一个上级领导部门）的管理模式，使这两个专业相互支持、相互配合、共同发展，分析化验室定期对在线分析仪表进行对比分析，以便仪表专业人员对在线分析仪表的运行状态进行评估，保证分析结果的准确性，同时也为在线分析仪表的维护和校调提供依据，而在线分析仪表的采用大大减轻了分析化验室的工作压力，从而使在线分析仪表得到不断的发展，充分发挥其最大作用。

在线分析仪表牵涉到分析化学、光谱学、仪表自动化和化学计量学等诸多技术，要求管理和使用人员具有各相关专业的基础知识和基本技能，而且责任心也应较其他部门更强。在线分析仪表班组必须综合仪表、分析、电气、工艺、设备、计算机等专业人员的技术力量，形成一个良好的相互补充、相互协调、责任明晰、共同发展的工作氛围，才能为线分析仪表长期、稳定、准确地运行提供保障。

此外，需要提及的一种发展的趋势是，用户不再组建自己的在线分析仪表管理和维护队伍，而是将在线分析技术这一繁杂、专业技术性很强的维护和服务任务承包给社会专业公司完整负责，以系统形式提供全方位服务，这样一方面可以保证在线分析仪表的正常运行，另一方面还可节省和优化人力资源。应该说，这是使在线分析仪表正常运行、发挥出其应有效用的一种较完善方式，这一观念也正逐渐在国际大型石化等工厂得到承认和实践。

4.5.2 验证和维护

在分析系统安装完毕后，应按照设计说明和生产商提供的技术指标严格对在线分析系统的软硬件进行验收，逐项验证各项指标是否满足要求，如光谱仪和样品预处理性能、软件功能是否齐全等。

对初始分析模型的验证，可参考 ASTM E6122 标准方法进行。收集至少 20 个非模型界外过程分析样品作为验证样本，而且待测性质和组成的分布范围应足够宽，其标准偏差至少为所用基础测试方法再现性的 70%。然后对近红外分析模型的预测值和基础测试方法得到的结果进行统计学检验分析，如相关（斜率）检验（Correlation/Slope Test）和偏差检验（Bias Test），只有完全通过这些检验的模型才能用于过程分析。

ASTM E6122 同时给出了在线分析过程中对光谱仪（包括光纤探头和流通池）性能（如基线、光程、波长、分辨率、吸光度精度和线性）进行定期（最好是每天一次）检验的方法。检验使用 3 类样品：检验样品（Check Samples）、测试样品（Test Samples）和光学滤光片（Optical Filters）。其中，检验样品可以是纯化合物或几种化合物的混合物，但应尽可能包含在线分析样品的主要基团，如对于汽油分析可采用甲苯作检验样品，因为甲苯含有汽油两个重要基团——甲基和苯环；测试样品为模型能覆盖的在线实际分析样品，用一定方式保存，以保证其组分不随时间发生变化；光学滤光片主要用于插入式探头的检测，其在材料上应不同于光谱仪内置的用于校正波长的滤光片。检验涉及 3 种方法：水平 0 检测，对光谱仪的变动进行测试，包括波长稳定性、光度噪声、基线稳定性、光谱分辨率和吸光度线性；水平 A 检测，用数学方法比较检验样品、测试样品或光学滤光片的光谱与其历史记录光谱之间的差异；水平 B 检测，用所建模型预测检验样品、测试样品或光学滤光片光谱，其预测值、马氏距离和光谱残差与历史值进行比较，以检测分析仪性能的变化。

在实际应用分析中，若连续 6 次测量光谱都为模型界外点，则必须用上述方法对仪器的性能进行检验，以确定模型界外光谱是不是由于光谱仪的变动引起的。

为保证近红外光谱在线分析数据的准确性，需要定期对其结果进行标定（ASTM E6122 建议每周一次）。可以采用两种方法保证分析数据的准确性：一是采用标准样品。但对于有些测试对象很难获得标准样品，这时可采用第二种方法，即与化验室数据进行对比，其差值应在基础测试方法要求的再现性范围内。如果差值超过范围，则需要再次采样分析，如果结果又满足了要求，说明采样或者化验室分析数据有问题，否则需要对硬件和模型进行系统检验，找出引起偏差的主要原因。而且，每隔一段时间（如1~2个月）要对这段时间的对比数据进行统计分析，可使用 ASTM E6122 推荐的3种质量控制图（单值控制图、指数权重移动平均控制图和两图移动范围控制图），即使两种方法之间的偏差满足要求，也可以根据统计结果判断分析仪的运行状态，如是否存在系统误差等。

在与化验室分析结果进行对比时，有几点问题值得注意：①在线分析样品与化验室分析样品在时间和组成上的一致性，即两者为"同一个"样品；②化验室所用的分析方法是建立近红外分析模型所采用的方法；③在化验室进行分析时，应尽可能用同一台设备由同一人员进行分析，如有可能应平行测定2~3次取平均值。

对在线近红外光谱分析系统的日常维护主要集中在光谱仪、样品预处理系统和分析模型3部分。光谱仪的光源能量会随着时间的变化逐渐下降，可通过光谱信噪比测试判断何时更换光源，更换光源后应对分析模型的有效性进行验证，以确保其变动对模型没有显著影响。此外，取样-测样装置也应定期检查和清洗，以防止光学窗片污染、刮伤或磨损等对分析结果的影响。样品预处理系统的维护包括各控制阀件和仪表工作是否正常以及一些耗用品（如干燥剂、过滤网/膜等）的更换。

对分析模型的修改与扩充是在线近红外光谱分析系统维护的主要内容，也是最复杂的环节。一般当出现模型界外样品时，就需考虑模型维护问题。以下因素可能会引起模型界外样品的出现：①待测样品的化学组分发生了变化，如添加了新组分或原有的一种或多种组分超出了模型覆盖的范围；②非样品化学组成因素引起的，如固体样品的粒度分布范围的改变、液体样品存有气泡、流通池或探头被污染引起的光程变化、环境引起的光谱仪改变、光源工作异常、样品温度或压力或流速发生变化等，都可能使光谱产生较大的改变，出现模型界外样品。当发生前一种情况时，需要及时将这些样品补充到样品集中，对近红外在线光谱分析模型进行更新，扩充模型的覆盖范围。若界外样品由后一种情况引起，则需要找出问题的具体原因，加以解决，如排除硬件故障，保证分析条件的一致性。对于样品粒度、温度、压力或流速等因素引起的界外样品，也可通过将这些变动因素引入模型的办法解决，但这样做会降低模型的精度。

在实际工作中，管理部门应根据仪器生产商和技术研发部门以及自身的现实情况，针对日常预防性维护、定期标定、常见故障处理以及特殊故障求援实施等问题制订出详细的行之有效的工作程序和细则，以减少故障率的发生，提高仪表的利用率，并且当仪表出现异常时得到及时有效的解决。

参考文献

[1] 褚小立,张莉,燕泽程.现代过程分析技术交叉学科发展前沿与展望[M].北京:机械工业出版社,2016.

［2］ 褚小立,李淑慧,张彤.现代过程分析技术新进展[M].北京:化学工业出版社,2021.
［3］ 王雁君,张蕾,房䶮,等.RIPP汽油精准调和技术[J].计算机与应用化学,2019,36(1):84-93.
［4］ Wu Y J,Jin Y,Li Y R,et al. NIR spectroscopy as a process analytical technology (PAT) tool for on-line and real-time monitoring of an extraction process[J]. Vibrational Spectroscopy,2012,58:109-118.
［5］ Pu Y Y,O'donnell C,Tobin J T,et al. Review of near-infrared spectroscopy as a process analytical technology for real-time product monitoring in dairy processing[J]. International Dairy Journal,2020,103:104623.
［6］ Grassi S,Alamprese C. Advances in NIR spectroscopy applied to process analytical technology in food industries [J]. Current Opinion in Food Science,2018,22:17-21.
［7］ 陆婉珍主编.现代近红外光谱分析技术[M].2版.北京:中国石化出版社,2006.
［8］ 褚小立,袁洪福,陆婉珍.在线近红外光谱过程分析技术及其应用[J].现代科学仪器,2004(2):3-21.
［9］ 褚小立,袁洪福,陆婉珍.用于石化工业的光谱和波谱类过程分析技术[J].现代科学仪器,2006(3):8-13.
［10］ 褚小立.化学计量学方法与分子光谱分析技术.北京:化学工业出版社,2011.
［11］ 褚小立主编.近红外光谱分析技术实用手册[M].北京:机械工业出版社,2016.
［12］ 陆婉珍,袁洪福,褚小立.近红外光谱仪器[M].北京:化学工业出版社,2010.
［13］ Chalmers J M. Spectroscopy in Process Analysis[M]. Sheffield:Sheffield Academic Press,2000.
［14］ 罗伯特 E.谢尔曼.过程分析仪样品处理系统技术[M].冯秉耘,等,译.北京:化学工业出版社,2004.
［15］ 褚小立,张莉,刘慧颖.近红外光谱在线仪器设备手册[M].北京:化学工业出版社,2022.

第5章 近红外光谱在重整装置中的研究与应用

5.1 应用基础研究

5.1.1 重整生成油详细烃组成的预测分析

催化重整可将石脑油中的环烷烃和链烷烃转化为芳烃以生产高辛烷值汽油调和组分或芳烃，还可为加氢装置提供氢气，是石油炼制的主要工艺过程之一。对重整生成油的详细烃组成分析有助于开展分子水平催化重整反应动力学研究，加深对环烷烃和链烷烃转化过程的认识，还可为催化剂性能评价、装置操作优化乃至炼厂物流优化提供支持[1-3]。

对重整生成油的详细烃组成分析，目前经典的方法是气相色谱法，但该方法分析时间较长，不能及时为生产装置提供分析数据。本小节介绍采用近红外光谱方法快速预测重整生成油的详细烃组成[4]。

5.1.1.1 样品与方法

（1）样品与基础数据

重整工艺汽油取自中国石化石油化工科学研究院催化重整中型装置，样品基本覆盖了不同原料、不同催化剂和不同操作条件等因素的变化。重整汽油详细族组成（$C_3\sim C_9$链烷烃及链烷烃总量、$C_5\sim C_8$环烷烃及环烷烃总量、$C_3\sim C_7$烯烃及烯烃总量、$C_6\sim C_9$芳烃及芳烃总量）由毛细管气相色谱法测得。

（2）光谱仪器与采集

NIR-2000近红外光谱仪（中国石化石油化工科学研究院研制，英贤仪器实业有限公司生产），5 cm玻璃样品池，光谱范围700～1100 nm，CCD检测器。以空气为参比，样品放入2 min后开始扫描。CCD扫描累加次数为50次。环境温度为（22±5）℃。

（3）校正模型建立

采用中国石化石油化工科学研究院编制的"RIPP化学计量学光谱分析软件2.0版本"，将93个重整汽油光谱与详细族组成数据组成校正集，使用偏最小二乘法（PLS）关联，建立定量模型。用马氏距离（MD）方法建立该类汽油的定性模型，并将建立的定量和定性模型打包生成测定重整汽油详细族组成（$C_3\sim C_9$链烷烃、$C_5\sim C_8$环烷烃、$C_3\sim C_7$烯烃、$C_6\sim C_9$芳烃）的产品模型。

建立模型时，根据光谱-组成相关系数图选择850～960 nm 光谱区间（图 5-1 是重整汽油近红外光谱一阶导数图与芳烃总量的相关性），光谱经一阶或二阶导数处理以消除样品颜色等因素的影响，最佳主因子数采用交互验证法所得的预测残差平方和（PRESS）确定，其校正参数及结果列于表 5-1。

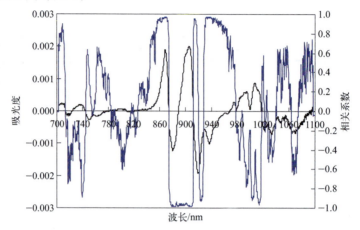

图 5-1　重整汽油近红外光谱一阶导数图与芳烃总量的相关性

表 5-1　重整汽油详细族组成校正结果

组　成	含量范围(质量分数)/%	预处理方法	主因子数	PRESS	相关系数	标准偏差(质量分数)/%
C_3 链烷烃	0.04～1.76	12 点一阶导数	4	9.87	0.4742	0.25
C_4 链烷烃	1.01～5.78	12 点一阶导数	6	20.17	0.8293	0.37
C_5 链烷烃	2.95～9.50	15 点二阶导数	6	28.63	0.9274	0.44
C_6 链烷烃	4.97～17.84	17 点二阶导数	6	40.80	0.9719	0.54
C_7 链烷烃	0.34～12.96	19 点二阶导数	6	21.69	0.9880	0.36
C_8 链烷烃	0.00～6.44	19 点二阶导数	6	11.70	0.9611	0.26
C_9 链烷烃	0.00～1.43	19 点二阶导数	6	1.01	0.9195	0.10
链烷烃总量	14.45～42.77	15 点一阶导数	6	68.97	0.9931	0.73
C_5 环烷烃	0.18～1.31	15 点二阶导数	5	0.26	0.8534	0.04
C_6 环烷烃	0.04～1.36	19 点二阶导数	4	0.92	0.9111	0.07
C_7 环烷烃	0.00～1.39	19 点二阶导数	6	0.15	0.9915	0.03
C_8 环烷烃	0.00～1.61	19 点二阶导数	6	1.50	0.8878	0.08
环烷烃总量	0.23～4.78	19 点二阶导数	6	6.20	0.9428	0.20
C_3 烯烃	0.00～0.16	15 点一阶导数	2	0.19	0.3561	0.03
C_4 烯烃	0.00～0.12	15 点一阶导数	5	0.01	0.8776	0.01
C_5 烯烃	0.04～0.71	19 点二阶导数	7	0.15	0.9668	0.03
C_6 烯烃	0.14～0.88	12 点一阶导数	6	0.69	0.8890	0.07
C_7 烯烃	0.00～0.43	12 点一阶导数	5	0.34	0.7770	0.04
烯烃总量	0.31～1.90	19 点二阶导数	7	2.22	0.9153	0.12
C_6 芳烃	7.15～14.46	19 点二阶导数	5	3.94	0.9878	0.16
C_7 芳烃	16.47～28.26	19 点二阶导数	5	20.63	0.9895	0.31
C_8 芳烃	17.92～27.89	19 点二阶导数	5	18.02	0.9862	0.33
C_9 芳烃	8.98～16.32	15 点一阶导数	5	21.26	0.9652	0.39
芳烃总量	53.73～84.12	11 点一阶导数	5	47.22	0.9955	0.62

由校正结果可以看出，C_3、C_4 链烷烃和 C_3 烯烃的校正结果不理想，这是因为在样品收集和谱图采集过程中部分较轻组分挥发了。此外，获得基础数据的气相色谱方法对这部分组成的测定误差也较大。对于剩余的其他详细族组成，校正结果较好。

5.1.1.2 方法准确性和重复性

选取未参与建模的 52 个重整汽油样品组成验证集，检验所建模型的有效性。

表 5-2 为近红外光谱测定的重整汽油详细族组成结果与气相色谱方法测定结果的对比统计结果。可以看出，与校正结果相同，C_3、C_4 链烷烃和 C_3 烯烃与气相色谱方法有较大的偏差，但基本满足常规分析方法的要求，对其他详细族组成结果两种方法具有较好的相关性。

表 5-2 GC 和 NIR 两种方法测定结果的对比统计结果

项 目	含量范围(质量分数)/%	相关系数	平均偏差(质量分数)/%	标准偏差(质量分数)/%	最大偏差(质量分数)/%
C_3 链烷烃	0.07~1.52	0.3524	0.30	0.38	0.83
C_4 链烷烃	2.01~5.20	0.7858	0.51	0.57	1.01
C_5 链烷烃	4.53~9.38	0.9462	0.51	0.61	1.06
C_6 链烷烃	6.50~17.78	0.9649	0.76	0.85	1.28
C_7 链烷烃	0.68~10.18	0.9854	0.39	0.46	0.74
C_8 链烷烃	0.00~3.36	0.9547	0.26	0.32	0.61
C_9 链烷烃	0.00~0.93	0.8991	0.06	0.08	0.09
链烷烃总量	16.14~41.42	0.9920	0.91	1.10	1.56
C_5 环烷烃	0.22~1.14	0.8234	0.12	0.09	0.26
C_6 环烷烃	0.04~0.63	0.8323	0.06	0.07	0.10
C_7 环烷烃	0.00~0.86	0.9859	0.03	0.04	0.10
C_8 环烷烃	0.0~0.60	0.8562	0.07	0.09	0.12
环烷烃总量	0.49~2.72	0.9024	0.15	0.21	0.31
C_3 烯烃	0.00~0.15	0.3120	0.06	0.08	0.06
C_4 烯烃	0.00~0.10	0.8165	0.01	0.02	0.02
C_5 烯烃	0.04~0.68	0.8991	0.03	0.05	0.08
C_6 烯烃	0.23~0.83	0.8724	0.08	0.09	0.11
C_7 烯烃	0.00~0.17	0.8121	0.03	0.04	0.06
烯烃总量	0.37~1.75	0.9001	0.11	0.16	0.21
C_6 芳烃	8.49~13.56	0.9851	0.23	0.30	0.47
C_7 芳烃	17.05~27.83	0.9827	0.49	0.41	1.02
C_8 芳烃	18.45~26.77	0.9828	0.41	0.53	0.94
C_9 芳烃	9.42~14.86	0.9702	0.52	0.61	1.08
芳烃总量	55.41~82.22	0.9916	0.97	0.69	1.78

图 5-2～图 5-5 是两种方法测定验证集 C_6 链烷烃、C_8 芳烃、C_5 烯烃和 C_7 环烷烃的对比结果，说明近红外光谱测定重整汽油详细族组成的分析模型的有效性，可以用来快速分析重整汽油的 PONA（直链烷烃、烯烃、环烷烃、芳烃）及其详细族组成。

由所建立的校正模型对重整汽油的详细族组成进行重复性试验。任意选取一个样品，重复测量 7 次近红外光谱，由建立的校正模型计算该样品的详细族组成。重复性试验的统计结果见表 5-3，可以看出近红外光谱方法具有较好的重复性。

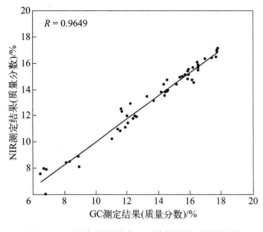

图 5-2 两种方法测定 C_6 链烷烃的对比结果

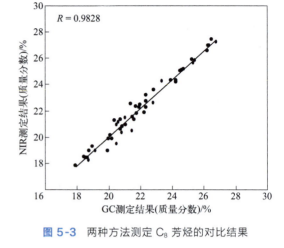

图 5-3 两种方法测定 C_8 芳烃的对比结果

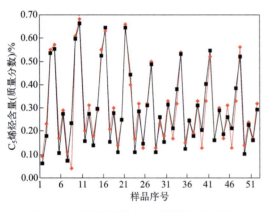

图 5-4 两种方法测定 C_5 烯烃的对比结果
—◆— GC 测定结果；—■— NIR 测定结果

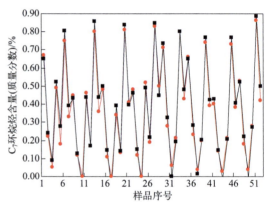

图 5-5 两种方法测定 C_7 环烷烃的对比结果
—●— GC 测定结果；—■— NIR 测定结果

表 5-3 近红外光谱方法重复性试验结果

项目	C_3 链烷烃	C_4 链烷烃	C_5 链烷烃	C_6 链烷烃	C_7 链烷烃	C_8 链烷烃
标准偏差(质量分数)/%	0.08	0.10	0.18	0.21	0.19	0.14
项目	C_9 链烷烃	链烷烃总量	C_5 环烷烃	C_6 环烷烃	C_7 环烷烃	C_8 环烷烃
标准偏差(质量分数)/%	0.05	0.37	0.02	0.03	0.01	0.03
项目	环烷烃总量	C_3 烯烃	C_4 烯烃	C_5 烯烃	C_6 烯烃	C_7 烯烃
标准偏差(质量分数)/%	0.11	0.01	0.01	0.01	0.03	0.02
项目	烯烃总量	C_6 芳烃	C_7 芳烃	C_8 芳烃	C_9 芳烃	芳烃总量
标准偏差(质量分数)/%	0.05	0.10	0.12	0.12	0.13	0.35

5.1.1.3 小结

应用近红外光谱和化学计量学方法建立了快速分析重整汽油详细族组成的分析校正模型，验证结果证明这是一种快速、准确的测定方法。与气相方法相比，具有操作简单、维护费用及测试费用低、重现性好等特点，特别适合于中间控制分析，可及时指导重整工艺的科研和生产。近红外光谱分析方法由于测试样品不需经过特殊预处理、分析速度快，尤其是光纤的应用使得这种方法可方便地对工业装置物流进行在线分析，从而将提高工厂的自动化程度，产生较大的经济和社会效益。

5.1.2 石脑油单体烃的预测分析研究

炼油过程与原料油的性质息息相关，而原料油的性质是由其组成分子的性质决定的，因而从分子水平上认识原料油的组成和性质，深入研究炼油过程的分子化学反应，有利于原料油加工路线的优化。石脑油是蒸汽裂解制乙烯装置和催化重整装置的主要原料之一，汽油池中高辛烷值组分的供应量以及芳烃、低碳烯烃等高附加值产品的产量都与石脑油加工过程密切相关，因此，对石化企业而言，快速获取石脑油的单体烃组成意义重大[5,6]。

该研究提出一种基于近红外光谱快速测定石脑油分子水平组成的方法，通过构建石脑油的单体烃分布比例库并采用样本数据增强（DA）方法解决小样本问题[7,8]建立石脑油的PINA（直链烷烃、支链烷烃、环烷烃和芳烃）值和单体烃分布比例预测模型，然后对石脑油的单体烃分布进行预测[9]。

5.1.2.1 样品与方法

（1）样本和数据收集

直馏石脑油样本由中国石化石油化工科学研究院分析实验室油品常压蒸馏装置收集，共50个。其馏程温度为15~180 ℃，收集周期为6个月，样本的PINA组成和单体烃含量按照《石脑油中单体烃组成测定法（毛细管气相色谱法）》(SH/T 0714—2002) 方法分析获得。

石脑油样本的近红外光谱用 Thermo Fisher 公司 Antaris Ⅱ 傅里叶变换型近红外分析仪采集，波数范围 10000~3500 cm^{-1}，分辨率 8 cm^{-1}，扫描次数128。

（2）技术路线

针对石脑油单体烃的快速分析提出一种预测方法：①以石脑油的PINA组成和单体烃含量的GC分析结果为基础建立石脑油单体烃分布比例库，包括石脑油近红外光谱和单体烃分布比例；②采用DA方法生成大量虚拟样本，并与实际样本混合；③以混合样本的近红外导数光谱在特征区间内的吸光度为输入变量、以样本的PINA组成为输出变量，采用偏最小二乘（PLS）方法建立PINA组成预测模型；④以混合样本近红外光谱为输入变量、以单体烃分布比例为输出变量，采用K-近邻回归（KNR）法建立石脑油单体烃分布比例预测模型。

在对待测样本进行单体烃分布预测时，首先测定该样本的近红外光谱，然后利用上述两个预测模型分别得到待测样本的PINA组成和单体烃的分布比例，最后将PINA组成与相应单体烃的分布比例相乘，即得到该样本的单体烃分布结果。

5.1.2.2 预测结果的准确性

采用KNR线性拟合预测模型对待测样本的单体烃分布比例进行预测，预测的关键是确定近邻样本的数量（k），计算过程中通过验证集样本中的预测值与实际值的预测均方根误差（RMSEP）确定k，该研究中k的最佳取值为2。

表5-4给出了验证集中有代表性的6个样本的单体烃分布比例的KNR预测结果。可以看出，每个样本的单体烃分布比例的预测值与气相色谱测定值的相关系数均在0.91以上，而且其RMSEP均在0.1以下，说明采用KNP模型预测样本单体烃分布比例效果较好。

表5-4 预测集样本的模型预测结果

样 本	RMSEP(质量分数)/%	R
1	0.0752	0.9529
2	0.0880	0.9351
3	0.0809	0.9441

续表

样 本	RMSEP(质量分数)/%	R
4	0.0813	0.9436
5	0.0943	0.9199
6	0.0655	0.9637

图 5-6 为预测集样本的单体烃分布比例的模型预测值与气相色谱测定值的拟合结果。从

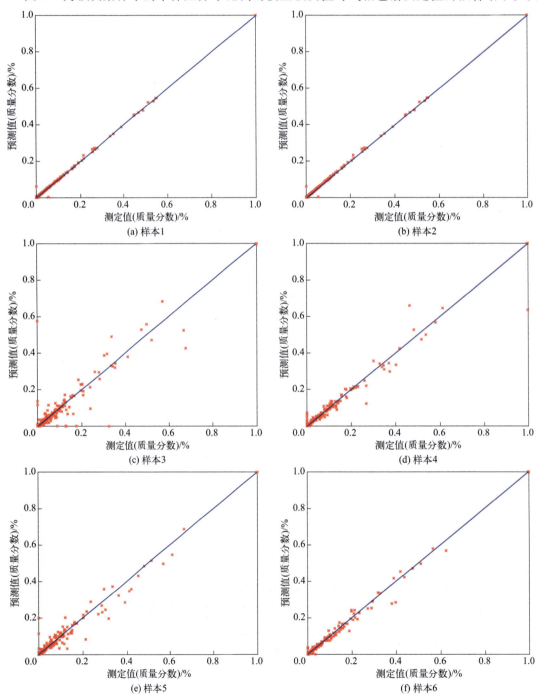

图 5-6 验证集中 6 个有代表性样本的单体烃分布比例预测值与测定值

图中可以观察到预测集样本的单体烃分布比例的 GC 测定值和 KNR 预测值基本吻合。

由表 5-4 和图 5-6 可以看出，在构建石脑油单体烃分布比例数据库的基础上，利用样本数据增强方法与 KNR 法预测未知石脑油单体烃分布比例，具有较好的准确性。

5.1.2.3 小结

该研究提出了一种基于近红外光谱预测石脑油分子水平组分的方法。该方法以气相色谱法测定的石脑油的 PINA 值和单体烃含量为基础，通过构建石脑油单体烃分布比例库建立石脑油的 PINA 组成预测模型和石脑油的单体烃分布比例预测模型，成功实现了对未知石脑油样本进行单体烃组成的定性、定量分析。此外，采用样本数据增强方法很好地解决了建模过程的小样本问题，扩充了样本量。

5.1.3 基础数据准确性对预测结果影响的研究

基础数据的准确性是影响近红外光谱分析结果的一个重要因素[10-15]。该研究以人工配制的四组分混合物体系和实际的重整汽油校正集样本为例，通过人为增加基础数据误差的方法探索基础数据的准确性对近红外光谱分析结果的影响[16]。

5.1.3.1 样品与方法

（1）样本和数据收集

用苯、甲苯、二甲苯和异辛烷试剂人工配制了 50 个四组分混合物样本，以苯含量作为分析对象，基础数据由配制过程中称重得到，苯含量的分布范围为 1.0%～6.5%。通过 K-S 方法选取 30 个样本组成校正集，验证集由剩余的 20 个样本组成。

收集了 135 个重整汽油样品，以研究法辛烷值（RON）为分析对象，基础数据由相应的标准方法 GB/T 5487 测定，RON 的分布范围为 90.0～104.5。通过 K-S 方法选取 100 个样本组成校正集，验证集由剩余的 35 个样本组成。

（2）光谱仪器与采集

仪器：NIR-6000 在线近红外分析仪（中国石化石油化工科学研究院研制，北京英贤仪器有限公司制造），5 cm 光纤流通池，CCD 检测器，光谱范围 700～1100 nm。光谱仪恒温温度为 37 ℃，恒温精度为 ±0.3 ℃。

光谱采集：以空气为参比，样品放入 2 min 后开始扫描，环境温度为（22±5）℃。

（3）数据处理

采用偏最小二乘（PLS）方法建立定量校正模型，最佳主因子数由交互验证法所得的预测残差平方和（PRESS）确定。模型由校正集标准偏差（SEC）和验证集标准偏差（SEP）等指标进行评价。各种光谱预处理方法、偏最小二乘校正方法和模型评价指标等算法均采用中国石化石油化工科学研究院编制的"RIPP 化学计量学光谱分析软件 2.0 版本"计算。

5.1.3.2 四组分混合体系

在构建模型过程中，首先对光谱数据应用一阶导数转换，并对原始数据执行中心化处理。参与偏最小二乘回归的光谱区域依据近红外光谱与苯含量之间的相关性系数图谱选定。表 5-5 列出了校正和预测结果，图 5-7 给出了校正和预测过程中苯含量的实配-预测相关图。由结果可以看出，校正集的 SEC 与验证集的 SEP 相当，NIR 测定苯含量的准确性（SEP）

约为 0.1%（质量分数）。由于该体系是通过称重配制的，称重的准确性为 0.001 g，考虑操作过程引入的误差，苯含量基础数据的准确性约为 0.05%（质量分数）。

表 5-5 四组分混合物中苯含量的 NIR 校正与预测结果

光谱预处理方法	光谱区间	主因子数	SEC(质量分数)/%	SEP(质量分数)/%
一阶导数	750～1050 nm	4	0.06	0.09

为考察基础数据准确性对近红外光谱分析结果的影响，人为给校正集样本的苯含量增加误差，重新按照上述步骤建立校正模型，并对 20 个验证集样本的苯含量进行预测，通过 SEP 评价基础数据准确性对近红外光谱分析结果的影响。

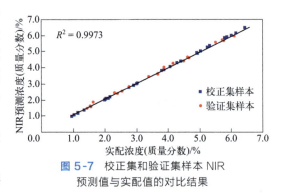

图 5-7 校正集和验证集样本 NIR 预测值与实配值的对比结果

分别通过以下 3 种方式增加校正集样本基础数据的误差：

（1）对校正集样本原始基础数据 x_i 添加绝对误差 Δx，即 $x_i \pm \Delta x$，其中 Δx 取正值，对偶数序号样本采用加号，对奇数序号样本采用减号，校正集样本序号随机排列。

（2）对校正集样本原始基础数据 x_i 添加相对误差 $x_i \times r\%$，即 $x_i \pm x_i \times r\%$，其中偶数序号样本采用加号，奇数序号样本采用减号。

（3）对校正集样本原始基础数据 x_i 添加正态分布的随机误差 Δx_i，即 $x_i \pm \Delta x_i$，其中随机误差 Δx_i 通过 MATLAB 软件自动生成。

按照第一种基础数据误差添加方式对校正集样本苯含量依次加上或减去 0.1%～1.0%（质量分数）的绝对误差，考察基础数据准确性变差对模型及其预测结果的影响。图 5-8 给出了 SEC 和 SEP 随绝对误差 Δx 的变化，图 5-9 和图 5-10 分别为绝对误差为 ±0.4%（质量分数）和 ±0.7%（质量分数）时校正集交互验证过程的结果以及验证集的预测结果。可以看出，随着基础数据准确性变差，SEC 和 SEP 都相应变大，但 SEP 的增长幅度远小于 SEC，说明尽管基础数据在一定范围内存在较大的绝对误差，但用其建立的 NIR 校正模型仍能得到较准确的预测结果。

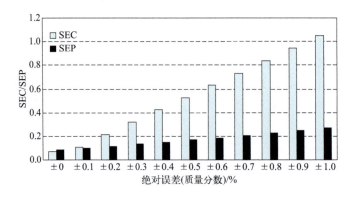

图 5-8 SEC 和 SEP 随校正集样本基础数据添加绝对误差 Δx 的变化

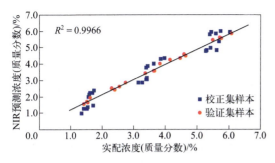
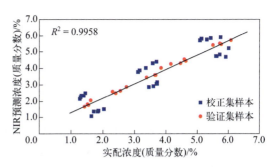

图 5-9 校正集样本基础数据添加±0.4%（质量分数）绝对误差时的 NIR 预测值-实配值的对比结果

图 5-10 校正集样本基础数据添加±0.7%（质量分数）绝对误差时的 NIR 预测值-实配值的对比结果

按照第二种基础数据误差添加方式对校正集样本苯含量依次加上或减去 1%、5%、10%、15%、20%（质量分数）的相对误差，图 5-11 给出了 SEC 和 SEP 随相对误差 $r\%$ 的变化，图 5-12 是相对误差为 10%（质量分数）时校正集交互验证过程的结果以及验证集的预测结果。由以上结果可以看出，随着相对误差 $r\%$ 的变大，SEC 和 SEP 都相应增大，但 SEP 的增长幅度远小于 SEC，说明如果建立模型所用的基础数据存在着一定程度的相对误差，NIR 方法仍能得到较准确的预测结果。

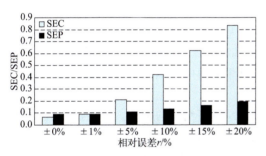
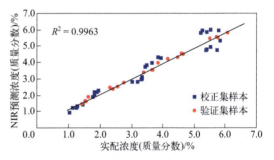

图 5-11 SEC 和 SEP 随校正集样本基础数据添加相对误差 $r\%$ 的变化

图 5-12 校正集样本基础数据添加 10%（质量分数）相对误差时的 NIR 预测值-实配值的对比结果

图 5-13 是按照第三种基础数据误差添加方式对校正集样本苯含量添加 5 组标准偏差为 0.1~0.5 的高斯分布随机误差［其对应的绝对误差范围分别为±0.2%、±0.4%、±0.5%、±0.8%、±0.9%（质量分数）］所得到的 SEC 和 SEP，图 5-14 为添加标准偏差为 0.4 的随机误差时校正集交互验证过程的结果以及验证集的预测结果。可以看出，与第一种和第二种基础数据误差添加方式的结果相似，随着基础数据添加随机误差的增加，SEC

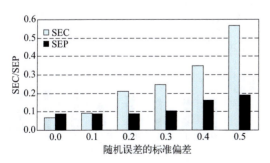
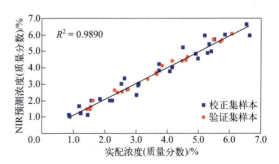

图 5-13 SEC 和 SEP 随校正集样本基础数据添加随机误差的变化

图 5-14 校正集样本基础数据添加标准偏差为 0.4 的随机误差时 NIR 预测值-实配值的对比结果

显著增加,但 SEP 增加缓慢,当校正模型的 SEC 增大到 0.55%(质量分数)时仍能得到较好的预测结果 [SEP=0.18%(质量分数)]。

5.1.3.3 重整汽油体系

研究法辛烷值(RON)是评价汽油抗爆性能的重要指标之一。在研制催化剂、优化工艺过程及汽油调和等方面,重整汽油辛烷值是一项必不可少的评价参数。本小节选取的重整汽油体系来自中国石化石油化工科学研究院重整中型装置。

模型建立过程与四组分体系完全相同,首先对光谱进行一阶导数处理,同时对基础数据进行中心化预处理,通过校正集的近红外光谱-RON 相关系数图选择参与 PLS 模型建立的光谱区间。表 5-6 列出了重整汽油 RON 的 NIR 校正和预测结果,图 5-15 为校正和预测过程中 RON 的实测-预测相关图。由结果可以看出校正集的 SEC 与验证集的 SEP 相当,假定标准方法测定 RON 为零误差,则 NIR 测定重整汽油 RON 的准确性(SEP)约为 0.24 个辛烷值单位。

表 5-6　重整汽油 RON 的 NIR 校正和预测结果

光谱预处理方法	光谱区间	主因子数	SEC	SEP
一阶导数	750~1050 nm	7	0.25	0.24

为考察基础数据的准确性对 NIR 分析重整汽油 RON 的影响,采用与四组分混合体系完全相同的 3 种误差添加方式,对校正集样本的 RON 基础数据分别重新建立校正模型,并对 35 个验证集样本的 RON 进行预测,通过 SEP 评价基础数据准确性对 NIR 分析结果的影响。结果表明 3 种误差添加方式对重整汽油 RON 分析结果的影响与四组分混合体系得到的规律几乎完全一致。

限于篇幅,该研究只给出了添加随机误差对 RON 分析结果的影响。图 5-16 是按照第三种基础数据误差添加方式对校正集样本 RON 添加 7 组标准偏差为 0.1~0.7 的高斯分布随机误差(其对应的绝对误差范围分别为±0.2、±0.4、±0.5、±0.8、±1.1、±1.3 辛烷值单位)所得到的 SEC 和 SEP,图 5-17 和图 5-18 分别为添加标准偏差为 0.4 和 0.7 的随机误差时校正集交互验证过程的结果以及验证集的预测结果。可以看出,随着基础数据添加随机误差的增加,SEC 显著增加,但 SEP 增加缓慢,当校正模型的 SEC 增大到 0.80 时仍能得到较好的预测结果(SEP=0.31)。以上结果表明,实际建立 NIR 分析模型时可以将交互验证过程中偏差相对较大的样本保留在校正集中(偏差一般不应超过基础测试方法再现性要求的 1.5~2.0 倍),这样可在基本不影响模型预测能力的前提下增加模型的稳健性和适用性。

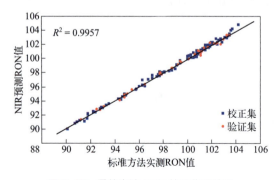

图 5-15　重整汽油 RON 校正集和验证集样本 NIR 预测值与实测值的对比结果

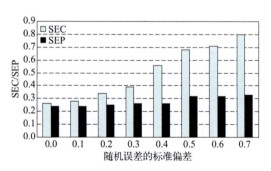

图 5-16　SEC 和 SEP 随校正集样本基础数据添加随机误差的变化

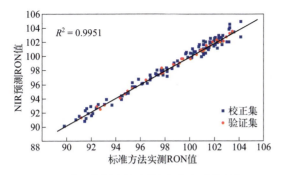

图 5-17 校正集样本基础数据添加标准偏差为 0.4 的随机误差时 NIR 预测值-实测值的对比结果

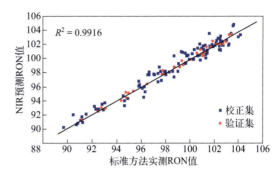

图 5-18 校正集样本基础数据添加标准偏差为 0.7 的随机误差时 NIR 预测值-实测值的对比结果

5.1.3.4 小结

通过以上研究可以得到以下结论：

① 基础数据的准确性对近红外光谱分析模型及其预测结果都有一定的影响，基础数据越准确，所建立模型的精度越高，其对未知样本的预测结果也越准确。

② 尽管近红外光谱分析模型是由基础数据回归得到的，但近红外光谱分析方法有可能得到更接近真值的预测结果。尤其对于精度相对较差的测试方法提供的基础数据，通过大量样本的近红外光谱分析和化学计量学统计处理，将有可能得到更精确的预测结果。

③ 实际建立近红外光谱分析模型时，可以将交互验证过程中偏差相对较大的样本保留在校正集中（偏差一般不应超过基础测试方法再现性要求的 1.5～2.0 倍），这样可以在基本不影响模型预测准确性的前提下增加模型的稳健性和适用性。

5.1.4 遗传算法用于波长筛选的研究

偏最小二乘（PLS）方法是目前多元校正中最常用的方法之一。在光谱结合 PLS 方法建模中，传统观点认为 PLS 方法具有较强的抗干扰能力，可全波长或根据相关性选取某波段参与建模。随着对 PLS 方法的深入研究和应用，通过特定方法筛选特征变量有可能得到更好的定量校正模型[17-19]。筛选特征变量不仅可以简化模型，更主要的是由于不相关或非线性变量的剔除，可以得到预测能力更强的校正模型。

遗传算法（GA）模仿自然界中的生物进化过程，包括自然选择和遗传的原则。通过应用选择、交叉（或称为交换）和变异等操作，算法在连续的迭代过程中逐步筛选出有助于优化目标函数的变量，同时淘汰效果不佳的变量。这个过程不断进化，直至找到问题的最优解或满意解。遗传算法自 20 世纪 70 年代提出以来，在国内已在许多领域得到应用，在特征变量筛选方面也获得了较好的结果[20,21]。该研究将遗传算法用于近红外光谱快速分析中的波长筛选，筛选后的波长变量再由 PLS 方法建立分析校正模型。应用实例表明，这不仅优化了模型，而且增强了所建模型的预测能力[22]。

5.1.4.1 样品与方法

（1）样品与基础数据来源

54 个重整工艺汽油由中国石化石油化工科学研究院催化重整中型装置提供，重整汽油中芳烃组成包括苯、甲苯、二甲苯和重芳烃（C_8 以上芳烃），芳烃组成各含量均由气相色谱测得。

（2）仪器与光谱采集

NIR-2000 近红外光谱仪（中国石化石油化工科学研究院研制，英贤仪器实业有限公司生产），5 cm 玻璃样品池，CCD 检测器，光谱范围 700～1100 nm，取点间隔 0.2 nm。以空气为参比，样品放入 3 min 后开始扫描。CCD 扫描累加次数为 50。环境温度为（22±5）℃。

（3）数据处理

偏最小二乘（PLS）方法和遗传算法（GA）程序及光谱预处理程序（如导数）均采用 MATLAB 语言编制。

5.1.4.2 变量筛选结果

为消除颜色等因素对校正结果的影响，通常需对光谱数据进行波段选择和导数等基线预处理。表 5-7 列出了不同波段和导数处理对重整汽油重芳烃校正结果的影响，其中 830～980 nm 波段经 11 点一阶导数处理的校正结果最好，此模型命名为 Model-all。综合以上结果，在用遗传算法筛选变量前，首先选取 830～980 nm 波段的光谱数据，再进行 11 点一阶导数处理。用于 PLS 建模的校正集由 43 个重整汽油样品组成，剩余的 11 个样品组成验证集，最佳主因子数采用交互验证法所得的预测残差平方和（PRESS）确定。

表 5-7 不同波段范围和预处理方法对重芳烃的校正结果

波段范围/nm	预处理方法	主因子数	PRESS	R
700～1100	无	5	40.93	0.7636
	9 点一阶导数	4	43.04	0.7320
	11 点一阶导数	4	40.67	0.7642
	13 点一阶导数	4	42.59	0.7435
830～980	无	4	41.08	0.7617
	9 点一阶导数	3	24.11	0.8245
	11 点一阶导数	3	19.54	0.8950
	13 点一阶导数	3	21.48	0.8743
880～930	无	4	42.11	0.7385
	9 点一阶导数	3	24.36	0.8186
	11 点一阶导数	3	21.01	0.8840
	13 点一阶导数	3	22.72	0.8625

遗传算法控制参数设定：初始群体 70，最大选取变量数 200，交叉概率 0.8，变异概率 0.1，遗传迭代次数 100。

将预处理后的光谱数据用遗传算法进行变量筛选。图 5-19 为经过 100 次迭代后变量选取的频率图，在 875 nm、913 nm、934 nm 附近变量选取频率最大，这正对应于芳烃、甲

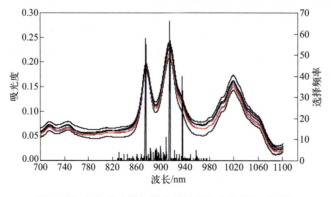

图 5-19 近红外光谱与遗传算法选取变量频率对照图

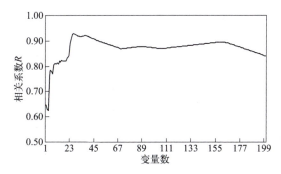

图 5-20 相关系数 R 随选取变量数的变化趋势图

基、亚甲基中 C—H 键三倍频吸收，说明遗传算法所选变量的合理性。图 5-20 为所有变量按选取频率重新排列后相关系数（r）随选取变量数的变化趋势图，由图可以看出最佳的变量为 26，从而得到所选变量。将所选变量组成新的数据矩阵，再用 PLS 方法重新建立测定重芳烃含量的校正模型。

遗传算法的初始群体是随机选取的，选择、交叉和变异也带有较强的随机性。为验证遗传算法的随机性对 PLS 建模结果的影响，连续进行了 4 次重复的遗传迭代过程。表 5-8 和表 5-9 分别列出了 PLS 建模结果及用所建模型对验证集的测定结果。结果表明，遗传算法的随机性由于经过多次遗传迭代，对 PLS 建模和预测结果影响不大，但其结果均好于模型 Model-all 的结果。

表 5-8 遗传算法变量选取后 PLS 校正结果

模型名称	次数	选取变量数	主因子	PRESS	R
Model-26	No. 1	26	3	13.56	0.9280
Model-29	No. 2	29	3	12.79	0.9323
Model-38	No. 3	38	3	12.96	0.9313
Model-33	No. 4	33	3	12.17	0.9357

表 5-9 不同模型对验证集样品的预测结果　　　单位：%（质量分数）

样品号	实测值	Model-all		Model-26		Model-29		Model-38		Model-33	
		PRE	DEV	PRE	DEV	PRE	DEV	PRE	DEV	PRE	DEV
CZ01	13.96	12.35	−1.61	12.64	−1.32	12.78	−1.18	12.82	−1.14	13.20	−0.76
CZ02	8.99	9.23	0.24	9.11	0.12	9.50	0.51	9.52	0.53	8.89	−0.10
CZ03	8.82	9.19	0.37	8.42	−0.40	8.84	0.02	8.59	−0.23	8.51	−0.32
CZ04	11.14	11.74	0.60	11.34	0.20	11.39	0.25	11.29	0.15	11.98	0.84
CZ05	11.18	10.87	−0.31	11.84	0.66	11.63	0.45	11.64	0.46	11.73	0.55
CZ06	12.98	12.50	−0.48	12.67	−0.31	12.68	−0.30	12.48	−0.50	12.80	−0.18
CZ07	12.35	12.04	−0.31	12.47	0.12	13.25	0.90	13.06	0.71	12.33	−0.02
CZ08	12.62	12.23	−0.39	12.83	0.21	12.54	−0.08	12.71	0.09	12.49	−0.13
CZ09	9.20	8.32	−0.88	8.78	−0.42	9.17	−0.03	9.35	0.15	8.70	−0.50
CZ10	9.85	9.46	−0.39	9.10	−0.75	10.42	0.57	10.36	0.51	9.73	−0.12
CZ11	13.09	11.77	−1.32	12.40	−0.69	12.92	−0.17	12.89	−0.20	13.04	−0.05
RMSEP		0.68		0.56		0.56		0.54		0.44	

注：PRE—预测结果；DEV—偏差；RMSEP—预测均方根误差。

同时用这种方法建立了测定重整汽油的苯、甲苯、二甲苯含量的校正模型，其中遗传算法对苯、甲苯、二甲苯所选取的变量数分别为 17、26、39，遗传算法变量选取前后的校正和预测结果对比见表 5-10。结果表明，通过遗传算法进行变量选取，可优化校正模型，使其具有较强的预测能力。

表 5-10　遗传算法选取变量前后校正和预测结果

组分	变量选取前		变量选取后	
	RMSEC(质量分数)/%	RMSEP(质量分数)/%	RMSEC(质量分数)/%	RMSEP(质量分数)/%
苯	0.44	0.35	0.37	0.28
甲苯	0.52	0.48	0.42	0.36
二甲苯	0.74	0.62	0.58	0.49

注：RMSEC—校正均方根误差；RMSEP—预测均方根误差。

5.1.4.3　小结

利用遗传算法对近红外光谱的波长变量进行筛选，再用 PLS 方法建立校正模型，不仅简化、优化了模型，而且增强了所建模型的预测能力。遗传算法用于近红外光谱结合偏最小二乘方法建模中的波长变量筛选尤其适用于信息弱、单纯 PLS 方法较难关联校正的体系。

5.1.5　样品温度稳健校正模型的建立

在近红外光谱实际应用中，建立预测能力好、抗干扰能力强的分析模型是至关重要的，这样的模型也称稳健校正模型（Robust Calibration Model），即外界条件如样品温度、样品状态、仪器所处的环境温度以及仪器光源状态等因素的变化对模型的预测能力影响较小[23-25]。建立稳健校正模型主要有 3 种方式[26,27]：一是对光谱进行预处理，消除各种外界因素对光谱的影响，常用的预处理方法有导数、有限脉冲响应（FIR）滤波、乘性散射校正（MSC）、分段乘性散射校正（PMSC）和正交信号校正（OSC）等；二是选取对外界影响因素不敏感的波长建立稳健校正模型，常用的变量筛选方法有模拟退火算法（SAA）和遗传算法（GA）；三是通过建立混合校正模型（Hybrid Calibration Model），也称全局校正模型（Global Calibration Model），将意料到的外界影响因素包含到校正集中，以实现校正模型的稳健性。

在影响近红外光谱分析准确性的诸多因素中，样品温度影响较严重。温度不仅影响样品吸光度，而且也影响波长位移，导致谱带变形。因此，若预测时的样品温度与建立模型时的样品温度有较大差别，会给预测结果带来较大的偏差。所以，在实际应用中需要建立抗温度干扰性强的近红外稳健校正模型，以保证分析结果的准确性。本小节以温度对重整汽油近红外光谱的影响为研究体系，考察了上述 3 种方式对建立温度稳健模型的有效性，并详细考察了温度补偿校正集的样本数及其分布对校正模型稳健性的影响[28]。

5.1.5.1　算法概述

（1）预处理方法

主要考察了 4 种预处理方法：

① 导数（Derivative）。包括一阶导数（1st Derivative）和二阶导数（2nd Derivative），主要用来消除基线的漂移，采用 Savitzky-Golay 算法。

② 分段乘性散射校正（Piecewise Mutiplicative Scatter Correction，PMSC）。其目的是将光谱中的散射光信号与化学吸收信息进行分离，消除散射光的影响。

③ 有限脉冲响应（Finite Impulse Response，FIR）滤波。该方法曾用于无标解决模型传递问题。

④ 正交信号校正（Orthogonal Signal Correction，OSC）算法。这是近几年来提出的一

类谱图预处理新方法，目前已有近 10 种具体的算法。其原理是将光谱阵与浓度阵正交，滤除光谱与浓度阵无关的信号，再建立定量校正模型，达到简化模型及提高模型预测能力的目的。本小节采用许多文献中引用的文献［29］和文献［30］所述的两种算法，分别简称为 OSC1 算法和 OSC2 算法。

（2）波长筛选方法

采用遗传算法选取波长，其具体的实现过程参见文献［25］。不同之处在于适应度函数的设计，本小节的适应度函数是校正补充集Ⅰ（由 5 个样品分别在 15 ℃和 35 ℃下采集的 10 条光谱组成）的标准偏差（SECV）。

（3）校正方法与模型评价指标

采用偏最小二乘（PLS）方法建立定量校正模型，最佳主因子数由交互验证法所得的预测残差平方和（PRESS）确定。

模型评价指标包括校正集标准偏差（SEC）、验证集标准偏差（SEP）和平均偏差（AE）。

5.1.5.2 实验设计与方法

（1）样本分集

将收集到的 93 个重整汽油样品（其研究法辛烷值 RON 和苯含量均由相关的标准方法测定）分成以下 4 个集：

① 校正集。用 K-S 方法从 93 个样品中选取 58 个样品组成，样品在 25 ℃下采集光谱，用来建立 25 ℃校正模型，称为 25 ℃校正集。

② 校正补充集Ⅰ。从①剩余的 35 个样品中用 K-S 方法选取 5 个样品组成，分别在 15 ℃和 35 ℃下采集光谱。该集有两个用途：一是和校正集一起组建温度混合校正集Ⅰ，二是其 SECV 用作遗传算法的适应度函数。

③ 校正补充集Ⅱ。从②剩余的 30 个样品中随机选择 5 个样品组成，分别在 15 ℃和 35 ℃下采集光谱，和校正集一起组建温度混合校正集Ⅱ，用来考察随机样品分布对温度稳健模型的影响。

④ 验证集。由③剩余的 25 个样品组成，分别在 15 ℃、25 ℃、35 ℃下采集光谱，分别称为 15 ℃验证集、25 ℃验证集、35 ℃验证集，用来评价所建模型的稳健性。

（2）实验设计

实验设计路线如下：

① 采用 25 ℃校正集，分别进行各种方法预处理或波长筛选后，用 PLS 方法建立 25 ℃校正模型。用 15 ℃验证集、25 ℃验证集、35 ℃验证集的 SEP 为目标函数，考察各种预处理方法及波长筛选对建立温度稳健模型的影响。

② 将 25 ℃校正集分别与温度补偿校正集Ⅰ和温度补偿校正集Ⅱ组建成温度混合校正集（或称温度全局校正集），经导数处理后，用 PLS 方法建立温度混合校正模型，同样以 15 ℃验证集、25 ℃验证集、35 ℃验证集的 SEP 为目标函数，考察该方式所建模型抗温度干扰的预测能力以及添加样品数量和分布的影响。

（3）仪器与数据处理

仪器：NIR-3000 近红外光谱仪（中国石化石油化工科学研究院研制），5 cm 玻璃样品池，CCD 检测器，光谱范围 700～1100 nm。光谱仪恒温温度为 37 ℃，恒温精度为±0.3 ℃。样品室恒温温度为 15～35 ℃连续可变，恒温精度为±0.2 ℃。

数据处理：各种预处理方法、遗传算法及偏最小二乘均由 MATLAB 语言编制。

5.1.5.3 温度对光谱的影响

图 5-21 为一验证集样品分别在 15 ℃（蓝色）、25 ℃（绿色）、35 ℃（红色）下采集的光谱图。由原始光谱和消除基线漂移的二阶导数光谱可以看出，在 15～35 ℃范围内，随着温度的升高，吸光度下降，但碳氢混合物的主要特征吸收峰（芳环 C—H 在 878 nm 附近，甲基 C—H 在 914 nm 附近）的位置并未发生变动。说明在该温度范围内温度的变化只影响重整汽油光谱的吸光度，而未对其特征吸收波长位置产生明显影响。

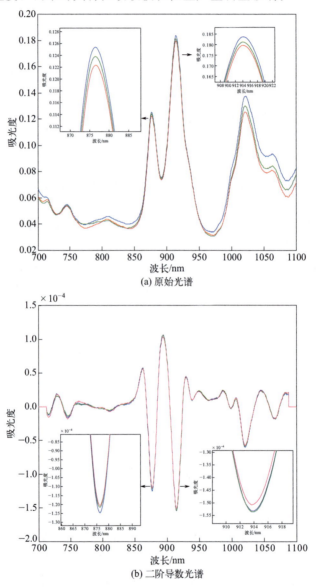

图 5-21 温度对重整汽油近红外光谱的影响

图 5-22 是验证集样品在 3 个温度点下所测光谱的主成分分析得分分布图。可以看出，第一主成分和第二主成分几乎不受温度变化影响，但温度明显影响第三主成分，随温度的升高，第三主成分得分下降。由于第三主成分的累积贡献仅为 5.3%（第一、二主成分分别占 77.6% 和 9.2%），其对分析结果的影响有限，即有可能通过以上提到的 3 种方法建立对温度稳健的校正模型。

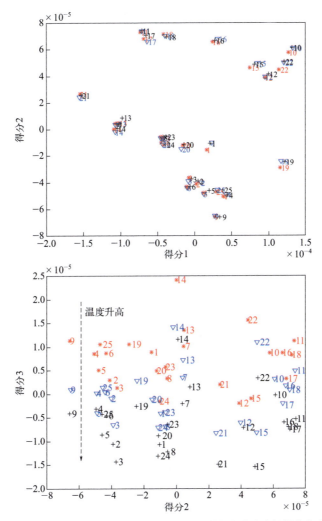

图 5-22 验证集样品在 3 个温度点下所测光谱的主成分分析得分分布图
▽—15 ℃；*—25 ℃；+—35 ℃

5.1.5.4 预处理方法的效果

分别用导数（一阶、二阶）、FIR、PMSC、OSC1 和 OSC2 对 25 ℃校正集中的光谱进行预处理，然后使用 PLS 方法建立测定重整汽油 RON 和苯含量的校正模型。对 15 ℃、25 ℃ 和 35 ℃验证集光谱用对应的预处理方法进行运算，用已建立的校正模型计算结果。

表 5-11 不同预处理方法及参数对重整汽油辛烷值模型的影响

预处理方法	预处理参数	主因子	SEC	SEP		
				15 ℃	25 ℃	35 ℃
一阶导数	窗宽：15	6	0.37	0.54	0.36	0.70
二阶导数	窗宽：25	6	0.33	0.51	0.35	0.65
FIR	窗宽：80	7	0.41	0.55	0.45	0.57
PMSC	窗宽：65	7	0.38	0.54	0.44	0.57
OSC1	因子数：3	4	0.31	0.81	0.65	0.94
OSC2	因子数：2	5	0.26	0.74	0.61	0.88
一阶导数-FIR	窗宽：15~65	6	0.36	0.50	0.52	0.80

表 5-12　不同预处理方法及参数对重整汽油苯含量模型的影响

预处理方法	预处理参数	主因子	SEC(质量分数)/%	SEP(质量分数)/%		
				15 ℃	25 ℃	35 ℃
一阶导数	窗宽：15	4	0.31	0.37	0.35	0.40
二阶导数	窗宽：25	4	0.30	0.42	0.32	0.39
FIR	窗宽：60	6	0.34	0.40	0.42	0.43
PMSC	窗宽：45	6	0.33	0.40	0.38	0.40
OSC1	因子数：2	3	0.25	0.51	0.44	0.54
OSC2	因子数：1	3	0.21	0.55	0.40	0.58
一阶导数-FIR	窗宽：15~65	4	0.33	0.39	0.32	0.52

导数、FIR、PMSC 预处理方法需要选择最佳窗口宽度。对 FIR、PMSC 预处理方法，若窗口宽度选择不当，会出现"鬼峰"。这里考察的窗口宽度范围为 10~120，间隔 5 点，按验证集的 SEP 最小值进行选取。OSC 预处理方法需要选择最佳剔除因子数，所剔因子数的变化范围为 1~5，同样按 SEP 进行选取。表 5-11 和表 5-12 列出的预处理参数均为优选后的结果。

表 5-11 和表 5-12 分别列出了不同预处理方法对 15 ℃、25 ℃、35 ℃ 验证集中 RON 和苯含量测定结果的影响。由结果可以看出，15 ℃、35 ℃ 验证集的 SEP 远大于 25 ℃ 校正集的 SEC，其中光谱经过 FIR 和 PMSC 处理后，不仅 25 ℃ 模型校正结果变差，其 25 ℃ 验证集的预测能力也有不同程度的下降。如图 5-23 所示，25 ℃ 校正集光谱经 RON-OSC1（即用 RON 数据将光谱进行正交处理，滤除与 RON 不相关的信息）处理后，对辛烷值有正贡献的芳烃 C—H、甲基 C—H（苯环上甲基间发生偶合分裂为两个吸收峰）呈正吸收，而对辛烷值有负贡献的亚甲基 C—H 则呈负吸收。经苯-OSC1（即用苯含量数据将光谱进行正交处理，滤除与苯不相关的信息）处理后，苯的特征吸收（875 nm）呈正吸收，而与苯无关的甲基 C—H 和亚甲基 C—H 则呈负吸收（图 5-24）。

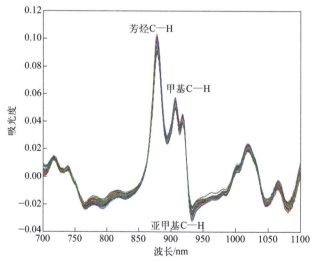

图 5-23　校正集光谱经 RON-OSC1 处理后的光谱

尽管光谱经 OSC 处理可将浓度阵正交的信息剔除，使光谱更易解释，也使建模质量（SEC）有所提高，但不论对 25 ℃ 验证集还是 15 ℃、35 ℃ 验证集，其预测能力却明显下降

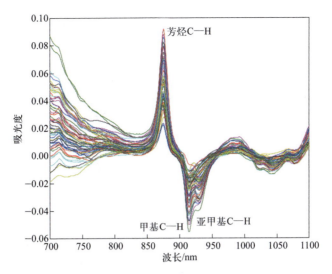

图 5-24 校正集光谱经苯-OSC1 处理后的光谱

(可能是过拟合的原因),说明 OSC 预处理方法不适合本书所研究的体系。

以上结果表明,仅用所考察的这些预处理方法不能有效消除温度对所选体系光谱的影响,无法建立温度稳健校正模型。

5.1.5.5 波长筛选方法的效果

在 700～1100 nm 范围内所涉及的波长包含以下 3 类:①与待测性质无关的波长;②与待测性质相关但对温度敏感的波长;③与待测性质相关但对温度不敏感的波长。希望通过 GA 方法筛选出第三类波长,用其建立温度稳健的分析校正模型。

在用 GA 方法选取波长前,先用二阶导数对 25 ℃校正集光谱和 10 个校正补充集 I 光谱进行预处理,以消除基线漂移。遗传算法控制参数设定:初始群体 50,最大选取变量数 150,交叉概率 0.8,变异概率 0.1,遗传迭代次数 100。图 5-25 和图 5-26 分别是 GA 方法对重整汽油 RON 和苯含量所选取的波长。可以看出,对不同的性质所选取的波长不同,但有一共同点,即所选取的波长都不在特征吸收峰上,而是分布在特征吸收峰的两侧。这些波长可能对温度变化不敏感,用来建立温度稳健的校正模型。

表 5-13 GA 方法筛选的波长建立重整汽油 RON 的模型结果

波长筛选数目	SEC	主因子	SEP		
			15 ℃	25 ℃	35 ℃
未筛选	0.33	6	0.51	0.35	0.65
47 个	0.36	5	0.40	0.34	0.42
39 个	0.34	3	0.43	0.33	0.42
38 个	0.35	4	0.41	0.33	0.37
81 个	0.35	4	0.44	0.35	0.41

用 25 ℃校正集的二阶导数光谱和 PLS 方法,基于 GA 方法筛选的波长分别建立测定重整汽油 RON 和苯含量的分析模型,并对 15 ℃、25 ℃和 35 ℃验证集进行预测,其结果列于表 5-13 和表 5-14。为防止 GA 算法的随机偶然性,连续进行了 4 次筛选。经波长筛选后,15 ℃、25 ℃和 35 ℃验证集的 SEP 都有不同程度的下降,提高了模型抗温度干扰的能力,

使 SEC 和 SEP 基本相当，说明通过 GA 方法筛选的波长可以建立温度稳健的分析模型。

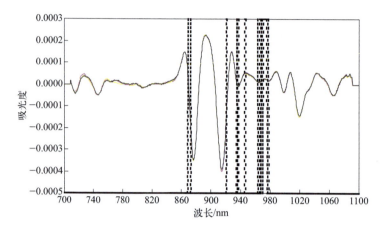

图 5-25　GA 方法对重整汽油 RON 所选取的波长

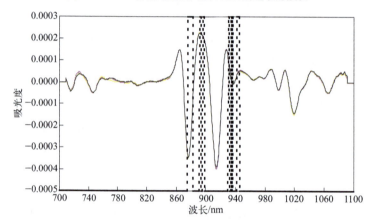

图 5-26　GA 方法对重整汽油苯含量所选取的波长

表 5-14　GA 方法筛选的波长建立重整汽油苯含量的模型结果

波长筛选数目	SEC(质量分数)/%	主因子	SEP(质量分数)/%		
			15 ℃	25 ℃	35 ℃
未筛选	0.30	4	0.42	0.32	0.39
36 个	0.31	3	0.23	0.25	0.24
41 个	0.31	3	0.21	0.27	0.24
68 个	0.31	3	0.30	0.29	0.26
43 个	0.31	3	0.22	0.26	0.26

5.1.5.6　温度补充校正方法的效果

分别将 25 ℃校正集光谱与温度补偿校正集 Ⅰ 和温度补偿校正集 Ⅱ 光谱组成温度混合校正集，并经二阶导数处理后，用 PLS 方法分别建立测定重整汽油 RON 和苯含量的混合分析模型。表 5-15 和表 5-16 分别是加入温度补偿校正集 Ⅰ 光谱数目对 RON 和苯含量 SEP 的影响。可以看出，随着加入光谱数目的增加，所有 SEP 都在减小，而且对 SEC 几乎无影响。加入 8 条光谱（即 4 个样品在 15 ℃、35 ℃两个温度点下采集的光谱）便可基本消除温度因素对分析模型的干扰，使 15 ℃和 35 ℃验证集的 SEP 与对应的 SEP 相当，并且优于波长筛选的结果。

表 5-15　加入温度补偿校正集Ⅰ光谱数目对 RON 模型的影响

加入光谱数目	SEC	主因子	SEP		
			15 ℃	25 ℃	35 ℃
0	0.33	6	0.51	0.35	0.65
2	0.34	6	0.50	0.33	0.58
4	0.35	6	0.49	0.32	0.47
6	0.35	6	0.38	0.31	0.39
8	0.36	6	0.37	0.31	0.37
10	0.35	6	0.35	0.31	0.37

表 5-16　加入温度补偿校正集Ⅰ光谱数目对苯含量模型的影响

加入光谱数目	SEC(质量分数)/%	主因子	SEP(质量分数)/%		
			15 ℃	25 ℃	35 ℃
0	0.30	4	0.42	0.32	0.39
2	0.30	4	0.37	0.31	0.31
4	0.30	4	0.33	0.31	0.29
6	0.29	4	0.33	0.30	0.29
8	0.31	3	0.33	0.31	0.29
10	0.30	3	0.30	0.30	0.28

与温度补偿校正集Ⅱ相比，温度补偿校正集Ⅰ是经 K-S 方法选取的，在性质分布上具有代表性。表 5-17 和表 5-18 分别是加入温度补偿校正集Ⅱ光谱数目对 RON 和苯含量 SEP 的影响，其结果与温度补偿校正集Ⅰ相似，验证集 SEP 随光谱数目增加，但略差于校正补充集Ⅰ的结果，尽管不明显，但仍说明温度补偿校正集的样品分布对模型的稳健性有一定的影响。所以，在建立温度稳健校正模型时，温度补偿校正集应尽量选择分布范围广且均匀的样品构成，否则需要添加较多的样品才能将温度因素消除。

表 5-17　加入温度补偿校正集Ⅱ光谱数目对 RON 模型的影响

加入光谱数目	SEC	主因子	SEP		
			15 ℃	25 ℃	35 ℃
0	0.33	6	0.51	0.35	0.65
2	0.34	6	0.51	0.33	0.61
4	0.36	6	0.50	0.32	0.50
6	0.35	6	0.47	0.31	0.46
8	0.36	6	0.42	0.31	0.42
10	0.36	6	0.38	0.31	0.39

表 5-18　加入温度补偿校正集Ⅱ光谱数目对苯含量模型的影响

加入光谱数目	SEC(质量分数)/%	主因子	SEP(质量分数)/%		
			15 ℃	25 ℃	35 ℃
0	0.30	4	0.42	0.32	0.39
2	0.30	4	0.39	0.31	0.35

续表

加入光谱数目	SEC(质量分数)/%	主因子	SEP(质量分数)/%		
			15 ℃	25 ℃	35 ℃
4	0.31	4	0.34	0.30	0.32
6	0.30	4	0.33	0.30	0.32
8	0.29	3	0.33	0.31	0.29
10	0.30	3	0.32	0.30	0.29

表5-19为25 ℃校正模型和温度混合校正模型Ⅰ对15 ℃、25 ℃和35 ℃验证集预测结果的平均偏差。25 ℃校正模型对35 ℃验证集RON和苯含量的预测结果偏低（RON低约0.6个单位，苯含量低约0.26%），对15 ℃验证集RON和苯含量的预测结果偏高（RON高约0.4个单位，苯含量高约0.17%），即用25 ℃校正模型分析15 ℃和35 ℃验证集的RON和苯含量存在系统误差。但由温度混合校正模型的结果可以看出这种系统误差可基本消除。

表5-19　25 ℃校正模型和温度混合校正模型Ⅰ对15 ℃、25 ℃和35 ℃验证集预测结果的平均偏差

项目	25 ℃校正模型			温度混合校正模型		
	15 ℃验证集	25 ℃验证集	35 ℃验证集	15 ℃验证集	25 ℃验证集	35 ℃验证集
RON	0.37	0.02	−0.56	0.01	−0.01	−0.14
苯(质量分数)/%	0.27	0.10	−0.16	0.02	0.11	−0.06

以上结果说明，通过将不同温度下采集的光谱（一般只需分布广且均匀的4～5个样品）组成混合校正集，建立温度混合模型，可将温度变化对光谱的贡献作为无关信息剔除，实现模型对温度的稳健性。

5.1.5.7　小结

该研究考察了光谱预处理、波长筛选及温度补偿校正集3类方法对建立温度稳健模型的可行性。实验结果表明，仅通过光谱预处理方法较难消除温度对重整汽油光谱的影响，不能建立有效的抗温度干扰分析模型。通过遗传算法选取信息强、对温度不敏感的波长建立温度稳健模型是一种可行的方式，但对不同的性质，选取的波长也不相同。由于此方法涉及较多的化学计量学知识和较大的工作量，其实用性有待进一步验证。

将不同温度条件下采集的光谱共同组成温度混合校正集，建立温度全局模型，可实现模型对温度因素的稳健性。该方法简单可行，还可用于建立其他影响因素（如非恒温型光谱仪的环境温度、不同样品池）的稳健分析模型。但在实际操作时应注意非线性问题，比如样品的温度变化范围较宽，其对光谱的影响可能会呈现非线性响应，仅靠PLS等线性校正方法很难建立一个满足分析指标要求的模型，可尝试通过神经网络等非线性校正方法或将混合校正集分类建立PLS模型途径解决。

5.1.6　小波变换提取定量建模信息的研究

近红外光谱背景干扰强，需要经过预处理，比如导数，提高分析精度；同时近红外光谱数据变量庞大（上千个变量），需要采用变量优选方法，比如区间法、相关分析法和遗传算法[5]，压缩变量，提高分析速度和分析精度。传统的光谱预处理方法存在一定的局限性，比如导数处理会引入光谱噪声，需要与去噪方法配合使用，同时导数参数（阶数和宽度）对分

析精度影响很大,需要进行优化。另外,光谱预处理和变量优选是分步进行的,使模型建立过程非常繁琐,因此需要采用新的信息处理方法。

小波变换(WT)能够将信号分解为不同频率、不同尺度的部分,能够聚焦到信号的任意部分,已经广泛用于分析化学领域[31,32]。小波变换在近红外光谱分析领域的应用主要体现在去噪、数据压缩、模型传递以及背景的扣除[33,34]。

该研究将小波变换用于近红外光谱的预处理,研究合适的有用信息提取方法,目的是提高分析精度和分析速度[35]。

5.1.6.1 小波算法概述

(1)小波变换基础理论

小波变换是傅里叶变换的发展与延拓,傅里叶变换的实质是将信号分解为以正弦或余弦为正交基的空间,而小波变换实质是把信号分解为不同尺度和频率的小波子空间,具体理论参见文献[31,32]。

通常采用mallat算法对信号进行小波分解和重构处理(图5-27)。其中,cA_0为原始信号,cA_j和cD_j分别是逼近系数(Approximate Coefficient)和细节系数(Detail Coefficient)的简称,N为原始信号数据维数。按照mallat算法进行一次分解,数据维数降低一半。逼近信号反映了原始信号的"骨架"信息,或者在信号轮廓上更逼近原始信号;细节信号则反映了局部的细微信息。

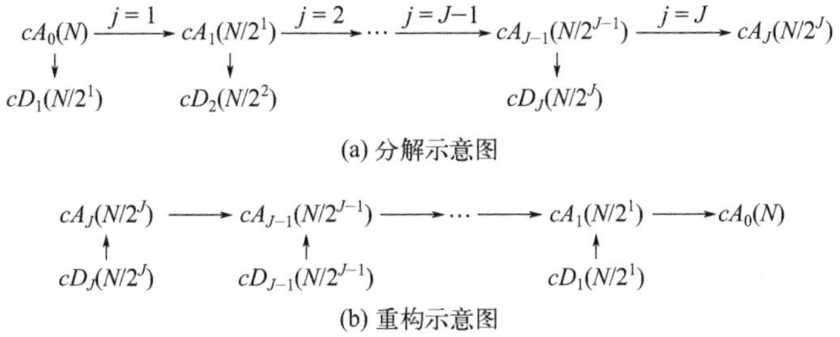

$$cA_0(N) \xrightarrow{j=1} cA_1(N/2^1) \xrightarrow{j=2} \cdots \xrightarrow{j=J-1} cA_{J-1}(N/2^{J-1}) \xrightarrow{j=J} cA_J(N/2^J)$$
$$\downarrow \qquad \downarrow \qquad \qquad \qquad \downarrow$$
$$cD_1(N/2^1) \quad cD_2(N/2^2) \qquad \qquad cD_J(N/2^J)$$

(a)分解示意图

$$cA_J(N/2^J) \longrightarrow cA_{J-1}(N/2^{J-1}) \longrightarrow \cdots \longrightarrow cA_1(N/2^1) \longrightarrow cA_0(N)$$
$$\uparrow \qquad \uparrow \qquad \qquad \uparrow$$
$$cD_J(N/2^J) \quad cD_{J-1}(N/2^{J-1}) \qquad cD_1(N/2^1)$$

(b)重构示意图

图5-27 mallat算法示意图

(2)有用信息提取方法

原始光谱经过小波变换处理后得到不同频率和尺度的小波系数。采用3种方法对系数进行处理:相关分析法、遗传算法和加权小波变换法。

相关分析法是近红外光谱分析中选取波长的常用方法,其基本思想是对小波系数和性质数据进行相关性分析,选取相关性强(高于某一阈值范围)的系数作为分析变量。其优点是物理意义强,便于理解,运算简便;缺点是不适用于性质数据与光谱数据呈非线性关系的体系,而且容易遗漏相关性差的有用信息。

遗传算法是通过模拟自然界生物进化过程搜索最优解的方法,常用于近红外光谱分析波长选取,其基本原理和算法见相应的文献[36]。其优点是变量选取功能强;不足是其过程非常复杂,参数多,不易于优化参数,运行时间比较长。该研究采用的参数为:初始群体70,最大选取变量200;交叉概率0.8;变异概率0.1;遗传迭代次数100。

加权小波变换法:该方法主要用于色谱的谱峰分离处理,基本思想是在小波变换重构过程中对不同水平的小波系数c赋上相应的权重w,然后进行重构。对有用信息的系数赋以较大的权重($w \gg 1$);反之,赋以较小的权重($w \ll 1$)。此方法关键是w的确定。该研究采用偏差-权重法：$w = E_j^{-2}$。其中 E_j 为 j 频率区间小波系数的性质分析平均偏差。

5.1.6.2 样品与方法

（1）样品和基础数据

收集 88 个重整汽油样品，其中 56 个作为校正集，32 个作为验证集。汽油辛烷值（RON）按照 GB/T 5487 方法测定。

（2）仪器和光谱测量

NIR-3000 近红外光谱分析仪（中国石化石油化工科学研究院研制），2048 像元线形 CCD 阵列检测器，分辨率优于 1.5 nm，光谱采集范围 700～1100 nm，数据间隔 0.2 nm。将重整汽油样品倒入 5 cm 玻璃样品池，稳定 3 min 后，以空气为参比进行光谱扫描，扫描次数为 10 次。

（3）校正方法

利用校正集光谱数据，采用 PLS（偏最小二乘）校正方法建立模型，然后利用验证集对模型进行检验。通过比较 SEC（校正集标准偏差）和 SEP（验证集标准偏差）评价模型性能。要求 SEC 和 SEP 小于标准方法的再现性偏差。所有数据处理采用 MATLAB 语言编写。

5.1.6.3 重整汽油近红外光谱的小波特性分析

图 5-28 是 88 个重整汽油的原始近红外光谱。原始光谱基线漂移非常严重，背景干扰特别强，在短波区间尤为严重，严重干扰性质分析（见表 5-19），其分析偏差超过标准方法的再现性，不符合分析要求。

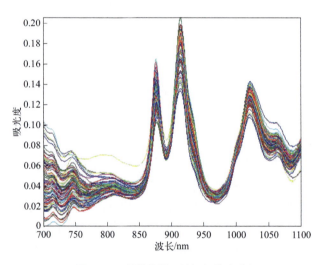

图 5-28 重整汽油原始近红外光谱

选用二阶 Daubechies 小波（Db2）为母小波，分解水平数为 9，对重整汽油样品近红外光谱小波进行分解，分别利用各个频率区间的小波系数作为光谱变量，结合 PLS 方法分析 RON，结果见表 5-20。不同频率区间的小波系数对 RON 分析贡献不同。其中频率较低的系数（cA9，cD9，cD8，cD7）以及频率较高的细节系数（cD1～cD4）对 RON 分析贡献较小，其分析偏差高于标准方法的再现性；处于中间频率的细节系数（cD5 和 cD6）对辛烷值分析贡献较大，分析精度较高，分析偏差小于再现性。

表 5-20 不同小波系数 RON 分析结果

小波系数	SEC	SEP	点数	小波系数	SEC	SEP	点数
cA_9	1.60	1.64	6	cD_4	0.63	0.75	127
cD_9	1.37	1.20	6	cD_3	1.15	1.23	252
cD_8	0.89	0.83	10	cD_2	1.36	1.54	502
cD_7	0.72	0.60	18	cD_1	1.85	1.77	1001
cD_6	0.44	0.37	34	原始光谱	1.40	1.00	2002
cD_5	0.49	0.44	65				
再现性要求：0.7							

分别对各个频率的系数进行单独重构，得到各个频率的子信号（A_9，D_9，…，D_1），如图 5-29 所示。从信号图来看，低频信号（D_7，D_8，D_9，A_9）主要反映光谱背景信号部分，高频区间细节信号（$D_1 \sim D_4$）反映光谱噪声信号部分，因此其分析精度较差；中间频率细节信号（D_5 和 D_6）背景信号和噪声信号均比较少，因此分析精度最高。

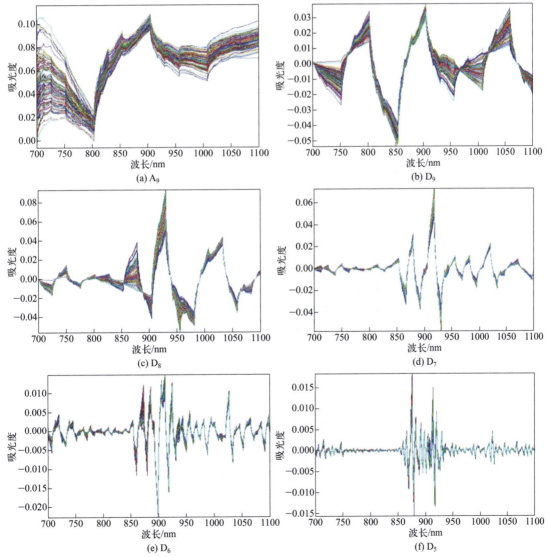

图 5-29

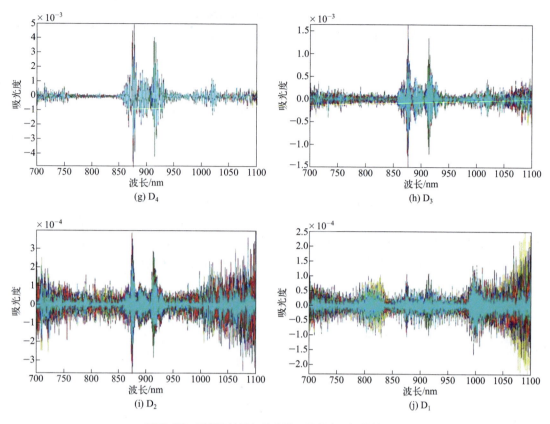

图 5-29 重整汽油近红外光谱不同频率区间的信号图

5.1.6.4 有用小波信息的提取与应用

小波变换参数包括母小波（w_n）和分解水平（J）。母小波的选择没有理论可循，只能根据分析结果进行筛选。对于离散信号的处理，通常选择具有正交性和离散小波变换功能的母小波。本小节考察 Daubechies 小波系列（其阶数分别为 2、4、6、8、10、12、16）、Symlets 小波系列（其阶数分别为 2、4、6、8、10、12、16）以及 Coiflets 小波系列（其阶数分别为 1、2、3、4、5）对 RON 分析结果的影响。结果表明，二阶 Daubechies 小波（Db2）作为最终的母小波，其 RON 分析精度最佳。分解水平 J 的确定应考虑光谱数据的维数 N（一般不超过 $\log_2 N$）以及信号处理目的；对于有用信息的提取，要求分解水平数尽可能大，本小节选用 9 作为小波分解水平。

按照选定的小波参数进行小波分解，得到全体小波系数（cA_9，cD_9，…，cD_1），分别采用相关分析法、遗传算法以及加权小波法对小波系数进行处理，结合 PLS 方法预测 RON，其分析结果见表 5-21。加权小波变换法通过权重强化有用信息，弱化无用信息，不存在有用信息的遗漏，因此其模型不仅稳健性最强（SEC 最小），而且预测精度最高（SEP 最小）。遗传算法是全局寻优方法，变量优选功能强，故其模型预测精度最高。传统的二阶导数-平滑方法也不存在有用信息的遗漏，分析精度也比较高。cD_6 小波系数中背景信息和噪声信息均比较弱，其分析精度与前三者基本相当。相关分析法只选取与 RON 线性关系强的信息，忽略部分线性关系弱的有用信息，故模型稳健性和预测精度均比较差。

表 5-21 不同预处理方法 RON 分析比较

方　法	点　数	SEC	SEP	所需过程
小波变换-遗传算法	10	0.40	0.35	小波分解和遗传算法处理
加权小波变换法	1001[①]	0.32	0.35	小波变换过程和权重选取过程
二阶导数＋平滑	1001[①]	0.38	0.36	导数参数和平滑参数选择
cD_6	34	0.44	0.37	小波分解
小波变换-相关分析法[②]	24	0.54	0.48	小波分解和阈值选取
原始光谱	1001[①]	0.74	0.77	

① 850~1050 nm。
② 阈值：0.9~1.0。

从预处理过程繁琐程度、变量数据大小以及运行时间来看，cD_6 操作最简便、变量少；遗传算法尽管存在较长的遗传算法处理过程，但变量数目最少，建模和预测时间最短；二阶导数＋平滑存在导数参数选取、平滑后处理以及变量数目多、建模时间长等不足；加权法不仅存在变量多所带来的不足，而且存在权重选择问题。综合比较，选用 cD6 或小波变换-遗传算法，不仅分析精度高，而且变量数目最少，运行速度最快，无需进一步去噪或平滑处理，能够同时解决近红外光谱分析中背景干扰强、光谱数据维数高、运行速度慢等问题，在近红外光谱分析中具有很广的应用前景。

表 5-22 列出了利用小波变换-遗传算法 RON 分析结果与 GB/T 5487 方法测定结果比较。结果表明，NIR 方法分析精度与 GB/T 5487 结果基本一致，二者之差小于 GB/T 5487 的再现性指标 0.7；成对 t 检验结果表明两种方法没有显著性差异，小波变换用于近红外光谱 RON 分析是可行的。

表 5-22 重整汽油 RON 近红外分析结果与 GB/T 5487 方法测定结果比较

样本序号	实测值	NIR	偏差	样本序号	实测值	NIR	偏差
1	98.4	97.9	0.5	17	94.2	94.1	0.1
2	98.2	97.9	0.4	18	97.3	97.0	0.3
3	100.9	100.7	0.2	19	95.6	95.5	0.1
4	104.6	105.1	−0.5	20	99.3	99.9	−0.6
5	94.3	94.7	−0.4	21	94.8	94.5	0.3
6	93.4	93.6	−0.2	22	105	105.2	−0.2
7	94.9	95.1	−0.2	23	101.7	101.8	−0.1
8	99.1	98.5	0.6	24	100.8	100.5	0.3
9	104.8	104.4	0.4	25	92.1	91.5	0.6
10	102.4	102.3	0.1	26	96.9	97.0	−0.1
11	101.8	101.8	0.0	27	96.2	96.8	−0.6
12	96.4	96.4	0.0	28	99.4	99.2	0.3
13	96.6	96.9	−0.3	29	100.3	100.2	0.1
14	93.8	94.3	−0.5	30	92.9	93.0	−0.1
15	98.3	98.3	0.0	31	100.6	100.5	0.1
16	100.8	100.6	0.2	32	101.4	101.8	−0.4
SEP							0.35
t							0.75
$t_{n-1,0.05}$							2.04

5.1.6.5 小结

近红外光谱具有较强的背景干扰,严重影响分析精度,变量维数多导致分析速度慢。采用小波变换处理,能够将背景和噪声与有用信息分离,其中背景主要分布在低频部分,噪声分布在高频细节部分,反映性质变化的信息集中在中间频率细节部分(cD_6和cD_5)。采用遗传算法对系数进行筛选或者直接采用中间频率(cD6)的细节系数作为光谱变量,可以同时达到扣除光谱背景和噪声以及压缩变量目的,无需去噪等后处理,具有预处理简单、运算速度快、分析精度高等优点,在近红外分析中具有很好的应用前景。

5.1.7 小波变换结合多维校正方法的研究

小波变换(WT)是近几年兴起的一种信号处理方法,它能将重叠混合信号分解为一系列不同频率的基元信号,达到对信号时频域的局部化分析。小波变换在近红外光谱平滑去噪、数据压缩和特征化学信息提取等方面已证明了其有效性。目前通常处理方法是先将光谱进行小波变换得到一系列小波系数,或通过阈值等方法去除小波系数中的高频元素(即平滑去噪),或根据相关系数等方法选择与待测组分最为相关的一个或多个小波系数(即特征化学信息提取),然后将这些小波系数进行反变换(重构),最终得到处理后的光谱信号[37]。采用上述方式,小波变换能够有效去除光谱噪声以及提取待测组分的特征信息,从而在一定程度上可提高所建校正模型的预测精度和稳健性。但这种方式最终是将分解选取得到的若干个不同频率的小波系数矩阵重构成一维的光谱向量,再采用常规的二维校正方法如 PLS 或 ANN 建立定量校正模型,这显然没有充分利用小波变换的高分辨优势,没有达到光谱预处理最优化的目的。

随着现代联用分析仪器技术的快速发展,有越来越多的仪器产生二维或更高维数的响应数据,例如激发-发射荧光仪、色-质和气相色谱-红外光谱联用仪等。当用这些仪器测量一组样本时,得到是一个三维数据矩阵。显然,建立在二维数据矩阵理论和双线性模型基础上的化学计量学方法已很难对三维量测阵进行分解、分辨和校正。为此,三维(多维)分解方法应运而生,如平行因子分析(PARAFAC)和 Tucker 3 算法等[38]。多维偏最小二乘(N-PLS)是 Bro 等基于三线性分解和经典 PLS 方法提出的三维矩阵校正算法[39],随后被迅速应用于激发-发射荧光光谱、色-质联用以及 QSAR 等定量校正模型的建立,获得了非常令人满意的结果[40-42]。

该研究将小波变换和最近发展的多维偏最小二乘(N-PLS)方法相结合,提出了一种用于建立近红外光谱定量校正模型的新方法[43]。实验结果表明,与普通的 WT-PLS 方法相比,这种方法建立的校正模型具有更强的预测能力和稳健性。

5.1.7.1 原理与算法

小波变换的实质是将光谱信号投影到小波基(或小波母)函数上,即光谱与小波基函数的内积,得到便于处理的小波逼近系数和细节系数。其中逼近信号反映了原始光谱信号的"骨架"信息,它在信号轮廓上更逼近原始光谱,一般为光谱背景信息;细节信号则反映了局部的细微信息,在高频区多为光谱噪声;反映样品组成变化的信息则集中在中间频率细节部分。

小波变换结合多维偏最小二乘法用于建立近红外光谱校正模型的基本思想是:首先对校正集中每个样品的光谱分别进行小波变换,然后选取一组特征小波细节系数组成如图 5-30

所示的三维光谱阵 $\underline{X}(I \times J \times K)$（其中 I 为校正集样品数，J 为选取的小波细节个数，K 为波长点数），再通过 N-PLS 建立校正模型。对于未知样本光谱，则首先通过小波变换组成三维光谱阵，再用已建立的校正模型进行预测分析。

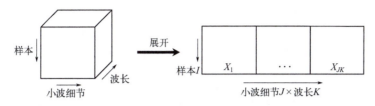

图 5-30　小波变换将校正集 NIR 光谱分解成三维光谱阵及其展开为两维矩阵示意图

N-PLS 算法原理是将三维立体阵 $\underline{X}(I \times J \times K)$ 分解为三线性模型 $X_{ijk} = \sum\limits_{f=1}^{F} t_{if} w_{jf}^{J} w_{kf}^{K} + e_{ijk}$（其中 t 为得分向量，w^J 和 w^K 为对应的两个载荷向量，F 为主因子数，e_{ijk} 为残差阵）。与传统 PLS 相同，N-PLS 在分解光谱阵的同时也对浓度阵 y 进行分解，并通过迭代使 $\underline{X}$ 和 y 两个分解过程合二为一。

N-PLS 的具体算法如下[13]。

（1）校正部分

$\underline{X}(I \times J \times K)$ 为校正集光谱阵，$y(I \times 1)$ 为校正集浓度阵。

① 将 $\underline{X}$ 展开为二维矩阵 $X_0(I \times JK)$，并确定主因子数 F，$f=1, 2, \cdots, F$。

② 计算 Z 矩阵，$Z_f = X_{f-1}^T y$。

③ 对 Z 矩阵进行奇异值分解，$[w^K, s, w^J] = \mathrm{svd}(Z_f)$。

④ 计算 $w_f = w^K \otimes w^J$，$\otimes$ 为矩阵的克罗内克积（Kronecker product）。

⑤ 计算 $t_f = X_{f-1} w_f$。

⑥ 计算 $q_f = y_{f-1}^T t_i$。

⑦ 计算 $u_f = y_{f-1} q_i$。

⑧ 计算 $b_f = (T_f^T T_f)^{-1} T_f^T u_f$，其中 $T_f = [t_1, t_2, \cdots, t_f]$。

⑨ 更新 X 和 y，$X_f = X_{f-1} - t_f w_f$，$y_f = y_{f-1} - T_f b_f q_f^T$。

⑩ $f = f+1$，返回③，依次求出 X、y 的 F 个得分和载荷。

（2）预测部分

对一未知样本光谱阵 $\underline{X}^{un}(1 \times J \times K)$，通过以下步骤计算得到预测结果：

① 将 $\underline{X}^{un}$ 展开为二维矩阵 $X^{un}(1 \times JK)$，并调用已保存的 w_f、b_f 和 q_f。

② 计算 $t_f = X_f^{un} w_f$，$X_f = X_{f-1}^{un} - t_f w_f$，$f = 1, 2, \cdots, F$。

③ 计算 $y_{\mathrm{pred}} = \sum\limits_{f=1}^{F} T_f b_f q_f^T$，其中 $T_f = [t_1, t_2, \cdots, t_f]$。

5.1.7.2　样品与方法

（1）样品集

88 个重整汽油样品，以研究法辛烷值（RON）为分析对象，基础数据由 GB/T 5487 方法测定，RON 的分布范围为 90.0～104.5。通过 K-S 方法选取 58 个样本组成校正集，剩余的 30 个样本组成验证集。所有校正集样品均在 25 ℃下采集光谱。验证集样品分别在 15 ℃、25 ℃、35 ℃下采集光谱，分别称为 15 ℃验证集、25 ℃验证集、35 ℃验证集，用于评价所建模型的准确性以及对样品温度变化的稳健性。

（2）仪器与数据处理

仪器：NIR-3000 近红外光谱仪（中国石化石油化工科学研究院研制，北京英贤仪器有限公司制造），5cm 玻璃样品池，CCD 检测器，光谱范围 700～1100 nm。光谱仪恒温温度为 37 ℃，恒温精度为±0.3 ℃。样品室恒温温度为 15 ℃～35 ℃ 连续可变，恒温精度为±0.2 ℃。

数据处理：小波变换、PLS、N-PLS 等算法程序，均由 MATLAB 语言编制。

5.1.7.3 小波变换参数的选择

小波变换用到的小波函数不具有唯一性，同一问题用不同的小波函数进行分析，结果可能相差甚远，因此小波函数的选用是实际应用中的一个难点。目前通常采用经验或尝试方法，通过结果对比选择最佳的小波函数。在小波函数家族中，有些已被实践证明是十分有效的，其中在光谱分析中最常用主要有 Haar 小波、Daubechies（DbN）小波、Coiflet 小波和 Symlets 小波等。

田高友等已证明了在近红外光谱区域 Daubechies 小波函数在光谱去噪和有用信息方面的强有效性[9]。本小节选择 Db2（Daubechies 小波，$N=2$）小波函数对原始光谱进行分解，小波分解和重构采用多分辨分析的 Mallat 算法，分解水平为 9。将分解后的小波细节系数 Cd1～Cd9 分别进行重构，得到与原始光谱具有相同维数的系列小波细节系数向量 Cd1～Cd9。

5.1.7.4 小波变换—三维 PLS 结果

从原始近红外光谱的小波细节系数 Cd1～Cd9 作图可以看出，光谱噪声主要分布在高频细节系数 Cd1～Cd3 中，Cd4～Cd7 为原始光谱中的有效特征信息，低频细节信号 Cd8～Cd9 和逼近信号 Ca9 则主要包含了光谱的强背景信息。分别将 Cd4～Cd7 中的小波细节系数进行组合构成校正集光谱阵 X，用 N-PLS 方法建立校正模型，最佳主因子数采用交互验证法所得的预测残差平方和（PRESS）确定。

表 5-23 给出了 Cd4～Cd7 所有可能组合光谱阵 X 通过 N-PLS 方法的建模结果以及利用这些模型分别对 15 ℃ 验证集、25 ℃ 验证集和 35 ℃ 验证集的预测结果。表 5-24 给出了采用原始光谱经一阶导数和二阶导数光谱预处理方法和常规 PLS 方法建立模型及其预测结果。从表中的对比结果可以看出，对于 25 ℃ 验证集，两种方法都能给出准确的预测结果，但大多数小波细节系数结合 N-PLS 方法的预测准确性优于传统 PLS 结果。对于 15 ℃ 验证集和 35 ℃ 验证集，由于验证集的样品温度与校正集的样品温度（25 ℃）有较大差别，仅通过导数预处理方法不能消除温度对光谱带来的影响，使得常规 PLS 方法的预测结果有较大的系统偏差。但采用小波变换结合 N-PLS 方法的预测结果表明，通过选取温度影响小、信息强的小波细节系数（Cd4 和 Cd5）组成立体阵，再利用 N-PLS 方法，可以建立对温度稳健的校正模型，15 ℃ 验证集和 35 ℃ 验证集的预测结果（SEP 分别为 0.37 和 0.32）与 25 ℃ 验证集相当（SEP 为 0.30），而且不存在系统偏差，证明了这种校正方法的优势。

表 5-23 不同小波细节系数组合的 N-PLS 建模和预测结果

参与建模的小波细节系数	建模结果		预测结果（SEP）		
	主因子数	SEC	15 ℃	25 ℃	35 ℃
Cd4，Cd5，Cd6，Cd7	7	0.33	0.58	0.33	0.63
Cd4，Cd5，Cd6	7	0.34	0.54	0.36	0.46

续表

参与建模的小波细节系数	建模结果		预测结果 （SEP）		
	主因子数	SEC	15 ℃	25 ℃	35 ℃
Cd4，Cd5，Cd7	7	0.36	0.56	0.35	0.52
Cd4，Cd6，Cd7	7	0.37	0.70	0.34	0.50
Cd5，Cd6，Cd7	7	0.33	0.55	0.35	0.54
Cd4，Cd5	7	0.33	0.32	0.32	0.35
Cd4，Cd6	7	0.38	0.64	0.46	0.60
Cd4，Cd7	7	0.35	0.78	0.35	0.57
Cd5，Cd6	6	0.35	0.48	0.34	0.42
Cd5，Cd7	7	0.35	0.57	0.33	0.49
Cd6，Cd7	7	0.35	0.65	0.33	0.50

表 5-24　不同光谱预处理方法结合常规 PLS 方法建立模型及其预测结果

预处理方法	建模结果		预测结果 （SEP）		
	主因子数	SEC	15 ℃	25 ℃	35 ℃
一阶导数	6	0.37	0.54	0.36	0.70
二阶导数	6	0.33	0.51	0.35	0.65

5.1.7.5　与其他方法的比较

对于三维量测数据，也可采用展开 PLS(Unfold-PLS) 方法进行定量校正，即将三维数据按图 5-30 所示沿着第二个变量 J 展开成二维矩阵（$I \times JK$），再通过标准的二维 PLS 算法建立模型。

表 5-25 给出了不同小波细节系数组合采用 Unfold-PLS 方法的建模结果以及对 15 ℃ 验证集、25 ℃ 验证集和 35 ℃ 验证集的预测结果。可以看出 N-PLS 方法所建模型无论从预测能力还是稳健性方面都优于 Unfold-PLS 方法。

表 5-25　不同小波细节系数的 Unfold-PLS 建模和预测结果

参与建模的小波细节系数	建模结果		预测结果 （SEP）		
	主因子数	SEC	15 ℃	25 ℃	35 ℃
Cd4，Cd5，Cd6，Cd7	9	0.40	0.47	0.30	0.49
Cd4，Cd5，Cd6	7	0.44	0.52	0.34	0.57
Cd4，Cd5，Cd7	9	0.41	0.68	0.33	0.46
Cd4，Cd6，Cd7	9	0.43	0.76	0.37	0.52
Cd5，Cd6，Cd7	9	0.40	0.68	0.35	0.57
Cd4，Cd5	7	0.37	0.52	0.30	0.45
Cd4，Cd6	7	0.74	0.56	0.47	0.56
Cd4，Cd7	7	0.36	0.70	0.37	0.53
Cd5，Cd6	8	0.54	0.53	0.34	0.44
Cd5，Cd7	7	0.43	0.55	0.30	0.43
Cd6，Cd7	8	0.35	0.54	0.39	0.46
Cd4	4	0.49	0.47	0.51	0.65
Cd5	7	0.37	0.57	0.30	0.60

续表

参与建模的小波细节系数	建模结果		预测结果（SEP）		
	主因子数	SEC	15 ℃	25 ℃	35 ℃
Cd6	7	0.38	0.51	0.39	0.58
Cd7	5	1.00	1.11	1.34	1.56

以上结果表明，由原始光谱经小波变换分解并选取特征小波系数组成的三维矩阵存在显著的三线性结构，显然，采用展开的方式和传统PLS方法会失去这种三线性数据结构优势，而通过N-PLS方法可有效利用这一优势，建立更优秀可靠的分析模型。

5.1.7.6 小结

该研究基于小波变换和多维偏最小二乘（N-PLS）方法提出了一种用于建立近红外光谱定量校正模型的新方法，该方法充分利用了小波变换的强分解和高分辨能力以及N-PLS方法的三线性分解特性。实验结果表明，采用这种方法建立的校正模型具有更强的预测能力和稳健性。利用这种校正思想还有望部分解决近红外光谱分析中的模型传递问题。

5.1.8 普鲁克分析用于不同仪器光谱传递的研究

模型传递的成功与否直接影响近红外光谱分析技术的广泛推广应用。首先因为建立满足实际应用要求的校正模型往往花费大量人力和物力，例如使用近红外光谱方法建立一个汽油辛烷值的分析模型，其费用约几十万元。对于使用毒性较大、不稳定、运输较困难的样品所建立的模型，费用会更大。如果在一台仪器上测谱建立的模型不能在另一台仪器上使用，就必须在该仪器上重新测谱和建立模型工作。再者，模型传递问题始终贯穿于近红外光谱分析技术应用的全过程，比如随着仪器的长期使用光源和部件需要更换维修。仪器维修前后的谱图测量往往存在差别，使原有的模型不再适用，需要重建模型。模型重建不仅工作量很大和很不经济，而且对有些模型重建工作实施尚有很大的困难。

目前用于模型传递的方法主要有两种[44-47]：一种为有标方法，这类算法必须选择一定数量的样品组成标样集，并在源机和目标机上分别测得其信号，从而找出该函数关系，如直接标准（Direct Standardization，DS）算法、分段直接校正（Piecewise Direct Standardizatio，PDS）算法和Shenk's算法等；另一种是无标方法，这类算法不需要任何标准样品，如有限脉冲响应（Finite Impulse Response，FIR）算法等。本小节针对国产CCD近红外光谱仪模型传递的固有特点，采用统计学上的普鲁克分析（Procrustes Analysis，PA）方法，取得了较好的传递结果[48]。采用的PA算法属于有标方法。

5.1.8.1 原理与算法

在统计学上，普鲁克分析（PA）用于比较两个矩阵 $X_1(m \times p_1)$ 和 $X_2(m \times p_2)$（其中m为样品数，p_1、p_2为变量个数），并求出矩阵 X_1 和 X_2 间的转换矩阵 F。普鲁克分析的数学模型表示为 $X_1 = X_2 F + E$ 和 $F = X_2^+ X_1$，求目标函数 $M^2 = \text{tr}\{(X_1 - X_2 F)^\text{T}(X_1 - X_2 F)\} = \text{tr}(E^\text{T} E)$ 为最小（其中 M^2 代表残差平方和，E 代表残差矩阵，tr 为迹运算，X_2^+ 为 X_2 的广义逆矩阵）。普鲁克分析在计算广义逆矩阵时采用奇异值分解方法。

将普鲁克分析用于解决模型传递的具体算法如下：

① 分别对矩阵 X_1 和 X_2 进行奇异值分解：$X_1 = U_1 S_1 V_1^\text{T}$，$X_2 = U_2 S_2 V_2^\text{T}$（其中 S 为对角

矩阵，收集了矩阵 X 的特征值；U 和 V^T 分别为标准列正交矩阵和行正交矩阵，收集了特征值所对应的列特征矢量和行特征矢量）。在光谱模型传递中，X_1 和 X_2 分别代表源机（Master）和目标机（Slave）所测的光谱矩阵（经过均值化或标准化预处理），U 代表得分（Score）矩阵，V 代表载荷（Loading）矩阵，U 矩阵和 V 矩阵包含了光谱矩阵间的旋转（Rotation）信息，S 矩阵包含了光谱矩阵间的拉伸（Stretching）信息。

② 分别求 $Z_1 = {}_g U_{1g} S_1$ 和 $Z_2 = {}_h U_{2h} S_2$，g 和 h 分别代表用于求 Z_1 和 Z_2 的主成分数。

③ 求取 Z_1 和 Z_2 间的转换矩阵 F：$F = Z_2^+ Z_1$。

④ 对一目标机上测定的光谱 x_{un}，可通过转换矩阵 F 和载荷矩阵 V 转换成与源机一致的光谱 x_{un}^P：$x_{un}^P = {}_g V_1 F^T ({}_h V_2^T x_{un})$。

5.1.8.2 样品与方法

(1) 仪器

5 台（以 A～E 标记）同型号 CCD 近红外光谱仪（NIR-2000 型，中国石化石油化工科学研究院研制），5 cm 玻璃样品池，CCD 检测器，光谱范围 700～1100 nm。

(2) 样品与基础数据测定

样品集 Ⅰ：由 72 个重整汽油样品和芳烃碳分布（$C_6 \sim C_9^+$ 芳烃）数据组成，芳烃碳分布数据由气相色谱测得。

样品集 Ⅱ：由 131 个催化裂化馏出口汽油和馏程（初馏点 IBP、10%、50%、90% 和终馏点 FBP）组成，馏程由 GB/T 6536 测得。

(3) 光谱采集

以空气为参比，样品放入 2 min 后开始扫描。CCD 扫描累加次数为 50，扫描速度为 20 ms/次。环境温度为 (22±5)℃。

样品集 Ⅰ：72 个重整汽油样品分别在 A、B、C 共 3 台仪器上采集，仪器 A 为源机（Master），仪器 B 和仪器 C 为目标机（Slave）。

样品集 Ⅱ：131 个催化裂化馏出口汽油分别在 D、E 共 2 台仪器上采集，仪器 D 为源机（Master），仪器 E 为目标机（Slave）。

(4) 标样选取

PA 算法为有标方法，其标样集的选取对传递效果有重要影响。本小节采用 Kennard-Stone 算法从校正集中选取标样。

(5) 模型建立和数据处理

用 54 个重整汽油样品（校正集 Ⅰ）建立测定芳烃碳分布（$C_6 \sim C_9^+$ 芳烃）的校正模型，其余的 18 个样品为验证集 Ⅰ。用 101 个催化裂化馏出口汽油（校正集 Ⅱ）建立测定馏程（初馏点 IBP、10%、50%、90% 和终馏点 FBP）的校正模型，剩余的 30 个样品作为验证集 Ⅱ。

建立校正模型所用的偏最小二乘方法以及光谱预处理方法（导数、平滑等）采用中国石化石油化工科学研究院编制的"RIPP 化学计量学光谱分析软件 2.0 版本"。Kennard-Stone 算法及 PA 算法程序由 MATLAB 语言编写。

5.1.8.3 仪器间光谱的响应差异

光谱仪是由多种部件组成的，同种部件的个体之间有差异，不同仪器的组装过程也有差异。所有这些差异导致同一型号的不同仪器间在光谱响应上有差异。客观上，不同工作原理的仪器和不同厂家的仪器都存在这种情况，只是差异程度有别。这些光谱差异直接影响模型的传递。解决的途径之一是通过提高仪器制造水平尽可能解决仪器间的不一致性，其二是通过化学计量学方法处理以消除这些差异。

为评价 PA 方法的效果和特点，必须获取来自不同仪器的一系列不同样本的光谱作为研究对象。表 5-26 列出了在 3 台 CCD 近红外光谱仪上测定的同一重整汽油样品的特征吸收值，可以看出所选的不同仪器间的特征波长和吸光度差异较大。光谱之间的变化并不是简单的平移，还有谱带形状上的变化。如对仪器 A，特征峰 1 和特征峰 2 间的间隔为 38.2 nm，仪器 B 的间隔为 37.6 nm，仪器 C 则为 37.8 nm。

表 5-26 同一样品在不同仪器上的特征波长和吸收

项目	CP-1/nm	ABS-1(AU)	CP-2/nm	ABS-2(AU)	CP-3/nm	ABS-3(AU)
仪器 A	875.2	0.1552	913.4	0.1599	1019.4	0.0996
仪器 B	875.0	0.1742	912.6	0.1821	1018.2	0.0884
仪器 C	875.2	0.1661	913.0	0.1701	1018.8	0.0912

注：CP—特征波长；ABS—吸光度。

5.1.8.4 PA 算法的传递效果

在 PA 算法求取 $Z_1 = {}_gU_1{}_gS_1$ 和 $Z_2 = {}_hU_2{}_hS_2$ 时，主因子数 g 和 h 的选取会严重影响模型传递的结果。主因子选取太小会丢失有用信息，选取太大会包含过多噪声而影响传递效果。由于在同一型号仪器间进行传递，取 $g=h$，评价最佳主因子数的参数为验证集的标准偏差（SEP）。

图 5-31 为不同主因子数对仪器 B 光谱传递后测定验证集 I 中 C_8 芳烃 SEP 的影响（标样数为 10）。由图可以看出，当主因子数取 4 时，SEP 最小。用该方法对验证集 I 其他性质以及验证集 II 的馏程的试验结果也表明最佳主因子数为 4。

对有标方法，标样集中标样数太少会导致所求的转换矩阵 F 包含的转换信息不充分，标样数太多又会给实际应用带来麻烦。本小节通过标样数与验证集的标准偏差（SEP）作图来确定合适的标样数。

图 5-32 为仪器 B 的光谱传递后测定验证集 I 中 C_8 芳烃的 SEP 随标样数的变化趋势图。由图可以看出，随着标样数的增多，SEP 逐渐下降，当标样数增至 6 时 SEP 变化幅度趋于平稳，因此选取标样数为 6。用作图的方法对验证集 II 的考察结果也表明合适的标样数为 6～10。

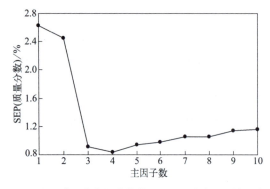

图 5-31 验证集的标准偏差（SEP）随主因子的变化

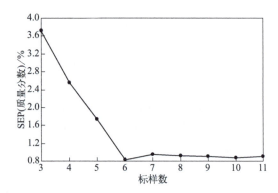

图 5-32 验证集的标准偏差（SEP）随标样数的变化

图 5-33(a)、(b) 为一汽油样品分别在源机 D、目标机 E 两台仪器上所测的近红外光谱及其差值，图 5-33(c)、(d) 是用 PA 方法（主因子数为 4，标样数为 6）将目标机 E 转换后的光谱及其与源机 D 所测光谱的差值。由结果可以看出，目标机 D 和源机 E 所测光谱间的差异较大。但目标机 E 的光谱通过 PA 转换后与源机 D 的光谱的差异大幅度减小，尽管还达不到此类型仪器对重复性的要求（$<4\times10^{-4}$），但通过谱图的预处理方法（如导数）可进一步缩小两者之间的差异，从而满足测试要求。

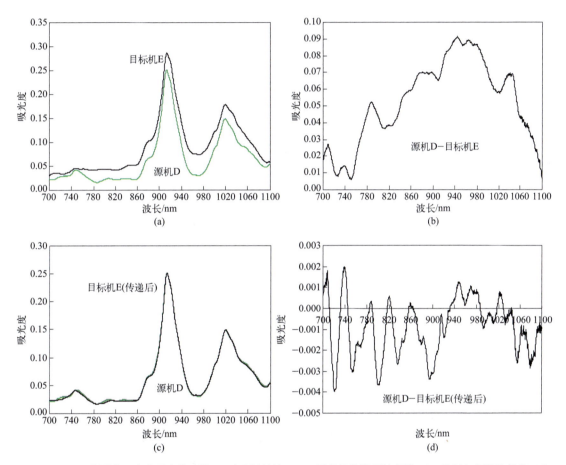

图 5-33 同一样品在两台仪器上的光谱（a）及其差值（b）、目标机传递后的光谱（c）及其与源机的差值（d）

为进一步验证传递结果的有效性，将仪器 A 所测样品集光谱（72 个重整汽油样本）、仪器 B 所测样品集光谱及 PA 方法传递仪器 B 后的光谱进行主成分分析（主因子数取 6）。图 5-34 为前 3 个主成分得分的三维图。由图可以看出，仪器 A 所测光谱与仪器 B 的光谱明显分为两类，说明两台仪器所测的光谱有较大的差异，若将仪器 A 建立的校正模型用于仪器 B 将会产生较大的偏差。但仪器 B 的光谱经 PA 方法传递后，与仪器 A 的光谱同属一类，尽管同一样品尚不能完全重合在一起，但说明了 PA 方法可大大减小仪器间谱带形状的差异，使仪器 A 建立的校正模型用于仪器 B 成为可能。

图 5-35、图 5-36 列出了在源机 A 上建立的校正模型用于预测目标机 B 所测验证集 II 中 C_8 芳烃和芳烃总量结果与气相色谱实测值的偏差及目标机 B 经 PA 方法转换后的偏差结果。由偏差图可以看出，源机 A 的校正模型直接用于目标机 B，产生了较大的系统正偏差

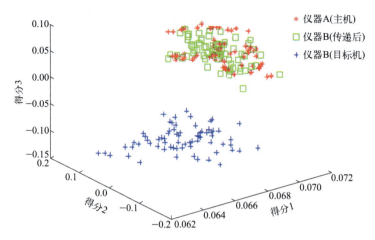

图 5-34　模型传递前后目标机和源机所测光谱的主成分分析得分图

（2%～10%）。但对目标机的光谱经过 PA 算法传递后，其预测偏差明显减小，并分布在零线上下（-2%～2%），满足了常规分析方法的要求。

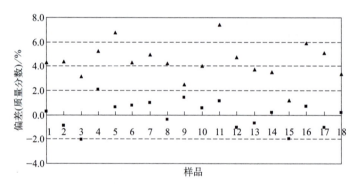

图 5-35　模型传递前后目标机测定 C_8 芳烃含量的绝对偏差图
▲目标机 B；■目标机 B（传递后）

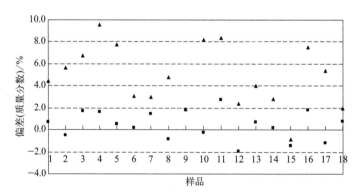

图 5-36　模型传递前后目标机测定总芳烃含量的绝对偏差图
▲目标机 B；■目标机 B（传递后）

表 5-27、表 5-28 分别为模型传递前后验证集Ⅰ（芳烃碳分布）和Ⅱ（馏程）的预测标准偏差（SEP）。由结果可以看出，目标机经传递后的 SEP 与源机的 SEP 相当，表明普鲁克分析方法用于 CCD 近红外光谱仪的模型传递是完全可行的。

表 5-27 模型传递前后验证集 I（芳烃碳分布）的预测标准偏差　　　　单位：%（质量分数）

SEP	源机 A	目标机 B	目标机 B（传递后）	目标机 C	目标机 C（传递后）
C_6	0.36	1.52	0.46	1.91	0.44
C_7	0.41	1.87	0.55	4.25	0.58
C_8	0.77	3.92	0.85	2.85	0.81
C_9^+	0.88	2.06	0.85	1.77	0.91
芳烃总量	1.49	5.62	1.92	3.99	1.72

表 5-28 模型传递前后验证集 II（馏程）的预测标准偏差　　　　单位：℃

SEP	源机 D	目标机 E	目标机 E-T
IBP	2.51	3.38	2.32
10%	1.83	2.63	1.55
50%	2.33	3.58	2.38
90%	3.03	7.84	3.16
FBP	2.32	5.10	2.14

5.1.8.5 小结

针对国产 CCD 近红外光谱仪在实际应用中的模型传递问题，尝试用普鲁克分析（PA）进行解决。讨论了 PA 算法中主成分及标样数的选取方法。对 5 台相同型号 CCD 近红外光谱仪的试验结果表明普鲁克分析用于该类型仪器间的模型传递收到了较好的效果。

5.1.9 基于目标因子分析的模型传递方法研究

5.1.9.1 原理与算法

目标因子分析（Target Factor Analysis）是 20 世纪 60 年代发展起来的特殊数学手段。所谓"目标"因子就是通过理论知识、实验知识或直观感觉获得的有关物理或化学参数，通过目标变换可以使经抽象因子分析得到的参数等于预期参数。

根据朗伯-比尔定律，混合物的光谱等于纯物质的光谱与其浓度的乘积：

$$X_{m\times n} = S_{m\times p} \times C_{p\times n} + E_{m\times n}$$

式中，X 为混合物的光谱矩阵，S 为纯化合物的光谱矩阵，C 为纯化合物的浓度矩阵，E 为误差矩阵，m 为光谱测量点数，n 为样品数，p 为纯化合物数。

对于组成已知的简单样品而言，由于用主机和从机测量时物质的浓度不变，光谱的差异主要来源于纯物质光谱的不同，因此模型传递过程转化为纯物质光谱的变换过程。

对于复杂样品而言，很难得到纯物质的光谱和浓度，因此假定样品由几种虚拟组分组成，通过主成分分析方式得到虚拟组分的光谱和浓度：

$$X_{m\times n} = AS_{m\times p} \times AC_{p\times n} + E_{m\times n}$$

式中，AS 是虚拟组分的光谱矩阵，AC 是虚拟组分的浓度矩阵。

但是，对于不同仪器而言，通过主成分分析得到的 AC 是不同的，这时可以使用目标变换方法使从机的虚拟组分浓度等于主机的虚拟组分浓度，从而进一步将模型传递过程转化为虚拟光谱的变换过程。实际上在该过程中不需要进行虚拟光谱的变换，只需要通过目标转换的方式将主机和从机的光谱关联起来。

基于目标因子分析的模型传递算法（TTFA）的实际计算过程如下[49]：

① 对主机的传递样品光谱进行主成分分析，得到载荷和得分：$X_M = AS_M \times AC_M$。

② 对从机的传递样品光谱进行主成分分析，得到载荷和得分：$X_S = AS_S \times AC_S$。

③ 通过目标转换使二者的虚拟浓度相等，即 $AC_M = T \times AC_S$。按照目标转换的算法，其变换矩阵为 $T = AC_M \times AC_S^T \times (AC_S \times AC_S^T)^{-1}$。

④ 目标变换后从机的载荷为 $AS_S^{new} = AS_S \times T^+$，由于主机的得分可以通过公式 $AC_M = AS_M^T \times X_M$ 计算，同时由于变换后从机的虚拟组分浓度等于主机的虚拟组分浓度 $AC_S^{new} = AC_M$，所以从机的光谱可以表达为 $X_S = AS_S^{new} \times AC_S^{new} = AS_S \times T^+ \times AS_M^T \times X_M$，因而传递矩阵为 $FF = AS_S \times T^+ \times AS_M^T$。

在对主机和从机进行主成分分析时，由于存在非线性关系等因素，用来表达主机和从机谱图的主因子数可能会有所不同，因此上述计算中的 T 有可能不是方阵。

传递矩阵 FF 可以用于传递两台仪器的光谱：

$$X^{new} = FF \times X_M$$

5.1.9.2　样品设计与方法

（1）样品集

为考察方法的性能，使用了两个样品集。

第一个样品集是虚拟样品集，该样品集由 4 个虚拟组分组成，各虚拟组分的光谱用高斯曲线合成（图 5-37）。通过改变各虚拟组分的浓度，得到模拟主机的 84 个校正集光谱和 48 个验证集光谱，其中验证集浓度均匀分布在校正集浓度范围内。通过对这些拟合光谱做线性或非线性变换得到模拟从机光谱，这些变换和相应的模拟从机名称见表 5-29。最后在各谱图中加入一定量的随机误差以模拟谱图测量中的误差，各虚拟组分的浓度（百分含量）加入 -0.3~0.3 的正态分布误差以模拟性质测定误差。以组分 1 的浓度作为考察的性质参数，主机和从机的偏最小二乘校正结果见表 5-30，可以看出从机 S2 的 SEC 和 SEP 大于主机和其他 2 个从机，这种误差是由非线性变化产生的。

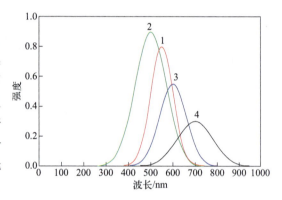

图 5-37　虚拟样品集中 4 个虚拟组分的光谱

表 5-29　光谱的变换和相应的模拟从机名称

模拟从机名称	变换
S1	加入信号的 10% 以模拟强度的线性变化
S2	加入信号平方的 30% 以模拟非线性变化
S3	构造一个二次函数，使数据点数两端移动 10 个单位，极值为 -15，模拟波长的非线性变化

表 5-30　虚拟样品集的校正结果

项目	M（主机）	S1	S2	S3
主因子数	3	3	3	3
SEC	0.14	0.14	0.23	0.14
SEP	0.14	0.14	0.21	0.14

第二个样品集是配制样品集，该样品集的组分为苯、甲苯、二甲苯和异辛烷。在 3 台不同厂家的傅里叶变换近红外光谱仪（分别标记为 MM、SS1、SS2，其中 MM 为主机，SS1 和 SS2 为从机）上测定该样品集的近红外光谱，样品池厚度为 5 mm，分辨率都为 4 cm^{-1}，以苯含量作为要考察的性质参数。为了消除光谱中与浓度及仪器变化无关的因素，对光谱进行了一阶导数预处理。表 5-31 为主机和从机的偏最小二乘校正结果，其中 SS2 检测器线性范围较窄，因此校正结果较差。

表 5-31 近红外光谱数据集校正结果

项目	MM	SS1	SS2
主因子数	3	3	4
SEC	0.027	0.027	0.1346
SEP	0.028	0.037	0.1669

（2）模型传递过程

为了便于比较传递的效果，校正集和验证集都在不同的仪器上进行测定（对虚拟样品集而言，是进行不同的变换）。然后采用 PLS 方法分别建立每台仪器的校正模型，并用来预测验证集的性质，采用验证集的预测标准误差（SEV）评价模型的性能。采用 K-S 方法在主机的校正集中挑选一定数量的样品作为传递样品，分别采用 PDS 和 TTFA 方法，通过传递样品的光谱计算传递系数 T，采用传递系数 T 将主机的校正集光谱传递到从机，并用 PLS 方法建立校正模型，用于预测从机的验证集，比较各方法得到的 SEV，并与原机建模和不进行传递得到的 SEV 进行比较，评价传递效果。PLS 中用交互验证方法确定最佳主因子数。

5.1.9.3 传递样品数的比较

不同的模型传递方法所用的最优样品数不同，理想的模型传递方法应当能够采用较少的传递样品得到较好的预测结果。考察了不同方法在不同传递样品数时所能得到的最小 SEP（即在不同样品数时优化传递条件所能得到的最小 SEP）。虚拟样品集，从机 S1 和从机 S3 的 PDS 方法和 TTFA 方法得到的最小 SEP 随传递样品数的变化是相似的，即当传递样品数为 4 个以上时，增加传递样品数对最小 SEP 影响不大。而对于从机 S2 而言，在小于 6 个传递样品时，PDS 的传递效果好于 TTFA 的传递效果，而当传递样品数为 6 个以上时 TTFA 的传递效果好于 PDS 的传递效果（图 5-38）。这是因为从机 S2 为非线性变化，需要更多的主因子数表达这种非线性变化，因此需要更多的样品数。

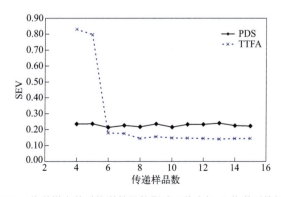

图 5-38 传递样本数对传递效果的影响（从主机 M 传递到从机 S2）

而 PDS 是一种局部建模方法，需要的主因子数较少，所需的传递样品数也较少。在实际光谱仪上测得的数据则更为复杂一些，其光谱变化是多方面的，既可能是线性的也可能是非线性的，既可能是由仪器的不同引起的也可能是由测定时引入的偶然误差引起的，因此其最小 SEP 随传递样品数的变化更为复杂。从图 5-39 可以看出，传递样品数较少时 PDS 方法的传递效果好于 TTFA 方法，而当传递样品数增加时 TTFA 方法的传递效果则优于 PDS 方法。

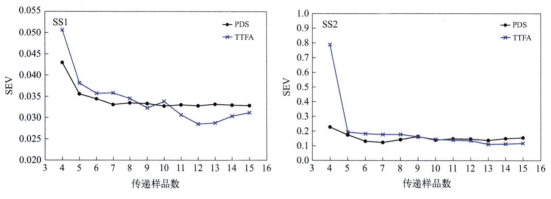

图 5-39 近红外光谱数据集传递样本数对传递效果的影响

5.1.9.4 传递结果的比较

在各方法的最佳传递样品数下，用不同的传递参数进行模型传递，然后用传递后的校正集建立模型预测验证集的性质，得到不同的预测标准偏差，其中最小预测标准偏差对应的传递参数为最佳传递参数。在各方法的最佳传递参数下进行模型传递，传递后的光谱建立模型，用该模型预测从机上的验证集光谱，其结果见表 5-32 和表 5-33。

表 5-32 虚拟样品集的传递结果

项目	S1		S2		S3	
	PDS	TTFA	PDS	TTFA	PDS	TTFA
直接用主机校正模型预测从机的验证集	1.53		1.99		2.82	
传递后						
传递样品数	6	6	6	8	6	6
建模主因子数	3	3	3	3	3	3
SEV	0.14	0.14	0.21	0.14	0.14	0.14

表 5-33 配制样品集的传递结果

项目	SS1		SS2	
	PDS	TTFA	PDS	TTFA
直接用主机校正模型预测	0.206		1.285	
传递后				
传递样品数	7	12	7	13
建模主因子数	3	3	3	3
SEV	0.033	0.029	0.124	0.112

从表 5-32、表 5-33 的结果可以看出，通过模型传递可以明显改善仪器的预测效果。虚

拟样品集的情况比较简单，每种从机只存在一种变化，从 S1 和 S3 的结果可以看出 PDS 和 TTFA 都能很好地校正仪器吸光度的线性变化和波长的非线性变化，二者传递后的预测结果是一样的，而且都能达到主机的校正效果。而 S2 为吸光度的非线性变化，这时 TTFA 的传递效果明显好于 PDS 的传递效果。

采用 PDS 进行传递后得到的预测效果仅能达到 S2 原机建模的预测效果，而用 TTFA 进行传递则可以达到主机 M 的预测效果。这说明 TTFA 在传递过程中并不是寻求与从机的光谱完全相似，而是校正了从机的一部分非线性变化，从而优化了建模和预测效果。表 5-31 的结果说明，TTFA 和 PDS 一样能够校正吸光度的线性变化和波长的非线性变化，但在吸光度的非线性变化方面 TTFA 方法更具优势。

配制样品由于使用的是实际仪器，仪器之间的变化更为复杂。其变化来源是多方面的，同时变化的形式也是多种多样的。从表 5-32 可以看出，尽管 TTFA 方法需要更多地传递样品，但是其传递后的预测效果好于 PDS 方法的传递效果。表 5-33 的结果说明 TTFA 方法对实际仪器的校正也是有效的。

5.1.9.5 小结

从虚拟样品和配制样品的模型传递结果来看，模型传递方法能明显改善预测结果。与 PDS 方法相比，TTFA 方法尽管需要更多的传递样品数，但其传递后的预测效果好于 PDS 方法的传递效果。并且从虚拟样品集的结果可以看出，当仪器间谱图出现非线性变化时，TTFA 方法更具优势。

5.1.10 消除在线多通道光谱间差异的研究

在线近红外光谱分析技术多采用多通道测量，即通过光纤和光开关器件（Multiplexer）实现一台仪器对多路物料的检测。由于光纤耦合器件加工精度和装配过程存在细微差异，会造成各通道光纤耦合的不一致性，致使通道间分析模型不具通用性，该问题在本质上属于近红外光谱模型传递技术范畴。

与不同仪器之间的模型传递相比，由于在线近红外光谱仪的多个测量通道使用同一个单色器（分光和检测）系统，多通道之间的差异主要来自纵坐标（吸光度）而非横坐标（波长）的变动，不存在光谱的扭曲变形[50]，实现一台在线仪器各通道间分析模型的通用性相对更为简易。通过对各通道的光谱进行简单的数学预处理，便有可能解决通道间光谱不一致导致的分析模型不能通用的问题。

为此，本节在对国产 NIR-6000 在线近红外分析仪多通道间存在的光谱差异进行解析的基础上提出了一种运算简洁且在实际应用中易于实现的平均光谱差值校正方法（Mean Spectra Subtraction Correction Method，MSSC）[51]，并与常用的模型传递算法如斜率/偏差（S/B）算法、分段直接校正（PDS）算法以及通过偏最小二乘-人工神经网络（PLS-ANN）建立多通道混合校正模型进行了对比。

5.1.10.1 MSSC 方法

平均光谱差值校正方法（MSSC 方法）的具体算法如下：

选取 m 个样品（以下称为标样），在各通道上分别采集近红外光谱，用其一阶导数光谱组成各通道的 MSSC 校正光谱阵 $\boldsymbol{X}_i(i=1,2,\cdots,n)$（$n$ 为通道数），并按下式求取每个通道的平均光谱向量 $\bar{\boldsymbol{x}}_i$。

$$\bar{x}_i = \frac{\sum_{j=1}^{m} x_{ij}}{m}$$

式中，$i=1,2,\cdots,n$（n 为通道数）；$j=1,2,\cdots,m$（m 为每个通道选取的样品数目）。

若以通道 1 光谱建立的校正模型为基础模型，则按下式分别计算剩余 $n-1$ 个通道与通道 1 平均光谱 $\bar{x}_1$ 之间的差值 $\Delta \bar{x}_i$：

$$\Delta \bar{x}_i = \bar{x}_i - \bar{x}_1 (i=2,3,\cdots,n)$$

对于通道 i 测量的一阶导数光谱 x_i，首先按下式对其进行 MSSC 处理后，再由通道 1 建立的分析模型进行预测。

$$x_{i,\text{corrected}} = x_i - \Delta \bar{x}_i$$

与传统的模型传递方法如 DS、PDS 算法相比，该方法不仅算法简洁。不涉及复杂的运算步骤，而且需要确定的参数相对较少，只有标样的选取和标样数两个参数。

5.1.10.2 样品与方法

(1) 样品和基础数据

收集了 135 个重整汽油样品，以研究法辛烷值（RON）为分析对象，基础数据由 GB/T 5487 方法测定，RON 的分布范围为 90.0～104.5。通过 K-S 方法选取 100 个样本组成校正集，验证集由剩余的 35 个样本组成。

(2) 近红外光谱仪与光谱采集

仪器：8 通道 NIR-6000 在线近红外分析仪（中国石化石油化工科学研究院研制，北京英贤仪器有限公司制造），其光路设计简图见图 5-40，5 cm 流通池，CCD 检测器，光谱范围 700～1100 nm。

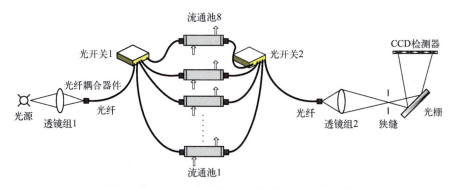

图 5-40 NIR-6000 在线近红外分析仪光路设计简图

光谱采集：每个通道的流通池进出口经密封后，用 20 mL 注射器注入重整汽油样品，稳定 3 min 后，以空气作参比测量光谱。每个样品采集完毕后，用石油醚（30～60 ℃）对流通池进行清洗，待溶剂彻底挥发后，再进行下一个样品的光谱测量。光谱采集时的环境温度范围为 (23±7)℃，光谱仪恒温温度为 37.0 ℃。以上 135 个样品依次在 8 个通道分别进行光谱测量。

(3) 校正方法与模型评价指标

采用偏最小二乘方法（PLS）建立通道 1 的重整汽油 RON 定量校正模型，光谱经一阶导数处理后，选取 800～1050 nm 波长区间参与回归计算，最佳主因子数由交互验证法所得的预测残差平方和（PRESS）确定。

模型由校正集标准偏差（SEC）、验证集标准偏差（SEP）以及平均偏差（AV）等指标进行评价。

（4）数据处理

涉及的各种算法，如 PLS、MSSC（平均谱图差值校正）、PDS、S/B 算法以及 PLS-ANN 算法等程序，均由 MATLAB 语言编写。

5.1.10.3　在线多通道间光谱的差异

图 5-41 给出了一重整汽油样品在 8 个通道所测光谱经二阶导数得到芳环 C—H 和甲基 C—H 键的特征吸收峰，分别对应 875.4 nm 和 913.2 nm。由此可以看出 8 个通道间的特征波长是一致的，即横坐标（波长）不存在差异，说明在线 NIR 光谱仪各通道之间的光谱差异主要来自纵坐标（吸光度）而非横坐标（波长）的变动。

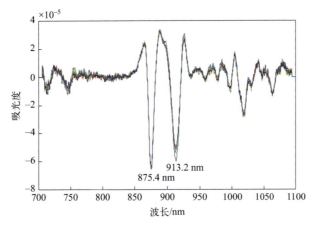

图 5-41　一样品分别在 8 个通道测量得到的二阶导数光谱

为评价不同样品在通道之间的吸光度差异是否为一恒定偏差，以通道 1 和通道 2 为例，从校正集中选出组成差异较大的 5 个样品的光谱。图 5-42 为这些样品在通道 1 和通道 2 所测一阶导数光谱的差图。可以看出，这 5 个样品在通道 1 和通道 2 所测光谱的差异基本上是恒定的，这是通过简单的 MSSC 校正实现多通道模型通用性的基础和前提。

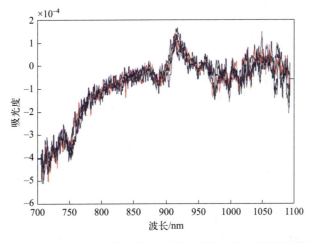

图 5-42　5 个样品分别在通道 1 和通道 2 所测一阶导数光谱的差图

图 5-43 给出了一个样品在通道 2～通道 7 所测一阶导数光谱与通道 1 之间的差谱图。可以看出不同通道之间的光谱差异是不一致的，这也是导致模型不能通用的原因。所以，为得到满意的预测结果，需要对各通道所测的光谱分别进行 MSSC 处理校正。

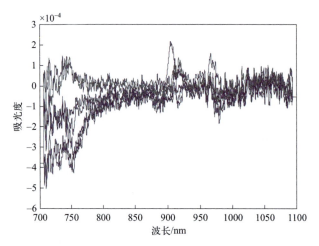

图 5-43　一个样品在通道 2～通道 7 所测一阶导数光谱与通道 1 之间的差谱图

5.1.10.4　标样对 MSSC 结果的影响

以通道 1 建立的分析模型预测通道 2 验证集 RON 为例，考察标样数及标样的选取方法对 MSSC 处理结果的影响。若需标样数太少，所求的平均差值光谱包含的通道间的差异信息会有可能不充分；若需标样数太多，则在实际应用时会较繁琐不方便。本节通过标样数与验证集的预测标准偏差（SEP）作图确定合适的标样数。

图 5-44 为通道 2 验证集光谱经 MSSC 处理后测定 RON 的 SEP 随标样数的变化趋势图，其中，标样是通过 K-S 方法从校正集样本中选取的。由图可以看出，随着标样数的增多，SEP 逐渐下降，当标样数增至 8 左右时 SEP 变化幅度基本趋于平稳，因此选取标样数在 8～15 个为宜。对其他通道的考察结果也表明采用 K-S 方法选取合适的标样数为 8～15 个。

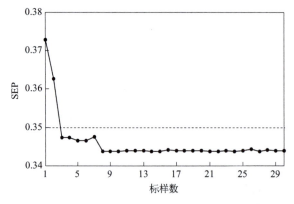

图 5-44　通道 2 验证集光谱经 MSSC 校正后的 SEP 随标样数的变化

图 5-45 给出了采用随机方法选取标样对 SEP 结果的影响，从校正集样本中随机选取 8 个标样，用于计算平均差值光谱。为避免随机标样方法存在偶然因素而导致奇异结果，共进行了 10 次标样随机选取，并分别用其计算得到的平均差值光谱对通道 2 验证集的一阶导数

光谱进行 MSSC 处理,再用通道 1 建立的 RON 分析模型进行预测。结果表明,随机选取标样与 K-S 方法选取有代表性的标样得到的结果基本相当,K-S 方法并未显示出绝对优势。以上结果说明,在实际应用过程中可随机选取一组标样(一般为 8~15 个),而不必从校正集中选取代表性的样品,这将显著减少因校正多通道间存在的光谱差异带来的工作量。

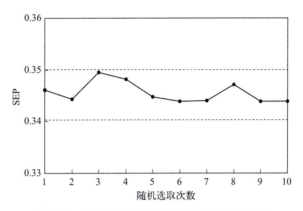

图 5-45 随机选取标样对 MSSC 处理结果的影响

随机从通道 1 的校正集中选取 8 个样品的光谱,并从通道 2~通道 8 的校正集中选出对应的光谱。图 5-46 为通道 1 和通道 2 所测 8 个标样一阶导数光谱的平均谱图及其差谱,图 5-47 则给出了通道 2 一个验证集样品的一阶导数光谱经 MSSC 处理前后与对应通道 1 验证集样品光谱的对比结果。可以看出,通道 2 所测光谱经 MSSC 处理后几乎与通道 1 对应的光谱完全重合。

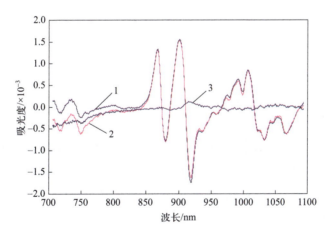

图 5-46 通道 1 和通道 2 所测 8 个标样一阶导数光谱的平均谱图及其差谱
1—通道 1 平均光谱;2—通道 2 平均光谱;3—差谱

图 5-48 给出了用通道 1 建立的 RON 分析模型预测通道 2 验证集光谱经 MSSC 方法处理前后的 RON 对比结果。由图可以看出,由于通道间光谱存在一定的差异,将通道 1 的校正模型不经任何修正直接预测通道 2 采集的光谱会产生较大的系统偏差。但当通道 2 验证集光谱经 MSSC 处理后,该系统偏差几乎被完全消除,预测结果均匀分布在对角线的两侧。

用上述相同的 MSSC 方法分别对通道 2~通道 8 的验证集光谱进行了处理,并用通道 1 建立的 RON 分析模型进行预测。表 5-34 列出了 8 个通道的预测结果。可以看出,通道 2~通道 8 光谱经 MSSC 处理后的分析结果都有了显著提高,其与每个通道单独建立分析模型

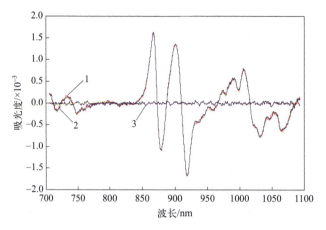

图 5-47 通道 2 一个验证集样品的一阶导数光谱经 MSSC 处理前后与对应通道 1 验证集样品光谱的对比结果
1—校正前光谱；2—校正后光谱；3—校正前后的差谱

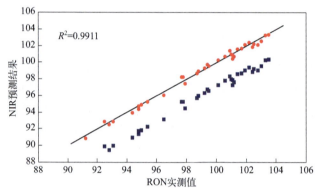

图 5-48 通道 1 所建模型预测 MSSC 校正前后通道 2 验证集的预测-实测图
■光谱校正前；●光谱校正后

得到的预测结果相当，成对 t 检验的结果也表明不存在系统偏差，而且通道 2～通道 8 光谱经 MSSC 处理后均在通道 1 所建的分析模型范围内，即光谱残差、马氏距离和最近邻距离都在规定的阈值范围内，属非模型界外样品。

表 5-34 用通道 1 建立模型预测 MSSC 处理后的 8 个通道验证集 RON 的结果

项目	通道 1	通道 2		通道 3		通道 4		通道 5		通道 6		通道 7		通道 8	
		B	A	B	A	B	A	B	A	B	A	B	A	B	A
AV	−0.07	−3.10	−0.07	0.80	−0.02	−0.20	−0.03	−2.30	−0.05	−2.60	−0.07	−3.00	−0.05	−2.50	−0.06
SEP	0.27	3.12	0.34	0.82	0.30	0.38	0.32	2.38	0.33	2.68	0.27	3.10	0.34	2.55	0.29
$\|t\|$	1.58	52.6	1.07	14.9	0.28	3.77	0.43	41.5	1.08	57.9	1.75	45.9	0.85	56.5	1.19
$t_{34,0.05}$	2.03														

注：通道 1 未参与 MSSC 校正；B—MSSC 校正前的结果；A—MSSC 校正后的结果。

以上结果说明，该研究针对多通道在线分析仪器实际特点提出的平均光谱差值校正（MSSC）方法可有效消除各通道所测光谱之间存在的差异，实现了多通道分析模型的通用性。

5.1.10.5 与其他方法的比较

（1） S/B 方法

S/B（Slope/Bias，斜率/截距）是基于对预测结果进行校正的一种模型传递方法。首先从通道 1 验证集中选取 10 个在 RON 分布上有代表性的标样，并从通道 2～通道 8 验证集中选出对应样品的光谱，用通道 1 建立的 RON 模型分别预测其 RON 数据，然后通过最小二乘方法 $y=ax+b$ 分别求取通道 1 的 RON 预测结果 y 与剩余各通道 RON 预测结果 x_i 之间的斜率 a_i 和截距 $b_i (i=2,3,\cdots,8)$（i 代表通道数）。对于通道 2～通道 8 所测的未知样品，首先用通道 1 建立的分析模型得到初始值 x_i，然后通过以上求取的斜率 a_i 和截距 b_i 对其进行校正，得到最终的分析结果 y。

表 5-35 给出了用通道 1 所建模型预测 8 个通道验证集样品经 S/B 方法校正后的 RON 结果，其 SEP 与 MSSC 校正方法得到的结果基本相当，但通道 6 和通道 8 的预测结果存在一定程度的系统偏差，其成对 t 检验结果大于 $2.03(t_{34,0.05})$，说明 S/B 方法对预测结果校正不充分，这可通过进一步增加标样数解决。

表 5-35 用通道 1 建立模型预测 8 个通道验证集经 S/B 校正后的 RON 结果

项目	通道 1	通道 2	通道 3	通道 4	通道 5	通道 6	通道 7	通道 8
AV	−0.07	−0.02	−0.03	0.09	0.03	−0.13	0.08	−0.10
SEP	0.27	0.35	0.30	0.34	0.34	0.30	0.32	0.28
$\|t\|$	1.58	0.34	0.69	1.61	0.44	2.77	1.61	2.32
$t_{34,0.05}$				2.03				

注：通道 1 未参与 S/B 校正。

需要指出的是，S/B 方法只对预测结果进行校正，而未从根本上消除通道间的光谱差异，所以无法由通道 1 建立的光谱残差、马氏距离和最近邻距离等指标识别模型界外样品，对于未知样品不能保证其预测结果是准确可靠的。

此外，S/B 方法需要对所测定的每一个性质都分别进行校正，求取一套校正系数，显然较 MSSC 方法繁琐。

（2）PDS 方法

分段直接校正（PDS）是实现不同近红外光谱仪器间模型传递最常用也是最有效的方法之一。采用 K-S 方法从通道 1 校正集中选取 15 个有代表性的标样，并分别从通道 2～通道 8 选出对应光谱，组成标样集。通过 PDS 方法分别求取通道 1 与其他通道之间的光谱转换矩阵 $F_i (i=2,3,\cdots,8)$，再对验证集的光谱进行转换，并由通道 1 所建的 RON 分析模型预测各通道转换后的光谱，得到最终结果。

在进行 PDS 运算中，窗口宽度 w 是一个非常重要的参数。本小节根据验证集 SEP 选取最佳窗口宽度 w。当窗口宽度 w 为 13 时，传递结果相对较好。对其他通道的 PDS 传递结果也表明合适的窗口宽度为 11～15。

用上述参数分别对通道 2～通道 8 的验证集光谱进行 PDS 传递，并用通道 1 建立的 RON 分析模型进行预测。表 5-36 列出了预测结果。可以看出，通道 2～通道 8 光谱经 PDS 传递后的分析结果都有了较大幅度的改善，成对 t 检验的结果也表明不存在系统偏差。但可能由于在光谱进行 PDS 传递过程中丢失了部分有用信息，其预测精度略差于 MSSC 和 S/B 的校正结果。

表 5-36 用通道 1 建立模型预测 PDS 传递后的 8 个通道验证集 RON 的结果

项目	通道 1	通道 2	通道 3	通道 4	通道 5	通道 6	通道 7	通道 8
AV	−0.07	0.09	0.09	0.05	−0.10	0.03	0.07	0.02

续表

项目	通道1	通道2	通道3	通道4	通道5	通道6	通道7	通道8
SEP	0.27	0.41	0.42	0.33	0.35	0.41	0.38	0.47
$|t|$	1.58	1.29	1.24	0.99	1.85	0.50	1.14	0.29
$t_{34,0.05}$				2.03				

注：通道1未参与PDS传递。

与MSSC方法相比，PDS不仅需要较多的标样数，而且运算步骤较为繁琐，在实际应用中需要专业化的软件。

（3）建立混合校正模型

将各种测量条件下（如样品温度和仪器操作环境等因素）得到的近红外光谱组成混合校正集，即将未来意料到的外界影响因素包含到校正集中，建立混合校正模型（Hybrid Calibration Model），也称全局校正模型（Global Calibration Model），是实现分析模型稳健性的一个主要途径。本小节采用PLS-ANN方法建立多通道混合校正模型。

用K-S方法分别从通道2～通道8中选取25个有代表性的样品，与通道1校正集共275个样品的光谱及其对应的RON数据组成多通道混合校正集，对其进行PLS回归求取得分向量，以得分向量作为ANN输入变量建立RON分析模型。其中，ANN选用三层BP网络，PLS的主因子数以及隐含节点数根据SEP分别选取7和5。表5-37给出了用该混合模型对8个通道验证集的预测结果。由结果可以看出，采用建立多通道混合模型的方法可在一定程度上解决模型不能通用的问题，但由于各通道之间光谱的差异较为复杂，与各通道分别建立的分析模型相比混合模型的预测精度有所下降，部分样品的预测偏差超过了0.7个辛烷值单位。

表5-37 采用PLS-ANN方法建立的多通道混合模型对8个通道验证集RON的预测结果

项目	通道1	通道2	通道3	通道4	通道5	通道6	通道7	通道8
AV	0.12	0.08	−0.14	0.15	0.14	0.09	0.11	0.16
SEP	0.27	0.40	0.35	0.38	0.37	0.36	0.29	0.41
$|t|$	2.88	1.25	2.69	2.65	2.40	1.62	2.56	2.56
$t_{34,0.05}$				2.03				

此外，由于各通道所测样本在混合校正集中分布不均匀，大多数通道的预测结果存在系统偏差，成对t检验结果大于2.03（$t_{34,0.05}$），这也可通过适当增加各通道样品在混合校正集中的分布消除。

与MSSC方法相比，采用PLS-ANN方法建立多通道混合校正模型需要在各通道采集较多样本的光谱，而且需选择的参数也相对较多，给实际应用带来诸多不便。

5.1.10.6 小结

对在线近红外光谱分析系统多通道之间存在的光谱差异进行了解析，发现通道之间的光谱差异主要来自纵坐标（吸光度）而非横坐标（波长）的变动，而且不同重整汽油样品在相同两个通道间的吸光度差异是恒定的，而在不同通道之间的差异却是不同的。基于以上多通道之间的光谱差异特点提出了简洁易于运算的平均光谱差值校正方法（MSSC方法），并对标样选取方法以及标样数目对处理结果的影响进行了考察。结果表明，该方法不仅所需标样数量少，而且对标样没有特殊要求，可有效消除各通道所测光谱之间的差异，实现多通道分析模型的通用性。将 MSSC 方法的校正结果与其他常用的模型传递方法（如 S/B 算法和 PDS 算法以及采用 PLS-ANN 建立的多通道混合分析模型）进行了对比，结果表明，上述方法均能在一定程度上解决多通道的模型通用问题，但 MSSC 方法运算更简捷，不需要专业化计算软件，在实际应用过程中更易于实现，其结果也更准确、可靠。

5.2 一种新型在线近红外光谱分析仪的研制

5.2.1 引言

过程分析技术对于炼油和化工等生产控制与优化具有重要作用，然而，目前我国采用的传统过程分析仪表大多是由实验室仪器改进而来的，因测量原理所限（如汽油干点或初馏点），分析速度慢，精度比实验室仪器差，一种仪表仅能测量一种参数，如需测量多种质量参数则需要购置多种仪表，造成设备投资过大，而且维护量大、频次高。因此，目前国内过程控制和生产优化依据的实时测量数据大多是温度、压力和流量等参数，缺乏"直接"质量参数如组成和物化性质等，限制了优化与控制系统作用的发挥。

在线近红外光谱分析技术是当前最先进和最有前途的过程分析技术之一，它与先进过程控制系统结合，可明显提高工业生产效率。在线测量数据及时指导工艺操作，可实现质量"卡边"控制，不仅可以增加产品收率、保证产品质量，而且能提高生产管理水平。在线近红外光谱分析技术的应用为国际石化工业带来了巨大的经济效益，受到越来越多石化企业的青睐。国外在制药、食品和农业产品等领域，在线近红外分析技术的应用发展也非常迅速。但是，依靠引进国外在线近红外分析技术尚存诸多问题。首要的问题是仪器与售后服务的价格十分昂贵。此外，近红外光谱分析技术能否有效工作在很大程度上依赖校正模型。引进的模型不仅价格昂贵，而且通常不适合国内的样品，因为我国燃料组分主要来源于催化裂化工艺，在原料和产品组成上与国际炼油工业相比有重大区别，所以国外的校正模型不能直接适用于国内样品。

近几年来，为提高生产水平和经济效益，国内石化等大工业力推集中控制和先进过程控制（APC）技术，以期实现资源的合理利用、产品质量"卡边"控制以及装置平稳操作，所以特别需要在线近红外分析技术快速、准确、可靠和及时地为其提供质量信息。因此，研究和开发拥有我国自主知识产权的在线近红外光谱分析仪有着极其重要的经济和社会效益。本节介绍中国石化石油化工科学研究院联合中国石油兰州石化公司自动化院等单位研制和开发的一种新型 CCD 在线近红外光谱分析仪。

5.2.2 分析仪构造设计与光学原理

5.2.2.1 设计总则

研制一种适合在线测量各种轻质油品（汽油、煤油和柴油）或浅色液体样品的近红外光谱分析仪。要求测量速度快（秒级）；仪器远离测量现场（100m）；一台仪器可以测量多路样品；符合工业环境安全国家标准要求；分析数据可与现存的控制系统连接。仪器结构设计合理、紧凑、扩展性强；软件界面友好；仪器闭环运行，长期稳定性好，易于维护；分析结果与对应的现行国家标准（GB）分析方法结果一致。

5.2.2.2 分析仪的构造

CCD在线近红外光谱分析仪主要由以下几个关键组件构成：光谱分析系统、电源和控制电路、光纤及其相关配件与样品流通池、防爆机制、样品预处理装置、异常样品检测系统、实时光谱采集系统以及化学计量学软件。其构造框图如图5-49所示。

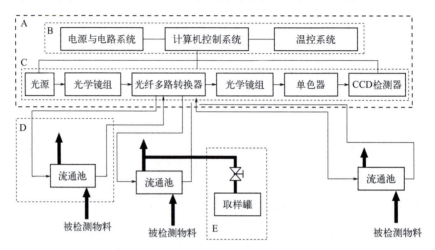

图5-49 CCD在线近红外光谱分析仪构造示意图
A—防爆系统；B—电源电路与控制系统；C—光谱仪系统；D—光纤与流通池系统；E—模型界外样品抓样系统

图5-50所示是样品前处理系统。它由从被测物料管线引出的快速回路、恒流恒压、脱机械杂质、脱水和脱气泡等单元组成。

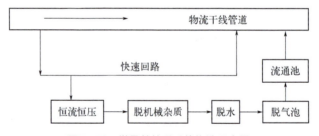

图5-50 样品前处理系统构造示意图

5.2.2.3 主机外观结构设计

主机部分由近红外光谱仪系统和防爆系统组成。外观部分是由不锈钢制成的防爆机柜，分为上、下两部分。主机的上部分为正压防爆机箱，内装近红外光谱仪、电源和计算机等，防爆机箱的正面有液晶显示屏和触摸键盘，侧边有光纤和制冷管线出入孔等。主机的下部分是正压防爆控制系统。

5.2.2.4 光学原理结构

如图5-51所示，由光源（1）发出的复合光经过透镜组（2）进行汇聚和准直后，再经过光纤汇聚透镜（3）导入入口光纤（4）内，由光纤进入光纤多路转换器（5），通过操作该光纤多路转换器将光导入其中一路光纤，进入所选择的流通池（6）内，光穿过流通池中的液体后产生光的吸收，从流通池出来的光携带了被测液体的组成与性质信息，又回到光纤多路转换器（5），并被导入出口光纤，然后通过另一组光纤汇聚透镜组进入单色器的狭缝

(10),经过准直和反射处理后,由光栅(12)分光成为单色光,并经平场正交光学组(13)处理后,最终到达线阵 CCD 检测器(14),CCD 不同像元对应着相应的波长,过 CCD 驱动电路同时完成各波长的光电转换,并通过电荷耦合方式传输,经放大和 A/D 转换后,把电子信号转化成数字化的光谱信号。通过光纤多路转换器实现对多路样品检测功能。

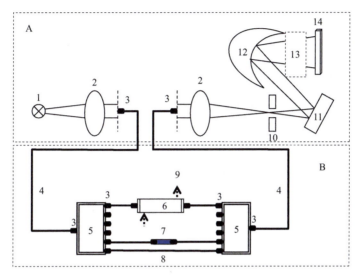

图 5-51 CCD 在线近红外光谱分析仪光学原理图
A—光谱仪系统;B—光纤与流通池系统
1—光源;2—透镜组;3—光纤汇聚透镜;4—光纤;5—光纤多路转换器;6—流通池;7—镨铷玻璃标准片;8—空白参比光纤;9—测量样品;10—狭缝;11—平面镜;12—光栅;13—平场正交光学组;14—CCD 检测器

5.2.3 主要技术指标与特征

5.2.3.1 技术指标

(1) 硬件部分

① 光谱仪系统　波长范围:700~1100 nm;光谱带宽:<4.0 nm;波长重现性:<0.05 nm(10 次连续扫描);光栅:600 1/mm;检测器:CCD/2048 像元;光源:12 V/50 W;电源电压:交流(220±5)V;恒温精度:±0.2 ℃。

② 光纤及其附件系统　光纤内径:300 μm;有效传输距离:≤100 m;光纤多路转换器测量通道:6 个。

③ 样品预处理与模型界外样品抓样系统　脱水效率:≤50 mg/kg;过滤精度:20 μm;流量控制精度:±5%;压力控制精度:±5%;滞后时间:≤2 min;模型界外样品自动采集量:≥500 mL。

④ 流通池系统　设计压力:0.7 MPa;光程:30~70 mm。

⑤ 防爆箱系统　防爆等级:pⅡT6;气源:0.4~0.8 MPa;供电电源:交流(220±5)V;温度控制精度:≤±4 ℃。

(2) 软件部分

① 测量与分析　光谱的采集;在线测量样品类型的判断计算;样品性质或组成的定量计算;质量参数和模型报警等主要功能。

② 数据显示　各个通道所测的当前性质或组成结果及历史趋势图;光谱仪状态及操作

参数;各个通道的历史数据;质量参数和模型报警内容等。

③ 数据管理　建立模型用光谱归档;分析模型库;各通道分析测量结果的储存;模型输入;模型报警和质量报警样品光谱的保存等。

④ 数据通信　以 4~20 mA 方式将实时分析数据传送到 APC 或 DCS 等系统。

5.2.3.2　技术特征

① 扫描方式　与传统光栅扫描式产品和国际流行的 FT-NIR 型产品(具有动镜的干涉仪)相比[9],具有不易磨损的移动机构,稳定性更高,特别适合在现场苛刻条件下进行长期不间断无故障运行。CCD 检测器具有快速扫描的特点(50 张光谱/s),多次测量进行平均可显著提高光谱信噪比。与现有 AOTF(声光调制)技术相比,二者都具有无移动磨损部件的优点,但固定光路 CCD 阵列检测具有更高的光谱分辨率,有利于信息提取,成本也相对便宜,更有利于降低仪器成本和技术推广。

② 单色器　采用平场正交光路,增加了光学稳定性,缩小了焦距,减小了单色器的体积,有利于光学工作环境条件的控制。此外,光路平场技术提高了在焦面上光谱成像质量。

③ 光纤测量方式　使用光纤和流通池实现了远距离的现场测量,每个测量点需要 2 根光纤(导入和导出),每根光纤的长度根据现场情况需要可在几米至 100 m。通过光纤多路转换器和控制软件配合,实现一台仪器测量多个测量点的功能。

④ 测量速度　采用设计合理的光纤多路转换器、CCD 检测器以及在线化学计量学软件,分析测量速度快,完成一个测量点分析时间为 40 s,按 6 路计算,整个测量周期为 4 min。

⑤ 长光程　现有在线近红外光谱分析技术大多使用长波近红外区域,一般测量液体的光程很短(0.2~0.5 mm),光程的可重复性成为明显影响光谱测量的因素[10]。流通池拆装清洗及液体压力的波动都会引起较大的光程误差,影响光谱测量和分析结果。CCD 检测器的响应范围为短波近红外光谱区(700~1100 nm),可以使用长光程(30~70 mm),光程变化带来的扰动影响小,在测量上具有统计代表性,痕量的污染不会对分析结果造成明显的影响,因此对于现场复杂物料的检测效果更稳定。但也有局限性,如流通池上固定光纤孔的同心度对光通量影响很大,对加工精度要求较高;也不适合测量颜色较深或不透明的液体样品。

⑥ 光谱仪恒温设计　温度变化会引起光学结构、CCD 检测器的漂移、光源色温以及电子线路的微弱变化。本节研制的光谱仪系统的恒温精度为 ±0.2 ℃,其中某些光学单元的温度控制精度优于 ±0.1 ℃。

⑦ 安全性,自动化及扩展性强　CCD 在线近红外光谱分析仪的安全运行由软件自动控制,无需人工干预。测量结果的准确性由软件的样品模式识别、质量阈值控制、信号假象识别以及信号传输安全性等功能的监控保证。不论硬件系统本身还是被检测对象出现异常情况,软件系统都会及时给出警报。当发现待测样品超出模型覆盖范围时,模型界外样品抓样系统将自动取样,为进一步分析问题保存样品。所研制的分析仪充分考虑到了检测通道数目、分析模型种类和测量对象等方面的参数设置变化范围,具有较强的扩展性。

5.2.4　几个关键实验结果

(1) 光纤耦合技术水平对该技术研制具有重要影响

图 5-52 考察了光纤组件(即插头和插座)耦合的一致性,分别测量了光通过同一根光

纤反、正方向的 CCD 能量响应曲线，两条 CCD 能量响应曲线基本吻合，896 像元处的响应值分别为 3105 mV/(μJ·cm^2) 和 3114 mV/(μJ·cm^2)。可以看出，光纤的不同传输方向的一致性较好，说明加工的插头及光纤封装效果较好。

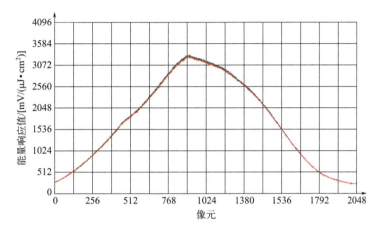

图 5-52　同一光纤反、正方向光通量

图 5-53 是使用固定光纤和 30 个不同光纤汇聚透镜的 CCD 能量响应曲线，这 30 个光纤汇聚透镜在 896 像元处的能量极差仅为 115mV/(μJ·cm^2)。由此可以看出 30 个不同光纤汇聚透镜的一致性较好。

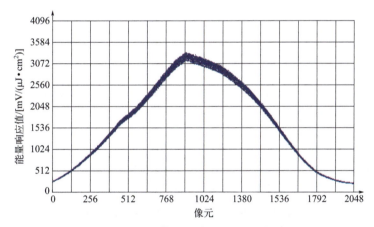

图 5-53　不同光纤汇聚透镜对光通量传输的影响

（2）温度是影响近红外光谱仪器漂移的重要敏感因素之一

连续 60 天仪器恒温考核结果表明，采样间隔 1h，实验室的环境温度在 16～29 ℃范围内变化，该光谱仪的恒温精度为 (36±0.2) ℃。

（3）波长稳定性是近红外光谱仪器最重要的技术指标之一

连续 60 天监测镨钕玻璃标准片的特征峰 (807.6 nm) 考核结果表明，采样间隔 1 h，实验室的环境温度为 16～29 ℃，整个测试时间范围内特征峰未发生任何波动。

（4）光谱测量的重复性和再现性对分析结果精确度具有最重要的直接影响

图 5-54 为正己烷连续测量 10 次 NIR 的光谱、一阶导数光谱及其标准偏差图。由标准偏差可以看出，在整个波长范围内 (700～1100 nm)，光谱的标准偏差小于 0.0005 AU，一阶

导数光谱的标准偏差小于 1.0×10^{-5}，在 800～1000 nm 波长范围内光谱的标准偏差小于 0.0004AU。并且连续 60 天测量的正己烷的 NIR 光谱、一阶导数光谱及其标准偏差试验结果都满足预期的设计要求。

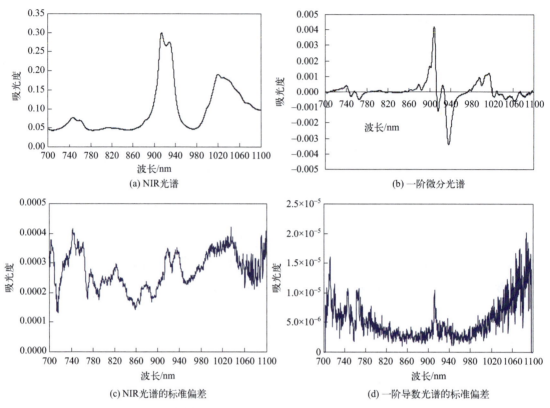

图 5-54　正己烷连续测量 10 次的 NIR 光谱、一阶微分光谱及其标准偏差

（5）分析结果的准确性

样机在工业试验之前进行了大量汽油样品测试。表 5-38 为 CCD 在线近红外光谱分析仪测量的汽油研究法辛烷值（RON）与标准方法的对照结果，两者的平均偏差优于 0.3 个辛烷值单位，其极差（0.4）也小于标准方法再现性误差要求（0.7）。

表 5-38　NIR 方法与标准方法测定验证集样品辛烷值结果

序号	NIR 方法	标准方法	偏差
1	92.4	92.3	−0.1
2	99.8	99.6	−0.2
3	98.3	98.6	0.3
4	100.8	100.8	0.0
5	103.5	103.7	0.2
6	93.8	94.0	0.2
7	91.9	91.5	−0.4
8	96.9	97.2	0.3
9	99.7	99.6	−0.1
10	99.0	98.9	−0.1
11	94.4	94.6	0.2

（6）分析结果的传送精度对生产控制具有重要影响

表 5-39 为 CCD 在线近红外光谱分析仪与 DCS 的联调数据，4～20 mA 信号输出对应的辛烷值数据为 60.0～120.0，由结果可以看出实际辛烷值与 DCS 显示值之间的最大偏差为 0.07 个辛烷值单位，说明在线测量软件向 DCS 传输的分析结果是准确可靠的。

表 5-39 DCS 与在线近红外测量系统联调数据

NIR 辛烷值测量值	对应毫安数	DCS 显示值
60.0	4.0	59.93
75.0	8.0	74.96
90.0	12.0	89.99
105.0	16.0	105.03
120.0	20.0	120.05

5.2.5 工业应用

CCD 在线近红外光谱分析仪样机的首次工业试验是在兰州炼油厂联合重整装置上进行的。检测对象为稳定塔塔底出口处的重整生成油，测试项目为研究法辛烷值（RON）。

分析仪主机及样品预处理系统安装在距离监测点 20 m 的分析小屋内，分析样品由 ϕ15 mm 的不锈钢管引入样品预处理系统内，用光纤将光谱仪和流通池连接。

2001 年 9 月 13 日至 2001 年 12 月 13 日期间，分析仪连续监测（间隔 10 min）装置生成油的 RON，并定期采集了 82 个汽油样品，用 GB/T 5487 方法测定其 RON。图 5-55 为在线测量结果与标准方法测量结果的对比数据，两者之间的平均偏差为 0.35 个辛烷值单位，满足标准方法对 RON 分析结果的要求。

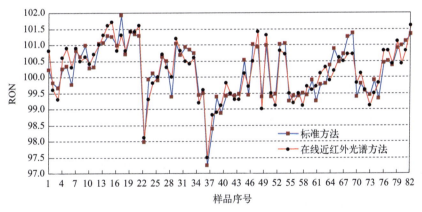

图 5-55 在线近红外方法与标准方法测定 RON 的对比结果

CCD 在线近红外光谱分析仪将在线测量结果通过 DCS 系统实时输送到生产装置的控制系统，对生产优化具有指导作用。兰州炼油厂的用户报告数据表明该技术的成功应用已经为炼厂带来 196 万元/年的直接经济效益。

2002 年 6 月 13 日～14 日由中国石化股份有限公司科技开发部组织专家对该仪表测定重整汽油辛烷值的检验结果表明：与标准方法的极差为 0.25 个辛烷值单位，自身测量重复性为 0.21 个辛烷值单位。

5.2.6 小结

（1）采用固定光路 CCD 检测器光学设计和光纤耦合等技术研制出了新型 CCD 在线近红外光谱分析仪样机。它由光谱仪系统、电源电路与控制系统、光纤及其附件与流通池系统、防爆系统、样品前处理系统、模型界外样品抓样系统、实时光谱测量和化学计量学软件等部分组成。试验结果表明其各项技术指标和功能均达到了设计要求。

（2）它是国内研制出的第一台在线近红外光谱分析仪。与国际上现有在线近红外光谱仪（包括光栅扫描、傅里叶变换、AOTF 和二极管阵列等）产品相比，在技术上具有新颖性。

（3）研制了功能齐全的在线近红外光谱控制与测量软件，其中定性和定量部分采用了化学计量学方法，与仪器配合使用，具有高智能化、高自动化（无需人工干预）、安全性强和中文友好界面等特点。

（4）在兰州炼油厂联合重整装置上进行了在线测量汽油辛烷值的工业试验，连续试验周期为 5 个月，测量准确性为 0.3 个辛烷值单位，重复性为 0.2 个辛烷值单位。试验结果与国标方法（GB/T 5487）一致，符合标准方法的再现性要求。在线测量结果通过 DCS 实时输送到生产装置的控制系统，对生产优化起到了指导作用。

5.3 在重整中型装置上的应用

催化重整中型试验装置是清洁燃料生产技术研究的重要技术设备之一，主要用来进行重整催化剂性能的评价工作。每套装置连续运行周期为 5～6 天，通过对装置生成物定期取样（一般 24 h）进行分析测试，根据样品的测试结果评价催化剂性能，主要分析项目为重整生成油的研究法辛烷值（RON）和芳烃组成等。该结果对改进催化剂配方及反应条件选择有重要影响，因此分析方法的工作效率和质量将直接影响催化剂研发的进度。

该研究采用我国自行研制的 NIR-6000 在线分析系统[50]，对 8 套新建成的重整中型装置进行了 RON 和芳烃碳数分布等 5 项物化指标的多通道、原位、实时、无损和准确检测[52,53]。

5.3.1 仪器系统及其安装

5.3.1.1 仪器

（1）光谱仪

波长范围：700～1100 nm；光谱带宽：＜4.0 nm；波长重现性：＜0.05 nm（10 次连续扫描）；检测器：CCD/2048 象元；光源：12 V/50 W；控制板卡：PCI 总线；主体恒温精度：±0.2 ℃；电源环境：交流（220±5）V，（50±1）Hz。

（2）光纤及其附件

光纤：数值孔径 0.22，内径 300 μm，低羟基石英材料光纤；光纤传输距离：60 m；测量通道数：9 个（其中 1 个通道为预留离线测量通道）。

（3）流通池

主体材质：不锈钢；设计压力：0.3 MPa；有效光程：50 mm；样品容积：＜10 mL；使用性能：便于拆卸、清洗和安装。

（4）主机柜

外形尺寸：640 mm×720 mm×940 mm；温度控制：＜33.0 ℃。

(5) 整机使用环境

温度：10～35 ℃；湿度：相对湿度 40%～70%；大气压：80～110 kPa。

5.3.1.2 分析软件

(1) 测量与分析

在线光谱的实时采集；样品类型的判断计算；分析模型的调用；样品性质或组成的定量计算；分析模型报警等。

(2) 数据显示

各通道当前性质或组成结果及历史趋势图；光谱仪运行状态；各通道的历史测量数据；某时间段的性质或组成的平均值；分析模型报警提示等。

(3) 数据管理

建立模型用光谱归档；分析模型库；模型输入；各通道分析测量结果的保存；过程测量光谱及模型报警样品光谱的保存等。

(4) 化学计量学分析软件

在线校正模型建立模块直接调用"RIPP 化学计量学光谱分析软件 2.0 版本—校正系统"，模块整合了多种化学计量学核心算法，专门用于近红外光谱分析。这些算法包括一阶和二阶导数、多元散射校正（MSC）、标准正态变量变换（SNV）等预处理技术，以及多元线性回归（MLR）、主成分回归（PCR）和偏最小二乘（PLS）等定量分析方法。此外，还涵盖了主成分分析（PCA）和马氏距离（MD）等用于识别模型异常值的统计工具。

5.3.1.3 仪器安装

重整中型装置在线近红外光谱分析系统总体安装示意图如图 5-56 所示，由在线近红外分析仪主机、光纤、流通池和计算机等部分组成。在线近红外分析仪主机和计算机放置在控制室中，通过 60 m 光纤将光谱仪和流通池连接，由光谱仪内置的光开关实现 8 套装置的依次检测。重整生成油相对较干净，几乎不含水和机械杂质，而且样品的温度变化范围相对固定（16～22 ℃），因此没有设计样品预处理系统。

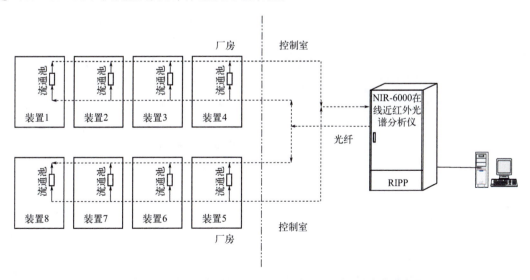

图 5-56　重整中型装置在线近红外光谱分析系统总体安装示意图

在线近红外光谱系统的安装主要包括检测点的选择（即流通池的安装位置）以及光纤的敷设。该分析仪主要用来实时测量液体生成产物的组成和性质如 RON 和芳烃组成等，因此检测点应选择在成品罐前的管线上。如图 5-57 所示，流通池的安装位置有两处，一处位于压力控制阀前压力较高的部位，另一处位于压力控制阀后压力较低的部位。考虑到管道中的液体流量小，而且由高压部位流向低压部位可能会出现闪蒸产生气泡，影响分析测量，所以最终选择将流通池安装在压力控制阀前压力较高的部位。

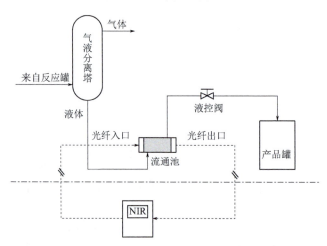

图 5-57 流通池在重整中型装置上的安装位置示意图

由于光纤质量轻、直径细，给光纤敷设施工带来了一定的方便，但其质地相对较脆，机械强度也较低，又给施工提出了新的技术要求。因此，敷设过程中在光纤原有 PVC 阻燃塑料外层上再套一层内径为 2 cm 的专制金属螺纹管，以防止光纤折断。在光纤与流通池的耦合处用橡皮管进行包裹，以避免光纤受到过度的外力而损伤。光纤敷设中另一个问题是光纤弯曲改变方向时，若弯曲半径与其纤芯直径具有可比性时，其光传输特性就会发生变化，一般要求光纤最小弯曲半径为光纤内径的 600 倍，因此在光纤铺设时应避免"急弯"。为此采用一种专用光纤配线槽架，较好地解决了这一问题。同时在光纤敷设过程中也考虑了热胀冷缩效应对光纤的影响。图 5-58 为整套系统安装完成后的效果图。

图 5-58 一套重整中型装置的在线近红外光谱系统现场图

5.3.1.4 样品与基础数据的测定

离线样品：在重整中型装置上，利用两年时间收集了 135 个由对应 RON 和芳烃组成（C_6、C_7、C_8 和总芳烃）基础数据且具代表性的重整汽油样品，样品范围涉及多种催化重整原料油和上百种催化剂。

在线样品：在 8 套新建装置上共收集了有对应 RON 和芳烃组成基础数据的 305 个在线测量光谱，涉及 9 轮催化剂评价。

基础数据的测定：RON 和芳烃组成（C_6、C_7、C_8 和总芳烃）基础数据分别采用 GB/T

5487 和 NB/SH/T 0166 方法测得。

5.3.1.5 光谱采集

离线样品光谱采集：流通池进出口经密封后，用 20 mL 注射器注入重整汽油样品，稳定 3 min 后，以空气作参比测量光谱。每个样品采集完毕后，用石油醚（30～60 ℃）对流通池进行清洗，待溶剂彻底挥发后，再进行下一个样品的光谱测量。光谱采集时的环境温度范围为（23±7）℃，光谱仪恒温温度为 37.0 ℃。

在线样品光谱采集：样品在流通池中以 1.0～2.0 mL/min 的速度流动，样品压力为 0.3～0.5 MPa。每一通道的测量时间约为 40 s，8 套装置依次测量，时间间隔为 6.5 min。以空气作参比，样品温度的变化范围为 16～22 ℃，光谱仪恒温温度为 37.0 ℃。

由于中型装置处理量较小，不可能得到一定数量的与在线采集光谱对应的样品。常规催化剂评价的周期为 120 h，一般每 24 h 从产品罐中取出液体产物进行基础数据的测定，这期间对应的在线光谱有 220 余张，采用将这些光谱平均的方法获得与测定基础数据对应样品的光谱。这种处理方法对 RON 来讲并不严格，因为其不具有简单的线性加和性质，但对 RON 变动范围窄的情况（一般 24h 内 RON 约下降 0.5 个单位），这一线性关系可认为近似成立。

5.3.2 分析模型的建立

选取一组有代表性的在线采集的光谱及其对应的基础数据建立在线分析模型，可以较精确地用于在线测量。但由于催化重整试验装置液体产物的组成及性质在短时间内变动范围有限，要收集一定数目的变化范围较宽的样品需要花费很长的时间。

在线测试样品与实验室离线样品存在较大的差异。如在组成上，送往实验室进行测试的样品经过一定时间的储存，其低沸点组分（主要是 C_5 以下组分）挥发损失较为严重；在测试状态方面，在线测试样品的压力较高（0.3～0.5 MPa），由于生成油经过了冷却处理，其温度较低（16～22 ℃）且具有一定的流速。

由于以上两类样品及测试条件之间存在的差异，若把离线测试样品建立的模型直接用于在线分析，可能会产生较大的系统偏差。为此，将在线测量的光谱与离线光谱混合组成校正集，建立混合校正模型，较好地解决了以上遇到的问题，在扩宽模型适用范围的同时有效消除了测量条件对分析结果的影响。

从 8 套装置的在线光谱中选取 140 个样本，和离线测量的 135 个样本，共 275 个样本的光谱，同与其对应的基础数据组成混合校正集。剩余的 165 个在线样本则组成验证集。表 5-40 列出了校正集和验证集样本组成和性质分布范围统计结果。

表 5-40 校正集和验证集样本组成和性质分布范围统计结果

性质或组成	校正集				验证集			
	最大值	最小值	平均值	标准偏差	最大值	最小值	平均值	标准偏差
RON	104.0	90.1	100.3	3.2	104.0	96.2	101.6	1.6
C_6 芳烃(质量分数)/%	13.5	2.1	7.1	1.5	9.2	5.3	7.4	0.7
C_7 芳烃(质量分数)/%	27.3	11.0	19.0	2.5	23.1	15.3	19.8	1.4
C_8 芳烃(质量分数)/%	27.1	17.2	23.8	2.2	27.1	20.8	24.8	1.3
总芳烃(质量分数)/%	83.9	53.4	75.3	6.8	83.8	70.1	78.5	3.1

校正模型的建立采用偏最小二乘（PLS）方法，最佳主因子数采用交互验证法所得的

PRESS 图确定[5],根据光谱-性质之间的相关系数图选择信息最强的光谱区间参与建模。为消除基线漂移影响,光谱参与校正前经一阶导数预处理。表 5-41 列举了 RON 和芳烃组成(C_6、C_7、C_8 和总芳烃)的主要校正参数及结果。图 5-59 为 RON 和芳烃组成(C_6、C_7、C_8

表 5-41 在线分析模型主要校正参数及结果

性质或组成	预处理方法	波长范围/nm	主因子数	SEC	R^2
RON	一阶导数	850~1050	7	0.32	0.9877
C_6 芳烃(质量分数)/%	一阶导数	850~1050	5	0.25	0.9719
C_7 芳烃(质量分数)/%	一阶导数	850~1050	7	0.61	0.9387
C_8 芳烃(质量分数)/%	一阶导数	850~1050	7	0.65	0.9028
总芳烃(质量分数)/%	一阶导数	850~1050	7	0.95	0.9736

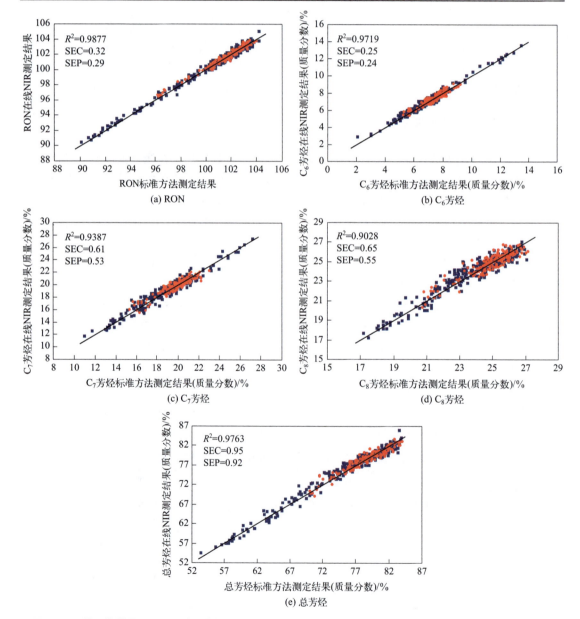

图 5-59 校正集样品(■)和验证集样品(●)的标准方法测定值与在线近红外光谱测量结果之间的相关图

和总芳烃)交互验证过程得到的 NIR 方法和标准方法之间的对比结果。可以看出,校正集样品均匀分布在回归线两侧,具有显著的线性相关性,而且交互验证得到的校正标准偏差(SEC)均小于参考方法规定的再现性要求,说明所建立的定量分析模型可以用来预测同类样品的 RON 和芳烃组成。

5.3.3 准确性和重复性

用以上建立的在线 RON 和芳烃组成分析模型,对 8 个通道所测的 165 个在线验证样品进行预测。

图 5-59 为 RON 和芳烃组成的在线近红外光谱方法与标准方法测定结果之间的对比结果,表 5-42 给出了验证集预测标准偏差(SEP)和成对 t 检验的结果,其中 SEP 与模型建立时交互验证过程得到的 SEC 相当。对于给定显著性水平 0.05,$t_{0.05,35} = 2.03$,所得的 t 值小于 2.03,说明两种方法之间没有显著性差异,两者的分析结果是一致的。

表 5-42 在线验证集的预测标准偏差(SEP)及成对 t 检验结果

性质或组成	SEP	$|t|$
RON	0.29	0.93
C_6 芳烃(质量分数)/%	0.24	0.89
C_7 芳烃(质量分数)/%	0.53	0.92
C_8 芳烃(质量分数)/%	0.55	0.54
总芳烃(质量分数)/%	0.92	1.49

假设在短时间内(如 60 min)装置运行处于平稳状态,即重整生成油组分保持不变,通过连续 10 次的测量结果评价在线近红外光谱的测量重复性。

表 5-43 给出某通道在 60 min 内连续 10 次测量的 RON 和芳烃组成结果。10 次测量 RON、C_6 芳烃、C_7 芳烃、C_8 芳烃、总芳烃的标准偏差分别为 0.08、0.05、0.09、0.07、0.16,说明在线近红外光谱分析系统具有较好的重复性。

表 5-43 在线近红外光谱对某通道在 60 min 内连续 10 次测量的 RON 和芳烃组成结果

次数	时间	RON	C_6 芳烃(质量分数)/%	C_7 芳烃(质量分数)/%	C_8 芳烃(质量分数)/%	总芳烃(质量分数)/%
1	04-08-05 9:10	103.0	7.2	19.3	26.0	81.1
2	04-08-05 9:17	103.0	7.2	19.4	25.9	80.8
3	04-08-05 9:23	103.1	7.2	19.4	25.9	80.9
4	04-08-05 9:30	103.1	7.2	19.3	25.9	80.9
5	04-08-05 9:36	102.9	7.1	19.3	25.9	80.7
6	04-08-05 9:43	103.0	7.2	19.3	26.1	81.1
7	04-08-05 9:49	102.9	7.2	19.3	25.9	80.9
8	04-08-05 9:56	102.9	7.2	19.4	26.0	80.8
9	04-08-05 10:02	103.0	7.1	19.3	25.9	80.9
10	04-08-05 10:09	102.9	7.1	19.1	25.9	81.2
平均值		103.0	7.2	19.3	25.9	80.9
标准偏差		0.08	0.05	0.09	0.07	0.16

5.3.4 在线应用

在线近红外光谱分析系统可实时反馈装置的波动变化。图 5-60 为在线近红外光谱记录的一轮催化剂评价试验所得到的一典型重整汽油 RON 随反应时间的变化趋势图。反应初始（开始 3 h），随反应温度升高 RON 急速增加，当反应温度趋于恒定后（从反应 3 h 到反应 100 h），RON 基本保持平稳，并随反应时间增加。催化剂活性降低而缓慢下降。评价反应结束时（反应 140 h 后），随反应温度下降 RON 迅速降低。反应中后期（反应 110 h 左右）出现的 RON 较大波动是由于装置中氢气压缩机故障造成的。

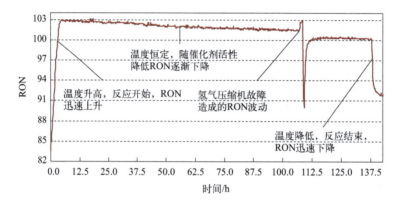

图 5-60 在线近红外光谱记录的一轮催化剂评价试验的 RON 结果

在线近红外光谱分析系统还可直观反映出组成之间或组成与性质之间内在的关系。例如，图 5-61 明显反映出重整汽油 RON 与芳烃含量之间存在的正相关性，这同辛烷值与分子结构的理论解释完全吻合。

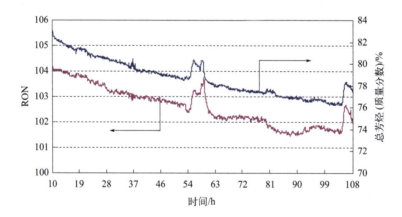

图 5-61 在线近红外光谱记录的一轮催化剂评价试验的 RON 和芳烃结果

在线近红外光谱分析技术由于能够实时监测反应产物的变动情况，可为催化剂评价快速提供更完整的信息。图 5-62 给出了在线近红外光谱系统记录的两个不同催化剂在同一套装置进行评价试验的 RON 变化趋势图，可以清晰地看出，催化剂 A 无论在活性还是稳定性上都优于催化剂 B。

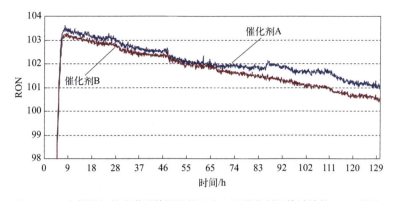

图 5-62 在线近红外光谱系统记录的两个不同催化剂评价试验的 RON 结果

5.3.5 小结

该研究采用我国自行研制的 NIR-6000 在线近红外分析仪，实现了多通道（8 路）、线内在线（In-line）、实时、无损、准确检测重整中型装置液体产物的 RON 和芳烃组成等 5 项物化指标，完成 8 个通道的全分析时间仅为 6.5 min。在线近红外光谱分析系统的投用不仅可以实时准确地测量出多通道多性质数据，及时反映装置的运行状况，为催化剂的快速评价提供整个过程完整的分析数据，而且还为催化剂评价方式的转变提供了一种强有力的分析手段，有利于提高催化剂评价技术水平和工作效率。

5.4 在重整工业装置上的应用

催化重整是以石脑油为原料生产高辛烷值汽油调和组分和芳烃的重要手段，同时可向加氢装置提供廉价的氢气，是世界各国炼油厂的重要工艺之一，受到了广泛重视。由于影响装置重整反应的因素很多，常规集散控制系统（DCS）很难取得满意的操作效果。国内外的应用实例表明，将先进过程控制（APC）用于重整装置，可以实现在满足操作约束条件的前提下提高装置处理量，改善产品质量，同时降低装置能耗，从而提高装置的整体效益[54,55]。但传统的软测量方式和在线色谱很难准确、快速和完整地向 APC 提供原料和生成油的组成和性质数据（研究法辛烷值），成为制约 APC 真正发挥作用的瓶颈问题之一。

本节主要介绍国内首次将在线近红外光谱分析技术用于广石化重整装置先进过程控制系统的应用情况，其中先进过程控制由石化盈科上海分公司组织实施，选用中国石化石油化工科学研究院的在线近红外光谱分析成套技术[56]。

5.4.1 在线近红外光谱分析系统

所采用的分析系统是在中国石化石油化工科学研究院 NIR-6000 在线近红外分析仪基础上[6]，针对广石化重整装置以及 APC 系统的要求，对样品预处理系统、光谱仪及其测量和分析软件进行了改进设计，在现场实施安装与调试（图 5-63），并建立了适合广石化重整进料 PNA（链烷烃、环烷烃和芳烃）碳数组成与生成油多种物化性质的近红外分析模型。仪器可在 4 min 内完成两路样品 19 个性质的在线分析，实现了实时为先进控制系统提供重整进料与生成油的组成和性质数据。

图 5-63 重整装置在线近红外光谱分析系统现场图

在线近红外分析仪由以下几个部分组成：①在线近红外分析仪主机，测量油品的近红外光谱；②快速回路和样品预处理系统，对被测样品进行处理，为精确、快速测量光谱提供必要的处理条件；③防爆系统和分析小屋，为光谱仪现场工作提供必要的环境条件；④公用工程，为分析系统提供所需的水、电、气等；⑤分析和测量软件，包括化学计量学软件、光谱测量软件、通信软件等；⑥近红外分析模型，建立油品的各种性质与光谱之间的定量和定性关系。

NIR-6000 在线近红外分析仪采用固体阵列检测原理的光学设计，无移动分光部件，稳定性高；采用 CCD 阵列检测，光谱扫描速度快，分辨率高；系统采用精确控温技术，为光谱仪长期稳定运行提供必要和可靠的工作条件；采用光纤和多路切换技术，实现多路检测功能；如图 5-64 所示，经快速回路从装置引来的样品首先进入预处理系统，经过脱水、过滤、恒温和脱气等处理，样品通过流通池与光纤传输的光发生作用，产生并获取样品的 NIR 光谱，经过专用 NIR 软件和模型处理后得到样品的分析数据；系统通过光谱模式识别方法对界外样品（即模型样品范围不能覆盖的样品）进行识别，具有将界外样品通过抓样系统留样功能，并做报警处理；系统将多检测通道的多种性质分析结果通过 4~20 mA 方式传至 DCS 系统；分析系统工作软件界面友好，便于操作；所有部件符合现场防爆安全要求。

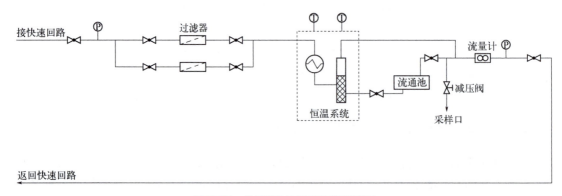

图 5-64 样品预处理系统流程示意图

按照 APC 实施的要求，在线近红外光谱测定重整进料和重整生成油的物化性质参数见表 5-44，共计 19 个组成和性质参数。

表 5-44 所测通道及物化性质参数

通道	油品类型	测定的物化性质参数
1	重整进料	N6, N7, N8, A6, A7, A8, P5, P6, P7, P8
2	重整生成油	RON, A10+A11, A9, A8, A7, A6, P7+N7, P5+N5, P4

注：P—链烷烃；N—环烷烃；A—芳烃；RON—研究法辛烷值。

5.4.2 分析模型的建立与评价

5.4.2.1 样品收集和光谱采集

从 2005 年 5 月中旬开始收集重整进料和重整生成油样品，用 40 mL 瓶密封，放置冰柜中保存。截至 2005 年 12 月仪器安装调试，共收集 62 个重整进料及 75 个重整生成油样本。从收集的样本中分别选取 35 个有代表性的重整进料及重整生成油样品，分别在近红外分析仪对应的通道上测定其光谱。

在线分析仪运行正常后，定期从预处理系统采集样品，备份对应的在线近红外光谱，用实验室标准方法测定其基础数据。从 2005 年 12 月仪器正常运行至 2006 年 6 月仪器正式投用，共收集了 100 个重整进料及 104 个重整生成油样本。将在线光谱和离线采集的光谱与对应的基础数据组成校正集，用来建立校正模型。

重整进料及重整生成油样品的研究法辛烷值（RON）和 PNA（直链烷烃、环烷烃和芳烃）碳数组成分别采用 GB/T 5487 和 Q/SH 016.03.175（色谱）测得。

5.4.2.2 在线模型的建立

为消除各种影响光谱信息提取因素的同时又尽量不丢失样品有用的光谱信息，对重整进料、重整生成油的 PNA 碳数组成及 RON 的不同光谱预处理校正模型进行对比。结果表明，当光谱预处理参数采用 31 点二阶导数、9 点平滑时，得到的校正模型最优。

通过光谱范围的优化选择，可以有效利用信息最丰富的谱带，以提高模型的稳健性和准确性。利用校正集光谱和组成之间的相关图，在相关性强的范围内试验不同光谱区间对校正模型质量的影响。结果表明，光谱范围在表 5-45 及表 5-46 中所列的范围，RON 及各 PNA 碳数组成的校正模型最好。

表 5-45 重整生成油 RON 及组成的校正参数和结果

组 成	样品数	分布范围	光谱区间/nm	主因子数	R^2	SEC	标准方法再现性
RON	135	87.9～98.0	840～960	5	0.97	0.27	0.7
P4(质量分数)/%	135	0.1～3.8	850～960	6	0.75	0.28	0.05～0.32
P5+N5(质量分数)/%	135	1.5～10.7	850～960	8	0.91	0.60	—
P7+N7(质量分数)/%	135	7.0～17.9	850～980	7	0.96	0.34	—
A6(质量分数)/%	135	2.9～10.6	840～980	6	0.98	0.15	0.20～0.37
A7(质量分数)/%	135	10.9～20.0	840～980	6	0.95	0.37	0.37～0.62
A8(质量分数)/%	135	14.8～25.6	840～980	6	0.86	0.71	2.60～3.80
A9(质量分数)/%	135	6.9～22.0	840～980	6	0.96	0.54	—
A10+A11(质量分数)/%	135	0.7～12.2	840～980	6	0.93	0.67	—

表 5-46 重整进料组成的校正参数和结果

组 成	样品数	分布范围	光谱区间/nm	主因子数	R^2	SEC	标准方法再现性
P5(质量分数)/%	139	0.01～7.4	850～960	7	0.89	0.82	0.03～0.81

续表

组成	样品数	分布范围	光谱区间/nm	主因子数	R^2	SEC	标准方法再现性
P6(质量分数)/%	139	5.8~22.8	860~980	7	0.94	1.08	0.29~0.75
P7(质量分数)/%	139	8.3~18.5	860~980	7	0.87	1.15	0.76~1.63
P8(质量分数)/%	139	9.6~21.0	860~960	6	0.79	1.30	0.51~0.94
N6(质量分数)/%	139	2.6~8.7	860~960	6	0.96	0.23	0.28~0.41
N7(质量分数)/%	139	5.7~15.1	860~960	4	0.89	0.53	0.30~0.71
N8(质量分数)/%	139	3.0~14.2	860~960	4	0.96	1.03	—
A6(质量分数)/%	139	0.01~3.0	860~970	7	0.97	0.10	0.06~0.17
A7(质量分数)/%	139	0.01~5.4	840~980	7	0.96	0.14	0.03~0.16
A8(质量分数)/%	139	0.01~8.4	840~980	7	0.98	0.49	0.32~1.26

最佳主因子数由交互验证所得到的预测残差平方和（PRESS）对主因子作图确定。重整进料和重整生成油 RON 及各 PNA 碳数组成的最佳主因子分别列于表 5-45 和表 5-46。

采用上述选择的光谱预处理参数、波长范围以及最佳主因子数，用偏最小二乘（PLS）方法分别建立了重整进料和重整生成油 PNA 碳数组成及 RON 的校正模型。表 5-45 和表 5-46 分别列出了主要的校正参数及统计结果。可以看出，除了重整进料 P6、P8 校正模型的标准偏差（SEC）略超出标准方法规定的再现性要求之外，其他性质的校正标准偏差都落在再现性要求范围内，模型的准确性满足要求。而对于重整进料的 P6、P8，因基础数据测定存在一定误差，而且样品集数据分布不均匀，其模型预测的准确度需要进一步完善验证。

5.4.2.3 分析结果准确性验证

为了验证所建校正模型的准确性和可靠性，从 2006 年 6 月至 12 月定期从装置上采样，用实验室标准方法测定其结果，并与在线测定结果进行对比。重整进料和重整生成油分别取得 21 组对比结果，统计结果见表 5-47 和表 5-48，图 5-65 和图 5-66 分别给出了在线近红外与实验室标准方法测定重整进料苯含量和重整生成油 RON 的对比结果。通过实测与预测结果的偏差统计可以看出，重整生成油的所有 PNA 碳数组成及 RON 以及重整进料的 N6、N7、A6、A7、A8 的近红外方法预测标准偏差（SEP）满足相应标准方法的再现性要求，其模型对未知样品预测结果的准确性满足要求。对于 N8、P7+N7、A9、A10+A11 标准方法不要求再现性，但其预测标准偏差都较小，近红外方法预测结果准确性也较高。对于重整进料的 P5、P8，近红外预测标准偏差相对较大，这可能与基础数据的准确性及样品集数据分布不均匀有关。

表 5-47 重整生成油 RON 及组成的验证结果

组成	SEP	$|t|$	标准方法再现性
RON	0.33	0.48	0.7
P4(质量分数)/%	0.28	1.21	0.05~0.32
P5+N5(质量分数)/%	1.24	0.98	—
P7+N7(质量分数)/%	0.52	1.35	—
A6(质量分数)/%	0.21	0.92	0.20~0.37
A7(质量分数)/%	0.50	0.46	0.37~0.62
A8(质量分数)/%	1.42	0.21	2.60~3.80
A9(质量分数)/%	0.78	0.74	—
A10+A11(质量分数)/%	1.15	0.91	—

表 5-48　重整进料组成的验证结果

组　成	SEP	$|t|$	标准方法再现性
P5(质量分数)/%	0.87	1.30	0.03～0.81
P6(质量分数)/%	0.97	0.78	0.29～0.75
P7(质量分数)/%	1.20	0.45	0.76～1.63
P8(质量分数)/%	1.43	1.49	0.51～0.94
N6(质量分数)/%	0.27	0.88	0.28～0.41
N7(质量分数)/%	0.49	0.57	0.30～0.71
N8(质量分数)/%	0.85	0.56	—
A6(质量分数)/%	0.15	0.77	0.06～0.17
A7(质量分数)/%	0.17	0.85	0.03～0.16
A8(质量分数)/%	0.55	0.69	0.32～1.26

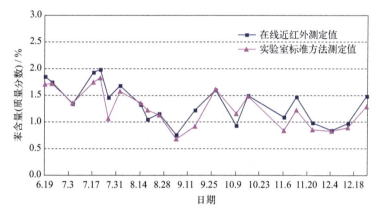

图 5-65　在线近红外与实验室标准方法测定重整进料苯含量的对比结果

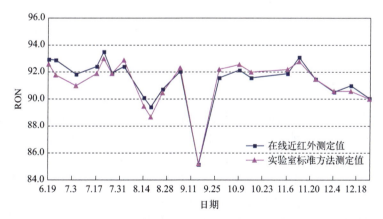

图 5-66　在线近红外与实验室标准方法测定重整生成油 RON 的对比结果

同时，对在线近红外方法和标准方法之间的分析结果进行 t 检验。对于给定显著性水平 0.05，从表 5-47 和表 5-48 可以看出，重整进料和重整生成油所有分析项目的 t 值均小于 t 临界（$t_{0.05,20}=2.02$），说明在线近红外测定结果与标准方法测定结果无显著性差异。

5.4.2.4 分析结果重复性考察

为了考察分析系统的重复性，选定装置运行处于平稳状态的某一时间段，假设重整进料和重整生成油组成不发生变化，通过对现场在线仪器运行 2h 取得的测定数据进行重复性试验。

测试结果表明，在原料及工艺条件基本没有变动的条件下，近红外分析仪在 2 h 内的测定重整进料 P5、P6、P7、P8、N6、N7、N8、A6、A7、A8 的标准偏差分别为 0.25%、0.24%、0.16%、0.39%、0.08%、0.08%、0.09%、0.02%、0.04%、0.07%，测定重整生成油 P4、P5+N5、P7+N7、A6、A7、A8、A9、A10+A11、RON 的标准偏差分别为 0.08%、0.41%、0.08%、0.06%、0.07%、0.21%、0.13%、0.24%、0.05%，说明在线近红外光谱分析仪及校正模型的稳定性和重复性满足要求。

5.4.3 在线分析运行效果

在线近红外光谱分析系统于 2005 年 12 月中旬完成现场安装后，经过半年的试运行，对仪器软件、预处理系统和分析模型进行了必要的改进与完善。到 2006 年 5 月底，近红外分析仪对 APC 需要的主要质量数据在预先设定的范围内可提供准确及时的在线测试数据，对 APC 实现装置的平稳优化生产、提高目的产品产率、降低能耗，最终提高经济效益起到了显著作用。例如，对进料组成的实时测量可为 APC 控制器提供前馈信息，对生成油组成（如 P7+N7 和芳烃）和 RON 的测量可提供反馈信息，以选择合适的加权平均反应入口温度（WAIT），确定各反应器的入口温度分布，使芳烃转化率更平稳，减少 RON 的波动，同时避免反应深度过高造成的液收下降；根据生成油的 P4 和环烷烃含量卡上限操作，尽可能提高汽油收率；根据进料的 P5 含量和生成油的 P5+N5 含量调整预处理单元分馏塔的塔顶温度，控制重整进料的初馏点等。

这套系统已经正常运行多年，除定期对分析模型进行扩充外，没有出现任何硬件问题，也几乎不需任何维护，分析结果平稳、趋势正确、偏差很小，已为 APC 系统提供了上百万个分析数据，完全满足装置先进过程控制的需要，为 APC 系统的顺利实施起到了非常关键的作用。

5.4.4 小结

在国内首次将在线近红外光谱分析技术应用于广石化 40 万吨/年重整装置的先进过程控制（APC）中，取得了较为满意的运行效果。该项目的成功实施说明国产成套在线近红外光谱分析技术在软硬件平台和工程化实施等方面已趋于成熟和标准化，能够实时、准确地为 APC 提供所需的全部分析数据，而且分析仪日常维护费用低，几乎没有消耗品，解决了长期制约 APC 发展的一个关键技术问题，对 APC 实现装置的平稳优化生产、提高目的产品产率、降低能耗，最终提高经济效益起到了显著性的作用。

目前，已有炼厂将在线近红外光谱分析技术与实时优化系统相结合（图 5-67），实现了闭环投用，通过调整重整反应温度、氢油比以及各个分馏塔操作温度提高了重整装置的 BTX 收率，为装置带来可观的效益提升[57,58]。

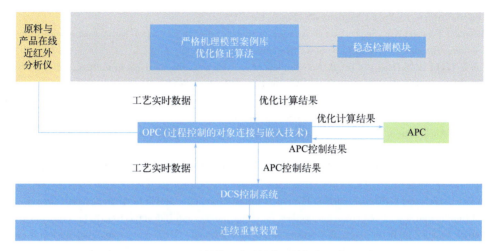

图 5-67　重整装置实时优化系统架构示意图

参考文献

[1] 衣晓阳,张鹏,胡长禄,等. 催化重整集总动力学模型研究进展[J]. 工业催化,2020,28(3):25-30.
[2] 熊献金. 连续重整反应 34 集总动力学模型的建立和应用[J]. 炼油技术与工程,2019,49(3):17-21.
[3] 周祥,王杰广,侯震,等. 半再生重整分子水平反应动力学模型[J]. 石油学报(石油加工),2016,32(4):748-753.
[4] 褚小立,袁洪福,纪长青,等. 近红外光谱快速测定重整汽油详细族组成[J]. 石油化工,2001,30(11):866-870.
[5] 杨利斌,宋帮勇,孔祥冰,等. 石脑油中单体组分在碳数分布上对乙烯收率的影响[J]. 现代化工,2011,31(增刊1):164-165.
[6] Silva V,Reboucas M V,Salles A R,et al. Determination of naphtha composition by near infrared spectroscopy and multivariate regression to control steam cracker processes[J]. Fuel Processing Technology,2015,131:230-237.
[7] 朱宝,陈忠圣,余乐安. 一种新颖的小样本整体趋势扩散技术[J]. 化工学报,2016,67(3):820-826.
[8] Georgouli K,Osorio M T,Jesus M,et al. Data augmentation in food science:synthesising spectroscopic data of vegetable oils for performance enhancement[J]. Journal of Chemometrics,2018,32(6):e3004.
[9] 刘秋芳,褚小立,陈瀑,等. 基于近红外光谱快速预测石脑油单体烃分子组成[J]. 石油炼制与化工,2022,53(1):86-92.
[10] Chung H,Ku M S. Near-infrared spectroscopy for on-line monitoring of lube base oil processes[J]. Applied Spectroscopy,2003,57(5):545-550.
[11] Sorensen L K. True accuracy of near infrared spectroscopy and its dependence on precision of reference data[J]. Journal of Near Infrared Spectroscopy,2002,10:15-25.
[12] Cayuela J A. Assessing olive oil peroxide value by NIRS,and on reference methods[J]. NIR News,2017,28(3):12-16.
[13] Bazar G,Kovacs Z. Checking the laboratory reference values with NIR calibrations[J]. NIR News,2017,28(3):17-20.
[14] Coates D B. "Is near infrared spectroscopy only as good as the laboratory reference values?" An empirical approach[J]. Spectroscopy Europe,2002,14(4):24-26.
[15] Isengard H D,Merkh G,Schreib K,et al. The influence of the reference method on the results of the secondary method via calibration[J]. Food Chemistry,2010,122(2):429-435.
[16] 褚小立,袁洪福,陆婉珍. 基础数据准确性对近红外光谱分析结果的影响[J]. 光谱学与光谱分析,2005,25(6):886-889.
[17] Gomes A A,Azcarate S M,Diniz P H G D,et al. Variable selection in the chemometric treatment of food data:

a tutorial review[J]. Food Chemistry,2022,370:131072.

[18] Mehmood T,Liland K H,Snipen L,et al. A review of variable selection methods in partial least squares regression[J]. Chemometrics and Intelligent Laboratory Systems,2012,118:62-69.

[19] Yun Y H,Li H D,Deng B C,et al. An overview of variable selection methods in multivariate analysis of near-infrared spectra[J]. Trends in Analytical Chemistry,2019,113:102-115.

[20] Rimbaud D J,Massart D L,Leardi R,et al. Genetic algorithms as a tool for wavelength selection in multivariate calibration[J]. Analytical Chemistry,1995,67(23):4295-4301.

[21] Leardi R. Application of genetic algorithm-PLS for feature selection in spectral data sets[J]. Journal of Chemometrics, 2000,14(5):643-655.

[22] 褚小立,袁洪福,王艳斌,等. 遗传算法用于偏最小二乘方法建模中的变量筛选[J]. 分析化学,2001,29(4): 437-442.

[23] Tulsyan A,Schorner G,Khodabandehlou H,et al. A machine-learning approach to calibrate generic Raman models for real-time monitoring of cell culture processes[J]. Biotechnology and Bioengineering,2019,116(10):2575-2586.

[24] Hetrick E,Shi Z Q,Barnes L,et al. Development of near infrared (NIR) spectroscopy-based process monitoring methodology for pharmaceutical continuous manufacturing using an offline calibration approach[J]. Analytical Chemistry,2017,89:9175-9183.

[25] Bakeev K A. Process Analytical Technology:Spectroscopic Tools and Implementation Strategies for the Chemical and Pharmaceutical Industries[M]. Oxford UK:Blackwell Publishing,2005.

[26] Blanco M,Coello J,Iturriaga H,et al. Strategies for constructing the calibration set in the determination of active principles in pharmaceuticals by near infrared diffuse reflectance spectrometry[J]. Analyst,1997,122: 761-765.

[27] Farrell J A,Higgins K,Kalivas J H. Updating a near-infrared multivariate calibration model formed with lab-prepared pharmaceutical tablet types to new tablet types in full production[J]. Journal of Pharmaceutical and Biomedical Analysis,2012,61:114-121.

[28] 褚小立,袁洪福,王艳斌,等. 近红外稳健分析校正模型的建立(Ⅰ)样品温度的影响[J]. 光谱学与光谱分析, 2004,24(6):666-671.

[29] Sjoblom J,Svensson O,Josefson M. An evaluation of orthogonal signal correction applied to calibration transfer of near infrared spectra[J]. Chemometrics and Intelligent Laboratory System,1998,44:229-244.

[30] Fearn T. On orthogonal signal correction[J]. Chemometrics and Intelligent Laboratory System,2000,50:47-52.

[31] Chau F T,Liang Y Z,Gao J B,et al. Chemometrics:From Basics to Wavelet Transform Chemometrics[M]. Hoboken:Wiley-Interscience,2004.

[32] Hassan S A,Abdel-Gawad S A. Application of wavelet and Fourier transforms as powerful alternatives for derivative spectrophotometry in analysis of binary mixtures:a comparative study[J]. Spectrochimica Acta Part A: Molecular and Biomolecular Spectroscopy,2018,191:365-371.

[33] Trygg J,Wold S. PLS regression on wavelet compressed NIR spectra[J]. Chemometrics and Intelligent Laboratory Systems,1998,42(1-2):209-220.

[34] 田高友,褚小立,袁洪福. 小波变换-偏最小二乘法用于柴油近红外光谱分析[J]. 计算机与应用化学,2006,23 (10):971-974.

[35] 田高友,袁洪福,刘慧颖,等. 小波变换用于近红外光谱性质分析[J]. 分析化学,2004,32(9):1125-1130.

[36] 褚小立,袁洪福,王艳斌,等. 遗传算法用于偏最小二乘方法建模中的变量筛选[J]. 分析化学,2001,29(4): 437-442.

[37] 田高友,袁洪福,刘慧颖,等. 小波变换在近红外光谱分析中的应用进展[J]. 光谱学与光谱分析,2003,23(6): 1111-1114.

[38] Wu H L,Wang T,Yu R Q. Recent advances in chemical multi-way calibration with second-order or higher-order advantages:multilinear models,algorithms,related issues and applications[J]. Trends in Analytical Chemistry, 2020,130:115954.

[39] Bro R. Multiway calibration. Multilinear PLS[J]. Journal of Chemometrics,1996,10(1):47-62.

[40] Sena M M,Poppi R J. N-way PLS applied to simultaneous spectrophotometric determination of acetylsalicylic acid,paracetamol and caffeine[J]. Journal of Pharmaceutical and Biomedical Analysis,2004,34(1):27-34.

[41] Azubel M,Fernandez F M,Tudino M B,et al. Novel application and comparison of multivariate calibration for the

simultaneous determination of Cu,Zn and Mn at trace levels using flow injection diode array spectrophotometry [J]. Analytica Chimica Acta,1999,398(1):93-102.

[42] Nilsson J,De Jong S,Smilde A K. Multiway calibration in 3D QSAR[J]. Journal of Chemometrics,1997,11(6):511-524.

[43] 褚小立,田高友,袁洪福,等. 小波变换结合多维偏最小二乘方法用于近红外光谱定量分析[J]. 分析化学,2006,34(S1):175-178.

[44] 褚小立,袁洪福,陆婉珍. 光谱多元校正中的模型传递[J]. 光谱学与光谱分析,2001,21(6):881-885.

[45] 张进,蔡文生,邵学广. 近红外光谱模型转移新算法[J]. 化学进展,2017,29(8):101-109.

[46] 史云颖,李敬岩,褚小立. 多元校正模型传递方法的进展与应用[J]. 分析化学,2019,47(4):479-487.

[47] Workman J J. A review of calibration transfer practices and instrument differences in spectroscopy[J]. Applied Spectroscopy,2018,72(3):340-365.

[48] 褚小立,袁洪福,陆婉珍. 普鲁克分析用于近红外光谱仪的分析模型传递[J]. 分析化学,2002,30(1):114-119.

[49] 王艳斌,袁洪福,陆婉珍. 一种基于目标因子分析的模型传递方法[J]. 光谱学与光谱分析,2005,25(3):398-401.

[50] 袁洪福,褚小立,陆婉珍,等. 一种新型在线近红外光谱分析仪的研制[J]. 分析化学,2004,32(2):255-261.

[51] 褚小立,袁洪福,陆婉珍. 一种消除在线多通道近红外分析仪光谱间差异的方法[J]. 分析化学,2005,33(6):745-750.

[52] 褚小立,袁洪福,陆婉珍. 在线近红外光谱分析技术在重整中型试验装置上的应用[J]. 炼油技术与工程,2005,35(4):26-29.

[53] Chu X L,Yuan H F,Lu W Z. In-line monitoring several sets of pilot-scale catalytic reforming unit using a short-wavelength NIR analyzer[J]. Journal of Near Infrared Spectroscopy,2005,13(1):37-46.

[54] 谢洪波,胡国银. 先进控制技术在连续重整装置的应用[J]. 石油炼制与化工,2009,40(2):54-58.

[55] 毛国平,卢文煜,胡国银. 先进控制技术在连续重整装置中的应用[J]. 石油化工自动化,2001(2):18-23.

[56] 王京华,褚小立,袁洪福,等. 在线近红外光谱分析技术在重整装置的应用[J]. 炼油技术与工程,2007,37(7):24-28.

[57] 谢勇勇,费彦仁,谢六磊. 重整连续装置实时优化系统应用[J]. 炼油技术与工程,2021,51(10):59-64.

[58] 屠松立,李浩扬,谢六磊. 实时优化技术在连续重整装置的实施[J]. 广东化工,2021,48(21):275-278.

第6章 近红外光谱在 MTBE 装置中的研究与应用

在石化工业中，甲基叔丁基醚（MTBE）是近 20 多年来发展最快的石化产品之一，它是目前应用最广泛的高辛烷值无铅汽油添加组分，又是从混合碳四馏分中分离高纯度异丁烯的中间产物[1]。工业上，MTBE 是由异丁烯和甲醇在强酸性阳离子树脂催化剂作用下在一定操作条件下于液相合成的，在生产过程中反应器混合进料的醇烯比（MRMI）是一个至关重要的操作参数[2]。所谓醇烯比，即进料中甲醇的摩尔数与异丁烯的摩尔数之比，它必须根据工艺要求控制在一定范围之内，其分析效率和精度直接影响 MTBE 生产装置的操作控制。传统醇烯比的分析多采用在线色谱方法，但由于其速度慢、硬件维护量大等原因，应用效果大多不理想[3]。

碳四馏分中的异丁烯与甲醇在近红外光谱区域有显著的特征吸收，因此采用近红外光谱方法有望成为解决在线测量醇烯比的理想手段。

6.1 支持向量回归建立醇烯比预测模型的研究

建立近红外光谱分析模型应用最多的方法是偏最小二乘法（PLS），它是一种线性回归方法，只适用于线性校正体系，即光谱的吸收和待测性质之间的关系应符合朗伯-比尔定律。但是，由于醇烯比是通过两种组分含量的数学变换得到的计算参数，其与近红外光谱之间存在严重的非线性关系，因此必须采用非线性校正方法建立模型。

人工神经网络（ANN）是应用较为广泛的一种非线性校正方法，但 ANN 方法收敛速度慢且极易陷入局部最小，也容易产生过拟合和过训练，因此在使用过程中需要大量校正样本，并需要使用者掌握过多的技巧和经验才能得出比较满意的结果。

支持向量回归（SVR）能较好地解决小样本、非线性、高维数和局部极小点等实际问题，已成功应用于构效关系、软测量、时间序列和光谱定量分析等[4-6]。该研究采用 SVR 方法建立近红外光谱直接测定醇烯比的校正模型，并与 PLS 方法和 ANN 方法进行了比较[7]。

6.1.1 样本与方法

（1）样品与基础数据

在耐压钢瓶中配制 64 个由无水甲醇和混合碳四组成的样品，其中甲醇含量范围为

4.95%～20.92%，异丁烯含量范围为 10.58～38.37%，醇烯比变动范围为 0.34～2.82。通过 K-S 方法选取 40 个样本组成校正集，剩余的 24 个样本组成验证集。

样品的甲醇百分含量通过称重得到的甲醇和混合碳四质量计算得出，异丁烯百分含量由气相色谱法测定，样品的醇烯比则通过甲醇和异丁烯含量计算得到。

（2）光谱仪器与采集

仪器：中国石化石油化工科学研究院研制的 CCD 固定光路阵列检测器型在线近红外光谱仪，光谱范围 700～1100 nm；100 m 石英低羟基光纤（美国 3M 公司生产，300 μm）；液体流通池（光程 50 mm，316 不锈钢池体）。

光谱采集：将采样钢瓶中的液体样本经由 φ6 mm 尼龙管道，通过快速接头导入耐压的液体流通池中。在样本达到稳定状态后，操作者可以使用一根长度为 100 m 的石英光纤，以遥控方式进行光谱测量。样品温度 23～27 ℃，样品采谱积分时间 26 ms，参比采谱积分时间 10 ms。

（3）数据处理

在 SVR 运算中，采用指数径向基核函数（ERBF），以 PLS 回归得到的得分向量为输入变量。

计算过程中所要设定的参数包括 PLS 主因子数、误差精度 ε、正则化系数 C 和径向基核函数宽度 σ。根据醇烯比的测量误差要求，设定误差精度 $\varepsilon=0.02$，PLS 主因子数通过交互验证确定，正则化系数 C 和径向基核函数宽度 σ 分别采用交互验证方式进行优化设置。

6.1.2 PLS 方法结果

首先采用 PLS 方法分别建立近红外光谱直接测定甲醇含量、异丁烯含量和醇烯比的校正模型。模型建立前，光谱经过二阶导数处理，并选择最优的光谱区间，PLS 最佳的主因子数通过交互验证法所得的预测残差平方和（PRESS）确定。

表 6-1 给出了建模参数以及交互验证过程得到的校正均方根标准偏差（RMSEC）、验证过程得到的预测均方根标准偏差（RMSEP）和相关系数（R）。图 6-1～图 6-3 给出了 PLS 校正和预测过程中甲醇含量、异丁烯含量和醇烯比的实际-预测值相关图，图 6-4 给出了通过甲醇和异丁烯的 PLS-NIR 预测值计算得到醇烯比结果的实际-预测值相关图，表 6-1 同时也给出了对应计算得到的 RMSEC* 和 RMSEP*。

表 6-1 PLS 方法建模和预测结果

项目	光谱范围/nm	校正			预测		
		主因子	RMSEC	R	RMSEC*	RMSEP	RMSEP*
异丁烯（质量分数）/%	850～935	6	0.19	0.9952	—	0.21	—
甲醇（质量分数）/%	850～1050	6	0.41	0.9901	—	0.39	—
醇烯比	850～1050	7	0.20	0.9148	0.028	0.23	0.033

注：*表示通过甲醇和异丁烯的 NIR 预测值计算得到的醇烯比结果。

从表 6-1 和图 6-1～图 6-3 可以看出，对于甲醇含量、异丁烯含量，由于其含量与光谱之间呈显著的线性关系，PLS 方法的建模和预测结果都得到了非常满意的结果。甲醇由于极性大以及分子间形成氢键等原因，极易受外界因素如温度影响，所以其预测准确性比异丁烯略差。由于醇烯比是由甲醇和异丁烯含量的比值再乘以固定系数 1.75（异丁烯和甲醇的

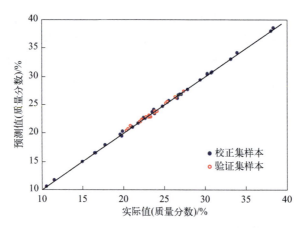

图 6-1 PLS 方法得到的异丁烯的实际-预测值相关图

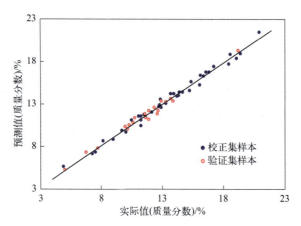

图 6-2 PLS 方法得到的甲醇的实际-预测值相关图

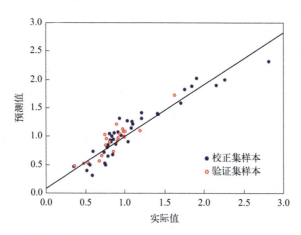

图 6-3 PLS 方法得到的醇烯比的实际-预测值相关图

分子量比)得到的,使该参数与光谱之间存在严重的非线性关系,显然不可能通过 PLS 方法直接得到正确的预测结果,必须采用非线性校正方法。从图 6-4 可以看出,利用 PLS 方法得到的甲醇含量和异丁烯含量可以非常准确地计算出醇烯比结果,但在实际应用中需要建立两个校正模型。

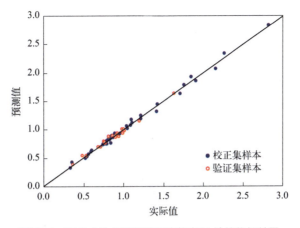

图 6-4　PLS 方法得到的醇烯比的实际-计算值相关图

6.1.3　SVR 方法结果

将校正集近红外光谱和醇烯比经 PLS 回归得到的得分（主因子数为 7）作为 SVR 的输入变量，精度 ε 根据醇烯比的测量误差要求设定为 0.02，进行 SVR 运算。图 6-5 给出了在 $C=100$、$\sigma=0.5$ 的情况下 SVR 校正和预测过程得到的醇烯比实际-预测相关图。可以看出，与 PLS 方法相比，SVR 方法得到的结果有显著性提高，其 RMSEP（RMSEP＝0.039）与通过甲醇和异丁烯 PLS-NIR 预测值计算得到的醇烯比结果几乎吻合，说明 SVR 非线性方法可以用来直接建立测定醇烯比的 NIR 校正模型。

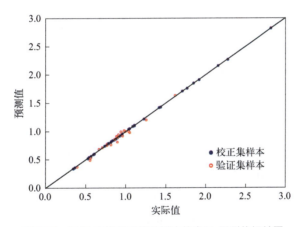

图 6-5　SVR 方法得到的醇烯比的实际-预测值相关图

6.1.4　与 ANN 方法比较

人工神经网络（ANN）是最常用的非线性校正方法之一，其中误差反向传输人工神经网络（BP-ANN）是最简单的多层神经网络，也是人工神经网络中最具代表性和广泛用途的一种网络模型，它是由非线性变换神经单元组成的一种前馈型网络。

该研究采用典型的 3 层 BP-ANN 方法，用 Levenberg-Marquardt 算法对网络进行训练。输入参数与 SVR 方法相同，为 PLS 回归得到的得分向量（主因子数为 7）。输入层和隐含层采用 Log-sigmoid 非线性传输函数，输出层则采用 Purelin 线性传输函数，隐含节点数用通过验证集的 RMSEP 选取 5，学习速率为 0.1，最大训练次数为 10000 次。利用训练后的 ANN 模型对验证集样本的醇烯比进行了预测，得到 RMSEP 为 0.051。结果表明，对于本节测定对象，SVR 方法的预测能力略优于 ANN 方法，而且 SVR 方法的计算速度也明显快于 ANN 方法。

6.1.5 小结

该研究采用支持向量回归（SVR）方法较好地解决了近红外光谱直接测定醇烯比中存在的非线性问题，该方法可以在实际 MTBE 装置的近红外光谱在线分析中推广使用。与偏最小二乘方法相比，支持向量回归模型的预测能力有了显著性提高，而且优于人工神经网络方法。

6.2 在 MTBE 工业装置上的应用

该研究以在线近红外光谱分析技术为基础，研发在线近红外光谱醇烯比分析系统，以解决工业生产中 MTBE 醇烯比的实时测定难题，从而促进 MTBE 行业的技术进步[8,9]。

6.2.1 样本与方法

（1）仪器

CCD 固定光路阵列检测器型在线近红外光谱仪（中国石化石油化工科学研究院研制），光谱范围 700～1100 nm，电荷耦合器件检测器（2048 像元 CCD）；石英低羟基光纤（美国 3M 公司生产），$\phi 300~\mu m \times 100~m$，数值孔径 0.22；耐压液体流通池（光程 50 mm，8 mm 厚 K9 光学玻璃光窗，316 不锈钢池体）；在线样品预处理系统，包括恒温装置、转子流量计、在线过滤器、在线取样钢瓶、可燃气体报警器等。

（2）样品

配制样品 60 个，由无水甲醇和混合碳四在耐压钢瓶中配制，其中甲醇含量范围为 5%～45%，异丁烯含量范围为 2%～55%。

在线样品 80 个，从北京燕山石化公司橡胶事业部化工型 MTBE 生产装置在线取得，甲醇含量范围 12.12%～18.24%，异丁烯含量范围 19.30%～27.90%。

（3）基础数据测定

配制样品的甲醇百分含量通过称重得到的甲醇和混合碳四质量计算得出，异丁烯百分含量由气相色谱法测定。

在线样品的甲醇和异丁烯百分含量均由气相色谱法测定。

（4）光谱采集

配制样品：将采样钢瓶中的液体样本经由 $\phi 6$ mm 尼龙管道，通过快速接头导入耐压的液体流通池中。在样本达到稳定状态后，操作者可以使用一根长度为 100 m 的石英光纤，以遥控方式进行光谱测量。

在线样品：由在线近红外光谱醇烯比分析系统自动在线测量，根据取样时间在分析工作站上选取谱图。

采集条件：样品温度 23~27 ℃；样品采谱积分时间 26 ms；参比采谱积分时间 10 ms；光谱采集间隔 30 s。

（5）模型建立

使用"RIPP 化学计量学光谱分析软件 2.0 版本"（中国石化石油化工科学研究院编制）建立模型。将样品光谱和色谱分析数据组成校正集，光谱经一阶或二阶导数处理，使用偏最小二乘（PLS）方法关联，建立定量分析模型；用马氏距离（MD）方法建立定性模型。

6.2.2 在线分析系统的设计与集成

在 NIR-6000 在线近红外分析仪基础上，针对 MTBE 混合进料醇烯比实时测定的特殊性，主要对样品预处理系统和测量软件包等进行了改进设计，设计了包括测样装置、恒温、在线过滤、除气泡、在线流量调节、在线取样、可燃气报警等功能在内的样品预处理系统。工业试验结果表明，该系统设计合理、功能完善，满足了在线近红外光谱醇烯比分析系统的要求。

（1）样品预处理系统

由于温度变化、气泡、固体杂质等会干扰短波近红外光谱的测定，需要设计一个带有恒温、除气泡、过滤等设施的功能完善的样品预处理系统。采用 Swagelok 的 F 系列直通型过滤器作为在线过滤装置。除气泡装置分为两个流路，向上的一路阻力小，不经过流通池，供样品中的气泡通过；向下的一路阻力大，供除气泡后的样品通过流通池。

恒温系统包括加热和制冷两部分。加热采用电加热带伴热，冬天辅助中压蒸汽补热；制冷采取空气涡流制冷技术。此外，系统还包括辅助冷却水、可燃气报警装置、转子流量计、温度控制器、防爆接线盒、在线采样钢瓶等。

（2）取样系统

对于液体分析体系，取样系统主要有泵抽采样、压差引样和实时测量 3 种方式。本系统采用压差引样方式。

在 MTBE 合成装置现场，来自甲醇储罐的甲醇和来自碳四储罐的碳四在静态混合器中混合均匀后进入反应器反应。本系统样品引自静态混合器（压力 1.3 MPa），测量结束后引出到碳四原料罐（压力 0.3 MPa）。

（3）测样装置

用于液体测量的测样装置主要有流通池和插入式光纤探头两种形式。液体流通池主要用于流动性好、以透射方式测量的样品。本系统测量对象为无色透明的低黏度液体，因此测样装置采用可拆卸、光路分离式结构的样品流通池。

（4）软件

在"OnlineNir 1.0"软件（中国石化石油化工科学研究院编制）基础上重新设计，包括光谱采集、醇烯比计算、样品类型判断、分析模型报警、当前测量结果及其动态和静态平均值显示、历史趋势图显示、光谱仪运行状态提示、测量结果保存、过程测量光谱保存等功能。

（5）系统集成

近红外光谱仪设计为非防爆型，放置在 MTBE 装置 DCS 控制室；取样系统、测样装置、恒温系统、过滤系统、除气泡装置都设计在一个预处理柜内，为防爆设计，放置在

MTBE 装置现场；预处理柜和近红外光谱仪之间以 100 m 低羟基光纤连接，从而实现远距离遥测。

6.2.3　在线分析系统的实验室考核

（1）样品的光谱特征

依次测量了 25 ℃下异丁烯、甲醇、碳四组分和混合进料样品（即醇烯比样品）的短波近红外光谱，如图 6-6 所示。由图可以看出，异丁烯、甲醇、碳四组分和混合进料样品的光谱有明显差别。其中，混合进料样品在 950～970 nm 附近的小峰是甲醇游离羟基伸缩振动的二级倍频吸收峰，为甲醇的特征峰。

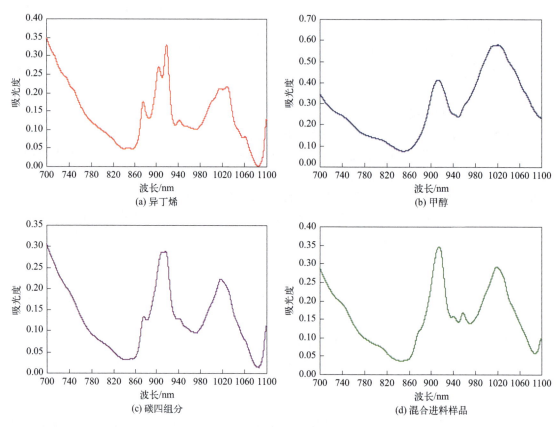

图 6-6　异丁烯、甲醇、碳四组分和混合进料样品的典型 NIR 谱图

异丁烯不饱和碳上 C—H 伸缩振动的三级倍频峰（866.6～999.9 nm）在图 6-6(a) 中也清晰地显示出来。由于碳四样品中烯烃种类多，相互干扰，该峰在碳四组分和混合进料样品中已经很不明显。

（2）校正样本与建模方法

校正集和检验集：60 个配制样品中，以 52 个作为校正集，8 个作为检验集。

采用 PLS 方法建立甲醇和异丁烯的含量模型，再由两者含量计算醇烯比。

（3）样品温度对预测值的影响

样品温度变化将导致化学键振动能量和能级跃迁概率的变化，从而影响样品的吸光度和波长位移，导致预测值发生变化。

如图 6-7 所示，自-10 ℃到 40 ℃，甲醇含量预测值升高约 30%，也即温度每升高 1 ℃测定值偏高约 0.6%；异丁烯含量预测值降低约 17.6%，也即温度每升高 1 ℃测定值偏低约 0.35%。醇烯比是甲醇与异丁烯的摩尔比值，温度对其影响相当于甲醇与异丁烯的误差相加和，即温度每升高 1 ℃测定值偏高约 0.95%，是相当显著的。

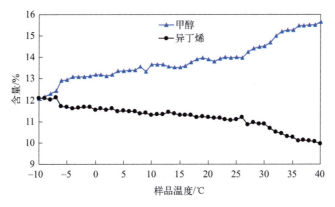

图 6-7　样品温度对甲醇和异丁烯预测值的影响

（4）样品温度对光谱的影响

图 6-8 是同一样品不同温度下测量的谱图。可以看出，950～970 nm 之间的甲醇特征峰吸光度按 4 ℃→26 ℃→33 ℃→40 ℃依次增加，从而导致甲醇含量预测值也随温度升高呈升高趋势。

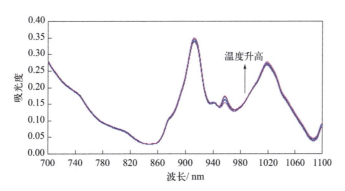

图 6-8　不同温度下甲醇吸光度的变化

甲醇分子结构中最重要的官能团是羟基（O—H），大量甲醇分子因氢键而呈缔合态存在，分子运动困难，O—H 振动和跃迁概率小，吸光度低。随着温度的升高，越来越多的甲醇分子获得能量，克服氢键作用而呈自由分子状态，O—H 振动和跃迁加剧，吸光度显著增加。温度升高导致密度降低，有效光程变短，对吸光度的影响恰好与氢键相反。但是，实验结果表明氢键的影响更大，总体表现还是甲醇随温度升高吸光度增加。

异丁烯不存在氢键作用，温度的影响主要体现在样品密度的变化，引起有效光程改变，导致吸光度发生变化。随着温度的升高，样品密度变小，有效光程变短，异丁烯吸光度随之降低。因此，异丁烯含量预测值随温度升高呈降低趋势。

上述研究结果表明，为获得准确的分析结果，必须对样品进行恒温。对于无法恒温的情况，则需要将温度作为一个变量，与吸光度一起参与建立模型，使温度变化隐含在光谱之中。

6.2.4 在线应用研究

在实验室考核基础上,将所开发的在线近红外光谱醇烯比分析系统在燕山石化合成橡胶事业部 15 kt/a 化工型 MTBE 生产装置上进行安装,并围绕实际在线应用进行新的研发工作。

6.2.4.1 在线校正模型开发

(1)恒温模型开发

恒温模型包含的样本是在样品温度为 25 ℃条件下取样并测量光谱的,建立过程较为简单,稳健性差,没有包含样品温度变化的信息,仅在样品恒温情况下适用,见表 6-2。

表 6-2 建立在线恒温模型所用参数和校正结果

参数		统计结果		
		甲醇	异丁烯	醇烯比
校正集统计数据	样本数/个	30	30	
	最大值(质量分数)/%	15.33	25.78	
	中值(质量分数)/%	13.65	23.39	
	最小值(质量分数)/%	12.62	20.14	
验证集统计数据	样本数/个	15	15	
	最大值(质量分数)/%	15.40	25.25	
	中值(质量分数)/%	13.89	23.39	
	最小值(质量分数)/%	12.99	20.64	
预处理方法		二阶导数	二阶导数	
PLS 主因子数		9	2	
SEC(质量分数)/%		0.023	0.158	
SEP(质量分数)/%		0.286	0.132	0.024
R^2		0.904	0.994	0.677

当样品温度恒定在 25 ℃时,恒温模型用于在线分析,甲醇含量和醇烯比测定的相对偏差都在 5%以内,异丁烯含量测定的相对偏差在 2%以内,醇烯比 SEP 为 0.024,结果是令人满意的。

但是,一旦样品温度偏离 25 ℃的设定值,由于恒温模型的稳健性差,将出现较大误差。比如,随着冬季来临,进样样品实际温度逐步降低,若样品预处理系统加热功率不足,甲醇含量恒温模型的预测结果对参考值将产生较大偏离。当样品温度为 11 ℃时,对参考值的相对偏差可达 12%;SEP 值也显著增大,甲醇含量增至 0.947,异丁烯含量增至 1.251,醇烯比增至 0.088。

(2)温度补偿模型开发

为使在线模型适用于样品温度变化的情况,采取在不同温度下在线采样,重建温度补偿模型的办法消除样品温度的影响。在 10~25 ℃温度范围内共在线采集 48 个样本,建立了温度补偿模型。

与参考值对比结果表明,在冬季样品温度偏低时,使用温度补偿模型后醇烯比在线测定误差明显减小,最大相对偏差由 12.71%降至 7.62%;SEP 也明显下降,见表 6-3。

表 6-3　建立温度补偿模型所用参数和校正结果

参　数		统计结果		
		甲醇	异丁烯	醇烯比
校正集统计数据	样本数/个	48	48	
	最大值(质量分数)/%	17.40	27.90	
	中值(质量分数)/%	14.24	23.78	
	最小值(质量分数)/%	12.19	20.81	
验证集统计数据	样本数/个	15	15	
	最大值(质量分数)/%	15.54	25.21	
	中值(质量分数)/%	13.57	23.01	
	最小值(质量分数)/%	12.68	21.06	
预处理方法		二阶导数	二阶导数	
PLS 主因子数		4	4	
SEC(质量分数)/%		0.729	0.232	
SEP(质量分数)/%		0.466	0.283	0.040
R^2		0.815	0.946	0.667

由以上图表可知,当样品温度不恒定时,以温度补偿模型代替恒温模型,用于降低样品温度的影响效果显著。但是,与样品恒温时的情况相比,使用温度补偿模型甲醇含量、异丁烯含量和醇烯比的 SEP 均有一定程度升高。这表明采取温度补偿措施在提高了模型稳健性的同时准确度是下降的。因此,最佳方案还是设法恒定样品温度,这样既可减轻模型建立的工作量,还可提高测试准确度。

6.2.4.2　样品流速对系统的影响

样品流速变化有可能影响光的散射,从而使吸光度发生变化,其影响程度随选用的波长范围和具体被测物的特性而异,必须进行实际考察。

为考察流速对醇烯比在线分析结果的影响,选定工艺条件稳定不变的时间段,调节流量计使流速从 0 到 500 mL/min 变化,考察分析结果的差异,见表 6-4、表 6-5。由表可知,在 300 mL/min 流速以下时,样品流速对甲醇和异丁烯含量测定结果的影响可以忽略不计。

表 6-4　样品流速对甲醇含量测定的影响

项目	甲醇含量			
	400~500 mL/min	250~300 mL/min	50~100 mL/min	样品静止
最大值(质量分数)/%	15.02	14.83	14.81	14.78
最小值(质量分数)/%	14.48	14.33	14.26	14.33
平均值(质量分数)/%	14.72	14.59	14.53	14.52
标准偏差(质量分数)/%	0.173	0.159	0.168	0.120

表 6-5　样品流速对异丁烯含量测定的影响

项目	异丁烯含量			
	400~500 mL/min	250~300 mL/min	50~100 mL/min	样品静止
最大值(质量分数)/%	27.18	27.43	27.25	27.34
最小值(质量分数)/%	26.94	26.97	27.00	26.99
平均值(质量分数)/%	27.04	27.13	27.12	27.10
标准偏差(质量分数)/%	0.064	0.139	0.072	0.077

6.2.5 工业应用

在线近红外光谱醇烯比分析系统在燕山石化化工型 MTBE 生产装置上进行了实际应用。自 2005 年 8 月安装至今，依次经历了试验、试运行和正式运行 3 个阶段，多次发现并及时解决 MTBE 进料的重大波动问题，减少了损失，创造了巨大的经济效益。例如，在某一时间，异丁烯含量突然上升约 3 个百分点，被在线分析系统灵敏监测到，MTBE 装置操作人员根据在线分析数据及时调高甲醇流量，保持了醇烯比的稳定不变，如图 6-9 所示。

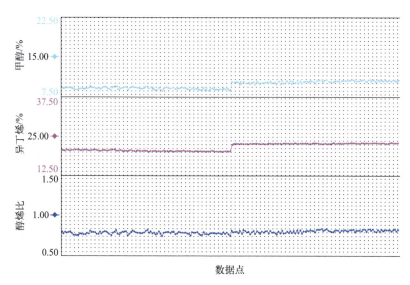

图 6-9 在线近红外光谱实时监测醇烯比的结果
上线：甲醇趋势图；中线：异丁烯趋势图；下线：醇烯比趋势图

根据测算，该系统的正式应用促进了 MTBE 质量和产量的提高以及 MTBE 单位成本下降和抽余后碳四中杂质含量降低，年直接经济效益近千万元，同时有利于下游丁基橡胶和烷基化装置的正常生产。

6.2.6 小结

该项目针对 MTBE 工业生产中醇烯比在线监控这一技术难题，以在线近红外光谱分析技术为基础，通过对光谱仪、在线分析软件和预处理系统等的重新设计和改进，在国内外首次开发了在线近红外光谱醇烯比分析系统。研究并比较了不同校正方法的校正效果，探讨了样品温度的影响规律及其原因分析；开发了在线恒温模型和温度补偿模型，研究了样品流速对分析结果的影响。

该系统已在燕山石化化工型 MTBE 装置上正式应用，较好地解决了 MTBE 工业生产中醇烯比实时测定这一技术难题，在此基础上 MTBE 工业装置已经实现了醇烯比调节的闭环自动控制，显著提高了产品质量和效益。

参考文献

[1] 冯志豪. 化工型 MTBE 的工业生产技术[J]. 石化技术,1998,5(3):3-7.
[2] 骆献辉,褚小立,袁洪福,等. 甲基叔丁基醚(MTBE)装置醇烯比测定技术现状与进展[J]. 石油化工自动化,2006(3):8-12.
[3] 郭海侠,刘勇辉,蒋学华. 在线工业色谱仪在测定 MTBE 装置醇烯比中的应用[J]. 甘肃科技,2007,23(10):46-47.
[4] 张学工,边肇祺. 模式识别[M]. 2 版. 北京:清华大学出版社,2004.
[5] Li H,Liang Y,Xu Q. Support vector machines and its applications in chemistry[J]. Chemometrics and Intelligent Laboratory Systems,2009,95(2):188-198.
[6] Brereton R G,Lloyd G R. Support vector machines for classification and regression[J]. Analyst,2010,135(2):230-267.
[7] 褚小立,袁洪福,骆献辉,等. 支持向量回归建立测定醇烯比的近红外光谱校正模型[J]. 光谱学与光谱分析,2008,28(6):1227-1231.
[8] 骆献辉,袁洪福,褚小立,等. 在线近红外光谱测定 MTBE 装置醇烯比//当代中国近红外光谱技术(全国第一届近红外光谱学术会议论文集)[M]. 北京:中国石化出版社,2006:612-619.
[9] Yuan H F,Luo X H,Zheng G J,et al. On-Line determination of the molar ratio between methanol and isobutylene in feedstock of a methyl tertiary butyl ether production plant using near-infrared spectroscopy[J]. Applied Spectroscopy,2007,61(1):96-101.

第 7 章
近红外光谱在 S Zorb 装置中的应用

近年来,随着环保要求的日益严格,国内汽油标准不断提高,车用汽油标准(GB 17930—2016)规定国Ⅴ、国ⅥA、国ⅥB汽油标准中硫质量分数要求不大于 10 $\mu g/g$。目前国内汽油池中催化裂化汽油约占成品汽油总量的 70% 左右。催化裂化汽油硫含量较高,大多为 300~600 $\mu g/g$,对其进行脱硫处理非常必要[1]。通过吸附方式对催化裂化汽油进行脱硫处理的 S Zorb 吸附脱硫工艺技术[2] 具有脱硫率高、辛烷值损失较低、氢气耗量少和装置运转费用低等特点,是目前国内催化裂化汽油通过脱硫处理实现质量升级的关键技术之一。目前已有多套 S Zorb 装置在国内各大炼厂投入运行,但运行水平参差不齐,存在较大优化空间[3-5]。

实时优化技术(Real Time Optimization,RTO)是智能化炼油厂的重要支撑,可以为企业生产带来更大的经济社会效益[6]。实时优化技术通过实时跟踪原料和产物性质、装置操作参数等变化,在满足工艺和设备约束的前提下,以原料、产品和公用工程价格为导向,结合数学模型、机理模型和优化控制技术对生产装置运行参数进行在线实时调整,推动生产装置持续在优化状态下运行。在实时优化技术实施中,及时准确监测装置进料和产物的性质变化对于优化模型的建立和校正非常重要。常规的定期取样化验室离线检测的方式在时效性方面有着很大不足,实施在线分析非常必要。

目前国内尚未有将在线近红外光谱分析技术应用于 S Zorb 装置的应用实例。本章所述的研究项目依托大量具有代表性的 S Zorb 装置所用原料汽油和脱硫汽油样本,通过实验室方法测定的这些样本的物理化学性质,通过采集这些样本的近红外光谱数据,应用化学计量学方法构建了原料汽油和脱硫汽油的多性质近红外光谱分析模型。借助在线近红外分析系统的配置,将在线近红外光谱分析技术应用于某炼油厂的 S Zorb 装置中。该技术能够对 3 条物料流(包括 1 路原料汽油和 2 路脱硫汽油)的多个关键指标进行实时监测,这些指标涵盖了密度、辛烷值、蒸气压、馏程和烃类组成等,共计 62 个参数[7]。

7.1 在线分析系统配置

7.1.1 系统概述

采用 FD-NIRAS-002 富岛在线近红外分析系统(南京富岛信息工程有限公司集成),对 S Zorb 装置 3 路物料(包含 1 路 S Zorb 装置原料和 2 路脱硫汽油)的密度、辛烷值、蒸气压、馏程和烃组成,共计 62 个指标,进行在线检测。

在线检测按以下步骤进行：

① 待测物料在进入预处理系统前先经过水冷换热初步降温。

② 冷却后的样品首先被引入到一个恒温水浴箱中，以维持其温度恒定。随后，样品被送入一个保持恒温的流通池预处理系统中。在进入流通池进行测量前，样品会经过过滤器，去除其中的杂质和气泡。每个测量路径都配备了独立的预处理系统，确保每路样品在进入测量环节时都能保持恒定的温度。

③ 在线近红外分析系统每分钟通过切换光路的机制，对一路样品进行近红外光谱的在线采集。

随后，系统将应用为 S Zorb 装置的原料汽油和脱硫汽油建立的多性质近红外光谱分析模型对采集到的光谱数据进行快速分析，以预测各个物料的性质。

图 7-1 为 S Zorb 装置物料多性质在线近红外分析流程图。

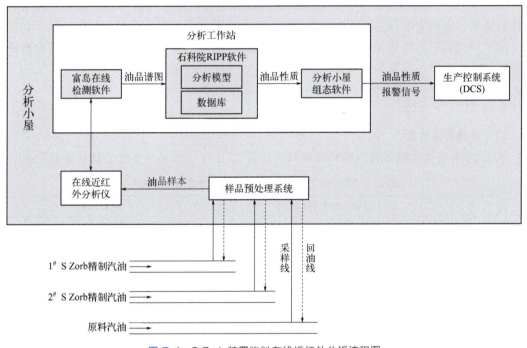

图 7-1　S Zorb 装置物料在线近红外分析流程图

7.1.2　在线光谱仪与预处理系统

7.1.2.1　在线近红外光谱仪

在 FTPA2000-260 在线傅里叶变换近红外光谱仪（ABB 公司）上采用专用近红外样品池对 S Zorb 装置各流路物料进行近红外光谱采集。

在线建模软件采用中国石化石油化工科学研究院"RIPP 化学计量学光谱分析软件 2.0 版本"。

7.1.2.2　采样和预处理系统

温度的波动对近红外光谱测量的准确性有显著影响，同时样品中的杂质（散射）、气泡（流动状态）等也会对光谱采集造成干扰。这些负面因素都可以通过安装预处理系统解决。

S Zorb 装置的在线多性质分析系统的采样与预处理部分由快速回路、过滤、冷却、恒温和流量控制等单元构成。预处理系统中包含带有加热器的恒温箱体，而且所有管道均经过保温处理，以确保样品在进一步预处理后能满足在线近红外分析仪的需求。分析完毕后，样品通过快速回路返回至工艺流程中，防止样品的外泄和环境污染。从工艺管线引入的待测物料在分析小屋外分为两路：一路是通过快速回路回到原工艺管线的预留采样路径；另一路通过采样泵引出，经换热后进入预处理系统。待测物料在进入预处理系统前需先经过水冷换热降温。降温后的样品进入恒温箱，保持恒温进入预处理系统，经过滤器去除杂质及气泡后，进入流通池进行测量。

7.2 在线分析模型的建立

通过采集 S Zorb 装置的原料汽油和脱硫汽油样本的近红外光谱，结合实验室测定的基础性质数据，利用中国石化石油化工科学研究院的专利算法及自主开发的化学计量学软件构建了用于预测原料汽油和脱硫汽油多种性质的近红外光谱分析模型。该模型可快速分析各物料的密度、辛烷值、蒸气压、馏程和烃类组成。

7.2.1 样本与方法

（1）建模样品收集

从 S Zorb 装置收集原料汽油和脱硫汽油样品 70 余个，样品主要性质统计信息见表 7-1。

表 7-1 S Zorb 装置原料汽油和脱硫汽油建模样品统计

项　　目	原料汽油（原料 B）		脱硫汽油	
	最小值	最大值	最小值	最大值
密度(20 ℃)/(kg/m^3)	730.5	746.2	729.5	742.7
RON	92.8	95.0	91.0	92.9
蒸气压/kPa	51.8	77.3	53.3	77.5
初馏点/℃	28.2	39.4	31.4	41.0
10%馏程温度/℃	45.7	56.5	47.6	56.6
50%馏程温度/℃	85.9	103.6	84.9	99.1
90%馏程温度/℃	168.0	175.6	168.4	175.0
终馏点/℃	194.0	204.3	196.2	204.9
烯烃质量分数/%	19.33	26.20	12.86	23.52
芳烃质量分数/%	30.90	35.98	27.71	39.99

（2）基础数据测定

S Zorb 装置原料汽油和脱硫汽油馏程采用 GB/T 6536—2010《石油产品常压蒸馏特性测定法》测定，初馏点测定重复性为 3.5 ℃、再现性为 8.5 ℃，终馏点测定重复性为 3.5 ℃、再现性为 10.5 ℃。RON 采用 GB/T 5487—2015《汽油辛烷值的测定　研究法》测定，测定重复性不大于 0.2，再现性不大于 0.7。蒸气压由 GB/T 8017—2012《石油产品蒸气压的测定　雷德法》测定，测定重复性不大于 1.2，再现性不大于 4.5。烯烃含量和芳烃含量由 GB/T 30519—2014《轻质石油馏分和产品中烃族组成和苯的测定　多维气相色谱法》测定，烯烃测定重复性不大于 0.6，再现性不大于 1.7，芳烃测定重复性不大于 0.9，再现性不大于 2.3。

（3）光谱采集

FTPA2000-260 在线傅里叶变换近红外光谱仪；InGaAs 检测器；扫描光谱范围：10000～5000 cm^{-1}；分辨率：8 cm^{-1}；扫描次数：64 次。

图 7-2 是 S Zorb 装置物料在线近红外分析系统采集的原料汽油和脱硫汽油的近红外光谱图。

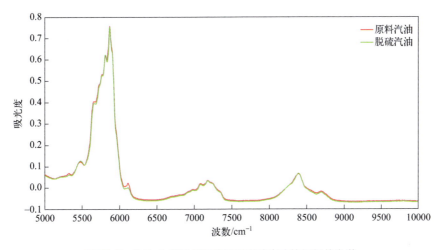

图 7-2　S Zorb 装置原料汽油和脱硫汽油的近红外光谱

7.2.2　模型的建立

采用偏最小二乘（PLS）方法建立 S Zorb 装置原料汽油和脱硫汽油密度、辛烷值、蒸气压、馏程、烃组成的近红外分析模型。近红外分析模型覆盖了 S Zorb 装置的生产范围，原料汽油和脱硫汽油多性质近红外分析模型建模参数见表 7-2。

从表 7-2 的交互验证标准偏差（SECV）可以看出，近红外分析模型预测密度、辛烷值、蒸气压、馏程和烃组成的准确性满足现行方法规定的再现性要求，其结果和现行方法有很好的一致性。

表 7-2　S Zorb 装置原料和产物近红外分析模型分析参数

项目	原料汽油		脱硫汽油	
	光谱区间/cm^{-1}	SECV	光谱区间/cm^{-1}	SECV
密度(20 ℃)/(kg/m^3)	5150～6200	1.2	5150～6200	1.5
RON	5150～6200	0.2	5150～6200	0.2
MON	5150～6200	0.2	5150～6200	0.2
蒸气压/kPa	5150～6200	2.0	5150～6200	1.7
初馏点/℃	5150～6200	1.7	5150～6200	1.5
10%馏出温度/℃	5150～6200	1.4	5150～6200	1.5
30%馏出温度/℃	5150～6200	1.5	5150～6200	1.2
50%馏出温度/℃	5150～6200	2.1	5150～6200	2.0
70%馏出温度/℃	5150～6200	1.5	5150～6200	1.5
90%馏出温度/℃	5150～6200	1.5	5150～6200	1.5
终馏点/℃	5150～6200	2.6	5150～6200	2.3

续表

项 目	原料汽油		脱硫汽油	
	光谱区间/ cm^{-1}	SECV	光谱区间/ cm^{-1}	SECV
正构烷烃质量分数/%	5150~5400, 5850~6200	0.15	5150~5400, 5850~6200	0.06
异构烷烃质量分数/%	5250~5500, 5850~6200	0.13	5250~5500, 5850~6200	0.06
烯烃质量分数/%	5500~5850	0.45	5500~5850	0.32
环烷烃质量分数/%	5850~6200	0.06	5850~6200	0.05
芳烃质量分数/%	5850~6100	0.41	5850~6100	0.44
C_4 正构烷烃质量分数/%	5150~5400, 5850~6200	0.06	5150~5400, 5850~6200	0.05
C_5 正构烷烃质量分数/%	5150~5400, 5850~6200	0.09	5150~5400, 5850~6200	0.05
C_6 正构烷烃质量分数/%	5150~5400, 5850~6200	0.05	5150~5400, 5850~6200	0.02
C_7 正构烷烃质量分数/%	5150~5400, 5850~6200	0.03	5150~5400, 5850~6200	0.02
C_8 正构烷烃质量分数/%	5150~5400, 5850~6200	0.03	5150~5400, 5850~6200	0.02
C_9 正构烷烃质量分数/%	5150~5400, 5850~6200	0.03	5150~5400, 5850~6200	0.03
C_{10} 正构烷烃质量分数/%	5150~5400, 5850~6200	0.03	5150~5400, 5850~6200	0.03
C_{11} 正构烷烃质量分数/%	5150~5400, 5850~6200	0.03	5150~5400, 5850~6200	0.03
C_{12} 正构烷烃质量分数/%	5150~5400, 5850~6200	0.03	5150~5400, 5850~6200	0.03
C_4 异构烷烃质量分数/%	5250~5500, 5850~6200	0.02	5250~5500, 5850~6200	0.02
C_5 异构烷烃质量分数/%	5250~5500, 5850~6200	0.15	5250~5500, 5850~6200	0.11
C_6 异构烷烃质量分数/%	5250~5500, 5850~6200	0.09	5250~5500, 5850~6200	0.06
C_7 异构烷烃质量分数/%	5250~5500, 5850~6200	0.05	5250~5500, 5850~6200	0.03
C_8 异构烷烃质量分数/%	5250~5500, 5850~6200	0.05	5250~5500, 5850~6200	0.03
C_9 异构烷烃质量分数/%	5250~5500, 5850~6200	0.06	5250~5500, 5850~6200	0.03
C_{10} 异构烷烃质量分数/%	5250~5500, 5850~6200	0.03	5250~5500, 5850~6200	0.02
C_{11} 异构烷烃质量分数/%	5250~5500, 5850~6200	0.05	5250~5500, 5850~6200	0.04
C_4 烯烃质量分数/%	5500~5850	0.06	5500~5850	0.03
C_5 烯烃质量分数/%	5500~5850	0.11	5500~5850	0.04
C_6 烯烃质量分数/%	5500~5850	0.07	5500~5850	0.03
C_7 烯烃质量分数/%	5500~5850	0.06	5500~5850	0.02
C_8 烯烃质量分数/%	5500~5850	0.03	5500~5850	0.02
C_9 烯烃质量分数/%	5500~5850	0.07	5500~5850	0.04
C_{10} 烯烃质量分数/%	5500~5850	0.03	5500~5850	0.02
C_5 环烷烃质量分数/%	5850~6200	0.03	5850~6200	0.02
C_6 环烷烃质量分数/%	5850~6200	0.03	5850~6200	0.02
C_7 环烷烃质量分数/%	5850~6200	0.03	5850~6200	0.02
C_8 环烷烃质量分数/%	5850~6200	0.02	5850~6200	0.02
C_9 环烷烃质量分数/%	5850~6200	0.04	5850~6200	0.02
C_{10} 环烷烃质量分数/%	5850~6200	0.01	5850~6200	0.01
C_{11} 环烷烃质量分数/%	5850~6200	0.01	5850~6200	0.01
C_6 芳烃质量分数/%	5850~6100	0.05	5850~6100	0.04
C_7 芳烃质量分数/%	5850~6100	0.06	5850~6100	0.04
C_8 芳烃质量分数/%	5850~6100	0.06	5850~6100	0.03
C_9 芳烃质量分数/%	5850~6100	0.06	5850~6100	0.04
C_{10} 芳烃质量分数/%	5850~6100	0.05	5850~6100	0.05

续表

项目	原料汽油		脱硫汽油	
	光谱区间/ cm^{-1}	SECV	光谱区间/ cm^{-1}	SECV
C_{11} 芳烃质量分数/%	5850~6100	0.04	5850~6100	0.03
C_{12} 芳烃质量分数/%	5850~6100	0.01	5850~6100	0.01
直链 1-烯烃质量分数/%	5500~5850	0.02	5500~5850	0.04
直链 2-烯烃质量分数/%	5500~5850	0.06	5500~5850	0.03
直链 3-烯烃质量分数/%	5500~5850	0.02	5500~5850	0.03
支链 1-烯烃质量分数/%	5500~5850	0.10	5500~5850	0.05
支链 2-烯烃质量分数/%	5500~5850	0.07	5500~5850	0.07
支链 3-烯烃质量分数/%	5500~5850	0.01	5500~5850	0.01
环烯烃质量分数/%	5500~5850	0.04	5500~5850	0.02
二烯烃质量分数/%	5500~5850	0.02	5500~5850	0.02
苯体积分数/%	5850~6100	0.03	5850~6100	0.02
芳烃体积分数/%	5850~6100	0.45	5850~6100	0.41
烯烃体积分数/%	5500~5850	0.56	5500~5850	0.51

7.3 在线分析运行效果

在线近红外分析系统每 1 min 通过切换光通道方式在线采集 S Zorb 装置 1 路样品的近红外光谱，谱图通过在线分析软件及对应近红外光谱分析模型预测相应性质，各流路物料性质在组态软件展示，并通过 485 通信传输到 S Zorb 装置 DCS 进行展示。原料汽油和脱硫汽油的实时分析数据界面如图 7-3 和图 7-4 所示。

图 7-3　S Zorb 装置原料汽油实时分析数据展示

图 7-5 为一段时期内脱硫汽油密度在线分析结果和实验室方法所得结果对比，可以看出二者差值大多不大于 1.5 g/m³。图 7-6 为一段时期内脱硫汽油 RON 在线分析结果和实验室方法所得结果对比，可以看出二者差值大多在 0.2 个辛烷值单位以内。图 7-7 为一段时期内脱硫汽油蒸气压在线分析结果和实验室方法所得结果对比，可以看出二者差值大多不大于 2 kPa。

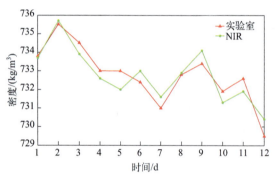

图 7-4 S Zorb 装置脱硫汽油实时分析数据展示

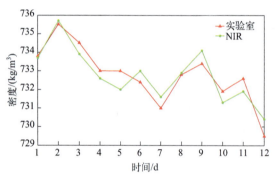

图 7-5 脱硫汽油密度在线分析
结果和实验室方法结果对比

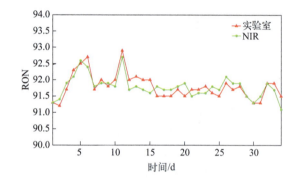

图 7-6 脱硫汽油 RON 在线分析
结果和实验室方法结果对比

图 7-8～图 7-12 为一段时期内脱硫汽油初馏点、10％馏出温度、50％馏出温度、90％馏出温度、终馏点在线分析结果和实验室方法所得结果对比，可以看出，初馏点二者差值大多不大于 3 ℃，10％馏出温度二者差值大多不大于 2.5 ℃，50％馏出温度二者差值大多不大于 3 ℃，90％馏出温度二者差值大多不大于 3 ℃，终馏点二者差值大多不大于 3 ℃。图 7-13 和

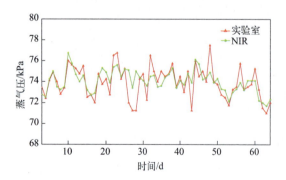

图 7-7 脱硫汽油蒸气压在线分析
结果和实验室方法结果对比

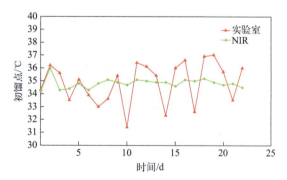

图 7-8 脱硫汽油初馏点在线分析
结果和实验室方法结果对比

图 7-14 分别为一段时期内基础油烯烃含量和芳烃含量的质量分数在线分析结果和实验室方法所得结果对比，可以看出，二者差值大多在 1.0 以内。

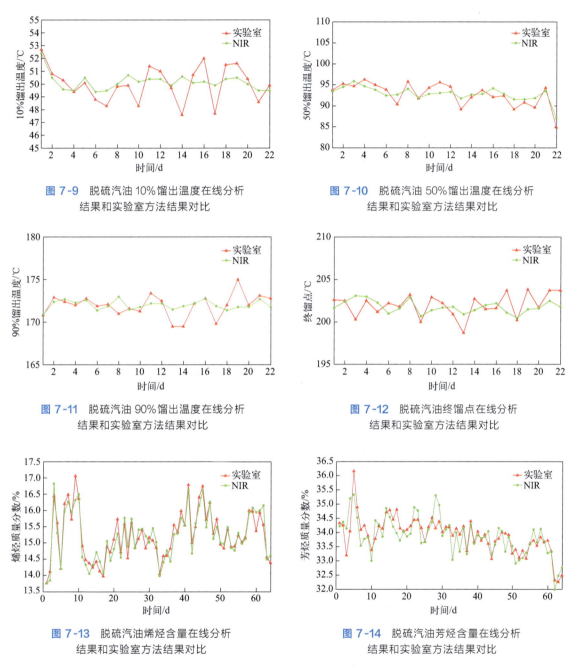

图 7-9　脱硫汽油 10%馏出温度在线分析结果和实验室方法结果对比

图 7-10　脱硫汽油 50%馏出温度在线分析结果和实验室方法结果对比

图 7-11　脱硫汽油 90%馏出温度在线分析结果和实验室方法结果对比

图 7-12　脱硫汽油终馏点在线分析结果和实验室方法结果对比

图 7-13　脱硫汽油烯烃含量在线分析结果和实验室方法结果对比

图 7-14　脱硫汽油芳烃含量在线分析结果和实验室方法结果对比

从脱硫汽油各性质的在线分析结果和实验室方法所得结果对比可以看出，在 90% 置信度范围内，二者之间有很好的一致性，在线近红外分析系统在整体性能上满足工业现场快速分析的需求。

在 S Zorb 装置优化操作中，降低辛烷值损失是一个重要的目标。图 7-15 是 S Zorb 装置 1 路脱硫汽油相对原料的辛烷值损失实测值和在线近红外预测值对比。可以看出，一段时期内的辛烷值损失预测值和实测值大多在 0.2 个辛烷值单位以内，在线近红外分析系统能够很好地检测 S Zorb 装置辛烷损失。根据 S Zorb 装置原料汽油性质变化和辛烷值损失，结合先进过程控制系统（APC），装置操作人员可通过提高反应温度、降低吸附剂活性等措施减少辛烷值损失。

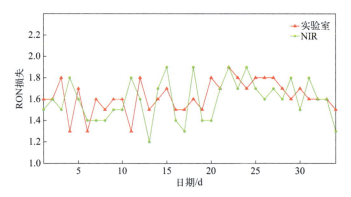

图 7-15 脱硫汽油辛烷值损失实测值和在线近红外预测值对比

7.4 小结

在国内首次采用在线近红外光谱技术对 S Zorb 装置原料汽油和脱硫汽油密度、辛烷值、蒸气压、馏程和烃组成合计 62 个指标进行在线分析，可在 3 min 内完成对 S Zorb 装置 3 路物料的一个周期分析。S Zorb 脱硫汽油密度的预测标准偏差为 $1.5 kg/m^3$，RON 的预测标准偏差为 0.2 个辛烷值单位，初馏点、50% 馏出温度、90% 馏出温度、终馏点的预测标准偏差分别为 3.1 ℃、2.8 ℃、2.9 ℃、3.2 ℃，蒸气压的预测标准偏差为 1.9 kPa，烯烃含量和芳烃含量的预测标准偏差分别为 0.65% 和 0.51%（质量分数），在整体性能上满足工业现场快速分析的需求。

应用在线近红外光谱分析技术于 S Zorb 装置，不仅能显著提升分析效率、降低成本，而且通过与先进过程控制（APC）系统和实时优化（RTO）系统结合，这些实时数据还能用于优化装置的运行。这不仅增强了生产装置的自动化和信息化水平，也提升了其稳定运行的能力。

参考文献

[1] 李鹏,任晔,陈学峰.中国石化催化裂化装置运行状况分析[J].石油炼制与化工,2022,53(1):53-59.
[2] 吴德飞,孙丽丽.S Zorb 技术进展与工程应用[J].炼油技术与工程,2014,44(10):1-4.
[3] 高萍,刘松,程顺,等.基于 BP 神经网络和遗传算法优化 S Zorb 装置汽油辛烷值损失[J].石油炼制与化工,2022,53(1):88-95.
[4] 张胜会,刘科文.S Zorb 装置辛烷值损失分析与优化[J].中外能源,2021,26(1):77-83.
[5] 刘永才,李佳.影响 S Zorb 装置汽油辛烷值损失因素分析[J].石油化工设计,2019,36(4):12-16.
[6] 谢勇勇,费彦仁,谢六磊.重整连续装置实时优化系统应用[J].炼油技术与工程,2021,51(10):59-64.
[7] 许育鹏,刘天波,王硕,等.在线近红外光谱分析技术在 S Zorb 装置上的应用[J].石油炼制与化工,2022,53(10):93-99.

ns
第8章 近红外光谱在汽油调和装置中的研究与应用

8.1 汽油近红外光谱数据库的建立

国内外大量应用案例表明,炼厂采用汽油管道调和优化与自动控制工艺技术,可以取得显著经济效益。目前,在许多在线质量分析技术中,近红外光谱技术是应用最广泛的一种[1-4]。据统计,在国内外所有汽油调和装置中,有95%以上的装置采用近红外光谱技术,只有极少数采用了在线核磁或在线拉曼技术。

在汽油在线调和应用推广时,将会遇到以下技术问题:由于不同企业在原料和加工工艺间存在一定差异,在一个企业建立的分析模型若直接用于其他企业会有较大的误差,称为模型适应性问题。这一问题在一定程度上限制着近红外光谱技术在汽油管道自动调和中的推广应用。因此,有必要针对我国的汽油构成情况建立专有的近红外光谱数据库,以便于近红外光谱快速和在线测定汽油技术的推广。

8.1.1 建库的实验条件

(1) 光谱仪器

选用Thermo Fisher公司Antaris Ⅱ傅里叶变换型近红外光谱仪作为建立汽柴油近红外光谱数据库的硬件平台。其主要性能参数如下。

① 光谱范围:12000~3800 cm^{-1}(833~2630 nm)。
② 波数准确性:±0.03 cm^{-1}(0.005 nm @1250 nm)。
③ 仪器自身重现性:10次测量标准偏差<0.006 cm^{-1}。
④ 仪器间波数重现性:优于0.05 cm^{-1}(0.008 nm@1250 nm)。
⑤ 分辨率:优于2 cm^{-1}(全谱范围)。

(2) 光谱采集参数

采集汽柴油样本的近红外光谱参数如下。
① 光谱分辨率:8 cm^{-1}。
② 累计扫描次数:128次。

③ 光谱采集范围：10000～6200 cm^{-1}。

8.1.2 催化裂化汽油数据库

（1）样本来源

该研究收集了 304 个催化裂化汽油样品，其中在炼厂 A 收集了 261 个样品，在炼厂 B 收集了 43 个样品，包括重催汽油、蜡催汽油和 S Zorb 汽油样品。其中研究法辛烷值数据样品 238 个、抗爆指数数据样品 107 个、烯烃和芳烃组成数据样品 276 个。其性质和组成分布情况的统计数据见表 8-1。

表 8-1　催化裂化汽油样品性质和组成统计结果

统　计	研究法辛烷值	抗爆指数	φ(烯烃)/%	φ(芳烃)/%
最小值	87.3	82.9	18.0	13.5
最大值	95.2	88.6	59.6	34.8
平均值	90.9	85.5	34.9	20.3
标准偏差	1.68	1.28	6.96	4.06

（2）分析模型的建立

该研究采用中国石化石油化工科学研究院编制的"RIPP 化学计量学光谱分析软件 3.0 版本"，在 PC 计算机上处理光谱数据。用 K-S 方法将催化汽油样品分为校正集和验证集，其中校正集用于建立分析模型，验证集用于检测模型的准确性。采用马氏距离、光谱残差和最近邻距离 3 个指标判断模型对未知样本的适用性。

校正集的光谱经二阶导数处理后分别与研究法辛烷值、抗爆指数、烯烃含量和芳烃含量通过偏最小二乘（PLS）方法进行回归运算，建立校正模型。参与计算的波长范围为 8850～6150 cm^{-1}，PLS 所用的最佳主因子数由留一法交互验证所得的预测残差平方和（PRESS 值）确定。

表 8-2 给出了 PLS 方法建模的主因子数和校正结果。可以看出，模型交互验证所得的交互验证标准偏差（SECV）与常规分析方法的重复性相当，说明所建模型有较好的预测能力。

表 8-2　催化汽油性质和组成模型建立参数和结果

性质或组成	校正样本数	主因子数	R^2	SECV
研究法辛烷值	167	10	0.9845	0.34
抗爆指数	81	8	0.9721	0.28
φ(烯烃)/%	195	10	0.9832	1.51
φ(芳烃)/%	195	12	0.9601	1.58

（3）预测分析

将所建的模型分别对验证集样本的研究法辛烷值、抗爆指数、烯烃含量和芳烃含量进行预测分析。表 8-3 给出了催化汽油验证集样本的预测统计结果。可以看出，验证集预测标准偏差（SEP）与 SECV 基本吻合，说明所建模型可以对同类汽油样本的研究法辛烷值、抗爆指数、烯烃含量和芳烃含量进行快速准确的预测分析。

表 8-3 验证集催化汽油性质和组成的预测统计结果

性质或组成	校正样本数	SEP
研究法辛烷值	71	0.36
抗爆指数	26	0.32
φ(烯烃)/%	81	1.42
φ(芳烃)/%	81	1.62

(4) 分析模型适应性的研究

为考察催化裂化汽油模型对 S Zorb 汽油的适应性,将 18 个 S Zorb 汽油样本从校正集中剔除,重新建立校正模型,再对 18 个 S Zorb 汽油样本的研究法辛烷值、烯烃含量和芳烃含量进行预测分析。表 8-4 给出了近红外预测值与实际值的对比结果。从结果可以看出,由于校正集中不含 S Zorb 汽油样本,其与催化裂化汽油在组成上存在一定的差异,所以预测结果有明显的系统偏差,研究法辛烷值和烯烃含量的预测值偏高,芳烃含量的预测值偏低。

表 8-4 18 个 S Zorb 汽油样本的预测结果

序号	研究法辛烷值			φ(烯烃)/%			φ(芳烃)/%		
	实际值	预测值	偏差	实际值	预测值	偏差	实际值	预测值	偏差
1	91.6	91.8	0.2	—	—	—	—	—	—
2	91.1	90.9	−0.2	28.0	31.0	3.0	24.6	21.0	−3.6
3	91.1	91.8	0.7	28.1	30.6	2.5	22.6	21.9	−0.7
4	90.8	90.6	−0.2	24.3	27.3	3.0	25.4	21.6	−3.8
5	90.1	90.6	0.5	—	—	—	—	—	—
6	88.8	89.9	1.1	18.0	20.1	2.1	26.8	23.1	−3.8
7	90.5	91.3	0.8	25.0	27.6	2.6	26.4	22.2	−4.2
8	90.6	90.8	0.2	24.2	26.5	2.3	25.7	21.5	−4.2
9	89.2	90.2	1.0	22.6	24.9	2.3	25.3	21.7	−3.6
10	90.1	90.8	0.7	24.9	28.3	3.4	25.3	21.3	−4.0
11	89.5	90.2	0.7	23.6	25.4	1.8	25.3	22.2	−3.1
12	89.5	90.0	0.5	23.6	27.4	3.8	25.3	21.1	−4.2
13	89.1	90.2	1.1	24.2	26.3	2.2	24.7	21.1	−3.6
14	89.1	90.0	0.9	24.2	25.8	1.6	24.7	21.2	−3.5
15	91.1	91.4	0.3	28.5	32.2	3.8	21.6	21.3	−0.4
16	88.8	89.9	1.1	22.2	23.9	1.7	25.1	22.6	−2.5
17	90.0	90.6	0.6	24.2	27.3	3.1	25.0	21.8	−3.2
18	90.3	90.5	0.2	27.4	31.8	4.4	24.1	21.2	−2.9
平均偏差			0.56			2.71			−3.19

从 18 个 S Zorb 汽油样本中选取 8 个样本补充到校正集中,重新建立校正模型,对剩余 10 个样本的研究法辛烷值、烯烃含量和芳烃含量进行预测分析。从表 8-5 的预测结果可以看出,经添加 S Zorb 汽油样本更新后,校正模型的适应性有了显著提高,研究法辛烷值、烯烃含量和芳烃含量的预测准确性基本与传统的催化裂化汽油的预测准确性一致。说明该模型经过较少样本的更新后,可以解决校正模型的适应性问题。

表 8-5　10 个 S Zorb 汽油样本的预测结果

序号	研究法辛烷值			φ(烯烃)/%			φ(芳烃)/%		
	实际值	预测值	偏差	实际值	预测值	偏差	实际值	预测值	偏差
1	91.6	91.6	0.0	28.0	29.7	1.7	24.6	22.5	−2.1
2	91.1	91.4	0.3	24.3	25.7	1.4	25.4	22.9	−2.5
3	90.8	90.3	−0.5	—	—	—	—	—	—
4	90.1	90.0	−0.1	24.2	25.1	0.9	25.7	23.0	−2.7
5	90.6	90.3	−0.3	23.6	24.0	0.4	25.3	23.7	−1.6
6	89.5	89.7	0.2	24.2	24.5	0.3	24.7	22.5	−2.2
7	89.1	89.6	0.5	28.5	30.4	1.9	21.6	23.3	1.7
8	91.1	90.8	−0.3	22.2	22.6	0.4	25.1	24.2	−0.9
9	88.8	89.5	0.7	27.4	28.4	1.1	24.1	22.7	−1.3
10	90.3	90.0	−0.3	28.0	29.7	1.7	24.6	22.5	−2.1
平均偏差			0.02			0.99			−1.46

由于不同炼厂的原料和工艺参数存在一定差异，所生产的催化裂化汽油在组成和性质上也会存在差异。该研究以炼厂 A 催化裂化汽油和炼厂 B 催化裂化汽油为对象，考察催化裂化汽油近红外模型对不同炼厂的适应性。

以炼厂 A 催化裂化汽油样本的近红外光谱及其烯烃含量和芳烃含量建立校正模型，对炼厂 B 催化裂化汽油的烯烃含量和芳烃含量进行预测分析。表 8-6 给出了炼厂 A 催化裂化汽油近红外模型对 43 个炼厂 B 催化裂化汽油样本的烯烃含量和芳烃含量的预测结果。可以看出，对于烯烃含量存在一定的负系统偏差，而对于芳烃含量则存在显著的正系统偏差。

表 8-6　43 个茂名分公司催化裂化汽油样本预测结果

序号	φ(烯烃)/%			φ(芳烃)/%		
	实际值	预测值	偏差	实际值	预测值	偏差
1	33.8	32.3	−1.5	17.8	23.2	5.4
2	33.9	31.5	−2.5	18.1	21.7	3.6
3	31.8	30.7	−1.1	24.7	26.6	1.9
4	35.2	32.1	−3.1	23.4	25.6	2.2
5	28.4	27.2	−1.2	16.6	19.5	2.9
6	31.6	29.6	−2.0	17.9	21.8	3.9
7	33.3	31.5	−1.8	23.5	25.6	2.1
8	33.3	31.5	−1.8	23.5	25.6	2.1
9	33.3	31.6	−1.7	23.5	25.5	2.0
10	31.6	29.8	−1.8	17.9	21.4	3.5
11	31.6	29.9	−1.7	17.9	21.3	3.4
12	32.6	32.2	−0.4	24.6	25.7	1.1
13	31.1	31.9	0.8	17.8	20.4	2.6
14	32.6	32.4	−0.2	24.6	25.4	0.8
15	29.6	32.0	2.4	17.8	20.0	2.2
16	29.6	32.2	2.6	17.8	19.7	1.9
17	32.9	33.1	0.2	25.5	25.6	0.1
18	24.6	25.2	0.6	17.4	18.6	1.2

续表

序号	φ(烯烃)/%			φ(芳烃)/%		
	实际值	预测值	偏差	实际值	预测值	偏差
19	35.1	35.3	0.2	26.5	27.0	0.5
20	24.6	25.4	0.8	17.4	18.4	1.0
21	34.2	35.2	1.0	23.9	27.0	3.1
22	24.5	25.3	0.8	15.7	18.4	2.7
23	34.2	32.7	−1.5	23.9	26.8	2.9
24	24.5	24.4	−0.2	15.7	18.3	2.6
25	26.8	26.3	−0.5	17.5	21.1	3.6
26	34.0	31.4	−2.6	24.0	27.0	3.0
27	30.0	27.2	−2.9	16.5	19.4	2.9
28	36.5	35.9	−0.6	22.9	24.6	1.7
29	33.2	33.4	0.2	22.3	25.6	3.3
30	36.4	32.9	−3.5	21.1	24.7	3.6
31	34.8	33.1	−1.7	21.0	25.3	4.3
32	32.2	31.0	−1.3	24.1	27.8	3.7
33	33.9	30.0	−3.9	23.5	26.7	3.2
34	32.6	30.5	−2.1	20.4	25.2	4.8
35	41.4	39.9	−1.6	17.3	22.3	5.0
36	34.0	31.9	−2.1	23.2	25.7	2.5
37	25.7	24.9	−0.8	21.0	24.4	3.4
38	36.5	31.9	−4.6	22.1	25.6	3.5
39	40.3	38.1	−2.2	16.7	21.9	5.2
40	25.7	22.0	−3.7	15.2	23.8	8.6
41	45.5	42.6	−2.9	17.8	23.2	5.4
42	35.6	32.6	−3.0	23.7	27.2	3.5
43	28.4	27.1	−1.3	21.6	24.7	3.1
平均偏差			−1.3			3.0

为消除系统偏差，从43个汽油样本中随机选取15个样本补充到校正集中，重新建立催化裂化汽油的校正模型，并对剩余的28个样本的烯烃含量和芳烃含量进行预测分析。从表8-7的预测结果可以看出，模型更新后的预测准确性得到了显著提高，近红外预测值与实际值之间不存在系统偏差，可以用于炼厂B催化裂化汽油烯烃含量和芳烃含量的快速分析。

表8-7　28个茂名分公司催化裂化汽油样本的预测结果

序号	φ(烯烃)/%			φ(芳烃)/%		
	实际值	预测值	偏差	实际值	预测值	偏差
1	33.8	34.1	0.3	17.8	19.3	1.5
2	33.9	32.9	−1.0	18.1	19.1	1.0
3	31.8	31.9	0.1	24.7	23.5	−1.3
4	35.2	33.1	−2.1	23.4	22.9	−0.5
5	28.4	27.7	−0.7	16.6	17.0	0.4
6	31.6	30.9	−0.7	17.9	18.4	0.5

续表

序号	φ(烯烃)/%			φ(芳烃)/%		
	实际值	预测值	偏差	实际值	预测值	偏差
7	33.3	32.7	−0.6	23.5	23.3	−0.2
8	33.3	32.7	−0.6	23.5	23.3	−0.3
9	33.3	32.8	−0.5	23.5	23.2	−0.3
10	31.6	31.1	−0.5	17.9	18.1	0.2
11	31.6	31.1	−0.5	17.9	18.0	0.1
12	31.1	33.0	1.9	17.8	17.2	−0.7
13	29.6	33.1	3.5	17.8	16.9	−1.0
14	29.6	33.3	3.7	17.8	16.6	−1.2
15	32.9	34.1	1.2	25.5	23.1	−2.4
16	35.1	36.2	1.1	26.5	24.5	−2.0
17	34.2	36.1	1.9	23.9	24.4	0.5
18	34.2	33.7	−0.5	23.9	23.8	−0.2
19	26.8	26.9	0.1	17.5	18.3	0.8
20	30.0	27.9	−2.1	16.5	17.0	0.5
21	33.2	34.8	1.6	22.3	22.4	0.1
22	34.8	34.4	−0.4	21	21.7	0.7
23	33.9	31.1	−2.8	23.5	23.9	0.4
24	41.4	41.4	0.0	17.3	18.8	1.5
25	25.7	25.5	−0.2	21	23.2	2.2
26	40.3	39.6	−0.7	16.7	18.5	1.8
27	45.5	44.3	−1.2	17.8	20.0	2.2
28	28.4	28.3	−0.1	21.6	22.0	0.4
平均偏差			−0.2			0.2

上述结果说明，若将某个炼厂或某种工艺建立的催化裂化汽油近红外模型直接用于另一个炼厂或差别较大的工艺（如 S Zorb）会存在一定的系统偏差。但通过向校正集中添加较少数量的样本更新模型后，便可扩大模型的适用性，得到准确的预测结果。

8.1.3 成品汽油数据库

对于成品汽油，通常按其牌号分成不同类型的汽油，再用 PLS 方法逐个建立每种类型成品汽油的辛烷值、烯烃含量和芳烃含量等校正模型。这种方式可以建立预测性较为准确的校正模型，但步骤繁琐、模型维护复杂，使用也不方便。该研究拟采用人工神经网络（ANN）的方法建立成品汽油的通用模型，以减少模型维护的工作量和复杂程度。

（1）样本来源

该研究收集了 905 个成品汽油样品，其中炼厂 A 有 211 个样品、炼厂 B 有 132 个样品。其余样品来自中国石化的加油站，其中 90$^\#$ 汽油样品 223 个、93$^\#$ 汽油样品 405 个、97$^\#$ 汽油样品 277 个，包括研究法辛烷值数据样品 905 个、抗爆指数数据样品 670 个、烯烃和芳烃组成数据样品 668 个。其性质和组成分布情况的统计数据见表 8-8。研究法辛烷值和抗爆指数数据是扣除锰添加剂影响后的结果。成品汽油样品的收集时间为 2007 年 10 月至 2011 年 8 月。

表 8-8　成品汽油样品性质和组成统计结果

统　计	研究法辛烷值	抗爆指数	φ(烯烃)/%	φ(芳烃)/%
最小值	86.4	82.2	7.7	10.3
最大值	99.1	92.9	59.2	48.9
平均值	93.8	88.0	25.8	27.4
标准偏差	2.63	2.17	9.94	7.14

（2）分析模型的建立

该研究采用中国石化石油化工科学研究院编制的"RIPP 化学计量学光谱分析软件 3.0 版本"，在 PC 计算机上处理光谱数据。用 K-S 方法将成品汽油样本分为校正集、监测集和验证集，其中校正集用于建立分析模型，监测集用于监控神经网络的训练过程，验证集用于检测模型的准确性。采用马氏距离、光谱残差和最近邻距离 3 个指标判断模型对未知样本的适用性。

校正集的光谱经二阶导数处理后，分别与研究法辛烷值、抗爆指数、烯烃含量和芳烃含量通过偏最小二乘（PLS）方法进行回归运算，将 PLS 的得分作为人工神经网络（ANN）的输入变量（即 PLS-ANN 方法），ANN 采用常用的三层 BP 网络。参与 PLS 回归的波长范围为 $8850\sim6150\ cm^{-1}$，PLS 模型中最佳主成分的数量根据留一法交叉验证产生的预测残差平方和（PRESS 值）确定。对于 BP 神经网络，选择 5 个节点作为隐藏层，并采用非线性的正切 S 型 sigmoid 函数作为输入层的传递函数，采用线性的 Purelin 函数作为输出层的传递函数。此外，通过监测验证集控制网络的训练次数，以避免过拟合和过度训练。

表 8-9 给出了 PLS-ANN 建模的校正结果，图 8-1～图 8-4 给出了近红外光谱方法与常规方法之间的相关性。可以看出，模型的校正标准偏差（SEC）和监测集的预测标准偏差（SEM）与常规分析方法的重复性基本相当，说明所建模型有较好的预测能力。

表 8-9　成品汽油性质和组成模型建立参数和结果

性质或组成	校正样本数	监测样本数	主因子数	SEC	SEM
研究法辛烷值	539	136	14	0.40	0.43
抗爆指数	429	163	12	0.34	0.38
烯烃含量/%	453	126	13	1.49	1.65
芳烃含量/%	453	126	13	1.53	1.59

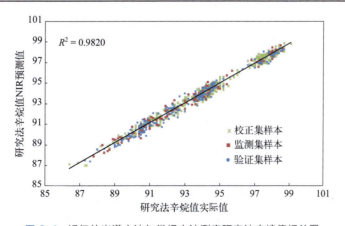

图 8-1　近红外光谱方法与常规方法测定研究法辛烷值相关图

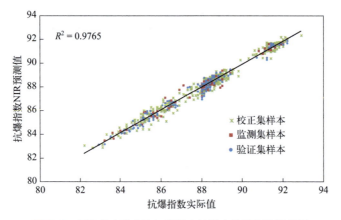

图 8-2　近红外光谱方法与常规方法测定抗爆指数相关图

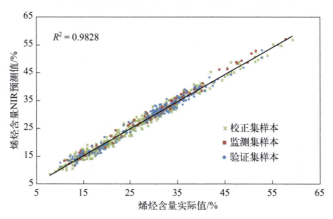

图 8-3　近红外光谱方法与常规方法测定烯烃含量相关图

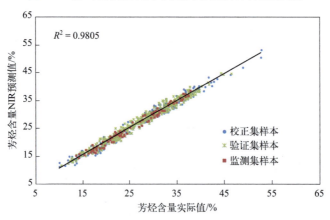

图 8-4　近红外光谱方法与常规方法测定芳烃含量相关图

（3）预测分析

将所建的模型分别对验证集样本的研究法辛烷值、抗爆指数、烯烃含量和芳烃含量进行预测分析。

表 8-10 给出了成品汽油验证集样本的预测统计结果，图 8-1～图 8-4 给出了近红外光谱方法与常规方法之间的相关性。可以看出，成品汽油验证集预测标准偏差（SEP）与组分油相应性质的 SEP 相近，说明所建模型可以对成品汽油样本的研究法辛烷值、抗爆指数、烯

烃含量和芳烃含量进行快速准确的预测分析。

表 8-10　验证集成品汽油性质和组成的预测统计结果

性质或组成	验证样本数	SEP
研究法辛烷值	230	0.44
抗爆指数	163	0.35
烯烃含量/%	215	1.59
芳烃含量/%	215	1.66

（4）成品汽油苯含量和氧含量的分析

成品汽油中的苯含量和氧含量（MTBE 含量）与光谱之间存在很好的线性关系，因此可以采用偏最小二乘（PLS）方法建立测定成品汽油苯含量和氧含量的校正模型。

本课题收集到苯含量数据样本 905 个、氧含量数据样本 670 个。将这些样本分成校正集和验证集，其分布统计数据见表 8-11。

表 8-11　成品汽油苯含量和氧含量统计结果

统　计	校正集		验证集	
	$\varphi(苯)/\%$	$w(氧)/\%$	$\varphi(苯)/\%$	$w(氧)/\%$
最小值	0.2	0.01	0.2	0.01
最大值	2.2	2.93	2.1	2.35
平均值	0.65	1.12	0.61	1.04
标准偏差	0.31	0.81	0.30	0.85

校正集样本的光谱经二阶导数处理后，分别与苯含量和氧含量通过偏最小二乘（PLS）方法进行回归运算，建立校正模型。参与回归的波长范围为 8850～6150 cm^{-1}，PLS 所用的最佳主因子数由留一法交互验证所得的预测残差平方和（PRESS 值）确定。表 8-12 给出了PLS 建模的主因子数和校正结果，图 8-5 和图 8-6 分别给出了苯含量和氧含量的近红外光谱方法与常规方法之间的相关性。可以看出，模型交互验证所得的交互验证标准偏差（SECV）与常规分析方法的重复性相当，说明所建模型有较好的预测能力。

表 8-12　成品汽油苯含量和氧含量模型建立参数和结果

组　成	校正样本数	主因子数	R^2	SECV/%
苯含量	472	14	0.9839	0.05
氧含量	170	12	0.9888	0.07

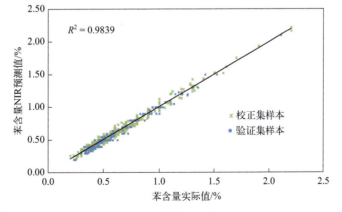

图 8-5　近红外光谱方法与常规方法测定汽油苯含量相关图

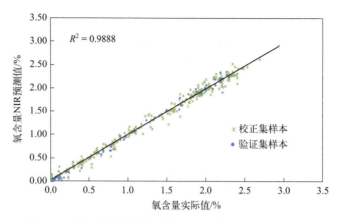

图 8-6　近红外光谱方法与常规方法测定汽油氧含量相关图

将所建的模型分别对验证集样本的苯含量和氧含量进行预测分析。表 8-13 给出了验证集样本的预测统计结果，图 8-5 和图 8-6 分别给出了苯含量和氧含量的近红外光谱方法与常规方法之间的相关性。可以看出，验证集预测标准偏差（SEP）与 SECV 基本吻合，说明所建模型可以对成品汽油的苯含量和氧含量进行快速准确的预测分析。

表 8-13　成品汽油验证集苯含量和氧含量的预测统计结果

组　成	验证样本数	SEP/%
苯含量	170	0.06
氧含量	74	0.08

8.1.4　小结

该研究收集了上千个汽油样本，分别建立了汽油调和组分和成品汽油的校正模型，测试指标有研究法辛烷值、抗爆指数、烯烃含量、芳烃含量以及成品汽油的苯含量和氧含量。

对于汽油调和组分，采用 PLS 方法建立了研究法辛烷值、抗爆指数、烯烃含量和芳烃含量的分析模型。研究结果表明，若将某个炼厂或某种工艺建立的催化裂化近红外汽油模型直接用于另一个炼厂或差别较大的工艺（如 S Zorb），会存在一定的系统偏差。但通过向校正集中添加较少数量的样本更新模型后，便可扩大模型的适用性，得到准确的预测结果。

对于成品汽油，采用 ANN 方法建立了研究法辛烷值、抗爆指数、芳烃含量和烯烃含量的分析模型。研究结果表明，该方法可以将多标号规格的成品汽油建立一个模型，可明显减少模型的维护。由于成品汽油中的苯含量和氧含量（MTBE 含量）与光谱之间存在很好的线性关系，可以采用 PLS 方法建立成品汽油苯含量和氧含量的校正模型。

8.2　自动检索算法在建立汽油预测模型中的应用

随着时间的积累，RIPP 汽油库中汽油样本数量越来越多，直接用 RIPP 汽油库的样本建立汽油性质校正模型不一定适合特定的石化企业，因此需要建立与石化企业汽油样本特征类似的小型样本库，以达到针对性建模的目的。该研究利用库检索算法从 RIPP 汽油数据库中寻找与某石化企业类似的汽油样本，建立小库，研究样本库大小即校正集样本数量对预测结果的影响,从而实现汽油评价模型的快速建立,为优化生产决策和及时获得评价数据提供了一种简捷的方法[5]。

检索相似样本的策略可以是以某石化企业汽油样本为目标进行逐个检索,但检索速度慢,而且不一定具有代表性。该研究从大库进行检索计算前首先将石化企业汽油样本进行聚类分析,进而以此类中心检索大库中的相似样本。此检索策略可保证检索出来的 RIPP 大库样本的类别与某石化企业汽油样本的类别相似。

8.2.1 样本与方法

(1)汽油样本

该研究收集了 905 个成品汽油样品,其中 90# 汽油样品 223 个、93# 汽油样品 405 个、97# 汽油样品 277 个,包括研究法辛烷值数据样品 905 个、抗爆指数数据样品 670 个、烯烃和芳烃组成数据样品 668 个。研究法辛烷值和抗爆指数数据是扣除锰添加剂影响后的结果。成品汽油样品的收集时间为 2007 年 10 月至 2015 年 8 月。

某石化企业需使用近红外光谱仪进行数据库的建立和预测汽油性质的工作。从该石化企业收集两个批次共计 36 个典型汽油样品,辛烷值范围为 92.2～98.6,收集时间为 2013 年 7 月至 2014 年 9 月。

(2)仪器与光谱采集

采集汽油样品的近红外光谱参数如下。

① 仪器:Thermo Antais Ⅱ 傅里叶变换近红外光谱仪。

② 测量附件:透射样品室,带聚乙烯塞一次性透明 1 mL 圆筒玻璃小瓶,用空玻璃小瓶进行背景测量。

③ 光谱分辨率:8 cm^{-1}。

④ 累计扫描次数:128 次。

⑤ 光谱采集范围:10000～3500 cm^{-1}。

(3)数据处理

将采用标准方法测得的汽油红外光谱及其辛烷值、烯烃含量和芳烃含量数据通过"RIPP 化学计量学光谱分析软件 3.0 版本"进行编辑,生成标准矩阵式数据库。

8.2.2 校正模型的建立

8.2.2.1 光谱预处理及参数选择

在建立校正模型前,需要选择特征性强、重复性好的光谱区间,剔除因为吸收过高、非线性现象严重而无法利用的光谱区间,经优化后最终选择波长范围为 8850～6150 cm^{-1} 的光谱区间作为最终建模选择的范围。

在建立校正模型前,需要对光谱进行预处理。常用的算法有导数、归一化等。一般使用导数处理以消除样品颜色、温度及基线漂移等因素的影响,并经归一化处理,从而实现离散波长光谱的基线漂移校正。

校正集的光谱经预处理后,分别与研究法辛烷值、烯烃含量和芳烃含量通过偏最小二乘(PLS)方法进行回归运算,建立校正模型。PLS 方法所用的最佳主因子数由留一法交互验证所得的预测残差平方和(PRESS 值)确定。

8.2.2.2 聚类分析

将 RIPP 汽油库样本与某石化公司汽油样本进行主成分分析，取前 3 个主因子作图，如图 8-7 所示，图中红色为 RIPP 汽油库样本，蓝色为某石化公司汽油样本。从图中可以看出 RIPP 汽油可明显分为 3 类，距离某石化公司汽油样本较远的 RIPP 汽油样本不宜作为建模的样本。得到样本的分类后，还需将某石化公司汽油样本进行聚类分析，得到合适的类中心，以此作为选择 RIPP 库样本的依据。

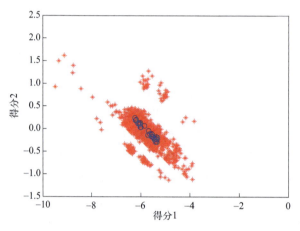

图 8-7 所有汽油样本的空间分布

该研究依据样本间聚类进行分类，分类算法为 K-均值（K-mean）方法，该方法分类前需指定分类数。通过 Akaike 信息准则（Akaike Information Criterion，AIC）寻找最优的分类数。AIC 可以表示为 $AIC=2k-2\ln L$（其中 k 是参数的数量，L 是似然函数）。假设条件是模型的误差服从独立正态分布。设 n 为观察数、RSS 为剩余平方和，那么 AIC 变为 $AIC=2k+n\ln(RSS/n)$。增加自由参数的数目提高了拟合的优良性。AIC 鼓励数据拟合的优良性，但是尽量避免出现过度拟合的情况，所以优先考虑的模型应是 AIC 值最小的那个。该方法目的是寻找可以最好地解释数据但包含最少自由参数的模型。通过高斯混合模型法给出最优分类数为 4。

某石化企业汽油样本按 4 分类，结果如图 8-8 所示，其中纵坐标为分类数、横坐标代表

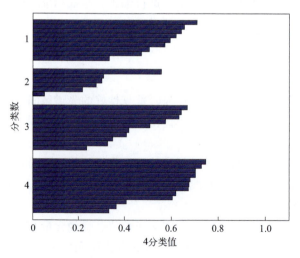

图 8-8 某石化公司汽油样本 4 分类结果

分类效果，其值越高说明分类效果越好。从图中可以看出，该石化企业的汽油样本可以很好地分为 4 类。得到分类结果后，将以此 4 类的类中心为目标检索出相似的 RIPP 汽油样本。

8.2.2.3 相似样本检索

得到某石化公司汽油样本分类结果后，计算每类的中心，然后计算 RIPP 汽油库中的样本与这 4 个类中心的欧式距离，每类取最相近的 N 个样本并剔除重复样本，最终检索出 M 个汽油样本，如图 8-9 所示，图中红色为 $N=100$ 时检索出的 RIPP 汽油库相似样本，蓝色为某石化企业汽油样本。

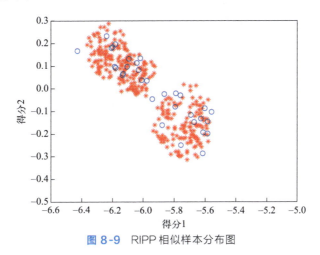

图 8-9 RIPP 相似样本分布图

检索出的 RIPP 汽油样本将作为校正集，分别建立汽油辛烷值、烯烃含量和芳烃含量的校正模型。按不同 N 值检索出 4 组样本，每组样本的数量见表 8-14。其中 4# 库包含了 RIPP 汽油库的所有样本；1# 库最小，只有 185 个样本。

表 8-14 不同样本库的样本数量

库的编号	最相近样本数	取样数量
1#	50	185
2#	100	356
3#	200	628
4#	—	905

8.2.2.4 校正集样本的训练

使用留一法偏最小二乘对校正集样本进行交互验证。对于 2# 样本库，建模参数见表 8-15。2# 样本库汽油辛烷值、烯烃含量和芳烃含量的训练结果如图 8-10～图 8-12 所示，其中横坐标为相关性质的实际值、纵坐标为近红外方法预测值。从图中可以看出，辛烷值、烯烃含量和芳烃含量的实际值和近红外方法预测值直接有很好的相关性。

表 8-15 2# 样本库 PLS 模型参数

性质或组成	主因子数	R^2	SECV	SEP
研究法辛烷值	7	0.96	0.3	0.3
烯烃含量/%	9	0.98	1.2	1.6
芳烃含量/%	8	0.96	1.0	1.0

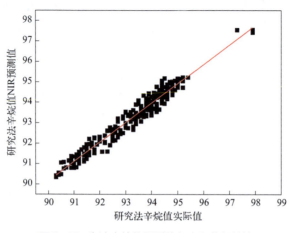

图 8-10　汽油辛烷值预测值与实际值相关性

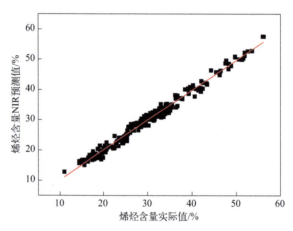

图 8-11　汽油烯烃含量预测值与实际值相关性

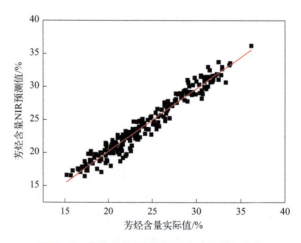

图 8-12　汽油芳烃含量预测值与实际值相关性

4 个含有不同数量 RIPP 汽油样本的数据库建立校正模型的建模效果如图 8-13 所示,其中左图为不同校正集分别对辛烷值、烯烃含量和芳烃含量的交互验证标准偏差(SECV),右图为不同校正集分别对辛烷值、烯烃含量和芳烃含量的预测标准偏差(SEP),横坐标为库编号。从左图可以看出，当选择 2#库即校正集样本数量为 356 时，模型的 SECV 最小。同样从右图可以看出，以 2#库为校正集建模，预测某石化企业汽油样本的 SEP 也是最小。因此，2#库为最具有针对性的样本库。1#库和 3#库建模效果都不佳的原因是：1#库样本数量较少，缺乏代表性；3#库样本数量过多，含有太多与某石化企业汽油样本差异大的样本。

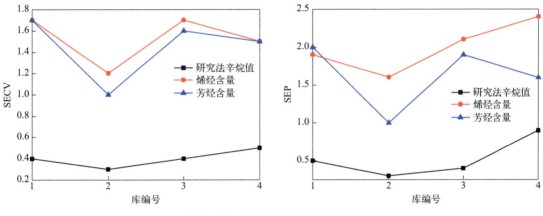

图 8-13　库样本数量对建模的影响

8.2.3　预测分析

为了验证近红外光谱分析方法测量汽油辛烷值、烯烃含量和芳烃含量的准确性，以某石化企业 36 个汽油样本作为预测集，用建立的校正模型对验证集的 36 个样本进行预测。表 8-16 为汽油辛烷值、烯烃含量和芳烃含量的 PLS 预测值和实际值的对比。

表 8-16　近红外光谱方法与标准方法测定汽油性质结果对比

编号	研究法辛烷值			φ(烯烃)/%			φ(芳烃)/%		
	预测值	实际值	偏差	预测值	实际值	偏差	预测值	实际值	偏差
1	92.7	92.4	0.3	10.7	10.7	0.0	37.3	37.8	−0.5
2	96.2	96.0	0.2	9.7	8.4	1.3	39.7	40.6	−0.9
3	92.9	93.6	−0.7	12.6	12.3	0.3	36.5	36.1	0.4
4	95.7	95.7	0.0	9.2	11.6	−2.4	37.6	38.0	−0.4
5	95.6	95.7	−0.1	9.2	11.6	−2.4	37.7	38.0	−0.3
6	96.0	95.7	0.3	9.8	8.6	1.2	39.1	39.0	0.1
7	98.6	98.9	−0.3	7.8	7.7	0.1	39.3	39.1	0.2
8	92.8	92.4	0.4	10.6	11.1	−0.5	37.8	38.5	−0.7
9	92.7	92.4	0.3	10.7	11.1	−0.4	37.2	38.5	−1.3
10	92.8	92.7	0.1	10.6	11.4	−0.8	37.7	37.9	−0.2
11	95.5	95.8	−0.3	8.4	7.4	1.0	38.8	36.2	2.6
12	93.0	93.0	0.0	10.0	12.2	−2.2	38.6	38.6	0.0
13	92.6	92.7	−0.1	10.6	8.1	2.5	36.6	37.3	−0.7
14	98.0	98.7	−0.7	6.5	7.6	−1.1	39.7	39.5	0.2
15	95.5	95.8	−0.3	—	—	—	—	—	—
16	92.3	92.0	0.3	9.8	7.1	2.7	35.8	36.7	−0.9
17	92.2	92.0	0.2	9.9	7.1	2.8	35.6	36.7	−1.1

续表

编号	研究法辛烷值			φ(烯烃)/%			φ(芳烃)/%		
	预测值	实际值	偏差	预测值	实际值	偏差	预测值	实际值	偏差
18	95.3	95.6	−0.3	—	—	—	—	—	—
19	94.7	94.8	−0.1	8.3	6.3	2.0	35.1	36.2	−1.1
20	92.5	93.0	−0.5	12.2	9.6	2.6	35.6	35.3	0.3
21	92.7	92.5	0.2	—	—	—	—	—	—
22	92.4	93.0	−0.6	—	—	—	—	—	—
23	92.8	92.4	0.4	9.9	6.8	3.1	37.2	38.0	−0.8
24	95.0	95.1	−0.1	8.7	5.9	2.8	35.2	34.9	0.3
25	92.8	93.1	−0.3	—	—	—	—	—	—
26	92.9	92.6	0.3	11.0	10.6	0.4	35.5	36.6	−1.1
27	92.6	92.7	−0.1	9.5	9.9	−0.4	35.6	38.9	−3.3
28	95.4	95.5	−0.1	8.5	7.4	1.1	37.6	38.8	−1.2
29	92.8	92.3	0.5	11.1	10.5	0.6	35.0	36.5	−1.5
30	92.8	92.3	0.5	11.1	10.5	0.6	34.9	36.5	−1.6
31	92.8	92.3	0.5	11.1	10.5	0.6	34.9	36.5	−1.6
32	95.0	95.0	0.0	8.9	6.6	2.3	36.4	37.8	−1.4
33	95.1	95.6	−0.5	—	—	—	—	—	—
34	95.0	95.1	−0.1	9.7	7.4	2.3	36.3	37.7	−1.4
35	92.8	93.0	−0.2	12.5	10.3	2.2	34.6	37.2	−2.6
36	95.4	95.6	−0.2	8.7	6.5	2.2	37.5	38.9	−1.4

从汽油辛烷值的交互验证模型结果可以得出相关系数 R 为 0.96，交互验证标准偏差（SECV）为 0.3，预测标准偏差（SEP）为 0.3，达到了标准方法的误差要求。从汽油烯烃含量的交互验证模型结果可以得出相关系数 R 为 0.98，交互验证标准偏差（SECV）为 1.2%，预测标准偏差（SEP）为 1.6%。从汽油芳烃含量的交互验证模型结果可以得出相关系数 R 为 0.96，交互验证标准偏差（SECV）为 1.0%，预测标准偏差（SEP）为 1.0%。因此，使用 PLS 方法结合近红外光谱预测汽油辛烷值、烯烃含量和芳烃含量等主要性质的校正模型是完全可行的，预测结果基本满足了快速分析和过程分析的要求。

8.2.4 小结

该研究首先采用聚类分析方法将某石化企业汽油样本进行适当分类，然后采用光谱库自动检索算法从 RIPP 汽油库中有针对性地找到一定量的汽油样本，作为校正集，建立汽油重要性质的分析模型。结果表明，使用类中心的检索策略可大大缩短建模所耗时间，可通过向 RIPP 汽油库检索足够的样本的方式对具体石化企业针对性地建模，对某石化企业汽油样本辛烷值、烯烃含量、芳烃含量的预测标准偏差分别为 0.3、1.6%、1.0%，完全满足快速分析要求。

8.3 PLSRR-ELM 建立辛烷值模型的研究

极限学习机（ELM）是一种新颖的神经网络算法，具有计算速度快、人工干预少、计算可扩展性强以及泛化性能好等优点。近年来，ELM 受到了广泛的关注和快速的发展。鉴于 ELM 在非线性校正方面的优势，该研究将偏最小二乘（PLS）算法与 ELM 算法相结合，开发了一种新的算法，用于近红外光谱快速预测汽油辛烷值，即偏最小二乘回归残差-极限学习机（PLS regression residual ELM，PLSRR-ELM）校正算法。该算法能够自适应调整 PLS 与 ELM 之间的信息分配以最大程度地发挥 PLS 的线性拟合优势和 ELM 的非线性拟合优势，可以获得比单独使用 PLS 或 ELM 更好的校准性能。

该研究利用某炼油厂的一套在线汽油调和数据集评价 PLSRR-ELM 的校准性能，同时也对其关键参数进行了优化与讨论。另外，还将 PLSRR-ELM 算法与 PLS、Poly-PLS、kernel-PLS、ELM 以及 ANN 算法的模型性能进行分析比较，证实了该校正算法在 NIR 光谱快速预测辛烷值方面的优越性[6]。

8.3.1 理论与算法

8.3.1.1 极限学习机

极限学习机（ELM）本质上是一种单隐含层前馈神经网络（Single-hidden Layer Feedforward Neural Network，SLFN），其隐含层的参数随机配置，不需要迭代调整。

给定任意 N 个样本数据 $\{(x_i, y_i)\}_{i=1}^{N}$，其中 $x_i = [x_{i1}, x_{i2}, \cdots, x_{iu}]^T \in \mathbf{R}^n$，$t_i = [t_{i1}, t_{i2}, \cdots, t_{im}]^T \in \mathbf{R}^m$，在整个样本数据中 ELM 的基本输入输出关系可以表示为

$$\sum_{p=1}^{L} \boldsymbol{\beta}_p h_p(\boldsymbol{x}_i) = \sum_{p=1}^{L} \boldsymbol{\beta}_p h(\boldsymbol{w}_p \cdot \boldsymbol{x}_i + b_p) \quad (i=1,2,\cdots,N)$$

式中，L 为隐含层节点数目，$h(x)$ 为激活函数，p 表示第 p 个隐含层节点，$\boldsymbol{w}_p = [w_{p1}, w_{p2}, \cdots, w_{pN}]^T$ 和 b_p 分别为输入层到隐含层之间的权重和偏置，$\boldsymbol{\beta}_p = [\beta_{p1}, \beta_{p2}, \cdots, \beta_{pN}]^T$ 为输出层权重。

上式的矩阵表示形式如下：

$$\boldsymbol{H\beta} = \boldsymbol{Y}$$

其中

$$\boldsymbol{H}(w_1,\cdots,w_L,b_1,\cdots,b_L,x_1,\cdots,x_N) = \begin{bmatrix} h_1(\boldsymbol{w}_1\boldsymbol{x}_1+b_1) & \cdots & h_L(\boldsymbol{w}_L\boldsymbol{x}_1+b_L) \\ \vdots & \cdots & \vdots \\ h_1(\boldsymbol{w}_1\boldsymbol{x}_N+b_1) & \cdots & h_L(\boldsymbol{w}_L\boldsymbol{x}_N+b_L) \end{bmatrix}_{N \times L}$$

$$\boldsymbol{\beta} = \begin{bmatrix} \boldsymbol{\beta}_1^T \\ \vdots \\ \boldsymbol{\beta}_L^T \end{bmatrix}_{L \times m}$$

$$\boldsymbol{Y} = \begin{bmatrix} \boldsymbol{y}_1^T \\ \vdots \\ \boldsymbol{y}_N^T \end{bmatrix}_{N \times m}$$

式中，$\boldsymbol{H}$ 为 SLFN 网络的输出矩阵，即 $\boldsymbol{H}$ 的第 p 列为第 p 个隐含层节点关于"$x_1, x_2, \cdots, x_N$"的输出。

通过计算矩阵 $\boldsymbol{H}$ 的 Moore-Penrose 广义逆（$\boldsymbol{H}^+$），可得到如下唯一解：

$$\hat{\boldsymbol{\beta}} = \boldsymbol{H}^+ \boldsymbol{Y}$$

不难看出，输出权值矩阵的计算可以转化为最小二乘的求解问题，这样，只要找到输入

权值的最小二乘解，就能完成 ELM 训练。

8.3.1.2 偏最小二乘回归残差-极限学习机

PLSRR-ELM 算法本质上是 PLS 算法与 ELM 算法的融合。

该算法的具体步骤如下：

（1）利用 PLS 算法拟合预测变量 X 和响应变量 Y 之间的关联信息，得到标准的 PLS 校正模型。

（2）将上述 PLS 校正模型的前几个潜变量（Latent Variable，LV）包含的关联信息作为 PLS 拟合步骤（PLS-step）需要处理的关联信息，然后将剩余潜变量包含的关联信息，也即在 PLS-step 完成后 X 的拟合残差 E_X 与 Y 的拟合残差 E_Y 之间的关联信息，作为 ELM 算法的输入，训练残差 ELM 校正模型（ELM-step）。一旦残差 ELM 校正模型训练完成，关联信息就在 PLS 与 ELM 之间完成分配，即 PLSRR-ELM 校正模型构建完成。

（3）预测时，将未知光谱 X_{un} 输入 PLSRR-ELM 校正模型，并调用 PLS-step 模型参数计算出初始的响应变量预测值 $Y_{init,un}$，然后调用 ELM-step 模型参数计算出响应变量残差预测值 $\hat{E}_{Y_{un}}$，最后将 $Y_{init,un}$ 与 $\hat{E}_{Y_{un}}$ 进行代数加和，得到最终的辛烷值预测值 Y_{un}。如图 8-14 所示。

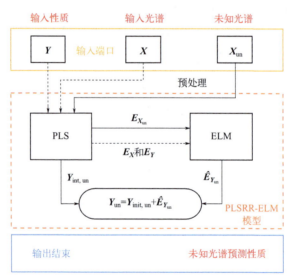

图 8-14　PLSRR-ELM 回归分析流程图

该研究将线性 PLS 算法和 ELM 算法融合，通过两者的巧妙配合，使得具有未知非线性程度的关联信息能够在它们彼此之间实现合理的分配，以更好地拟合关联信息。尽管 PLS 算法具有一定的非线性校正能力，但其通常需要选择更多数量的 LV（更多的 LV 意味着模型复杂度的上升），这对模型的稳健性是非常不利的。相应地，非线性模型（例如 ELM）也能用于解决线性拟合问题，但其不可避免地会导致过拟合现象发生。该研究提出的 PLSRR-ELM 算法能够克服单独使用 PLS 算法或 ELM 算法的弊端，因而有望获得增强的模型性能。本算法的核心是如何调整关联信息在 PLS-step 与 ELM-step 之间的分配，从而使模型的性能达到最优。

具体来说，在 PLSRR-ELM 校正过程中，PLS-step 使用的 LV 个数需要确定，以确保输入 ELM-step 中的剩余信息（即 E_X 与 E_Y 之间的关联信息）是合理的。由于剩余信息为

PLS-step 的拟合残差且随 LV 的个数不断变化，该研究将它命名为超信息参数（hyper-information，HI）。为了更好地调优 HI，定义了 2 个超参数 F1 和 F2。超参数 F1 是指 PLS-step 使用的最大 LV 编号，它可以用来截断所有 LV（1～⋯）表示的信息区，以获得初始的 HI。超参数 F2 是指 HI 区右边界可能的最大 LV 编号，它可以用来优化初始的 HI 右边界。如图 8-15 所示，F1 与 F2 之间的 LV 信息就是用于 ELM-step 的最终的 HI 信息。

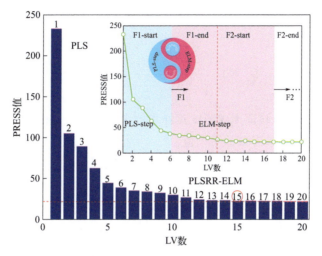

图 8-15 PLSRR-ELM 算法的交互验证预测残差平方和（PRESS 值）及其参数优化示意图

注：F1 和 F2 为 PLSRR-ELM 的超参数；F1-start 和 F1-end 分别为 PLS 步骤的第一个 LV 和最后一个 LV；F2-start 和 F2-end 分别为 ELM 步骤的第一个 LV 和最后一个 LV。

8.3.2 样本与方法

455 个汽油样品取自中国石化某炼油厂的在线汽油调和装置，样品组成变化很大，基本涵盖了汽油调和过程中可能的变化。

汽油样品的近红外光谱使用傅里叶变换近红外光谱仪进行采集，光谱分辨率设为 8 cm^{-1}，累计扫描次数为 128 次，光谱采集范围为 10000～5000 cm^{-1}。

基于收集的 455 个调和汽油样品的 NIR 光谱，采用 Kennard-Stone(K-S) 算法挑选 100 个汽油样品组成测试集，剩余的 355 个样品组成校正集。在 PLSRR-ELM 和 ELM 的模型创建过程中，校正集样本又被划分为 300 个训练集样本和 55 个验证集（监控集）样本，后者主要用于调节模型的超参数。

所有汽油样本的 RON 描述性统计结果见表 8-17。可以看出，校正集样本的 RON 范围覆盖了测试集样本的 RON 范围，训练集样本的 RON 范围也覆盖了验证集样本的 RON 范围。

表 8-17 调和汽油研究法辛烷值（RON）统计结果

样	本	样本数	最大值	最小值	平均值	标准偏差
校正集	总样本数	355	99.3	88.8	93.4	2.28
	训练集	300	99.3	88.8	93.4	2.26
	监控集	55	99.3	90.4	93.3	2.37
测试集		100	99.0	89.3	93.0	2.21

该研究采用的模型评价指标包括平均绝对误差（MAE）、均方根误差（RMSE）、决定

系数（R^2），公式如下：

$$MAE = \frac{\sum_{i=1}^{n} |y_{i,\text{actual}} - y_{i,\text{predicted}}|}{n}$$

$$RMSE = \sqrt{\frac{\sum_{i=1}^{n} (y_{i,\text{actual}} - y_{i,\text{predicted}})^2}{n-1}}$$

$$R^2 = 1 - \frac{\sum_{i=1}^{n} (y_{i,\text{actual}} - y_{i,\text{predicted}})^2}{\sum_{i=1}^{n} (y_{i,\text{actual}} - \bar{y}_{\text{actual}})^2}$$

式中，n 表示校正集、验证集或测试集样本的个数，$y_{i,\text{actual}}$ 和 $y_{i,\text{predicted}}$ 分别为参考值和预测值，$\bar{y}_{\text{actual}}$ 为 n 个样本参考值的平均值。

8.3.3 光谱区间选择

波长变量选择一方面可以简化模型，提高模型的运行效率和可解释性；另一方面，由于不相关或非线性变量的剔除，有望获得预测能力强、稳健性好的校正模型。

该研究采用一种半经验波长选择方法，如图 8-16 所示。首先将 10000～5000 cm^{-1} 近红外光谱波长范围划分为 3 个区间：区间 A(6400～5000 cm^{-1}) 主要为一级倍频（2ν）及变形振动和伸缩振动的合频（$\nu+2\delta$）；区间 B(7800～6400 cm^{-1}) 主要为一级倍频和变形振动的合频（$2\nu+\delta$）；区间 C(10000～7800 cm^{-1}) 主要为二级倍频（3ν）及伸缩振动与变频振动的合频的组合频（$[2(\nu+\delta)]$）。然后采用 PLS 校正模型，基于校正集数据评估所有可能的波长区间组合（A、B、C、A+B、A+C、B+C 以及 A+B+C）的潜在信息含量，其中所有波长区间下的 PLS 模型的 LV 个数的阈值设置为 20，每个模型的 LV 个数使用留一交互验证法（LOOCV）得到的 PRESS 值确定，通常选取最小 PRESS 值对应的 LV 个数作为最佳 LV 数。表 8-18 为不同波长区间下 PLS 模型的交互验证结果。可以看出，在组合区间 A+B+C（即全谱区间）下 PLS 具有最好的 PRESS 值，因此该区间可以作为选取的初始波长区间。由于初始波长区间两端的部分波长变量没有显著的信息贡献，可以考虑将其删除。

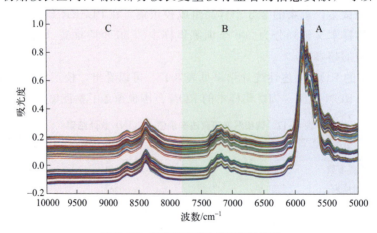

图 8-16 调和汽油样本的近红外光谱

注：区间 A 为 6400～5000 cm^{-1}；区间 B 为 7800～6400 cm^{-1}；区间 C 为 10000～7800 cm^{-1}。

最终确定 8868~5204 cm^{-1} 为最佳波长区间。

表 8-18　不同光谱区间对校正集的预测残差平方和（PRESS 值）的影响

光谱区间（一阶导数）	波数范围/cm^{-1}	主因子数	PRESS	R^2
区间 A	6400~5000	19	22.49	0.9877
区间 B	7800~6400	20	30.10	0.9836
区间 C	10000~7800	16	28.03	0.9847
区间 A+B	7800~5000	19	21.62	0.9882
区间 A+C	10000~7800，6400~5000	20	21.45	0.9883
区间 B+C	10000~6400	20	26.31	0.9857
区间 A+B+C	10000~5000	19	21.40	0.9883
最优区间	8868~5204	20	21.45	0.9883

8.3.4　模型参数优化

激活函数类型、隐含层神经元个数、F1 以及 F2 是 PLSRR-ELM 算法的 4 个超参数，在校正模型建立过程中这些超参数都需要确定和优化。该研究通过一个单独的验证集进行调优，评价指标采用验证集 RMSE（RMSE-V）。测试了 4 个激活函数（sigmoid，sine，hardlim，radial basis），结果发现前两个激活函数表现最优，因此该研究仅考虑前两个激活函数。在超参数优化过程中，将激活函数固定为 sigmoid 或 sine，并设定隐含层神经个数上限值为 150，然后采用网格搜索法（grid search）搜索所有可能的 F1 和 F2 组合。在每种组合下，隐含层神经元的个数从 1 变化到 150，间隔为 10，选取 RMSE-V 最小时神经元个数，即最佳神经元个数。

在执行 PLSRR-ELM 模型优化前，需要预先建立一个标准的 PLS 模型，并计算每个 LV 对应的 PRESS 值。如图 8-15 所示，PRESS 值在第 11 个 LV 开始出现不明显的下降且在第 15 个 LV 基本趋于稳定。根据上述结果，将超参数 F1 的最大取值（终点）和 F2 的最小取值（起点）设置为 11，F2 的最大取值（终点）设置为 20。

在具体的网格搜索任务中，尝试了所有可能的 F1（1~11）与 F2（11~20）组合，并计算了在不同激活函数类型下的相应（平均）RMSE-V。如图 8-17 所示，可以清楚地观察到具有最低 RMSE-V 的 F1 与 F2 组合，而且不同激活函数对应的 F1 和 F2 组合是相同的，可见激活函数类型对超参数 F1 和 F2 的确定几乎没有影响。激活函数 sine 对应的 RMSE-V 相对较小，故选其作为最佳激活函数。在所有的超参数确定后，将训练集与验证集合并（即校正集），重新训练 PLSRR-ELM 校正模型，所得到的为最终校正模型。

图 8-18 为 PLSRR-ELM 对调和汽油 RON 的预测结果。从图中第一行可以看出，在进行 PLS-step 后，预测值与实际值（校正集和测试集）在对角线上的分布较为分散，表明了预测值与实际值之间弱的相关性。校正集和测试集的辛烷值残差分布图也证实了这个结论，可以看到辛烷值残差基本在-1.7~+1.7 范围内变化。以上结果表明 PLS-step 仅仅拟合了少部分关联信息，这在一定程度上证实了调和汽油分析体系存在非常强的非线性。从图中第二行可以看出，ELM-step 处理后的辛烷值残差有了明显的下降，其中测试集残差变化范围降到了-0.6~+0.6 以内且残差-0.3~+0.3 以内的样本占大多数。然而，ELM-step 的校正集和测试集决定系数不是很高，特别是测试集。究其原因，主要有以下两方面：①由于 PLS-step 已经拟合了部分近红外光谱与 RON 之间的关联信息，基于剩余信息构建的模型的

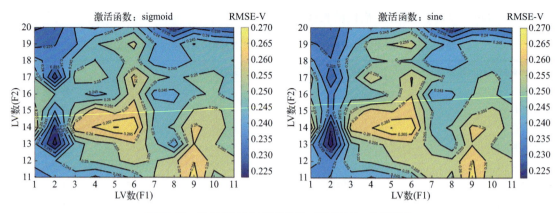

图 8-17 PLSRR-ELM 的超参数（F1 和 F2）优化结果

预测值与参考值（PLS-step 的拟合残差）的相关性必然有所下降；②由于 PLS-step 的 RON 拟合残差充当 ELM-step 的训练目标，如果 ELM-step 能很好地拟合剩余关联信息，那么它有望预测出与 RON 拟合残差非常接近的预测结果，这表明 ELM-step 是通过不断逼近真实的 RON 拟合残差达到改善整体预测精度的目的。图中第三行是 PLS-step 联合 ELM-step 后 RON 预测值-实际值相关图以及 RON 残差分布图，可以看出 RON 预测值与实际值之间的相关性显著改善，其中测试集的 R^2 已达到了约 0.99（详见表 8-19），这表明使用 PLSRR-ELM 校正算法可以获得非常满意的汽油 RON 预测结果。

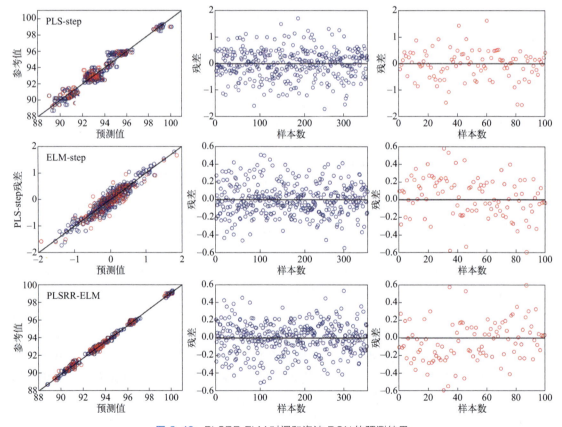

图 8-18 PLSRR-ELM 对调和汽油 RON 的预测结果

注：第一列为校正集和测试集 RON 预测值与参考值的对照图；第二和第三列分别为校正集和测试集 RON 残差分布图

表 8-19　PLSRR-ELM 校正和测试结果

步　骤	波长范围/ cm^{-1}	预处理方法	(F1, F2)主因子数	校正集 RMSE-C	校正集 R^2-C	测试集 RMSE-T	测试集 R^2-T
PLS-step		一阶导数	(1, 0)	0.5389	0.9440	0.5565	0.9364
ELM-step[①]	8868～5204	—	(2, 13)	0.1706	0.9019	0.2275	0.8325
PLSRR-ELM		一阶导数	(2, 13)	0.1695	0.9945	0.2275	0.9894

① 程序运行 100 次后的平均结果。

图 8-19 为不同数据集的 RMSE 随隐藏神经元个数的变化情况，其中超参数 F1 与 F2 分别为 2 和 13，激活函数为 sine。可以看出，通过 RMSE-V 最小准则确定的最优神经元数为 91，此时将模型用于独立测试集也表现出了良好的预测能力，而且测试集 RMSE（RMSE-T）与 RMSE-V 几乎没有显著差异，这说明所选择的神经元数量是合理的，可以保证模型良好的泛化能力。

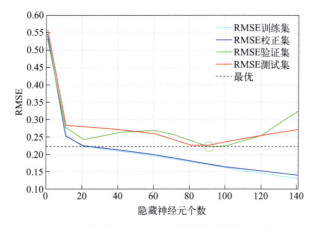

图 8-19　均方根误差（RMSE）随隐藏神经元个数的变化

8.3.5　方法比较

为了评价算法的优越性，本节将 PLSRR-ELM 与 PLS、Poly-PLS、kernel-PLS、ELM 以及 ANN 算法的建模效果进行了详细比较。为了保证比较的有效性，每种算法建立的校正模型都需要优化到最佳的预测性能，为此设置了较宽的模型参数范围调节模型，以确保其具有最佳的预测性能。

模型的参数设置如下。

① PLS：潜变量个数（LV=1～20）。

② Poly-PLS：潜变量个数（LV=1～20）与多项式级数（n=1～7, 10）。

③ KPLS：潜变量个数（LV=1～20）与核宽度（σ=0.01～0.2）。

④ ELM：隐含层神经元个数（HN=1～150）与激活函数 sigmoid、sine、hardlim、radial basis。

⑤ ANN：训练算法 Levenberg-Marquardt，隐含层传递函数 sigmoid，最大隐含层神经元个数 20。

⑥ PLSRR-ELM：超信息参数（F1=1～11；F2=11～20）；隐含层神经元个数（HN=

1~150);激活函数 sigmoid 和 sine。

表 8-20 为不同建模方法对校正集与测试集汽油样本的 RON 的预测结果,其中对于 PLS 模型给出了 LV=15(最佳潜变量个数)和 LV=13 时的 2 种预测结果。与 PLS 模型相比,所提出 PLSRR-ELM 算法具有显著增强的预测能力,这说明该算法对 PLS 改进是非常有效的[测试集 RMSE-T 下降了约 13%(LV=15)甚至 18%(LV=13)]。更为重要的是,在 PLS、Poly-PLS、KPLS 以及 PLSRR-ELM 这 4 种以 LV 作为模型复杂度衡量指标的方法中,PLSRR-ELM 不仅具有良好的预测性能,而且选取的 LV 个数也是它们中最少的,这可能说明该算法具有简化模型复杂度的能力。

表 8-20 不同方法用于汽油 RON 预测时的校正和测试结果

方法	预处理方法	激活函数	隐含层神经元个数	主因子数	校正集		测试集		
					RMSE-C	R^2-C	MAE	RMSE-T	R^2-T
PLS	一阶导数	—	—	15	0.2325	0.9896	0.2153	0.2604	0.9849
				13	0.2415	0.9887	0.2310	0.2773	0.9825
Poly-PLS	一阶导数	—	—	16	0.2264	0.9904	0.2025	0.2602	0.9861
KPLS^α	一阶导数	—	—	14	0.2202	0.9907	0.1880	0.2519	0.9868
ELM^β	一阶导数	sine	106	—	0.1702	0.9944	0.2088	0.2564	0.9865
ANN	—	sigmoid	7	—	0.1918	0.9929	0.1949	0.2500	0.9872
PLSRR-ELM	一阶导数	sine	91	13	0.1695	0.9945	0.1821	0.2275	0.9894

在该研究中,Poly-PLS 模型没有表现出显著增强的模型性能,这可能是因为基于多项式函数的非线性拓展方法不适合解决辛烷值的非线性问题。值得一提的是,基于非线性核扩展的 KPLS 方法表现出较为优越的模型性能,其对测试集样本的预测精度几乎与 ANN 方法持平。根据 RMSE-T 与 R^2-T,上述方法预测能力排序如下:PLSRR-ELM>ANN>kernel-PLS>ELM>Poly-PLS≈PLS。综上所述,该研究所提出的 PLSRR-ELM 是一种非常有效的用于近红外光谱预测汽油辛烷值的校正算法。图 8-20 为不同方法用于测试集样本汽油 RON 预测时的残差分布图,可以看出 PLSRR-ELM 模型的残差分布更趋近于零误差线,这进一步证实了该算法的优越性。

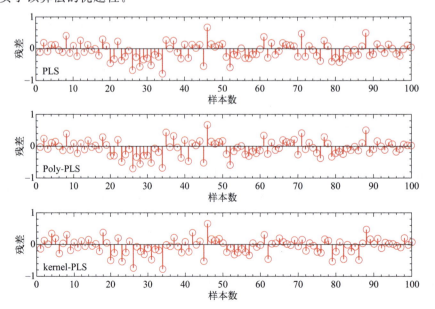

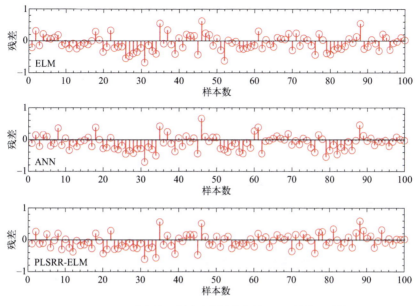

图 8-20 不同方法预测独立测试集汽油 RON 的结果对比

8.3.6 小结

该研究从算法融合的角度入手，采用非线性校正算法 ELM 对传统 PLS 算法进行改进，提出了用于近红外光谱预测调和汽油辛烷值（RON）的偏最小二乘回归残差极限学习机（PLSRR-ELM）定量校正算法。该算法能够自适应调整（汽油近红外光谱与辛烷值之间的）关联信息在 PLS 与 ELM 之间的分配，充分发挥两种算法的拟合优势，与 PLS、Ploy-PLS、kernel-PLS ELM 以及 ANN 算法相比 PLSRR-ELM 算法的预测性能明显增强。

8.4 在汽油调和装置中的应用

汽油调和是炼油厂汽油生产的重要环节。为满足汽油质量的要求，用于汽油调和的组分往往较多，如果在保证汽油质量的前提下经济合理地调和这些组分，即充分利用低价值组分、节约高价值的组分，可为炼油厂获取较大的经济效益。

在汽油调和过程中，需测量调和组分及调和成品油的许多物化性质指标，如烯烃、芳烃、苯及氧化物含量，辛烷值（RON，MON），馏程，蒸气压等。在传统的调和过程中，这些物化性质的测量一般在化验室完成，往往涉及许多分析方法及分析仪器，不仅测试费用高，而且分析速度慢，滞后严重，远远不能满足优化过程控制的要求。由于分析结果的滞后，为了确保调和汽油达到质量要求，不得不浪费大量的辛烷值。此外，还需增加油品中间储罐，以防调和结果不合格再进行重新调和。因此，在汽油调和中使用在线质量仪表对调和过程进行实时监测，对充分发挥汽油调和过程中的优化控制、大幅度节约汽油生产成本，将起到极其重要的作用。

在线近红外光谱分析仪用于汽油先进控制调和系统的典型流程如图 8-21 所示。在调和过程中首先用在线近红外光谱分析仪测定各调和组分的物化性质，提供辛烷值（RON，MON）、馏程、蒸气压（RVP）及烯烃含量、芳烃含量、苯含量等调和指数，这些调和指数被传送到多变量优化控制软件，根据调和策略等约束条件做出调和计算，并将计算得到的调和指令（各调和组分的流量）传送到DCS控制系统执行。同时，在线近红外光谱分析仪测定调和后汽油的各质量指标，传送到多变量优化控制软件，与初始设定的调和目标值进行比较，根据分析仪的实时测量数据随时对各调和组分的流量进行调整，实现质量卡边及平稳操作[7-12]。

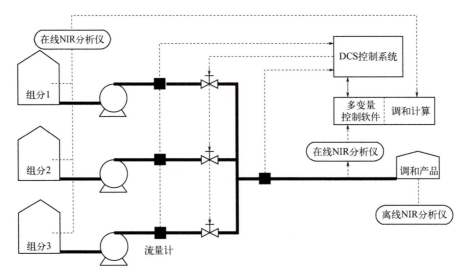

图 8-21　在线近红外光谱分析仪用于汽油先进控制调和系统典型流程

在线近红外光谱分析仪用于汽油调和可为炼油厂产生较大的经济效益。早在1992年法国Lavera炼油厂就将其用于产量为1.0Mt/a的汽油调和装置，调和组分多达16种，由于该方法的精度相对传统方法高，较好地实现了质量卡边操作，使辛烷值的富余量由0.5降到0.2，减小了0.3个辛烷值单位，仅此一项就为该炼油厂增加了约每年200万美元的效益。此外，由于一台在线近红外光谱分析仪可替代大量的传统实验室分析，也增加了约每年30万美元的效益[13]。

德国DEA炼油厂将在线近红外光谱分析仪用于汽油调和的闭环回路优化控制，实现了调和过程的平稳操作，安装在线近红外光谱分析仪当年因辛烷值的节约及其他分析仪器维护、使用费用的减少等就获得了约300万马克的经济效益，当年就完成了整个优化系统的投资回收[14]。

波兰Petrochemia Plock S A是东欧最大的炼厂，加工量为12.6Mt/a。1998年完成了对其传统汽油调和装置的改造，实现了罐区现代化。在线近红外光谱分析仪与调和装置的出口和6个组分原料罐连接。通过DCS系统实时快速提供汽油调和组分和成品的8种性质：RON，MON，RVP，E70，E100，E180，FBP和密度。新增效益为$0.3\sim0.9$美元/m^3，总经济效益为每年3百万~4百万美元[15]。

国外在线近红外光谱分析仪已获得了较成功的应用。但21世纪初，国内虽有极少数炼油厂采用了该技术，但由于售后服务和技术支持不及时等原因，其实际应用状况并未达到最佳效果。在此背景下，中国石油化工股份有限公司于2004年立项"汽油管道调和工艺成套技术的开发及工业应用"，本节所述项目是其中的一部分，旨在研发出一套适合汽油管道自动调和装置的在线近红外光谱分析系统，包括硬件、测量和分析软件以及分析模型等，实时为汽油管道优化自动调和软件提供测量数据[16]。

8.4.1 在线分析系统开发

该项目在中国石化石油化工科学研究院 NIR-6000 在线近红外光谱分析仪基础上[17]，针对广州石化汽油管道自动调和装置的特殊要求，主要对样品预处理系统、光谱仪及其测量和分析软件进行改进设计，并建立了适合广州石化汽油调和的组分油和成品油多种物化性质的近红外分析模型。

系统概述：NIR-6000 在线近红外光谱分析仪采用固体阵列检测原理的光学设计，无移动分光部件，稳定性高；采用 CCD 阵列检测，光谱扫描速度快，分辨率高；系统采用精确控温技术，为光谱仪长期稳定运行提供必要和可靠的工作条件；采用光纤和多路切换技术，实现多路检测功能；分析系统从调和管道直接采样，经过样品快速回路进入样品预处理系统，经过脱水、过滤、恒温和脱气等处理，样品通过流通检测池，与光发生作用，产生并获取样品的 NIR 光谱，经过专用 NIR 软件和模型处理后得到样品的分析数据；系统通过光谱模式识别技术对界外样品（即模型样品范围不能覆盖的样品）进行识别，抓样并做报警处理；系统将多检测通道的多种性质分析结果通过 Modbus RTU 方式传至 DCS 系统；所有部件符合现场防爆安全要求。在线近红外光谱分析系统构成如图 8-22 所示，整套汽油管道自动调和工艺流程如图 8-23 所示。

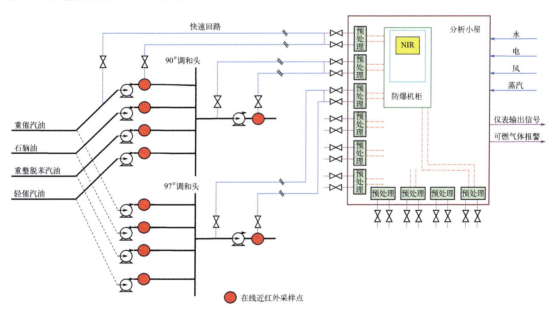

图 8-22 在线近红外光谱分析系统构成示意图

近红外光谱所测的组分油和成品油类型以及物化性质参数见表 8-21，共 4 种组分油（7 个通道）、3 种成品油（2 个通道），测定每种组分油的 5 个物化性质、每种成品油的 8 个物化性质。

表 8-21 所测的组分油和成品油类型以及物化性质参数

通道	油品类型	测定的物化性质参数
1	蜡催汽油	RON、MON、烯烃、芳烃、苯含量
2	重催汽油	RON、MON、烯烃、芳烃、苯含量

续表

通道	油品类型	测定的物化性质参数
3	脱苯重整汽油	RON、MON、烯烃、芳烃、苯含量
4	精制石脑油	RON、MON、烯烃、芳烃、苯含量
5	90#、93#成品	RON、MON、烯烃、芳烃、苯含量、氧含量、密度、蒸气压
6	蜡催汽油	RON、MON、烯烃、芳烃、苯含量
7	重催汽油	RON、MON、烯烃、芳烃、苯含量
8	脱苯重整汽油	RON、MON、烯烃、芳烃、苯含量
9	MTBE	未使用
10	97#成品	RON、MON、烯烃、芳烃、苯含量、氧含量、密度、蒸气压

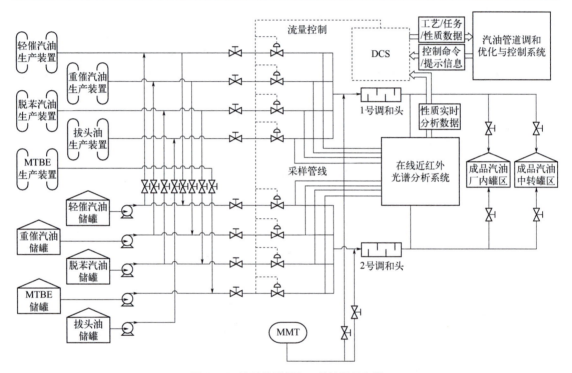

图 8-23 汽油管道调和工艺流程示意图

为了减小分析测量的滞后，设计了快速回路，通过取样点和回样点之间的压力差实现样品的快速流动，要求压差大于 0.3 MPa、样品滞后时间不大于 1 min。快速回路如图 8-24 所示。快速回路采用 DN20 管，设计有粗过滤器，在快速回路与预处理系统（DN6）的接口处有精过滤器。

用于管道汽油调和工艺的在线近红外样品预处理系统由压力调节（减压或抽引）、流量调节、过滤（除尘、除机械杂质）、脱水、温度调节（降温或加温）等部分组成，如图 8-25 所示。图 8-26 给出了近红外光谱在线预处理与分析小屋现场图。

与 NIR-6000 光谱仪配套的在线 OnLineNir 软件是在 Windows 平台上用 Visual C++编写的，采用模块化结构，主要包括参数设置模块、光谱在线采集模块、分析结果计算模块、数据显示和保存模块、分析模型建立模块以及安全报警模块，其结构如图 8-27 所示。其中分析模型建立模块直接调用中国石化石油化工科学研究院"RIPP 化学计量学光谱分析软件 2.0 版本—校正系统"，该模块包括用于近红外光谱分析的化学计量学核心算法，如一阶和

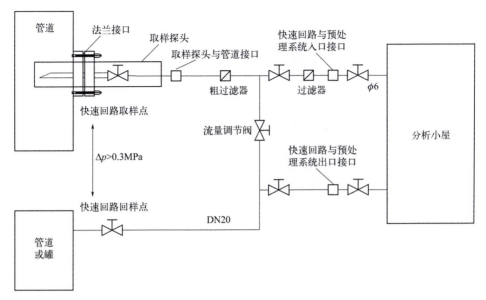

图 8-24　快速回路示意图

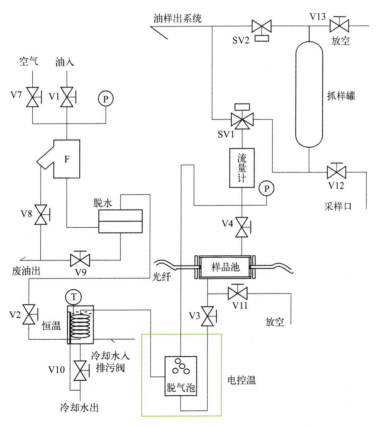

图 8-25　汽油调和在线近红外样品预处理系统示意图

二阶导数、MSC 和 SNV 等光谱预处理方法，MLR、PCR 和 PLS 等定量校正方法，以及 PCA 和马氏距离等模型界外样品识别方法等。OnLineNir 软件在设计时就考虑了多通道多性质的测量，已具备管道汽油调和在线近红外光谱测量软件的基本功能，模块清晰，层次也

图 8-26　近红外光谱在线预处理与分析小屋现场图

较分明。针对管道汽油调和工艺对软件进行了升级，主要包括通过 Modbus RTU 方式与 DCS 系统进行通信、测量方式的选择等。

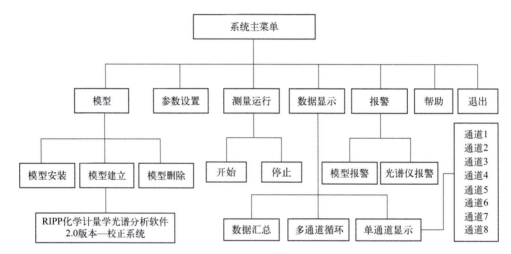

图 8-27　在线近红外测量软件基本结构框图

8.4.2　在线模型的建立与验证

（1）样品收集

根据广州石化汽油调和工艺的生产现状和优化软件所需要求，确定近红外检测对象与分析项目如下：

① 调和组分。重催汽油（采脱硫二脱臭后汽油）、轻催汽油（采脱硫一脱臭后汽油）、脱苯重整汽油（芳烃装置采）、精制石脑油（重整进料），所测项目为 RON、MON、苯含量、烯烃含量和芳烃含量。

② 90#、93# 和 97# 成品汽油。所测项目为 MON、RON、烯烃含量、芳烃含量、苯含量、氧含量、RVP 和密度。

③ 基础数据分析方法为 MON（GB/T 503），RON（GB/T 5487），烯烃、芳烃（GB/T 11132 和 NB/SH/T 0741），苯（NB/SH/T 0713），MTBE（NB/SH/T 0663），密度（GB/T 1885—2000），蒸气压（GB/T 8017—2012）。

从 2005 年 7 月中旬开始收集油样，由广州石化检验中心负责具体实施。收集各汽油调和组分和成品油样品，测定或收集对应的烯烃、芳烃、RON、MON、苯含量、氧含量、密度和蒸气压等基础数据。共采集 1390 个样品，完成 5680 项近 10360 次测定。

（2）在线模型的建立

从实验室收集的样品中通过 K-S 方法选取出一定数量有代表性的样品，分别在对应的通道上测定这些样品的光谱。表 8-22 给出了校正集各种性质的范围。

表 8-22 模型的性质范围

油品类型	RON	MON	芳烃含量/%	烯烃含量/%	苯含量/%	氧含量/%	蒸气压/kPa	密度/(kg/m³)
蜡催汽油	87.0~92.0	78.0~80.0	14.0~21.0	28.0~47.0	0~1.2	—		
重催汽油	90.0~95.0	80.0~82.0	16.0~28.0	13.0~55.0	0~3.0	—		
精制石脑油	50.0~61.0	48.0~60.0	3.0~13.0	0~0.3	0~1.2	—		
脱苯重整汽油	99.0~105.0	90.0~98.0	77.0~95.0	0~1.3	0~0.2	—		
90#汽油	87.0~92.5	78.0~81.0	13.0~32.0	21.0~45.0	0.1~2.5	0~1.0	50.0~67.0	725.0~758.0
93#汽油	91.4~96.0	81.0~85.0	17.0~34.0	24.0~52.0	0.1~8.0	0~1.8	54.0~80.0	725.0~760.0
97#汽油	95.0~99.0	83.0~87.0	19.0~47.0	13.0~50.0	0~12.0	0~4.2	45.0~70.0	742.0~785.0

采用中国石化石油化工科学研究院编制的"RIPP 化学计量学光谱分析软件 2.0 版本"建立分析模型。分别对各类汽油的 RON、MON、芳烃含量、烯烃含量、苯、密度、蒸气压等标准方法的测定值与光谱间进行偏最小二乘回归，对样品光谱进行平滑、导数和均值中心化处理，根据光谱-性质之间的相关系数选择最优的波长范围，采用交互校验预测残差平方和（PRESS 值）确定最佳主因子并建立校正模型。共对 7 类油品建立了定性模型和 40 个定量模型。其间，共完成与化验室实测比对样本 226 个，其中成品油 111 个、组分油 115 个，预测性质 762 项次；离线近红外监测比对分析 337 个样本，预测性质 1685 项次。

（3）在线模型的验证与应用

表 8-23 给出了模型交互验证得到的校正标准偏差（SECV），表 8-24 给出了利用以上所建模型对 226 个样本的分析结果的预测标准偏差（SEP）。可以看出，除成品汽油蒸气压和密度外，其他所有性质和组成的近红外光谱方法的预测标准偏差均小于标准方法再现性要求，说明所建模型是准确可靠的，可以用于对同类未知样本的预测分析。

表 8-23 模型交互验证得到的 SECV

油品类型	RON	MON	芳烃含量/%	烯烃含量/%	苯含量/%	氧含量/%	蒸气压/kPa	密度/(kg/m³)
蜡催汽油	0.38	0.32	1.3	1.1	0.1	—	—	—
重催汽油	0.33	0.30	1.6	1.6	0.2	—	—	—
精制石脑油	1.20	1.08	1.3	0.04	0.3	—	—	—
脱苯重整汽油	0.47	0.44	1.3	0.3	0.03	—	—	—
90#汽油	0.35	0.28	1.6	1.6	0.11	0.05	3.7	1.4
93#汽油	0.30	0.29	2.2	1.7	0.14	0.04	6.3	1.7
97#汽油	0.30	0.23	1.8	1.5	0.13	0.08	4.3	1.6

表 8-24 模型预测得到的 SEP

油品类型	RON	MON	芳烃含量/%	烯烃含量/%	苯含量/%	氧含量/%	蒸气压/kPa	密度/(kg/m³)
蜡催汽油	0.31	0.30	1.5	1.2	0.1	—	—	—

续表

油品类型	RON	MON	芳烃含量/%	烯烃含量/%	苯含量/%	氧含量/%	蒸气压/kPa	密度/(kg/m³)
重催汽油	0.35	0.32	1.7	1.8	0.2	—	—	—
精制石脑油	1.01	0.88	1.6	0.06	0.2	—	—	—
脱苯重整汽油	0.41	0.40	1.6	0.2	0.03	—	—	—
90#汽油	0.32	0.33	1.8	1.2	0.16	0.07	4.4	1.8
93#汽油	0.33	0.31	2.4	1.8	0.17	0.06	5.3	1.9
97#汽油	0.34	0.23	1.9	1.5	0.15	0.06	4.9	1.9
标准方法再现性要求	0.7	1.2	2.8~3.5	6.0~8.5	0.25		3.8	1.2

基于在线近红外光谱实时测量的性质数据，结合汽油管道调和优化与控制系统软件，通过优化使用汽油调和组分，可显著减少成品汽油的质量过剩，降低调和成本。以一次93#汽油生产为例，使用组分为轻催汽油、重催汽油、脱苯重整汽油和MTBE。调度给出的初始配方和优化配方（全程的累积平均值）对比见表8-25。对比调度配方，重催汽油、脱苯重整汽油和MTBE用量都有所减少，而轻催汽油用量增加。

管道调和技术在保证汽油质量合格的前提下明显降低了产品的质量过剩，减少了辛烷值资源的浪费；以最低成本为目标，通过模型计算选择最优化的组分配方，充分利用各汽油组分间的调和效应。对于该炼油厂来说，脱苯重整汽油和MTBE的价格高于催化汽油，所以这一批次调和所用的汽油组分成本通过在线配方优化得到了降低。长期积累下来，仅此一项每年降本增效就可以达到上千万元。

表8-25 调和组分配方对比

组分名称	调度配方/%	实际配方/%	组分名称	调度配方/%	实际配方/%
轻催汽油	51.19	57.35	脱苯重整汽油	6.28	4.82
重催汽油	38.33	34.04	MTBE	4.20	3.79

8.4.3 推广应用

"汽油管道调和工艺成套技术的开发及工业应用"项目取得圆满成功后，中国石化石油化工科学研究院和南京富岛信息科技有限公司合作，将该成套技术推广应用到系统内外多家炼化企业，并对汽油近红外在线分析系统软硬件进行了更换升级，利用国外傅里叶变换型在线近红外分析仪，结合中国石化石油化工科学研究院全新开发的RIPP化学计量学建模软件以及富岛公司开发的汽油调和在线近红外分析数据监控软件，使在线分析系统稳定性和准确性进一步加强，同时软件操作更加方便快捷。

以A炼厂汽油调和项目实施为例。近红外在线分析系统投用过程中，成品汽油模型共采集样品近600个，包括92#汽油和95#汽油样品，分析项目包括RON、MON、烯烃含量、芳烃含量、苯含量、氧含量、蒸气压、T10、T50、T90、FBP共11个性质。各性质预测精度（SEP）符合如下要求：RON<0.3，MON<0.3，烯烃含量<1.5%，芳烃含量<1.5%，氧含量<0.5%，苯含量<0.3%，蒸气压<2.0，馏程平均相对偏差在5%以内。完全满足在线优化调和使用要求。调和组分油模型采集了足量的S Zorb汽油、重整汽油混合进料、重整汽油C_7重馏分和烷基化汽油样品参与建模，预测精度与成品汽油持平，满足在

线优化调和要求。其中，S Zorb 汽油共收集样品约 170 个，全部采集了在线近红外光谱，160 个样品数据参与建模，具备 RON、MON、烯烃含量、芳烃含量、苯含量、蒸气压和馏程 7 个性质预测能力，预测精度与成品汽油持平；重整汽油混合进料共收集样品 107 个，全部采集了在线近红外光谱，102 个样品数据参与建模，具备 RON、MON、烯烃含量和芳烃含量 4 项性质预测能力，预测精度与成品汽油持平；重整汽油 C_7 重馏分共收集样品约 50 个，全部采集了在线近红外光谱并参与建模，目前具备 RON、MON、烯烃含量、芳烃含量、苯含量、蒸气压和馏程 7 个性质预测能力，预测精度与成品汽油持平；烷基化汽油共收集样品 84 个，全部采集了在线近红外光谱，80 个样品数据参与建模，具备 RON、MON 性质预测能力，预测精度与成品汽油持平。

在线近红外光谱分析系统正式运行期间，持续留取 2 个月成品汽油样品对系统进行考核，该时间段所留成品汽油样品共 98 个，其中 92# 汽油样品 73 个、95# 汽油样品 24 个、98# 汽油样品 1 个。通过比对近红外预测值和化验室人工分析值，近红外分析精度 SEP 满足合同要求。详见表 8-26 和表 8-27。

表 8-26 A 炼厂汽油调和在线近红外光谱分析精度

项目	RON	芳烃含量(体积分数)/%	烯烃含量(体积分数)/%	苯含量(体积分数)/%	氧含量(质量分数)/%
中国石化标准	≤0.3	≤2.0	≤2.0	无	无
合同要求	≤0.3	≤1.5	≤1.5	≤0.3	≤0.5
验收结果	0.3	0.8	1.0	0.04	0.08

表 8-27 A 炼厂部分考核样品在线近红外比对数据

牌号	RON			芳烃含量(体积分数)/%			烯烃含量(体积分数)/%			苯含量(体积分数)/%			氧含量(质量分数)/%		
	实际值	预测值	偏差	实际值	预测值	偏差	实际值	预测值	偏差	实际值	预测值	偏差	实际值	预测值	偏差
92#	92.8	93.2	0.4	31.8	32.4	0.6	12.4	11.6	−0.8	0.66	0.66	0	0.23	0.23	0
92#	92.3	92.2	−0.1	31.8	32.2	0.4	12.2	11.4	−0.8	0.64	0.64	0	0.16	0.16	0
92#	92.2	91.8	−0.4	31.5	31.8	0.3	11.4	10.7	−0.7	0.65	0.67	0.02	0.17	0.15	−0.02
92#	92.6	92.2	−0.4	32.4	31.7	−0.7	11.6	11.1	−0.5	0.62	0.63	0.01	0.20	0.21	0.01
92#	92.2	92.2	0	31.2	31.9	0.7	11.6	11.1	−0.5	0.63	0.64	0.01	0.18	0.20	0.02
92#	92.5	92.2	−0.3	30.9	31.5	0.6	12.0	11.3	−0.7	0.62	0.64	0.02	0.18	0.19	0.01
92#	92.4	92.2	−0.2	32.4	32.8	0.4	9.0	8.3	−0.7	0.64	0.64	0	0.16	0.14	−0.02
92#	92.4	92.4	0	32.8	32.8	0	8.2	7.9	−0.3	0.65	0.66	0.01	0.17	0.17	0
92#	93.2	92.5	−0.7	33.3	32.3	−1.0	10.1	9.9	−0.2	0.67	0.67	0	0.16	0.15	−0.01
92#	92.3	92.1	−0.2	30.2	31.4	1.2	12.7	11.9	−0.8	0.64	0.64	0	0.18	0.17	−0.01
95#	95.8	96.0	0.2	32.4	32.5	0.1	7.3	6.5	−0.8	0.63	0.67	0.04	1.26	1.40	0.14
95#	96.0	96.0	0	33.4	33.5	0.1	7.4	6.8	−0.6	0.72	0.77	0.05	1.14	1.17	0.03
95#	96.3	96.4	0.1	33.4	34.3	0.9	7.8	6.6	−1.2	0.75	0.78	0.03	0.99	1.02	0.03
95#	96.4	96.3	−0.1	33.4	35.1	1.7	7.6	6.9	−0.7	0.74	0.77	0.03	0.93	0.96	0.03
95#	96.0	95.7	−0.3	33.1	34.8	1.7	6.5	5.5	−1.0	0.71	0.71	0	1.04	1.07	0.03
95#	96.1	95.5	−0.6	33.0	33.7	0.7	7.1	6.2	−0.9	0.76	0.81	0.05	1.02	0.99	−0.03
95#	96.0	95.3	−0.7	33.0	33.1	0.1	7.2	5.9	−1.3	0.79	0.79	0	0.97	0.96	−0.01
95#	95.5	94.7	−0.7	33.1	32.7	−0.4	8.6	7.8	−0.8	0.74	0.72	−0.02	0.95	0.92	−0.03
95#	95.5	95.1	−0.7	31.4	30.9	−0.5	8.1	6.2	−1.9	0.67	0.72	0.05	1.19	1.22	0.03
95#	95.8	95.6	−0.2	30.2	31.6	1.4	8.6	6.9	−1.7	0.64	0.70	0.06	1.18	1.22	0.04
98#	99.0	98.8	−0.2	31.6	31.5	−0.1	8.1	7.4	−0.7	0.44	0.48	0.04	2.22	2.19	−0.03

再以 B 炼厂汽油调和项目实施为例。2017 年 12 月～2018 年 1 月工艺管线对接调试、公用工程对接调试、预处理系统调试、回收系统调试，2018 年 1 月底分析小屋投用运行。

2017 年 6 月开始离线采集成品汽油近红外光谱，至 2017 年 12 月共采集 553 个样品离线光谱并收集对应化验数据（RON、烯烃含量、芳烃含量、苯含量、氧含量、蒸气压、密度、馏程）。2018 年 3 月开始人工注样在线采集成品汽油近红外光谱，至 2018 年 12 月共采集 252 个样品在线光谱并收集对应化验数据。详见表 8-28。

表 8-28　B 炼厂各类型成品汽油留样统计（2017 年 6 月～2018 年 12 月）

离　线		在　线	
样品牌号	数量	样品牌号	数量
92#	311	92#乙醇组分	12
95#	141	95#乙醇组分	12
98#	66	92#	100
调和小样	35	95#	87
		98#	41

基于以上光谱及化验数据，完成了国Ⅵ标准（及对应企标）92#、95#、98#、92#乙醇组分、95#乙醇组分等牌号汽油的建模工作，已覆盖目前生产的所有成品汽油，分析模型性能指标符合客户要求。同时协助用户建立了收集建模所需基础数据的流程。详见表 8-29。

表 8-29　B 炼厂近红外分析系统的性能指标

性质名称	SEP		重复性	
	要求	实际结果	要求	实际结果
RON	0.3	0.28	0.1	0.05
MON	0.3	0.30	0.1	0.05
苯(体积分数)/%	0.1	0.02	0.05	0.011
烯烃(体积分数)/%	1.5	0.76	0.5	0.023
芳烃(体积分数)/%	1.3	1.02	0.5	0.022
氧含量(质量分数)/%	0.2	0.08	0.2	0.010
RVP/kPa	—	—	—	—
10%馏程/℃	2.0	1.45	—	—
50%馏程/℃	2.5	2.15	—	—
90%馏程/℃	3.0	1.73	—	—
终馏点/℃	3.0	0.99	—	—

8.4.4　小结

在线近红外光谱分析技术在多家炼厂的汽油管道自动调和系统中的应用结果表明，该系统运行平稳、分析速度快、分析结果准确，运行效果良好。该系统的成功实施说明在线近红外光谱分析技术完全可以实时、准确地为汽油优化调和软件提供所需的分析数据，而且分析仪日常维护费用低，几乎没有消耗品，解决了长期制约汽油管道调和发展的一个关键技术问题。

经过近 20 年的应用实践，如今在线近红外分析仪已成为汽油自动调和装置的标准配置

(图 8-28)[18-21],与汽油管道调和优化和控制系统软件相结合,能够显著提高汽油调和生产的技术水平,提高生产效率和生产能力,在减少产品质量过剩、节约高辛烷值组分、提高调和产品质量合格率等方面有明显的降低生产成本和提高经济效益的作用。

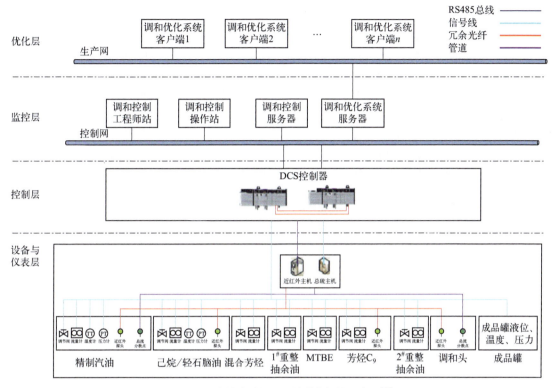

图 8-28 在线汽油调和系统总体架构示意图[18]

参考文献

[1] 袁洪福,褚小立,陆婉珍. 发展适合我国炼厂的汽油自动调和成套工艺技术[J]. 炼油技术与工程,2004,34(7):1-5.
[2] 褚小立,袁洪福,陆婉珍. 在线近红外光谱过程分析技术及其应用[J]. 现代科学仪器,2004,(2):3-21.
[3] 马忠惠,孔造杰,褚小立. 在线近红外光谱分析仪在汽油自动调和系统中的应用[J]. 石油仪器,2006,20(2):26-29.
[4] 王雁君,张蕾,房䶮,等. RIPP 汽油精准调和技术[J]. 计算机与应用化学,2019,36(1):84-90.
[5] 李敬岩,褚小立,陈瀑,等. 光谱自动检索算法在快速建立汽油光谱数据库中的应用[J]. 石油学报(石油加工),2017,33(1):131-137.
[6] Wang H P,Chu X L,Chen P,et al. Partial least squares regression residual extremelearning machine (PLSRR-ELM) calibration algorithm applied in fastdetermination of gasoline octane number with near-infrared spectroscopy[J]. Fuel,2022,309:122224.
[7] Barsamian A. Getting the most out of your NIR analyzers[J]. Hydrocarbon Processing,2001,80(1):69-72.
[8] Lambert D,Descaled B,Espinosa A,et al. NIR online advanced control system for gasoline blender[J]. Analusis,1995,23(4):M20-M25.
[9] Barsamian A. In-line blending minimizes tankage,inventory,giveaway,boosts client satisfaction and bottom line

[J]. World Refining,1999,9(7):46-53.
- [10] Lang Q A. NIRs monitor critical gasoline parameters[J]. Hydrocarbon Processing,1994,73(2):69-71.
- [11] Finch P. Near infrared online analysis of octane number testing[J]. Measurement+Control,1994,27(5):12-15.
- [12] Diaz A,Barsamian A. Meet changing fuel requirements with online blend optimization[J]. Hydrocarbon Processing,1996,75(2):71-76.
- [13] Alain E,Michel S,Sebastien O,et al. On-line NIR analysis and advanced control improve gasoline blending[J]. Oil & Gas Journal,1994,92(42):49-56.
- [14] Votscn R,Valleur M. Near infrared spectroscopy for in-line blending of gasoline[J]. Oil Gas and Coal,1998,114(6):331-335.
- [15] Popkowski A,Barsamian A. New gasoline blending unit started at Poland refinery[J]. Oil & Gas Journal,1999,97(27):64-67.
- [16] 张蕾,房鞾,郭锦标,等.汽油管道调和工艺成套技术的开发与应用[M]//洪定一.炼油与石化工业技术进展(2009).北京:中国石化出版社,2009:222-227.
- [17] 袁洪福,褚小立,陆婉珍.一种新型CCD在线近红外光谱分析仪的研制[J].分析化学,2004,32(2):255-261.
- [18] 于亮亮,巢俊,徐欣.基于近红外分析仪的在线汽油调和系统设计与应用[J].化工自动化及仪表,2021,48(2):166-169.
- [19] 李海芹,王元飞,贾玉明.在线汽油调和优化技术的应用[J].石油化工自动化,2018,54(5):36-39.
- [20] 王晶.汽油自动调和在生产中的应用[J].化工管理,2019(21):84-85.
- [21] 周军,李小东,耿宏.车用汽油在线调和系统应用总结[J].齐鲁石油化工,2017,45(1):62-67.

第9章

近红外光谱在柴油分析中的研究与应用

9.1 人工神经网络预测柴油闪点的研究

在近红外分析中采用最多的校正方法为偏最小二乘法和主成分回归法,这些方法在光谱参数与化学量测值为线性关系时取得的结果是令人满意的。但是,当光谱参数与化学量测值存在一定的非线性关系,尤其是当样品性质变化范围较宽、非线性关系更加明显时,采用上述方法很难达到理想的效果。这时常采用分段校正的方法,这样所需的训练集样本数必须大幅增加,才能满足分段建模的要求。另外,在近红外分析的实际应用中人们也十分关注所用数学模型的抗干扰性,即模型对未知样品测定中微小扰动(如光源能量的微小变化,样品池、温度的变化等)的承受能力。目前,已日益成熟的人工神经网络方法的应用有可能对上述较复杂的体系进行统一建模,并能承受微小扰动,具有较好的抗干扰性。

该研究将 BP 人工神经网络用于通过近红外光谱测定柴油的闪点,取得了令人满意的结果。通过对直接线性连接人工神经网络(LANN)、人工神经网络(ANN)、局部权重回归(LWR)、偏最小二乘(PLS)、主成分回归(PCR)等方法的比较,认为人工神经网络是解决回归分析中非线性问题的有效手段[1]。

9.1.1 原理与策略

不同馏程的柴油组成基质不同,因而光谱与闪点之间的数学关系偏离了线性关系。在对不同馏程的柴油统一建模时,采用非线性方法较为适合。

人工神经网络是由大量简单的处理单元(神经元)广泛互连而形成的复杂网络系统。常用的人工神经网络为 BP 神经网络,其结构一般分为 3 层:输入层、隐含层及输出层。输入层输入的变量经权重加和后进入隐含节点进行非线性变换,隐含层的输出经权重加和后进入输出层,经线性变换得到输出结果。输出的预测值与期望值相比较,所得误差经反向传输用于调整权重,使目标变量为最小。

根据 Kolmogorov(映射网络存在)定理,三层人工神经网络可以以任意精度拟合任意连续函数,因而具有强大的非线性建模能力。使用人工神经网络进行建模,不需要事先知道模型的具体形式,因此特别适于解决复杂的映射问题。但目前人工神经网络还有一定的局限性，常见的问题有过拟合问题、局部最优问题以及学习速度慢等问题。

为解决过拟合问题，该研究将训练集分为两部分：一部分为校正集，其预测误差反向传输，用于调整权重；另一部分为监控集，监控集不参与训练，但其预测残差平方和用于控制网络训练，当其突然增大时说明出现了过训练。一般当网络训练进行到一定程度时，虽然监控集残差平方和尚未达到最小，但变化已经很小，为节省训练时间设定一个终止阈值，即当监控集残差平方和变化小于该值时网络停止训练。

为减少网络训练时间，采用光谱的主成分作为输入变量。采用主成分作为输入变量有以下优点：①减少输入参数而不丢失光谱主要信息；②输入变量正交；③有效剔除噪声。因此，采用主成分作为输入，可以大大降低训练时间，避免过拟合。采用的主因子数则由交互验证方法确定。

9.1.2 样本与方法

近红外光谱在 NIR-2000 近红外光谱仪（中国石化石油化工科学研究院研制，英贤仪器实业有限公司生产）上采集，光谱范围为 700～1100 nm，光谱数据经一阶导数处理以消除光散射的影响。

样品为沧州炼油厂提供的一线、二线、三线直馏柴油样品，闪点数据由沧州炼油厂测定。样品性质范围见表 9-1。

表 9-1 柴油样品的性质分布范围

性　质	一线柴油	二线柴油	三线柴油
初馏点/℃	141～170	194～230	221～248
终馏点/℃	176～224	260～342	337～383
闪点/℃	41～62	70～97	95～111

样本分为 4 集：训练集（共 52 个样本），验证集 1（共 11 个样本），验证集 2（所用柴油样品与验证集 1 相同，但为仪器光源更换前测得的谱图），验证集 3（为同一样本在 2 个不同温度下、4 个不同样品池中所测得的光谱）。验证集 1、验证集 2 的性质数据均匀分布在训练集性质数据范围内。

更换光源及样品池都使光谱产生一定变化。可以用模型对验证集 2、验证集 3 的预测效果考察模型的稳健性，即模型抵御未知样本光谱测定中微小扰动（如光源变化，样品池、温度等变化）的性能。

9.1.3 ANN 模型的建立与评价

（1）参数的确定

人工神经网络的参数由交互验证方法确定。为减少随机初始权重对训练结果的影响，对不同主因子数及隐含节点数采用不同初始权重训练 5 次，计算残差平方和的中位值（MSSE）。交互验证结果表明，人工神经网络及线性连接人工神经网络采用 2 个主因子、2 个隐含节点数为最佳，隐含层中所用的非线性传递函数为 S 形函数，具体参数见表 9-2。

表 9-2 人工神经网络及线性连接人工神经网络所用参数

神经网络	网络结构	回归权重数	监控间隔/次	学习率(η)	终止阈值
ANN	2—2—1	$(2\times2+2)+(2\times1+1)=9$	100	0.001	0.0001
LANN	2—2—1	$(2\times2+2)+(2\times1+1)\times2=12$	100	0.001	0.0001

局部权重回归的参数也由交互验证方法确定，最终采用 1 个主因子，建模样本数占总样本数的 20%。偏最小二乘及主成分分析的交互验证结果最佳主因子数均为 2。

（2）各模型校正效果的比较

采用 ANN、LANN、LWR、PLS、PCR 等方法对柴油近红外光谱及其闪点性质进行回归，结果见表 9-3。其中 ANN、LANN 在训练集中提取 13 个样本作为监控集，剩下的 39 个样本进行网络训练，监控集样本数为总样本数的 25%。采用预测误差均方根（Root Mean Squareerror，RMS）表示各模型的校正效果。

表 9-3 各模型的校正和验证结果

项目	ANN	LANN	LWR	PCR	PLS
RMSC/℃	2.85	2.78	1.78	3.92	3.84
RMSP1/℃	3.30	3.13	1.55	5.99	5.85
RMSP2/℃	3.18	3.12	6.80	6.19	5.99
M3(43)/℃	43.7	43.2	38.3	40.5	41.6
V3/℃	0.0574	0.1487	2.4931	0.8334	0.8741

表 9-3 中 RMSC 表示训练集的预测误差均方根，RMSP1、RMSP2 分别表示验证集 1 和验证集 2 的预测误差均方根，M3 表示验证集 3 预测值的均值（括号中为其实际测量值），V3 表示验证集 3 预测值的方差。由于验证集 3 是同一样本在不同温度、不同样品池中的光谱，M3、V3 可以反映出模型的准确性与稳健性。为避免随机的初始权重影响，将人工神经网络及线性连接人工神经网络在不同初始权重下训练 10 次，取其结果的均值。各模型对验证集 1 中样品的预测结果见表 9-4。

表 9-4 不同校正方法对验证集 1 的闪点预测结果

样品号	已知值/℃	预测值/℃				
		ANN	LANN	LWR	PCR	PLS
1	41	44	42	38	32	31
2	42	44	43	45	39	38
3	47	44	44	48	47	46
4	49	51	52	51	61	60
5	55	53	52	55	62	61
6	62	62	61	61	67	66
7	70	73	73	69	73	72
8	76	77	77	75	78	77
9	106	100	101	104	98	98
10	106	103	103	109	107	107
11	109	104	104	109	109	110
相关系数		0.9956	0.9955	0.9972	0.9729	0.9746

由表 9-3 和表 9-4 可以看出，LANN、ANN、LWR 对训练集及验证集 1 的预测准确性优于 PCR 和 PLS。这是由于一、二、三线柴油的馏程不同，它们的组成基质也不同，这种较宽的性质变化范围使光谱与闪点之间的数学关系偏离了线性，因而对不同馏程柴油统一建模时应采用关联非线性响应的校正方法。这一点也可由各模型的响应曲面看出（图 9-1），ANN 及 LANN 的响应曲面是较复杂的曲面，而 PCR 和 PLS 的响应曲面是一个平面。从模型对训练集及验证集的回归和预测效果来看，LANN 优于 ANN，这是因为 LANN 兼顾了样本光谱响应与闪点关系中存在的一定线性因素。LWR 具有较小的校正误差及预测误差，这是因为 LWR 只在局部的几个样本内进行 PLS 回归，因而提取的信息与闪点关联很强。

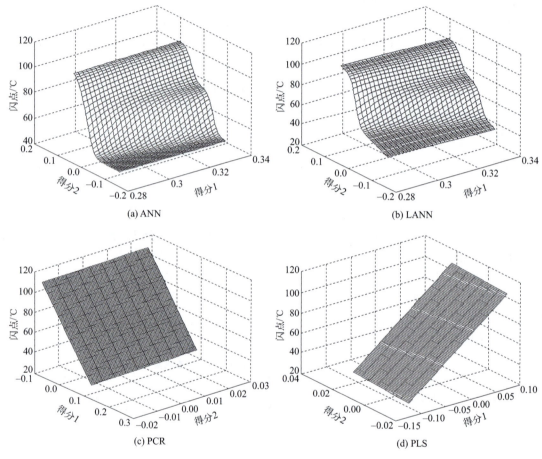

图 9-1　各模型的响应曲面

通过比较验证集 1 和验证集 2 的预测误差均方根（表 9-3），可以看出光源的更换对 ANN 和 LANN 的预测结果几乎没有影响，对 PCR 和 PLS 的预测结果影响也较小，而对 LWR 的预测结果影响较大，说明 LWR 对样本光谱测定时的微小扰动很敏感，抗干扰性较差。

验证集 3 为同一样本（实际闪点 43 ℃）在不同温度下及不同样品池中测得的光谱。表 9-5 列出了采用不同模型对验证集 3 预测结果的均值及标准偏差，说明在不同温度下及不同样品池中测得的光谱变化较大，因而预测结果也受到一定影响。从所测数据的标准偏差（SD）可以看出各模型对样品池及温度等因素影响的敏感程度，按以下顺序排列：LWR＞PLS＞PCR＞LANN＞ANN。

表 9-5　不同校正方法对验证集 3 预测结果的均值及标准偏差

项　目	ANN	LANN	LWR	PCR	PLS
平均值	43.7	42.8	38.3	40.6	41.5
标准偏差(SD)	0	0.22	2.49	0.76	0.88

由上述结果可见，当样本光谱响应与其化学量测值存在一定的非线性关系时，两种人工神经网络（ANN 和 LANN）方法和局部权重回归（LWR）方法具有较好的准确性。LWR 方法虽然准确性好于人工神经网络方法，但是它对未知样本光谱测量中的微小变化十分敏感，模型抗干扰性差。在样品性质范围较宽、化学量测值与光谱数据不成线性时，人工神经网络方法更为准确和更抗干扰，是一种比较好的校正方法。

9.1.4　小结

该研究采用主成分-人工神经网络对不同馏程柴油的近红外光谱进行校正，预测其闪点。采用监控集控制网络训练过程，以避免过训练。探讨了人工神经网络（ANN）、直接线性连接人工神经网络（LANN）的校正效果，并与局部权重回归（LWR）、主成分回归（PCR）及偏最小二乘（PLS）等校正方法进行了比较。结果表明，ANN 及 LANN 具有较好的准确性及抗干扰性，可以用于较宽的样品范围，是解决非线性关联的较好手段。

9.2　柴油近红外光谱数据库的建立

柴油是当前使用最多的石油燃料之一，其质量好坏直接影响它的使用和燃烧性能。为保证产品质量，在柴油生产时，需要对其质量指标如十六烷值、多环芳烃含量、密度等进行测定，这往往需要大量的人力、物力、财力及较长的时间。特别是柴油的十六烷值和多环芳烃含量的测定，现行标准分析方法需要昂贵的仪器、较高标准的实验室和高素质分析人员，成本高，分析时间长，不便用于柴油的自动调和系统。

针对目前炼厂对柴油快速分析以及未来柴油调和工艺的需要，主要建立了直馏柴油、催化裂化柴油、加氢柴油和成品柴油的近红外光谱数据库，测定性质和组成有多环芳烃含量、密度、十六烷值、碳含量和氢含量。

9.2.1　建库的实验条件

（1）光谱仪器

选用 Thermo Fisher 公司 Antaris Ⅱ傅里叶变换型近红外光谱仪作为建立汽柴油近红外光谱数据库的硬件平台。

其主要性能参数如下。

① 光谱范围：12000～3800 cm^{-1}（833～2630 nm）。

② 波数准确性：±0.03 cm^{-1}（0.005 nm@1250 nm）。

③ 仪器自身重现性：10 次测量标准偏差<0.006 cm^{-1}。

④ 仪器间波数重现性：优于 0.05 cm^{-1}（0.008 nm@1250 nm）。

⑤ 分辨率：优于 2 cm^{-1}（全谱范围）。

（2）光谱采集参数

采集汽柴油样本的近红外光谱参数如下。

① 光谱分辨率：8 cm^{-1}。

② 累计扫描次数：128 次。

③ 光谱采集范围：10000～6200 cm^{-1}。

（3）样本来源

共收集了 945 个柴油样品，其中催化裂化柴油样品 256 个、直馏柴油样品 87 个、加氢柴油样品 247 个、成品柴油样品 355 个，多环芳烃基础数据样品 470 个、密度基础数据样品 380 个、碳含量和氢含量基础数据样品 141 个、十六烷值基础数据样品 258 个。所有样品的性质和组成分布情况的统计数据见表 9-6。柴油样品的收集时间为 2009 年 11 月至 2011 年 8 月。

表 9-6 柴油样品的性质和组成统计结果

统 计	密度/(g/cm^3)	十六烷值	w(碳)/%	w(氢)/%	w(多环芳烃)/%
最小值	0.7759	37.9	85.54	8.46	0.1
最大值	0.9864	73.5	90.88	14.36	98.4
平均值	0.8601	53.2	87.67	12.22	16.2
标准偏差	0.039	5.9	1.57	1.60	18.4

9.2.2 分析模型的建立

前期研究工作表明，由于柴油种类较多，性质和组成与近红外光谱之间存在较大的非线性关系[1]，难以用线性的 PLS 方法建立校正模型。该研究采用人工神经网络（ANN）方法建立柴油的通用模型，以减少模型维护的工作量和复杂程度。

该研究采用中国石化石油化工科学研究院编制的"RIPP 化学计量学光谱分析软件 3.0 版本"，在 PC 计算机上处理光谱数据。用 K-S 方法将柴油样本分为校正集、监测集和验证集，其中校正集用于建立模型，监测集用于监控 ANN 的训练过程，验证集用于检测模型的准确性。采用马氏距离、光谱残差和最近邻距离 3 个指标判断模型对未知样本的适用性。

校正集的光谱经二阶导数处理后，分别与密度、多环芳烃含量、氢含量、碳含量和十六烷值通过偏最小二乘（PLS）方法进行回归运算，将 PLS 得分作为 ANN 的输入变量（即 PLS-ANN 方法），ANN 采用常用的三层 BP 网络。参与 PLS 回归的波长范围为 8850～6150 cm^{-1}，PLS 所用的最佳主因子数由留一法交互验证所得的预测残差平方和（PRESS 值）确定。BP 网络的隐含层节点数选取 5，输入层传输函数选用非线性的正切 sigmoid 函数，输出层传输函数选用线性的 Purelin 函数。采用监测集控制训练次数，以防止过训练和过拟合。

表 9-7 给出了 PLS-ANN 建模的校正结果，图 9-2～图 9-6 给出了近红外光谱方法与常规方法之间的相关性。可以看出，模型校正集的预测标准偏差（SEC）和监测集的预测标准偏差（SEM）与常规分析方法的重复性基本相当，说明所建模型有较好的预测能力。

表 9-7 柴油性质和组成模型建立参数和结果

性质或组成	校正样本数	监测样本数	主因子数	SEC	SEM
w(多环芳烃)/%	358	66	12	0.99	1.07
密度/(g/cm^3)	237	45	11	0.0029	0.0032

续表

性质或组成	校正样本数	监测样本数	主因子数	SEC	SEM
w(碳)/%	104	9	10	0.071	0.082
w(氢)/%	104	9	10	0.050	0.062
十六烷值	204	32	12	1.12	1.25

注：SEC 为校正集的预测标准偏差（standard error of calibration set），SEM 为监测集的预测标准偏差（standard error of monitoring set）。

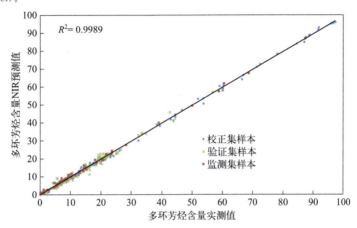

图 9-2　近红外光谱方法与常规方法测定柴油多环芳烃含量相关图

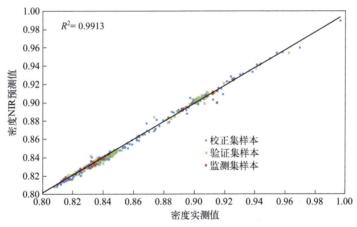

图 9-3　近红外光谱方法与常规方法测定柴油密度相关图

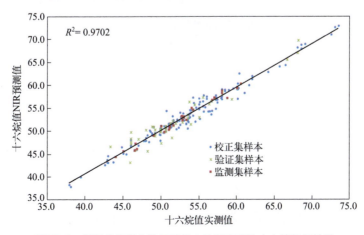

图 9-4　近红外光谱方法与常规方法测定柴油十六烷值相关图

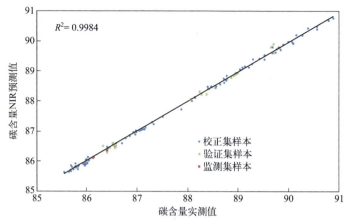

图 9-5　近红外光谱方法与常规方法测定柴油碳含量相关图

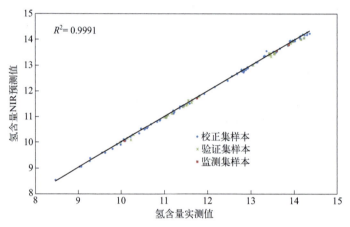

图 9-6　近红外光谱方法与常规方法测定柴油氢含量相关图

9.2.3　预测分析

将所建的 ANN 校正模型分别对验证集柴油样本的密度、多环芳烃含量、氢含量、碳含量和十六烷值进行预测分析。表 9-8 给出了柴油验证集样本的预测统计结果,可以看出验证集的预测标准偏差(SEP)与监测集的预测标准偏差(SEM)相当,说明所建模型可以对柴油样本的密度、多环芳烃含量、氢含量、碳含量和十六烷值进行快速准确的预测分析。

表 9-8　验证集柴油性质和组成的预测统计结果

性质或组成	校正样本数	SEP
w(多环芳烃)/%	159	1.29
密度/(g/cm^3)	143	0.0034
w(碳)/%	37	0.092
w(氢)/%	37	0.074
十六烷值	55	1.57

9.2.4　小结

该研究收集了近千个柴油样本,采用 ANN 方法建立了近红外光谱测定柴油的密度、多环芳烃含量、氢含量、碳含量和十六烷值的校正模型。研究结果表明，采用 ANN 方法可以将不同类型的柴油建立一个模型，可显著减少校正模型的维护量。

9.3　LTAG 加氢单元原料和产品组成的快速分析及应用

催化裂化技术会产生大量富含芳烃但十六烷值低的轻循环油（Light Cycle Oil，LCO），其组成特性与清洁车用柴油高饱和烃含量、高氢含量、高十六烷值的特性相矛盾，而中国石化石油化工科学研究院开发的劣质 LCO 转化为催化裂化汽油或轻质芳烃技术（LCO to Aromatics and Gasoline，LTAG）将低价值的 LCO 转化成为高附加值的高辛烷值车用汽油或芳烃，可大大缓解企业压力，同时也符合汽柴比需求日益上升的国情。

LTAG 工艺包含两个关键性技术：对 LCO 的选择性加氢技术以及后续的对加氢产品进行选择性催化裂化的技术[2]。前者是将 LCO 中多环芳烃尤其是大量的双环芳烃选择性加氢饱和为单环芳烃，这一反应结果的好坏，即 LTAG 加氢单元的加氢深度和选择性，直接影响后续催化裂化单元目标产品的收率和质量。该结果的好坏可以通过 LCO 加氢前后单环和多环（特别是双环）芳烃含量的变化确定，另外还可以通过特定芳烃化合物如茚满或四氢萘、萘类等物质含量的变化确定。因此，保持对 LTAG 加氢单元中 LCO 原料和产品的性质监控，尤其是族组成的监控，对于整个 LTAG 工艺链来说是必不可少的，有利于及时调整加氢及催化裂化工况，降低能耗，并优化最终产品质量。

关于柴油烃族组成特别是其中芳烃组成的测定，目前主要的分析方法有质谱法和超临界流体色谱法。质谱法是目前最主流的方法，能给出柴油的详细族组成信息，包括链烷烃、不同环数环烷烃以及不同环数芳烃的含量分布等，满足对 LCO 原料和产品性质的分析需求。但是该方法需要对样品进行预分离，将样品分离为饱和烃和芳烃后再分别进行质谱分析，分析时长较长，难以满足快速实时监控的要求。

该研究在之前工作的基础上[3,4]，尝试通过大量 LCO 和加氢 LCO 样本建立近红外混合分析模型，针对 LTAG 加氢单元中 LCO 原料和产品的详细族组成（含特定芳烃化合物）进行快速分析，并将其应用于某炼厂 LTAG 工艺过程[5]。

9.3.1　样本与方法

（1）样品及标准数据

收集 383 个柴油样品，包含不同炼厂催化裂化柴油、加氢精制柴油及部分二者混兑柴油样品。样品族组成标准数据获取：首先采用固相萃取法将柴油饱和烃、芳烃和胶质分离，然后用气相色谱-质谱联用仪分析分离后的饱和烃和芳烃组分（NB/SH/T 0606），得到链烷烃、环烷烃、单环芳烃（含茚满或四氢萘、双环烷基苯 C_nH_{2n-10} 类化合物）、双环芳烃（含萘类）和三环芳烃含量（均为质量分数）。

（2）仪器及实验

近红外光谱采集使用 Thermo Fisher 公司 Antaris II 傅里叶变换型近红外光谱仪，样品池为透明玻璃小瓶（空白小瓶作参比），固定光程约 5 mm，透射测量方式，采集条件为恒温 38 ℃，分辨率 8 cm^{-1}，累计扫描 64 次，光谱范围 3500~10000 cm^{-1}。重复性实验时，采用同一样品在相同条件下采集 10 次近红外光谱，然后比较 10 次分析结果的相对标准偏差（Relative Standard Deviation，RSD），作为重复性衡量指标。

柴油近红外光谱数据库界面如图 9-7 所示。

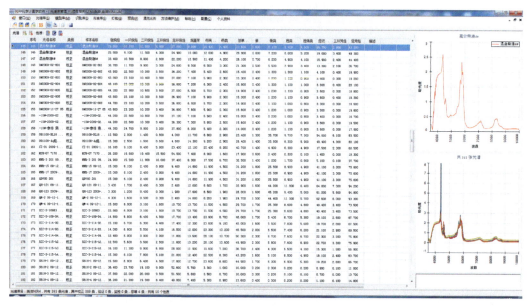

图 9-7　柴油近红外光谱数据库界面

9.3.2　数据处理及建模

典型催化裂化和加氢精制柴油的近红外光谱如图 9-8 所示。在 3500～10000 cm^{-1} 光谱范围内，两类柴油谱图整体一致，主要存在 4 个出峰区间：4000～5000 cm^{-1} 区间主要是 C—H 基团伸缩振动的合频；5500～6000 cm^{-1} 以及 6500～7500 cm^{-1} 区间主要是 C—H 基团伸缩振动的一级倍频及合频，其中 5500～6000 cm^{-1} 区间就包含芳烃 C—H 键伸缩振动的一级倍频，两类柴油谱图在该区间细节差异较大，可能与二者在芳烃组成上变化较大有关；8000～9000 cm^{-1} 区间主要是 C—H 基团伸缩振动的二级倍频或一些合频的倍频振动，两类柴油谱图在此区间也有少许差异，主要体现在 8300 cm^{-1} 和 8700 cm^{-1} 附近两个峰的峰强比上。4000～4500 cm^{-1} 区间谱峰部分受到玻璃瓶基底的干扰且 4300 cm^{-1} 附近尖峰峰高容易出现冲顶现象，因此尽管该区间也存在较大谱峰差异，但也放弃参与建模，剩下几个区间谱

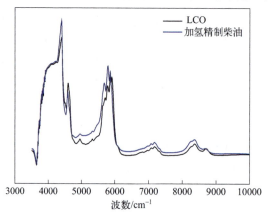

图 9-8　典型催化裂化和加氢精制柴油的近红外光谱

图通过二阶导数处理后都体现出较大差异,因此选择 4500～9000 cm^{-1} 范围建立校正模型。

将 383 个柴油样品近红外光谱和对应链烷烃、环烷烃、总芳烃、单环芳烃、茚满或四氢萘、双环烷基苯 C_nH_{2n-10} 类化合物、双环芳烃、萘类、三环芳烃含量标准数据组成数据集,利用 Kennard-Stone 方法将数据集分为校正集和验证集,其中校正集样本 268 个、验证集样本 115 个,校正集样本各性质含量分布范围见表 9-9。光谱经二阶导数和均值化处理后,选取 4500～8500 cm^{-1} 范围,用偏最小二乘(PLS)方法建立上述 9 个性质的分析模型,利用验证集均方根误差(RMSEP)及 RSD 作为模型评价标准。如图 9-7 所示,光谱处理及建模均在 RIPP 化学计量学光谱分析软件(中国石化石油化工科学研究院研制)中完成。

表 9-9 校正模型准确性评价

性质名称	校正集含量范围/%	主因子数	RMSEP/%	相关系数 R
链烷烃	1.4～46.0	8	1.58	0.9670
环烷烃	1.2～54.5	7	1.69	0.9729
茚满或四氢萘	3.0～47.5	8	1.08	0.9923
双环烷基苯 C_nH_{2n-10} 类化合物	0.1～15.9	11	0.76	0.9537
萘类	0.2～45.6	5	0.89	0.9917
单环芳烃	9.7～76.0	9	1.61	0.9903
双环芳烃	0.7～64.0	8	1.53	0.9862
三环芳烃	0.1～12.0	8	0.58	0.9463
总芳烃	10.7～97.4	6	2.37	0.9815

9.3.3 准确性和重复性分析

为判断模型的准确性,将验证集 RMSEP 及结果的相关系数列于表 9-9。从相关系数可以看出,除三环芳烃的 0.9463 外,其余性质验证集相关系数均在 0.95 以上,说明近红外预测值和实际标准数据吻合较好。图 9-9 列举了茚满或四氢萘含量的预测值和实际值分布图,由图也可以看出预测值和实际值的一致性。从 RMSEP 来看,链烷烃、环烷烃、茚满或四氢萘、单环芳烃以及双环芳烃的 RMSEP 相近,这 5 个性质的最低含量较高,几乎都超过了

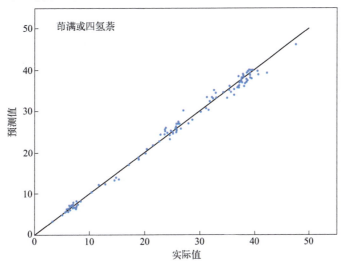

图 9-9 茚满或四氢萘含量的预测值和实测值分布

1%，含量范围也近似，因此可认为这5个模型整体效果相当。从整体的预测结果对比来看，除少数低含量样品预测结果偏差较大外，绝大部分样品预测值和实际值的相对偏差在5%以内。

表9-10列出了部分样品的茚满或四氢萘含量预测值与实际值比对；双环烷基苯 C_nH_{2n-10} 类化合物、萘类和三环芳烃的RMSEP相近，均较低，但由于这个3个性质最低含量很低，而且样品组成以低含量为主，实际上这3个性质预测值和实际值的相对偏差在8%左右，较前5个性质模型的准确性稍差；总芳烃含量的RMSEP最高为2.37，结合其样品分布来看其模型的准确性与双环烷基苯 C_nH_{2n-10} 类化合物、萘类、三环芳烃模型相似。总体来说，近红外光谱方法测定柴油的组成结果与标准方法基本一致，模型准确性满足现场快速分析需求。

表9-10　20个样品的茚满或四氢萘含量预测值与实际值比较

样品号	预测值/%	实际值/%	偏差/%	样品号	预测值/%	实际值/%	偏差/%
1	4.8	5.0	-0.2	11	19.8	20.1	-0.3
2	6.1	5.9	0.2	12	24.2	22.7	1.5
3	6.6	6.2	0.4	13	24.6	25.1	-0.5
4	6.9	6.5	0.4	14	26.9	26.2	0.7
5	7.8	6.9	0.9	15	29.9	30.1	-0.2
6	6.6	7.5	-0.9	16	32.5	31.7	0.8
7	7.4	7.8	-0.4	17	34.6	34.2	0.4
8	10.4	10.4	0.0	18	38.1	37.6	0.5
9	13.8	14.7	-0.9	19	37.5	38.6	-1.1
10	18.8	18.8	0.0	20	39.1	40.5	-1.4

校正模型重复性测试结果见表9-11，9个性质模型的重复性都很好，10次测量的RSD都很低，甚至优于标准方法的重复性要求，可见用近红外光谱测定柴油组成的重复性完全满足现场快速分析需求。

表9-11　同一样品10次测量分析结果及RSD

试验次数	链烷烃/%	环烷烃/%	茚满或四氢萘/%	双环烷基苯/%	单环芳烃/%	萘类/%	双环芳烃/%	三环芳烃/%	总芳烃/%
1	22.2	7.6	8.3	3.0	19.6	26.9	43.3	6.9	70.7
2	22.5	7.4	8.4	3.0	19.7	27.0	43.2	6.9	70.7
3	22.7	7.2	8.5	3.0	19.5	27.1	43.1	6.9	70.7
4	22.6	7.3	8.5	3.1	19.6	27.0	43.2	6.9	70.8
5	22.8	7.1	8.6	3.0	19.7	27.1	43.0	6.9	70.8
6	22.9	7.0	8.7	3.0	19.6	27.2	43.1	6.9	70.8
7	22.6	7.2	8.6	3.1	19.9	27.1	43.1	6.9	70.8
8	22.3	7.4	8.5	3.1	20.0	27.0	43.2	6.9	70.8
9	22.0	7.7	8.3	3.0	20.2	26.9	43.2	6.9	70.8
10	21.7	7.9	8.2	3.2	20.3	26.8	43.3	6.9	70.8
平均值	22.4	7.4	8.5	3.1	19.8	27.0	43.2	6.9	70.8
RSD	0.37	0.27	0.15	0.06	0.26	0.13	0.07	0	0.04

9.3.4　在炼厂中的应用

将建好的模型及分析方法应用于某炼厂的LTAG工艺过程中，连续15天对加氢原料油和产品的单环芳烃、双环芳烃以及茚满或四氢萘性质进行跟踪,原料油每天分析1次,产品每天分析3次,单次分析时间在5 min以内,具体结果如图9-10所示。由图整体可以看出,前7天的原料油性质稍微有些波动,可能对加氢工艺有影响,因此这7天的产品性质波动也较大;从第八天开始原料性质趋于平稳,因此加氢产品性质也趋于平稳,单环芳烃和茚满或四氢萘含量稳步上升,说明加氢深度控制得很好,产品质量不断提升。产品中双环芳烃含量虽然也有稍许提升,但始终控制在12%以下,也满足工艺指标。

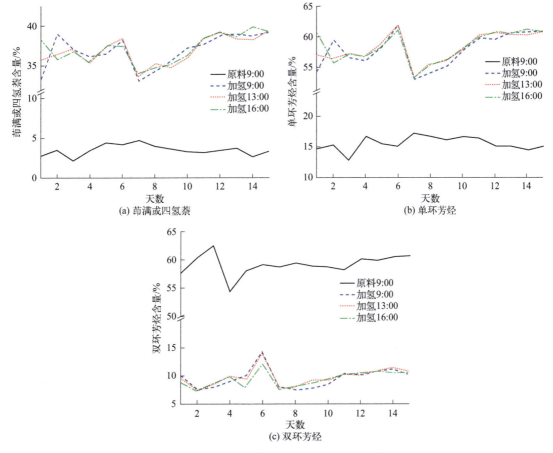

图9-10 3个族组成性质连续15天近红外监控结果

从细节来看,加氢产品的单环芳烃以及茚满或四氢萘含量在前2天的3个时间点差异较大,说明这两天加氢工艺调整幅度较大,可能还处于摸索合适工艺条件的阶段。从第三天开始,所有性质在同一天3个时间点的分析结果都比较接近。可见,利用近红外光谱进行性质跟踪,可有效总结一段时间加氢原料和产品的组成变化,进而总结这段时间的生产情况并指导后续生产。如果进一步加大分析频率,变为1 h或0.5 h分析一次,则变为实时监控,除总结外还可以通过原料或产品组成变化实时指导生产工艺。

9.3.5 小结

利用大量催化和加氢柴油样品的近红外光谱和质谱标准族组成数据建立了专门针对LTAG加氢工艺中LCO原料和产品的族组成近红外分析模型。利用该模型可快速得到常规的柴油烷烃、多环芳烃等含量,同时也可快速得到如茚满或四氢萘等特定芳烃类化合物含量;模型分析结果与标准方法分析结果具有良好的一致性,分析重复性更佳,在整体性能上满足现场快速分析的需求。在炼厂的实际应用也证明该近红外光谱分析方法完全可以用于对LTAG加氢工艺。

9.4 虚拟光谱方法预测LTAG原料与产物烃组成的研究

作者课题组针对LTAG原料与产物装置建立了PLS模型[4],但限制近红外快速分析技术推广的一个难点是定量校正模型需要维护,当有待测样本的物性超出模型范围将导致预测结果出现较大偏差。

该研究根据已有的LTAG原料与产物近红外光谱数据库,通过产生虚拟样本的方式对原有的LTAG原料与产物近红外光谱数据库进行密化处理,得到虚拟LTAG原料与产物库。将待测LTAG原料、产物样本同虚拟LTAG原料与产物库进行比对识别,找到最相似样本,进而得到评价数据[6-8]。该方法无需模型维护,只需要不断加入新样本更新数据库,是开放性的、可扩展样品数量的数据库技术,随着使用过程校正集样本数量的不断增加,其适用范围将越来越宽,分析准确性和稳健性也将越来越高。

9.4.1 样本与方法

(1) LTAG原料与产物样本

从中国石化石油化工科学研究院以及各大炼油厂收集LTAG原料与产物样品总计468个,性质数据包括链烷烃、环烷烃、烷基苯、茚满或四氢萘、单环芳烃、双环芳烃、三环芳烃等详细烃组成。LTAG原料与产物样品的收集时间为2016年6月至2017年12月。LTAG原料与产物烃族组成由质谱法测定。其性质和组成分布情况的统计数据见表9-12。

表9-12 LTAG原料与产物烃组成统计结果

组　成	最小值	最大值	平均值	标准偏差
w(链烷烃)/%	0.4	46.0	23.0	12.4
w(环烷烃)/%	1.2	54.5	20.8	11.6
w(烷基苯)/%	4.8	21.9	11.2	2.6
w(茚满或四氢萘)/%	3.0	47.5	20.0	12.6
w(单环芳烃)/%	9.7	76.0	37.8	17.2
w(双环芳烃)/%	0.7	64.0	16.4	14.7
w(三环芳烃)/%	0	12.0	2.0	2.6

(2) 近红外光谱仪与光谱采集

使用Thermo Fisher公司Antaris Ⅱ傅里叶变换型近红外光谱仪采集近红外光谱数据库。选用一次性玻璃小瓶(带聚乙烯塞一次性透明0.7 mL圆筒玻璃小瓶)和透射方式采集LTAG原料与产物近红外光谱。

采集近红外光谱参数:光谱分辨率8 cm^{-1};累计扫描次数128次;光谱范围10000~3800 cm^{-1}。

该研究采用二阶导数处理,以解决LTAG原料与产物样品在颜色上的差别引起的光谱基线偏移和漂移。

（3）算法

该研究采用中国石化石油化工科学研究院"RIPP 化学计量学光谱分析软件 3.0 版本"建立油品近红外光谱数据库，所采用识别方法为移动窗口相关系数法[6,7]，用于识别的虚拟样本采用蒙特卡罗方法实现。蒙特卡罗虚拟光谱识别方法的具体过程为：首先使用移动窗口相关系数法从校正集中识别出与待测样本最相似的 N 个样本，用蒙特卡罗方法通过最相似的 N 个样本在待测样本周围生成 M 个虚拟样本，然后从这些虚拟样本中识别出与待测原油一致的一组样本，结合 LTAG 原料和产物性质与烃组成数据库，可快速给出待测样本的烃组成。

在本节中，采用蒙特卡罗方法，首先生成一组随机数矩阵（$N \times M$），即矩阵大小为（10×10000），符合（0，1）上的均匀分布，方法是用数学递推公式产生，按列进行归一化处理。将识别出来的 10 个最相似样本叠成标准光谱矩阵，与随机数矩阵相乘即得到虚拟光谱矩阵，虚拟光谱数量为 10000 条，同理可得到虚拟光谱的性质与烃组成数据矩阵，即通过线性加和方式得到虚拟光谱的烃族组成数据。

9.4.2 PLS 方法结果

采用中国石化石油化工科学研究院"RIPP 化学计量学光谱分析软件 3.0 版本"中的偏最小二乘（PLS）方法建立校正模型。模型建立前，首先从 LTAG 原料与产物库中选取其中 68 个 LTAG 原料与产物样本作为验证集样本，剩余 400 个样本构成校正集。选择近红外光谱波段区间（7000～7400 cm^{-1} 和 8100～8600 cm^{-1}）作为特征谱区，将特征谱区内的吸光度与标准方法测定的烃族组成相关联，建立 LTAG 原料与产物烃组成的校正模型。PLS 最佳主因子数采用交互验证所得的预测残差平方和（PRESS 值）确定。模型通过交互验证标准偏差（SECV）和预测标准偏差（SEP）评价。表 9-13 为 LTAG 原料与产物验证集样本的预测统计结果。可以看出，验证集的交互验证标准偏差与预测标准偏差基本吻合，说明所建 PLS 校正模型可以对 LTAG 原料与产物样本的烃族组成进行快速准确的预测分析。

表 9-13 PLS 方法模型统计

组　成	SECV	SEP
w(链烷烃)/%	2.2	2.4
w(环烷烃)/%	2.0	2.1
w(烷基苯)/%	1.1	1.3
w(茚满或四氢萘)/%	1.0	1.1
w(单环芳烃)/%	1.7	1.9
w(双环芳烃)/%	1.2	1.4
w(三环芳烃)/%	0.5	0.6

9.4.3 虚拟光谱识别方法结果

校正集与验证集样本选取方法同上节。首先从校正集中识别出与每个验证集待测样本最相似的 N 个样本，然后用蒙特卡罗方法通过最相似的 N 个样本在待测样本周围生成 M 个虚拟样本,再从这些虚拟样本中识别出与待测原油一致的一组样本。从校正集中识别出的相似样本若太少,产生的虚拟样本差异性很小,识别效果差;识别出的相似样本若过多,会把与待测样本差异性较大的样本选进来,同样会导致评价结果变差。综合考察后,选择 $N=10$。

一组 10 个待测样本和从校正集中识别出的 10 个与其最相似样本通过主成分分析提取前 3 个主因子,在三维空间的分布如图 9-11 所示,图中 PC1、PC2、PC3 为前 3 个主因子。对某待测样本,识别出的校正集样本序号见表 9-14,表 9-14 中距离表示 10 个最相似样本与某待测样本在三维空间中的距离。

表 9-14 与某待测样本最相似的 10 个校正集样本

序号	119	116	16	73	27	23	53	178	25	161
距离	0.0079	0.0092	0.0094	0.0111	0.0133	0.0145	0.0162	0.0175	0.0181	0.0189

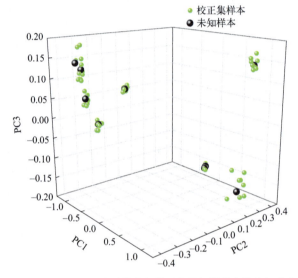

图 9-11 一组 10 个待测样本与校正集最相似样本的空间分布

使用移动窗口相关系数法,从 10000 条虚拟光谱中找到与待测样本最相似的一组虚拟样本 30 个,经主成分分析提取前 2 个主因子,其空间分布如图 9-12 所示,图中 PC1、PC2 为前 2 个主因子。以该组虚拟光谱的均值谱作为待测样本的最临近光谱,其评价数据作为待测

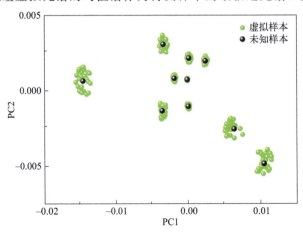

图 9-12 一组 10 个待测样本与最相似虚拟样本的空间分布

样本的性质与烃组成预测值。待测样本与最临近虚拟样本光谱在 6200～10000 cm^{-1} 范围内的对比如图 9-13 所示，可以看出待测样本与最临近虚拟样本光谱几乎无差异。

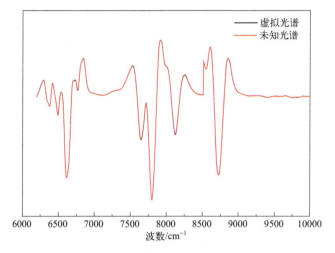

图 9-13　某待测样本与最临近虚拟样本的近红外光谱对比

同理得到预测集所有样本的预测值，模型统计参数见表 9-15。对比表 9-12 可以发现，蒙特卡罗虚拟光谱识别方法的预测标准偏差均小于 PLS 方法，但差异较小，基本处于同一水平。但蒙特卡罗虚拟光谱识别方法是一种定性方法，无需像 PLS 方法一样建立复杂的校正模型，操作人员无需掌握建模以及模型维护知识，只需向数据库中添加新的样本即可达到模型维护的目的。该方法生成的虚拟光谱是随机的，因此对于同一个待测样本，每次预测的结果都可能不同。表 9-16 是对同一个待测样本连续 5 次重复测量的结果，可以看出该方法极大地满足了测量重复性的要求。

表 9-15　蒙特卡罗虚拟光谱识别方法的模型参数统计

组　成	SEP
w(链烷烃)/%	1.5
w(环烷烃)/%	1.4
w(烷基苯)/%	0.9
w(茚满或四氢萘)/%	0.8
w(单环芳烃)/%	1.3
w(双环芳烃)/%	0.8
w(三环芳烃)/%	0.5

表 9-16　蒙特卡罗虚拟光谱识别方法的重复性

组　成	第 1 次测量	第 2 次测量	第 3 次测量	第 4 次测量	第 5 次测量	标准偏差
w(链烷烃)/%	38.4	38.7	38.4	38.9	38.8	0.2
w(环烷烃)/%	37.2	37.4	37.0	36.5	36.8	0.3
w(烷基苯)/%	8.4	8.3	8.4	8.4	8.5	0.1
w(茚满或四氢萘)/%	7.6	7.4	7.6	7.8	7.7	0.1
w(单环芳烃)/%	19.9	19.5	20.0	20.0	20.0	0.2
w(双环芳烃)/%	4.1	4.1	4.3	4.2	4.1	0.1
w(三环芳烃)/%	0.3	0.3	0.3	0.3	0.3	0

9.4.4 小结

为减轻近红外光谱化学计量学模型维护工作负担，基于 468 个 LTAG 原料与产物样本建立了测定其烃族组成的近红外光谱数据库。从数据库中选出一组与预测样品相似的临近光谱，采用蒙特卡罗虚拟光谱方法对数据库局部进行密化处理，采用移动窗口相似系数法对预测样品进行识别，根据与之吻合的虚拟光谱预测 LTAG 原料与产物样本链烷烃、环烷烃、烷基苯、茚满或四氢萘、单环芳烃、双环芳烃、三环芳烃含量，其预测标准偏差分别为 1.5%、1.4%、0.9%、0.8%、1.3%、0.8%、0.5%。与经典的 PLS 方法相比，本节所述方法无需建模、成本低，而且数据库维护工作量相对较少。

9.5 预测生物柴油主要组成的研究

动植物油脂通过酯交换反应得到生物柴油，它是一种长链脂肪酸的单烷基酯，在工业应用上主要是脂肪酸甲酯。生物柴油不含硫和芳烃、十六烷值高、润滑性能好，是一种优质清洁燃料[9,10]。目前，很多国家纷纷制定政策和强制性使用措施促进生物柴油的发展，其产量逐年增长。

由于动植物油脂的主要成分为各种脂肪酸的甘油酯的混合物，在与甲醇的反应过程中会生成脂肪酸单甘酯、脂肪酸二甘酯等中间产物和副产物甘油，影响脂肪酸甲酯的产率和生物柴油的品质。因此，在生物柴油生产过程中需要及时准确地测定脂肪酸甲酯、脂肪酸单甘酯、脂肪酸二甘酯、脂肪酸三甘酯和甘油含量，以便精确控制反应过程及产品质量。目前，对以上这些组分的测定都采用气相色谱方法，分析前须对样品进行衍生化（如硅烷化）处理，定性和定量过程较为复杂，操作难度大，分析时间长，成本较高，不适合用于生物柴油生产过程的中间控制分析[11,12]。

国外已有用近红外光谱测定生物柴油中脂肪酸甲酯、甲醇和甘油等成分的研究报道，均得到了满意结果[13-15]。但这些研究所用样本原料相对单一，建模样本较少，所测定的组成也不完全，而且大多是实验室合成的样品，不具有实际工业应用价值。本节从我国多个中试和工业装置上收集了 200 余个生物柴油样本，涉及 6 种不同的原料油和多种加工工艺，其中包括来源复杂的地沟油和酸化油，样本覆盖范围广，所得的结果更具参考性，建立的校正模型也更有实际工业应用价值[16,17]。

9.5.1 样本与方法

9.5.1.1 生物柴油样品和基础数据测定

收集了 224 个生物柴油样品，从反应器取样后取其甲酯相，并将甲醇蒸馏除去，放置到 20 mL 密封小瓶中保存。其原料油来源分别为花椒油（47 个样品）、苦山杏油（16 个样品）、文冠果油（44 个样品）、地沟油（40 个样品）和酸化油（石炼厂 43 个样品，中粮集团 34 个样品）。采用气相色谱方法测定生物柴油组成的基础数据，224 个生物柴油样品的组成分布见表 9-17。可以看出，样本的覆盖范围较宽，具有较强的代表性。

表 9-17 样品集组成分布统计

性质统计	甘油	甲酯	单甘酯	二甘酯	三甘酯
最大值/%	0.536	101.64	9.19	9.34	9.19
最小值/%	0	66.47	0	0	0
平均值/%	0.119	91.87	2.56	1.51	0.43
标准偏差/%	0.104	8.39	2.90	2.12	1.41

9.5.1.2 近红外光谱测定

采用 $\phi 8$ mm 一次性玻璃小瓶，在 Thermo Fisher 公司 Antaris Ⅱ 傅里叶变换型近红外光谱仪上，以空白样品池为参比采集生物柴油样品的近红外谱图，光谱范围 $10000\sim4000$ cm^{-1}，分辨率 8 cm^{-1}，扫描次数 128，恒温 45 ℃。

典型的生物柴油样品近红外光谱图如图 9-14 所示。

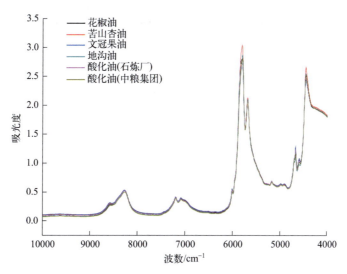

图 9-14 6 类原料油生物柴油的近红外光谱图

9.5.1.3 数据分析

采用中国石化石油化工科学研究院编制的"RIPP 化学计量学光谱分析软件 3.0 版本"，在 PC 计算机上处理光谱数据。用 K-S 方法将生物柴油样品分为校正集和验证集，其中校正集用于建立分析模型，验证集用于检测模型的准确性。采用马氏距离、光谱残差和最近邻距离 3 个指标判断模型对未知样本的适用性。

校正集的光谱经一阶导数处理后，分别与气相色谱测定的组成数据（甘油、甲酯、单甘酯、二甘酯以及三甘酯的质量分数）通过偏最小二乘（PLS）方法进行回归运算，建立校正模型，PLS 方法所用的最佳主因子数由留一法交互验证所得的预测残差平方和（PRESS 值）确定。为考察校正模型的适用性和准确性，对不同种类的生物柴油样品分别进行建模与验证研究，包括：①以文冠果油生物柴油为例的单原料油的校正模型与验证；②多种原料油的通用校正模型的建立与验证；③以花椒油生物柴油为例研究了近红外光谱校正模型的适用性。

9.5.2 生物柴油的光谱解析

图 9-14 是所收集 6 类原料油生物柴油的近红外光谱图。可以看出，光谱中主要包含

C—H 倍频和合频的吸收信息,如 8609 cm^{-1} 和 8316 cm^{-1} 处的吸收是甲基 C—H 的二级倍频峰,7216 cm^{-1} 和 7108 cm^{-1} 处的吸收是亚甲基 C—H 的第一组合频峰,5828 cm^{-1} 和 5766 cm^{-1} 处的吸收分别是甲基和亚甲基 C—H 的一级倍频峰,6005 cm^{-1} 处的吸收为甲酯中的 C—H 吸收峰。

尽管 6 类原料油生物柴油的近红外光谱极为相近,但其组成上却存在一定差异。例如,花椒油生物柴油主要是亚麻酸甲酯、亚油酸甲酯和油酸甲酯;苦山杏油生物柴油主要是油酸甲酯和亚油酸甲酯;酸化油和地沟油生物柴油主要是多种脂肪酸甲酯的混合物,具体视原料油种类而定。这种差异可以在其近红外光谱的主成分分析(PCA)得分图上表现出来。

图 9-15 为 6 类 52 个有代表性生物柴油样品的前 3 个主成分得分分布图。可以看出,不同原料生产的生物柴油有聚类分布的倾向。酸化油由于原料来源复杂,所以其分布较宽;其余 4 种生物柴油的分布则相对集中。但从整体来看,尽管不同种类生物柴油的近红外光谱之间存在差异,但这些差异并非十分显著,说明脂肪酸基团对光谱会产生一定的影响,但近红外光谱主要反映的是甲酯基团的信息。因此,有可能建立适合多种原料油生物柴油的通用校正模型。

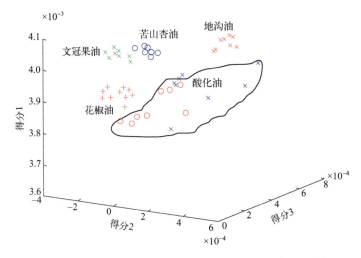

图 9-15　6 类 52 个有代表性生物柴油样品的前 3 个主成分得分分布图

9.5.3　文冠果油单原料油模型与验证

将 44 个文冠果油生物柴油样品分为校正集(36 个样本)和验证集(8 个样本),考察了不同光谱区间对模型参数的影响以及单种原料油所建模型的预测准确性。

生物柴油 10000~4000 cm^{-1} 范围的光谱包含了 O—H 键的一级倍频,C—H 键的一级倍频、二级倍频及其合频信息。从图 9-14 可以看出,C—H 一级倍频区(6550~6000 cm^{-1})和部分 C—H 第一合频区(4550~4000 cm^{-1})的吸光度值超过了 1.5 AU,这些区间的光谱吸收强度可能与组成浓度之间存在较强的非线性关系。另外,10000~9000 cm^{-1} 区间的光谱存在较大的噪声,而且没有显著的特征吸收。若这些光谱区间参与模型建立,将会使校正模型预测能力下降。表 9-18 给出了利用全谱和去除这些光谱区间(即选取 5500~4550 cm^{-1} 和 9000~6550 cm^{-1} 区间)所建模型及其预测的对比结果,可以看出,选用 5500~4550 cm^{-1} 和 9000~6550 cm^{-1} 光谱区间建立模型的预测能力明显优于全谱的结果。

从单种原料油的建模和预测结果可以看出，对测定生物柴油中的甘油、脂肪酸甲酯、脂肪酸单甘酯、脂肪酸二甘酯和脂肪酸三甘酯含量，近红外光谱方法可以给出非常准确的结果。

表 9-18 文冠果油生物柴油不同光谱区间的校正和预测结果比较

组成/%	波数范围/cm^{-1}	主因子数	R^2	SECV/%	SEP/%
甘油		4	0.9579	0.044	0.063
脂肪酸甲酯		6	0.9976	0.54	0.49
脂肪酸单甘酯	10000～4000	5	0.9906	0.42	0.46
脂肪酸二甘酯		5	0.9874	0.40	0.37
脂肪酸三甘酯		4	0.9240	0.22	0.18
甘油		3	0.9737	0.036	0.057
脂肪酸甲酯		6	0.9992	0.32	0.65
脂肪酸单甘酯	5500～4550 和 9000～6550	5	0.9978	0.21	0.23
脂肪酸二甘酯		5	0.9976	0.17	0.20
脂肪酸三甘酯		4	0.9419	0.19	0.18

9.5.4 多种原料油模型与验证

若能建立适合所有原料油来源的生物柴油全局校正模型（Global Model），则对该方法的推广和使用都将极为便利。将 6 种原料油来源的 224 个生物柴油样品分为校正集（167 个样本）和验证集（57 个样本），以考察建立全局模型的可行性。

采用与文冠果油生物柴油建模相同的条件建立了多种原料油生物柴油的校正模型。表 9-19 给出了模型建立过程的交互验证结果和验证集的预测结果，图 9-16～图 9-18 分别为脂肪酸甲酯、脂肪酸单甘酯和脂肪酸二甘酯的近红外光谱交互验证预测值与色谱方法相关图。与单原料的文冠果油结果相比，由于组成变得相对复杂，光谱之间的干扰更为显著，建立模型所用的主因子数明显增加，同时校正和预测结果都有不同程度的降低。尽管如此，仍得到了满意的结果，完全满足工业生产对过程分析误差的要求。

表 9-19 多种原料油生物柴油的校正和预测结果

组成/%	主因子数	R^2	SECV/%	SEP/%
甘油	10	0.9635	0.028	0.047
脂肪酸甲酯	11	0.9898	1.29	1.43
脂肪酸单甘酯	13	0.9945	0.31	0.47
脂肪酸二甘酯	11	0.9800	0.46	0.51
脂肪酸三甘酯	12	0.9465	0.53	0.87

上述实验结果表明，建立多种原料油来源的生物柴油全局校正模型是完全可行的。但随着模型中原料油种类的增多，组成的复杂性会引起光谱与浓度间的非线性变动关系，PLS 方法所建模型的预测准确性将会下降。要想得到准确性更高的预测结果，需要分别建立单种原料油的 PLS 校正模型，或尝试采用更为复杂的算法（如局部权重回归、神经网络或支持向量机等）建立非线性校正模型。

9.5.5 方法的适用性和重复性研究

以花椒油生物柴油为例，研究了多种原料油生物柴油的近红外校正模型对新原料油生物

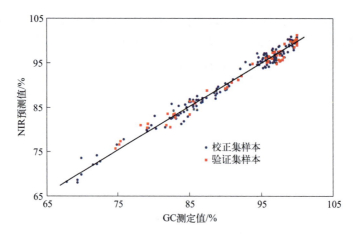

图 9-16　近红外光谱方法与气相色谱方法测定脂肪酸甲酯含量相关图

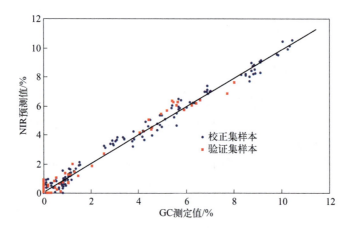

图 9-17　近红外光谱方法与气相色谱方法测定脂肪酸单甘酯含量相关图

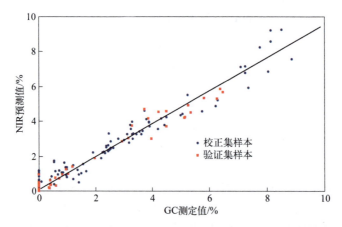

图 9-18　近红外光谱方法与气相色谱方法测定脂肪酸二甘酯含量相关图

柴油的适用性。若校正集中不含待测类型的样本，其预测结果将会存在一定的系统误差，而且模型的适应性判据也会给出提示。为考察向校正集添加少量样本对扩充模型适应性的效果，从 47 个花椒油生物柴油样品中任意选取 10 个样品用于模型的扩充，剩余 37 个样品作为验证集样本。

将花椒油生物柴油样本从多种原料油校正集中剔除，建立剩余 5 种原料油生物柴油的校正模型。再将任意选取的 10 个花椒油生物柴油样本添加到校正集中，建立含有 10 个花椒油生物柴油样本的多原料油生物柴油校正模型。用以上建立的两类模型分别对 37 个验证集样本进行预测分析，表 9-20 给出了预测统计结果。预测结果表明，不含花椒油生物柴油样本的模型仍能给出较好的预测趋势，但存在一定的系统误差，预测准确性也有明显下降。当模型中添加了 10 个花椒油生物柴油样本后，消除了系统误差，而且预测准确性有了显著改善。上述结果说明，对于模型中不含的新类型原料油生物柴油样本，只需向多种原料油校正集中添加 10 个以上样本，便可较为准确地测定新类型生物柴油的组成。

表 9-20　不同校正模型对 37 个花椒油生物柴油的预测结果

组　成	不含花椒油生物柴油样本校正模型的预测结果		含 10 个花椒油生物柴油样本校正模型的预测结果	
	R^2	SEP/%	R^2	SEP/%
甘油	0.8377	0.190	0.8785	0.059
脂肪酸甲酯	0.9810	2.22	0.9863	1.13
脂肪酸单甘酯	0.9828	1.01	0.9855	0.61
脂肪酸二甘酯	0.9718	1.10	0.9753	0.83
脂肪酸三甘酯	0.7354	1.26	0.7476	0.98

由于光谱测量的稳定性，近红外光谱分析方法具有良好的重复性。随机选取一个样本，重复扫描 7 次近红外光谱，并分别调用建立的多种原料油的生物柴油模型，其质量分数的相对标准偏差分别为：甘油 0.74%，脂肪酸甲酯 0.26%，脂肪酸单甘酯 2.86%，脂肪酸二甘酯 0.70%，脂肪酸三甘酯 1.41%。这说明采用近红外光谱分析方法测定混合油生物柴油的组成具有较高的精密度。

9.5.6　小结

该研究对近红外光谱快速测定生物柴油的组成（脂肪酸甲酯、脂肪酸单甘酯、脂肪酸二甘酯、脂肪酸三甘酯和甘油含量）进行了研究。结果表明，通过偏最小二乘方法可以建立适合多种原料油生物柴油的通用校正模型。对于新类型的生物柴油，向校正集中添加 10 个以上样本，扩充校正模型后，便可较为准确地测定这类新生物柴油样本的组成含量。该方法分析速度快、成本低、操作便捷、重复性好，非常适合生物柴油生产过程的中间控制分析。

参考文献

[1] 王艳斌,袁洪福,陆婉珍,等.人工神经网络用于近红外光谱测定柴油闪点[J].分析化学,2000,28(9):1070-1073.

[2] 龚建洪,毛安国,刘晓欣,等.催化裂化轻循环油加氢-催化裂化组合生产高辛烷值汽油或轻质芳烃(LTAG)技术[J].石油炼制与化工,2016,47(9):1-5.

[3] 徐广通,陆婉珍,袁洪福.近红外光谱测定柴油十六烷值[J].石油学报(石油加工),1999,15(4):62-66.

[4] 徐广通,刘泽龙,杨玉蕊,等.近红外光谱法测定柴油组成及其应用[J].石油学报(石油加工),2002,18(4):65-71.

[5] 陈瀑,祝馨怡,李敬岩,等.LTAG 加氢单元原料和产品组成的近红外快速分析及应用[J].石油炼制与化工,

2017,48(7):98-102.

[6] Li J,Chu X. Rapid determination of physical and chemical parameters of reformed gasoline by NIR combined with monte carlo virtual spectrum identification method[J]. Energy and Fuels,2018,32(12):12013-12020.

[7] Chu X,Xu Y,Tian S,et al. Rapid identification and assay of crude oils based on moving-window correlation coefficient and near infrared spectral library[J]. Chemometrics and Intelligent Laboratory Systems. 2011,107:44-49.

[8] 李敬岩,褚小立. 虚拟光谱识别法快速测定 LTAG 原料与产物烃组成[J]. 石油学报(石油加工),2019,35(2):283-288.

[9] 闵恩泽,姚志龙. 近年生物柴油产业的发展—特色、困境和对策[J]. 化学进展,2007,19(7/8):1050-1059.

[10] 闵恩泽,杜泽学. 我国生物柴油产业发展的探讨[J]. 中国工程科学,2010,12(2):11-15.

[11] 王丽琴,田松柏,李长秀,等. 分析技术在生物柴油生产和研究中的应用[J]. 炼油技术与工程,2005,35(1):2-46.

[12] 李长秀,杨海鹰,王丽琴,等. 气相色谱法在生物柴油生产工艺研究中的应用[J]. 色谱,2006, 24(5):524-528.

[13] de Oliveira I K,de Carvalho Rocha W F,Poppi R J. Application of near infrared spectroscopy and multivariate control charts for monitoring biodiesel blends[J]. Analytica Chimica Acta,2009,642:217-221.

[14] Baptista P,Felizardo P,Menezes J C,et al. Multivariate near infrared spectroscopy models for predicting the methyl esters content in biodiesel[J]. Analytica Chimica Acta,2008,607:153-159.

[15] Kawai S,Kohda J,Nakano Y,et al. Predicting methanol and glycerol concentrations in microbial treated wastewater discharged from a biodiesel fuel production process using near infrared spectroscopy[J]. Journal of Near Infrared Spectroscopy,2009,17(1):51-58.

[16] 孔翠萍,褚小立,杜泽学,等. 红外光谱在生物柴油分析中的研究和应用进展[J]. 现代科学仪器,2010,(1):113-117.

[17] 孔翠萍,褚小立,杜泽学,等. 近红外光谱方法预测生物柴油主要成分[J]. 分析化学,2010,38(6):805-810.

第10章 近红外光谱在润滑油基础油生产装置中的研究与应用

10.1 预测基础油黏度及黏度指数

近年来，随着国内汽车制造业、机械工业的迅猛发展，以及环保、节能要求的日渐严苛，对润滑油产品的质量要求愈加严格，同时直接导致对高品质润滑油基础油的需求增加。目前国内高品质基础油的生产工艺主要是全加氢工艺，加工过程简要为将炼厂常减压装置直馏得到的减压馏分油（VGO）馏分进行加氢处理，得到加氢尾油，继续进行加氢异构过程，得到加氢异构基础油[1]。整个加工过程涉及工艺复杂、物料和产品种类多，一个环节的变化可能给整个基础油的生产带来影响。

在线实时监测物料和产品的关键指标能迅速获取信息，及时指导工艺参数调整，有效控制基础油质量，提高产品收率，降低分析成本。实时优化技术（Real Time Optimization，RTO）作为智能化炼油厂的关键支撑，能够显著提升企业生产的经济效益。但是目前国内企业都是基于离线检测方式对基础油生产过程中黏度和倾点等重要性质进行分析，而这些传统的分析方法耗时长、效率低、不环保，已经不能满足持续稳定高效生产高品质基础油的需求，也不满足智能化炼油厂对数据快速感知的需求。

近红外光谱分析技术在润滑油基础油领域有了一定的应用。王艳斌等利用近红外光谱分析技术建立了基础油黏度指数和族组成的预测模型[2,3]。杨素等用近红外光谱分析方法测定重质馏分油的化学族组成[4]。王谨等采用近红外光谱结合偏最小二乘方法建立了预测加氢尾油芳烃含量的快速分析方法[5]。还有将近红外光谱技术用于VGO黏度指数快速预测的文献报道，其以70个VGO样品的近红外光谱及黏度指数数据为基础，利用随机森林回归算法建立了黏度指数的近红外预测模型[6]。此外，还有以市场上常见的国内外润滑油为研究对象，采用近红外光谱分析技术和化学计量学相结合建立润滑油的预测和分类模型，以实现快速检测识别润滑油品质与品种[7]。但是，目前对于基础油黏度和黏度指数的预测并没有达到理想的结果。由于黏度与光谱之间存在非线性关系，基于偏最小二乘（PLS）方法建立的模型预测准确度较差。本节所述的研究基于黏重常数计算方法建立一种新的黏度线性处理方法，提高了黏度和黏度指数的预测准确性。

10.1.1 样本与方法

（1）样品与黏度及黏度指数测定

200多个加氢润滑油基础油样品，基本覆盖了Ⅱ类基础油和Ⅲ类基础油的组成范围。按照 GB/T 265 方法测定基础油 40 ℃和 100 ℃黏度，然后按照 GB/T 1995 方法计算黏度指数。

（2）仪器与光谱采集

实验采用 Thermo Fisher 公司 Antaris Ⅱ 傅里叶变换型近红外光谱仪，光谱采集范围 10000～3500 cm^{-1}，分辨率 8 cm^{-1}，光谱图取扫描 128 次的平均谱图，采谱之前保持样品稳定 5 min，以空气为参比。

（3）定量校正方法

采用中国石化石油化工科学研究院编制的"RIPP 化学计量学光谱分析软件"处理加氢基础油的光谱数据，用 K-S 方法将样本分为校正集和验证集，校正集样本占所有样本的 2/3，剩余样本为验证集。光谱经二阶导数和均值化处理，通过遗传算法结合相关系数选取光谱范围后，与样品的黏度及黏度指数的数据建立关联模型，利用相关系数 R 和验证集预测标准偏差（SEP）作为模型评价标准。

10.1.2 黏度分析模型的建立

近红外光谱主要反映含氢基团（C—H，N—H，O—H 等）合频和倍频的分子振动信息。不同的含氢基团具有不同的谱峰位置，而且含氢基团的数量、相邻含氢基团的性质也会影响谱峰的位置和强度，所以近红外谱图形状、谱峰信息与物质的化学结构密切相关。图 10-1 是润滑油基础油的近红外光谱图，可以看出其含有丰富的链烷烃、芳烃等不同含氢基团的信息。

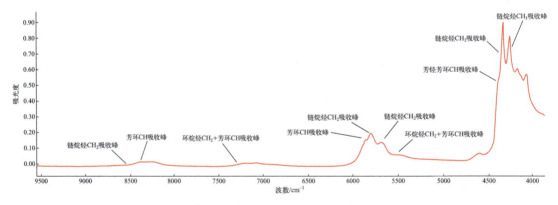

图 10-1　润滑油基础油的近红外光谱

黏度指数与基础油结构组成有很大关系。通常正构烷烃的黏度指数较大，而且碳链越长其黏度指数越大；异构烷烃和一环环烷烃的黏度指数较小于正构烷烃。黏度指数与基础油结构组成的密切关系为近红外技术测定基础油的黏度指数提供了基础。对于基础油的其他性质，比如黏度、倾点等，都与基础油的结构组成有关，所以利用近红外技术同样可以测定基础油的黏度、倾点等性质。但是，如图 10-1 所示，近红外光谱谱峰较宽且重叠严重，需要结合化学计量学方法建立近红外光谱分析基础油性质的模型。

黏度是基础油生产过程中非常重要的性质参数，一方面 100 ℃黏度是基础油牌号的分类依据，另一方面黏度是计算基础油黏度指数的基础数据。建立稳定模型是近红外光谱应用的关键。偏最小二乘（PLS）是经典的多元线性校正方法，基于 PLS 方法建立的近红外光谱模型已经在国内炼厂有了非常广泛的应用。

黏度是描述液体流动难易程度的物理量，基础油黏度大小与基础油的密度和组成等关系复杂，包含大量非线性关系，不具有线性加和性。基础油黏度与近红外光谱之间也包含了很多非线性信息，所以利用 PLS 方法建立的基础油黏度近红外光谱模型不稳定，预测结果不准确，不能满足企业需求。为了能够提高预测准确性，多种经验和半理论的线性处理方法被用来处理黏度数据，然后再与近红外光谱建立关联模型。常用的黏度线性处理方法见表 10-1。

表 10-1 黏度线性处理方法

线性处理方法名称	线性处理公式
Arrhenius 模型[8]	$A = \lg\mu$（μ 是运动黏度）
Refutas 模型[9]	$B = 10.975 + 14.534\ln(\mu + 0.8)$（$\mu$ 是运动黏度）
Kendall 和 Monroe 模型[9]	$C = \mu^{1/3}$（μ 是运动黏度）
Bingham 模型[9]	$D = 1/\mu$（μ 是运动黏度）

将近红外光谱库中的 40 ℃ 和 100 ℃ 运动黏度分别按照表 10-1 中所列的方法进行线性处理，再分别利用 PLS 方法建立相应的近红外分析模型。模型预测结果如图 10-2～图 10-6 所示。

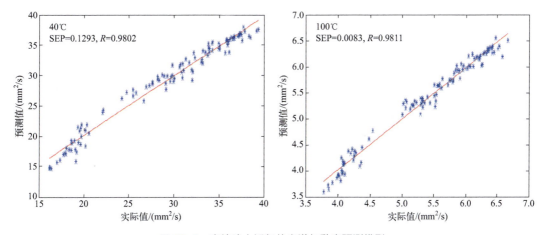

图 10-2 直接建立近红外光谱与黏度预测模型

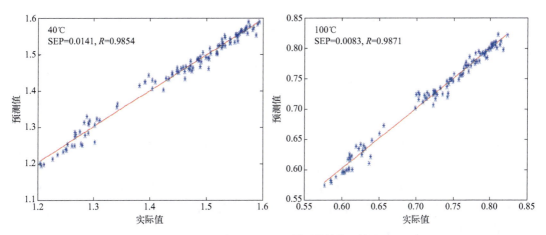

图 10-3 利用 Arrhenius 模型线性处理结果

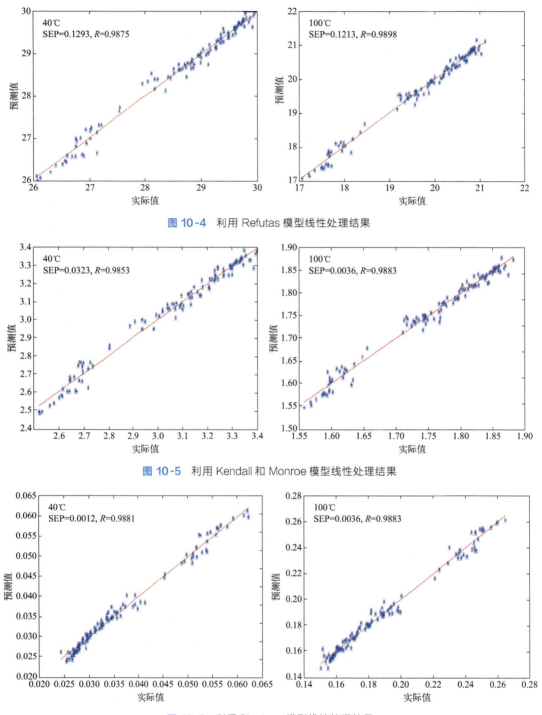

图 10-4 利用 Refutas 模型线性处理结果

图 10-5 利用 Kendall 和 Monroe 模型线性处理结果

图 10-6 利用 Bingham 模型线性处理结果

如图 10-2 所示，直接利用黏度数据建立的近红外模型相关系数 R 最小，说明建立的模型效果较差。如图 10-3～图 10-6 所示，经过不同线性处理后的建模效果都优于直接建模，说明采用的线性处理是有效的。利用上述建立好的近红外分析模型预测实际基础油样品的 40 ℃和 100 ℃运动黏度，结果见表 10-2 和表 10-3。可以看出，利用线性处理建立的模型预测黏度的准确性有一定改善。

表 10-2　不同线性处理方法预测基础油 40 ℃黏度结果

样品	实际 40 ℃黏度 /(mm²/s)	预测 40 ℃黏度/(mm²/s)				
		黏度模型	Arrhenius 模型	Refutas 模型	Kendall 和 Monroe 模型	Bingham 模型
1	33.07	33.87	33.42	33.26	33.48	33.33
2	29.69	31.56	30.41	29.98	30.75	28.57
3	33.04	31.95	31.84	31.88	31.98	32.26
4	37.06	36.58	37.41	37.62	37.05	38.46
5	36.35	35.95	36.56	36.74	36.33	37.04
6	35.93	33.89	34.51	34.77	34.36	35.71
7	35.78	35.48	35.81	35.82	35.71	35.71
8	22.04	24.08	23.12	22.89	23.32	22.22

表 10-3　不同线性处理方法预测基础油 100 ℃黏度结果

样品	实际 100 ℃黏度 /(mm²/s)	预测 100 ℃黏度/(mm²/s)				
		黏度模型	Arrhenius 模型	Refutas 模型	Kendall and Monroe 模型	Bingham 模型
1	5.807	5.882	5.848	5.826	5.861	5.814
2	5.509	5.656	5.572	5.528	5.602	5.374
3	5.900	5.795	5.781	5.770	5.774	5.780
4	6.366	6.350	6.397	6.412	6.383	6.452
5	6.303	6.285	6.324	6.330	6.311	6.369
6	6.265	6.061	6.095	6.119	6.078	6.173
7	6.280	6.255	6.266	6.275	6.270	6.289
8	4.534	4.763	4.699	4.650	4.716	4.660

为了更直观地判断不同模型预测结果的准确性，利用测定黏度标准方法的再现性要求（再现性误差不超过算术平均值的 2.2%）进行偏差评定。表 10-4 和表 10-5 分别给出用不同线性处理方法建立的模型对基础油 40 ℃和 100 ℃黏度预测的结果。由表可见，利用线性处理后的模型预测黏度，偏差大部分符合黏度标准方法再现性要求，但是仍然有较多的预测结果偏差较大，不能符合企业的需求。

表 10-4　基础油 40 ℃黏度预测偏差

样品	黏度模型预测偏差/%	Arrhenius 模型预测偏差/%	Refutas 模型预测偏差/%	Kendall 和 Monroe 模型预测偏差/%	Bingham 模型预测偏差/%
1	2.4	1.1	0.6	1.2	0.8
2	6.1	2.4	1.0	3.5	−3.8
3	−3.3	−3.7	−3.6	−3.3	−2.4
4	−1.3	0.9	1.5	0.0	3.7
5	−1.1	0.6	1.1	−0.1	1.9
6	−5.9	−4.0	−3.3	−4.5	−0.6
7	−0.8	0.1	0.1	−0.2	−0.2
8	8.9	4.8	3.8	5.6	0.8

表 10-5　基础油 100 ℃黏度预测偏差

样品	黏度模型预测偏差/%	Arrhenius 模型预测偏差/%	Refutas 模型预测偏差/%	Kendall 和 Monroe 模型预测偏差/%	Bingham 模型预测偏差/%
1	1.3	0.7	0.3	0.9	0.1

续表

样品	黏度模型预测偏差/%	Arrhenius 模型预测偏差/%	Refutas 模型预测偏差/%	Kendall 和 Monroe 模型预测偏差/%	Bingham 模型预测偏差/%
2	2.6	1.1	0.3	1.7	−2.5
3	−1.8	−2.0	−2.2	−2.2	−2.0
4	−0.3	0.5	0.7	0.3	1.3
5	−0.3	0.3	0.4	0.1	1.0
6	−3.3	−2.7	−2.4	−3.0	−1.5
7	−0.4	−0.2	−0.1	−0.2	0.1
8	4.9	3.6	2.5	3.9	2.7

为了达到企业实际应用和在线分析的需要,开发了一种新的线性处理方法。预测油品调和黏度一直是领域难点,目前常用的黏度调和公式都是基于半理论或者经验性的,黏度调和公式核心是将不具有线性加和的黏度通过处理变成可以线性加和的参数。虽然黏度调和公式众多,但是对于不同的调和对象和目的,目前没有一种公式可以很好地解决所有问题。Arrhenius 模型、Kendall 和 Monroe 模型、Bingham 模型是基于比较简单的对数、指数以及倒数的线性处理,而黏度是比较复杂的基础油性质,其影响因素较多,包含大量非线性关系,所以这些模型方法处理结果有一定缺陷[8]。Refutas 模型是经验公式,没有考察详细的黏度影响因素,同样存在一定问题[8]。通过综合几种方法的优缺点,该工作开发了一种新的线性方法,如表 10-6 所示。

表 10-6 新的线性处理方法

线性处理方法名称	线性处理公式
RIPP 模型	$E=[0.77-0.1204\lg(\mu-3.2)]/[0.92-0.103\lg(\mu-3.2)]$ (μ 是运动黏度)

将近红外光谱库中的 40 ℃和 100 ℃运动黏度分别按照表 10-6 中所列的方法进行线性处理,再分别利用 PLS 方法建立相应的近红外分析模型,模型预测结果如图 10-7 所示。与直接建立黏度预测模型相比,RIPP 方法处理之后建立的模型相关系数变大,预测准确度提高。

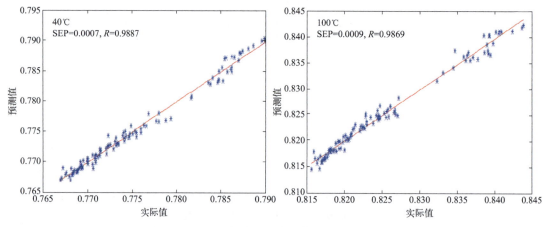

图 10-7 利用 RIPP 模型线性处理的结果

利用上述建立好的近红外分析模型预测实际基础油样品的 40 ℃和 100 ℃黏度,结果见

表10-7。为了更直观地判断不同模型预测结果的准确性,利用测定黏度标准方法的再现性要求(再现性误差不超过算术平均值的2.2%)进行偏差评定。表10-8所示是用不同线性处理方法建立模型对基础油40 ℃和100 ℃黏度预测结果。由表10-7和表10-8可见,利用RIPP模型线性处理后的模型预测偏差都符合黏度标准方法的再现性要求,说明该工作开发的线性处理方法比之前的方法有一定的优势。

表10-7　RIPP线性处理方法预测基础油黏度结果

样品	40 ℃黏度		100 ℃黏度	
	实测/(mm²/s)	RIPP模型/(mm²/s)	实测/(mm²/s)	RIPP模型/(mm²/s)
1	33.07	33.30	5.807	5.797
2	29.69	30.21	5.509	5.403
3	33.04	32.50	5.900	5.868
4	37.06	37.28	6.366	6.500
5	36.35	36.42	6.303	6.410
6	35.93	35.23	6.265	6.204
7	35.78	35.72	6.280	6.323
8	22.04	22.39	4.534	4.578

表10-8　基础油黏度预测偏差

样品	40 ℃黏度		100 ℃黏度	
	黏度模型/%	RIPP模型/%	黏度模型/%	RIPP模型/%
1	2.4	0.7	1.3	−0.2
2	6.1	1.7	2.6	−1.9
3	−3.3	−1.6	−1.8	−0.5
4	−1.3	0.6	−0.3	2.1
5	−1.1	0.2	−0.3	1.7
6	−5.9	−2.0	−3.3	−1.0
7	−0.8	−0.2	−0.4	0.7
8	8.9	1.6	4.9	1.0

该工作开发的线性方法是以黏重常数计算公式为基础,黏重常数与基础油烃类组成密切相关,基础油烃类组成与基础油分子中的C—H信息有较大的线性相关,近红外光谱反映的是基础油中C—H信息,从而可以看出黏重常数与近红外光谱之间有较大的线性关系。为了说明基础油烃类组成与近红外光谱之间有更好的线性相关,建立了基于PLS算法的基础油烃类组成-近红外光谱分析模型。图10-8示出链烷烃、一环烷烃等近红外模型相关系数高。利用上述建立的烃类组成-近红外分析模型预测基础油样品的烃类组成,结果见表10-9,预测的烃类组成结果偏差较小,相对偏差小于5%。

表10-9　近红外光谱与质谱方法预测加氢基础油烃类组成的比较

基础油	w(链烷烃)/%			w(一环烷烃)/%			w(二环烷烃)/%			w(三环烷烃)/%			w(总环烷烃)/%		
	实际值	预测值	偏差	实际值	预测值	偏差	实际值	预测值	偏差	实际值	预测值	偏差	实际值	预测值	偏差
1	48.7	48.2	−0.5	21.4	20.7	−0.7	17.5	17.6	0.1	7.1	7.5	0.4	51.1	51.6	0.5
2	48.9	48.0	−0.9	21.3	21.2	−0.1	17.5	17.5	0	7.1	7.5	0.4	51.0	51.5	0.5

续表

基础油	w(链烷烃)/%			w(一环烷烃)/%			w(二环烷烃)/%			w(三环烷烃)/%			w(总环烷烃)/%		
	实际值	预测值	偏差	实际值	预测值	偏差	实际值	预测值	偏差	实际值	预测值	偏差	实际值	预测值	偏差
3	47.8	48.2	0.4	21.5	21.7	0.2	17.9	18.0	0.1	7.4	7.9	0.5	52.0	51.7	−0.3
4	48.9	49.6	0.7	21.2	20.0	−1.2	17.5	17.8	0.3	7.2	7.8	0.6	51.0	50.7	−0.3
5	49.6	50.5	0.9	21.1	21.0	−0.1	17.0	17.6	0.6	6.9	7.4	0.5	50.1	49.7	−0.4
6	51.2	52.1	0.9	20.7	19.7	−1.0	16.6	16.7	0.1	6.7	7.0	0.3	48.7	48.1	−0.6
7	52.4	53.4	1.0	20.5	19.5	−1.0	16.3	16.5	0.2	6.5	6.7	0.2	47.5	46.9	−0.6
8	50.3	51.1	0.8	21.0	20.6	−0.4	17.0	17.4	0.4	6.9	7.1	0.2	49.7	48.8	−0.9
9	47.8	48.3	0.5	21.6	22.2	0.6	17.9	17.7	−0.2	7.4	7.7	0.3	52.1	51.4	−0.7

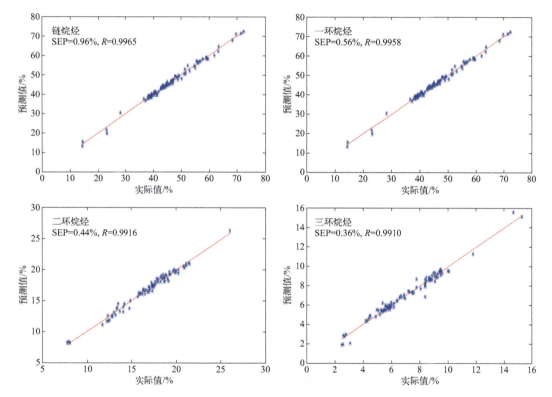

图 10-8　近红外光谱与质谱方法测定加氢润滑油基础油烃类组成的对比

通过图 10-8 和表 10-9 可以看出，烃类组成-近红外模型相关系数高于直接建立黏度-近红外模型的相关系数，而且烃类组成-近红外模型预测结果准确，所以说明基础油烃类组成与近红外光谱间的线性相关性大于基础油黏度与近红外光谱间的线性关系，同时也说明与基础油烃类组成密切相关的黏重常数和近红外光谱之间的线性相关性优于基础油黏度与近红外光谱间的线性关系。基于黏重常数计算公式[9]，结合基础油 40 ℃ 和 100 ℃ 黏度的分析需求，本工作开发了 RIPP 线性处理方法。该线性方法处理的黏度数据与近红外光谱间有较大的线性关系，建立的预测模型准确性好。

10.1.3　黏度指数分析模型的建立

基础油黏度指数是评价基础油品质的一项重要参数。黏度指数越大，基础油黏度随温度变化越小。基础油的黏度指数是基于基础油的 40 ℃ 和 100 ℃ 黏度计算得到，提高基础油 40 ℃ 和 100 ℃ 黏度的预测准确度也有利于提高基础油黏度指数的预测准确度。

目前有两种方法可以预测基础油黏度指数：一种是直接利用黏度指数-近红外模型预测；另一种是利用该工作新建的 RIPP 线性处理模型预测得到基础油 40 ℃ 和 100 ℃ 黏度，然后计算黏度指数。表 10-10 是两种方法预测基础油黏度指数结果。

表 10-10 不同方法基础油黏度指数预测结果

样品	实际基础油黏度指数	直接基础油黏度指数模型预测		利用预测的基础油黏度计算	
		预测值	偏差	计算值	偏差
1	117	119	2	116	−1
2	113	115	2	114	1
3	125	123	−2	125	0
4	127	125	−2	128	1
5	126	124	−2	128	2
6	125	124	−1	125	0
7	127	125	−2	128	1
8	121	123	2	121	0

黏度是与样品烃类分子组成以及烃类分子之间作用力等相关的，所以黏度不具有线性加和性。而黏度指数与基础油的烃类分子组成是密切相关的，正构烷烃的黏度指数大，芳烃的黏度指数小，同时黏度指数与基础油烃类分子之间作用力也有一定关系，所以黏度指数和近红外光谱之间的线性关系优于黏度和近红外光谱之间的线性关系，但也存在一定的非线性信息。因此，利用 PLS 方法直接建立黏度指数模型，预测结果较好，如表 10-10 所示，黏度指数偏差小于 2 个单位。

同时，通过表 10-10 可以看出，经过 40 ℃ 和 100 ℃ 黏度计算的黏度指数偏差更小，结果优于直接利用黏度指数模型预测的结果。主要因为 40 ℃ 和 100 ℃ 黏度是经过 RIPP 线性处理的近红外模型获得的，而该方法是基于黏重常数开发，黏重常数与基础油烃类组成直接相关，所以经过该方法处理的黏度数据与近红外光谱有更好的线性相关性，预测结果也更为准确。

10.1.4 小结

研究了 4 种常用黏度线性处理方法用于建立近红外模型的可行性，基于黏重常数计算方法开发了一种新的黏度线性处理方法。实验结果表明，现有的 4 种黏度线性处理方法对基础油黏度预测有一定改善，新建立的黏度线性方法更为明显地提高了基础油黏度和黏度指数的预测准确性。近红外光谱的快速分析结果与实验室标准方法分析结果具有良好的一致性，在整体性能上满足工业现场快速和在线分析的需求。

10.2 润滑油加氢异构装置上的应用

先进过程控制（APC）系统和实时优化（RTO）技术是智能化炼油厂的重要支撑，可以为企业生产带来更大的效益[10,11]。通过在线实时对润滑油加氢异构装置中间产物和最终产品的指标进行跟踪监测，快速得到相关信息，可以及时为工艺参数的调整进行指导，更好地控制基础油质量、增加产品收率以及节约分析成本。目前国内企业都是基于定期取样、化验室离线检测的方式，对基础油生产过程中中间产物和最终产品的黏度与倾点等重要性质进行分析。这种传统分析方法耗时长、效率低，不能满足持续稳定高效生产高品质基础油的需求，也不满足智能化炼油厂对数据快速感知的需求。因此，引入新的实时在线分析技术非常必要。

国内目前还没有将在线近红外光谱分析技术用于润滑油加氢异构装置的实例。由于黏度是评估基础油品质的关键指标，为满足生产过程中对精确控制的需求，本项目利用众多具有代表性的高档基础油生产过程中的中间产品（加氢裂化尾油）及最终产品（基础油）样本的物理化学性质数据构建了近红外分析模型。通过安装在线近红外分析系统，该技术应用于润滑油加氢异构装置，实现了对6种物料（包括加氢裂化尾油、6cst基础油、10cst基础油和5#精制白油）的馏程、黏度、黏度指数和倾点的在线监测[12]。

10.2.1 在线分析系统配置

（1）系统概述

在线近红外分析系统对润滑油加氢异构装置6路物料（图10-9）（包括异构进料加氢裂化尾油、6cst基础油、10cst基础油和5#精制白油）的烃类馏程、倾点、黏度和黏度指数进行在线检测。

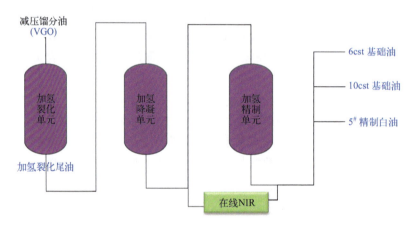

图10-9 在线检测点安装位置示意图

在线检测按以下步骤进行：

（1）待测物料在进入预处理系统前先经过水冷换热初步降温。

（2）冷却后的样品首先被引入水浴箱以维持恒定温度，随后送入流通池的恒温预处理系统。样品在进入流通池进行测量前会通过过滤器去除其中的杂质和气泡。系统为每个测量流路配备了独立的预处理单元，确保每路样品在测量时都能保持恒定的温度。

（3）在线近红外分析系统每隔5 min切换通道，采集一路样品的近红外光谱数据，接着利用加氢裂化尾油和基础油的多性质近红外分析模型对样品的各项性质进行快速预测。

（2）在线近红外光谱仪

在FTPA2000-260在线傅里叶变换型近红外光谱仪（ABB公司）上采用专用近红外样

品池对润滑油加氢异构装置各流路物料进行检测。图 10-10 为润滑油加氢异构装置在线近红外光谱分析装置场景图。整套分析系统由南京富岛信息工程有限公司集成和安装。

图 10-10　润滑油加氢异构装置在线近红外光谱分析装置场景图

（3）采样和预处理系统

样品的近红外光谱测量易受温度的显著影响，杂质引起的散射和气泡导致的流动状态变化也会对光谱采集产生干扰，但这些不良影响可通过预处理系统消除。润滑油加氢异构装置的在线分析系统包含采样、过滤、冷却、恒温和流量控制等环节。系统中的恒温箱配备了加热器，所有管道均经过保温处理，确保样品在进一步预处理后符合在线近红外分析仪的要求。分析后的样品通过快速回路回流至工艺管线，以减少环境污染。从工艺管线引出的待测物料在分析小屋外分为两路：一路通过快速回路返回至原工艺管线的采样回路；另一路通过采样泵引出，经换热后进入预处理系统。待测物料在进入预处理系统前需先经过水冷换热降温，降温后的样品进入恒温箱，保持恒温进入预处理系统，经过滤器去除杂质及气泡后进入流通池中进行测量。

10.2.2　在线分析模型建立

采集所收集的润滑油加氢异构装置加氢裂化尾油和基础油样品的近红外光谱。基于实验室方法所测基础性质数据，利用中国石化石油化工科学研究院的专利算法和自行研制的化学计量学软件建立了预测加氢裂化尾油和基础油多性质的近红外分析仪模型，用于快速测定各路物料的馏程、黏度、黏度指数和倾点。

（1）建模样品收集

从润滑油加氢异构装置收集加氢裂化尾油样品 136 个、基础油样品 125 个。

样品各个性质统计信息见表 10-11。

表 10-11　加氢裂化尾油和基础油建模样品统计

项目		IBP/℃	2% BP/℃	5% BP/℃	10% BP/℃	30% BP/℃	50% BP/℃	70% BP/℃	90% BP/℃
加氢尾油	最小值	290	333	372	381	395	406	413	434
	最大值	349	393	473	484	491	502	511	540
基础油	最小值	275	303	393	405	418	432	441	465
	最大值	338	387	461	474	484	494	501	529

续表

项目		95% BP/℃	97% BP/℃	FBP/℃	倾点/℃	100℃黏度/(mm²/s)	40℃黏度/(mm²/s)	黏度指数
加氢尾油	最小值	446	448	452	—	3.709	—	118
	最大值	547	549	552	—	8.892	—	151
基础油	最小值	476	480	486	−30	4.923	26.12	107
	最大值	535	543	553	−12	9.289	67.38	128

注：IBP—初馏点；FBP—终馏点；BP—沸点。

（2）基础数据测定

加氢裂化尾油和基础油馏程采用 GB/T 9168—1997 石油产品减压蒸馏测定法测定，标准压力 1.3 kPa 下，初馏点测定重复性为 15 ℃，再现性为 49 ℃，终馏点测定重复性为 7.1 ℃，再现性为 27 ℃。基础油倾点采用 GB/T 3535—2006 石油产品倾点测定法测定，测定重复性不大于 3 ℃，再现性不大于 6 ℃。加氢裂化尾油和基础油黏度采用 GB/T 265—1988 石油产品运动黏度测定法和动力黏度计算法测定，测定重复性不大于两次结果平均值的 1.0%，再现性不大于两次结果平均值的 2.2%。

（3）光谱采集

FTPA2000-260 在线傅里叶变换型近红外光谱仪；InGaAs 检测器；扫描光谱范围：12000～4000 cm^{-1}；分辨率：8 cm^{-1}，扫描次数：64 次。

图 10-11 是润滑油加氢异构装置在线近红外分析系统采集的加氢裂化尾油和基础油的近红外光谱图。

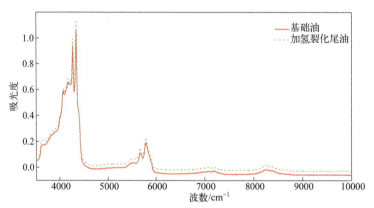

图 10-11　润滑油加氢异构装置加氢裂化尾油和基础油的近红外光谱图

（4）模型建立

采用偏最小二乘（PLS）方法建立加氢裂化尾油和基础油的馏程、黏度、黏度指数和倾点的近红外分析模型。基础油近红外分析模型覆盖了 Ⅱ 类基础油和 Ⅲ 类基础油的生产范围。

加氢裂化尾油和基础油多性质近红外分析模型建模参数见表 10-12。从表中的交互验证标准偏差（SECV）可以看出，近红外分析模型预测馏程、黏度、黏度指数和倾点的准确性满足现行方法规定的再现性要求，其结果和现行方法有很好的一致性。

表 10-12　加氢裂化尾油和基础油近红外分析模型建模参数

性质	加氢尾油			基础油		
	光谱范围/cm^{-1}	主因子	SECV	光谱范围/cm^{-1}	主因子数	SECV
IBP/℃	4230～4680，5510～6020	8	8	4230～4680，5510～6020	7	6

续表

性　质	加氢尾油			基础油		
	光谱范围/ cm^{-1}	主因子	SECV	光谱范围/ cm^{-1}	主因子数	SECV
2% BP/℃	4230～4680，5510～6020	7	7	4230～4680，5510～6020	6	6
5% BP/℃	4230～4680，5510～6020	8	7	4230～4680，5510～6020	8	6
10% BP/℃	4230～4680，5510～6020	8	7	4230～4680，5510～6020	8	5
30% BP/℃	4230～4680，5510～6020	4	6	4230～4680，5510～6020	7	5
50% BP/℃	4230～4680，5510～6020	9	6	4230～4680，5510～6020	6	5
70% BP/℃	4230～4680，5510～6020	7	6	4230～4680，5510～6020	6	5
90% BP/℃	4230～4680，5510～6020	8	7	4230～4680，5510～6020	7	5
95% BP/℃	4230～4680，5510～6020	6	8	4230～4680，5510～6020	5	6
97% BP/℃	4230～4680，5510～6020	5	8	4230～4680，5510～6020	8	6
FBP/℃	4230～4680，5510～6020	4	9	4230～4680，5510～6020	8	6
倾点/℃	—	—	—	4240～4650，5610～6020	7	3
100 ℃黏度/(mm^2/s)	4240～4680，5610～6020	5	0.142	4280～4680，5610～6020	6	0.113
40 ℃黏度/(mm^2/s)	—	—	—	4260～4680，5610～6020	7	0.956
黏度指数	4240～4680，5610～6020	5	2	4280～4680，5660～6020	6	2

10.2.3　在线运行效果

在线近红外分析系统每 5 min 通过切换通道的方式在线采集润滑油加氢异构装置一路样品的近红外光谱，谱图通过在线分析软件及对应近红外分析模型预测相应性质，各流路物料性质在组态软件展示并通过 RS485 通信传输到润滑油加氢异构装置 DCS 进行展示，相应界面如图 10-12 和图 10-13 所示。

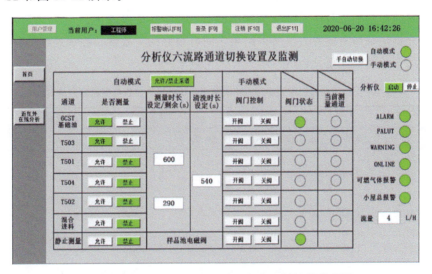

图 10-12　在线近红外分析系统六流路通道检测切换界面

表 10-13 为一段时期内加氢裂化尾油初馏点和终馏点在线分析结果与实验室方法（GB/T 9168—1997）对比，表 10-14 为一段时期内加氢裂化尾油 100 ℃黏度和黏度指数在线分析结果与实验室方法（GB/T 256—1988）对比。表 10-15 为一段时期内基础油初馏点和终馏点

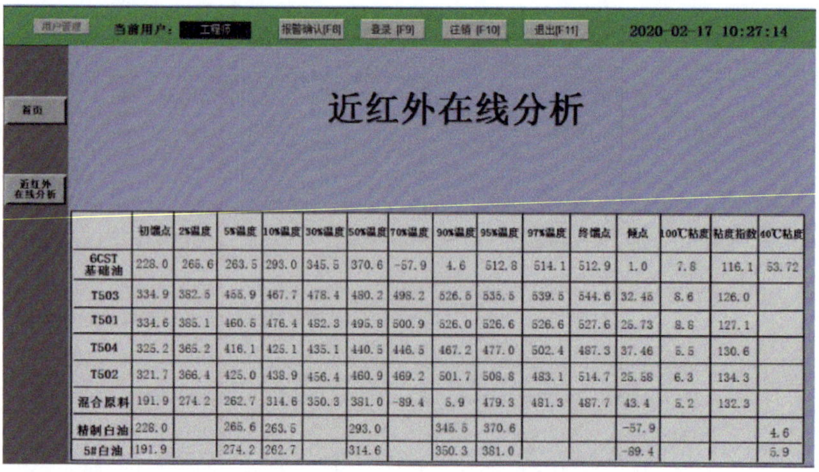

图 10-13　润滑油加氢异构装置六流路分析结果界面

在线分析结果与实验室方法（GB/T 9168—1997）对比，表 10-16 为一段时期内基础油 100 ℃黏度和 40 ℃黏度在线分析结果与实验室方法（GB/T 256—1988）对比，表 10-17 为一段时期内基础油倾点和黏度指数在线分析结果与实验室方法（GB/T 256—1988）对比。从表 10-13～表 10-17 可以看出，加氢裂化尾油初馏点和终馏点在线近红外分析与实验室方法实测值之间差值大多不大于 10 ℃，加氢裂化尾油 100 ℃黏度和黏度指数在线分析结果与实验室方法实测值之间差值大多不大于 0.2 mm²/s 和 2 个黏度指数单位；基础油初馏点和终馏点在线近红外分析与实验室方法实测值之间差值大多不大于 6 ℃，基础油 100 ℃黏度和 40 ℃黏度在线分析结果与实验室方法实测值之间差值大多不大于 0.15 mm²/s 和 0.9 mm²/s，基础油倾点和黏度指数在线分析结果与实验室方法实测值之间差值大多不大于 3 ℃和 2 个黏度指数单位。从加氢尾油和基础油各性质的预测标准偏差（SEP）可以看出，在 90% 置信度范围内，在线近红外分析结果与实验室方法所得结果之间有很好的一致性，在线近红外分析系统在整体性能上满足工业现场快速分析的需求。

表 10-13　加氢裂化尾油初馏点和终馏点在线近红外分析与实验室方法对比

日期	初馏点/℃			终馏点/℃		
	实验室	在线 NIR	偏差	实验室	在线 NIR	偏差
2019-12-19	334	333	−1	524	537	13
2019-12-20	339	333	−6	527	535	8
2019-12-21	336	331	−5	517	528	11
2019-12-23	337	334	−3	530	531	1
2020-01-05	333	337	4	541	542	1
2020-01-06	328	333	5	542	542	0
2020-01-07	316	333	17	538	536	−2
2020-01-08	338	333	−5	530	529	−1
2020-01-09	335	331	−4	538	532	−6
2020-01-23	337	338	1	528	528	0
2020-01-24	329	339	10	542	534	−8
2020-01-25	341	340	−1	527	533	6

续表

日 期	初馏点/℃			终馏点/℃		
	实验室	在线 NIR	偏差	实验室	在线 NIR	偏差
2020-01-26	341	336	−5	522	519	−3
2020-01-27	336	335	−1	521	516	−5
2020-01-28	321	337	16	525	518	−7
2020-01-30	327	332	5	524	518	−6
2020-01-31	323	330	7	523	518	−5
2020-02-21	330	336	6	532	533	1
2020-02-22	331	335	4	529	532	3
2020-03-08	329	336	7	529	536	7
2020-03-09	335	333	−2	535	535	0
2020-03-10	334	338	4	536	543	7
2020-03-11	334	333	−1	548	546	−2
2020-03-12	330	332	2	543	544	1
2020-03-15	317	332	15	526	540	14
2020-03-16	342	334	−8	525	535	10
2020-03-29	328	333	5	518	529	11
2020-03-31	343	333	−10	530	533	3
SEP			7			6

表 10-14　加氢裂化尾油 100 ℃黏度和黏度指数在线近红外分析与实验室方法值对比

日 期	100 ℃黏度/(mm²/s)			黏度指数		
	实验室	在线 NIR	偏差	实验室	在线 NIR	偏差
2019-12-19	8.948	8.823	−0.125	137	137	0
2019-12-20	9.047	8.995	−0.052	140	140	0
2019-12-21	9.019	8.902	−0.117	137	139	2
2019-12-23	8.967	8.659	−0.308	131	133	2
2020-01-05	8.889	8.948	0.059	131	131	0
2020-01-06	8.835	8.711	−0.124	134	134	0
2020-01-07	8.864	8.904	0.040	132	134	2
2020-01-08	8.948	8.864	−0.084	139	137	−2
2020-01-09	8.997	8.967	−0.030	136	135	−1
2020-01-23	8.961	9.020	0.059	135	132	−3
2020-01-24	8.927	9.031	0.104	133	135	2
2020-01-25	8.966	9.047	0.081	136	134	−2
2020-01-26	9.036	9.151	0.115	136	134	−2
2020-01-27	8.975	9.077	0.102	137	134	−3
2020-01-28	9.070	9.064	−0.006	134	132	−2
2020-01-30	9.046	9.270	0.224	136	136	0
2020-01-31	9.382	9.259	−0.123	137	137	0
2020-02-21	7.728	8.358	0.630	132	133	1
2020-02-22	8.894	8.415	−0.479	134	132	2
2020-03-08	9.003	8.676	−0.327	130	133	3

续表

日　　期	100 ℃黏度/(mm^2/s)			黏度指数		
	实验室	在线 NIR	偏差	实验室	在线 NIR	偏差
2020-03-09	9.128	8.716	−0.412	132	133	1
2020-03-10	9.061	9.058	−0.003	131	131	0
2020-03-11	9.136	8.938	−0.198	138	139	1
2020-03-12	8.893	8.900	0.007	137	139	2
2020-03-15	8.529	8.408	−0.121	136	138	2
2020-03-16	8.654	8.638	−0.016	133	136	3
2020-03-29	8.725	8.967	0.242	133	134	1
2020-03-31	8.853	9.568	0.715	137	137	0
SEP			0.261			2

表 10-15　基础油初馏点和终馏点在线近红外分析与实验室方法对比

日　　期	初馏点/℃			终馏点/℃		
	实验室	在线 NIR	偏差	实验室	在线 NIR	偏差
2020-01-05	305	300	−5	521	522	1
2020-01-06	304	299	−5	521	522	1
2020-01-07	308	304	−4	515	512	−3
2020-01-08	306	302	−4	507	511	4
2020-01-09	303	305	2	506	510	4
2020-01-23	301	302	1	503	506	3
2020-01-24	306	300	−6	504	507	3
2020-01-25	299	307	8	505	500	−5
2020-01-26	302	305	3	507	502	−5
2020-01-27	302	307	5	500	500	0
2020-01-28	302	309	7	504	500	−4
2020-01-30	307	311	4	501	495	−6
2020-02-01	310	310	0	501	499	−2
2020-02-21	307	308	1	498	501	3
2020-02-22	307	310	3	501	501	0
2020-03-08	324	317	−7	503	505	2
2020-03-09	320	316	−4	495	495	0
2020-03-10	320	315	−5	495	504	9
2020-03-11	315	316	1	496	500	4
2020-03-12	322	313	−9	503	502	−1
2020-03-15	320	320	0	497	495	−2
2020-03-16	319	321	2	494	499	5
2020-03-29	312	318	6	494	504	10
2020-03-31	317	315	−2	499	503	4
2020-04-01	310	319	9	496	502	6
2020-04-02	314	310	−4	493	500	7
SEP			5.0			4

表 10-16　基础油黏度在线近红外分析与实验室方法对比

日　期	100 ℃ 黏度/(mm²/s)			40 ℃ 黏度/(mm²/s)		
	实验室	在线 NIR	偏差	实验室	在线 NIR	偏差
2020-01-05	5.946	5.825	−0.121	35.16	35.42	0.26
2020-01-06	5.432	5.578	0.146	30.55	31.15	0.59
2020-01-07	5.630	5.775	0.145	32.25	32.82	0.57
2020-01-08	5.535	5.577	0.042	31.30	30.34	−0.96
2020-01-09	5.614	5.820	0.206	32.09	33.33	1.24
2020-01-23	6.055	5.952	−0.103	35.67	35.42	−0.25
2020-01-24	6.206	6.057	−0.149	35.65	35.14	−0.51
2020-01-25	6.057	6.051	−0.006	34.24	34.85	0.61
2020-01-26	6.064	5.967	−0.097	34.47	34.14	−0.33
2020-01-27	5.957	5.954	−0.003	34.87	34.72	−0.15
2020-01-28	5.878	5.937	0.059	34.90	35.17	0.27
2020-01-30	5.767	5.806	0.039	33.75	33.86	0.10
2020-02-01	5.729	5.747	0.018	34.05	34.39	0.34
2020-02-21	5.732	5.590	−0.142	34.06	33.22	−0.84
2020-02-22	5.431	5.635	0.204	31.07	32.81	1.74
2020-03-08	5.450	5.647	0.197	31.29	32.75	1.46
2020-03-09	5.503	5.649	0.146	31.32	32.07	0.75
2020-03-10	5.581	5.890	0.309	32.06	34.21	2.15
2020-03-11	5.557	5.850	0.293	31.90	34.10	2.20
2020-03-12	5.948	5.796	−0.152	35.44	35.58	0.14
2020-03-15	6.037	6.141	0.104	34.72	35.59	0.87
2020-03-16	6.117	6.126	0.009	34.88	34.81	−0.07
2020-03-29	5.901	5.877	−0.024	35.15	34.11	−1.04
2020-03-31	5.884	5.809	−0.075	35.13	34.00	−1.13
2020-04-01	5.550	5.716	0.166	32.00	32.65	0.65
2020-04-02	5.590	5.658	0.068	31.86	31.84	−0.02
SEP			0.151			1.01

表 10-17　基础油倾点和黏度指数在线近红外分析与实验室方法对比

日　期	倾点/℃			黏度指数		
	实验室	在线 NIR	偏差	实验室	在线 NIR	偏差
2020-01-05	−24	−23	1	113	113	0
2020-01-06	−27	−22	5	111	112	1
2020-01-07	−24	−23	1	113	113	0
2020-01-08	−24	−24	0	114	112	−2
2020-01-09	−24	−23	1	114	112	−2
2020-01-23	−24	−23	1	114	113	−1
2020-01-24	−21	−20	1	114	114	0
2020-01-25	−21	−22	−1	114	112	−2
2020-01-26	−21	−23	−2	116	116	0
2020-01-27	−21	−22	−1	119	120	1

续表

日　期	倾点/℃			黏度指数		
	实验室	在线 NIR	偏差	实验室	在线 NIR	偏差
2020-01-28	−21	−22	−1	119	120	1
2020-01-30	−18	−21	−3	122	122	0
2020-02-01	−18	−21	−3	123	123	0
2020-02-21	−18	−21	−3	124	122	−2
2020-02-22	−15	−22	−7	124	123	−1
2020-03-08	−18	−21	−3	123	122	−1
2020-03-09	−24	−21	3	123	121	−2
2020-03-10	−18	−20	−2	120	121	1
2020-03-11	−18	−20	−2	115	114	−1
2020-03-12	−18	−20	−2	114	114	0
2020-03-15	−21	−21	0	111	111	0
2020-03-16	−21	−20	1	114	115	1
2020-03-29	−21	−21	0	117	112	−5
2020-03-31	−24	−21	3	111	111	0
2020-04-01	−24	−21	3	112	111	−1
2020-04-02	−24	−20	4	111	112	1
SEP			3			1

与原料加氢裂化尾油相比，通过润滑油加氢异构装置处理所得产物基础油的初馏点和终馏点均有 20～30 ℃的下降，100 ℃黏度降低 2～3 mm^2/s，黏度指数降低 10～20，基础油的 40 ℃黏度为 30～36 mm^2/s，倾点低于−18 ℃。结合先进过程控制（APC）系统，装置操作人员可根据润滑油加氢异构装置进料加氢裂化尾油和产物基础油黏度指数的变化对装置操作条件进行调节。在装置压力、空速、氢油比和处理量相对稳定的条件下，通过适当提高润滑油加氢异构装置中异构降凝反应器温度，可以减少基础油的黏度指数损失。通过降低加氢精制反应器温度，使基础油中的芳烃能够深度饱和加氢，提高基础油氧化安定性，确保生产出质量合格的基础油产品。

10.2.4　小结

通过配置在线近红外分析系统、应用所建加氢裂化尾油和基础油多性质近红外分析模型，在国内首次将在线近红外光谱分析技术应用于润滑油加氢异构装置，对加氢裂化尾油和基础油进行在线分析，可在 30 min 内完成对 6 路物料馏程、黏度、黏度指数和倾点的在线分析。加氢裂化尾油初馏点和终馏点的预测标准偏差分别为 7 ℃和 6 ℃，100 ℃黏度为 0.261 mm^2/s，黏度指数为 2；基础油初馏点和终馏点的预测标准偏差分别为 5 ℃和 6 ℃，100 ℃黏度为 0.151 mm^2/s，40 ℃黏度为 1.01 mm^2/s，倾点为 3 ℃，黏度指数为 1。在整体性能上满足工业现场快速分析的需求。

在润滑油加氢异构装置应用在线近红外光谱分析技术，除能显著提高分析效率、降低分析成本外，所得实时分析数据结合先进过程控制系统还可指导润滑油生产装置优化运行，在提高生产装置自动化和信息化水平的同时也可提高装置平稳运行能力。

参考文献

[1] 王子文,高杰,李洪辉,等.加氢法生产HVⅠⅡ/Ⅲ类基础油的技术途径与实践[J].润滑油,2017,32(3):54-57.
[2] 王艳斌,郭庆洲,陆婉珍.近红外分析方法测定润滑油基础油的化学族组成[J].石油化工,2001,30(3):224-227.
[3] 王艳斌,袁洪福,陆婉珍.近红外分析方法测定润滑油基础油黏度指数[J].润滑油,2001,16(6):53-56.
[4] 杨素,黄贤平,杨苏平.用近红外分析方法测定重质馏分油的化学族组成[J].红外,2006,27(4):20-24.
[5] 王谨.在线近红外分析仪在加氢尾油裂解装置中的应用[J].现代科学仪器,2013(2):157-159.
[6] 任小甜,褚小立,田松柏,等.减压馏分黏度指数的近红外预测研究[J].石油炼制与化工,2019,50(1):73-84.
[7] 杨星星.基于近红外汽车润滑油酸值、黏度及其掺伪的检测研究[R].武汉:武汉轻工大学,2020.
[8] 何顺德.石油产品调合的实用计算方法[J].浙江海洋学院学报,2012,31(3):280-284.
[9] Guillermo C. Testing various mixing rules for calculation of viscosity of petroleum blends[J]. Fuel,2011,90:3561-3570.
[10] 王一同.柴油加氢改质装置先进及优化控制技术的研究及应用[D].北京:北京化工大学,2018.
[11] 谢勇勇,费彦仁,谢六磊.重整连续装置实时优化系统应用[J].炼油技术与工程,2021,51(10):59-64.
[12] 许育鹏,刘丹,褚小立,等.在线近红外光谱分析技术在润滑油加氢异构装置上的应用[J].石油学报(石油加工),2022,38(3):729-738.

第 11 章
原油快评技术的研发与应用

随着我国原油品种和来源的不断多样化，及时获得原油评价数据对于原油市场交易和生产操作显得尤为必要。对炼厂而言，市场交易和原料的变化使炼厂常采用多种原油及混兑原油作为原料。同时，在原油蒸馏过程和管道输送过程中，原油的切换也使原油在管道中自然混合。由于不能及时监测原油性质，这种原油的频繁更换及混合使得原油蒸馏装置的高效操作很困难。在原油性质变化波动比较大的时候，操作人员一般根据温度、压力以及经验进行调整，这样就不得不在进行原油切换时留有一定的安全余地，使处理量降低，产品收率减小，操作费用增加。因此，市场和生产的发展要求开发快速测定原油性质的方法。

一般的原油评价包括实沸点（TBP）蒸馏曲线等多个分析过程，样品用量大，自动化程度低，分析时间长，不能满足原油快速质量检测和在线分析的要求。因此逐步发展了气相色谱模拟蒸馏法，该方法虽然大大减少了分析时间和样品用量，提高了自动化程度，但单次分析时间仍需 4h 以上，而且操作复杂，很难实现在线质量监控。采用近红外分析技术则可以建立快速、准确、简单的原油性质测定方法，从而提供及时、准确的数据，便于进行实时监控及快速质量检测。

国外石化公司一直非常注重近红外光谱分析方法的开发和应用[1-5]。在近红外光谱原油快速评价方面，可将该技术与先进控制和优化技术结合，优化原油蒸馏装置（Crude Distillation Unit，CDU）的操作，在原油品种剧烈变化时保证装置操作的平稳运行，实现装置生产的最优化。在该技术中，近红外光谱同时测定原油及各馏分的性质，由于提前得到原油的性质，可以在原油切换过程中优化生产装置的操作，同时还可以根据原油性质优化产品，使装置的经济效益达到最大化。

1987 年英国石油公司（BP）获得第一批用近红外光谱技术测辛烷值的专利。BP 公司在该技术的基础上，将近红外技术应用到石化的各个领域，采用拓扑学技术，以光谱数据库方法取代以往用大量样本建立模型的方法。在近红外原油评价方面，该技术首先应用于 BP Oil Lavera 炼油厂，在线监控原油的密度和实沸点蒸馏数据，根据进料性质及时调整操作参数，因而可以最大限度地发挥装置的加工能力，带来可观的经济效益（年收益约 190 万美元）。

2001 年 ABB 公司购买了这一技术，并且和 INTERTEK 公司合作建立全球原油数据库，还与近红外光谱结合，为用户提供"适时而又精确的原油特性分析服务"。该技术已经应用于多个炼厂和输油管线。其典型应用包括：①原油开采和管道输送，在采油平台、输油管线、油井源及炼油厂码头进行组分测量和质量保证；②油/气分离设备，前馈在线组分测量信息，可消除因原油组成的变化造成油/气分离设备的扰动；③原油贸易，便携式近红外光谱仪可对新到船运原油进行快速检测；④炼油厂，对从原油罐区到 CDU、FCC（Fluid Catalytic Cracking，流化催化裂化）的任何流路进行在线、现场和离线的油品分析以及与优化软件一起使用，优化原油储存管理和下游过程单元的操作。

2004 年，ABB 公司将 TOPNIR 近红外业务剥离，在法国成立 TOPNIR Systems 公司，该公司目前正积极开发应用近红外原油快速评价技术，如原油选择、鉴别、调和优化、实时性质测定等，以最大化 CDU 装置的收益，年收益达 200 万至 600 万美元。2005 年，TOPNIR 在哥伦比亚 Ecopetrol 公司完成原油监测优化工程，旨在识别表征整个原油生产网络，包括油井泵站及 Cartagena 和 Barrancabermeja 的炼厂。该技术可实时测定未知原油比例和性质，包括实沸点蒸馏曲线、酸值、硫含量、API 度。采用这套系统可以为炼厂带来每年数百万美元的效益。

从近红外光谱原油评价的国外应用情况来看，越来越多的石油或石化公司开始注重采用近红外光谱技术与先进控制和优化相结合，优化 CDU 装置操作，优化原油调和过程，使得生产收益达到最大化，从而取得可观的经济效益。

近红外光谱原油快速评价虽然在国外应用比较多，并且有了比较成熟的产品，但是国外的原油数据库主要以中东和欧美原油为主，缺乏适合我国原油特点的原油数据，同时作为专利技术的建模方法价格昂贵。因此，需要开发适合我国原油特点的具有自主知识产权的原油快速评价技术[6-13]。

11.1 原油近红外光谱数据库的建立

11.1.1 样本与方法

（1）原油样本

自项目启动，对原油近红外光谱数据库逐年（每年 30～50 种原油）进行扩充，目前原油近红外光谱数据库中已有 1100 多种原油。数据库中的原油种类基本覆盖了世界主要原油产区，绝大部分是我国炼厂常加工的原油种类，其中密度、硫含量、酸值的分布范围分别为 0.7687～1.009 g/cm^3、0.03%～7.8%、0.01～11.5 mgKOH/g，性质覆盖范围极宽，为工业实际应用奠定了基础。

这些原油的评价数据如密度、残炭、硫、氮、蜡、胶质和沥青质、实沸点（TBP）蒸馏曲线等均由现行的国标测得。这些原油对应的详细评价数据由中国石化原油评价数据库提供。

（2）近红外光谱的测定

用 Thermo Fisher 公司 Antaris Ⅱ 傅里叶变换型近红外光谱仪测定原油的近红外光谱，光谱范围 10000～3800 cm^{-1}，分辨率 8 cm^{-1}，累计扫描次数 64 次，透射测量方式。

几个典型原油的近红外光谱如图 11-1 所示。

（3）原油光谱-性质数据库

将测定的原油光谱及其对应的性质数据（密度、残炭、硫、氮、蜡、胶质和沥青质、TBP 蒸馏曲线等）通过"RIPP 化学计量学光谱分析软件 3.0 版本"进行编辑，生成标准矩阵式数据库。

数据库界面如图 11-2 所示。

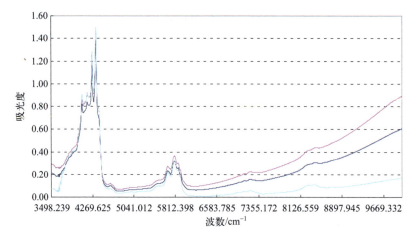

图 11-1 几个典型原油的近红外光谱图

ID	光谱文件名(nm)	API	密度	酸值	残炭	硫	氮	蜡	胶质	沥青质	65	80	100	120	140	165	180	200	220	240
44	05-8cm-046-c2-02.	19.69	0.9326	1.36	7.45	0.75	0.48	2.1	17.7	2.1										
45	05-8cm-047-c2-02.	29.50	0.8751	0.13	5.1	0.51	0.24	5.6	8.6	3.1	0.81	1.35	2.83	5.12	7.42	11.18	13.46	16.39	20.34	24.34
46	05-8cm-048-c2-02.	23.85	0.9074	1.13	4.54	0.49	0.26	1.9	11.4	0.2	0.42	0.72	1.54	2.37	3.85	5.36	6.59	8.72	10.78	13.94
47	05-8cm-049-b1-02.	28.44	0.8811	0.11	8.54	1.2	0.3	3	9.3	5.5	5.26	6.74	9.91	12.68	15.06	18.11	19.92	22.01	24.55	27.03
48	05-8cm-050-b1-02.	19.26	0.9351	0.22	13	1.91	0.36	2	12.5	10.3	3.32	5.28	8	9.96	12.48	15.18	16.48	17.73	19.03	20.75
49	05-8cm-051-c2-02.	30.37	0.8705	0.44	3.49	0.39	0.23	3.7	8.8	0.01	2.46	3.87	6.43	9.09	11.92	15.71	18.01	20.73	23.91	27.37
50	05-8cm-052-c2-02.	31.70	0.863	0.07	4.08	1.9	0.17	3.9	8.6	0.9	4.38	6.01	9.22	12.05	15.23	19.44	21.68	24.8	28.24	31.55
51	05-8cm-053-b1-02.	24.39	0.9042	0.54	6.59	0.34	0.39	16.4	18	0.6	0.92	1.4	2.42	3.25	4.28	5.96	6.96	8.32	9.99	11.89
52	05-8cm-054-c1-02.	37.34	0.8342	0.21	1.95	0.3	0.11	3.9	5.8	0.01	5.56	7.82	12.54	16.57	20.68	25.84	28.35	31.82	35.58	39.43
53	05-8cm-055-c2-02.	20.66	0.9271	2.15	6.04	0.6	0.36	3.6	20.2	2.4	0.38	0.81	1.64	2.63	3.87	5.18	7.1	8.69	10.73	13.18
54	05-8cm-056-c2-02.	26.76	0.8904	0.18	8.01	1.4	0.28	5.2	10.4	4.5	1.68	2.43	4.22	6.22	7.75	10.72	12.53	14.85	17.6	20.32
55	05-8cm-057-c1-02.	31.70	0.8632	0.43	2.35	0.08	0.08	4.46	6.5	0.73	1.72	2.55	4.87	6.73	9.01	12.28	14.33	16.96	20.1	23.19
56	05-8cm-058-c2-02.	29.54	0.8750	0.17	2.76	0.16	0.24	14.7	9.6	0.01	1.39	2.17	3.79	5.44	7.21	9.72	11.23	12.97	15.57	18.22
57	05-8cm-059-b1-02.	38.49	0.8285	0.06	5.07	0.15	0.08	16.6	8.2	0.01	4.9	6.11	8.72	11.29	14.16	17.66	19.69	22.07	24.94	27.86
58	05-8cm-060-c2-02.	31.63	0.8637	0.2	3.63	0.1	0.16	41.3	10.4	0.01	0.19	0.46	0.83	1.44	2.36	3.73	4.77	6.11	7.7	9.56
59	05-8cm-061-c1-02.	43.75	0.8029	0.14	0.86	0.051	0.039	8.84	2.39	0.01	4.15	6.84	10.63	14.52	19.67	25.16	28.51	32.49	34.5	38.31
60	05-8cm-062-c1-02.	38.80	0.8270	0.09	2.08	0.84	0.07	4.6	3.7	0.01	5.74	7.26	10.84	14.39	18.28	23.5	26.43	30.27	34.22	37.91

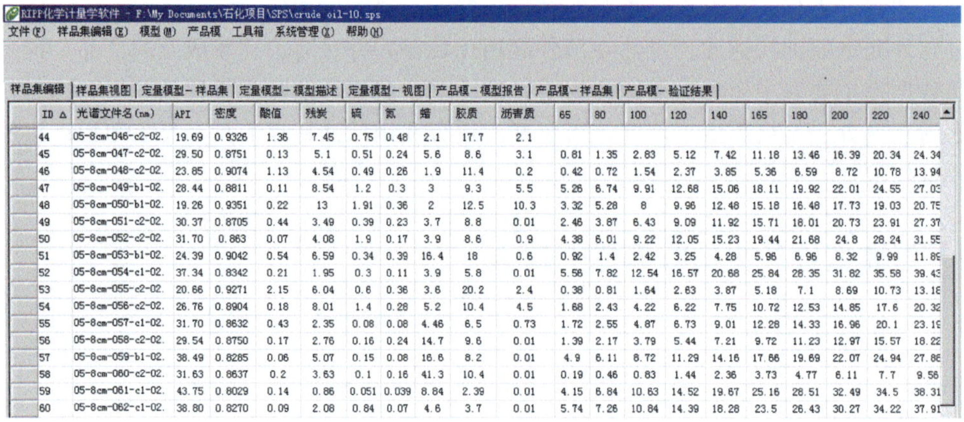

图 11-2 原油近红外光谱数据库界面

11.1.2 原油主要性质的预测分析

(1) PLS 校正模型的建立

研究初期，采用中国石化石油化工科学研究院编制的"RIPP 化学计量学光谱分析软件 3.0 版本"中的偏最小二乘（PLS）方法建立校正模型。模型建立前，选取 207 个原油构成校正集，选取 38 个原油作为验证集样本。光谱先经二阶导数处理，以消除样品颜色及基线漂移等因素的影响，然后由近红外光谱-性质相关系数图选取光谱区间 7000～3900 cm^{-1} 参与模型的建立，光谱最佳主因子数采用交互验证法所得预测残差平方和（PRESS 值）确定。采用马氏距离、光谱残差和最近邻距离 3 个指标判断模型对未知样本的适用性。

结果表明，密度、残炭、硫、氮、蜡、胶质、沥青质、TBP 蒸馏曲线交互验证得到的校正均方根标准偏差（RMSECV）分别为 0.0044 g/cm^3、0.67%、0.20%、0.05%、1.58%、1.84%、1.01%、2.0%。图 11-3～图 11-8 给出了部分性质的实际值与近红外光谱测定值之间的相关性，预测结果基本满足快速分析和过程分析的要求。

(2) PLS 预测分析

用以上得到的校正模型分别对验证集 38 个原油的密度、残炭、硫含量、氮含量、蜡含量、胶质含量、沥青质含量和 TBP 蒸馏曲线进行预测。

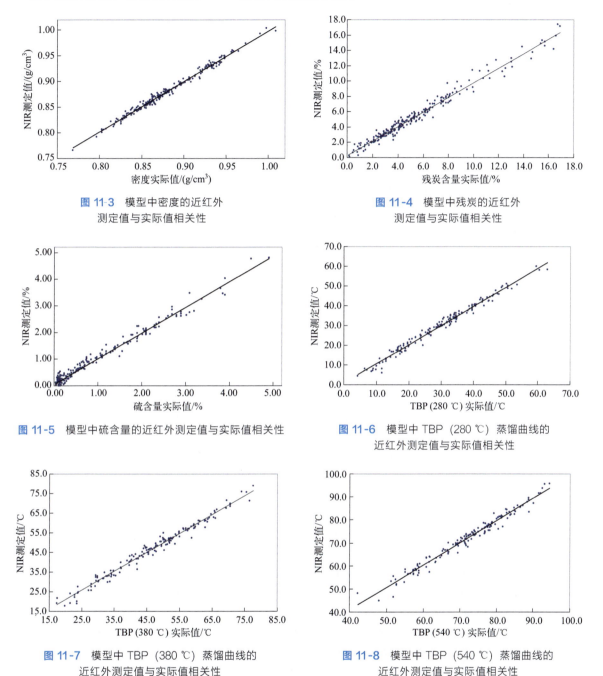

图 11-3　模型中密度的近红外测定值与实际值相关性

图 11-4　模型中残炭的近红外测定值与实际值相关性

图 11-5　模型中硫含量的近红外测定值与实际值相关性

图 11-6　模型中 TBP (280 ℃) 蒸馏曲线的近红外测定值与实际值相关性

图 11-7　模型中 TBP (380 ℃) 蒸馏曲线的近红外测定值与实际值相关性

图 11-8　模型中 TBP (540 ℃) 蒸馏曲线的近红外测定值与实际值相关性

与实测数据的对比结果表明，该方法可以准确地预测出原油的密度、残炭、硫含量、氮含量、蜡含量、胶质含量、沥青质含量，其预测均方根标准偏差（RMSEP）分别为 0.0046 g/cm³、0.43%、0.17%、0.089%、1.04%、1.57%、0.58%。表 11-1 给出了密度、残炭、硫含量和蜡含量的预测结果。图 11-9 为 3 个原油通过近红外光谱方法得到的 TBP 蒸馏曲线与实际结果的对比图。可以看出，两种方法得到的结果十分吻合。

表 11-1　NIR 方法对 38 个原油未知样本的预测结果与实测结果的对比

序号	密度/(g/cm³)			w(残炭)/%			w(硫)/%			w(蜡)/%		
	实际值	预测值	偏差	实际值	预测值	偏差	实际值	预测值	偏差	实际值	预测值	偏差
1	0.8557	0.8592	0.0035	4.34	4.94	0.60	2.04	2.14	0.10	3.5	4.0	0.5
2	0.8696	0.8715	0.0019	6.17	5.92	−0.25	2.40	2.57	0.17	5.3	4.0	−1.3
3	0.8051	0.8063	0.0012	1.09	1.22	0.13	0.13	0.18	0.05	3.2	2.1	−1.1
4	0.8704	0.8716	0.0012	5.91	5.94	0.03	3.02	2.65	−0.37	2.8	2.9	0.1
5	0.8706	0.8718	0.0012	5.32	5.32	0.00	0.10	0.16	0.06	27.6	28.6	1.0
6	0.8722	0.8738	0.0016	4.09	3.76	−0.33	0.22	0.06	−0.16	11.3	11.3	0.0
7	0.9064	0.9026	−0.0038	9.00	9.29	0.29	0.18	0.38	0.20	9.7	9.6	−0.1
8	0.8682	0.8633	−0.0049	2.99	2.82	−0.17	0.34	0.26	−0.08	3.8	6.3	2.5
9	0.8736	0.8781	0.0045	6.30	6.24	−0.06	2.02	1.92	−0.10	3.9	3.4	−0.5
10	0.9278	0.9251	−0.0027	6.16	6.22	0.06	1.50	1.10	−0.40	2.1	2.0	−0.1
11	0.8632	0.8544	−0.0088	3.79	2.94	−0.85	0.12	−0.01	−0.13	23.8	24.8	1.0
12	0.8612	0.8592	−0.0020	3.73	3.76	0.03	0.63	0.63	0.00	3.2	5.6	2.4
13	0.8479	0.8496	0.0017	3.57	4.00	0.43	0.05	−0.07	−0.12	28.6	27.3	−1.3
14	0.8572	0.8576	0.0004	4.10	3.97	−0.13	1.30	1.27	−0.03	3.1	3.5	0.4
15	0.8282	0.8263	−0.0019	2.12	2.22	0.10	1.20	1.53	0.33	4.4	4.1	−0.3
16	0.8763	0.8809	0.0046	3.08	3.16	0.08	0.28	0.37	0.09	1.5	1.5	0.0
17	0.8394	0.8496	0.0102	3.16	3.60	0.44	1.58	1.83	0.25	3.4	4.1	0.7
18	0.8384	0.8473	0.0089	2.29	2.88	0.59	0.59	0.83	0.24	2.5	1.9	−0.6
19	0.8224	0.8257	0.0033	1.87	2.00	0.13	0.15	0.16	0.01	11.3	11.9	0.6
20	0.9334	0.9264	−0.007	13.10	11.88	−1.22	2.20	1.94	−0.26	3.2	3.2	0.0
21	0.8825	0.8825	0.000	5.28	5.09	−0.19	0.13	0.23	0.10	21.2	20.6	−0.6
22	0.8374	0.8445	0.0071	2.68	2.92	0.24	0.41	0.35	−0.06	7.3	8.1	0.8
23	0.9256	0.9279	0.0023	6.88	7.03	0.15	0.95	1.03	0.08	8.1	8.7	0.6
24	0.8700	0.8754	0.0054	6.20	6.38	0.18	2.80	2.61	−0.20	2.7	3.7	1.0
25	0.8778	0.8795	0.0017	5.02	4.89	−0.13	1.20	1.20	0.00	4.5	6.7	2.2
26	0.9331	0.9292	−0.0039	13.00	12.52	−0.48	2.06	2.06	0.00	2.4	2.2	−0.2
27	0.9420	0.9323	−0.0097	7.62	6.73	−0.89	1.70	1.66	−0.04	7.5	8.0	0.5
28	0.8828	0.881	−0.0018	5.72	5.16	−0.56	0.52	0.55	0.03	3.7	4.8	1.1
29	0.8428	0.8459	0.0031	4.03	4.73	0.70	0.06	0.05	−0.01	23.4	21.7	−1.7
30	0.8171	0.8129	−0.0042	1.71	2.15	0.44	0.04	−0.03	−0.08	24.7	23.8	−0.9
31	0.8621	0.8656	0.0035	3.78	4.27	0.49	0.98	1.01	0.03	16.8	17.6	0.8
32	0.8740	0.8722	−0.0018	4.21	3.99	−0.22	0.55	0.64	0.09	3.4	4.3	0.9
33	0.8890	0.8955	0.0065	5.03	5.05	0.02	0.18	0.25	0.07	20.7	20.2	−0.5
34	0.8517	0.8568	0.0051	4.70	4.89	0.19	1.93	2.24	0.31	3.7	3.8	0.1
35	0.8642	0.8698	0.0056	4.37	4.69	0.32	0.55	0.56	0.01	5.5	5.5	0.0
36	0.8751	0.8745	−0.0006	5.10	5.79	0.69	0.51	0.54	0.03	5.6	5.9	0.3
37	0.9074	0.9049	−0.0025	4.54	4.64	0.1	0.49	0.51	0.02	1.9	3.9	2.0
38	0.9042	0.9032	−0.001	6.59	6.57	−0.02	0.34	0.60	0.26	16.4	14.7	−1.7
RMSEP			0.0046			0.43			1.04			0.17

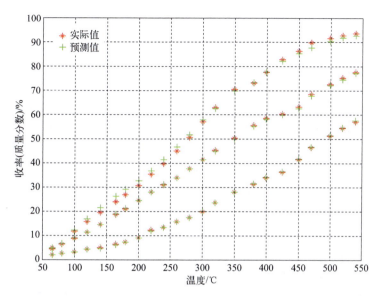

图 11-9 近红外光谱方法对 3 个原油未知样本 TBP 蒸馏曲线的预测结果与实际结果的对比

38 个原油的预测结果表明，近红外光谱测定原油 TBP 蒸馏曲线（23 个温度点的累积质量收率：65 ℃，80 ℃，100 ℃，120 ℃，140 ℃，165 ℃，180 ℃，200 ℃，220 ℃，240 ℃，260 ℃，280 ℃，300 ℃，320 ℃，350 ℃，380 ℃，400 ℃，425 ℃，450 ℃，470 ℃，500 ℃，520 ℃，540 ℃）的平均预测标准偏差为 1.56%。

11.1.3 小结

基于上千个原油样本的近红外光谱和对应的原油评价数据建立了近红外光谱数据库，采用传统的 PLS 方法逐个性质建立校正模型。在模型的覆盖范围之内，近红外光谱可以较为准确地测定原油的密度、残炭、硫含量、氮含量、蜡含量、胶质含量和沥青质含量等指标。

11.2 原油种类快速识别的研究

在很多情况下，对于原油品质的评价不仅需要测定其基本性质（如密度、残炭值、酸值、硫含量、氮含量、蜡含量、沥青质含量和实沸点蒸馏曲线等），还需要测定原油各馏分油的物化性质。一个原油的分析评价项目有 100 余项，分析数据多达 200 余个，采用传统的多元校正方法［例如偏最小二乘（PLS）、支持向量机（SVM）和人工神经网络（ANN）等］逐个分析项目单独建立校正模型是行不通的，需要研究开发新的光谱计算方法，以解决百余项性质同时预测问题。

为此，该研究基于已建的原油近红外光谱数据库，根据光谱指纹特征建立了快速识别待测原油品种的方法。利用近红外光谱数据库识别原油类型，再从原油评价数据库中提取相应数据，快速完成原油评价。若光谱库中无完全匹配原油，该方法能提供相近原油名称和评价数据供参考。

由于原油的近红外光谱非常相似，利用传统的模式识别方法如距离方法或相关系数法等很难对组成相似的原油进行完全识别。为此，该研究基于移动窗口（Moving Window）概念，结合相关系数法，提出了一种用于原油近红外光谱快速识别的方法——移动窗口相关系数法（MW-CC）。识别结果表明，这种方法可以准确地对原油品种进行识别，并能给出不同原油近红外光谱之间详细的差异信息，为解析谱图提供有力帮助。

11.2.1 算法原理

传统的相关系数常用来比较两个光谱的相似程度，计算时所有光谱变量都参与运算，最终得到一个相关系数（R）值。

其计算公式如下：

$$R_{ij} = \frac{\sum_{k=1}^{n}(x_{ik}-\bar{x}_i)(x_{jk}-\bar{x}_j)}{\sqrt{\sum_{k=1}^{n}(x_{ik}-\bar{x}_i)^2 \sum_{k=1}^{n}(x_{jk}-\bar{x}_j)^2}}$$

式中，$\bar{x}_i$、$\bar{x}_j$ 分别为第 i 个和第 j 个光谱所有波长点吸光度的均值，n 为波长点数。两个光谱越接近，它们之间的相似系数越接近于 1（或 -1）。

移动窗口（Moving Window）概念已用于谱图的处理，如移动平滑方法和移动窗口的偏最小二乘方法等[5]，取得了较好的应用效果。其基本方法是选择一个宽度为 w 的光谱窗口，从整个光谱的第一个波长点开始往后移动，每次移动一个波长取样间隔，直至最后一个波长。落在窗口内的波长点为 k 到 $k+w-1$（其中 k 为起始波长点，w 为窗口宽度），这样就在整个光谱中依次选择出 $n-w$ 个包含 w 个波长点的子波长区。

移动窗口相关系数法是将移动窗口概念和传统相关系数法相结合的一种方法。对于要进行比较的两个光谱，在每个窗口子波长区都用传统的相关系数公式计算出其相关系数值，然后把得到的相关系数值与对应窗口的起始位置作图，得到移动相关系数图。从该图中可以方便地看出两个光谱之间的相似程度，若两个光谱完全相同则在整个光谱范围内的移动相关系数值都为 1，若两个光谱只是在某一区间存在差异则该区间的相关系数值将明显下降。显然，相比传统的基于整个光谱的相关系数法，这种移动窗口相关系数法可以分辨出存在细微差异的两个光谱，提高谱图的识别准确率，并有利于隐含信息的提取。

在移动窗口相关系数法中，窗口宽度 w 是关键的选择参数。小的窗口宽度有助于细节信息的辨别，但会存在不能准确识别同种原油的风险。大的窗口宽度可以排除外界测试条件如温度和湿度等的影响，但会存在错误识别的风险。因此，这一参数需要在实际应用时进行优化选择。

为消除样品颜色及基线漂移等因素的影响，首先对所有原油样本的近红外光谱进行二阶导数处理，然后进行小波变换（Db6），提取特征细节系数（Cd3）后再做归一化处理，并选取有效光谱范围构成原油近红外光谱数据阵，用于未知样本光谱的识别。

11.2.2 识别参数的选择

选取一个原油样本，分别重复测量 6 次光谱，其中一个光谱作为库光谱文件，其他 5 个光谱作为待识别光谱，对移动窗口相关系数的识别参数如光谱范围、窗口宽度以及阈值等进行选择。

图 11-10 给出了 2 个重复性光谱及其移动窗口相关系数图。从图中可以看出，在 4700～5300 cm^{-1} 范围内，尽管原油样品没有显著的吸收峰，但移动窗口相关系数（R）却表明这

2个重复光谱存在明显的差异，该区间主要是—OH 基团（如 H_2O）的吸收带，这可能是样品中微量水或测试环境中水分的差异引起的。因此，在对样本进行识别时，应将这段光谱区间扣除。

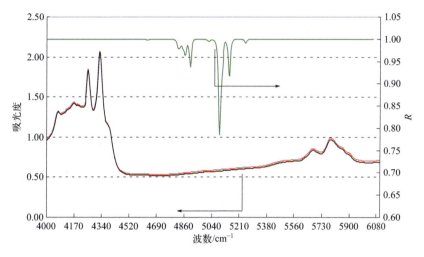

图 11-10　一个原油样本的 2 次重复性光谱及其移动窗口相关系数图

图 11-11 是这两个重复光谱扣除 4700～5300 cm^{-1} 区间的移动窗口相关系数。可以看出，在整个光谱范围内，移动窗口相关系数值都大于 0.9990，说明两个重复性光谱之间具有高度的相关性，可以判定其为同一个原油样本的光谱。所以，参与识别的光谱区间选择为 6100～5300 cm^{-1} 和 4700～4000 cm^{-1}。

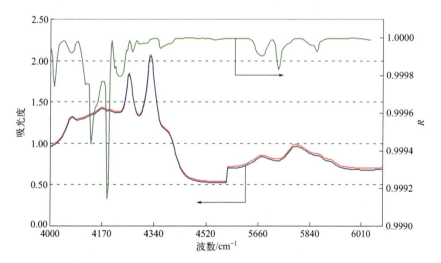

图 11-11　一个原油样本的 2 次重复性光谱及其移动窗口相关系数图（扣除 4700～5300 cm^{-1} 区间）

考察了移动窗口宽度对识别结果的影响。图 11-12 给出了窗口宽度分别取 7、9、11、15、17 点时两个重复性光谱间的移动窗口相关系数随窗口宽度的变化。可以看出，随着窗口宽度的增加移动窗口相关系数也随之变大，说明随着窗口宽度的增加一些细节的差异将被掩盖。但当窗口宽度过小时，会将一些外界如温度或仪器自身的微小变动等影响因素扩大，产生伪信息，给识别带来误差。综合以上因素，最终确定窗口宽度选择为 11。

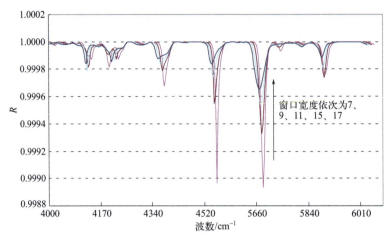

图 11-12　两个重复性光谱间的移动窗口相关系数随窗口宽度的变化

为自动识别原油的近红外光谱图，根据每个窗口的移动相关系数值定义了一个识别参数 $Q=\sum_{i=1}^{n-w+1} R_i$（其中 n 为波长点数，w 为移动窗口宽度）。根据光谱的重复性测量误差确定了识别为同种原油的阈值 $Q_t=n-w-0.15$，而且每个窗口的移动相关系数值不小于 0.9900。在本试验条件下，n 为 289，w 取 11，所以阈值 $Q_t=277.85$。对一未知原油进行识别时，只有以上两个条件都满足时，才能判定目标识别结果成功。

图 11-13 给出了两种极为相似的原油（伊朗轻质和伊朗重质）光谱间的移动窗口相关系数图。可以看出每个窗口的移动相关系数值不小于 0.9900，但 Q 值为 272.7181，小于阈值 Q_t（277.85），说明两种原油尽管在组成上极为近似，但不属于同一品种的原油。

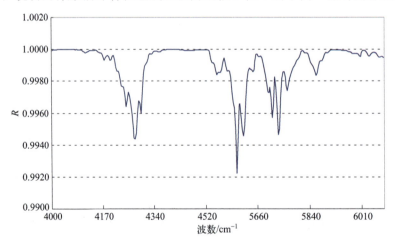

图 11-13　两种极为相似的原油光谱间的移动窗口相关系数图

图 11-14 为性质差异较大的两种原油（胜利原油和大庆原油）光谱间的移动窗口相关系数图。可以看出其窗口的移动相关系数存在着显著差异，很多窗口区间的移动相关系数都小于 0.600，说明这两种原油的组成和性质差异很大。

11.2.3　未知原油的识别

以收集到的 3 个原油（沙特轻质原油、塔河重质原油和玛瑞原油）作为未知原油样本，

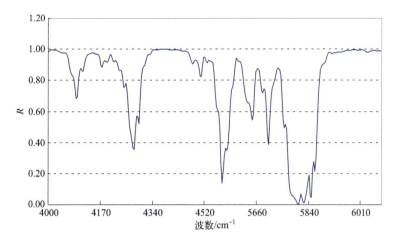

图 11-14　性质差异较大的两种原油光谱间的移动窗口相关系数图

用来验证移动窗口相关系数法的识别有效性。这 3 个原油与建立光谱库所用的样本同属一个油源，但取样时间相隔约半年。

图 11-15～图 11-17 分别为这 3 个未知原油光谱与库中最相关（Q 值最大）的 3 个光谱之间的移动相关系数图，其 Q 值分别为 277.9514、277.9675、277.89，都大于阈值 Q_t（277.85），而且每个窗口的移动相关系数值都大于 0.9900，光谱库中识别结果对应的原油名称也分别是沙特轻质原油、塔河重质原油、玛瑞原油，说明识别验证是成功的。3 个未知原油的评价数据与光谱原油数据库的评价数据进行对比的结果也表明所有性质结果都吻合较好，进一步证明了识别结果的可靠性。

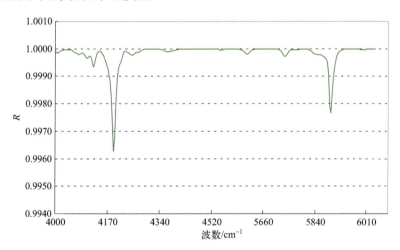

图 11-15　沙特轻质原油与光谱库中被识别原油间的移动窗口相关系数图

11.2.4　混兑原油的识别

选择两种基属相同但性质存在一定差异的环烷基原油，通过原油的混兑试验验证所建识别方法的灵敏性。分别以 1％、2％、3％、4％、5％ 的质量比例向 A 原油中添加 B 原油，得到 5 个不同混兑比例的混合原油，测定其近红外光谱，并按照上述方法计算这 5 个混兑原油光谱与原油 A 光谱间的移动窗口相关系数及 Q 值。

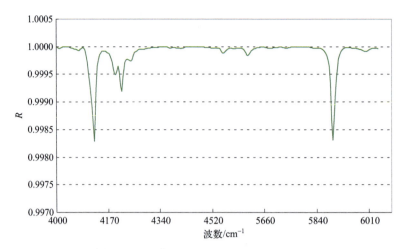

图 11-16　塔河重质原油与光谱库中被识别原油间的移动窗口相关系数图

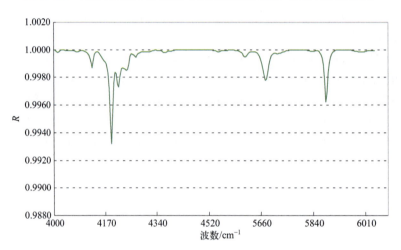

图 11-17　玛瑞原油与光谱库中被识别原油间的移动窗口相关系数图

图 11-18 给出了这 5 个混兑原油光谱与原油 A 的移动窗口相关系数图,其 Q 值分别为 277.9895、277.9594、277.9122、277.8495、277.7732。从以上结果可以看出,混兑比例在

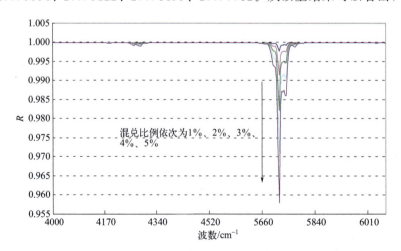

图 11-18　5 个混兑原油与纯原油光谱间的移动窗口相关系数图

2%以内时，由于近红外光谱的检测限和信息量等问题，该方法无法对其进行识别。但随着混兑比例的增加，光谱间移动窗口相关系数的差异渐趋明显。当混兑比例为3%时，已有部分窗口（5735 cm^{-1}附近）的移动相关系数值小于0.9900，而5735 cm^{-1}是芳环相连的甲基C—H吸收峰，说明这两种原油在含有这一官能团的组分上存在较大的差异。当混兑比例为4%时，Q值已小于阈值Q_t（277.85）。上述解析可知，若性质存在一定差异的两种原油混兑时，基于近红外光谱的这种原油识别方法对混兑比例的检测限约为3%。若混兑的原油性质差别较小，这一检测限还会相应提高，依原油间性质的差异程度改变。

11.2.5 小结

基于原油的近红外光谱技术提出了一种快速识别原油品种的方法——移动窗口相关系数法，确定了用于原油识别的光谱范围、移动窗口宽度和阈值等主要参数。对未知原油的识别结果表明，这种方法可以准确快速地识别出光谱库中已有的原油品种，结合原油评价数据库能够快速给出待测原油的性质数据，寻找出一种简易而可靠的原油评价分析数据快速预测方法。当原油中混兑了性质有一定差异的另一种原油时，若混兑比例大于3%，该方法也能给出满意的识别结果。对待测原油，若光谱库中没有相应的原油品种，可给出与其在组成上最相近的一种或多个原油品种以供参考。

11.3 预测原油混兑比例的研究

随着市场对油品需求的不断增长和国内原油资源的不足，炼油厂正在加工越来越多的进口原油和海洋原油，而且加工的品种不断增多，由于油种多、进厂批量少，原油掺炼的情况普遍存在。原油的合理掺炼不仅可以提高拔出率，而且当一种原油的性质不适应设备时可以通过原油的掺炼来改善，以提高处理量和改善产品质量等。因此，在进蒸馏装置前需要及时准确地测定混兑原油的比例。另外，原油管道输送过程中也会出现几种原油混合的情况，在输送末站也需要及时测定原油混合比例，以便得到所接收原油的性质状况。

目前，尚没有一种简易可行的方法快速准确地测定多种原油的混兑比例。可通过多个物性参数如密度、硫含量和黏度等推算出原油的混兑比例，但这种方法不仅需要测定多个物性参数，而且遇到原油间的物性参数相近时其推算结果与实际混兑情况偏离较大，很难满足实际应用需要。也可通过GC-MS测得的原油指纹参数计算出原油混兑比例[14]，但这需要昂贵的分析设备，也不适合现场或在线分析。

迄今为止，尚未见到用近红外光谱快速测定混兑原油比例的文献报道。该研究采用光谱模拟混兑方式建立了一种测定混兑原油比例的方法。试验结果表明，这种方法能够准确快速测定混兑原油的比例，可以与测定混兑原油的关键物化性质数据一起用于原油输送和原油调和等领域。

11.3.1 算法原理

采用光谱模拟混兑方式测定混兑原油的比例是基于朗伯-比尔定律。对于单种原油A和单种原油B以$m:n$的比例（质量比）混兑得到的混兑原油AB，若已知原油A和原油B的近红外光谱分别为s_A和s_B，则根据朗伯-比尔定律混兑原油AB的近红外光谱应为$s_{AB}=$

$(ms_A + ns_B)/(m+n)$。若想计算出混兑原油 AB 的混兑比例,只需要将光谱 s_A 和 s_B 按若干个比例进行模拟混兑,得到系列混兑后的理论光谱,然后选择一个特征波长下的吸光度和混兑比例,通过最小二乘拟合得到校正曲线。对于实际混兑原油样品,只需测定其近红外光谱,便可通过已建的校正曲线快速得到混兑比例。

但实际上,由于原油是一种极其复杂的混合物,而且原油存在混兑效应和仪器测量误差等原因,实际测得的混兑原油 AB 的近红外光谱会与理论计算得到的 s_{AB} 存在一定的差异,即严重偏离朗伯-比尔定律。因此,通过上述建立简单的校正曲线的方法不能得到精确的预测结果,须提取特征波长范围并结合回归分析(如主成分回归、偏最小二乘方法)建立校正模型。

为此,该研究提出了一种基于光谱模拟混兑方式测定原油混兑比例的方法。

方法的具体建立步骤如下:

(1) 按照原油的光谱和混兑比例,根据朗伯-比尔定律计算出一组混兑模拟光谱。对于 2 种原油混兑,按照图 11-19 的混兑比例计算出 41 个模拟光谱;对于 3 种原油混兑,按照图 11-20 的混兑比例计算出 66 个模拟光谱。

(2) 将以上混兑模拟光谱与对应的混兑比例组成校正集。

(3) 将混兑模拟光谱首先进行一阶或二阶导数处理,选取特征光谱区间,用偏最小二乘方法建立校正模型,最佳主因子数采用交互验证法选取。

(4) 对于实际混兑原油样品,测定其近红外光谱,通过已建的校正模型便可快速得到混兑比例。

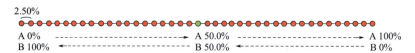

图 11-19　2 种原油光谱模拟混兑比例图

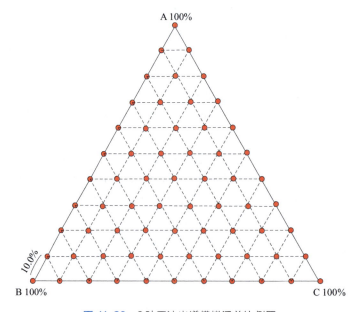

图 11-20　3 种原油光谱模拟混兑比例图

11.3.2 样本与方法

11.3.2.1 原油样品

选取 5 种原油（沙特轻质原油、胜利原油、塔西南原油、西西伯利亚原油和玛瑞原油）进行混兑，用于所建方法的试验验证。

5 种原油的主要性质见表 11-2。

表 11-2　试验所用原油及其主要性质

原油	属性	20 ℃密度/(g/cm³)	w(硫)/%	w(残炭)/%	w(胶质)/%	w(沥青质)/%
沙特轻质	中间基	0.8557	2.01	4.34	10.2	1.4
胜利	中间基	0.9256	0.95	6.88	20.1	0.7
塔西南	石蜡基	0.8031	0.08	0.95	2.1	0.1
西西伯利亚	中间基	0.8458	0.11	2.52	5.9	0.2
玛瑞	环烷基	0.9563	4.90	15.9	19.8	12.3

11.3.2.2 仪器

天平：Mettler-Toledo AB204-S 型电子天平，精度 0.1 mg。

近红外光谱仪：Thermo Fisher 公司 Antaris Ⅱ 傅里叶变换型近红外光谱仪，光谱范围 $10000 \sim 3800 \text{ cm}^{-1}$，分辨率 8 cm^{-1}，累计扫描次数 64 次，透射测量方式。

11.3.2.3 原油混兑

将胜利原油和塔西南原油经称重后按一定比例进行两种原油的混兑试验，共混兑了 3 个样品；塔西南原油和玛瑞原油混兑了 3 个样品；沙特轻质原油和西西伯利亚原油混兑了 6 个样品。实际混兑比例见表 11-3。混兑原油充分摇匀并静置 24 h 后测定其近红外光谱。

表 11-3　两种原油混兑的实际比例

编号	胜利原油混兑比例/%	塔西南原油混兑比例/%	玛瑞原油混兑比例/%	沙特轻质原油混兑比例/%	西西伯利亚原油混兑比例/%
hh-1	66.33	33.67	—	—	—
hh-2	56.14	43.86	—	—	—
hh-3	37.17	62.83	—	—	—
hh-4	—	66.33	33.67	—	—
hh-5	—	48.07	51.93	—	—
hh-6	—	32.79	67.21	—	—
hh-7				89.73	10.27
hh-8				78.82	21.18
hh-9				54.93	45.07
hh-10				38.64	61.36
hh-11				18.88	81.12
hh-12				8.75	91.25

将胜利原油、塔西南原油和西西伯利亚原油经称重后按一定比例进行 3 种原油的混兑试验，共混兑了 6 个样品。实际混兑比例见表 11-4。混兑原油充分摇匀并静置 24 h 后测定其近红外光谱。

表 11-4　3 种原油混兑的实际比例

编　号	胜利原油混兑比例/%	塔西南原油混兑比例/%	西西伯利亚原油混兑比例/%
hhh-1	30.91	34.52	34.57
hhh-2	24.18	50.67	25.16
hhh-3	17.20	34.39	48.41
hhh-4	51.53	27.08	21.39
hhh-5	54.21	22.91	22.88
hhh-6	22.11	59.08	18.81

11.3.3　混兑油的光谱分析

以两种原油混兑为例考察实测的混兑原油光谱与理论计算得到的光谱之间的差异。如图 11-21 所示,光谱 2 是近红外光谱仪实测的按 56.14%∶43.86% 比例将胜利原油和塔西南原油混兑后（hh-2 号样品）的光谱,光谱 3 是按照上述混兑比例通过朗伯-比尔定律计算得到的理论光谱,可以看出两者在 3800～7000 cm^{-1} 范围内吻合较好,但仍存在一定的差异,在一定程度上偏离了朗伯-比尔定律。因此,通过选取特征波长建立简单的混兑比例校正曲线将不能得到精确的预测结果,须采用选择波长区间结合因子回归分析（如主成分回归、偏最小二乘方法）通过建立校正模型的方法。

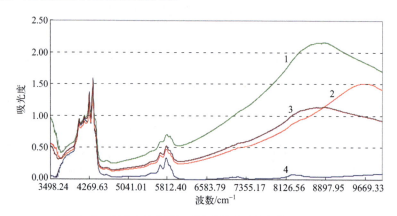

图 11-21　混兑原油光谱与理论计算得到的光谱之间的差异
1—胜利原油近红外光谱；2—理论计算的混兑原油 hh-2 的近红外光谱；
3—实测的混兑原油 hh-2 的近红外光谱；4—塔西南原油的近红外光谱

11.3.4　混兑比例校正模型的建立

对于两种原油混兑,由混兑前原油的近红外光谱,按照图 11-19 的混兑比例,根据朗伯-比尔定律由混兑前单种原油的近红外光谱计算出 41 个模拟光谱,图 11-22 给出了胜利原油和塔西南原油的 41 个两种原油模拟混合光谱。对于 3 种原油混兑,按照图 11-20 的混兑比例计算出 66 个模拟光谱,图 11-23 给出了胜利原油、塔西南原油和西西伯利亚原油的 66 个 3 种原油模拟混合光谱。

将混兑模拟光谱首先进行二阶导数处理,消除基线漂移等影响,并选取特征光谱区间 3800～7000 cm^{-1},然后与对应的混兑比例组成校正集,用偏最小二乘方法建立校正模型。

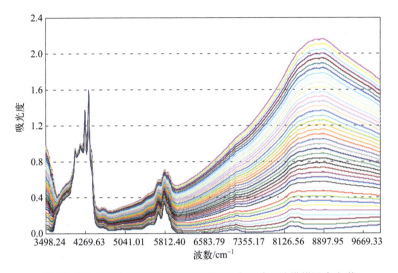

图 11-22　胜利原油和塔西南原油的 41 个两种原油模拟混合光谱

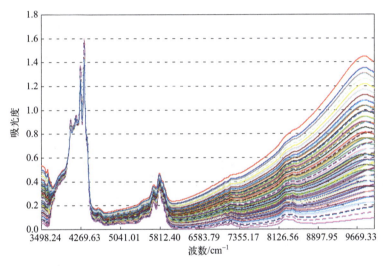

图 11-23　胜利原油、塔西南原油和西西伯利亚原油的 66 个 3 种原油模拟混合光谱

最佳主因子数采用交互验证法选取，根据试验，两种原油混兑的最佳主因子数选取 4，3 种原油混兑的最佳主因子数选取 5。按照以上步骤分别建立了胜利原油和塔西南原油、塔西南原油和玛瑞原油、沙特轻质原油和西西伯利亚原油两种原油混兑比例的近红外校正模型，以及胜利原油、塔西南原油和西西伯利亚原油 3 种原油混兑比例的近红外校正模型。

11.3.5　预测验证分析

对于实际混兑原油样品，首先测定其近红外光谱，进行二阶导数处理后，选取特征光谱区间 $3800\sim7000\ cm^{-1}$，通过已建的校正模型便可快速得到混兑比例。

表 11-5～表 11-7 给出了用所建两种原油混兑比例的校正模型对 3 组两种原油实际混兑样品的预测结果，表 11-8 给出了用所建 3 种原油混兑比例的校正模型对 6 个实际混兑样品的预测结果。对比实际的混兑比例可以看出，近红外光谱方法的预测结果与实际混兑比例之间的偏差小于 2.0%，说明这种方法可以准确快速地测定两种或 3 种原油的混兑比例。

表 11-5　近红外光谱方法对胜利和塔西南两种原油混兑比例的预测结果

编号	胜利原油混兑比例/%			塔西南原油混兑比例/%		
	实际值	预测值	偏差	实际值	预测值	偏差
hh-1	66.33	65.76	−0.57	33.67	34.28	0.61
hh-2	56.14	55.55	−0.59	43.86	44.48	0.62
hh-3	37.17	36.87	−0.30	62.83	63.16	0.33

表 11-6　近红外光谱方法对塔西南和玛瑞两种原油混兑比例的预测结果

编号	塔西南原油混兑比例/%			玛瑞原油混兑比例/%		
	实际值	预测值	偏差	实际值	预测值	偏差
hh-4	66.33	68.15	1.82	33.67	31.85	−1.82
hh-5	48.07	49.73	1.66	51.93	50.27	−1.66
hh-6	32.79	34.34	1.55	67.21	65.66	−1.55

表 11-7　近红外光谱方法对沙特轻质和西西伯利亚两种原油混兑比例的预测结果

编号	沙特轻质原油混兑比例/%			西西伯利亚原油混兑比例/%		
	实际值	预测值	偏差	实际值	预测值	偏差
hh-7	89.73	87.82	−1.91	10.27	12.14	1.87
hh-8	78.82	78.62	−0.20	21.18	21.34	0.16
hh-9	54.93	56.68	1.75	45.07	43.28	−1.79
hh-10	38.64	40.89	2.25	61.36	59.06	−2.30
hh-11	18.88	19.53	0.65	81.12	80.62	−0.50
hh-12	8.75	10.10	1.35	91.25	90.30	−0.95

表 11-8　近红外光谱方法对沙特轻质原油、塔西南原油和西西伯利亚原油混兑比例的预测结果

编号	胜利原油混兑比例/%			塔西南原油混兑比例/%			西西伯利亚原油混兑比例/%		
	实际值	预测值	偏差	实际值	预测值	偏差	实际值	预测值	偏差
hhh-1	30.91	29.22	1.69	34.52	35.37	−0.85	34.57	34.41	0.16
hhh-2	24.18	25.63	−1.45	50.67	51.31	−0.64	25.16	23.02	2.14
hhh-3	17.20	14.96	2.24	34.39	35.77	−1.38	48.41	49.01	−0.60
hhh-4	51.53	50.89	0.64	27.08	26.14	0.94	21.39	21.22	0.17
hhh-5	54.21	52.46	1.75	22.91	21.84	1.07	22.88	23.10	−1.22
hhh-6	22.11	21.45	0.66	59.08	59.41	−0.33	18.81	17.48	1.33

11.3.6　小结

该研究提出了一种利用近红外光谱快速测定原油混兑比例的方法。该方法采用混兑模拟光谱建模的方式，只需知道混兑前各单种原油的近红外光谱，便可准确快速地测定混兑原油的比例，很易实现近红外光谱校正模型的自动生成，因此非常适合在线分析。该方法可以与测定混兑原油的关键物化性质数据一起用于原油输送和原油调和等领域。

11.4　库光谱拟合方法用于原油评价的研究

建立定量校正模型常用的多元校正方法是偏最小二乘（PLS）、人工神经网络（ANN）

或支持向量回归（SVM）等，还需根据具体的应用对象对光谱进行预处理和光谱区间优选等操作，因所选参数多、多元校正方法较难理解和掌握等原因，模型的建立通常需要受过训练的专业人员完成，这成为制约该技术广泛推广使用的瓶颈问题，很多项目都因为校正模型维护不及时而不能发挥其应有的作用。

基于光谱模式识别的局部（Local）样本方法，可以在一定程度上解决模型频繁更新的问题。这种方法的基本思路是：根据光谱特征参数（如傅里叶系数、小波系数或主成分得分等）从光谱数据库中识别出最相近的一组样本，然后用这些样本通过特定计算方式得到最终的预测结果。在石化领域有一定应用的 TOPNIR 软件就是基于局部样本方法，主要用于炼油产品的近红外光谱分析，该方法通过不同化学基团的特征峰的吸光度构建不同性质的邻近指数来选取局部样本，采用加权平均方法计算最终结果。

局部样本方法可避免传统多元校正方法因样品组成等变动而需要频繁更新模型的弊病，但这种方法要求库中必须有与待测样本极其相似的光谱，否则将得到误差很大的结果。而且，针对特定的分析对象，用户仍需确定选取局部样品的识别方式以及如何基于这些局部样本得到最终预测结果的计算方法。采用不同的样品识别方式和计算方法，将得到差异很大的预测结果。因此，这类方法的应用推广也受到了一定限制。

该研究基于油品的近红外光谱库和光谱拟合技术提出一种新的性质预测方法——库光谱拟合方法（Library Spectra Fitting Method）。这种方法的基本思路是：基于光谱相似和性质相似的原理，通过光谱库中的一张或多张光谱对未知待测样本的光谱进行拟合，然后根据参与拟合光谱的性质计算出待测样本的性质。该方法与局部样本方法存在着显著差异，不需要从光谱库中识别与待测样本相似的光谱，库中是否存在相似样本并不影响其预测准确性，而且该方法操作简单，有望成为一种常用的光谱预测方法，以彻底解决困扰近红外光谱应用推广的模型维护问题。因油品是复杂的混合体系，不同样本间存在着严重的重叠组分，这种方法非常适合油品尤其是原油、馏分油或二次加工油的物化性质测定。

11.4.1 方法原理

如图 11-24 所示，库光谱拟合方法的基本思想是通过光谱库中的一组光谱对未知样本的光谱进行拟合表示，其化学实质在于未知样本可由一组库样本按一定比例混合而成，因此未知样本的待测性质可通过库样本的性质按照混合比例计算得出。对于线性加和的性质如组分含量可通过简单的线性组合计算，对于非线性的性质如凝点和黏度等则需要用到调和规则。

按下式用库光谱对未知样本光谱进行拟合，拟合方法可采用最小二乘法：

$$\hat{x} = \sum_{i=1}^{k} a_i v_i$$

式中，$\hat{x}$ 为库光谱拟合后的未知样本的光谱；v_i 表示光谱库中用于该未知样本拟合的一个库光谱；a_i 表示该库光谱对应的拟合系数；$\sum_{i=1}^{k} a_i = 1$，k 表示满足最佳拟合所需的库光谱个数。

若 x 为未知样本实测光谱，则光谱的拟合程度可用下式表示：

$$s = k \bigg/ \sqrt{\sum_{i=1}^{m} (\hat{x}_i - x_i)^2 / (m-1)}$$

式中，m 为光谱的波长点数；k 为常数，可取 0.001~1 之间的任何数值，该研究取 0.0002。

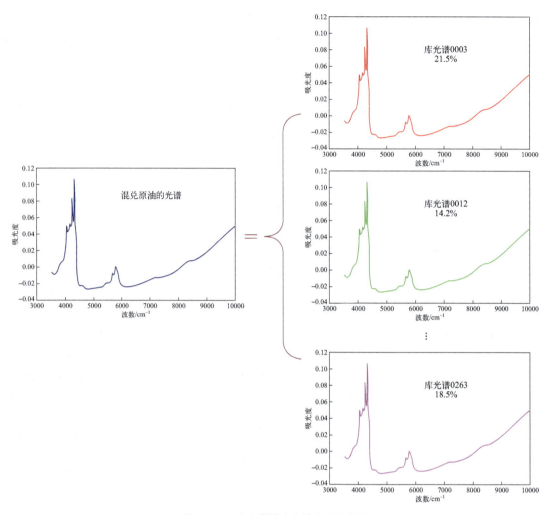

图 11-24　库光谱拟合方法原理示意图

s 是判断库光谱对未知样本拟合程度的指标，该值越大说明拟合程度越高，由此计算得到的预测性质越准确。如果 s 小于设定的阈值，说明拟合不完全，即未知样本不能完全由库光谱拟合表示，所以无法准确对其性质进行预测。拟合程度的阈值 s_v 可通过光谱测量的重复性确定。

若参与拟合的库样本对应的性质用 q 表示，则未知样本的性质预测值为 $\hat{y} = f(a_i, q_i)$（f 为待测性质的调和规则函数）。对于服从线性加和关系的组成如烯烃或芳烃含量等，可表示为 $\hat{y} = \sum_{i=1}^{k} a_i q_i$。对于非线性的性质如凝点和黏度等则需要用到非线性的调和规则函数。对于一些性质，尽管存在非线性调和效应，但在同一类样本中可近似为线性调和函数，如汽油的研究法辛烷值等。

在对未知样本光谱进行拟合前，可根据需要对未知样本光谱和库光谱进行预处理，如导数、均值化或归一化等，以消除基线漂移或光程差异带来的影响，并可选取最具特征的光谱范围参与拟合运算，以得到最佳的光谱拟合与性质预测结果。

11.4.2 原油光谱的拟合结果

以已建立的原油近红外光谱数据库为研究对象。未知样本光谱拟合前,将所有原油光谱进行二阶导数和归一化处理,并选取 3900~7000 cm^{-1} 光谱范围,从中随机选取 30 个原油光谱用作未知样本(验证集样本),剩余的原油光谱组成光谱库,并按其序号对库光谱进行编号,将其对应的性质数据组成性质数据阵。

基于库光谱,采用非负最小二乘方法对这 30 个未知样本分别进行拟合。拟合结果表明,原油不同,参与拟合的库光谱个数也不相同,从 2 个到 14 个变化不等,拟合系数也在 0.01~0.98 之间变动。图 11-25 为一个未知原油样本的实测光谱与拟合光谱的对比图,图 11-26 为实测光谱与拟合光谱之间的差谱,表 11-9 给出了参与该未知样本光谱拟合的 9 个库光谱编号及其拟合系数。可以看出,两光谱几乎完全重合,说明该未知样本的光谱可被这 9 个库光谱很好地拟合表示。也就是将这 9 个库光谱分别乘以对应的拟合系数再加和就得到了拟合后的光谱,即如果将这 9 个库光谱对应的原油样本按拟合系数的比例进行混合,可得到与该未知样本几乎完全相同的原油。

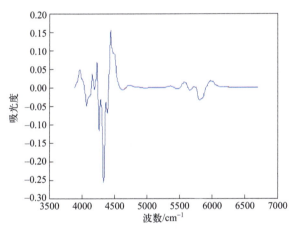

图 11-25 一个未知原油样本的实测光谱与拟合光谱的对比

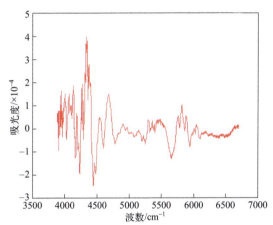

图 11-26 一个未知原油样本实测光谱与拟合光谱之间的差谱

表 11-9 参与一个未知原油样本拟合的库光谱及其拟合系数

序 号	库光谱编号	拟合系数
1	0003	0.0397
2	0017	0.0355
3	0041	0.1160
4	0076	0.0282
5	0078	0.0015
6	0084	0.5082
7	0089	0.0217
8	0093	0.1928
9	0103	0.0563

为判断光谱的拟合程度,计算 30 个样本光谱拟合的 s 值,其结果如图 11-27 所示。从 30 个未知样本中随机选取 1 个样本进行 5 次光谱重复性测量,以得到判断是否拟合完全的

阈值 s_v。阈值 s_v 的计算过程如下：首先用建库时的谱图预处理方法和光谱范围对这5张重复性光谱进行处理，然后找出其中相差最大的两张光谱，计算这两张重复性光谱的 s 值，考虑到测试环境变动和仪器稳定性等因素，将其乘以系数 0.75 便得到阈值 s_v（计算结果为 4.25）。从图 11-27 可以看出所有未知样本的 s 值都低于阈值 s_v，说明这 30 个未知样本都得到了较好的拟合。

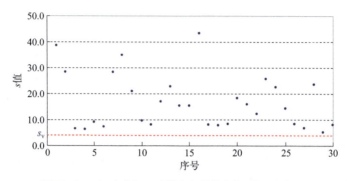

图 11-27 30个未知原油样本光谱拟合的 s 值和阈值 s_v

11.4.3 性质预测分析

用以上光谱拟合得到的拟合系数分别对原油的密度、残炭、硫含量、氮含量和 TBP 蒸馏曲线以及重整汽油的研究法辛烷值（RON）进行预测。这些性质都可近似视为线性加和的混合关系，因此，基于光谱拟合结果，从数据库中找出对应样本的性质数据，采用简单的线性加和关系式对未知样本的性质进行计算。

表 11-10 给出了采用库光谱拟合方法对 30 个未知原油样本进行计算得到的密度、残炭、硫含量、氮含量预测结果，与实际值的对比结果表明，该方法可以准确地预测出原油的密度、残炭、硫含量、氮含量，其预测均方根标准偏差（RMSEP）分别为 0.44 g/cm³、0.34%、0.094%、0.0062%。图 11-28 为 3 个原油通过该方法得到的 TBP 蒸馏曲线与实测结果的对比图，可以看出两种方法得到的结果十分吻合。

表 11-10 库光谱拟合方法对 30 个未知原油样本的预测结果与实际值对比

序号	密度/(g/cm³)			w(残炭)/%			w(硫)/%			w(氮)/%		
	实际值	预测值	偏差	实际值	预测值	偏差	实际值	预测值	偏差	实际值	预测值	偏差
1	0.9283	0.9250	−0.0033	12.18	11.17	1.01	2.06	2.00	0.06	0.31	0.30	0.01
2	0.8697	0.8697	0.0000	4.60	4.31	0.29	0.52	0.48	0.04	0.22	0.21	0.00
3	0.8698	0.8704	0.0006	3.81	3.69	0.12	0.27	0.25	0.01	0.19	0.19	−0.01
4	0.9955	0.9887	−0.0068	16.72	15.66	1.06	4.81	4.51	0.29	0.49	0.47	0.02
5	0.8650	0.8619	−0.0031	5.49	5.56	−0.07	0.81	0.81	0.00	0.14	0.13	0.01
6	0.8894	0.8869	−0.0025	8.09	7.84	0.25	1.31	1.26	0.04	0.21	0.20	0.01
7	0.8870	0.8847	−0.0023	7.23	7.13	0.10	1.16	1.19	−0.03	0.14	0.13	0.01
8	0.8594	0.8559	−0.0035	4.81	4.62	0.19	1.18	1.21	−0.02	0.14	0.13	0.01
9	0.8551	0.8555	0.0004	3.92	3.80	0.12	1.38	1.32	0.06	0.17	0.16	0.01
10	0.8640	0.8635	−0.0005	3.81	3.98	−0.17	0.05	0.03	0.02	0.19	0.19	0.00
11	0.8749	0.8743	−0.0006	6.36	6.46	−0.10	1.33	1.32	0.00	0.20	0.20	0.00

续表

序号	密度/(g/cm³)			w(残炭)/%			w(硫)/%			w(氮)/%		
	实际值	预测值	偏差	实际值	预测值	偏差	实际值	预测值	偏差	实际值	预测值	偏差
12	0.8714	0.8720	0.0006	5.62	5.83	−0.21	2.52	2.42	0.10	0.14	0.15	−0.01
13	0.8275	0.8282	0.0007	1.80	2.06	−0.26	1.17	1.23	−0.06	0.06	0.06	0.00
14	0.8260	0.8341	0.0081	2.07	2.66	−0.59	1.54	1.40	0.14	0.05	0.08	−0.03
15	0.8523	0.8533	0.0010	4.01	4.05	−0.04	1.83	1.77	0.06	0.12	0.12	−0.01
16	0.8764	0.8754	−0.0010	6.00	5.72	0.28	1.76	1.70	0.07	0.21	0.21	0.01
17	0.8702	0.8689	−0.0013	4.21	4.18	0.03	0.57	0.58	−0.01	0.26	0.25	0.01
18	0.9374	0.9386	0.0012	13.04	13.45	−0.41	1.86	1.89	−0.03	0.32	0.32	0.00
19	0.8457	0.8436	−0.0021	2.97	3.01	−0.04	0.41	0.42	−0.01	0.18	0.17	0.00
20	0.9273	0.9267	−0.0006	11.61	11.68	−0.07	1.90	1.91	−0.01	0.31	0.30	0.00
21	0.9388	0.9370	−0.0018	13.47	13.13	0.34	1.86	1.84	0.03	0.32	0.32	0.01
22	0.9450	0.9444	−0.0006	14.49	14.22	0.27	1.88	1.88	0.00	0.34	0.33	0.00
23	0.8529	0.8538	0.0009	3.35	3.31	0.04	0.57	0.57	−0.01	0.21	0.21	0.00
24	0.8399	0.8398	−0.0001	2.43	2.48	−0.05	0.40	0.42	−0.02	0.17	0.16	0.00
25	0.8748	0.8742	−0.0006	5.99	5.91	0.08	2.34	2.33	0.02	0.14	0.15	0.00
26	0.8613	0.8605	−0.0008	4.70	4.54	0.16	2.16	2.11	0.05	0.11	0.11	0.00
27	0.8333	0.8339	0.0006	2.25	2.25	0.00	0.35	0.35	−0.01	0.14	0.14	0.00
28	0.9457	0.9454	−0.0003	14.29	14.17	0.12	1.86	1.86	0.00	0.34	0.34	0.00
29	0.8620	0.8624	0.0004	4.61	4.82	−0.21	2.12	2.16	−0.04	0.11	0.11	0.00
30	0.8643	0.8649	0.0006	2.17	2.11	0.06	3.12	3.10	−0.02	0.17	0.17	0.00
RMSEP			0.0025			0.34			0.094			0.0062

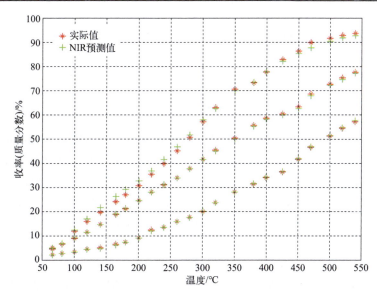

图 11-28 库光谱拟合方法对 3 个未知原油样本 TBP 蒸馏曲线的预测结果与实际值对比

30 个原油的预测结果表明，库光谱拟合方法测定原油 TBP 蒸馏曲线（23 个温度点的累积质量收率：65 ℃，80 ℃，100 ℃，120 ℃，140 ℃，165 ℃，180 ℃，200 ℃，220 ℃，240 ℃，260 ℃，280 ℃，300 ℃，320 ℃，350 ℃，380 ℃，400 ℃，425 ℃，450 ℃，470 ℃，

500 ℃，520 ℃，540 ℃）的平均预测标准偏差为 0.85%。

11.4.4 小结

该研究提出了一种创新的性质预测方法——库光谱拟合法。该方法依托于油品近红外光谱库和光谱拟合技术，遵循光谱相似性与性质相似性的基本原则，通过将油品光谱库中的单张或多张光谱与未知样本的光谱进行匹配，进而根据拟合所用样本的性质数据推算未知样本的性质。两个应用实例表明，该方法的预测准确性与传统多元校正方法相当，而且不需要建立校正模型，由于光谱库扩充简单方便，有望成为光谱定量分析的一种常用方法，以彻底解决困扰近红外光谱应用推广的模型维护问题。鉴于油品为复杂的混合物，样本间成分交叉重叠严重，库光谱拟合法特别适用于原油、分馏油和加工油等油品的物理化学性质分析。

11.5 原油快评技术的开发与应用

由于原油评价涉及的分析项目过于广泛，采用传统的近红外光谱分析方法逐个建立校正模型显然是行不通的。

针对我国加工原油的特点（除单油种原油外多数是混兑原油），基于 11.2、11.3、11.4 节的研究结果和中国石化原油评价数据库，提出了一整套原油快速评价的新思路和新方法：

（1）针对单油种原油，提出了根据光谱的指纹性快速直接识别待测原油品种的方法。首先通过近红外光谱数据库的光谱特征识别待测原油种类，然后从中国石化原油评价数据库中提取其评价数据以快速评价原油。若光谱库中无完全匹配的原油，该方法将提供一种或多种相近原油的名称和评价数据供参考。

（2）针对已知种类混兑原油的快速评价问题，提出了一种利用近红外光谱快速测定原油混兑比例的方法。该方法通过混兑模拟光谱建模，只需各单种原油的近红外光谱，就能快速准确地测定混兑原油比例。根据比例，可从中国石化原油评价数据库获取混兑原油的详细评价数据。该方法的创新点在于，传统的多元校正方法无法对数量少的几张光谱进行回归计算，该方法通过计算机产生模拟混兑的原油光谱，巧妙解决了已知种类原油的混兑比例计算问题。

（3）若参与混兑的原油种类未知，提出了一种库光谱拟合方法，该方法可解析出一组参与混兑的"伪原油种类"及其混兑比例。这些"伪原油种类"与实际参与混兑的原油可能存在差异，但从朗伯-比尔定律的光谱加和性来解释，利用这些"伪原油种类"的光谱及其混兑比例可得到实际待测混兑原油的光谱。由于"伪原油种类"的光谱是从原油近红外光谱数据库选出来的，结合中国石化原油评价数据库可计算出该混兑原油的详细评价数据。尽管这种方法起初是针对混兑原油提出的，实际上也适用于纯种类的原油，对于光谱库中不存在的原油种类可利用这种方法获得原油的详细评价数据。

如图 11-29 所示，上述研究成果形成了一套全新的原油快速评价方法，即：对于待测原油，首先根据其光谱采用移动窗口相关系数法从近红外光谱数据库中进行识别。若近红外光谱数据库中存在与待测原油一致的光谱，则可给出该待测原油的种类，进而利用中国石化原油评价数据库给出完整的详细评价数据；如果近红外光谱数据库中没有与待测原油一致的光谱，则采用库光谱拟合技术，从光谱数据库中解析出一组参与混兑的"伪原油种类"及其混兑比例，结合中国石化原油评价数据库可计算出该混兑原油的详细评价数据。对于已知种类的混兑原油，通过模拟混兑光谱构建校正模型可以迅速计算出原油的混兑比例，并据此获得该混兑原油的详细评价数据。

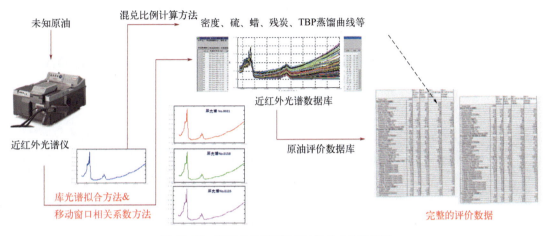

图 11-29　近红外光谱原油开始评价方法示意图

基于以上原油快速评价解决方案开发了近红外光谱原油快速评价系统，主要由近红外光谱仪器、原油快评软件、原油近红外光谱数据库以及辅助的原油评价数据库三部分组成（图 11-30）。它们的主要功能分别为：近红外光谱仪器负责采集原油的光谱信号；原油快评软件主要负责建立光谱数据库、识别原油种类、建立混兑原油分析方法以及快速评价未知原油性质等；原油近红外光谱数据库是原油快评的基础，为原油快评技术提供原油标准谱图和基础数据；原油评价数据库则为原油快评技术提供扩展的数据支持，通过原油评价数据库结合原油近红外光谱数据库可给出较为完整的原油评价数据。

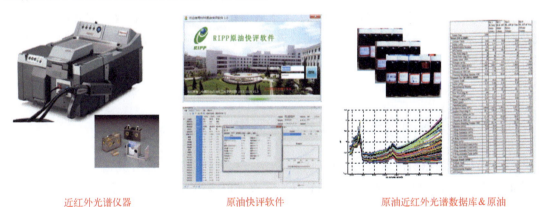

图 11-30　近红外原油快速评价系统构成示意图

原油快评软件由原油近红外光谱数据库管理模块、原油快评用户应用平台和原油快评辅助模块三部分组成。原油近红外光谱数据库管理平台（图 11-31）为单机桌面应用程序，主要包括光谱库、模型库、识别库、拟合库和方法维护等功能，其作用是利用原油近红外光谱和相应的原油性质数据建立原油近红外光谱数据库，并在此基础上建立预测原油性质数据的方法。原油快评用户应用平台（图 11-32）主要包括数据库和分析方法的选取、用户管理和参数设置等功能，其作用是调用原油近红外光谱数据库管理模块所建立的方法，对未知原油近红外光谱数据进行预测分析得到原油常规性质数据，还可以通过原油快评辅助模块计算出原油较为详细的评价数据，同时支持将原油性质数据上传到 LIMS。原油快评辅助模块由原油数据库和后台计算模块组成，为原油快评用户应用平台提供服务，由应用平台根据用户的需求发出指令，接收后通过后台计算返回所需的原油及馏分的部分性质数据。

图 11-31　原油近红外光谱数据库管理平台

图 11-32　原油快评用户应用平台

整套原油快评软件功能完备、界面简洁、角色划分也很清晰，可为用户分配不同的应用操作权限，以保证数据的安全管理和使用。原油近红外光谱数据库及快评方法的维护非常方便，不需要掌握专业的化学计量学知识，经过简单的培训便可熟悉使用。

2013 年 1 月，作为原油优化调和技术的主要组成部分，本项目研发的原油近红外光谱快评技术参与了中国石化十条龙攻关项目"镇海炼化原油调和国产化技术开发"的工业试验。整套快评系统安装在镇海炼化港储部化验室，主要由码头分析班对船样、罐样和管线原油进行分析，可以在 10 min 内得到原油的评价数据，评价数据通过 LIMS 传送至原油罐区资源管理系统和原油调和控制与优化系统，从而实现原油罐区的智能管理和原油调和的优化控制。该技术自正式运行，共计完成约 1160 个原油样品的分析，所有数据都通过 LIMS 系统及时送至原油调和系统。统计结果表明，该快评系统的准确度完全满足工业控制对分析数据准确性的要求。至今该系统仍在正常运行，及时为原油调和装置的优化控制提供分析数据。

11.6　Web 版原油快评技术的开发与应用

11.5 节研制的原油快评系统是基于单机版运行模式，原油近红外光谱数据库和原油评价数据库均安装在用户计算机上。该单机版方式存在以下两方面不足：第一，数据库、校正模型等需要现场部署、升级，模型维护较为不便；第二，RIPP 化学计量学软件是单机桌面可执行程序，会导致程序开发成本高、部署升级困难、可控制性差等，程序一旦发布后发现问题不能得到及时更正，当添加新功能后也不能保证用户可以及时更新，如果需求发生变更，需经过软件开发、测试、发行、安装、培训等一系列过程，周期较长。

为解决原油近红外光谱数据库专业化的实时维护、更新等技术问题，本项目开发了 Web 版原油快评软件系统，原油光谱数据库与校正模型存储在服务器主机上，位于终端的近红外光谱仪只负责采集光谱，用户通过网络传输将光谱传递给主机，主机将预测结果（原油评价数据）反馈给用户[15]。

Web 版原油快评技术对已有算法进行了改进提升，包括提高识别速度算法、提高识别成功率算法、提高快评结果稳健性和准确性算法。针对原油光谱识别速度慢问题，提出了一种将主成分分析和极坐标投影与移动窗口相关算系数法结合，通过构建小数据库快速识别原油种类的新方法。改进后的算法将光谱投射到三维空间，将特征压缩到数百分之一，采用距离算法快速寻找最相似的 30 个原油后，再采用移动窗口相关系数法，进而准确识别出与待测原油一致的库光谱。计算速度提高近 10 倍，完全满足网络计算对算法速度和准确性的要求。

针对原油性质随着年份的增加会产生微小变化以及不同企业在采集同一原油光谱时存在的差异而引起的识别不成功问题，采用生成虚拟原油光谱的方式得到了解决。该方法首先选择最相似的 20 个原油组成小库，通过蒙特卡罗方法在待测原油附近生成上千个虚拟原油，然后从中识别出与待测原油一致的样本，结合原油评价数据库快速给出结果。

为了提高原油快评结果的稳健性，对于待测原油，通过识别一组虚拟原油光谱，再根据待测原油与这组虚拟原油光谱中每个光谱相似程度的加权，计算得到最终的预测结果。由于消除了原有方法中仅依赖一个识别成功的库光谱，本方法的预测结果更稳健。统计结果表明对于原油密度预测结果的重复性可提高 8% 左右。

针对不同型号傅里叶变换近红外光谱仪器之间存在微小差异，致使原油近红外光谱数据库跨仪器无法通用的问题，本项目从波长、吸光度和样本三个维度深度挖掘不同仪器上原油光谱的差异特性，提出了全新的最小化光谱变形的光谱传递算法，实现已建原油光谱数据库在多种不同型号的傅里叶变换近红外光谱仪器上的通用共享。

基于 C♯ 语言和 MongoDB 数据库架构，本项目设计并开发了 Web 版原油近红外光谱快评系统，如图 11-33 和图 11-34 所示。该软件系统包括以下 6 部分：①原油近红外光谱快评系统用户应用模块，其功能是接收用户上传的待测原油样品的近红外光谱数据，然后调用原油近红外光谱数据库建模模块建立的方法，得到该样品的评价数据和相应品种或者混兑信息；②原油快评近红外光谱库管理模块，其功能是利用用户上传的光谱和原油评价数据建立光谱数据库，包括光谱数据库的合并与拆分等功能；③原油快评建模模块，其功能是利用原油近红外光谱数据和相应的评价数据建立预测原油评价数据的模型方法，用户可以调用软件提供的光谱预处理、变量与样本选择、定量校正方法、模式识别方法等化学计量学方法，通过 Web 在服务器端建立原油快评模型；④原油快评模型库管理模块，其功能是管理原油快评模型库（拟合库、识别库等），对模型库文件进行上传、共享、分发等；⑤用户管理模块，其功能是对原油快评系统 Web 版的用户进行管理，包括用户权限管理、单位管理等；⑥客户端应用平台，通过客户端将光谱传送至原油快评服务器端，并接收服务器下发的快评计算结果。

图 11-33　PC 端 Web 版原油快评软件界面

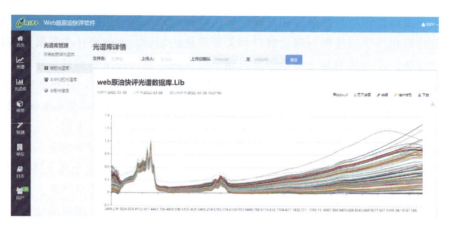

图 11-34　Web 版光谱数据库管理界面

Web 版原油快评软件目前部署在中国石化石油化工科学研究院服务器上，按照企业现有的网络环境进行规划部署。系统部署使用企业现有的交换机、防火墙等基础设施，通过制定和配置合理适当的安全策略对网络边界恶意代码进行过滤，实现网络访问控制，保证系统安全。

基于数据安全的考量，Web 版原油近红外光谱快评系统用户权限层面设置了 RIPP 管理员、单位管理员以及操作员，试运行过程中并针对软件测试和试运行过程中出现的问题对 Web 版原油快评软件进行完善，比如简化了操作员的使用步骤，实现了操作员"一键上传"式预测模式，即通过预先设置缺省模型，操作员无需上传光谱后再次选择模型，通过"一键上传"系统便自动调用缺省模型进行预测，该方式获得了良好的用户体验。使用响应式网页设计，可以在不同大小的设备上呈现同样的网页内容。

从工作模式上看，上述 RIPP 原油近红外光谱快评系统是基于互联网 B/C 运行模式，原油光谱数据库与校正模型存储在服务器主机上，位于终端的近红外光谱仪只负责采集光谱，用户通过有线或无线网络将光谱传递给云端服务器，云端服务器将预测结果（原油评价数据）反馈给用户。这种方式克服了单机版方式存在的不足：第一，数据库、校正模型等不需要现场部署、升级，模型维护较为方便。模型文件与光谱库文件相关联，改动光谱库则模型库自动维护更新，管理员点击"更新模型"即在全网发布新的模型。第二，Web 版原油快评软件部署升级简便、可控制性强，用户通过 IE、Chrome 等 Web 浏览器登录快评网站，本地无需安装任何客户端软件。原油快评软件发布后，发现问题可以及时更新系统，向系统添加新功能也比较方便。

目前，Web 版原油近红外光谱快评系统已在中国石化石油化工科学研究院服务器上正式运行，并在天津石化、洛阳石化进行了工业应用试验。应用结果表明，整套系统长期运行的稳定性以及响应速度满足快评的要求，实现了模型库的统一维护和统一发布、光谱数据库和评价数据库的统一管理。Web 版原油近红外光谱快评系统充分利用了现代网络的优势，实现了光谱数据库在集团内部企业的通用，节约了数据库的应用和维护成本，有利于设备、数据的集约化管理，为深入推动工业物联网在石化领域的应用奠定了基础。

11.7　配方原油技术的研发与应用

原油的稳定供应和合理调配是炼油的基础。中国石化每年进口的原油占到加工总量的

80%以上，品种多达 100 多种。多油种的频繁变化对炼油厂的加工提出了很高的要求，炼油厂在优化状态下运行才能降低风险并实现效益最大化。在优化状态下加工的原油称为该炼油厂的"目标原油"。一般目标原油为炼油厂设计之初就定下来的加工原油品种，随着炼油厂投产和加工流程的变化目标原油也会发生一些变化，因此可以认为最适合当前炼油厂装置加工的原油为目标原油。

国际知名石化公司，如 Exxon-Mobil、BP 等，大多采取集约化、规模化、一体化运营，力求降低成本、提高经济效益。由于历史原因，这些巨头对上游油气资源有非常强的掌控能力，在提高经济效益方面相对国内企业有着独特的先天性优势。其原因主要体现在以下两点：一方面，在原油采购环节，不论是原油品种、原油数量还是原油价格，都能够保障长期稳定性；另一方面，在原油加工环节，基于原油来源稳定，可以在整体上对待原油资源进行优化分配，从而确保其炼油厂加工的原油品种相对固定，保障炼油厂总流程和装置操作能够得到深度优化，充分提升企业效益。相比之下，国内炼油企业的原油资源优化经常得不到保证，导致效益损失。

针对这一共性问题，中国石化石油化工科学研究院将原油评价数据库、原油近红外光谱库、原油快速评价技术和先进计算方法结合在一起，开发出配方原油技术。其技术核心是：利用先进算法将 2～3 种原油进行组合，形成多种性质与目标原油相似的调和配方原油，供炼油厂选择利用。在炼油厂应用配方原油技术时，首先根据炼油厂装置、工艺、催化剂等方面的特点提出适合其加工的目标原油。目标原油可能是炼油厂设计时选定的原油，也可能是根据产品需求选择的最适宜炼油厂加工的理想油种，还可能是通过流程优化软件模拟得出的优化原油，或者是具有一定性质变化范围的虚拟原油。配方原油技术建立了从目标原油确定、配方计算、效益评估、全流程模拟以及原油评价验证等一系列流程规范。在炼油厂工业生产前，可利用配方原油技术基于流程优化软件进行物料平衡和经济效益核算，从众多配方中筛选出若干种进行可加工性能评价，优选出合适的配方原油，由炼油厂安排原油采购、原油调和和原油加工。

中国石化石油化工科学研究院研制出的配方原油技术主要由三大库和四大技术组成（图 11-35），其中原油样品库、原油评价数据库、原油近红外光谱库是基础，结合传统原油评价技术、近红外快评技术、分子水平评价技术和流程优化技术，配方原油技术既考虑了原油宏观物性和炼厂目标原油的一致性，更注重原油的相容性和炼制性能，还力求做到经济上合理[16,17]。

图 11-35　配方原油技术的构成

11.7.1 配方原油技术的实施流程

配方原油技术是一种基于先进算法,在原油评价数据库和原油光谱库所采集的大数据基础上,通过光谱拟合及原油品种和数量的巧妙搭配得到与目标原油性质十分接近的"类原油"配方的技术。例如,某炼油厂加工的目标原油是阿曼原油,当阿曼原油的供应受限时,通过配方原油技术,可从原油光谱库中找出一些原油,通过这些原油光谱按比例的组合得到与阿曼原油光谱相似的混合光谱,通过混合光谱中各原油的比例并结合原油评价数据库即可计算出类阿曼原油的全部原油评价数据。

配方原油与目标原油的相似度用下式计算,其值越接近1代表配方原油与目标原油越相似:

$$S(O_A, O_B) = 1 - \sum_{i=1}^{m} w_i \left| \frac{A_i - B_i}{\text{Max}i - \text{Min}i} \right|$$

式中,A_i 和 B_i 分别为目标原油和配方原油的物性或组成数据,w_i 为第 i 个物性的权重;$\text{Max}i$ 和 $\text{Min}i$ 分别为参与配方设计原油的第 i 个物性对应的最大值和最小值。

原油评价数据库、原油光谱库和原油快评技术也是配方原油技术的重要组成部分。在炼油厂原油资源的优化选择层面,需要有原油品种多、包含范围广(尤其是国内加工的原油)、原油评价数据更新快、原油和馏分性质及组成数据详细的原油评价数据库作支撑;在炼油厂生产过程操作层面,原油光谱库、原油评价数据库以及在此基础上建立起来的原油快评技术能够在短时间内迅速给出进厂原油的性质甚至炼油厂储罐中混合原油的性质,由此得到的配方原油更为实用,而且与炼油厂原油调和设施一起,可以随时对配方原油的配比进行调整,真正实现炼油厂全流程的优化目标。

在实施配方原油技术时,首先根据炼油厂装置、工艺、催化剂等特点提出适合炼油厂加工的目标原油。目标原油可以是炼油厂设计时所选定的原油,也可以是炼油厂以前加工过且证明具有较高经济效益的原油,还可以是通过流程优化软件计算出的优化原油,或者是各种性质具有一定变化区间的虚拟原油。通过流程优化软件进行物料平衡和经济效益计算,从众多配方中筛选出几种进行可加工性能评价,对满足要求的配方原油进行评价,验证计算的可靠性,将合适的配方输出到炼油厂安排生产,不合适的淘汰,再从配方库中调出新的配方进行计算,反复循环,直到找到最合适的配方原油为止。配方原油技术实施的原则流程如图11-36所示。

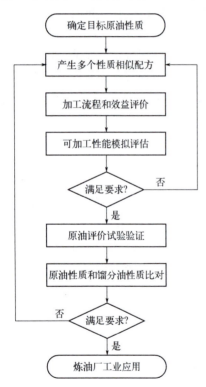

图 11-36 配方原油技术实施的原则流程

11.7.2 类阿曼原油的配方设计

阿曼原油具有轻质油收率高、柴油十六烷值高、常压渣油 K 值高、金属含量低等特点,适合在燃料-化工型炼油厂加工。但是,阿曼原油每年的产量只有 30 Mt 左右,满足不了全球原油贸易市场的需求。而且，如果采购量过大，容易使原油的价格升高。因此亟须寻找与阿曼原油类似的原油作为替代原油。采用配方原油技术，在组分原油不超过 4 种的情况下可以产生上百种配方，能从多个方面满足炼油厂对类似原油的需求。

（1）以原油性质为目标的类阿曼配方原油

将组分原油 1、组分原油 2 和组分原油 3 按质量比 0.60∶0.25∶0.15 的比例（配方 1）混合，计算得到的性质与阿曼原油十分接近（见表 11-11）。其他一些配方也具有同样的特点。

表 11-11　以原油性质为目标的类阿曼配方原油

项　目	阿曼原油	组分原油 1	组分原油 2	组分原油 3	配方 1
密度(20 ℃)/(g/cm³)	0.8637	0.8474	0.8683	0.9432	0.8670
酸值/(mgKOH/g)	0.42	0.04	0.13	2.05	0.36
残炭/%	4.58	2.51	6.00	8.20	4.24
$w(S)$/%	1.27	0.54	2.90	1.90	1.33
$w(N)$/%	0.18	0.09	0.13	0.39	0.15
w(蜡)/%	4.9	2.4	4.0	9.8	3.9
w(胶质)/%	7.9	5.4	7.7	22.4	8.5
w(沥青质)/%	0.6	0.4	2.2	1.8	1.1
<180 ℃馏分收率/%	18.15	19.93	20.43	4.29	17.71
<350 ℃馏分收率/%	43.95	48.64	46.28	19.9	43.74
<540 ℃馏分收率/%	71.24	77.24	70.86	57.33	72.66

（2）以原油价格为目标的类阿曼配方原油

如果炼油厂效益对原油的价格十分敏感，可以在配方计算时将原油的价格作为一个变量予以考虑。但相对"以原油性质为目标的配方原油"的应用来说，这项应用比较困难，主要原因是组分原油的价格一般应低于目标原油价格，这样很大程度上限制了参与配方设计的组分原油的数量。

表 11-12 是从 15 种价格比阿曼原油低的组分原油中通过配方原油技术计算出来的部分配方。在原油价格较高的情况下，通过组分原油的适当配比，可以得到价格比阿曼原油低 1～5 美元/bbl（1bbl≈159L）的配方原油。

表 11-12　以原油价格为目标的类阿曼配方原油

项　目	阿曼原油	配方 2[①]	配方 3[②]	配方 4[③]	配方 5[④]	配方 6[⑤]
原油价格/(美元/bbl)	110.14	107.82	106.69	105.73	106.48	106.91
密度(20 ℃)/(g/cm³)	0.8637	0.8614	0.8611	0.8651	0.8655	0.8622
酸值/(mgKOH/g)	0.42	0.10	0.07	0.30	0.47	0.39
残炭/%	4.58	4.56	4.72	4.50	4.75	4.50
$w(S)$/%	1.27	0.98	1.36	1.44	1.41	1.32
$w(N)$/%	0.18	0.21	0.20	0.17	0.11	0.10
$w(Ni)$/(μg/g)	12.2	14.0	18.4	18.5	19.1	17.5
$w(V)$/(μg/g)	10.2	26.8	66.6	39.3	52.2	47.5
<200 ℃馏分收率/%	21.15	21.11	20.48	20.03	21.94	22.86
200～350 ℃馏分收率/%	20.99	21.07	21.86	20.85	22.16	23.18
350～540 ℃馏分收率/%	27.29	28.22	28.75	28.53	26.78	27.77

续表

项 目	阿曼原油	配方 2[①]	配方 3[②]	配方 4[③]	配方 5[④]	配方 6[⑤]
>350 ℃馏分收率/%	57.86	57.82	57.66	59.12	55.90	53.96

① 组分原油 4、5、6 质量比为 0.40:0.40:0.20。
② 组分原油 7、8、9 质量比为 0.41:0.39:0.20。
③ 组分原油 10、11、12 质量比为 0.40:0.37:0.23。
④ 组分原油 13、14、15 质量比为 0.38:0.32:0.30。
⑤ 组分原油 16、17、18 质量比为 0.38:0.35:0.27。

（3）以原油馏分性质为目标的类阿曼配方原油

如果炼油厂某些装置对全厂效益的贡献较大，则可以将该装置的原料性质或组成要求作为配方原油技术追求的目标。

表 11-13 是针对燃料-化工型炼油厂对石脑油的性质、收率、组成的特别要求设计的配方之一。可以看出配方原油石脑油的主要特点与阿曼原油石脑油十分接近。

表 11-13　以石脑油馏分性质为目标的类阿曼配方原油

项 目	阿曼原油	组分原油 19	组分原油 20	组分原油 21	配方 7[①]
原油性质					
密度(20 ℃)/(g/cm^3)	0.8637	0.7989	0.8653	0.8851	0.8698
酸值/(mgKOH/g)	0.42	0.01	0.05	0.27	0.14
残炭/%	4.58	0.71	3.69	8.18	5.22
$w(S)$/%	1.27	0.59	0.09	2.78	1.42
$w(Ni)$/(μg/g)	12.2	0.8	13.6	17.9	13.2
$w(V)$/(μg/g)	10.2	2.0	0.3	44.6	21.0
<200 ℃馏分收率/%	21.15	41.25	10.60	19.39	20.64
200~350 ℃馏分收率/%	20.99	31.16	17.06	22.64	22.50
350~540 ℃馏分收率/%	27.29	21.59	32.12	28.03	28.52
>540 ℃馏分收率/%	30.57	6.00	40.22	29.94	28.34
石脑油馏分性质					
密度(20 ℃)/(g/cm^3)	0.7119	0.7133	0.7197	0.7073	0.7196
φ(链烷烃)/%	74.65	66.76	70.13	80.14	73.99
φ(环烷烃)/%	18.37	24.79	23.74	13.54	19.35
φ(芳烃)/%	6.98	8.45	6.13	6.32	6.66

① 组分原油 19、20、21 质量比为 0.19:0.36:0.45。

（4）以利用炼油厂储罐已有原油为目标的类阿曼配方原油

炼油厂原油储罐在长期的使用过程中会产生不同的原油混杂在一起的罐底油，难以获得可靠的原油评价数据。另外，原油进厂后，经过各种工序，由于操作和设施方面的问题，原油的混合比例、混合原油的性质可能经常发生变化。采用配方原油技术中的原油快速评价模块，可以在几分钟内得到原油评价数据，配方原油技术将其作为一个组分原油，与其他原油一起形成配方，也可以得到与目标原油性质接近的配方原油。

表 11-14 为以利用炼油厂储罐已有原油为目标的类阿曼配方原油，其中储罐原油是取自某炼油厂储罐的一种混合原油，其性质是通过原油快速评价得到的。如果阿曼原油是炼油厂合适的原油，则可以允许硫含量较高、石脑油收率也较高的原油与储罐原油相配。

表 11-14　以利用炼油厂储罐已有原油为目标的类阿曼配方原油

项　目	阿曼原油	储罐原油	卡塔尔海上原油	配方 8
密度(20 ℃)/(g/cm³)	0.8637	0.8655	0.8675	0.8667
酸值/(mgKOH/g)	0.42	1.01	0.14	0.50
残炭/%	4.58	3.22	5.40	4.49
$w(S)$/%	1.27	0.16	2.30	1.41
$w(N)$/%	0.18	0.12	0.10	0.11
$w(Ni)$/(μg/g)	12.2	11.6	9.3	10.2
$w(V)$/(μg/g)	10.2	2.0	26.0	16.0
$w(沥青质)$/%	0.5	0.4	1.9	1.3
<180 ℃馏分收率/%	18.15	11.97	19.66	16.45
180~350 ℃馏分收率/%	25.80	24.41	28.65	26.88
350~540 ℃馏分收率/%	27.29	31.40	26.95	28.81

表 11-14 中配方原油技术的计算结果表明，当储罐原油与卡塔尔海上原油按质量比 0.42∶0.58 的比例（配方 8）混合时，也能得到与阿曼原油性质相似的配方原油。

（5）计算结果与实际原油评价结果的比较

为了验证配方原油技术计算结果的可靠性，对配方 1、配方 9 和配方 10 的原油性质进行实验室分析，结果见表 11-15。对配方 1 与阿曼原油还进行了实沸点蒸馏曲线的比较，结果见图 11-37。

表 11-15　计算结果与实际原油评价结果的比较

项　目	阿曼原油	配方 1		配方 9[①]		配方 10[②]	
		计算值	实际值	计算值	实际值	计算值	实际值
密度(20 ℃)/(g/cm³)	0.8637	0.8670	0.8657	0.8640	0.8633	0.8631	0.8600
酸值/(mgKOH/g)	0.42	0.36	0.35	0.62	0.52	0.13	0.18
残炭/%	4.58	4.24	4.41	4.18	4.30	4.57	4.52
$w(S)$/%	1.27	1.33	1.30	1.40	1.10	1.45	1.50
$w(N)$/%	0.18	0.15	0.15	0.11	0.12	0.12	0.11
$w(蜡)$/%	3.1	3.9	3.5	3.5	3.3	3.5	3.4
$w(胶质)$/%	7.9	8.5	9.0	8.0	7.9	7.6	7.5
$w(沥青质)$/%	0.6	1.1	0.9	1.4	0.8	2.0	1.5
$w(Ni)$/(μg/g)	12.2	7.7	7.9	6.9	6.6	8.8	8.3
$w(V)$/(μg/g)	10.2	10.1	10.1	14.1	13.4	21.2	21.7
<180 ℃馏分收率/%	18.15	17.71	16.40	17.89		18.24	
<350 ℃馏分收率/%	43.95	43.74	44.03	44.60		45.16	
<450 ℃馏分收率/%	54.88	58.36	58.20	57.48		59.40	
<540 ℃馏分收率/%	71.24	72.66	73.80	73.43		73.78	

① 组分原油 22、组分原油 23、组分原油 24 质量比为 0.50∶0.40∶0.10。
② 组分原油 25、组分原油 26、组分原油 27、组分原油 28 质量比为 0.55∶0.25∶0.10∶0.10。

从表 11-15 和图 11-37 可以看出，计算结果与实验室分析结果非常接近，完全可以满足炼油厂实际操作的需要。

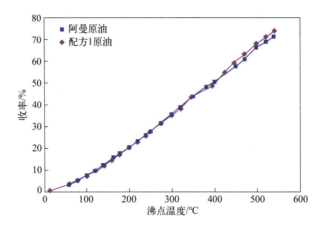

图 11-37 配方 1 原油与阿曼原油的实沸点蒸馏曲线比较

11.7.3 工业应用试验

2021 年配方原油技术在某炼厂进行了工业应用试验,对该炼厂蒸馏装置实际加工的目标原油进行了配方设计并筛选到了适合其加工的配方原油。表 11-16 和表 11-17 分别是用 2 种和 3 种原油调和组分计算得到配方原油的组成、性质及加工经济效益测算结果。根据原油采购计划和实际到岸情况,选取配方 6 和配方 12 进行了工业应用试验[18]。

表 11-16 用 2 种原油调和配方原油的组成、性质及加工经济效益

项目	目标原油	配方 1	配方 2	配方 3	配方 4	配方 5	配方 6	配方 7
原油 1 油种	卡宾达	帕兹夫罗	帕兹夫罗	帕兹夫罗	帕兹夫罗	达混	达混	达混
原油 2 油种		普鲁托尼	桑格斯	埃斯坡	埃斯坡	埃斯坡	原油 A	普鲁托尼
原油 1 质量分数/%	100	27	20	20	24	20	18	20
原油 2 质量分数/%		73	80	80	76	80	82	80
密度(20 ℃)/(g/cm^3)	0.8573	0.8665	0.8659	0.8587	0.8609	0.8589	0.8658	0.8632
酸值/(mgKOH/g)	0.30	0.52	0.47	0.35	0.41	0.80	1.22	0.87
硫质量分数/%	0.40	0.4	0.53	0.52	0.52	0.46	0.23	0.33
镍质量分数/(μg/g)	12.7	18.1	16.7	6.4	7.0	14.9	17.6	26.6
钒质量分数/(μg/g)	6.4	5.7	9.2	4.3	4.4	3.1	2.0	4.4
15~180 ℃馏分收率/%	14.00	16.97	16.80	16.56	16.19	15.27	16.20	16.43
180~350 ℃馏分收率/%	29.00	29.43	28.63	29.15	29.23	26.22	27.89	26.38
>540 ℃馏分收率/%	27.00	22.97	23.80	23.41	23.54	27.95	24.79	27.21
相似度/%		95	93	96	96	97	94	95
原油价格差①/(元/t)		−31	−107	227	208	175	−77	−71
原油加工利润差②/(元/t)		34	63	−165	−153	−185	61	10

① 原油价格差=配方原油价格−目标原油价格。
② 测算原油价格按 64 美元/bbl(1bbl≈159L)国际油价工程核算标准价格。

表 11-17 用 3 种原油调和配方原油的组成、性质及加工经济效益

项目	目标原油	配方 8	配方 9	配方 10	配方 11	配方 12	配方 13	配方 14
原油 1 油种	卡宾达	沙巴瓦	莫斯塔尔	莫斯塔尔	埃斯科拉沃斯	伊拉谢玛	原油 A	莫斯塔尔
原油 2 油种		伊拉谢玛	原油 A	伊拉谢玛	伊拉谢玛	原油 A	伊拉谢玛	原油 A

续表

项目	目标原油	配方 8	配方 9	配方 10	配方 11	配方 12	配方 13	配方 14
原油 3 油种		原油 A	伊拉谢玛	原油 A	原油 A	沙巴瓦	沙巴瓦	伊拉谢玛
原油 1 质量分数/%	100	15	11	10	16	50	16	10
原油 2 质量分数/%		60	27	70	64	40	64	43
原油 3 质量分数/%		25	62	20	20	10	20	47
密度(20 ℃)/(g/cm^3)	0.8573	0.8621	0.8625	0.8593	0.8543	0.8558	0.8610	0.8621
酸值/(mgKOH/g)	0.30	0.26	0.23	0.27	0.26	0.28	0.32	0.26
硫质量分数/%	0.40	0.37	0.37	0.27	0.27	0.27	0.36	0.37
镍质量分数/(μg/g)	12.7	7.5	7.4	5.2	4.7	5.0	7.6	7.5
钒质量分数/(μg/g)	6.4	6.8	6.8	3.0	2.9	2.9	6.3	6.8
15～180 ℃馏分收率/%	14.00	17.66	17.46	18.75	19.72	19.29	18.09	17.66
180～350 ℃馏分收率/%	29.00	28.10	27.81	29.69	29.60	29.41	28.71	28.10
>540 ℃馏分收率/%	27.00	21.37	23.39	23.88	21.27	20.71	21.29	22.35
相似度/%		94	93	93	93	93	93	93
原油价格差/(元/t)		71	31	32	34	70	78	31
原油加工利润差/(元/t)		23	29	22	58	33	16	43

3 次工业应用试验标定表明配方原油与目标原油相似度均超过 0.9，满足装置对加工原油性质稳定的要求。通过配方原油技术筛选的含原油 A 的混合原油用于催化原料和船燃原料生产方案，在 2021 年 1 月至 2022 年 3 月期间取得了上千万元的经济效益，不仅解决了对某种原油的依赖，而且可以长期维持相似性的量化指标的一致性，更有利于保持生产操作条件的稳定性，减少由于原料性质变化带来的装置操作调整，从而减少生产过程波动，实现常减压装置和二次加工装置的优化操作，保障产品质量稳定。

11.7.4 小结

为减少炼油厂加工原油性质波动、降低对某些原油品种的过度依赖，该研究采用先进计算方法，在原油评价数据库和原油近红外光谱数据库基础上，通过原油品种和数量的优化配伍开发了以稳定原油为主要目标的配方原油技术。配方原油技术可以方便、高效地调配出与目标原油相似的原油配方，实验室分析结果与计算结果有较好的相似性。炼油厂可以根据需要确定配方原油要达到的目标，既可以使配方原油的价格接近甚至低于目标原油，也可以使配方原油和目标原油的性质尽可能一致，还可以使重要装置原料的性质与目标原油的相应馏分油性质基本一致。该技术可为原油采购、调配输送、炼油企业加工、原油资源优化及其他生产经营决策提供可靠的数据依据，为炼油企业的整合、统一管理、工艺和催化剂的开发以及炼油企业安全风险预警打下基础。

参考文献

[1] Pasquini C, Bueno A F. Characterization of petroleum using near-infrared spectroscopy: quantitative modeling for the true boiling point curve and specific gravity[J]. Fuel, 2007, 86(12): 1927-1934.

[2] Falla F S, Larini C, Le Roux G A C, et al. Characterization of crude petroleum by NIR[J]. Journal of Petroleum Science and Engineering, 2006, 51(1):127-137.

[3] Hidajat K, Chong S. Characterisation of crude oils by partial least square calibration of NIR spectral profiles[J]. Journal of Near Infrared Spectroscopy, 2000, 8(1):53-58.

[4] Šašić S, Yokelson H, Kotecki T, et al. Multivariate calibration of sulfur in sour crude oils via near-infrared spectra[J]. Energy and Fuels 2021, 35:6673-6680.

[5] Šašić S, Yokelson H, Kotecki T, et al. Multivariate calibration of total acid number in crude oils via near-infrared spectra[J]. Energy and Fuels, 2020, 34(6):6974-6980.

[6] 王艳斌, 刘伟, 袁洪福, 等. 人工神经网络在近红外分析方法中的应用及深色油品的分析——人工神经网络-近红外分析方法快速测定原油馏程[J]. 石油炼制与化工, 2002, 33(7):62-67.

[7] 陆婉珍, 褚小立. 原油的快速评价[J]. 西南石油大学学报, 2012, 34(1):1-5.

[8] 陈瀑, 褚小立. 原油及重油的快速分析技术进展[J]. 分析测试学报, 2012, 31(9):1191-1198.

[9] 褚小立, 田松柏, 许育鹏, 等. 近红外光谱用于原油快速评价的研究[J]. 石油炼制与化工, 2012, 43(1):72-77.

[10] 李敬岩, 褚小立, 田松柏. 基于核函数的非线性校正算法在原油快评中的应用[J]. 石油学报(石油加工), 2016, 32(5):967-973.

[11] 陈瀑, 李敬岩, 褚小立, 等. 拉曼和红外光谱快速评价原油性质的可行性比较[J]. 石油炼制与化工, 2016, 47(10):99-103.

[12] 李敬岩, 褚小立, 田松柏. 原油快速评价技术的应用研究[J]. 石油学报(石油加工), 2015, 31(6):1376-1380.

[13] 金文英. 近红外光谱在原油评价中的应用研究[J]. 石化技术, 2019, 26(7):156-158.

[14] Chu X L, Xu Y P, Tian S B, et al. Rapid identification and assay of crude oils based on moving-window correlation coefficient and near infrared spectral library[J]. Chemometrics and Intelligent Laboratory Systems, 2011, 107:44-49.

[15] 李敬岩, 褚小立, 刘丹, 等. Web近红外光谱原油快评技术开发与应用[J]. 石油学报(石油加工), 2022, 38(3):710-717.

[16] 曾宿主, 解增忠, 田松柏, 等. 某炼油厂大庆混合油替代原油的加工性能研究[J]. 石油炼制与化工, 2016, 47(4):1-6.

[17] 章群丹, 许育鹏, 田松柏, 等. 配方原油技术及其在原油资源优化中的应用[J]. 石油炼制与化工, 2019, 50(9):64-69.

[18] 许育鹏, 章群丹, 房韡, 等. 配方原油技术在炼油厂原油加工中的应用[J]. 石油炼制与化工, 2023, 54(10):45-51.

第 12 章
近红外光谱在蒸汽裂解装置中的应用

为了优化和控制蒸汽裂解操作,国内许多烯烃厂家如金山、大庆、扬子和燕山等都分别引进了优化蒸汽裂解操作的 SPYRO 模型以及先进过程控制系统(APC)。由于受炼油原料变化的影响国内乙烯原料性质波动较大,国内大多数蒸汽裂解装置的操作仍然依靠化验室提供裂解原料组成及性质数据。以石脑油为例,主要分析项目包括石脑油 PINOA 组成及主要单体烃、馏程、密度、BMCI 值、氢含量和密度等,分析时间长,严重滞后于裂解炉操作的实时优化与控制对分析的要求。因此,将在线分析技术应用于蒸汽裂解装置已经成为国内乙烯工业所面临的问题。

近红外光谱作为一种快速分析技术已经广泛应用于石化工业的各个领域,其突出的特点是能为生产装置提供全面快速准确的实时分析数据,从而进一步支持和实现生产过程的优化控制。国外近红外光谱在优化蒸汽裂解工艺应用方面已经取得成功。如 BP 和 Elf Atochem 使用在线近红外分析仪提供 13 种石脑油的性质(包括 PIONA 值,苯含量,密度,平均分子量,结焦指数,甲烷、乙烯、C_3 和 C_4 不饱和物的潜收率等),用于实时调整裂解炉的操作条件[1]。韩国 SK 公司利用在线近红外测定石脑油进料性质,用这些性质实时调节裂解炉工作参数,增加了乙烯产率[2]。Petrometrix 将在线近红外光谱仪用于蒸汽裂解装置,可每隔 30 s 测定一次裂解原料的 PIONA($C_4 \sim C_8$)值和馏程,优化裂解炉操作参数,可使裂解效率最大化。

中国石化石油化工科学研究院自 1995 年开始进行近红外技术研究,将近红外光谱分析技术应用于许多国内炼化企业的化验室分析,光谱硬件、建模软件和分析建模技术日臻完善。2002 年又开发了 NIR-6000 型在线近红外油品分析仪,并成功地应用于催化重整工艺的生成油辛烷值和碳数分布指标的实时监测。这些都为在线近红外实时分析国内蒸汽裂解原料的应用研究提供了有力的技术基础。

中国石化北京燕山分公司化工一厂属于国内乙烯生产装置规模较大的企业,在操作炉型和原料构成方面非常有代表性,原料组成变化比较频繁。从 2002 年开始实施乙烯生产装置的先进控制与优化项目,并引进了专用裂解炉模拟软件 SPYRO 和在线模块。为了满足 SPYRO 优化对进料组成数据实时分析的需求,充分发挥其作用,2005 年,石油化工科学研究院和燕山分公司共同开展了在线近红外在蒸汽裂解操作优化中的应用研究,以期提升蒸汽裂解过程优化和控制水平。

该项目整合了长波固体阵列近红外光谱仪、光纤系统、防爆系统、样品预处理系统、通信软件和在线分析软件等组件,构建了一套蒸汽裂解原料的在线近红外分析系统。

开发了适合蒸汽裂解原料石脑油和加氢裂化尾油的样品前处理系统;建立了测定蒸汽裂

解原料石脑油和加氢裂化尾油密度、初馏点、10%馏程、30%馏程、50%馏程、70%馏程、90%馏程、终馏点以及烃组成等性质的近红外分析模型。2007年，在企业应用了蒸汽裂解原料在线近红外分析系统。

12.1 在线近红外分析系统的设计与安装

12.1.1 系统概述

蒸汽裂解在线近红外分析系统中的在线近红外光谱仪采用德国进口技术的长波固体阵列检测单元作为分光与检测器件，具有设计先进、制造工艺精良、无移动分光部件、稳定性高，512像元InGaAs阵列检测器，信号动态响应线性范围宽、光谱扫描速度快、分辨率高等特点。在线近红外光谱仪采用精确控温技术，为光谱仪长期稳定运行提供必要和可靠的工作条件。

通过旁路从乙烯生产装置原料管道直接采样后，进入样品前处理装置，经过过滤、恒压、恒流、恒温和脱气等处理，样品通过流通检测池，近红外光谱仪通过光纤对样品进行检测得到近红外光谱，该光谱经过专用在线近红外分析系统工作软件和相应的分析模型处理后得到样品的待测性质数据。通过光谱模式识别技术对界外样品（即模型样品范围不能覆盖的样品）进行识别，并对界外样品做报警处理。将蒸汽裂解原料分析结果通过数据传输技术传递至DCS系统。

整套在线近红外分析系统在蒸汽裂解装置上安装流程如图12-1所示，其中虚线框部分为该在线近红外分析系统。

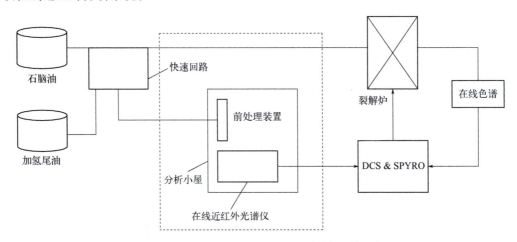

图12-1 蒸汽裂解装置进料在线近红外分析系统示意图

12.1.2 技术规格及功能

（1）在线近红外光谱仪硬件系统

波长范围：950~1650 nm。

光谱带宽：<4.0 nm。

检测器：512像元InGaAs线列检测器。

波长精度：0.02 nm。

吸光度精度：0.0005 AU。

恒温精度：±0.2 ℃。

扫描速度：≤10 ms（最快）。

（2）软件系统

蒸汽裂解原料在线近红外光谱分析系统的控制与测量软件是整个分析系统的核心技术之一。软件共有 10 个页面，包括：输入/选择文件名、参数设置、多路实时测量显示、通道图谱及报警显示、通道数据显示、均值数据计算、图谱数据显示、历史数据查询、仪器调试监控、DCS 通信等功能。与之配套使用的蒸汽裂解原料分析模型的建立平台采用自主开发的 RIPP 化学计量软件，该软件严格按照 ASTM E1655-05 的指导准则进行开发，确保分析模型定性和定量的准确度。

整套控制与测量软件具备了模型调用的智能化和自动化以及安全性强和中文友好界面的特点。软件功能涵盖光谱采集、性质或组成计算、质量参数报警、模型报警、各通道当前性质或组成结果及历史数据和趋势线显示功能数据管理功能、光谱保存、模型输入与删除、各通道分析测量结果的储存。软件定时启动通信软件，通过 4～20 mA 通信方式将仪器分析的最新数据及报警信息发送到 DCS。

（3）样品预处理单元

蒸汽裂解原料预处理单元从样品快速回路系统的取样端起，经过颗粒脱除、减压、恒温后进入流通检测池，最后并入快速回路系统的回样端。系统由减压阀、多套截止阀、流量计、温度交换器装置、脱气装置、涡流制冷装置等组成。

技术规格：

① 过滤效果≤20 μm。

② 流量控制精度为±5%。

③ 压力控制精度为±5%。

④ 样品控温精度为（25±1）℃（石脑油）和（50±1）℃（加氢裂化尾油）。

（4）数据通信

分析仪表采用正压防爆机柜，具有开门（减压）断电保护功能。数据通信采用 AI、DI 控制方式。

仪表模拟输出：4～20 mA DC（有源输出），二线制（+/-，屏蔽层），二路，数据传输。

仪表开关量输出：继电器干触点（开/闭），十二路，用于表征通道、状态、性质区分等，采用一对一双线制方式。

接点容量：24V DC 1A，0 开/1 闭（有效）。

分析数据内容：PINOA、密度、馏程。

测量时间间隔可根据需要进行设置。状态信息数据内容包括报警状态、仪器工作状态、仪器工作参数等。

（5）系统综合性能

单通道的分析时间小于 40 s（不包括快速回路的时间）。

可同时监测 2 路物料，每路物料可测量多种物化性质。

光谱仪恒温精度高，双光束实时背景测量，抗漂移性强。

流通池拆卸方便，不需人工调整，抗气泡聚集。

12.1.3 现场安装

2007年,整套蒸汽裂解原料在线近红外分析系统安装在炼油厂蒸汽裂解装置附近。图12-2为现场分析小屋,图12-3为在线近红外光谱分析仪和预处理单元。

图12-2 现场分析小屋

图12-3 在线近红外光谱分析仪和预处理单元

12.2 在线分析模型的开发

12.2.1 石脑油在线分析模型的建立

现场收集上百个有代表性的石脑油样品和性质数据(由化验室常规分析获得),利用在线近红外光谱仪采集其近红外光谱。根据校正集的近红外光谱及相应的性质数据,利用化学计量学软件建立分析石脑油密度、初馏点、10%馏程、30%馏程、50%馏程、70%馏程、90%馏程、终馏点以及正构烷烃含量、异构烷烃含量、烯烃含量、芳烃含量和环烷烃含量的分析模型。在建立校正模型时,通过相关性分析确定建模所用的光谱区间。根据相关系数以及相应的光谱图确定各个性质建模的最佳光谱区间,进而建立校正模型。具体建模参数及校正集的交互验证标准偏差(SECV)见表12-1。

表12-1 石脑油在线近红外分析模型参数

性质	最小值	最大值	光谱区间/nm	主因子数	SECV
密度/(kg/m^3)	688.1	724.8	1128.0~1463.6	4	2.3
初馏点/℃	28.1	47.2	1129.6~1498.0	4	3.5
10%馏程/℃	45.1	68.8	1128.6~1486.8	4	2.9
30%馏程/℃	65.2	101.1	1111.0~1583.4	3	2.5
50%馏程/℃	88.2	117.2	1132.4~1488.6	3	2.6
70%馏程/℃	108.4	151.3	1140.5~1513.6	4	2.3
90%馏程/℃	149.4	180.6	1112.4~1530.6	3	4.2
终馏点/℃	164.1	207.1	1110.4~1533.6	5	4.3
正构烷烃含量/%	29.16	40.14	1135.4~1488.6	4	0.85
异构烷烃含量/%	24.32	35.29	1147.4~1410.4	5	0.74
环烷烃含量/%	18.12	36.42	1124.6~1510.4	4	0.12

续表

性质	最小值	最大值	光谱区间/nm	主因子数	SECV
烯烃含量/%	0.12	0.74	1135.6~1488.6	4	0.56
芳烃含量/%	5.01	10.72	1140.4~1375.6	5	0.41

表 12-2~表 12-5 是部分验证集样本的在线近红外光谱系统石脑油分析结果与实验室方法所得结果的对比。可以看出，两种方法所得结果之间吻合性较好，成对 t 检验也表明两者之间没有显著性差异，说明在线近红外光谱分析系统对石脑油密度、初馏点、10% 馏程、30% 馏程、50% 馏程、70% 馏程、90% 馏程、终馏点以及正构烷烃含量、异构烷烃含量、烯烃含量、芳烃含量和环烷烃含量的测定能够得到满意的结果。

表 12-2 石脑油样品馏程分析结果对比（一）

日期	密度/(kg/m³)			初馏点/℃			10%馏程/℃			30%馏程/℃		
	实际值	预测值	偏差	实际值	预测值	偏差	实际值	预测值	偏差	实际值	预测值	偏差
8.6	703.6	701.5	−2.1	30.0	33.9	3.9	48.5	51.5	3.0	69.5	72.1	2.6
8.9	699.2	700.8	1.6	35.0	38.6	3.6	52.5	51.0	−1.5	72.5	73.8	1.3
8.10	697.8	701.3	3.5	37.0	32.7	−4.3	55.2	51.4	−3.8	76.2	75.2	−1.0
8.13	702.2	702.5	0.3	30.0	35.3	5.3	53.5	54.8	1.3	76.5	70.4	−6.1
8.14	699.3	699.8	0.5	40.0	35.5	−4.5	55.2	52.2	−3.0	75.2	75.0	−0.2
8.15	700.6	699.7	−0.9	37.0	34.1	−2.9	49.0	49.4	0.4	76.5	73.8	−2.7
8.16	706.4	705.7	−0.7	37.0	34.7	−2.3	54.5	49.2	−5.3	76.5	78.7	2.2
SEP			1.9			4.3			3.3			3.1
t			0.45			0.11			1.13			0.48
$t_{0.05,6}$			2.45			2.45			2.45			2.45

表 12-3 石脑油样品馏程分析结果对比（二）

日期	50%馏程/℃			70%馏程/℃			90%馏程/℃			终馏点/℃		
	实际值	预测值	偏差	实际值	预测值	偏差	实际值	预测值	偏差	实际值	预测值	偏差
8.6	92.5	94.0	1.5	118.1	116.4	−1.7	159.9	153.1	−6.8	178.9	182.2	3.3
8.9	97.5	97.2	−0.3	115.1	119.4	4.3	153.9	153.8	−0.1	193.9	188.1	−5.8
8.10	97.2	96.5	−0.7	120.3	118.6	−1.7	157.6	155.2	−2.4	181.6	187.6	6.0
8.13	101.1	104.0	2.9	122.1	116.1	−6.0	159.9	154.1	−5.8	177.9	182.5	4.6
8.14	98.2	95.8	−2.4	121.3	117.8	−3.5	154.6	153.5	−1.1	190.6	182.4	−8.2
8.15	104.1	98.5	−5.6	126.1	120.6	−5.5	150.9	154.7	3.8	189.9	192.5	2.6
8.16	102.1	101.5	−0.6	129.1	124.5	−4.6	157.9	159.0	1.1	194.9	194.7	−0.2
SEP			2.8			4.5			4.1			5.4
t			0.72			2.01			1.14			0.16
$t_{0.05,6}$			2.45			2.45			2.45			2.45

表 12-4 石脑油样品烃组成分析结果对比（一）

日期	正构烷烃含量/%			异构烷烃含量/%			环烷烃含量/%		
	GC 值	预测值	偏差	GC 值	预测值	偏差	GC 值	预测值	偏差
8.6	33.30	34.22	0.92	35.95	35.57	−0.38	24.02	23.58	−0.44
8.9	34.58	34.79	0.21	36.62	36.72	0.10	21.49	21.35	−0.14

续表

日 期	正构烷烃含量/%			异构烷烃含量/%			环烷烃含量/%		
	GC值	预测值	偏差	GC值	预测值	偏差	GC值	预测值	偏差
8.10	34.99	33.86	−1.13	35.4	35.56	0.16	23.15	22.79	−0.36
8.14	32.62	33.35	0.73	35.45	36.33	0.88	25.08	25.97	0.89
8.15	33.87	34.72	0.85	37.00	36.82	−0.18	21.76	21.63	−0.13
8.16	34.25	34.79	0.54	39.10	37.25	−1.85	17.61	19.36	1.75
SEP			0.86			0.94			0.92
t			1.12			0.57			0.73
$t_{0.05,5}$			2.57			2.57			2.57

表 12-5 石脑油样品烃组成分析结果对比（二）

日 期	烯烃含量/%			芳烃含量/%		
	GC值	预测值	偏差	GC值	预测值	偏差
8.6	0.01	0.04	0.03	6.73	6.40	−0.33
8.9	0.00	0.04	0.04	7.32	6.39	−0.93
8.10	0.00	0.06	0.06	6.45	6.49	0.04
8.14	0.00	0.00	0.00	6.84	6.34	−0.50
8.15	0.00	0.06	0.06	7.37	6.51	−0.86
8.16	0.00	0.23	0.23	9.03	7.60	−1.43
SEP			0.11			0.89
t			2.10			1.85
$t_{0.05,5}$			2.57			2.57

12.2.2 加氢裂化尾油在线分析模型的建立

现场收集上百个有代表性的加氢裂化尾油样品和性质数据（由化验室常规分析获得），利用在线近红外光谱仪采集其近红外光谱。根据校正集的近红外光谱及相应的性质数据，利用化学计量学软件建立分析加氢裂化尾油密度、初馏点、10%馏程、30%馏程、50%馏程、70%馏程、90%馏程、终馏点以及链烷烃含量、环烷烃含量和芳烃含量的分析模型。具体建模参数及校正集交互验证标准偏差（SECV）见表12-6。

表 12-6 加氢裂化尾油在线近红外光谱分析模型参数

性 质	最小值	最大值	光谱区间/nm	主因子数	SECV
密度/(kg/m³)	821.9	841.4	1128.0～1463.6	4	3.4
初馏点/℃	218	394	1129.6～1498.0	4	4
10%馏程/℃	297	340	1128.6～1486.8	4	3
30%馏程/℃	349	377	1111.0～1583.4	3	3
50%馏程/℃	377	407	1132.4～1488.6	3	3
70%馏程/℃	407	441	1140.5～1513.6	4	2
90%馏程/℃	456	493	1112.4～1530.6	3	4
终馏点/℃	544	613	1110.4～1533.6	5	4
w(链烷烃)/%	55.7	65.2	1147.4～1410.4	5	1.2

续表

性　质	最小值	最大值	光谱区间/nm	主因子数	SECV
w(环烷烃)/%	28.1	41.5	1124.6~1510.4	4	1.1
w(芳烃)/%	1.3	7.7	1140.4~1375.6	5	0.5
BMCI	11.4	15.7	1112.4~1530.6	3	0.8

表 12-7 是验证集样本在线近红外光谱系统所得结果与实验室方法所得结果的对比，可以看出两者之间具有很好的一致性。

表 12-7　加氢裂化尾油在线分析模型验证结果

性　质	样品数目	最小值	最大值	标准偏差
密度/(kg/m³)	19	822.4	840.4	4.8
初馏点/℃	16	220	390	4
10%馏程温度/℃	16	296	335	3
30%馏程温度/℃	16	351	372	3
50%馏程温度/℃	16	379	404	3
70%馏程温度/℃	16	409	438	4
90%馏程温度/℃	16	458	483	5
终馏点温度/℃	16	552	598	6
w(链烷烃)/%	16	53.7	64.2	1.3
w(环烷烃)/%	16	29.3	40.5	1.2
w(芳烃)/%	16	1.6	7.2	0.7
BMCI	16	11.6	15.3	0.5

12.3　在线分析系统的运行

通过预处理系统的设定，石脑油样品温度保持在 (25±1)℃范围内，加氢裂化尾油样品温度保持在 (50±1)℃范围内，正式运行在线近红外分析系统。图 12-4～图 12-8 是连续两个月在线近红外光谱分析系统对石脑油各性质每天 12:00 固定时段的分析结果。图 12-9～图 12-13 是连续在线近红外光谱分析系统对加氢裂化尾油的分析结果。

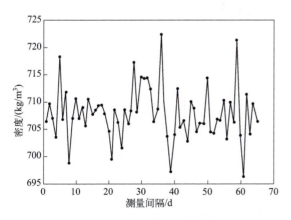

图 12-4　石脑油样品密度分析结果

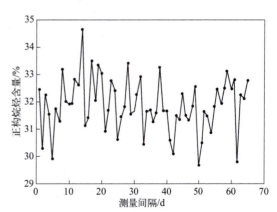

图 12-5　石脑油样品正构烷烃含量分析结果

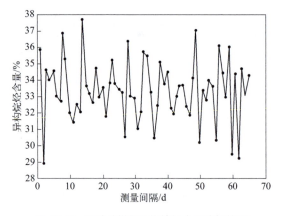

图 12-6　石脑油样品异构烷烃含量分析结果

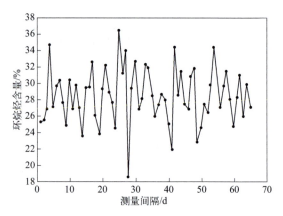

图 12-7　石脑油样品环烷烃含量分析结果

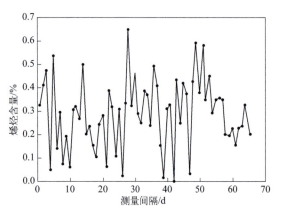

图 12-8　石脑油样品烯烃含量分析结果

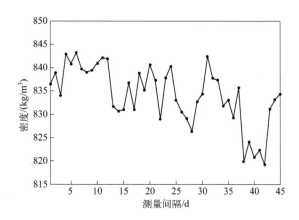

图 12-9　加氢裂化尾油样品密度分析结果

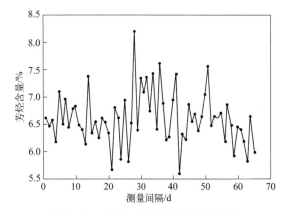

图 12-10　石脑油样品芳烃含量分析结果

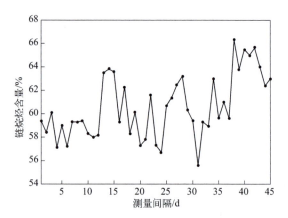

图 12-11　加氢裂化尾油样品链烷烃含量分析结果

可以看出，在线近红外分析系统可对蒸汽裂解原料石脑油的密度、初馏点、10％馏程、30％馏程、50％馏程、70％馏程、90％馏程、终馏点、正构烷烃含量、异构烷烃含量、烯烃含量、芳烃含量、环烷烃含量以及加氢裂化尾油的链烷烃含量、环烷烃含量、芳烃含量和密度等相关性质的波动进行及时准确的测定，并能同时将测定结果实时传送到 DCS 系统。不同时间段裂解原料相关性质的变化能够用来结合 SPYRO 指导蒸汽裂解操作优化[3]。

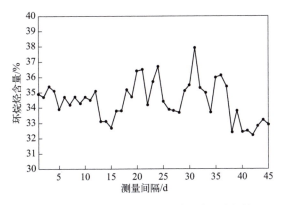

图 12-12 加氢裂化尾油样品环烷烃含量分析结果

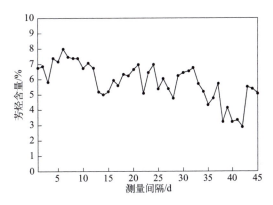

图 12-13 加氢裂化尾油样品芳烃含量分析结果

12.4 小结

该项目集成了长波固体阵列检测器近红外光谱仪、光纤系统、防爆系统、样品预处理系统、通信软件和在线分析软件,开发出适用于蒸汽裂解原料的在线近红外光谱分析系统。该系统建立了用于测定石脑油和加氢裂化尾油密度、馏程(包括初馏点、10%馏程、30%馏程、50%馏程、70%馏程、90%馏程、终馏点)以及烃类组成的近红外分析模型,其预测结果满足实时快速分析的需求。所测石脑油各项性质数据被 SPYRO 软件有效地利用,用来优化蒸汽裂解操作条件,提升了蒸汽裂解过程优化和控制水平。该项目实施后,国内已有多家企业利用近红外光谱对石脑油和加氢尾油进行在线分析。如独山子乙烯利用近红外光谱对石脑油 PIONA、ASTM 馏分曲线等进行分析[4];茂名石化应用近红外光谱对石脑油的 13 个组分[正构烷烃含量、异构烷烃含量、烯烃含量、环烷烃含量、芳烃含量、馏程(IBP,10%,30%,50%,70%,90%,FBP)及密度]进行在线分析[5];扬子石化应用近红外光谱对石脑油和加氢裂化尾油多项性质进行在线分析,并实现了裂解炉的实时优化[6-7];兰州石化也通过在线近红外光谱的应用实现了乙烯装置工艺操作动态优化,有效提高双烯收率,降低能耗物耗[8,9]。

参考文献

[1] 方加禄. 用在线近红外(NIR)分析仪对蒸汽裂解进行优化[J]. 乙烯工业,1998,15(3):62-65.
[2] Ku M S,Chung H,Lee J S. Rapid compositional analysis of naphtha by near-infrared spectroscopy[J]. Bull Korean Chem Soc,1998,19(11):1189-1193.
[3] 刘丰合,魏月娥. 燕山乙烯裂解炉优化运行措施及成效[J]. 乙烯工业,2013,25(3):47-50.
[4] 喻祥星,李战胜,马亚军,等. 近红外分析仪在裂解炉进料线上的应用[C]//第六届中国在线分析仪器应用及发展国际论坛暨博览会(CIOAE2013). 北京,2013.
[5] 安晓春,冯肖荣,李弋鹏. 在线近红外用于蒸汽裂解装置石脑油进料关键性质检测[J]. 现代科学仪器,2012(4):155-158.

[6] 王谨.在线近红外分析仪在加氢裂化尾油裂解装置中的应用[J].现代科学仪器,2013(2):157-159.
[7] 杨金城,王振雷.基于近红外分析仪的裂解炉先进控制和实时优化技术[J].石油化工自动化,2014,50(4):1-9.
[8] 胡海兰.在线近红外分析系统助力大乙烯装置节能降耗[J].石油石化节能,2020,10(7):44.
[9] 陈世龙,杜春燕,邢龙春.在线近红外光谱分析技术(NIR)在乙烯装置的应用[J].甘肃科技,2012,28(11):29-31.

第13章 近红外光谱在聚丙烯装置中的研制与应用

13.1 聚丙烯专用分析仪的研制

聚丙烯的聚合、加工均需要对其产品性能做出快速评价，尤其是在催化剂和新产品开发中，迫切需要快速准确的表征手段，以缩短研发周期。但现有聚丙烯树脂表征方法对于工艺控制和及时出厂要求已经严重滞后，亟待开发新的表征手段。较多研究表明，近红外光谱是快速表征聚丙烯性能的有效手段[1-5]。

本章所述的项目采用固定光路、光栅分光和阵列检测技术研制开发了聚丙烯专用分析仪样机，并结合聚丙烯树脂的熔体流动速率、拉伸屈服强度和乙烯含量对样机的应用性能进行了综合评价[6]。

13.1.1 专用分析仪的设计

中国石化石油化工科学研究院自1995年开始了对近红外光谱分析成套技术的基础研究与开发，研制了一系列CCD近红外光谱仪，并开发了化学计量学软件，在石油化工领域进行了大量应用研究。该系列近红外光谱仪基于固定光路、光栅分光和CCD阵列检测技术，波长范围为700～1100 nm，主要针对汽油、柴油等轻质油品分析。该系列仪器在轻质油品的性质分析中取得了理想的结果，但对于固体高分子聚合物样品的分析仍受到一定的限制。

本节沿用中国石化石油化工科学研究院自主知识产权的固定光路结构，结合长波InGaAs阵列检测器，研制聚丙烯专用分析仪样机。

（1）光路设计

针对聚合物粉末和颗粒的特点，选择50 W光源近距离照射样品，保证足够强度的近红外光穿过样品池。携带样品的结构和组成等信息的透射光经过直径30 mm的收集透镜组汇聚后通过光纤进入后光路，经光栅分光后到达InGaAs阵列检测器，产生能量谱。

通过下式计算得到样品的近红外光谱：

$$A = -\lg \frac{E_s - E_d}{E_r - E_d}$$

式中，E_s为挡光闸板切断光路后的检测器能量响应值（暗电流）；E_r为空光路状态下采集的检测器能量响应值（参比）；E_d为装入样品后的检测器输出信号的能量。

聚丙烯专用分析仪样机光路如图 13-1 所示。

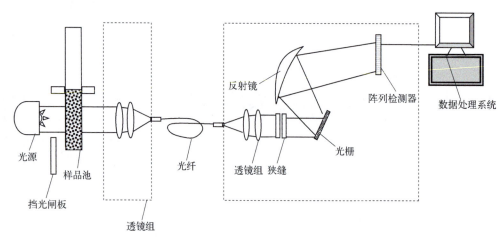

图 13-1　聚丙烯专用分析仪样机光路

（2）动态旋转样品池

固体颗粒样品（特别是大颗粒样品）的近红外光谱受样品形态、堆积密度影响非常大。通常，样品池内的样品在分析过程中堆积状态不发生变化。重新装样后，随着样品堆积状态的改变，光谱相应发生变化，导致光谱重复性不理想。因此，采用传统的漫反射和透射方法很难得到理想的结果。

图 13-2 为全新设计的动态旋转样品池。样品池为圆盘状，旋转轴穿过样品池的中心。旋转轴轴向为水平，转动时带动样品池转动。在样品池的转动过程中，样品池内的固体样品随样品池的转动从样品池底部向上移动，到达一定高度后，受重力作用下滑，重新堆积后，下层样品在上层样品的限制下不再发生滑动。在光谱测定过程中，固体样品不断重新堆积，所得光谱能反映样品在不同堆积状态下的特征，从而大大提高采样的代表性和光谱的重复性。

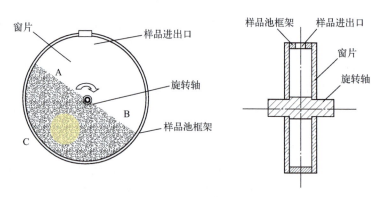

图 13-2　动态旋转样品池

（3）仪器功能设计

作为一种专用分析仪器，在保证仪器状态稳定、分析结果可靠的前提下，简捷、方便的操作同样是必不可少的。固定光路以及对分光检测系统的密封、恒温控制最大限度地保证系统的稳定性。聚丙烯专用分析仪采用中国石化石油化工科学研究院 RIPP 化学计量学光谱分析软件预先建立完善的定量分析模型，同时将光谱采集和定量预测功能整合起来。用户在常规分析时只要装样后输入样品批号,即可在完成光谱采集的同时自动预测关键质量指标并显示预测结果、打印分析报告。

图 13-3 给出了聚丙烯专用分析仪的光谱采集功能实现框图。

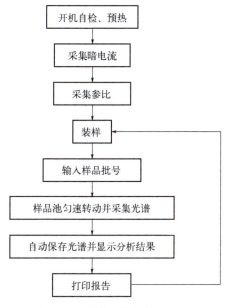

图 13-3 光谱采集功能实现框图

13.1.2 专用分析仪的主要技术参数

聚丙烯专用分析仪样机参见图 13-4。样机的评价参考 ASTM E275、ASTM E1866-97 和 ASTM E1944-98 进行,主要技术参数见表 13-1。

图 13-4 聚丙烯专用分析仪样机

表 13-1 聚丙烯专用分析仪主要技术参数

项 目	参 数
检测器	512 像元 InGaAs 阵列
波长范围	950～1600 nm
分辨率	≤5 nm

续表

项 目	参 数
波长重复性	<0.3 nm
噪声水平	2.8×10^{-5} AU
光路恒温精度	±0.3 ℃
开机预热时间	30 min
样品分析时间	2 min

13.1.3 专用分析仪的应用

近红外光谱技术在高分子领域的应用研究大多采用通用傅里叶变换型近红外光谱仪，结合漫反射（液态透射）附件采集样品的近红外光谱。固体颗粒样品的漫反射光谱受样品堆积状态影响非常大，导致聚丙烯粒料熔体流动速率与漫反射近红外光谱之间表现为较强的非线性关系[5]。

该项目采用聚丙烯专用分析仪样机，针对聚丙烯粒料乙烯含量、熔体流动速率（MFR）和拉伸屈服强度进行了详细的研究。采用 PLS 方法建立聚丙烯粒料样品熔体流动速率校正模型。图 13-5 为熔体流动速率范围为 0.15~39 g/10 min 的预测-实际图，横坐标为标准方法分析结果，纵坐标为模型校正结果。由图可见，聚丙烯粒料长波漫透射光谱分析结果与标准方法分析结果表现出很好的相关性。可见，与漫反射方式相比，采用透射方式可以更充分地表达颗粒样品的本质特征，结合适当的采样方式，可以最大限度地减小样品堆积状态对光谱的影响，克服非线性因素的干扰，用线性方法解决了熔体流动速率的分析问题。

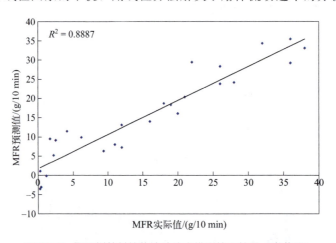

图 13-5 聚丙烯粒料熔体流动速率模型校正结果（宽范围）

图 13-5 所示的校正模型熔体流动速率范围是 0.15~39 g/10 min，模型校正均方根标准偏差（RMSEC）为 0.555 g/10 min，预测均方根标准偏差（RMSEP）高达 0.583 g/10 min，无法满足模型熔体流动速率较小的聚丙烯树脂样品分析精度要求。针对这种情况，根据熔体流动速率差异分别建立多个窄范围模型，保证了整个熔体流动速率范围内近红外光谱分析误差满足标准方法要求。图 13-6 是聚丙烯粒料熔体流动速率在 0.37~0.54 g/10 min 范围内模型校正结果，RMSEC 为 0.021 g/10 min，RMSEP 为 0.025 g/10 min，模型的预测准确性显著提高。

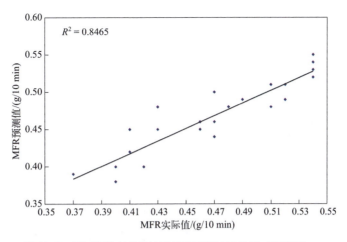

图 13-6 聚丙烯粒料熔体流动速率模型校正结果（窄范围）

聚丙烯专用分析仪样机应用研究结果参见表 13-2，表中数据为标准方法的误差要求和近红外光谱方法达到的预测误差。从表中数据来看，近红外光谱方法的分析误差满足标准方法的分析要求。

表 13-2 聚丙烯专用分析仪样机应用研究结果

性质名称	单 位	性质范围	RMSEC	RMSEP	标准方法要求
乙烯含量	%	7.0～9.0	0.15	0.21	0.22[①]
熔体流动速率	g/10 min	25～30	0.56	0.58	5%[②]
		0.4～0.6	0.02	0.03	10%[②]
拉伸屈服强度	MPa	20～35	0.51	0.54	0.55[③]

① 乙烯含量为乙丙共聚物中乙烯成分含量，测定方法参考中红外光谱法，数据取自经验值。
② 表中熔体流动速率标准方法要求采用相对标准偏差表示。
③ 标准方法没有明确要求，数据取自经验值。

13.1.4 小结

采用固定光路技术，结合大光斑、动态样品池和 InGaAs 阵列检测器研制出聚丙烯专用分析仪样机。该样机由光源、光栅、InGaAs 阵列检测器、数据处理单元和动态旋转样品池组成，光谱采集范围 950～1600 nm。样机经软硬件设计、加工、组装、调试后，从噪声、波长稳定性、分辨率等方面进行了综合性能评价。

采用研制的聚丙烯专用分析仪样机对聚丙烯树脂粒料样品的乙烯含量、熔体流动速率和拉伸屈服强度 3 个指标进行了基础应用研究。结果表明，仪器操作简便，对不同的性质参数，采用分类判别后进行定量分析，能得到理想的定量分析结果。

13.2 聚丙烯在线分析系统的研制与应用

针对聚丙烯的特点，课题组在"十五"期间开发出聚丙烯专用分析仪，实现了聚丙烯多个质量指标的快速实验室分析。本项目针对广石化的一套聚丙烯装置开发了在线近红外光谱分析系统。该装置采用三井油化的 Hypol 釜式液相本体-气相组合的聚丙烯生产工艺，年产量 12 万吨。装置生产的聚丙烯粉料为 2 mm 左右的粉末，通过氮气输送到料仓。本项目研制开发的聚丙烯在线分析系统采用旋风分离技术将气固混相状态的粉末样品分离出来,通过固体流通池采集样品的代表性光谱,结合分段建立的定量分析模型实现聚丙烯产品质量的快速在线分析,为过程控制提供及时、可靠的工艺参数,提高聚丙烯生产过程控制的技术水平[7]。

13.2.1　硬件系统的方案设计

该系统采用固定光路结构,结合强光源、大光斑、全新设计的固体样品流通池和阵列检测器,研制开发出操作简便、快速、准确的聚丙烯在线分析系统。系统包括中央处理单元、样品预处理系统、检测探头组件和上位机四部分。

中央处理单元包括内置嵌入式计算机、微型光谱仪和数据通信模块。微型光谱仪采用OceanOptics的USB2000+,光纤探头的光谱信号通过光纤引入光谱仪。上位机采用微型计算机,采用RS485标准与中央处理单元通信。聚丙烯在线近红外光谱分析系统结构如图13-7所示。图13-8为聚丙烯在线分析系统现场安装照片。

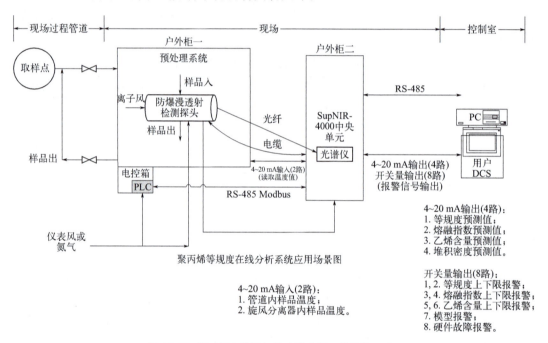

图 13-7　聚丙烯在线近红外光谱分析系统结构示意图

软件系统主要包括聚丙烯在线分析软件v1.0和RIPP化学计量学光谱分析软件3.0版本两部分。前者负责光谱的采集,同时具有显示趋势线和数据查询功能;后者用于分析模型的建立。

(1) 采样预处理系统设计

预处理系统包括旋风分离、管线吹扫、静电消除和压力均衡等一系列装置,通过仪表对9个阀门的顺序动作实现气固两相状态聚丙烯粉末样品的预处理,将常规堆积状的聚丙烯粉末样品提供给样品

图 13-8　聚丙烯在线分析系统现场安装照片

池采集光谱。光谱采集完毕,再将样品送回主管线,并清理预处理系统管道和采集窗口,准备下一步循环操作。详见图 13-9。

采样预处理系统功能的实现通过阀门的顺序动作完成。主要功能包括进样、样品冷却、反吹、光谱采集、反吹样品池、除静电 6 个部分。

阀门动作顺序如下。

第 1 步:进样。同时开启 V-2、V-4,其他关闭。样品进入旋风分离器,沉积在底部。气体部分分离出来,从放空管排放至回收料筒。

第 2 步:反吹。在 V-2、V-4 开启的同时开启 V-3,清理排气管路后关闭 V-4。继续吹扫 2 s,清理进样管道后,V-2、V-3 同时关闭。

第 3 步:光谱采集。开启 V-4、V-6,用于保持旋风分离器和回收罐的压力均衡。然后开启 V-5,样品从旋风分离器经光纤探头内的流通池匀速流进回收罐。在样品流动过程中连续采集光谱,经统计平均保存代表性光谱。

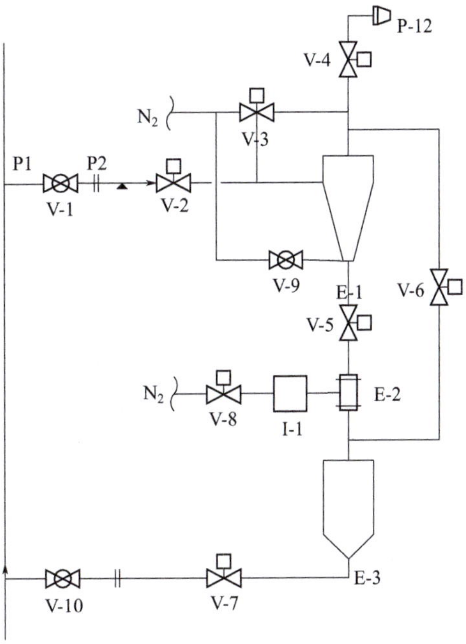

图 13-9 样品预处理系统流程示意图
E-1—旋风分离器;E-2—固体样品流通池;
E-3—缓冲罐;P-12—放空管;I-1—静电消除装置;
V-1,V-9,V-10—手动球阀;V-2~V-8—气动球阀

第 4 步:反吹样品池。光谱采集完毕,关闭 V-4。开启 V-3、V-7,反吹样品池,并将样品从回收罐反吹回主管线。反吹后,顺次关闭 V-7、V-5 和 V-3。

第 5 步:除静电。开启 V-4、V-6,系统与大气连通。再开启 V-8,离子风嘴发送离子风吹扫样品池窗片,消除流通池窗片上的静电,并吹走附着的粉末。除静电完毕,顺次关闭 V-8、V-6 和 V-4。然后回到第 1 步,准备下一次循环。

(2)固体样品流通池设计

聚丙烯粉末样品颗粒细小,在手动装样分析过程中很难保证堆积状态的一致性。该研究开发的固体样品流通池(图 13-10)出口尺寸小于进口尺寸,通过节流作用保证流通池内样品始终处于充满状态。在重力作用下,样品匀速流过测量光路。经过统计平均后,能够充分保证样品光谱的重复性和代表性。

聚丙烯粉末在流动过程中同窗片摩擦产生大量的静电。本项目研制的离子风嘴结构可以产生高压离子风团,在样品分析完毕后吹扫窗片表面,将吸附的粉末除去,从而保证参比光谱的重复性。

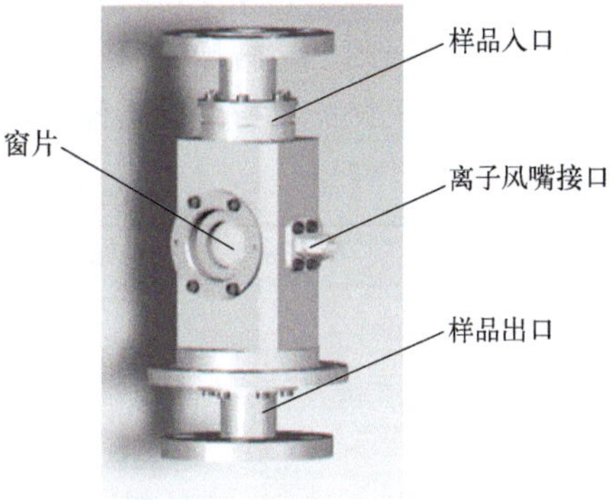

图 13-10 固体样品流通池示意图

13.2.2 现场安装测试与应用

现场安装完毕,数据通信功能调试结束后,开始对整个系统进行初步应用测试。

根据现场测试运行情况,对预处理系统进行了改造,优化预处理系统参数及气动阀硬件改造（图 13-11）[8]，其中包括进样、样品池吹扫、排空和除静电时间。例如，进样时间直接影响进样量。如果进样量过多，会从旋风出口排入废料桶，产生较大的浪费；如果进样量过少，则会导致光谱采集过程中样品"断流"，出现光谱饱和现象，不能真实反映样品的状态。另外，针对运行过程中发生的问题对阀门动作顺序进行了优化改造，克服了系统采样和吹扫等过程中由于残压导致的阀门开关磨损快、动作异响、样品定量分析不准确而造成光谱重复性差等问题。

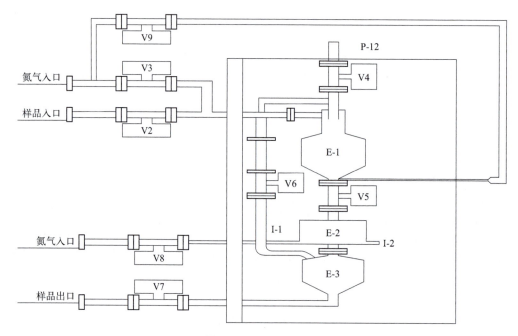

图 13-11 样品预处理系统改造后流程示意图
E-1—旋风分离器；E-2—流通池；E-3—回收罐；P-12—放空管；
I-1—静电消除装置；I-2—光源检测单元；V2~V9—气动球阀

硬件系统正常运行后，在线采集样品的光谱，再通过标准方法分析平行样品的乙烯含量、熔体流动速率和等规度，然后用 RIPP 化学计量学光谱分析软件建模，探讨研制的聚丙烯在线分析系统测定聚丙烯粉料样品质量指标的效果。选择代表性样品，采用 PLS 方法建立模型（校正集样品数与检验集样品数比例为 4:1），模型参数参见表 13-3。

表 13-3 聚丙烯在线分析系统分析模型参数

性质名称	建模集样品数	光谱区间/nm	光谱预处理方法	主因子数
乙烯含量/%	80	756~927	3 点平滑+一阶导数	6
熔体流动速率/(g/10 min)	50	756~1078	9 点平滑+二阶导数	8
	76	756~1078	9 点平滑+二阶导数	9
等规度/%	69	756~945	5 点平滑+一阶导数	8

对比 6 个月的数据和建模结果发现，随着代表性建模样品数据的增加，模型的稳定性和预测准确性明显提高。聚丙烯在线分析系统应用预测结果参见表 13-4，表中数据为标准方法的误差要求和近红外光谱方法达到的预测误差。从表中数据来看，聚丙烯在线分析系统的分析误差满足标准方法的分析要求。

表 13-4 聚丙烯在线分析系统应用预测结果

性质名称	单 位	性质范围	RMSECV	RMSEP	标准方法要求
乙烯含量/%	%	7.0～9.0	0.15	0.20	0.20①
熔体流动速率/(g/10 min)	g/10 min	25～30	0.56	0.58	5%②
		0.4～0.6	0.02	0.03	10%②
等规度/%	%	96～99	0.118	0.121	0.2③

① 乙烯含量为乙丙共聚物中乙烯成分含量,测定方法参考中红外光谱法,数据取自经验值。
② 表中熔体流动速率标准方法要求采用相对标准偏差表示。
③ 标准方法没有明确要求,数据取自经验值。

在不同牌号产品的切换生产过程中,在线近红外光谱分析系统的在线监测结果可以为工艺控制提供产品熔体流动速率、乙烯含量、等规度和堆积密度等主要质量指标的变化趋势。图 13-12、图 13-13 为某一时间段聚丙烯装置从牌号 CJS700 到牌号 J641 的过渡过程中产品的乙烯含量和等规度的变化情况。根据在线分析软件的趋势线,装置操作人员可以即时了解在线采样点处聚丙烯产品的等规度、熔体流动速率、堆积密度和乙烯基 4 个性质指标,通过操作条件的调整确保了装置平稳生产,并提高了产品性能和合格率。

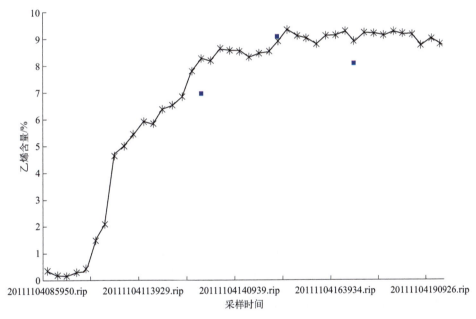

图 13-12 乙烯含量在线近红外光谱监测结果

13.2.3 小结

该项目采用自行设计的采样预处理系统解决了气固混相样品的在线分析问题,而针对性开发的固体样品流通池保证了光谱的代表性和重复性。实验表明,所研制的聚丙烯在线分析系统能够在聚丙烯生产装置的粉料输送管线内自动取出气固混相的粉末样品,全新设计的固体样品流通池可以获得更丰富、更有代表性的样品信息。通过固体样品流通池采集到光谱,分析得到等规度、熔体流动速率、乙烯含量和堆积密度指标,然后把聚丙烯粉末样品返回取样管线,实现聚丙烯装置产品质量的无损在线监测。

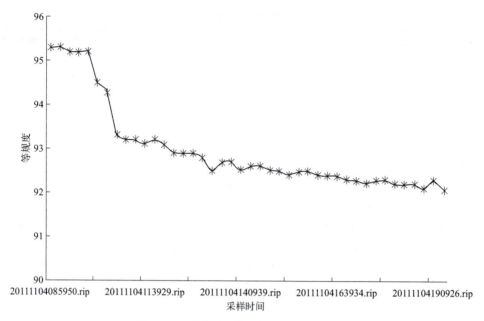

图 13-13　等规度在线近红外光谱监测结果

参考文献

[1] Blanco M,Villarroya I. NIR spectroscopy:a rapid-response analytical tool[J]. Trends in Analytical Chemistry,2002,21(4):240-250.
[2] Lee J S,Chung H. Rapid and nondestructive analysis of the ethylene content of propylene/ethylene copolymer by near-infrared spectroscopy[J]. Vibrational Spectroscopy,1998,17(2):193-201.
[3] 吴艳萍,袁洪福,陆婉珍,等. 近红外漫反射光谱表征聚丙烯树脂的平均相对分子质量[J]. 石油学报(石油加工),2003,19(5):86-91.
[4] 张彦君,蔡莲婷,丁玫,等. 近红外技术在聚丙烯物性测试中的应用研究[J]. 当代化工,2010,39(1):93-97.
[5] 蔡莲婷,龚德词,丁玫. 近红外技术测定乙烯基含量的应用研究[J]. 当代化工,2009,38(3):315-321.
[6] 孙岩峰,陆婉珍. 聚丙烯专用分析仪的研制与应用[J]. 现代科学仪器,2008 (4):46-49.
[7] 孙岩峰,李卓越,钟洋,等. 聚丙烯在线分析系统的研制[J]. 现代科学仪器,2011 (1):60-62.
[8] 李卓越. 聚丙烯在线红外分析仪系统在研制运用中的改进[J]. 分析仪器,2014 (4):1-8.

第 14 章
近红外光谱在 PAO 分析中的应用研究

PAO（Poly Alpha Olefin，聚 α-烯烃）是一种由多种聚 α-烯烃组成的合成油，具有优异的抗热性能，对于高温环境十分稳定，不易分解。它的抗氧化性强，可以有效地防止油膜的氧化变质，从而延长润滑油的使用寿命。此外，它还具有良好的低温性能，在低温下仍能保持良好的流动性，不会造成润滑系统的堵塞现象。由于它的优异性能，聚 α-烯烃合成基础油已经成为高性能润滑油中的重要成分，广泛应用于航空、汽车及铁路等行业。高品质的 PAO 通常是用 $C_8 \sim C_{12}$ 的直链 α-烯烃合成的，在这些烯烃中，$1\text{-}C_{10}$ 为主的烯烃是合成 PAO 基础油的最佳原料，生产出的 PAO 基础油分子具有非常规则的长链疏状结构，以这种类型的分子为主的 PAO 基础油具有更好的黏温性和低温流动性[1,2]。

在实际的生产过程中，并非所有的原料（单体 α-烯烃）都可以发生反应，产品中尚未完全反应的线性 α-烯烃会影响产品的热稳定性和热氧化性。一般来讲，产品的转化率决定产品的质量，转化率越高的产品其性能越好。因此，很有必要对 PAO 基础油中的 α-烯烃含量进行定量分析，从而在工业生产中控制产品的质量。当前工业生产中常用的分析方法是溴值测定方法（SH/T 0236），但由于分析过程中需要使用有机试剂，这种分析方法并不环保，此外操作也略微耗时且繁琐。实验室中，对 PAO 基础油常用的分析方法有色谱法、核磁共振分析法、凝胶色谱法等，尽管这些方法拥有良好的准确性和可靠性，但是其繁琐的操作步骤和耗时的分析时间令其很难应用于实际工业生产的过程分析中。

该研究将 NIR、FT-IR 和 Raman 三种光谱与数据融合方法结合，分别进行了低、中、高 3 种层次的数据融合，以充分发挥不同光谱的优势，实现光谱信息之间的互补[3]，并建立了预测 PAO 基础油转化率的快速分析技术。

14.1 样本与方法

14.1.1 样本来源

PAO 基础油样本共计 215 份，来自中国石化石油化工科学研究院。这些样本的转化率参考数据由气相色谱法测得，转化率范围为 42.87%～99.22%。

PAO 基础油样本的主要成分为 1-十二烯，还包含一些线性 α-烯烃、1-辛烯和 β-烯烃等，并有少量的芳烃和烷烃。这些烯烃在 PAO 基础油中主要以疏状结构存在，在其主碳链上有一些甲基。

14.1.2 光谱采集

使用 Thermo Fisher 公司 Antaris Ⅱ 傅里叶变换型近红外光谱仪采集 NIR 光谱。采集过程中样本装在光程为 0.5 mm 的比色皿中，使用空白比色皿作为背景，光谱采集范围为 10000～4000 cm^{-1}，分辨率为 8 cm^{-1}，累计扫描 64 次。

使用 Agilent 4500t 采集 FT-IR 光谱，光谱采集范围为 4000～650 cm^{-1}，分辨率为 8 cm^{-1}，累计扫描 64 次。

使用 Thermo TruScanRM 手持式拉曼光谱仪采集 Raman 光谱，激光波长为 785 nm，功率为 250 mW，分辨率为 8 cm^{-1}。

14.1.3 校正集与验证集

将 215 个 PAO 基础油样本通过 SPXY 算法分为 169 个校正集样本和 46 个验证集样本。表 14-1 列出了校正集与验证集的样本数量及转化率范围。

表 14-1 校正集与验证集的样本数量及转化率范围

项　目	样本数量	最大转化率/%	最小转化率/%
校正集	169	42.87	99.22
验证集	46	45.66	99.13

14.2 单光谱模型

14.2.1 NIR 光谱模型

图 14-1 给出了 5 个典型 PAO 样本的 NIR 光谱。通过观察 3 个样本转化率高低和对应特征峰出现的位置，可以看出与 PAO 基础油转化率最相关烯烃的特征峰出现在 4720 cm^{-1}、5677 cm^{-1}、5793 cm^{-1} 和 6109 cm^{-1} 附近，这些峰主要是由基团 H—C=C 和 C—H 的振动产生的，此外在 7180 cm^{-1} 附近观测到的吸收峰可以归属于基团 H—C=C 的二级倍频的特征峰。8300～8100 cm^{-1} 之间的特征峰可能是由样品中少量甲基的振动产生的。同时，根据

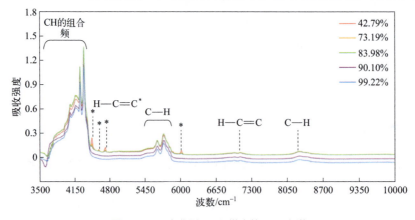

图 14-1　5 个典型 PAO 样本的 NIR 光谱

样本的转化率的变化可以看出，6500～4500 cm^{-1} 之间的这些特征峰的强度与 PAO 基础油的转化率呈正相关[4]。

表 14-2 给出了使用不同预处理方法建立的 NIR 光谱模型的预测结果。分别对 NIR 光谱使用了一阶和二阶 SG 卷积求导预处理方法和 SNV 与 MSC 两种预处理方法，并对参与建模的波段进行了优化选择，用 PLS 方法建立 NIR 光谱预测 PAO 基础油转化率的校正模型。结果表明，最佳的预处理方法是二阶 SG 卷积求导预处理方法，光谱范围选择 4500～650 cm^{-1} 和 9000～7800 cm^{-1}，所得的 SECV、SEP、RPD 分别为 1.91%、1.68%、6.70%。

表 14-2 单光谱 PLS 模型建立与预测统计结果

	光谱预处理方法	主因子数	SECV/%	SEP/%	RPD
NIR	SNV	5	2.00	1.95	5.78
	MSC	5	2.20	1.92	5.86
	一阶 SG 卷积求导	6	1.94	1.72	6.51
	二阶 SG 卷积求导	6	1.91	1.68	6.70
FT-IR	SNV	8	1.82	1.69	6.65
	MSC	8	1.83	1.71	6.57
	一阶 SG 卷积求导	6	1.69	1.49	7.53
	二阶 SG 卷积求导	6	1.58	1.42	7.92
Raman	SNV	5	1.62	1.41	7.97
	MSC	5	1.58	1.37	8.18
	一阶 SG 卷积求导	7	1.78	1.46	7.70
	二阶 SG 卷积求导	7	1.71	1.45	7.76
	airPLS＋平滑	7	2.12	1.57	7.16

14.2.2 FT-IR 光谱模型

图 14-2 给出了转化率由低到高的 5 个典型 PAO 样本的 FT-IR 光谱。在 768 cm^{-1}、952 cm^{-1}、1010 cm^{-1} 和 1036 cm^{-1} 附近可以观察到比较明显的特征吸收峰，这些特征吸收峰是由顺式与反式烯烃的面外振动引起的，表 14-3 给出了 1000～700 cm^{-1} 范围内典型烯烃的振动峰位置。此外，在 FT-IR 光谱中 1670～1620 cm^{-1} 之间出现的特征峰归属于—C=C—结构，结合谱峰强度和样本转化率的变化可以观察到，这部分特征峰强度与 PAO 基础油转化率的变

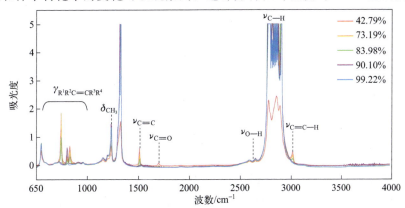

图 14-2 5 个典型 PAO 样本的 FT-IR 光谱

化呈现出正相关的关系，因此在这一波段中包含着较多的有用信息。在 FT-IR 光谱中在 3121 cm^{-1} 附近还可以观察到一部分特征峰，这可能是由烯烃中的 C=C—H 结构引起的吸收峰。

对 FT-IR 光谱同样尝试一阶和二阶 SG 卷积求导预处理方法，和 SNV 与 MSC 两种预处理方法，并对参与建模的波段进行了优化选择，用 PLS 建立 FT-IR 光谱预测 PAO 基础油转化率的校正模型。结果表明，如表 14-2 所示，最佳的预处理方法是二阶 SG 卷积求导预处理方法，光谱范围选择 1050～850 cm^{-1} 和 1680～1570 cm^{-1}，所得的 SECV、SEP 与 RPD 分别为 1.58%、1.42% 和 7.92。

表 14-3　FT-IR 中的顺式与反式烯烃特征吸收峰分布

烯烃类型	波数/cm^{-1}
$RCH=CH_2$	915～905，995～985
$R^1R^2CH=CH_2$	895～885
$R^1CH=CHR^2$（顺式）	730～650
$R^1CH=CHR^2$（反式）	980～965
$R^1R^2C=CHR^3$	840～790

注：R、R^1 和 R^2 代表不同的取代官能团。

14.2.3　Raman 光谱模型

Raman 光谱的原始谱图如图 14-3 所示。可以清晰地观察到，光谱中不同转化率样本的特征峰差异主要出现在 890 cm^{-1}、1076 cm^{-1} 和 1439 cm^{-1} 附近，而在 1120 cm^{-1}、1302 cm^{-1} 和 1370 cm^{-1} 附近的特征峰差异并不明显。可以发现，PAO 样本的转化率变化与 1660～1644 cm^{-1} 附近特征峰强度的变化呈正相关，随着样本转化率的降低，谱峰的强度逐渐增加。在 1400 cm^{-1} 和 1200～1000 cm^{-1} 附近可以观察到一些特征峰，分别与—CH_3 的变形振动和 C—O 的伸缩振动相关。综上分析，选取 1950～1200 cm^{-1} 这一波段的 Raman 光谱建立 PLS 定量校正模型。

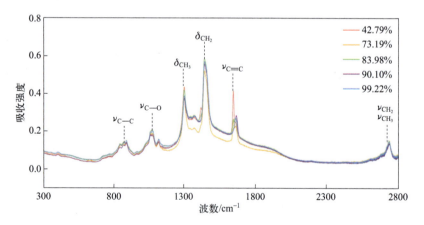

图 14-3　5 个典型 PAO 样本的 Raman 光谱

建立 PLS 模型时，对 Raman 光谱分别尝试了一阶 SG 卷积求导、二阶 SG 卷积求导、SNV、MSC 和 airPLS 5 种预处理方法，表 14-2 列出了使用不同预处理方法对应的模型预测结果。通过模型评价指标可以看出，SNV 和 MSC 两种预处理方法都令模型的性能得到了一定程度的提升，而 MSC 预处理方法更优，所得的 SECV、SEP、RPD 分别为 1.58%、1.37%、8.18。该研究也比较了 MSC 和 airPLS 算法对 Raman 光谱基线校正的影响[5,6]，如图 14-4 所示，与 MSC 相比，airPLS 消除基线的作用更好，但其 PLS 定量校正模型的预测结果却显著下降，可能是 airPLS 在消除基线的同时也滤除了一些有用的光谱信息。

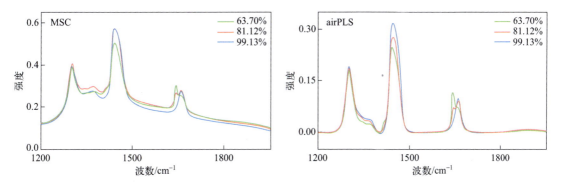

图 14-4　使用 MSC 处理后的 Raman 光谱（左）和使用 airPLS 处理后的 Raman 光谱（右）

14.2.4　3 种光谱模型的比较

图 14-5～图 14-7 给出了 3 种光谱模型预测值与实际值之间的相关图。由图 14-5～图 14-7 和表 14-2，比较 3 种光谱校准模型的评价指标（NIR 模型：SECV=1.91%，SEP=1.68%，RPD=6.70；FT-IR 模型：SECV=1.58%，SEP=1.42%，RPD=7.92；Raman 模型：SECV=1.58%，SEP=1.37%，RPD=8.18）可以看出，Raman 光谱与 FT-IR 光谱建立的模型预测结果比较相似，都优于 NIR 光谱建立模型的性能，相比 FT-IR 光谱，Raman 光谱的预测结果更好一些。

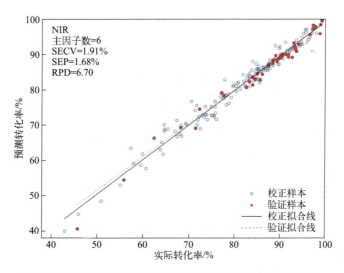

图 14-5　NIR 模型的校正集与验证集样本的预测值与实际值

光谱的重复性是多种因素共同作用的结果，如仪器的性能、样品的物理状态等。为了进一步评价哪种方法更适合准确地分析 PAO 基础油的转化率，对 3 种光谱分析方法的重复性进行测试。随机抽取一个 PAO 基础油样本，分别重装样测量 6 次光谱，使用光谱的相对标

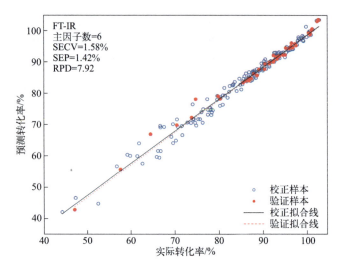

图 14-6　FT-IR 模型的校正集与验证集样本的预测值与实际值

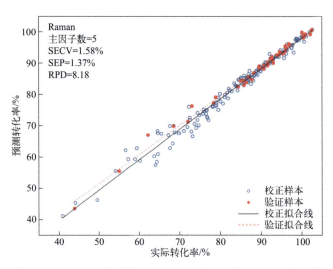

图 14-7　Raman 模型的校正集与验证集样本的预测值与实际值

准偏差（RSD）评价这 3 种光谱的重复性，较低的 RSD 值表明所选取的光谱区域具有良好的重复性，而较高的 RSD 值意味着光谱重复性较差。

经预处理后的 NIR、FT-IR 和 Raman 重复性光谱及其对应的 RSD 如图 14-8 所示。可以看出，FT-IR 光谱中，RSD 在 900～700 cm^{-1} 这一区域中明显高于其他区域，表明这一波段的重复性可能较差，而 RSD 的数值在 1650 cm^{-1} 附近较低，这一区域是 FT-IR 校正模型建立的波段，因此 FT-IR 光谱建立的校正模型重复性应该是比较优秀的。在 Raman 光谱整个范围内的 RSD 值都大于 NIR 光谱和 FT-IR 光谱，说明 Raman 光谱的重复性较差。与其他光谱相比，NIR 光谱中 6500～4500 cm^{-1} 和 9000～7800 cm^{-1} 区域内的 RSD 值最低，表明 NIR 光谱具有较好的重复性。

表 14-4 给出 3 种光谱所建模型对同一样品 6 次测量光谱的预测值，NIR 光谱、FT-IR 光谱、Raman 光谱预测值的重复性标准偏差分别为 0.1327%、0.0143%、0.3046%。可以看出，NIR 光谱的重复性略低于 FT-IR 光谱，但是比 Raman 光谱好很多，这是因为 NIR 和 FT-IR 两种光谱在采集光谱时都采用了相对测量的方式，空白参比可以在很大程度上消除仪

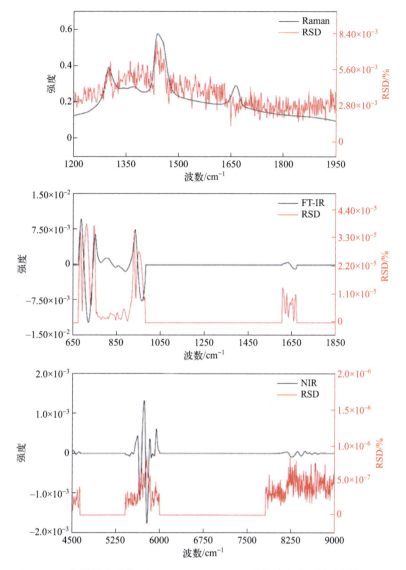

图 14-8　经预处理后的 NIR、FT-IR 和 Raman 重复性光谱及其对应的 RSD

器和外部环境变化对光谱的影响，因此测量的光谱重复性较好。而 Raman 光谱采集光谱时采用了绝对信号测量的方式，光源或外部环境的变化更容易对光谱造成干扰，使其重复性较差。

表 14-4　NIR、FT-IR 和 Raman 校正模型预测值的重复性结果

测试次数	NIR 预测值/%	FT-IR 预测值/%	Raman 预测值/%
No. 1	91.87	91.26	91.80
No. 2	92.07	91.24	91.07
No. 3	91.86	91.24	91.05
No. 4	92.07	91.23	90.97
No. 5	92.16	91.22	91.22
No. 6	91.87	91.24	91.35
标准偏差	0.1327	0.0143	0.3046

尽管 Raman 光谱的重复性不如 NIR 和 FT-IR 两种光谱，但是 Raman 光谱的预测重复性仍在可接受范围内，而且由于 Raman 光谱中包含更丰富的碳碳双键信息，其预测准确性是最好的。FT-IR 光谱所建模型的预测能力略微逊色于 Raman 光谱，但是重复性更好。相比上述两种光谱，尽管 NIR 光谱的预测能力相对较差，但是具有更好的重复性的优势。综上所述，3 种光谱定量分析 PAO 基础油转化率的能力从高到低的排序为：Raman≈FT-IR＞NIR。尽管如此，NIR 光谱的预测准确性也在可接受范围内，将来可用于工业装置的现场在线分析。

14.3 光谱融合模型

14.3.1 低层融合模型

低层融合策略通过将光谱矩阵串联的形式实现，如图 14-9 所示，对 NIR、FT-IR 进行二阶 SG 卷积求导预处理，对 Raman 光谱进行 MSC 预处理，并各自选取特征波长区间，再使用归一化方法可以有效消除 3 种光谱之间的强度差异，最后串联成一个低层融合矩阵。图 14-10 给出了 NIR、FT-IR 和 Raman 3 种光谱融合后所有校正集样本的平均光谱图。

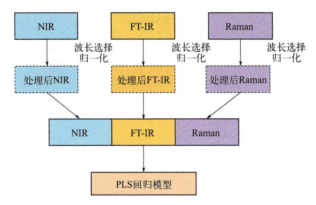

图 14-9　NIR、FT-IR 和 Raman 3 种光谱的低层融合示意图

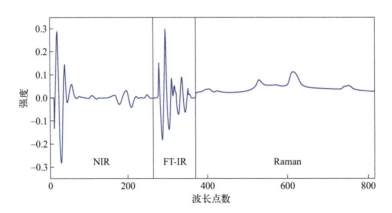

图 14-10　NIR、FT-IR 和 Raman 3 种光谱低层融合后光谱示意图

基于校正集样本融合后的光谱矩阵，采用 PLS 方法建立预测 PAO 基础油转化率的校正模型，并对验证集样本进行预测分析。图 14-11 给出了低层融合建模交互验证、验证集预测

结果与实际值的对比结果,所得的 SECV、SEP、RPD 分别为 1.46%、1.27%、8.87。可以看出,由于低层融合策略组合 NIR、FT-IR 和 Raman 3 种光谱,可以得到更为全面的分子结构信息,与单光谱模型的预测结果相比,低层融合模型在样本转化率低于 60% 和高于 90% 时都可以得到更为准确的预测,尤其是在样本转化率较高时的预测误差比单光谱模型更小。

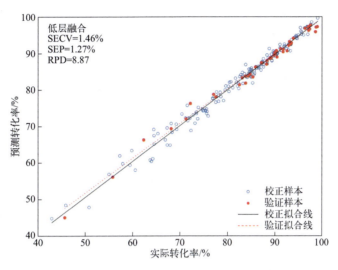

图 14-11　低层融合建模及其预测结果与实际值相关图

14.3.2　中层融合模型

14.3.2.1　经典中层融合模型

在中层融合策略中,该研究尝试了使用主成分分析(PCA)方法分别对 NIR、FT-IR 和 Raman 3 种光谱进行分解,然后对 3 种光谱各自的 PCA 得分进行串联,构成中层融合矩阵,最后再对融合的得分和对应的转化率建立 PLS 回归模型。NIR、FT-IR 和 Raman 3 种光谱中层融合示意图如图 14-12 所示,在进行 PCA 分解前同样对 NIR 光谱、FT-IR 光谱进行二阶 SG 卷积求导预处理,对 Raman 光谱进行 MSC 预处理,并各自选取特征波长区间,再使用归一化方法可以有效消除 3 种光谱之间的强度差异。

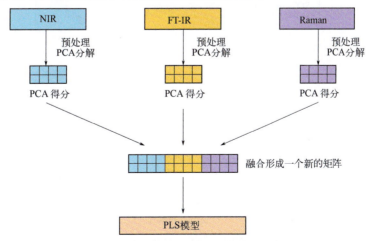

图 14-12　NIR、FT-IR 和 Raman 3 种光谱中层融合示意图

使用 PCA 方法分别提取 NIR、FT-IR 和 Raman 3 种光谱的得分，并根据对总方差的贡献率对这些得分进行排序，分别选取贡献率最大的前 8 个得分进行串联，形成一个 24 个得分构成的矩阵。使用校正集样本的得分融合矩阵和对应的转化率建立 PLS 校正模型。图 14-13 给出了经典中层融合建模交互验证、验证集预测结果与实际值的对比结果，所得的 SECV、SEP、RPD 分别为 1.37%、1.20%、9.37。可以看出，由于 PCA 在一定程度上滤除了不相关的信息，其结果略优于低层融合模型，尤其是对 90% 转化率以上的样本预测更为精准。

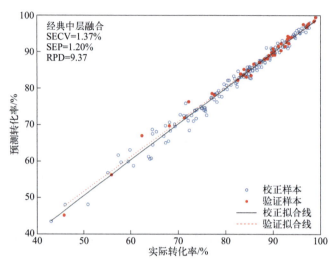

图 14-13 经典中层融合建模及其预测结果与实际值相关图

14.3.2.2 GA 优化的中层融合模型

为了进一步提高中层融合模型的预测能力，采用遗传算法（GA）对 24 个得分变量进行筛选，然后再建立 PLS 定量校正模型[7,8]。在 GA 算法的优化过程中，初始群体的数量设置为 50，交叉概率设置为 0.7，变异概率设置为 0.1。

最终，GA 从 NIR 中选取了 2 个得分、从 FT-IR 中选取了 5 个得分、从 Raman 中选取了 4 个得分，可见 GA 的选取结果与 3 种光谱包含的信息量基本吻合。将这 11 个得分构成中层融合矩阵，然后用 PLS 方法建立校正模型。图 14-14 给出了经 GA 优化的中层融合建模

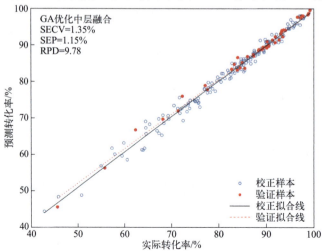

图 14-14 GA 方法优化的中层融合建模及其预测结果与实际值相关图

交互验证、验证集预测结果与实际值的对比结果，所得的 SECV、SEP、RPD 分别为 1.35%、1.15%、9.78。可以看出，由于 GA 算法优选了参与建模的 PCA 得分，筛选出了与 PAO 基础油转化率最相关的得分变量，其结果略优于经典的中层融合模型和低层融合模型，尤其对于转化率在 70% 左右样本的预测误差有一定的改善。

14.3.3 高层融合模型

14.3.3.1 CLT 融合方法

该研究采用两种方式实现高层融合，包括中心极限定理（Central Limit Theorem，CLT）和线性结果融合[9,10]。

采用 CLT 方法进行融合时，需要对每种光谱的预测结果都赋予一个权重，按照以下公式计算相应的权重：

$$y = \sigma_f^2 (\sigma_{NIR}^{-2} y_{NIR} + \sigma_{FT-IR}^{-2} y_{FT-IR} + \sigma_{Raman}^{-2} y_{Raman})$$

$$\sigma_f^2 = (\sigma_{NIR}^{-2} + \sigma_{FT-IR}^{-2} + \sigma_{Raman}^{-2})^{-1}$$

式中，σ_{NIR}、σ_{FT-IR}、σ_{Raman} 代表 3 种光谱各自预测结果偏差的标准偏差；y_{NIR}、y_{FT-IR}、y_{Raman} 代表 3 种光谱各自的预测值；y 表示融合的最终结果。

对上式进行整合可以得到 3 种光谱各自的权重 w_1、w_2、w_3（w_1 为 NIR 结果的权重，w_2 为 FT-IR 结果的权重，w_3 为 Raman 结果的权重）。

$$y = w_1 y_{NIR} + w_2 y_{FT-IR} + w_3 y_{Raman}$$

其中

$$w_1 = \frac{\sigma_{NIR}^{-2}}{\sigma_{NIR}^{-2} + \sigma_{FT-IR}^{-2} + \sigma_{Raman}^{-2}}$$

$$w_2 = \frac{\sigma_{FT-IR}^{-2}}{\sigma_{NIR}^{-2} + \sigma_{FT-IR}^{-2} + \sigma_{Raman}^{-2}}$$

$$w_3 = \frac{\sigma_{Raman}^{-2}}{\sigma_{NIR}^{-2} + \sigma_{FT-IR}^{-2} + \sigma_{Raman}^{-2}}$$

将 14.2 节中的 3 种光谱的预测结果代入公式中，计算得到 3 种光谱各自的权重：$w_1 = 0.3546$，$w_2 = 0.3386$，$w_3 = 0.3069$。

图 14-15 给出了 CLT 方法建立的高层融合模型对验证集样本预测值与实测值的对比结果，SEP 和 RPD 分别为 1.17% 和 9.61，其预测准确性与中层融合模型基本相当。

14.3.3.2 线性结果融合方法

线性结果融合方法是按下式目标函数对 NIR、FT-IR 和 Raman 的预测结果赋予权重：

$$U = \mathrm{argmin}(|ay_{NIR} + by_{FT-IR} + cy_{Raman} - y^*|)$$

式中，y_{NIR}、y_{FT-IR}、y_{Raman} 代表 3 种光谱各自 PLS 回归交互验证的预测结果；a、b、c 分别代表 NIR、FT-IR、Raman 3 种光谱被赋予的权重，同时 a、b、c 还应该满足 $a + b + c = 1$；y^* 代表对应样本的参考值。

高层融合最终的预测结果 y 由下式给出：

$$y = ay_{NIR} + by_{FT-IR} + cy_{Raman}$$

其中，y_{NIR}、y_{FT-IR}、y_{Raman} 代表 3 种光谱所建立 PLS 模型对验证集样本的预测结果。

将 14.2 节中的 3 种光谱的预测结果代入公式中，计算得到 3 种光谱各自的权重：$a =$

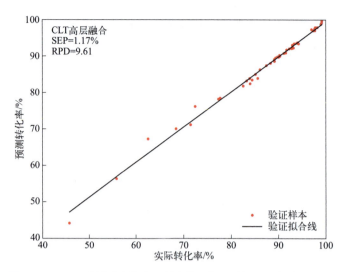

图 14-15　CLT 方法建立的高层融合模型的预测结果与实测值相关图

0.2626，$b=0.3088$，$c=0.4286$。

图 14-16 给出了线性结果融合方法建立的高层融合模型对验证集样本预测值与实测值的对比结果，SEP 和 RPD 分别为 1.18% 和 9.60。可见，其预测准确性与中层融合模型基本相当，与 CLT 融合方法也十分接近，没有显著性的提高。

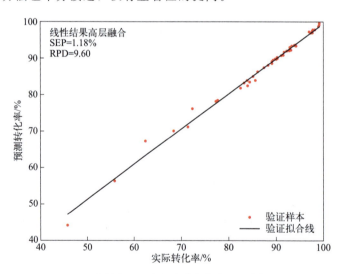

图 14-16　线性结果融合方法建立的高层融合模型结果

14.3.4　SO-PLS 融合模型

序贯正交偏最小二乘（Sequential and Orthogonalized PLS，SO-PLS）是串联式的校正方式，该方法采用了正交化处理，有可能提取出多光谱之间的额外互补信息[11-13]。在进行 SO-PLS 融合前，同样先对 NIR 和 FT-IR 两种光谱进行二阶 SG 卷积求导处理，对 Raman 光谱进行 MSC 的预处理。

SO-PLS 融合流程如图 14-17 所示。先将 Raman 光谱设置为矩阵 $\boldsymbol{X}_1$，建立对应的 PLS 回归模型，得到得分 t_1 和残差 y_{r1}。然后将 FT-IR 的光谱矩阵与得分 t_1 进行正交，得到新

的正交光谱矩阵 X_2。再对 X_2 和残差 y_{r1} 建立 PLS 回归模型，得到得分 t_2 和残差 y_{r2}。最后将 NIR 光谱矩阵与 t_2 做正交化处理，得到新的光谱矩阵 X_3，对 X_3 和 y_{r2} 建立 PLS 回归模型。最后的预测结果由上述 3 个校正模型共同给出。

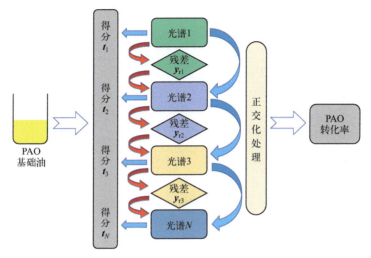

图 14-17　SO-PLS 融合流程示意图

由于 SO-PLS 方法通过正交化方式实现光谱信息的互补，再通过串联形式实现光谱之间信息的传递，这就意味着不同的光谱融合顺序会对融合的结果带来影响。因此，将 FT-IR 光谱和 Raman 光谱分别设置为 X_1 和 X_2，将 NIR 光谱设置为 X_3，分别按照"Raman→FT-IR→NIR"的顺序和"FT-IR→Raman→NIR"的顺序进行融合。

两种顺序建立的 SO-PLS 模型的预测结果分别在图 14-18 和图 14-19 中给出。通过上述结果可以看出，"Raman→FT-IR→NIR"的融合顺序所得结果（SECV=1.43%，SEP=1.24%，RPD=9.13）优于"FT-IR→Raman→NIR"的融合顺序（SECV=1.70%，SEP=1.70%，RPD=6.66），并且对转化率在 80% 以上的样本"Raman→FT-IR→NIR"融合顺序的预测误差明显更小，这也表明了 Raman 光谱中所包含的特征信息数量应该比 FT-IR 光谱中的多。SO-PLS 融合方法的预测准确性优于单独光谱，介于低层融合和中层融合之间。

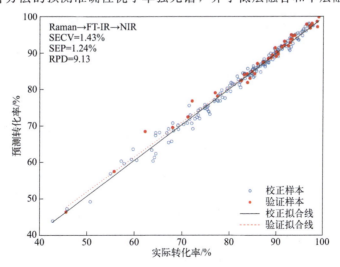

图 14-18　"Raman→FT-IR→NIR"顺序的 SO-PLS 融合预测值与实测值相关图

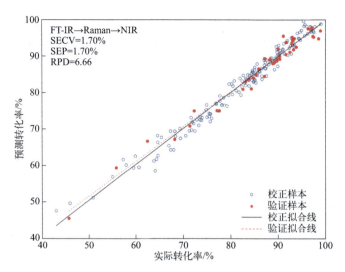

图 14-19 "FT-IR→Raman→NIR"顺序的 SO-PLS 融合预测值与实测值相关图

14.3.5 N-PLS 融合模型

借鉴多维偏最小二乘（N-PLS）建模思路[12-16]，该研究将 N-PLS 用于 NIR、FT-IR 和 Raman 3 种光谱的融合。N-PLS 融合方法步骤如图 14-20 所示。

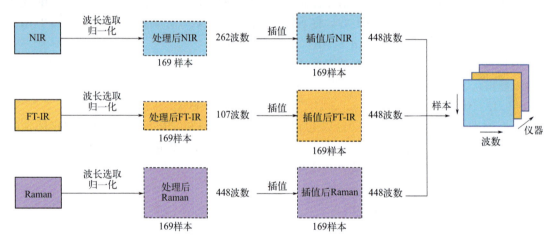

图 14-20 N-PLS 融合方法步骤示意图

在进行 NPLS 融合前。对 NIR 和 FT-IR 两种光谱进行二阶 SG 卷积求导处理，对 Raman 光谱进行 MSC 的预处理。然后对 NIR、FT-IR 和 Raman 光谱进行归一化和插值处理，归一化的目的是消除 3 种光谱因测量和预处理引起的光谱强度的差异，插值的目的是确保用于拼接的光谱矩阵具有相同的维度。预处理后的 FT-IR 光谱矩阵维数为 169 个样本×107 个波数，通过插值将其变为 169 个样本×448 个波数的光谱矩阵。同样对 NIR 光谱矩阵也进行插值处理，得到 169 个样本×448 个波数的光谱矩阵。随后与 Raman 光谱矩阵（169 个样本×448 个波数）构成一个 169 个样本×448 个波数×3 种光谱的三维光谱融合矩阵（图 14-21），再通过 N-PLS 方法建立 PAO 基础油转化率预测模型。

图 14-22 给出了 N-PLS 融合方法 11 个主因子的建模交互验证、验证集预测结果与实际

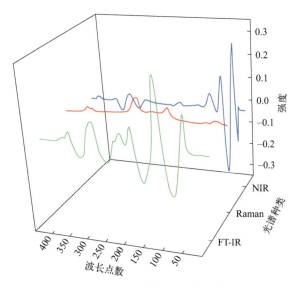

图 14-21 三维光谱融合矩阵示意图

值的对比结果，所得的 SECV、SEP、RPD 分别为 1.28%、1.13%、9.95。可以看出，无论是对转化率较低的样本还是转化率较高的样本都可以进行较为准确的分析，尤其是针对转化率在 60% 以下的样本，预测的误差相比单光谱模型有了很大的改善。

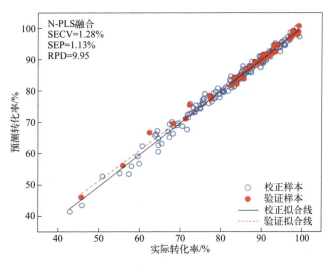

图 14-22 N-PLS 融合方法的建模及其预测结果与实际值相关图

横向比较文中其他种类的融合方法，N-PLS 方法的融合效果更好，能更好地发挥光谱之间的协同作用，为预测 PAO 基础油转化率提供了一种可靠且准确的光谱融合方法。

14.4 小结

在使用 NIR、FT-IR 和 Raman 光谱数据单独建立 PAO 基础油转化率预测模型的基础上研究了使用光谱融合策略对提高模型预测准确性的可行性，包括常见的低层融合策略、中层融合策略和高层融合策略以及最近提出的 SO-PLS 融合策略。结果表明，无论哪种融合方式，因多光谱信息互补和协同的原因，其结果都优于单独的某一种光谱的结果。

该研究创新地将 GA 算法与中层融合策略相结合，使用 GA 算法优化选取得分变量，获得了更为准确的融合预测模型。该研究还提出了一种新的融合策略——N-PLS 融合策略，该方法通过插值将 NIR、FT-IR 和 Raman 3 种光谱叠成三维立体矩阵，利用 N-PLS 方法建立多光谱融合模型。与上述常用的融合方法相比（表 14-5），N-PLS 融合策略可有效利用三线性数据结构优势，表现出了更好的预测能力，为 PAO 基础油转化率的分析提供了一种可靠且准确的方法，也为其他光谱的融合和应用提供了一个新的解决思路。

表 14-5 融合方法的模型预测指标汇总

建模方法	SECV/%	SEP/%	RPD
单独 NIR	1.91	1.68	6.70
单独 FT-IR	1.58	1.42	7.92
单独 Raman	1.58	1.37	8.18
低层融合	1.46	1.27	8.87
经典中层融合	1.37	1.20	9.37
使用 GA 优化的中层融合	1.35	1.15	9.78
高层融合			
线性结果融合	—	1.18	9.60
CLT 方法融合	—	1.17	9.61
SO-PLS 融合	1.43	1.24	9.13
N-PLS 融合	1.28	1.13	9.95

参考文献

[1] 张乐,马静,苏朔. 国内低黏度聚 α-烯烃合成基础油研究进展[J]. 石油化工应用,2021,40(6):9-14.
[2] Hongbo J,Xinlei X,Xianzhong H,et al. Preparation of high viscosity PAO from mixed alpha-olefins over metallocene catalyst[J]. China Petroleum Processing & Petrochemical Technology,2018,20(2):90-96.
[3] Mishra P,Roger J M,Rutledge D N,et al. Recent trends in multi-block data analysis in chemometrics for multi-source data integration[J]. Trends in Analytical Chemistry,2021,137:116206.
[4] Dai J,Chen P,Chu X,et al. Comparison between NIR,FT-IR and Raman for quantitative analysis of the conversion of poly alpha oil (PAO)[J]. Vibrational Spectroscopy,2022,123:103452.
[5] Zhang Z M,Chen S,Liang Y Z. Baseline correction using adaptive iteratively reweighted penalized least squares [J]. Analyst,2010,135(5):1138-1146.
[6] 王海朋,褚小立,陈瀑,等. 光谱基线校正算法研究与应用进展[J]. 分析化学,2021,49(8):1270-1281.
[7] 褚小立,袁洪福,王艳斌,等. 遗传算法用于偏最小二乘方法建模中的变量筛选[J]. 分析化学,2001,29(4):437-442.
[8] 褚小立. 现代光谱分析中的化学计量学方法[M]. 北京:化学工业出版社,2022.
[9] Fourati H. Multisensor Data Fusion:From Algorithms and Architectural Design to Applications[M]. Boca Raton:CRC Press,2017.
[10] Ahmmed F,Fuller I D,Killeen D P,et al. Raman and infrared spectroscopic data fusion strategies for rapid, multicomponent quantitation of krill oil compositions[J]. ACS Food Science & Technology,2021,1(4):570-578.

[11] Næs T, Romano R, Tomic O, et al. Sequential and orthogonalized PLS (SO-PLS) regression for path analysis: order of blocks and relations between effects[J]. Journal of Chemometrics, 2021, 35(10): e3243.

[12] Awhangbo L, Bendoula R, Roger J M, et al. Multi-block SO-PLS approach based on infrared spectroscopy for anaerobic digestion process monitoring[J]. Chemometrics and Intelligent Laboratory Systems, 2020, 196: 103905.

[13] Niimi J, Tomic O, Næs T, et al. Application of sequential and orthogonalised-partial least squares (SO-PLS) regression to predict sensory properties of Cabernet Sauvignon wines from grape chemical composition[J]. Food Chemistry, 2018, 256: 195-202.

[14] Bro R. Multiway calibration. multilinear PLS[J]. Journal of Chemometrics, 1996, 10(1): 47-61.

[15] Lopez-Fornieles E, Brunel G, Rancon F, et al. Potential of Multiway PLS (N-PLS) regression method to analyse time-series of multispectral images: a case study in agriculture[J]. Remote Sensing, 2022, 14(1): 216.

[16] 褚小立, 田高友, 袁洪福, 等. 小波变换结合多维偏最小二乘方法用于近红外光谱定量分析[J]. 分析化学, 2006, 34(S1): 175-178.

第15章
近红外光谱在双氧水生产装置中的应用

双氧水又名过氧化氢（H_2O_2），是一种强氧化剂，可与水以任意比例混合，亦可溶于醇和醚，但不溶于苯和石油醚。纯液态双氧水是透明、具有刺鼻味的浆状物，pH值为3.5～4.5时双氧水体系最稳定。双氧水是一种重要的绿色化工产品，因为它的使用不会引起任何次要的污染，而且氧化后分解为水和氧气，对环境没有污染，所以被称为"最清洁"的化工产品，在医药、食品、造纸工业、纺织工业、化学工业、环境保护、电子工业等领域广泛应用。

目前，国内外生产双氧水的主要方法是蒽醌法[1]，工艺主要包括氢化、氧化、萃取、净化等工序。其基本原理是烷基蒽醌（主要是2-乙基蒽醌）和四氢蒽醌（主要是四氢-2-乙基蒽醌）溶解在适当的溶剂中，配制成工作液。在氢化塔中，于55～65 ℃温度、0.3 MPa压力、催化剂存在条件下，与氢气反应生成氢蒽醌。在氧化塔中，于40～44 ℃温度条件下，氢蒽醌与含氧气体反应，生成双氧水和蒽醌。在萃取塔中，用离子水萃取双氧水。萃余液再经过碱塔和白土床进行再生利用，萃取液经过蒸馏和浓缩得到双氧水产品。

氢化效率（氢效）、氧化效率（氧效）和萃余浓度（萃余）是蒽醌法双氧水生产过程中3个重要的分析项目，直接影响双氧水的产量、质量以及生产安全，其分析频次很高，一般2～4 h需分析一次。

氢化液是在过氧化氢生产过程中氢化阶段反应后形成的液体产物，主要成分是氢蒽醌，同时含有少量未反应的蒽醌和催化剂等杂质。氢效的一般测量方法为：取氢化液样品，通入氧气氧化（氢化液本身不含过氧化氢，所以需加入氧气氧化成过氧化氢，氢化效率就是通氧后产生的过氧化氢含量，即潜在含量），然后加入高锰酸钾滴定液，直至过氧化氢反应完全，根据滴定终点消耗的滴定液的量计算氢化液的氢化效率（即潜在的过氧化氢含量），单位为g/L。

氧化液是在过氧化氢生产过程中氧化反应后形成的液体产物，主要成分是过氧化氢，同时含有少量未反应的蒽醌和催化剂等杂质。萃余液是在过氧化氢生产过程中从氧化反应所得物料提取过氧化氢后剩余的液体，主要成分是水、一些有机杂质（如有机酸）和催化剂等，同时含有少量的过氧化氢。可见，氧化液和萃余液都实际含有过氧化氢，因此氧效和萃余可以采用同样的方法测定：取部分样品，加入高锰酸钾滴定液，根据滴定终点消耗的滴定液的量计算相应的氧化效率与萃余浓度（也就是样品中实际的过氧化氢含量），单位为g/L。

目前对于氢效、氧效和萃余的测定均主要采用人工滴定法，但人工滴定法过程繁琐，对操作人员要求较高，分析速度慢且环境不友好，整体分析效率不高。针对上述问题，巴陵石化何世新等发明了一种利用通用型电位滴定仪快速测定双氧水工作液氢效、氧效及萃余的方法[2]，可提高分析效率并改善分析环境，已在化验室推广应用。中国石化长岭分公司彭忠勇提出了将该方法用于在线分析的设想[3]，但未见工业应用案例。孙岩峰等对近红外光谱预测过氧化氢含量进行了可行性研究，获得了较好的结果[4,5]。

该研究尝试利用在线近红外光谱技术快速分析双氧水生产过程中氢化液、氧化液、萃余液物料的氢效、氧效、萃余，利用实验室配置的离线数据评价偏最小二乘（PLS）建模方法的效果，利用工业现场收集的在线数据评价随机森林（RF）建模方法的效果。

15.1 偏最小二乘建模

15.1.1 建模样品及数据集

制备有代表性的氢化液、氧化液及萃余液样品，用标准滴定法测定对应样品的氢效、氧效和萃余。采集各样品的近红外光谱，形成氢化液、氧化液及萃余液 3 类光谱数据库，利用 K-S 分集方法将各数据库中样品分为校正集和验证集。

各数据库中校正集和验证集样本数及性质分布范围见表 15-1。

表 15-1 氢化液、氧化液、萃余液校正集和验证集样本数及性质分布（单位：g/L）

样品集名称	校正集		验证集	
	样本数	性质分布	样本数	性质分布
氢化液（氢效）	51	0.39~12.02	15	1.55~12.15
氧化液（氧效）	45	0.91~6.08	15	1.03~5.56
萃余液（萃余）	54	0.041~0.755	15	0.093~0.755

15.1.2 光谱采集

采用傅里叶变换型近红外光谱仪。

在比较了 1 mm 和 2 mm 光程下的谱图后（图 15-1），结合吸光度强度和噪比等情况，

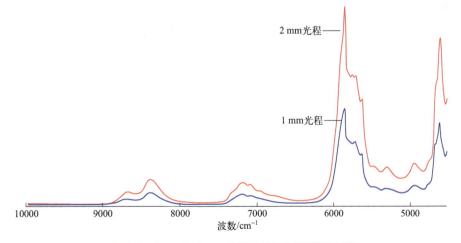

图 15-1 1 mm 和 2 mm 光程下某氢化液近红外光谱

最终采用 2 mm 光程样品池。其他采集参数为：光谱采集范围 10000～4000 cm^{-1}，光谱分辨率 8 cm^{-1}，扫描次数 64 次，光谱采集温度 60 ℃。

样品制备或收集完毕后需尽量密封保存并尽快采集近红外光谱，采谱时样品池密闭，所需样品量为约 1 mL。

15.1.3 模型建立与评价

以氢化液为例，采用二阶导数和标准化两种预处理方法对光谱进行处理。将氢化液 51 个校正集样本的近红外光谱变量进行二阶导数处理后（图 15-2），选择特征光谱区间的光谱变量得到吸光度矩阵，将矩阵中每个样品光谱对应的高锰酸钾滴定法测定的氢化效率组成浓度矢量，将吸光度矩阵与浓度矢量用 PLS 方法相关联建立氢效校正模型。

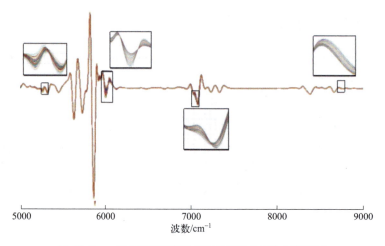

图 15-2　一组氢化液近红外光谱二阶导数后的光谱细节

对氢化液验证集 15 个样本进行氢效预测。将 15 个样本的近红外光谱变量进行二阶导数处理后，选择特征光谱区间的光谱变量数据代入校正模型，得到样品氢效预测值。验证集样本氢效预测值和标准方法的实际值及偏差见表 15-2。按相同方法对氧化液验证集 15 个样本进行氧效预测，验证集样品氧效预测值和标准方法的实际值及偏差见表 15-3，萃余液验证集 15 个样本预测值和标准方法的实际值及偏差见表 15-4。

表 15-2　氢效验证集预测值、实际值及偏差（单位：g/L）

样品编号	实际值	预测值	偏差	样品编号	实际值	预测值	偏差
1	1.55	1.91	0.36	9	6.59	6.53	−0.06
2	2.33	2.43	0.10	10	7.11	7.09	−0.02
3	3.04	3.02	−0.02	11	8.47	8.35	−0.12
4	3.75	3.61	−0.14	12	9.18	9.46	0.28
5	4.27	4.30	0.03	13	10.47	9.72	−0.75
6	4.78	4.98	0.19	14	11.44	11.16	−0.29
7	5.11	5.70	0.60	15	12.15	11.94	−0.21
8	5.59	5.51	−0.09	RMSEP			0.31

表 15-3　氧效验证集预测值、实际值及偏差（单位：g/L）

样品编号	实际值	预测值	偏差	样品编号	实际值	预测值	偏差
1	1.03	0.77	−0.26	9	3.81	4.00	0.18
2	1.81	2.33	0.52	10	4.01	4.05	0.04
3	2.30	2.13	−0.16	11	4.20	4.67	0.47
4	2.46	2.50	0.04	12	4.33	4.52	0.18
5	2.91	2.62	−0.29	13	4.78	4.89	0.11
6	3.17	3.11	−0.06	14	5.04	4.92	−0.13
7	3.23	3.62	0.39	15	5.56	4.84	−0.72
8	3.52	3.15	−0.37	RMSEP			0.34

表 15-4　萃余验证集预测值、实际值及偏差（单位：g/L）

样品编号	实际值	预测值	偏差	样品编号	实际值	预测值	偏差
1	0.093	0.08	−0.013	9	0.269	0.312	0.043
2	0.103	0.102	−0.001	10	0.290	0.329	0.040
3	0.114	0.088	−0.025	11	0.341	0.365	0.023
4	0.176	0.199	0.024	12	0.414	0.372	−0.042
5	0.186	0.183	−0.003	13	0.455	0.451	−0.004
6	0.217	0.183	−0.035	14	0.600	0.527	−0.073
7	0.228	0.242	0.015	15	0.755	0.818	0.063
8	0.248	0.218	−0.03	RMSEP			0.037

由上述验证结果可知，近红外光谱快速分析方法对双氧水工作液氢效、氧效、萃余的预测结果与标准方法的实际值吻合较好，氢效预测 RMSEP 为 0.31 g/L、R 为 0.991，氧效预测 RMSEP 为 0.34 g/L、R 为 0.931，萃余预测 RMSEP 为 0.037 g/L、R 为 0.966。

分别取氢化液、氧化液和萃余液样品，重复测定 4 次近红外光谱，然后用对应校正模型预测各样品 4 次测量的氢效、氧效和萃余。4 次重复测定的结果见表 15-5。由表可知，近红外光谱快速分析方法对双氧水工作液氢效、氧效和萃余的 4 次预测标准偏差都较低，证明模型具有良好的重复性。

表 15-5　氢化液、氧化液和萃余液校正模型重复性结果（单位：g/L）

分析次数	氢效	氧效	萃余
1	7.62	3.22	0.234
2	7.96	3.18	0.247
3	7.81	3.33	0.242
4	7.88	3.25	0.238
标准偏差	0.15	0.07	0.006

以上模型评价结果显示近红外光谱结合 PLS 建模方法分析双氧水工作液相关性质的结果准确性较高，方法重复性也较好，从装样到得出预测结果全流程分析时间不超过 3 min，证明该方法完全可以用于双氧水工作液氢效、氧效和萃余的实验室快速分析，同时也证明了该方法具备在线实施的理论可行性。

15.2　随机森林建模

虽然 PLS 建模方法是目前最稳定、最具普适性的近红外工业过程分析建模方法，前述试验结果也证明了 PLS 分析模型在双氧水工作液近红外在线分析中的实用性，但模型的准确性仍旧有进一步提升的空间。尤其是对萃余浓度的预测，由于萃余液中双氧水含量太低，已接近近红外光谱的检测限，导致萃余液的 PLS 在线近红外分析模型准确性相对稍差。

本节尝试使用随机森林（Random Forest，RF）算法建立双氧水工作液的近红外分析模型。RF 是一个包含许多决策树和投票策略的融合分类算法，属于集成算法[6]，其本质是对原始训练数据集中的样本进行随机抽取，形成一个大小相等的新数据集，并反复将新数据集与原始数据集中的样本进行替换，不断形成大小一致的新数据集，这个过程称为自举汇聚。通过自举重采样过程可以得到多组新的训练数据集，分别对其使用决策树算法进行分类，这样就得到了与新数据集数量相当的新分类器。在生成树的时候，每个节点的变量都仅仅在随机选出的少数几个变量中产生。即变量和样本的使用都进行随机化，通过这种随机方式生成的大量的树被用于分类或回归分析，因此称为随机森林。未被抽到的样本为袋外样本，作为验证集，检验每棵树模型，得到袋外误分率，用于优化模型参数，评价模型的优劣。当对未知样本进行分类预测时，随机森林将分别使用训练过程中得到的多组分类器分别进行预测，并选择分类器投票结果中最多的类别作为最后的结果。

由于随机森林组合了多棵二叉决策树的结果，决策树数目和每棵决策树用到的特征个数是影响随机森林输出的重要参数。决策树的数目是指随机森林总共是由多少棵决策树组成。通过增加决策树的数量可以提高模型的性能，但将以计算成本作为代价，需要考虑计算效率来确定最合适的决策树数目。特征个数是指每棵决策树使用的特征的最大数量，可以选取 0 至全部特征数之间的任意整数值。一般情况下，每个决策树的特征个数取总特征数的算术平方根时最合适。

大量的理论和实证研究都证明 RF 算法具有很高的预测准确率，对异常值和噪声具有很好的容忍度，而且不容易出现过拟合。该研究希望利用该算法尽可能多地提取双氧水工作液近红外光谱中与氢效、氧效和萃余相关的信息，同时最大程度排除含游离水所带来的谱图影响，以提升分析模型的准确性。

15.2.1 建模样品及数据集

氢效数值和氧效数值基本上处于同一量级，尽管氧效测量的是工作液的实际双氧水的含量，而氢效测量的是工作液中"潜在"双氧水的含量，但二者均直接或间接地与分析体系中的双氧水或能转化产生双氧水的化合物组成相关联，因此理论上可以通过 RF 算法这种智能化学习的方式同时对近红外谱图数据及氢效和氧效进行关联，如能建立统一的氢效和氧效混合模型，则可通过一个模型同时预测氢化液氢效和氧化液氧效，进一步提高分析效率。

选取 146 个氢化液工业样品和 150 个氧化液工业样品，共 296 个工业样品，利用其在线分析谱图及对应实测数据建立并验证氢效和氧效 RF 混合模型。采用 K-S 分集方法，在 296 个样品中选取 250 个作为校正集、49 个作为验证集。校正集样品用标准方法实测的氢效和氧效总的分布为 7.42~13.33 g/L，这里总的分布指的是将氢效和氧效看作同一性质，将其数值混合成一个数据集后取其最大值和最小值。同样地，验证集样品用标准方法实测的氢效和氧效总的分布为 8.06~10.54 g/L。

选取 239 个萃余液工业样品，利用其在线分析谱图及对应实测数据建立并验证 RF 模型。采用 K-S 分集方法，选取其中 200 个样品作为校正集，标准方法实测的萃余浓度分布为 0.06~0.51 g/L；39 个样品作为验证集，标准方法实测的萃余浓度分布为 0.09~0.44 g/L。

在线光谱采集条件为：傅里叶变换型在线近红外光谱仪，2 mm 光程样品池，光谱采集范围 12000～4000 cm^{-1}，光谱分辨率 8 cm^{-1}，扫描次数 32 次，物料流速约 15 L/h。采用标准滴定法测定对应样品的氢效、氧效和萃余。

15.2.2 RF 校正模型的建立

对于氢效和氧效 RF 混合模型，仅对校正集样品进行二阶导数处理，然后选取合适区间段的光谱数据变量，将这些变量作为随机森林算法的输入变量，将每个样品的标准氢效或氧效数据作为输出变量，ntree 设置为 400，mtry 设置为 253（ntree 和 mtry 均为 RF 算法的参数），建立氢效和氧效的 RF 近红外分析混合模型。

对于萃余 RF 模型，由于萃余液中双氧水含量实在太低，已接近近红外光谱的检测限，在光谱数据预处理环节除了常规的导数和区间选取两种方式外，另外采用分块主成分分析（MBPCA）的预处理方式来最大化提取光谱信息。具体来说，在导数和区间选取完毕后，将所选的光谱区间数据进一步分为 3 个区间段，然后用 MBPCA 方法提取各段光谱的块得分以及整段光谱的全局得分，得到每段光谱的 9 个块得分以及 9 个全局得分，共 36 个主成分得分，即经过 MBPCA 预处理后每个样品光谱数据压缩成了 36 个有效数据变量，最后将这 36 个变量作为 RF 算法的输入变量，将每个样品的萃余实测值数据作为输出变量，ntree 设置为 400，mtry 设置为 12，建立萃余的 RF 近红外分析模型。

15.2.3 氢效和氧效 RF 混合模型效果

将氢效和氧效验证集每个样品进行二阶导数和区间选取后的光谱数据作为变量输入 RF 混合模型，得到氢效或氧效预测值。验证集 49 个样本的预测值与实测值以及两者的偏差统计情况见表 15-6。这 49 个样品中同时包含了一定数量的氢化液和氧化液样品，表中的实际值和预测值为氢效或氧效，即样品为氢化液时为氢效，样品为氧化液时为氧效。

表 15-6 氢效和氧效 RF 混合分析模型验证具体结果（单位：g/L）

样品编号	实际值	预测值	偏差	样品编号	实际值	预测值	偏差
1	10.22	10.20	−0.02	16	9.44	9.64	0.20
2	8.67	8.60	−0.07	17	10.36	9.90	−0.46
3	8.26	8.66	0.40	18	8.70	8.57	−0.13
4	8.68	8.65	−0.03	19	9.80	9.86	0.06
5	8.36	8.56	0.20	20	9.04	8.92	−0.12
6	8.65	8.70	0.05	21	8.60	9.05	0.45
7	10.24	10.11	−0.13	22	10.54	10.96	0.42
8	8.94	8.69	−0.25	23	8.06	8.61	0.55
9	8.66	8.54	−0.12	24	9.50	9.80	0.30
10	8.93	8.80	−0.13	25	8.45	8.70	0.25
11	10.04	10.09	0.05	26	9.02	9.36	0.34
12	9.20	9.47	0.27	27	8.41	8.42	0.01
13	8.63	8.57	−0.06	28	9.57	9.62	0.05
14	8.67	8.61	−0.06	29	9.75	9.80	0.05
15	8.34	8.49	0.15	30	8.20	8.27	0.07

续表

样品编号	实际值	预测值	偏差	样品编号	实际值	预测值	偏差
31	8.07	8.31	0.24	40	8.51	8.52	0.01
32	8.78	8.69	−0.09	41	8.63	8.67	0.04
33	9.87	9.98	0.11	42	9.08	9.50	0.42
34	8.78	8.74	−0.04	43	9.26	9.60	0.34
35	8.39	8.62	0.23	44	8.29	8.56	0.27
36	10.40	10.39	−0.01	45	8.49	8.68	0.19
37	8.35	8.66	0.31	46	9.88	10.08	0.20
38	9.21	9.69	0.48	RMSEP			0.24
39	8.76	9.09	0.33				

比较表 15-2、表 15-3 和表 15-6 中数据可知，RF 混合模型可以同时预测出氢效或氧效，预测的 RMSEP 为 0.24 g/L，而 PLS 分析模型预测氢效的 RMSEP 为 0.31 g/L，预测氧效的 RMSEP 为 0.34 g/L，可见 RF 混合模型一定程度上提升了氢效和氧效的预测准确度。

取氢化液和氧化液工业物料连续 4 次测定的近红外光谱，将谱图进行二阶导数和区间选取后的光谱数据作为变量输入 RF 近红外分析混合模型，得到样品在 4 次近红外光谱测试中的 4 次氢效和氧效预测值。重复测定的结果见表 15-7。

表 15-7 氢效和氧效 RF 混合分析模型重复性测定结果（单位：g/L）

分析次数	氢化液氢效	氧化液氧效
1	9.18	8.39
2	9.15	8.36
3	9.14	8.37
4	9.12	8.36
标准偏差	0.03	0.01

从表 15-5 和表 15-7 中数据可知，RF 混合模型对氢化液样品氢效的 4 次预测值的标准偏差为 0.03 g/L，优于前述 PLS 分析模型 0.15 g/L 的标准偏差；RF 混合模型对氧化液样品氧效的 4 次预测值的标准偏差为 0.01 g/L，优于前述 PLS 分析模型 0.07 g/L 的标准偏差。重复性提升的主要原因是在线连续分析的谱图稳定性较强，这一点从表 15-6 也可看出。但表 15-7 中数据也一定程度说明了 RF 混合模型具有良好的分析稳定性。

15.2.4 萃余 RF 分析模型效果

将每个萃余液验证集样本的 36 个主成分得分作为变量输入 RF 近红外分析模型，得到萃余预测值。验证集 39 个样本的预测值与实际值以及两者的偏差统计情况见表 15-8。

表 15-8 萃余 RF 近红外分析模型验证具体结果（单位：g/L）

样品编号	实际值	预测值	偏差	样品编号	实际值	预测值	偏差
1	0.11	0.08	−0.03	4	0.11	0.12	0.01
2	0.09	0.09	0.00	5	0.40	0.42	0.02
3	0.10	0.11	0.01	6	0.11	0.07	−0.04

续表

样品编号	实际值	预测值	偏差	样品编号	实际值	预测值	偏差
7	0.13	0.10	−0.03	24	0.10	0.09	−0.01
8	0.44	0.45	0.01	25	0.43	0.46	0.02
9	0.18	0.17	−0.01	26	0.44	0.46	0.02
10	0.31	0.32	0.01	27	0.09	0.11	0.02
11	0.10	0.10	0.00	28	0.13	0.09	−0.04
12	0.35	0.33	−0.02	29	0.09	0.09	0.00
13	0.11	0.12	0.01	30	0.10	0.09	−0.01
14	0.26	0.28	0.02	31	0.34	0.33	−0.01
15	0.13	0.10	−0.03	32	0.09	0.09	0.00
16	0.24	0.23	−0.01	33	0.19	0.18	−0.01
17	0.40	0.39	−0.01	34	0.11	0.13	0.02
18	0.13	0.11	−0.02	35	0.21	0.21	0.00
19	0.10	0.13	0.03	36	0.39	0.43	0.04
20	0.29	0.27	−0.02	37	0.34	0.33	−0.01
21	0.09	0.09	0.00	38	0.09	0.08	−0.01
22	0.12	0.08	−0.04	39	0.37	0.36	−0.01
23	0.39	0.42	0.03	RMSEP			0.02

比较表 15-4 和表 15-8 中数据可知，相比 PLS 近红外分析模型，RF 近红外分析模型的预测准确性有明显提升，RMSEP 从约 0.04 降低到 0.02 g/L，可见 RF 混合模型提升了萃余的预测准确度。

取 2 个萃余液工业物料样品连续 3 次测定的近红外光谱，然后用 MBPCA 确定每个萃余液物料样品每次所测近红外光谱对应的 36 个主成分得分，将每个样品每次测量对应的 36 个主成分得分作为变量输入 RF 近红外分析模型，得到每个萃余液物料样品在 3 次近红外光谱测试中的 3 次萃余预测值。重复测定的结果见表 15-9。

表 15-9　萃余 RF 近红外分析模型重复性测定结果（单位：g/L）

分析次数	样品 1 萃余	样品 2 萃余
1	0.20	0.36
2	0.19	0.37
3	0.19	0.36
标准偏差	0.006	0.006

比较表 15-5 和表 15-9 中数据可知，RF 近红外分析模型对不同萃余物料 3 次预测值的标准偏差均为 0.006 g/L，与 PLS 近红外分析模型的标准偏差处于同一水平，说明两种分析模型的重复性相当，均具有较好的分析稳定性。

15.3　在线工业应用试验

15.3.1　在线近红外分析系统

在线近红外分析系统负责实时测定工作液性质，并及时将测量数据反馈/前馈给生产控制系统，从而实现优化生产、减轻分析工作量的目标[5]。该系统主要包括：①在线近红外光谱分析仪主机（德国 Bruker），测量各被测工作液物料的近红外光谱；②快速回路和样品预处理系统，对被测样品进行处理，为精确、快速测量光谱提供必要的样品条件；③防爆系统和分析小屋，为分析系统提供必要的工作环境条件；④公用工程，为分析系统提供所需的水、电、气等；⑤分析和测量软件，包括化学计量学软件、光谱测量软件、通信软件等；⑥近红外分析模型，建立工作液的各种性质与光谱之间的定量和定性关系。图 15-3 为现场在线近红外分析系统安装图。

图 15-3　现场分析小屋、预处理系统及在线近红外分析仪

近红外分析系统可分析 3 个流路工作液，即氢化液、氧化液和萃余液，分析的性质包括氢化液氢效、氧化液氧效和萃余液萃余浓度，测量方式为氢化液-氧化液-萃余液-氢化液循环测量。各控制方案的流路顺序可根据现场需要进行调整。对于不同流路可设置不同的分析频次，如加大萃余液分析频次、减少氢化液分析频次等。

各物料从装置上原有的取样口引出，经预处理和在线分析仪流通池后返回取样管线。光谱采集参数为：2 mm 光程样品池，光谱采集范围 12000～4000 cm^{-1}，光谱分辨率 8 cm^{-1}，扫描次数 32 次。该参数下，每路物料分析时间约为 30 s。图 15-4 为氢化液物料一段时间内连续的在线近红外光谱图。

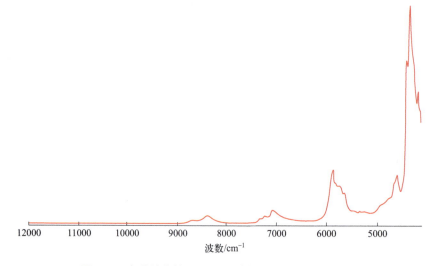

图 15-4　氢化液物料一段时间内连续的在线近红外光谱图

15.3.2 在线分析结果准确性评价

为验证双氧水工作液在线分析数据的准确性，从 5 月 1 日至 20 日，每日选取数个样品进行模型验证，将性质预测值与化验室实测结果进行比较，统计在线分析准确率。

表 15-10 为各在线分析模型的准确性统计表，表 15-11～表 15-13 为具体的验证结果。从表中数据可知，模型预测平均偏差较小，准确率普遍达到了较高水平。其中氧效的分析准确性超过了设定要求，氢效和萃余离设定要求有少许差距。这也符合物料的实际情况，氧化液氧效实际是较高浓度的双氧水含量，浓度高就意味着光谱信息充分，因此这个指标相对比较好测量。而萃余实际是低浓度的双氧水含量，由于浓度是氧效的数十上百分之一，萃余液中双氧水信号要弱很多，而且很容易受到工作液中其他杂质信号干扰，因此萃余浓度的模型预测精度离要求的 0.03 g/L 稍有差距，但从下面给出的具体验证数据对比结果来看，此精度也完全满足实际生产中性质监控需求。氢效也是类似，氢化液中实际不含双氧水，氢效是氢化液通氧气氧化后测量的双氧水浓度，因此氢效的测量实际上是通过氢化液中氢蒽醌信号关联的潜在双氧水浓度，比实际测量双氧水浓度难度要大，因此模型准确性不如氧效，但 0.4 g/L 的精度也同样满足实际生产中性质监控需求。

表 15-10 各在线分析模型的准确性（RMSEP）统计（单位：g/L）

物料	测定性质	样品数量	RESEP
氢化液	氢效	42	0.40
氧化液	氧效	45	0.21
萃余液	萃余	38	0.04

表 15-11 氢效在线分析模型验证具体结果（单位：g/L）

样品编号	实际值	预测值	偏差	样品编号	实际值	预测值	偏差
1	9.55	9.84	0.29	22	9.24	8.62	−0.62
2	10.23	9.55	−0.68	23	8.93	8.54	−0.39
3	8.65	9.53	0.88	24	8.68	8.79	0.11
4	9.74	9.53	−0.21	25	8.69	8.56	−0.13
5	9.01	9.32	0.31	26	8.74	8.72	−0.02
6	8.90	9.21	0.31	27	10.12	9.39	−0.73
7	9.25	9.10	−0.15	28	10.16	9.34	−0.82
8	8.72	9.15	0.43	29	9.74	9.16	−0.58
9	8.69	9.34	0.65	30	9.31	9.24	−0.07
10	8.58	9.37	0.79	31	8.87	9.49	0.62
11	8.50	9.13	0.63	32	9.21	9.41	0.20
12	8.82	9.28	0.46	33	9.15	9.37	0.22
13	8.68	9.06	0.38	34	9.51	9.23	−0.28
14	8.80	9.09	0.29	35	8.75	9.60	0.85
15	9.05	8.70	−0.35	36	9.25	9.57	0.32
16	8.69	8.72	0.03	37	9.39	9.41	0.02
17	8.95	8.63	−0.32	38	9.22	9.42	0.20
18	9.16	8.77	−0.39	39	9.44	9.49	0.05
19	8.87	8.78	−0.09	40	9.15	9.48	0.33
20	8.78	8.83	0.05	41	9.96	9.51	−0.45
21	8.75	8.68	−0.07	42	10.18	9.85	−0.33

表 15-12 氧效在线分析模型验证具体结果（单位：g/L）

样品编号	实际值	预测值	偏差	样品编号	实际值	预测值	偏差
1	8.34	8.68	0.34	24	8.34	8.28	−0.06
2	8.39	8.60	0.21	25	8.39	8.37	−0.02
3	8.24	8.44	0.20	26	8.34	8.32	−0.02
4	8.35	8.16	−0.19	27	8.44	8.39	−0.05
5	8.47	8.14	−0.33	28	8.51	8.61	0.10
6	8.25	8.36	0.11	29	8.48	8.59	0.11
7	8.55	8.18	−0.37	30	8.78	8.77	−0.01
8	8.23	8.38	0.15	31	8.68	8.58	−0.10
9	8.23	8.44	0.21	32	8.52	8.51	−0.01
10	8.17	8.47	0.30	33	8.49	8.55	0.06
11	8.49	8.51	0.02	34	8.39	8.65	0.26
12	8.38	8.42	0.04	35	9.25	8.51	−0.74
13	8.25	8.34	0.09	36	8.26	8.40	0.14
14	8.47	8.16	−0.31	37	8.63	8.33	−0.30
15	8.29	8.24	−0.05	38	8.71	8.54	−0.17
16	8.36	8.37	0.01	39	8.72	8.81	0.09
17	8.37	8.31	−0.06	40	8.73	8.70	−0.03
18	8.11	8.45	0.34	41	8.55	8.62	0.07
19	8.50	8.41	−0.09	42	8.60	8.61	0.01
20	8.44	8.25	−0.19	43	8.51	8.59	0.08
21	8.46	8.44	−0.02	44	8.49	8.55	0.06
22	8.38	8.30	−0.08	45	7.42	7.64	0.22
23	8.36	8.35	−0.01				

表 15-13 萃余在线分析模型验证具体结果（单位：g/L）

样品编号	实际值	预测值	偏差	样品编号	实际值	预测值	偏差
1	0.07	0.12	0.05	20	0.11	0.11	0.00
2	0.09	0.13	0.04	21	0.11	0.07	−0.04
3	0.12	0.19	0.07	22	0.10	0.17	0.07
4	0.12	0.21	0.09	23	0.12	0.12	0.00
5	0.15	0.11	−0.04	24	0.10	0.12	0.02
6	0.13	0.20	0.07	25	0.11	0.15	0.04
7	0.11	0.17	0.06	26	0.10	0.14	0.04
8	0.11	0.13	0.02	27	0.10	0.14	0.04
9	0.09	0.17	0.08	28	0.12	0.13	0.01
10	0.11	0.14	0.03	29	0.12	0.10	−0.02
11	0.09	0.13	0.04	30	0.10	0.11	0.01
12	0.09	0.13	0.04	31	0.10	0.13	0.03
13	0.11	0.16	0.05	32	0.12	0.12	0.00
14	0.08	0.14	0.06	33	0.13	0.09	−0.04
15	0.10	0.13	0.03	34	0.10	0.11	0.01
16	0.08	0.11	0.03	35	0.13	0.16	0.03
17	0.10	0.14	0.04	36	0.13	0.14	0.01
18	0.08	0.17	0.09	37	0.14	0.10	−0.04
19	0.11	0.13	0.02	38	0.12	0.17	0.05

以上列举的均为实际工艺样品的对比结果，性质范围均较窄，实际对于较宽性质范围的氧效和萃余样品，由于模型中包含人工配制的样品，其预测范围较宽，因此对于低浓度氧效（如 5.5 g/L）和高浓度萃余（如 0.3 g/L）样品，模型同样具有较好的预测准确度。

15.3.3　在线分析模型重复性评价

为了考察分析模型的重复性及系统的稳定性，在一个时间段内，选定氢化液、氧化液和萃余液样品连续在线测定 10 次，记录氢效、氧效和萃余的预测结果并计算重复性，见表 15-14。连续 10 次测量的结果重复性良好，氢效、氧效、萃余的 10 次测量标准偏差分别为 0.03 g/L、0.04 g/L、0.004 g/L，满足项目规定的重复性要求，证明模型重复性及仪器的稳定性满足使用要求。

表 15-14　氢化液、氧化液和萃余液连续 10 次测量结果（单位：g/L）

分析次数	氢效	氧效	萃余
1	8.86	8.03	0.08
2	8.82	8.06	0.08
3	8.85	8.08	0.09
4	8.86	8.08	0.08
5	8.86	8.04	0.08
6	8.79	8.11	0.08
7	8.85	8.07	0.08
8	8.85	8.09	0.09
9	8.90	8.05	0.08
10	8.91	8.16	0.08
标准偏差	0.03	0.04	0.004

15.4　小结

该研究通过实验室小试和现场应用两种方式证明了近红外光谱技术适用于蒽醌法双氧水生产过程对工作液氢效、氧效和萃余性质的快速及在线分析。首先利用近红外光谱建立了双氧水工作液中氢效、氧效和萃余的实验室离线快速分析方法，在此基础上开发出一套可实时监测双氧水生产过程中氢化液氢效、氧化液氧效和萃余液萃余浓度的近红外在线分析系统，并在浆态床双氧水工业装置上进行了现场应用。利用现场应用收集的数据，结合随机森林（RF）算法建立了新型的氢效、氧效和萃余近红外分析模型，并证明了模型的实用价值[6]。

该研究得到的主要结论如下：

(1) 近红外光谱方法可以用于双氧水工作液氢效、氧效和萃余的实验室快速分析。模型评价结果显示近红外光谱分析结果准确性较高，方法重复性也较好，从装样到得出预测结果全流程分析时间不超过 3 min。

(2) 开发的双氧水工作液氢效、氧效和萃余的工业在线近红外光谱分析系统功能完备，运行可靠，性能达到预期水平。每路分析时间约为 30 s，远远优于 3 min/次的频率标准，准确性和重复性测试结果良好，总体满足项目设计的各项功能要求。

(3) 对工作液工业样品，利用 RF 算法建立了萃余分析模型以及氢效和氧效混合分析模型。模型测试结果证明,相比传统的 PLS 近红外分析模型,RF 分析模型在准确性和重复性上均有一定的提升,说明在双氧水工作液相关性质的近红外快速分析方面 RF 建模算法具有较好的应用前景。

(4) 近红外光谱分析技术在蒽醌法生产双氧水工艺过程分析中具有良好的应用前景。基于其分析原理,近红外光谱分析技术在化工领域其他装置生产过程分析中也有广泛的应用空间。同时,随着机器学习、大数据等技术的进步,新型的建模方法也将进一步提高近红外光谱预测结果的准确性和稳健性。

参考文献

[1] 胡长诚.蒽醌法制过氧化氢工艺研究改进新进展[J].化学推进剂与高分子材料,2010,8(2):1-4.
[2] 何世新,谭建忠,陆业等.蒽醌法生产双氧水过程中氢化效率、氧化效率和萃余浓度的测定方法:CN 105021684B[P].2018-12-25.
[3] 彭忠勇,曹永民.自动电位滴定仪在双氧水装置在线分析中的应用[J].石化技术,2018,25(9):330.
[4] 孙岩峰,袁洪福,王艳斌等.近红外光谱用于过氧化氢含量的定量分析研究[J].分析化学,2005,33(10):1445-1448.
[5] Adriana M P, Sergio H F, Celio P, et al. Determination of hydrogen peroxide by near infrared spectroscopy[J]. Journal of Near Infrared Spectroscopy, 2003, 11:49-53.
[6] Jaime L S, Michael E M, Janet T, et al. A comparison of random forest variable selection methods for classification prediction modeling[J]. Expert Systems with Applications, 2019, 134:93-101.

第16章 近红外光谱在成品油管道输送中的应用

目前，国内外管道输送已经或正在替代铁路和公路运输，成为成品油运输的主力。管道输送采用一条管道通过分批、交替或顺序输送不同种类的油品，即可交替输送汽油、煤油和柴油等不同的成品油，从而大大提高管道利用率。成品油管道输送作为先进的运输方式，不仅能减少环境污染、缓解运输压力、提高运输安全系数，而且还具有铁路、公路、水路等其他方式无法比拟的运输优势。如管道输送油品损耗低（只有5/10000），铁路运输损耗率是其2倍；而且管道运输费用明显低于铁路运输，据相关测算，管道运输费用比铁路运输节约45.7%。成品油可以从产地直接输送到消费地，大大减少转运环节。与铁路相比，管道运输能耗可节约40%，人力节省一半，运输成本大幅降低[1]。

成品油管道通常采用顺序输送的方法[2]，也就是一种油品跟在另一种油品的后面分批输送。油品在流动过程中会扩散，两种油品交替处会形成混油段。为保证油品质量，必须精确确定两种油品之间界面的位置，进行混油切割操作，尤其不能让低质量的油品混入高质量的油品中，从而降低质量。界面检测的方法有很多，大致分为标示法（如荧光、色素染料和放射性标记等）[3-6] 和特性测量法（如密度、介电常数、折射率和超声波等）两类，其中采用特性测量法居多[6-10]。

密度法是界面检测最常用的方法，根据界面前后油品的密度差别判断油品界面，但当两种相邻的输送油品之间密度差非常小时，采用密度法不能准确地判断它们的界面。已经有研究报道采用光学界面检测仪测量经流体吸收后光信号的变化来识别油品的界面[11-14]。但是由于混油界面内液体组成变化呈梯度分布，变化很小，特别是混油段较长时，采用这种单变量的检测方法往往难以精确地测定油品的界面。一旦发生操作失误，将会造成重大事故和经济损失。

近红外光在普通石英光纤中有良好的传输特性，这使各种光纤测量附件可以方便地对液体或固体样品进行现场在线测量。近红外光谱分析技术可实时检测管道成品油的质量参数如汽油的辛烷值、密度、烯烃含量和芳烃含量等，因此，将在线近红外光谱分析技术用于管道输送过程中混油界面检测，与现有界面检测技术相比具有一定优势。

16.1 实验室模拟混油界面检测

16.1.1 硬件系统设计开发

近红外光谱成品油混油界面检测系统主要由光谱仪、光纤、光纤探头和监测软件组成，其中光纤、光纤探头和监测软件由中国石化石油化工科学研究院设计开发，光谱仪为 BWTEK BTC 261E 型光谱仪。

16.1.1.1 光学系统

光学系统由光源、光纤、光纤探头和光谱仪四部分组成。

系统结构如图 16-1 所示。从光源发出的复合光经过光纤到达光纤探头，穿过探头缝隙的复合光携带着样品信息再通过光纤进入分光检测单元，经过一系列光学准直、滤波处理后，经光栅分成单色光，被检测器检测，以能量响应值形式提供给计算机，可以直接用能量光谱进行分析，也可以通过下式计算样品的吸光度光谱进行分析：

$$A = -\lg \frac{E_s - E_d}{E_r - E_d}$$

式中，E_s 为暗电流；E_r 为参比；E_d 为能量值。

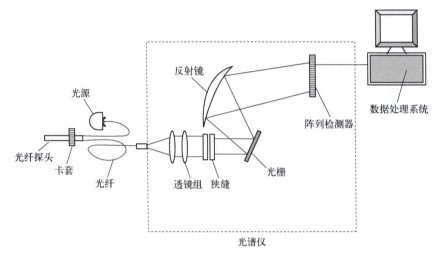

图 16-1 近红外成品油混油界面检测系统结构示意图

16.1.1.2 凹面镜耦合光纤探头

传统的近红外光纤探头均采用球面凸透镜耦合光纤，配合平面镜反射信号。这种结构要求光纤和透镜保持一定的距离才能得到较好的耦合效果，而球面透镜在这种情况下很难承受较高的工作压力，从而使传统的近红外光纤探头很难用于管道成品油界面检测。

开发的液体在线检测光纤探头结构如图 16-2 所示，为凹面镜耦合光纤探头，由套管主体、定位螺母和凹面反射镜构件三部分组成。套管主体包括一个套管、两束光纤和一个压缩空气管，光纤和压缩空气管平行排列在套管内，套管内充满固定树脂。光纤束两端抛光处理，后端装配 SMA905 母头。凹面反射镜构件通过螺纹与套管主体连接，由定位螺母固定。

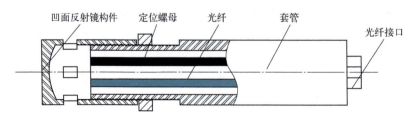

图 16-2 凹面镜耦合光纤探头结构示意图

凹面反射镜构件和套管主体前端面形成一个空腔，液体可以通过凹面反射镜构件四周的开孔进出空腔。压缩空气管可以吹入压缩空气对凹面反射镜构件内表面进行吹扫，清除表面附着的杂质，同时更新空腔内液体。

该探头套管主体为一体结构，能耐受较高的压力，非常适合液体高压密闭环境下的在线监测。配合相应的光源和分光检测技术，可以进行各种分析。

16.1.2　混油界面检测系统模拟装置搭建

如图16-3所示，利用流通池和光纤搭建了一个动态模拟检测系统，研究近红外光谱用于混油界面检测的可行性。样品在蠕动泵作用下通过取样管到达流通池，再通过废液管进入废液回收桶。在样品流动过程中，光源发出的光经光纤进入流通池，穿过流通池内的样品，再经光纤到达光谱仪，得到样品的近红外光谱。

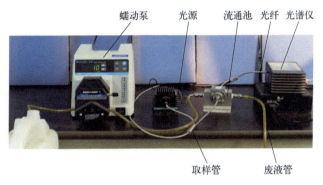

图 16-3　动态模拟检测系统

16.1.3　同种油品模拟

取样管和废液管都连接在同一个样品桶内，启动蠕动泵后开始采集汽油或柴油样品的近红外光谱，取样管提出液面，待管内样品全部排空后关闭蠕动泵。

混油界面模拟实验操作步骤如下：

（1）取样管和废液管连接汽油样品桶，启动蠕动泵，开始采集汽油样品的近红外光谱。

（2）暂停蠕动泵，废液管连接回收桶。取样管从汽油样品桶转移到柴油样品桶（排除转移过程中进入取样管的气体），启动蠕动泵，开始采集汽油-柴油过渡过程的近红外光谱。

（3）暂停蠕动泵，废液管连接回收桶。取样管从柴油样品桶转移到汽油样品桶（排除转移过程中进入取样管的气体），启动蠕动泵，开始采集柴油-汽油过渡过程的近红外光谱。

（4）光谱采集完毕，从柴油样品桶中取出取样管，待管内样品全部排空后关闭蠕动泵。

汽油和柴油主要由烃类化合物组成。柴油近红外光谱在900～1700 nm范围内主要有3组特征吸收：1100～1300 nm的二级倍频、1300～1500 nm的合频和1600 nm以后的一级倍频。由于两种油品中主要烃类化合物种类和含量不同，其近红外光谱表现出一定的差别。图16-4为汽油和柴油样品的近红外光谱，可以看出汽油和柴油在1200 nm和1400 nm附近吸收峰存在显著的差异。根据这个特点，可以通过混油过程中光谱相关吸收峰的吸光度变化判断混油界面是否到达。

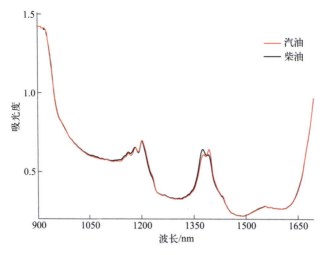

图 16-4　汽油和柴油样品的近红外光谱

16.1.4　汽油-柴油过渡

图 16-5 为汽油-柴油混油模拟实验过渡过程光谱叠加图,光谱以时间编号,两个编号之间间隔 1 s。由图可见,在汽油-柴油过渡过程中,从第 35 s 开始光谱整体向上漂移,吸光度明显升高,到 39 s 达最高,然后迅速下降,其中 1400 nm 附近的两个特征吸收相应发生变化。

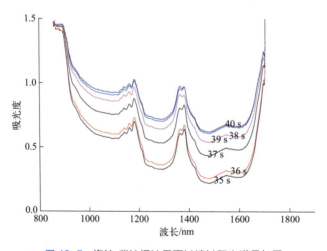

图 16-5　汽油-柴油混油界面过渡过程光谱叠加图

图 16-6 为混油界面通过流通池时连续采集的近红外光谱在 1400 nm 处吸光度值的变化。在汽油-柴油混油界面过渡过程中,可以看到油品光谱的吸光度值在进样后 40 s 左右发生剧烈的变化,在 1400 nm 处的变化尤为明显。由此可见,通过油品在线近红外光谱变化可以迅速发现汽油-柴油混油界面的出现。

16.1.5　柴油-汽油过渡

在柴油-汽油混油模拟实验中,混油界面过渡过程近红外光谱吸光度值变化规律与汽油-柴油的界面变化略有差别。图 16-7 为柴油-汽油混油模拟实验混油界面过渡过程光谱叠加

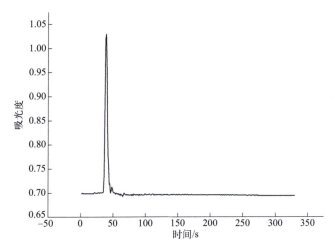

图 16-6 汽油-柴油混油界面过渡过程光谱 1400 nm 处吸收峰吸光度值变化

图，图中两个编号之间间隔时间为 1 s。图 16-8 为混油界面通过流通池时连续采集的光谱在 1400 nm 处吸光度值的变化。

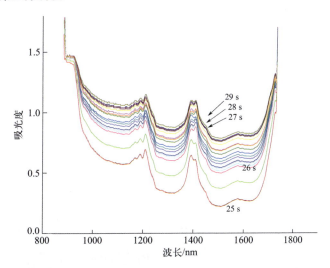

图 16-7 柴油-汽油混油界面过渡过程光谱吸光度值变化

由图 16-7 可见，在柴油-汽油过渡过程中，可以发现光谱整体发生漂移，吸光度明显升高，其间伴随着两处吸光度值的明显变化——从 25 s 到 29 s 迅速升高到最高值，光谱在 1400 nm 的特征由柴油的光谱特点转变为汽油的光谱特点，并伴随着整个光谱吸光度值慢慢回落到常规状态。

由图 16-8 可见，在柴油-汽油过渡过程中，1400 nm 处吸收峰的变化表现为 4 s 内迅速升高，而后经过 50 s 慢慢回落到常规状态，下降速度相比图 16-6 汽油-柴油界面的变化明显变缓。

根据以上实验结果可见，在汽油-柴油、柴油-汽油的过渡过程中，混油界面油品的近红外光谱在特征吸收和基线两方面都会发生很大变化，采用近红外光谱技术可以准确判定混油界面的出现。

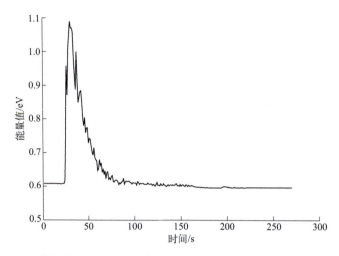

图 16-8　柴油-汽油混油界面过渡过程光谱 1400 nm 处吸收峰吸光度值变化

16.2　工业管道混油界面检测试验

16.2.1　硬件配置

光谱仪：BWTEK BTC 261E 型。
光纤：自制 50 m。
探头：自制反射式。
光源：BWTEK BPS120 近红外可见光源。
数据采集：IBM T60 笔记本电脑。

16.2.2　试验方法

管道泄压后，将近红外光纤探头通过卡套与外螺纹接头对接，安装在旁路上。图 16-9 为探头现场安装照片。

光源和检测器、数据采集系统安装在站控室，在站控室和检测探头之间采用 50 m 光纤传输数据。油头进站前 1 h 开始采集光谱，油头过后 1 h 停止。

图 16-9　近红外成品油界面检测系统现场实验安装位置

光谱采集参数：积分时间 5 s，平均次数 1 次。

16.2.3　混油界面检测

受条件限制，现场试验只检测到一个汽油-柴油的过渡过程。密度计泵 5:00 开启，6:30 停止。图 16-10 为汽油-柴油过渡过程中在线密度计测定的密度变化结果。由图可见，在汽油-柴油过渡过程中密度从 745 kg/m³ 升高到 845 kg/m³。

通过对比发现杂质的沉积对界面判别的影响无法排除，因此定义了均匀度 S，计算方法如下：

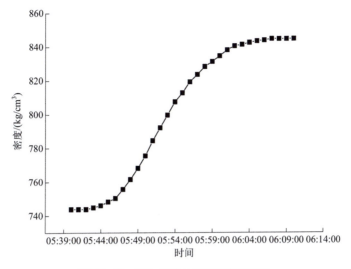

图 16-10　汽油-柴油过渡过程密度变化

$$S = \sqrt{\sum_{i=1}^{n}(X_i - \bar{X})^2}$$

式中，X_i 为当前采集的光谱，$\bar{X}$ 为当前光谱以前连续 n 条光谱的平均光谱，n 可以根据具体情况修改。采用这种算法的目的是希望通过平均光谱减少由于杂质干扰等因素引起的光谱突变。

图 16-11 所示是光谱均匀度值变化情况，其中光谱经过标准化处理后做连续 5 张光谱的连续均匀度计算。由图可见，在汽油稳定输送过程中均匀度值非常平稳。在 05:48:32 光谱均匀度值迅速升高，经过波动跳跃，到 05:55:40 停止波动。采用标准化处理后可以尽早发现混油段的出现，对于油头到达的准确判断具有重要的意义。

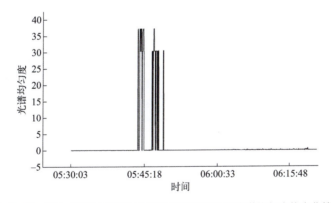

图 16-11　汽油-柴油过渡过程中混油段标准化处理光谱均匀度值变化情况

16.3　小结

(1) 设计开发了一套适用于成品油管道混油界面检测的成套近红外光谱硬件和测量软件系统。系统主要包括原位测量探头、适应管道监测的现场分析仪、安装套件等和管道混油界面监测软件。

（2）开发了均匀度识别算法，并结合成品油管道混油界面检测系统开展了现场试验研究，探讨了光谱采集参数对检测结果的影响。从结果来看，采用标准化处理后可以尽早发现混油段的出现，对于油头到达的准确判断具有重要意义。

参考文献

[1] 袁方.成品油管道输送的优势及发展[J].储运技术,2006,15(4):37-40.
[2] 于涛,于瑶,魏亮.成品油管道界面检测及混油量控制研究[J].天然气与石油,2013,31(5):5-8.
[3] 曾多礼.格-拉成品油管道顺序输送中的界面检测及检测装置[J].管道技术与设备,1997(2):30-33.
[4] 田西宁,王卫强,常青.一种光学界面检测仪在成品油管道上的应用[J].管道技术与设备,2008(6):20-22.
[5] 王绪文.成品油管道顺序输送中混油界面检测方法的研究[J].石化技术,2020,27(4):108-109.
[6] 李朝伟.基于SCADA的成品油界面检测方法探讨[J].石油化工自动化,2019,55(3):98-100.
[7] 刘超,赵天根,翟培君.一种新的界面检测方法在成品油管道上的应用[J].油气田地面工程,2016,35(12):18-20.
[8] 沈亮,刘佳,李章清.光学界面检测仪在兰郑长成品油管道上的应用[J].管道技术与设备,2016(1):22-24.
[9] 吴烨.成品油管道输送中混油界面的检测方法探讨[J].石化技术,2018,25(11):308.
[10] 郭祎.提高成品油管道混油界面跟踪精度的新方法[J].油气储运,2010,29(12):908-909.
[11] 黄懿雪,李国栋,郭长滨.成品油混输监测系统的关键技术问题及解决办法[J].自动化博览,2010(7):99-102.
[12] 孙岩.管道输送混油界面光学检测系统[D].天津:天津大学,2008.
[13] 孙岩,陈世利.一种新型光学管道界面检测仪的研究[J].电子测量技术,2008,31(7):124-127.
[14] 李官政.光学界面探测仪在成品油管道上的应用[J].油气储运,2004,23(12):55-57.

第 17 章 中红外光谱在原油及油品分析中的应用

中红外光谱（Mid Infrared Spectroscopy，MIR）的波长范围位于 2.5～25 μm 之间，简称红外光谱（IR），因中红外光谱仪器大多是傅里叶变换型，所以波长范围通常用波数表示，其范围为 4000～400 cm^{-1}。中红外光的能量小于近红外光，中红外光谱反映的是分子中化学键的振动和变形运动（又称变角振动或弯曲振动）的基频信息。分子在做振动运动的同时还存在转动运动，虽然转动运动所涉及的能量变化较小，处在远红外区，但转动运动影响振动运动，产生偶极矩的变化，因而在红外光谱区实际所测得的谱图是分子的振动运动与转动运动的加合表现。

相比近红外光谱，在分析实验室中中红外光谱的普及率更高，红外光谱图库最齐全，红外光谱的指纹性也相对较强，因此，在实验室的结构鉴定中，尤其是在极性官能团（如羰基等）的定性方面，一直发挥着重要的作用。但是，由于红外光谱仪器对环境的要求相对较高，以及有些样品需要制样等原因，其应用的广泛性受到一定限制。在光谱测量方式上，对于原油，特别是高黏度样品，用传统的红外光谱仪的透射测量方式如样品池或涂片进样困难，更不容易清洗，限制了这一技术的实际应用。在过程分析方面，因光学材料所限，红外光的远距离传输受到限制（通常小于 10 m），目前多用于实验室反应过程的研究，较少用于实际工业生产中。

近 20 年来，在中红外光谱测试技术中，衰减全反射（Attenuated Total Reflection，ATR）测量附件的应用越来越广泛，尤其是在红外光谱结合化学计量学的分析技术中更为常见。ATR 测量方式的特点是样品的涂渍与清洗操作简单，无需前处理，不破坏样品，可测定含水和小颗粒样品，所测得的红外光谱与透射光谱的谱带位置和形状几乎完全一致，不存在干涉条纹，特征谱带清晰。由于衰减全反射的上述特点，许多采用常规透射方式无法进行分析的样品类型得以实现测量。近些年红外光谱在对复杂样品的快速定性和定量分析方面也有了较大进展，如生物柴油的混兑比例测定[1,2]、在用润滑油质量的监测分析[3-5]、重油的物化性质分析[6]以及溢油种类鉴别[7]等[8-12]。

作为近红外光谱分析技术的重要补充，本章主要介绍中红外光谱在原油和渣油定性与定量分析中的应用研究。

17.1 二维红外相关光谱在原油快速识别中的研究

尽管近红外光谱在原油种类识别方面已较为成熟，并得到了实际应用，但是对于极其相近或极少量混兑原油，近红外光谱的识别能力还不能尽如人意。相比近红外光谱，中红外光谱的信息相对较多，尤其是二维红外相关光谱，可以观察到动态谱吸收强度的变化、吸收峰的位移、方向性吸收的变化（二向性现象）等光谱信息。二维相关光谱技术专注于捕捉外界扰动引起的光谱细微变化，提升光谱分辨率，并能分析分子内部及分子间的相互作用，是一种灵活而有效的分析方法[13,14]。

该研究采用温度作为外界扰动条件，测量不同温度下的一系列中红外光谱，通过二维相关处理即希尔伯特（Hilbert）矩阵变换得到二维相关光谱矩阵。同时，将一维的移动窗口相关系数法改进为二维的移动矩阵窗口相关系数法，选用二维相关的同步光谱作为特征光谱，该方法可准确识别出低比例混合原油[15]。

17.1.1 二维相关光谱算法

假设外部扰动作用于待研究的样品体系上，在外扰变量最大值（$T_{\max}$）和最小值（$T_{\min}$）之间得到系列动态光谱为 $x(v,t)$，其中 v 为光谱坐标（如波数、波长和位移等），外扰变量 t 可以为温度、压力或浓度等无物理性质变量。

首先将动态谱进行傅里叶变换，从时间域光谱转换为频率域光谱：

$$X_1(\omega) = \int_{-\infty}^{+\infty} x(v_1,t) e^{-i\omega t} dt = X_1^{\text{Re}}(\omega) + iX_1^{\text{Im}}(\omega)$$

式中，$X_1^{\text{Re}}(\omega)$ 和 $X_1^{\text{Im}}(\omega)$ 分别为 $x(v_1,t)$ 经傅里叶变换后的实部和虚部，ω 代表随时间变化的独立频率分量。

类似地，动态光谱傅里叶变换的共轭函数为

$$X_2(\omega) = \int_{-\infty}^{+\infty} x(v_2,t) e^{+i\omega t} dt = X_2^{\text{Re}}(\omega) - iX_2^{\text{Im}}(\omega)$$

将一对在不同光谱变量 v_1 和 v_2 处测得的经傅里叶变换的动态光谱信号进行数学互相关分析，便可得到二维相关强度：

$$X(v_1,v_2) = \frac{1}{\pi(T_{\max}-T_{\min})} \int_0^{+\infty} X_1(\omega)X_2(\omega)d\omega = \phi(v_1,v_2) + i\psi(v_1,v_2)$$

式中，$\phi(v_1,v_2)$ 和 $\psi(v_1,v_2)$ 分别为 $X(v_1,v_2)$ 的实部和虚部，对应动态光谱变化的同步（Synchronous）和异步（Asynchronous）相关光谱强度。

在实际计算时多采用希尔伯特变换矩阵（Hilbert Transform Matrix）方法。对于 n 个实验条件得到的动态光谱矩阵 $X(n \times m)$，m 为光谱的波长点数，其同步相关光谱可按下式计算：

$$\phi(i,j) = \frac{1}{n-1} \sum_{k=1}^{n} x_{k,i} x_{k,j}$$

式中，$x_{k,i}$ 为第 k 个实验条件得到的光谱中第 i 波长下的吸光度（$i,j=1,2,\cdots,m$）。以矩阵形式可表达为

$$\phi = \frac{1}{n-1} \boldsymbol{X}^{\text{T}} \boldsymbol{X}$$

异步相关光谱的计算公式为

$$\psi = \frac{1}{n-1} \boldsymbol{X}^{\text{T}} \boldsymbol{H} \boldsymbol{X}$$

式中，H 为希尔伯特变换矩阵（$n\times n$），其元素 $h_{i,j}=\dfrac{1}{\pi(j-i)}(i\neq j)$ 或 $h_{i,j}=0(i=j)$，$i,j=1,2,\cdots,n$。

二维相关光谱可用三维立体图或二维等高线图进行可视化显示，便于直观地对二维信息解析。在二维相关光谱的等高线图中，z 坐标轴值用 $x-y$ 平面中的等高线表示。二维相关光谱方法强调由外界扰动引起的光谱变化的细微特征，提高了光谱分辨率，还可解析分子内部与分子之间的相互作用，是一种灵活、有效的光谱分析技术。

17.1.2 样本与方法

（1）原油样本

为了验证二维相关光谱方法的灵敏性，该研究配制了几种混合原油。用于混合实验的 2 种原油的基本性质见表 17-1。

表 17-1　用于混合实验的 2 种原油的基本性质

原油编号	密度(20 ℃)/(g/cm^3)	酸值/(mgKOH/g)	w/%					
			残炭	硫	氮	蜡	胶质	沥青质
425$^\#$	0.8559	0.16	3.49	0.40	0.26	7.5	15.8	0.4
221$^\#$	0.9299	1.93	7.51	0.98	0.37	10.3	21.0	0.4

分别以 1%、2%、3%、5% 的质量分数向 425$^\#$ 原油中添加 221$^\#$ 原油，得到 4 种不同混合比例的混合原油。由表 17-1 可知，这 2 种原油的性质差别较大，其中 221$^\#$ 原油为重质原油，酸值有一定的差别，但沥青质含量差异较小。识别系列混合原油的目的在于检验本方法对于相似原油低混合比例情况下的准确性。

（2）仪器与光谱采集

采用 Thermo Nicolet-6700 傅里叶变换型红外光谱仪测定原油红外光谱，光谱范围 4000~400 cm^{-1}，分辨率 8 cm^{-1}，采样点间隔 1 cm^{-1}，累计扫描次数 64 次。红外光谱仪变温附件为 Thermo 公司 45°ZnSe ATR 晶体池和可编程温度控制器。升温速率 10 ℃/min，每 10 ℃ 采集 1 次光谱，每个测量点稳定 300 s 后开始测量。依次测定每个原油样品在 30 ℃、40 ℃、50 ℃、60 ℃ 的红外光谱。

（3）原油二维红外相关光谱的获取

图 17-1 为不同温度下 425$^\#$ 原油样品的红外光谱。由图可见，温度的扰动对指纹区的影响较为明显。

将不同原油样品在 4 个温度点下的红外光谱进行二阶导数，选取特征光谱范围的吸光度用希尔伯特矩阵变换进行二维相关处理，得到的二维相关光谱如图 17-2 所示。其 X、Y 坐标以波数表示；Z 坐标是 X、Y 坐标交叉处吸光度的相关强度值，无量纲。其中同步光谱以主对角线为对称轴，异步光谱以主对角线为反对称轴。

（4）二维光谱识别原理和方法

对于一未知原油样品，以二维相关同步光谱作为识别光谱，在特征光谱区间，从波数最低的采样点选择一个移动窗口的宽度，计算该窗口内的待识别原油样品与数据库中每个样品的吸光度的相关系数；然后将移动窗口向波数高的方向移动若干个采样点，作为下一个移动窗口，计算此移动窗口内的待识别原油样品与数据库中每个样品的吸光度的相关系数。按上

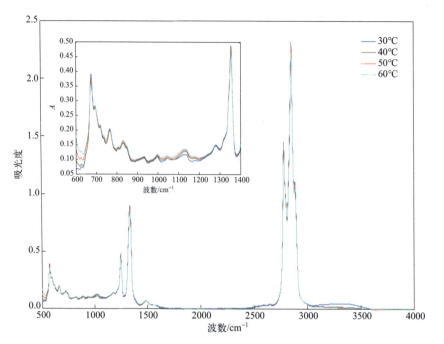

图 17-1 不同温度下 425# 原油的红外光谱

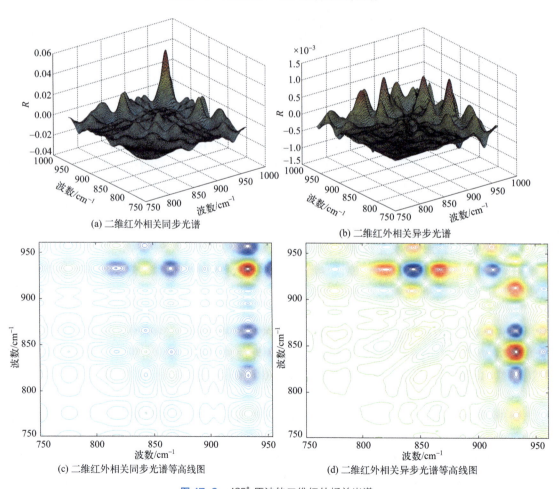

(a) 二维红外相关同步光谱

(b) 二维红外相关异步光谱

(c) 二维红外相关同步光谱等高线图

(d) 二维红外相关异步光谱等高线图

图 17-2 425# 原油的二维红外相关光谱

述方法连续移动窗口,计算每个移动窗口内待识别原油样品与数据库中每个样品的吸光度的相关系数。将得到的相关系数值与对应移动窗口的起始位置作图,即得到移动窗口相关系数图。

17.1.3 识别参数的选择

二维相关光谱是用不同温度下的数张光谱进行相关分析,因此需要较高的重复性,并且有较好的指纹特征,选取 970~755 cm^{-1} 作为识别研究的特征区间。

相比传统的基于整个光谱的相关系数,移动相关系数可以分辨出存在细微差异的 2 个光谱,提高谱图的识别准确率,并有利于隐含信息的提取。在移动相关系数计算中,移动窗口的宽度可以选择 3~25 个采样点。移动窗口宽度过小,虽有助于细节信息的辨别,但存在不能准确识别同一种原油的风险。移动窗口宽度过大,虽可以排除外界测试条件如温度、湿度等的影响,但存在错误识别的风险。综上所述,对于不同种类的原油识别,使用移动窗口相关系数矩阵法可用窗口大小为 15 点或者 17 点,该研究中选取 15 点。

采用移动窗口相关系数的最小值(SQ)为识别参数,作为判断待测原油样品是否与光谱数据库中的原油样品相同的条件之一。计算每个移动窗口的相关系数,只有当所有的移动窗口相关系数大于 0.9990 时,才可以判断 2 张光谱为同一个原油样本。

图 17-3 为两相异原油的移动窗口相关系数图。由图可见 2 个不同原油红外光谱之间的相似程度。若 2 个光谱完全相同,则在整个光谱范围内的移动相关系数值都为 1。若 2 个光谱只是在某一区间存在差异,则该区间的相关系数值将明显下降。

按照二维相关光谱移动窗口相关系数的方法规则比较同一个原油 2 次重复实验的二维相关红外同步光谱的移动窗口相关系数,将每个窗口的移动相关系数值与对应坐标作图,得图 17-4。由图可见,在整个光谱区间内移动窗口相关系数均大于 0.9990,表明 ATR 测量方式得到的二维相关光谱有着良好的重复性。

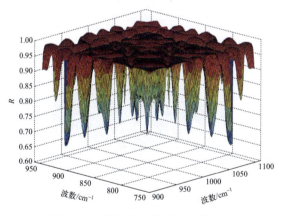

图 17-3 $425^{\#}$ 和 $221^{\#}$ 原油之间二维相关光谱移动窗口相关系数矩阵

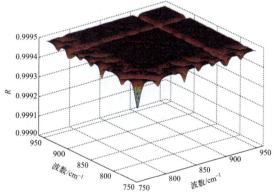

图 17-4 $425^{\#}$ 原油两次重复实验的二维相关光谱移动窗口相关系数矩阵

17.1.4 混合原油的识别

$425^{\#}$ 原油与混合少量 $221^{\#}$ 原油的 $425^{\#}$ 原油的移动窗口相关系数见表 17-2。由表可知,当混合 $221^{\#}$ 原油比达到 5%时,移动窗口相关系数最小值为 0.9860,而一维中红外移动窗口相关系数法的识别规则是当阈值小于 0.99 时判断为同一种原油,表明勉强可以将 $425^{\#}$ 原油与混合原油识别出来。从表17-1可知2种原油的硫含量差别不大，由此导致光谱差异小，难以区分出低比例混合的原油。

表17-2 一维中红外光谱识别结果

混兑原油	SQ 阈值	SQ 值	识别结果
$m(425^\#):m(221^\#)=95:5$	0.9900	0.9860	正确
$m(425^\#):m(221^\#)=96:4$	0.9900	0.9940	错误
$m(425^\#):m(221^\#)=97:3$	0.9900	0.9948	错误

当混合原油中221$^\#$原油的混合比例较低时，在一维光谱上用移动窗口相关系数法无法区分，因此按照二维识别方法计算系列混兑油与425$^\#$原油中红外光谱的移动窗口相关系数及阈值。图17-5为425$^\#$原油与在425$^\#$原油中混合5%、3%、2%、1%的221$^\#$原油的移动窗口相关系数矩阵。由图可知，虽然随着混合比例的减小同步光谱最小相关系数在增加，但当混合比例为1%时移动窗口相关系数大于0.9990，即无法识别425$^\#$原油与其混合1%的221$^\#$原油的混合油。在这个混合系列的原油中，二维光谱识别方法可以识别2%以上的混合比例的原油，优于一维红外光谱识别方法的结果，后者只能识别5%的混合原油。

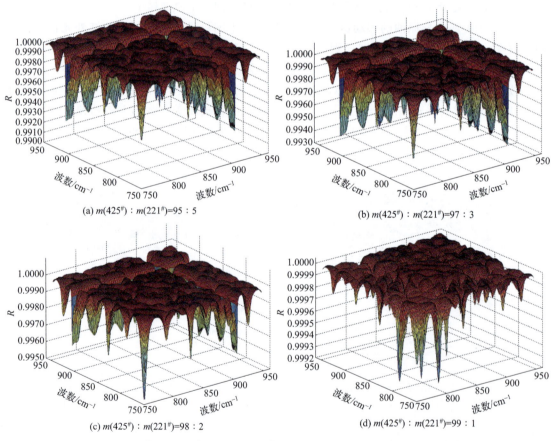

图17-5 425$^\#$原油与混合不同比例221$^\#$原油二维相关光谱移动窗口相关系数矩阵

17.1.5 小结

该研究确立了二维相关红外光谱谱图的预处理方法和谱图识别方法——移动矩阵窗口相

关系数法，选择了谱图识别参数，实验重复性较好。

综合比较中红外光谱方法和二维相关光谱方法用于原油识别的研究可以发现，识别混合原油的下限取决于混合原油之间的相似程度，相似程度越高则需要较高的混合比例才能识别。中红外光谱的识别灵敏度比近红外光谱高，适用于不同原油或较高混合比例原油的识别，二维相关同步光谱极大地提高了谱图的信息量，放大了谱图的细微差别，灵敏度得到了很大提高，可以识别混合比例较低的混合原油。对于本实验的混合原油，传统红外光谱方法识别精度达到 5%，而二维相关红外光谱识别精度可以达到 2%，识别精度进一步提高。

17.2　中红外光谱预测原油酸值的研究

酸值是原油评价的一个重要指标，主要用来反映石油及石油产品在开采、运输、加工及使用过程中对金属的腐蚀性及油品的精制深度或变质程度。传统的原油酸值测定方法速度慢、步骤繁琐，不能满足快速评价的需要。与只含氢基团倍频和组合频信息的近红外光谱相比，中红外光谱含有更多的分子官能团信息，尤其是含有与原油酸值相关的羧酸官能团（C=O）的特征吸收，因此，该研究将原油的中红外光谱与化学计量学方法结合，建立了预测原油酸值的校正模型，用于原油的快速评价[16]。

17.2.1　样本与方法

（1）原油样本

收集了国内外各个油田具有代表性的原油样品 280 个，这些原油基本覆盖了世界主要的原油产区，其中环烷基原油样品 55 个、中间基原油样品 122 个、石蜡基原油样品 65 个、石蜡-中间基原油样品 9 个、环烷-中间基原油样品 15 个、中间-石蜡基原油样品 14 个。

采用 GB/T 7304 方法测定所收集原油样品的酸值，其酸值范围为 0.01~11.4 mgKOH/g。

（2）仪器与光谱采集

实验仪器采用 Thermo 公司 Nicolet-6700 傅里叶变换型红外光谱仪，衰减全反射测量方式。附件为 Thermo 公司 45° ZnSe 可控温 ATR 晶体池。光谱采集范围为 4000~650 cm^{-1}，分辨率为 8 cm^{-1}，累积扫描次数 64 次。所有样本均在 25 ℃下采集光谱，实时扣除 H_2O 和 CO_2 的干扰。

测量前，将原油样品覆盖整个样品池表面，对于黏度较大、流动性差、不易铺展的原油可以用棉签将其涂抹在晶体表面。测量结束后，先用脱脂棉将样品池中的原油尽量抹去，再用石油醚清洗数次，直到通过背景测试。

（3）数据处理

用 Kennard-Stone(K-S) 方法将原油样品分为校正集和验证集，其中校正集样本 240 个、验证集样本 40 个。

模型建立前，首先对原油的光谱进行必要的预处理，以消除样品颜色、温度及基线漂移等因素的影响，选择与酸值有良好相关性的光谱区间为特征变量，采用偏最小二乘（PLS）方法将其吸光度与传统方法测定的密度进行关联，建立红外光谱测定原油酸值的校正模型。PLS 的最佳主因子数由交互验证方法获得的预测残差平方和（PRESS 值）确定。模型通过相对预测偏差（RPD）、交互验证标准偏差（SECV）和预测标准偏差（SEP）进行评价。

17.2.2 模型建立与验证

校正集原油样本的红外光谱如图 17-6 所示。从图中可以看出，3100～2800 cm^{-1} 强吸收区域为原油中各种类型分子（烷烃、环烷烃和芳烃等）上甲基（—CH$_3$）和亚甲基（—CH$_2$）的对称和反对称伸缩振动的特征吸收峰，1450 cm^{-1} 和 1380 cm^{-1} 附近的中等强度的吸收峰则分别是由甲基和亚甲基的弯曲振动产生的。在 1600 cm^{-1} 附近的相对较弱的吸收峰为芳环 C=C 伸缩振动的特征谱带，芳烃 C—H 面内弯曲振动吸收峰则位于 1300～1000 cm^{-1} 范围内，面外弯曲振动位于 900～700 cm^{-1} 范围内。在指纹区 900～650 cm^{-1} 范围内包含了更多的 C—C 和 C—H 等官能团的信息。1740 cm^{-1} 附近的吸收峰是由于 C=O 伸缩振动引起的，是石油酸分子的特征吸收谱带。图 17-7 给出了校正集样本的一阶导数近红外光谱与酸值的相关系数图，可以看出在 1850～1500 cm^{-1} 范围内，说明中红外光谱中包含有石油酸分子的特征吸收信息。

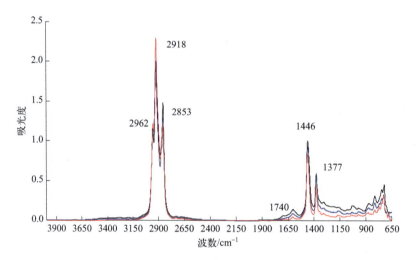

图 17-6 不同类型原油的原始中红外光谱

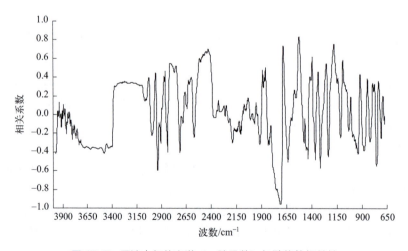

图 17-7 原油中红外光谱（一阶导数）与酸值的相关性

该研究考察了不同光谱预处理和不同波数范围对 PLS 交互验证的影响，结果表明一阶导数的效果最好,如表 17-3 所示,光谱范围选择包含有石油酸分子的特征吸收信息的 1806~1517 cm^{-1}。根据 PRESS 图,选取 PLS 最佳主因子数为 8,得到的 SECV 为 0.22 mgKOH/g,图 17-8 给出了交互验证过程中近红外光谱预测值与参考方法实测酸值的相关性。

表 17-3 不同光谱范围的交互验证结果

波数范围/cm^{-1}	主因子数	R^2	RPD	SECV/(mgKOH/g)
4000~650	8	0.9486	4.65	0.38
1850~1150	8	0.9545	4.91	0.26
1806~1517	8	0.9611	5.07	0.22

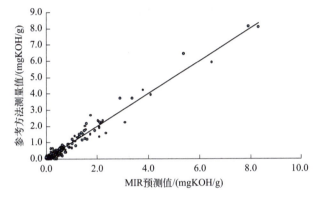

图 17-8 交互验证过程中红外光谱预测值与酸值实际值的相关性

用建立的中红外光谱校正模型对 40 个验证集样本的酸值进行预测。图 17-9 给出了验证集样本中红外光谱预测值与实际酸值的相关性,可以看出两者之间具有很好的吻合性,得到的 SEP 为 0.16 mgKOH/g,说明中红外光谱预测原油酸值是完全可行的。

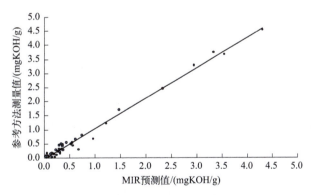

图 17-9 验证集中红外光谱预测值与酸值实际值的相关性

17.2.3 方法的重复性

为了评价中红外光谱分析方法预测原油酸值的重复性,选取 3 个原油样品重复测定 8 次红外光谱,调用建立的校正模型预测其酸值。表 17-4 给出了 3 个原油样品的预测平均值、预测值标准偏差(SD)以及 GB/T 7304 方法对重复性的要求,可以看出中红外光谱分析方法预测原油酸值有较好的重复性。

表 17-4　中红外光谱预测原油酸值重复性结果

项　目	中红外光谱预测平均值 /(mgKOH/g)	中红外光谱预测值标准偏差 /(mgKOH/g)	GB/T 7304 方法对重复性的要求 /(mgKOH/g)
样品 A	0.04	0.0096	0.0458
样品 B	0.33	0.0089	0.0585
样品 C	1.65	0.0079	0.1166

17.2.4　小结

原油的中红外光谱中包含有石油酸分子的特征吸收信息。该研究采用偏最小二乘（PLS）方法建立了预测原油酸值的中红外光谱校正模型，其预测均方根标准偏差（RMSEP）为 0.16 mgKOH/g，可以准确预测原油酸值。与传统方法相比，所建立的方法具有快速、简单、无预处理、重复性好等优点，在一定场合可以替代标准方法。

17.3　中红外光谱预测汽油二烯值的研究

裂解汽油、催化裂化以及焦化汽油等二次加工汽油中均含有共轭二烯烃。共轭二烯烃的存在会严重影响油品的安定性，因此度量油品中共轭二烯烃含量的二烯值是汽油生产和储运过程中用来评价油品质量的关键指标之一。

测定油品中共轭二烯烃的常用方法为 UOP 326-65 法，即马来酸酐法。但是该方法用于生产控制分析时有很多不足，如分析时间长、毒性大等，因此迫切需要建立一种快速、准确的新方法用于生产中的二烯值测定。该研究以 UOP 326-65 法测定的裂解汽油的二烯值为参考数据，采用红外光谱和化学计量学方法测定乙烯裂解汽油的二烯值[17]。

17.3.1　样本与方法

（1）仪器和试剂

NICOLET 公司 OMNIC550 红外光谱仪，溴化钾透射盐窗。

共轭二烯烃：异戊二烯，环戊二烯，间戊二烯；非共轭二烯：4-乙烯基-1-环己烯；单烯烃：1-己烯。

样品为广州石化乙烯裂解装置裂解汽油、一段加氢汽油和反急冷油。

（2）光谱采集

分辨率 4 cm^{-1}，采样间隔 2 cm^{-1}，扫描次数 32。

将汽油样品用注射器注入 0.1 mm 厚度以溴化钾作为窗片的液体池中，测量样品的红外光谱。

（3）数据处理

数据处理软件为"RIPP 化学计量学光谱分析软件 2.0 版本"（中国石化石油化工科学研究院编制）。

为了选择测定汽油二烯烃含量的最佳光谱区间，以粗裂解汽油、加氢汽油、单烯烃和共轭二烯烃标准样品为对象对共轭二烯烃的红外光谱特征吸收进行研究。采用优化的波长区间光谱作为变量，使用偏最小二乘（PLS）方法进行定量分析。

17.3.2 谱图解析

烯烃 C=C 伸缩振动谱带在 1680~1620 cm^{-1} 附近出现,在与 C=C 共轭时将向低频方向移动 20~40 cm^{-1};乙烯基和亚乙烯基的—C=H 摇摆振动在 910~890 cm^{-1} 处有很强的吸收;另外乙烯基在 990 cm^{-1} 附近也有吸收。

从 3 种共轭二烯烃、4-乙烯基-1-环己烯、1-己烯的红外谱图(如图 17-10 所示。为便于分辨,选择共轭二烯烃吸收明显的 A、B、C、D 4 个区间)可以看到,在 1680~1620 cm^{-1} 区间都有吸收峰存在(B 区),这是 C=C 伸缩振动谱带;而在 1620~1580 cm^{-1} 区间只有 3 种共轭二烯烃出现了不同强度的吸收(A 区);在 930~860 cm^{-1} 区间,共轭二烯烃均出现两个或多个吸收峰(C 区),而 4-乙烯基-1-环己烯、1-己烯只出现单吸收峰,而且均处于高频处(D 区),与 3 种共轭二烯烃部分重叠;在 1010~970 cm^{-1} 区间,这 5 种烯烃均存在不同强度的吸收。

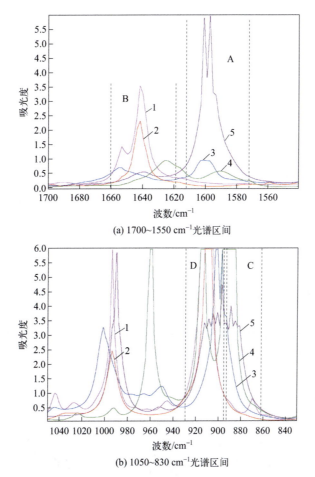

图 17-10　单烯、非共轭双烯以及共轭双烯谱图的比较
1—4-乙烯基-1-环己烯;2—1-己烯;3—异戊二烯;4—间戊二烯;5—环戊二烯

加氢前的粗裂解汽油和加氢后的加氢汽油的红外光谱如图 17-11 所示。可以看出,与粗裂解汽油相比,加氢汽油中共轭二烯烃含量较低。粗裂解汽油在 1620~1580 cm^{-1} 之间有一宽峰。加氢前后,在 1605 cm^{-1} 处的吸收强度没有变化(约为 0.6),而在 1596 cm^{-1} 处的

吸收强度从 0.5 下降至 0.2。加氢后该谱峰高度没有变化,谱宽明显变窄,而且谱峰变锐,这是由 1600~1590 cm^{-1} 处的吸收强度明显下降引起的,说明该宽峰中至少包含了两个谱带。根据裂解汽油加氢常识和红外光谱原理,即共轭双键的离域作用使 C=C 键力常数降低,频率向低波数方向移动,可以推断被加氢的谱带应为共轭二烯的特征吸收,即 1600~1590 cm^{-1},而吸收强度没有变化的 1605 cm^{-1} 处谱带为芳烃 C=C 的伸缩振动。乙烯基和亚乙烯基的面外摇摆谱带在 1010~970 cm^{-1} 和 930~860 cm^{-1} 两个区域,也是粗裂解汽油和加氢汽油差异比较明显的区域。因此,这 3 个区域可以比较全面地反映汽油中二烯烃含量的大小。

共轭二烯中两个 C=C 共轭吸收峰在低频反相偶合,与芳烃 C=C 伸缩振动在 1605 cm^{-1} 处的吸收峰部分重叠;单烯烃在 920~870 cm^{-1} 之间有一吸收峰,与二烯产生的双峰出现了交叠。这将对二烯烃的测定产生干扰。因此,在测定时需要通过一些化学计量学方法尽可能予以消除。

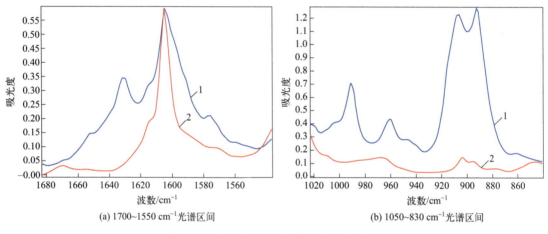

(a) 1700~1550 cm^{-1} 光谱区间   (b) 1050~830 cm^{-1} 光谱区间

图 17-11　加氢汽油和裂解汽油的红外光谱图
1—裂解汽油;2—加氢汽油

17.3.3 模型建立与验证

选择 1800~700 cm^{-1} 作为建模区域,这一区域包含整个指纹区,也包含共轭二烯烃的主要特征吸收。用二阶导数对校正集样本光谱共 90 个进行预处理,然后用 PLS 方法建立裂解汽油中二烯烃含量的校正模型。以交互验证确定最佳主因子数为 10,交互验证结果如图 17-12 所示。建立的模型主因子数较大,可能是由于汽油的组成较复杂且在红外指纹区信息量丰富造成的。

用建立的 PLS 模型对 26 个验证集样本进行预测,结果见表 17-5。可以看出,PLS 模型预测未知试样二烯值的准确性

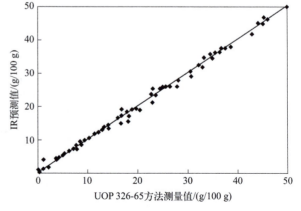

图 17-12　PLS 交互验证预测值-实际值相关图

较高（SEP 为 0.88 g/100 g），成对 t 检验也表明所得预测结果与 UOP 326-65 方法测量结果无显著性差异。

表 17-5 验证集样本二烯值预测结果

样本序号	UOP 326-65 方法/(g/100 g)	中红外透射方法/(g/100 g)	偏差/(g/100 g)
1	46.35	45.96	0.39
2	9.45	9.95	−0.50
3	13.56	14.41	−0.85
4	15.95	16.58	−0.63
5	24.63	26.49	−1.86
6	26.59	27.96	−1.37
7	17.93	18.28	−0.35
8	0.03	0.20	−0.17
9	23.41	22.44	0.97
10	3.402	3.32	0.08
11	31.23	32.85	−1.62
12	44.74	45.12	−0.38
13	36.46	37.02	−0.56
14	20.43	19.59	0.84
15	2.36	1.47	0.89
16	19.84	19.80	0.04
17	35.16	35.01	0.15
18	5.59	5.48	0.11
19	10.29	9.59	0.70
20	22.38	23.50	−1.12
21	1.89	2.09	−0.20
22	4.44	3.69	0.75
23	0.77	0.50	0.27
24	16.60	16.70	−0.10
25	34.63	35.55	−0.92
26	35.47	37.40	−1.93
SEP			0.88
$|t|$			0.10
$t_{0.05}(n)$ 临界值			2.06

从验证集中任意选择具有二烯值不同水平的 3 个样本进行了 11 次重复测量，重复性结果见表 17-6。由表可见，红外光谱透射法结合化学计量学分析裂解汽油的二烯值在比较宽的含量范围内具有很好的重复性。与马来酸酐法分析时间需要约 5 h 相比，红外光谱法试样不需要任何处理，分析时间只需要 10 min。

表 17-6 中红外光谱预测二烯值重复性结果

试验次数	样品 1/(g/100 g)	样品 2/(g/100 g)	样品 3/(g/100 g)
1	14.38	22.24	1.69
2	14.49	21.44	1.62

续表

试验次数	样品 1/(g/100 g)	样品 2/(g/100 g)	样品 3/(g/100 g)
3	14.21	21.63	1.76
4	14.45	21.76	1.65
5	14.59	21.99	1.49
6	14.55	21.69	1.37
7	14.70	21.54	1.59
8	14.60	21.14	1.94
9	14.36	21.31	1.39
10	14.43	21.36	1.52
11	14.79	21.60	1.38
平均值	14.51	21.61	1.58
标准偏差	0.16	0.31	0.18
平均标准偏差		0.23	

17.3.4 小结

采用中红外透射光谱结合偏最小二乘方法建立了快速预测裂解汽油二烯值的方法，该方法的预测结果与参考方法（UOP 326-65）测量结果之间无显著性差异，具有更好的重复性，操作方便且分析速度快，非常适用于油品生产过程中二烯值的控制分析。

17.4 中红外光谱预测润滑油新油碱值和酸值的研究

酸值和碱值能提供关于润滑油氧化程度及碱储备性能方面的信息，其值大小可以判断某些酸性添加剂的加量是否足够，常用于设备润滑油的老化度测量，以避免设备出现异常磨损、腐蚀、沉淀、堵塞过滤器等问题。润滑油的总酸性和总碱性的检测标准都以酸碱滴定为基础，多采用电位滴定法。然而，这种方法需要复杂的操作、昂贵的耗材、大量的油样、熟练的操作人员以及存在危险试剂的处理问题。

由于润滑油的氧化产物和碱性添加剂在红外光谱中都有较强的信息，有可能通过红外光谱对润滑油酸值和碱值进行准确的预测分析。该研究采用化学计量学方法建立了红外光谱与润滑油酸值和碱值的校正模型，验证结果表明采用红外光谱法可以快速准确地预测润滑油的酸值和碱值[5]。

17.4.1 样本与方法

（1）新油样品

共收集新油样品 103 个，包括液力传动液、汽油机油、柴油机油、通用车用润滑油、液压油和齿轮油等多个种类，黏度级别和质量级别也多种多样。

新油的关键性质分布范围见表 17-7，可以看出新油样品性质分布范围很宽，基本代表了润滑油新油情况。

表 17-7　新油样品性质分布情况

性　质	40 ℃黏度 /(mm²/s)	100 ℃黏度 /(mm²/s)	黏度指数	饱和烃 (质量分数)/%	芳烃 (质量分数)/%	胶质 (质量分数)/%	闪点 /℃	倾点 /℃
最小值	31.18	5.478	83	1.1	0.4	0.6	185	−48
最大值	234.2	18.64	200	99.6	53.1	51.1	362	−9
平均值	104.5	12.93	126	87.4	7.9	4.7	237	−30

（2）红外光谱及基础数据的测定

新油的红外光谱采用 Varian 红外油质分析仪进行测定，光谱范围 4100~547 cm^{-1}，透射样品池，0.1 mm 光程。

碱值基础数据的测定方法为 SH/T 0251（高氯酸电位滴定法），酸值基础数据的测定方法为 GB/T 7304（电位滴定法）。

（3）数据处理

采用中国石化石油化工科学研究院编制的"RIPP 化学计量学光谱分析软件 3.0 版本"建立校正模型。

模型建立前，首先通过 K-S 方法将 103 个新油样品分成校正集（63 个样本）和验证集（36 个样本），表 17-8 为校正集和验证集的样品分布情况。

表 17-8　校正集和验证集样本碱值和酸值分布范围

性　质	校正集			验证集		
	碱值 /(mgKOH/g)	酸值 /(mgKOH/g)	N 含量 /(mg/L)	碱值 /(mgKOH/g)	酸值 /(mgKOH/g)	N 含量 /(mg/L)
最小值	<0.05	0.38	5	0.12	0.42	4
最大值	13.50	4.26	1500	11.30	3.64	1200
平均值	6.42	2.35	583	5.77	1.96	464
标准偏差	4.25	1.05	350	3.81	0.99	330

光谱先经一阶导数处理以消除样品颜色及基线漂移等因素的影响，然后由红外光谱-碱值或酸值的相关系数图进行光谱区间选取，光谱最佳主因子数采用交互验证法所得的预测残差平方和（PRESS 值）确定。采用马氏距离、光谱残差和最近邻距离 3 个指标判断模型对未知样本的适用性。

17.4.2　校正模型的建立

新油或使用过的油品中，酸性组分包括有机酸、无机酸、酯类、酚类化合物、内酯、树脂以及重金属盐类、胺盐和其他弱碱的盐类、多元酸的酸式盐以及某些抗氧和清净添加剂，碱性组分包括有机碱、无机碱、胺化物、弱酸的盐类（皂化物）、多元碱的碱式盐、重金属盐以及某些抗氧和清净添加剂。如图 17-13 所示，这些组分在红外光谱区（如 1800~600 cm^{-1}）都有相应的特征吸收，尽管指认精确的官能团特征吸收峰的位置存在困难，但通过化学计量学方法可以将红外光谱与碱值或酸值的定量关系建立起来，这就为红外光谱方法测定润滑油的酸值和碱值奠定了理论依据。

碱值和酸值建模所用参数及结果见表 17-9。据校正样本的红外光谱与酸值和碱值相关

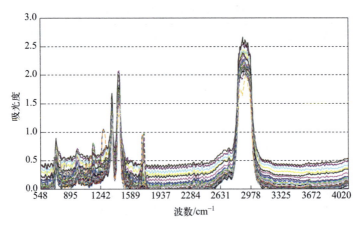

图 17-13　103 个润滑油新油样品红外原始谱图

性，选取 1780～610 cm^{-1} 范围的一阶导数光谱参与模型建立。采用 PLS 方法分别建立酸值和碱值定量校正模型，最佳主因子数由 PRESS 图选取为 12 和 6。

表 17-9　碱值和酸值建模所用参数及结果

项　目	碱　值	酸　值
预处理方法和参数	一阶导数	一阶微分
光谱范围/cm^{-1}	1780～610	1780～610
建模方法	PLS1	PLS1
主因子数	12	6
R	0.9989	0.9855
SECV/(mgKOH/g)	0.28	0.18

酸值和碱值留一法交互检验得到的预测结果与标准方法结果之间的预测-实际图及残差分布图见图 17-14～图 17-17，酸值和碱值交互检验标准偏差（SECV）分别为 0.18 mgKOH/g 和 0.28 mgKOH/g。建模结果表明采用红外光谱方法可以得到非常优秀的测定润滑油碱值和酸值的校正模型。

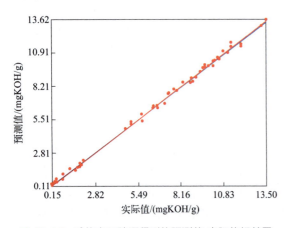

图 17-14　碱值交互验证得到的预测值-实际值相关图

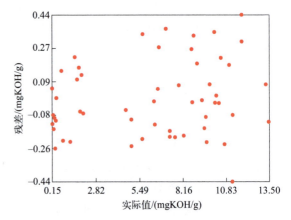

图 17-15　碱值交互验证得到的残差分布图

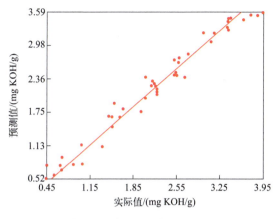

图 17-16 酸值交互验证得到的预测值-实际值相关图

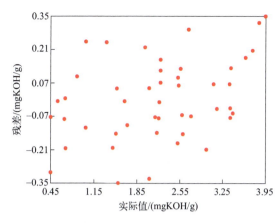

图 17-17 酸值交互验证得到的残差分布图

17.4.3 模型的验证

将 36 个样本组成验证集,对所建模型进行验证。用与模型建立同样的方法对光谱进行预处理,并选取相同的光谱范围。

验证集样本的酸值和碱值测定结果见表 17-10。由表可以看出红外光谱测定的酸值和碱值结果与标准方法的测定结果一致,其酸值和碱值的预测标准偏差(SEP)分别为 0.34 mgKOH/g 和 0.36 mgKOH/g,与校正模型的 SECV 相当。预测值和实际值的残差大部分位于标准方法的再现性范围之内,同时成对 t 检验结果表明红外光谱的分析结果与标准方法之间没有显著性差别。上述结果说明,若待测样品在所建模型的覆盖范围内,本方法建立的校正模型对测定润滑油新油的酸值和碱值是准确的。

表 17-10 酸值和碱值的模型验证结果

样品序号	碱值/(mgKOH/g)			酸值/(mgKOH/g)		
	实际值	预测值	残差	实际值	预测值	残差
1	6.59	6.07	−0.52	2.44	2.26	−0.18
2	0.33	0.39	0.06	0.47	0.69	0.22
3	0.40	0.47	0.07	0.5	0.62	0.12
4	7.71	7.68	−0.03	2.42	2.62	0.20
5	9.88	10.18	0.30	3.39	3.6	0.21
6	0.15	0.30	0.15	0.68	0.87	0.19
7	8.99	9.54	0.55	3.64	3.53	−0.11
8	3.78	3.67	−0.11	1.24	1.40	0.16
9	0.16	0.55	0.39	0.56	0.88	0.32
10	0.12	0.59	0.47	0.67	1.06	0.39
11	10.3	10.03	−0.27	3.35	3.11	−0.24
12	1.23	1.33	0.10	1.68	1.65	−0.03
13	8.29	8.02	−0.27	1.58	1.56	−0.02
14	5.86	5.82	−0.04	1.22	1.32	0.10
15	9.88	9.81	−0.07	3.03	2.51	−0.52
16	11.30	11.68	0.38	1.80	2.28	0.48
17	6.01	6.03	0.02	2.33	2.66	0.33

续表

样品序号	碱值/(mgKOH/g)			酸值/(mgKOH/g)		
	实际值	预测值	残差	实际值	预测值	残差
18	2.18	1.69	−0.49	2.68	2.47	−0.21
19	4.79	4.76	−0.03	1.76	1.17	−0.59
20	7.96	7.71	−0.25	2.99	3.10	0.11
21	4.82	4.49	−0.33	0.87	0.89	0.02
22	8.42	7.87	−0.55	1.74	1.97	0.23
23	2.14	1.90	−0.24	2.82	2.45	−0.37
24	4.76	5.10	0.34	1.67	1.82	0.15
25	5.08	4.78	−0.30	0.97	1.05	0.08
26	7.54	7.27	−0.27	1.62	2.12	0.50
27	6.38	6.66	0.28	2.49	2.64	0.15
28	8.35	7.90	−0.45	1.86	2.05	0.19
29	0.35	0.36	0.01	0.51	0.40	−0.11
30	9.92	10.07	0.15	3.38	3.26	−0.12
31	9.69	9.79	0.10	3.32	3.34	0.02
32	7.83	6.93	−0.90	3.46	2.29	−1.17
33	7.84	7.87	0.03	2.52	2.56	0.04
34	6.66	6.56	−0.10	3.05	2.04	−1.01
35	1.69	1.52	−0.17	1.99	2.05	0.06
36	0.23	0.94	0.71	0.88	0.98	0.10
R		0.9956			0.9345	
t		0.639			0.142	
SEP		0.34			0.36	
平均残差		−0.04			−0.01	

用所建立的校正模型对测定润滑油新油酸值和碱值的重复性进行试验。从验证集中任意选取一个样本,重复测量 6 次红外光谱,由建立的校正模型计算该样品的酸值和碱值。其结果列于表 17-11。结果表明中红外光谱方法具有较好的重复性。

表 17-11　中红外光谱方法预测润滑油酸值和碱值重复性结果

测量次数	碱值/(mgKOH/g)	酸值/(mgKOH/g)
1	7.90	1.86
2	7.81	1.80
3	7.93	1.71
4	7.69	1.92
5	7.85	1.85
6	7.74	1.78
平均值	7.82	1.82
标准偏差	0.093	0.073

17.4.4　小结

采用中红外光谱和化学计量学方法建立了快速测定润滑油新油碱值和酸值的分析模型。

结果证明，该方法快速，准确，样品用量少，不使用有毒试剂，在特定的应用场合可以有效简化润滑油分析方法，缩减仪器规模。

17.5 中红外光谱预测渣油组成和多种物化性质的研究

渣油烃族组成和性质是渣油加工所需的重要数据，包括四组分（饱和烃、芳烃、胶质、沥青质，SARA）组成、残炭、密度、黏度和元素（C，H，N，S）含量。目前，渣油烃族组成分析方法为经典的洗脱色谱法，操作复杂，分析时间长，并使用了有毒溶剂。其他渣油性质也大多使用费时的传统分析方法。显然，这些方法难以满足渣油加工过程控制对分析的快速要求，因此建立快速和高效的渣油性质分析方法具有重要的实际意义。

近年来，分子光谱分析方法如近红外光谱已广泛应用于分析汽油和柴油等轻质油品性质，具有快速、准确、重复性好、无污染的优点。由于近红外光谱属于分子振动的倍频和组合频，与中红外光谱相比灵敏度低，而且由于渣油样品具有深色和黏稠的特点，近红外分析测量其光谱尚有一定的困难。为此，该研究提出采用多重衰减中红外光谱（ATR-MIR）建立同时快速测定渣油四组分（SARA）、黏度、密度、残炭和元素（H，S，N）含量的新方法[6]。

17.5.1 样本与方法

（1）渣油样品

共收集了3类渣油共472份样品，其中常压渣油样品105个、减压渣油样品98个、加氢渣油样品269个。这些样本的物化性质数据采用现行的标准方法测得。

用K-S方法将这些样品分为校正集和验证集。其中校正集中常压渣油样本70个、减压渣油样本68个、加氢渣油样本164个，其相关物化性质分布见表17-12；验证集中常压渣油样本35个、减压渣油样本30个、加氢渣油样本105个，其相关物化性质分布见表17-13。

表17-12 校正集渣油样本物化性质分布

性质	常压渣油			减压渣油			加氢渣油		
	最大值	最小值	平均值	最大值	最小值	平均值	最大值	最小值	平均值
饱和烃(质量分数)/%	67.9	17.8	39.2	51.0	13.7	30.1	65.7	32.0	47.5
芳烃(质量分数)/%	45.0	20.3	29.5	42.6	32.4	36.0	49.6	25.5	37.3
胶质(质量分数)/%	38.6	5.7	25.8	48.5	14.5	33.4	21.5	7.1	13.9
沥青质(质量分数)/%	21.7	0.1	5.4	16.0	0.1	9.8	2.5	0.1	1.4
密度(20 ℃)/(g/cm^3)							0.9692	0.9031	0.9382
黏度(100 ℃)/(mm^2/s)							62.50	9.67	35.40
残炭(质量分数)/%							12.00	3.25	7.10
氢(质量分数)/%							12.79	11.19	12.05
硫(质量分数)/%							2.22	0.28	1.19
氮(质量分数)/%							0.29	0.12	0.18

表17-13 验证集渣油样本物化性质分布

性质	常压渣油			减压渣油			加氢渣油		
	最大值	最小值	平均值	最大值	最小值	平均值	最大值	最小值	平均值
饱和烃(质量分数)/%	67.1	18.6	39.8	49.1	14.2	32.1	65.3	31.4	46.8

续表

性质	常压渣油			减压渣油			加氢渣油		
	最大值	最小值	平均值	最大值	最小值	平均值	最大值	最小值	平均值
芳烃(质量分数)/%	44.0	22.1	28.1	40.2	33.5	36.1	49.2	25.0	36.9
胶质(质量分数)/%	36.7	8.9	27.9	47.1	15.4	32.2	21.9	7.8	12.4
沥青质(质量分数)/%	17.3	0.3	5.0	12.0	0.3	8.2	2.0	0.1	1.0
密度(20 ℃)/(g/cm^3)							0.9629	0.9021	0.9302
黏度(100 ℃)/(mm^2/s)							57.03	11.68	37.80
残炭(质量分数)/%							10.77	3.52	8.50
氢(质量分数)/%							12.33	12.05	12.12
硫(质量分数)/%							1.90	0.89	1.27
氮(质量分数)/%							0.26	0.18	0.22

（2）仪器与光谱采集

NICOLET560 型红外光谱仪；入射角为 45°的 ZnSe 晶体 ATR 附件。将待测渣油样品加热后搅拌均匀，用玻璃棒取出少量样品，将其均匀地涂在 ATR 附件上，使其全部覆盖晶体表面。将涂样后的 ATR 放入红外光谱仪测量室内，进行扫描得红外光谱。

光谱测定范围：4000～650 cm^{-1}；样品扫描次数：32 次；仪器分辨率：4 cm^{-1}。

（3）数据分析

该研究采用 PLS 方法建立渣油中红外光谱与其物化性质的校正模型。由于 3 类渣油在组成上差异较大，其红外吸收光谱也有较大差异，难于使用全局 PLS 模型对 3 类渣油的每种物化性质进行校正，需要对不同类型的渣油分别建立各自的校正模型。在预测分析中，为选择正确的校正模型，必须对待测渣油样品类型进行准确识别。因此，该研究尝试采用主成分分析（PCA）和 PLS-DA 两种方法对渣油的种类进行聚类和判别分析。

17.5.2 分类与判别研究

如图 17-18 和图 17-19 所示，3100～2800 cm^{-1} 强吸收区域为原油中各种类型分子（烷烃、环烷烃和芳烃等）上甲基（—CH$_3$）和亚甲基（—CH$_2$）的对称和反对称伸缩振动的特征吸收峰，1380 cm^{-1} 和 1450 cm^{-1} 附近的中等强度吸收峰则分别是由甲基和亚甲基的弯曲

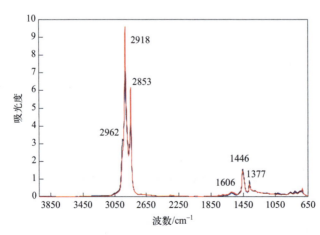

图 17-18　典型的 3 种类型渣油的中红外光谱

振动产生的。在 1600 cm^{-1} 附近的相对较弱的吸收峰为芳环 C═C 伸缩振动的特征谱带，芳烃 C—H 面内弯曲振动吸收峰则位于 1300～1000 cm^{-1} 范围内，面外弯曲振动位于 700～900 cm^{-1} 范围内。在指纹区 1000～650 cm^{-1} 光谱范围内包含更多的 C—C 和 C—H 等官能团的信息，其中也包含含硫、含氮、含氧等化合物的特征吸收。

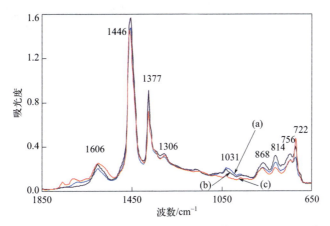

图 17-19　典型的 3 种类型渣油的中红外光谱（1850～650 cm^{-1}）
(a) 加氢渣油；(b) 常压渣油；(c) 减压渣油

首先对校正集 302 个渣油样本中红外光谱进行主成分分析，在进行主成分分析前选取光谱范围 1850～780 cm^{-1} 并进行二阶导数光谱预处理。图 17-20 给出了前 3 个主成分得分的三维图（解释 84.2% 光谱变量），可以看出，由于常压渣油和减压渣油在组成上极为相近，这两类样本存在显著的重叠。该研究尝试从前 8 个主成分中选取不同得分变量结合 SIMCA 方法均未得到满意结果，说明主成分分析方法不能将常压渣油和减压渣油类别间存在的微弱信息差异提取出来。

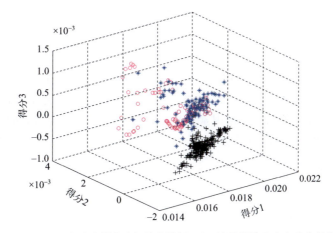

图 17-20　302 个渣油样本中红外光谱经 PCA 处理后前 3 个主成分得分图
○常压渣油；∗减压渣油；+加氢渣油

为此采用 PLS-DA 方法对 3 类渣油的红外光谱进行分类和判别分析，将参与伪回归的 302 个常压渣油、减压渣油、加氢渣油样本的类别值分别设为 0、−1、1，采用留一交互验证方法确定最佳主因子数为 6。

图 17-21 给出了交互验证的结果，其中预测值在 −1.5～−0.5 范围的为常压渣油，预

测值在-0.5~0.5范围的为减压渣油,预测值在0.5~1.5范围的为加氢渣油。图17-22给出了验证集170个样本的预测结果。从图17-21和图17-22可以看出,通过PLS方法3类渣油得到了100%成功分类和判别。

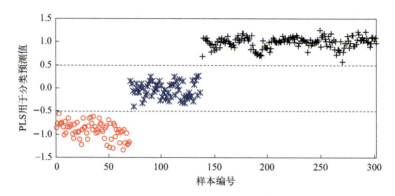

图17-21 302个渣油校正样本 PLS1 交互验证得到的分类结果
○常压渣油;✱减压渣油;+加氢渣油
(sample No:样本编号,predicted value of PLS for classification:偏最小二乘用于分类的预测结果)

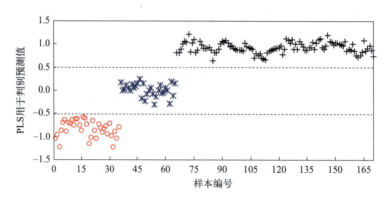

图17-22 170个渣油样本 PLS1 的判别分析结果
○常压渣油;✱减压渣油;+加氢渣油

图17-23给出了 PCA 和 PLS 对校正集光谱分解得到的第一主成分和第二主成分载荷图。对比可以看出,两者之间存在显著差异,PLS 的载荷信息更为丰富,说明由于 PLS 方法在对光谱阵进行分解时考虑了类别因素,最大化提取出了因类别引起的光谱间的差异,所以得到了优于 PCA 方法的分类和判别结果。

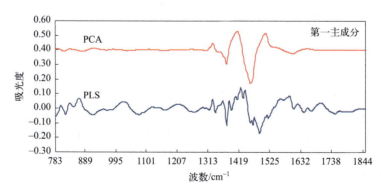

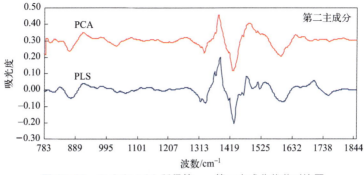

图 17-23　PLS 和 PCA 所得第一、第二主成分载荷对比图

17.5.3　渣油四组分的校正与验证

采用 PLS 方法分别建立了 3 种类型渣油 SARA 四组分的校正模型。表 17-14 给出了 3 类渣油 SARA 四组分建模参数和结果，使用相应模型对验证集样品的预测结果也列于表 17-14 中。图 17-24 为加氢渣油校正集样本和验证集样本的 SARA 中红外光谱预测值与实际值之间的相关性散点，可以看出中红外光谱预测值与实际值之间有很好的吻合性。

表 17-14　3 类渣油样本 SARA 四组分的 PLS 校正和验证结果

SARA	校正						验证	
	样本数	预处理方法	波长范围/cm^{-1}	因子数	R^2	SEC(质量分数)/%	样本数	SEP(质量分数)/%
常压渣油								
饱和烃	70	二阶导数	1850~690	7	0.99	1.81	35	1.70
芳香烃	70	二阶导数	1850~690	9	0.98	1.36	35	1.13
胶质	70	二阶导数	1850~690	10	0.96	0.74	35	0.59
沥青质	70	一阶导数	1850~690	11	0.99	0.47	35	0.44
减压渣油								
饱和烃	68	二阶导数	1770~1150	8	0.96	1.73	30	1.78
芳香烃	68	二阶导数	1770~750	8	0.95	1.25	30	1.44
胶质	68	二阶导数	1770~750	11	0.99	0.59	30	0.81
沥青质	68	二阶导数	1770~750	12	0.99	0.44	30	0.47
加氢渣油								
饱和烃	164	二阶导数	1770~750	7	0.99	1.70	105	1.63
芳香烃	164	二阶导数	1770~750	8	0.99	1.35	105	1.41
胶质	164	二阶导数	1770~750	11	0.96	0.76	105	0.85
沥青质	164	一阶导数	1770~750	10	0.95	0.15	105	0.21

作为比较，使用上述相同的步骤建立了所有 3 种类别的 SARA 分析的全局校正模型。表 17-15 列出了全局校正模型及其验证结果。可以看出，全局 SARA 模型的 SEC 和 SEP 都远远大于各残差类模型所得到的 SEC 和 SEP。结果进一步表明，采用 PLS 方法时，需要针对不同类别单独建立定量校正模型。

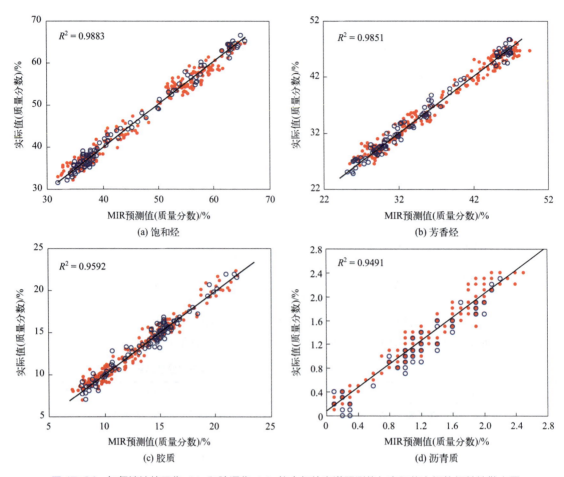

图 17-24 加氢渣油校正集（●）和验证集（○）的中红外光谱预测值与实际值之间的相关性散点图

表 17-15 3类渣油 SARA 分析的 PLS 全局校正和验证结果

SARA		校 正					验 证	
	样本数	预处理	波长范围/cm^{-1}	因子数	R^2	SEC(质量分数)/%	样本数	SEP(质量分数)/%
饱和烃	302	二阶导数	1850～690	9	0.83	4.42	170	4.32
芳香烃	302	二阶导数	1850～690	11	0.71	3.33	170	3.45
胶质	302	二阶导数	1850～690	11	0.86	3.77	170	3.59
沥青质	302	一阶导数	1850～690	12	0.72	1.55	170	1.21

17.5.4 渣油其他物化性质的校正与验证

以加氢渣油为例，研究了中红外光谱结合 PLS 方法预测其他物化参数（25 ℃密度，100 ℃运动黏度，残炭以及氢、硫、氮含量）的可行性。

表 17-16 给出了加氢渣油多种物化参数建模参数和结果，使用相应模型对验证集样品的预测结果也列于表 17-16 中。图 17-25 为加氢渣油校正集样本和验证集样本的多种物化参数中红外光谱预测值与实际值之间的相关性散点。可以看出，中红外光谱预测值与实际值相当一致，SEP 也在传统分析方法的可接受重现范围内。

表 17-16　加氢渣油多种物化参数的 PLS 校正和验证结果

物化性质	校正					验证	
	样本数	光谱预处理方法	波长范围/cm^{-1}	因子数	R^2	SEC（质量分数）/%	样本数	SEP（质量分数）/%
密度(20 ℃)/(g/cm^3)	86	一阶导数	1850～690	11	0.99	0.0006	38	0.0009
运动黏度@(100 ℃)/(mm^2/s)	100	一阶导数	1710～670	8	0.99	1.34	65	1.75
残炭(质量分数)/%	100	一阶导数	1880～670	10	0.99	0.13	65	0.19
氢(质量分数)/%	65	一阶导数	1880～670	9	0.99	0.04	20	0.07
硫(质量分数)/%	65	一阶导数	1880～670	10	0.99	0.04	20	0.08
氮(质量分数)/%	65	二阶导数	1880～670	7	0.97	0.01	20	0.02

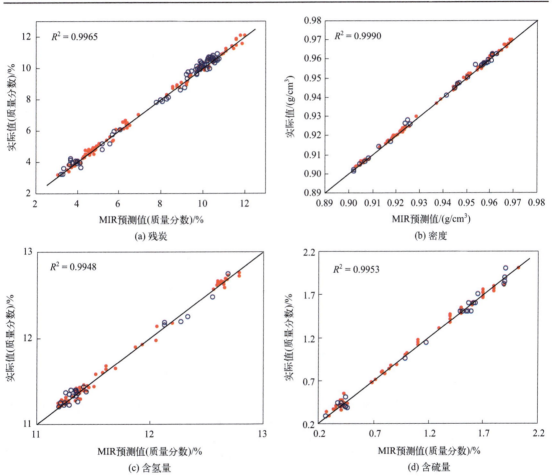

图 17-25　加氢渣油校正集（●）和验证集（○）物化参数的中红外光谱预测值与实际值之间的相关性散点图

以上结果表明，中红外光谱结合 PLS 方法能够准确地预测 25 ℃ 密度、100 ℃ 运动黏度、残炭和元素（氢、硫、氮）含量等多种物化参数。

17.5.5　小结

渣油种类繁多，组成差异较大，难于使用一个 PLS 模型对多类渣油同时进行校正，须对各类渣油的组成和物化参数分别建立模型。该研究采用 PLS-DA 方法将常压渣油、减压渣油和加氢渣油成功进行分类和识别，并采用 PLS 方法分别建立了各类预测 SARA 组成和 25 ℃密度、100 ℃运动黏度、残炭以及元素（氢、硫、氮）含量等物化参数的定量校正模型。该研究建立的方法具有速度快、准确性好、操作简单、不用有毒溶剂、样品用量少等优点。该方法一次测量可以同时测定渣油多种组成和物化性质数据，使分析成本大大降低，非常适合渣油性质的常规分析。

参考文献

[1] Pimentel M F, Ribeiro G M, da Cruz R S, et al. Determination of biodiesel content when blended with mineral diesel fuel using infrared spectroscopy and multivariate calibration[J]. Microchemical Journal, 2006, 82:201-206.

[2] Oliveira J S, Montalvão R, Daher L, et al. Determination of methyl ester contents in biodiesel blends by FTIR-ATR and FTNIR spectroscopies[J]. Talanta, 2006, 69:1278-1284.

[3] Caneca A R, Pimentel M F, Galvao R K H. Assessment of infrared spectroscopy and multivariate techniques for monitoring the service condition of diesel-engine lubricating oils[J]. Talanta, 2006, 70(2):344-352.

[4] van de Voort F R, Sedman J, V Yaylayan, et al. Determination of acid number and base number in lubricants by Fourier transform infrared spectroscopy[J]. Applied Spectroscopy, 2003, 57(11):1425-1431.

[5] 田高友, 褚小立, 易如娟. 润滑油中红外光谱分析技术[M]. 北京:化学工业出版社, 2014.

[6] Yuan H F, Chu X L, Li H R, et al. Determination of multi-properties of residual oils using mid-infrared attenuated total reflection spectroscopy[J]. Fuel, 2006, 85(12):1720-1728.

[7] Rivera P F, Varela R F, Carracedo M P, et al. Development of a fast analytical tool to identify oil spillages employing infrared spectral indexes and pattern recognition techniques[J]. Talanta, 2007, 74:163-175.

[8] Filgueiras P R, Sad C M S, Loureiro A R, et al. Determination of API gravity, kinematic viscosity and water content in petroleum by ATR-FTIR spectroscopy and multivariate calibration[J]. Fuel, 2014, 116:123-130.

[9] Loh A, Soon Z Y, Ha S Y, et al. High-throughput screening of oil fingerprint using FT-IR coupled with chemometrics[J]. Science of the Total Environment, 2021, 760:143354.

[10] Mohammadi M, Khanmohammadi M, Vatani A, et al. Genetic algorithm based support vector machine regression for prediction of SARA analysis in crude oil samples using ATR-FTIR spectroscopy[J]. Spectrochimica Acta Part A: Molecular and Biomolecular Spectroscopy, 2021, 245:118945.

[11] Lovatti B, Silva S, Portela N, et al. Identification of petroleum profiles by infrared spectroscopy and chemometrics[J]. Fuel, 2019, 254:115670.

[12] Chakravarthy R, Paramati M, Savalia A, et al. Sulfur and total carboxylic acid number determination in vacuum gas oil by attenuated total reflectance Fourier transform infrared spectroscopy[J]. Energy Fuels, 2018, 32:2128-2136.

[13] 沈怡, 彭云, 武培怡, 等. 二维相关振动光谱技术[J]. 化学进展, 2005, 17(3):499-513.

[14] Noda I. Determination of two-dimensional correlation spectra using the hilbert transform[J]. Applied Spectroscopy, 2000, 54(7):994-999.

[15] 李敬岩, 褚小立, 田松柏. 红外二维相关光谱在原油快速识别中的应用[J]. 石油学报(石油加工), 2013, 29(4):655-660.

[16] Li J Y, Chu X L, Tian S B, et al. Research on determination of total acid number of petroleum using mid-infrared attenuated total reflection spectroscopy[J]. Energy & Fuels, 2012, 26(9):5633-5637.

[17] 张继忠, 袁洪福, 王京华. 红外光谱透射法测定裂解汽油二烯值[J]. 石油化工, 2004, 33(8):772-776.

第18章
近红外光谱分析技术展望

近年来，随着仪器制造水平的提升、光谱化学计量学方法和软件的开发以及各种样品测定附件研制的不断进步，近红外光谱分析技术作为现代过程分析技术主力军，凭借其独特的技术优势得到了迅猛的发展，近红外光谱分析技术被越来越多的应用企业接受，尤其是现场快速分析和工业在线分析等在实际工农业生产过程中发挥着越来越重要的作用。

从微机电系统（MEMS）制造工艺、大数据、深度学习算法、云计算平台、物联网等技术的发展可以看到其对近红外光谱分析技术的推动力量，从工农业生产、服务业和人们日常生活等方面的发展可以看到其对近红外光谱分析技术的需求牵引力量。在这两种力量的作用下，未来一段时期内，近红外光谱技术将会得到加速发展，以近红外光谱为核心的商业产品将在不同业务领域进一步提供深化和细化的服务，近红外光谱有望成为与时代发展特征（如大数据、云计算和物联网等）最相关的一项分析技术。

近红外光谱分析技术尽管应用前景广阔，但作为一种新兴的分析技术，仍有一些技术壁垒和难题需要攻克，若想其发挥应有的作用，尚有相当的研发工作需要继续开展，概括起来主要包括以下3个方面。

18.1 硬件

硬件水平是制约近红外光谱分析技术快速发展的关键因素。不论是实验室型、便携式还是在线光谱仪的整体性能都需进一步提高，尤其是在仪器的长期稳定性和一致性方面，需要制定更高水平的技术指标，以实现分析模型库的长期有效性及通用性。例如，近红外光谱仪器分光类型繁多，包括光栅型、AOTF型、阵列型、傅里叶变换型等十几种，不同类型光谱仪器之间差异较大，同一样本在不同仪器上采集的光谱存在明显差异。这导致了花费大量时间和费用建立的光谱数据库或模型存在仪器制造商依赖（Vendor Lock-in）问题，即各厂商的仪器之间存在台间差异，使其普适性的应用迁移变得困难。例如，如何将实验室台式仪器上基于大型光谱数据库建立的校正模型移植到便携式仪器上，以及如何进行应用端的模型更新等，都需要从仪器标准化、算法和软件等多方面协同努力，方能得以解决。

近红外光谱仪器的微小型化、芯片化是一个重要的发展方向[1]，市场上已经出现了多种微小型近红外光谱仪[2]。物联网技术在智能农业、智能工厂、智能医疗和智慧城市等多个领域的蓬勃发展，正推动近红外光谱传感器向微型化方向发展。然而，由于微型仪器在波长范围和分辨率等性能指标上存在局限，如波段较窄、分辨率较宽、仪器间一致性较差，导致其在某些应用上还无法达到实验室台式仪器的性能水平[3-6]。预计随着新原理、新材料和新加工技术的进步，各种分光方式的微小型近红外光谱仪将针对特定应用场景进行性能的持续改进和优化。这将使得仪器的整体性能不断提升，具体表现为体积和重量的减小、仪器间一致性的增强、波长范围的扩展、测量附件的高效化以及光学性能指标的全面提升[7-9]。

近红外光谱仪器的微型化也将使其与智能手机、机器人和无人机的融合更紧密和深入，促进该技术向人工智能化发展。例如，近红外光谱微型仪器与机器人的结合甚至可以实现完全无人的智能化分析实验室，从取样到数据的报出完全由机器人操作，并可以全天候工作，显著提高分析效率。此外，近红外光谱仪器的微型化无论从成本、性能还是应用场景上都将带来重要的变革。由于数据存储和计算速度等原因，近红外光谱仪器的应用场景将来会得益于5G通信、深度学习和云平台等技术的发展，成为物联网构建中的关键组成元素和重要节点。

在流程工业中，在线近红外光谱仪器对物料进行实时分析是应用发展的重要趋势，它与过程控制技术相结合，可实现流程工业生产装置的平稳操作、产品最优和效益最大。与在线分析仪器配套的样品预处理系统和测量附件是关键技术，取样和样品预处理系统也朝着小体积、低成本、高度集成一体化、自动智能化、少维护或免维护方向发展，未来的部件维护可能将不再需要，因小型化、低成本和一体化，取而代之的将是整套取样或样品预处理系统的便捷更换。随着光谱仪及预处理系统的小型化和一体化，近红外光谱在线分析常常依赖的现场分析小屋也有可能会不复存在。在在线测量附件方面，根据具体的应用对象，也需要研发出更高效、适应性和针对性更强的专用附件。

近些年，多谱学仪器的组合和融合是另一个显著的研究热点[10,11]。在硬件方面，多光谱一体机的开发受到越来越多的重视。目前已有商品化的或正在研制的多光谱仪器，包括拉曼光谱仪器与中红外光谱仪器的组合、LIBS仪器与拉曼光谱仪器的组合、XRF（X-ray Fluorescence Spectrometer，X射线荧光光谱仪）仪器与拉曼光谱仪器的组合、XRF仪器与LIBS仪器的组合、中红外光谱仪器与近红外光谱仪器的组合、拉曼光谱仪器与太赫兹仪器的组合、深紫外拉曼与分子荧光光谱的组合，还有各种谱学成像仪器的组合等。这样一台微型或小型仪器便可获取更多、更丰富的物质成分信息[12,13]。

18.2 化学计量学方法与软件

化学计量学方法与软件是这项分析技术的重要组成部分。尽管目前存在的化学计量学方法已能解决大部分技术问题，但这一方向的研究热潮始终未减[14]。其中虽有部分研究仅为论文发表，但"实际应用驱动"仍是其发展的强大推动力。例如，多元校正方法建立定量分析模型的步骤较为繁琐，并需要较为专业的人员进行维护，在很大程度上限制了其应用范围。因此，开发新型的算法，以从根本上解决建模及其维护的工作量问题，应是一个重点的研究方向。

近些年，以卷积神经网络（Convolutional Neural Network，CNN）为代表的深度学习算法开始用于光谱定量和定性模型的建立[15,16]。与传统机器学习方法相比，卷积神经网络可以通过多个卷积层和池化层逐步提取蕴藏在光谱数据中的微观特征和宏观特征，在一定程度上降低建模前对光谱的预处理和变量选取工作，减少建模的工作量。深度学习算法在光谱分析中的应用研究刚刚开始，还有网络规模、参数的优化选择、过拟合、模型的可解释性等问题仍值得进一步研究。深度学习中的迁移学习（Transfer Learning）、域适配（Domain Adaptation）和多任务学习（Multi-task Learning）等策略有望为模型传递提供新思路，在一定程度上解决定量和定性模型在不同仪器上的通用性问题[17]。

针对某些特定的应用需求，基于光谱拟合计算等策略的免多元校正模型方法也正在得到关注和应用，这类方法避免了传统复杂的建模和维护过程，在油品和药品等领域有一定优势[18-20]。

无论是传统的多元校正算法还是深度学习算法，都是在有监督学习的框架下建立定性或定量分析模型。所谓有监督学习就是每个训练集样本是带有标签的，即每个样本的光谱对应着一组参考值（真实的浓度值或类别）。现代光谱技术的广泛应用将产生大量无标签的光谱资源，这些光谱没有对应的参考值，如何充分利用大量无标签的样本信息进行半监督或无监督分析模型的构建有可能是未来很值得研究的新方向[21-23]。

多光谱数据融合技术能实现各光谱的协同信息和互补特性，使定性或定量的预测结果更准确、可靠，是近些年光谱学领域的研究热点之一。多光谱融合技术需要实际应用需求，选择合适的不同类型光谱的组合和对应的实验方法[24]。在数据处理方面则需要合适的化学计量学方法，精准的算法和建模的完善有助于提高后期数据处理效率，在此基础上商品化软件的开发将为数据处理提供一个更便捷有效的平台。

光谱模型库是在软硬件平台上基于大量有代表性样本的光谱及其基础数据建立起来的，是极其宝贵的资源。一方面，需要通过不同的渠道，例如构建官方及商业化的网络模型维护与共享平台，让已建立的模型数据库不断扩充完善，使其在实际应用中发挥应有作用。另一方面，则需要充分利用这些数据资源，尤其是石化、烟草和谷物光谱模型库等，进一步从中挖掘出更多更有用的信息。此外，从实验室和工业装置上获取的大量过程分析光谱中挖掘出影响产品质量的工艺和反应机理等信息也是一项非常有意义的研究工作。

值得一提的是，尽管不断出现新的有效的化学计量学算法，但与仪器配套的计算软件的功能往往升级不及时，这一问题有望通过云计算平台的推广应用得以解决[25,26]。"云+网+端"的网络化系统平台的兴起还为光谱大数据的自动优化处理和应用提供了条件，近红外光谱仪器与云平台的结合越来越紧密，使数据传输及存储更加灵活和便捷，通过该平台可以管理和存储原料生产、在线产品和实验室研究等不同来源的光谱数据。同时，使用大数据分析方法对聚集到的光谱大数据进行分析与挖掘，然后将分析结果以可视化的方式进行输出，可以实时有效地为生产过程和产品质量控制提供数据，为原料的管理与存储、产品的销售以及上级有关部门的监控与执法提供可靠依据。

18.3　应用的拓展与深入

当前，我国流程工业正处于从传统生产模式向精确数字化、智能化现代生产模式转变的时期。信息的深度"自感知"、智慧的"自决策"和精准的"自执行"构成了智能工厂的三大核心特性，而深度"自感知"是智能炼厂的基石。原料、中间物料和产品的分子组成与物理性质分析是信息感知的关键部分。现代过程分析技术，尤其是以近红外光谱技术为核心，为化学信息的智能感知提供了高效手段。尤其是在线近红外光谱技术在炼油、化工和制药等领域的应用才刚刚开始，这是顺应精细化管理和智能化加工的大趋势，将会为流程工业带来变革。

尽管近红外光谱分析技术几乎在每个领域的应用都有所研究和实施，但其应用广度、深度和发挥的作用仍在迅速的发展过程之中，与之相关的一些规范和标准也在制订和推进。针对不同的实际应用需求，需要对整套平台技术进行改进，以获得最佳的应用效果。同时，这类分析技术的广泛深入应用也会对生产工艺和生产管理带来深远的积极影响，在优化生产过程和保证成品质量等方面都将发挥重要的作用。

以石油炼制工业为例，近红外光谱快速分析和实时在线分析的应用已贯穿整个炼油工业过程，包括原油罐区、常减压装置、催化裂化装置、重整装置、润滑油装置、乙烯装置、烷基化装置等，其测量的组成和性质参数十分广泛（见表 1-3）。但是，随着炼油装置分子尺度反应动力学模型、流程模拟、实时优化等技术的深入研究和应用，越来越需要分子水平的化学组成数据[27]。结合其他实验室分析手段和原油中分子组成的分布函数规则，凭借在线近红外光谱的实时测量和丰富的分子结构信息，有可能快速获取更详细的分子水平组成数据，为原油或中间物料分子信息库的分子重构提供实际分析数据的支撑（图 18-1）[28-31]，为分子级反应动力学模型、大数据统计模型、流程模拟、实时优化等技术提供更快、更全面、更可靠的数据，从而可更精准地预测产品性质以及产物组成，同时可预测产物随工艺条件的变化情况，达到优化石油加工业中工艺生产流程的目的（图 18-2）[32-35]，提升企业的盈利水

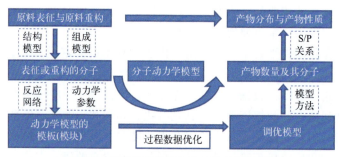

图 18-1　基于分子的反应动力学建模策略[31]

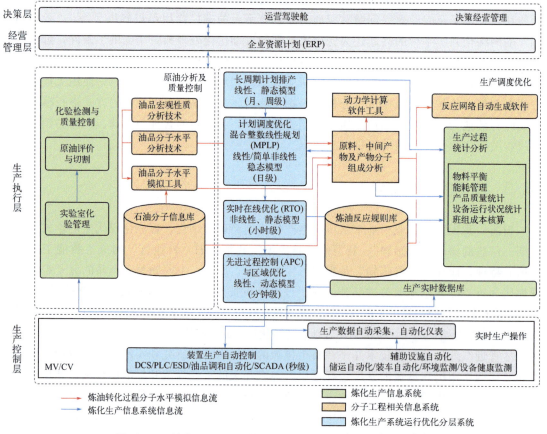

图 18-2　石油分子工程及其管理的软件与生产信息化体系融合[32]

平和竞争力。近红外光谱已在石脑油的单体烃预测分析上获得了可行性验证[36]，但对于其他馏分油的烃类和非烃类分子水平组成的预测分析尚需继续深入进行研究。

参考文献

[1] Yang Z, Albrow-Owen T, Cai W, et al. Miniaturization of optical spectrometers[J]. Science, 2021, 371(6528): eabe0722.

[2] Zhu C X, Fu X P, Zhang J Y, et al. Review of portable near infrared spectrometers: current status and new techniques [J]. Journal of Near Infrared Spectroscopy, 2022, 30(2): 51-66.

[3] Mayr S, Bec K B, Grabska J, et al. Near-infrared spectroscopy in quality control of *Piper nigrum*: a comparison of performance of benchtop and handheld spectrometers[J]. Talanta, 2020, 223: 121809.

[4] Nogales-Bueno J, Feliz L, Baca-Bocanegra B, et al. Comparative study on the use of three different near infrared spectroscopy recording methodologies for varietal discrimination of walnuts[J]. Talanta, 2019, 206: 120189.

[5] González-Martín M I, Escuredo O, Hernández-Jiménez M, et al. Prediction of stable isotopes and fatty acids in subcutaneous fat of Iberian pigs by means of NIR: a comparison between benchtop and portable systems[J]. Talanta, 224 (2021): 121817.

[6] Kirchler C G, Pezzei C K, Bec K B, et al. Critical evaluation of spectral information of benchtop vs. portable near-infrared spectrometers: quantum chemistry and two-dimensional correlation spectroscopy for a better understanding of PLS regression models of the rosmarinic acid content in *Rosmarini folium*[J]. Analyst, 2016, 142(3): 455-464.

[7] Cabassi G, Cavalli D, Fuccella R, et al. Evaluation of four NIR spectrometers in the analysis of cattle slurry[J]. Biosystems Engineering, 2015, 133: 1-13.

[8] Tang Y J, Jones E, Minasny B. Evaluating low-cost portable near infrared sensors for rapid analysis of soils from South Eastern Australia[J]. Geoderma Regional, 2020, 20: e00240.

[9] Baca-Bocanegra B, Hernández-Hierro J M, Nogales-Bueno J, et al. Feasibility study on the use of a portable micro near infrared spectroscopy device for the "in vineyard" screening of extractable polyphenols in red grape skins [J]. Talanta, 2019, 192: 353-359.

[10] Xu D Y, Chen S C, Xu H Y, et al. Data fusion for the measurement of potentially toxic elements in soil using portable spectrometers[J]. Environmental Pollution, 2020, 263: 114649.

[11] Shrestha G, Calvelo-Pereira R, Roudier P, et al. Quantification of multiple soil trace elements by combining portable X-ray fluorescence and reflectance spectroscopy[J]. Geoderma, 2022, 409: 115649.

[12] Watari M, Nagamoto A, Genkawa T, et al. Use of near-infrared-mid-infrared dual-wavelength spectrometry to obtain two-dimensional difference spectra of sesame oil as inactive drug ingredient[J]. Applied Spectroscopy, 2021, 75(4): 385-394.

[13] Muller-Maatsch J, Alewijn M, Wijtten M, et al. Detecting fraudulent additions in skimmed milk powder using a portable, hyphenated, optical multi-sensor approach in combination with one-class classification[J]. Food Control, 2021, 121: 107744.

[14] Anderson N T, Walsh K B. Review: The evolution of chemometrics coupled with near infrared spectroscopy for fruit quality evaluation[J]. Journal of Near Infrared Spectroscopy, 2022, 30(1): 3-17.

[15] Liu J C, Osadchy M, Ashton L, et al. Deep convolutional neural networks for Raman spectrum recognition: a unified solution[J]. Analyst, 2017, 142: 4067-4074.

[16] Zhang X L, Yang J, Lin T, et al. Food and agro-product quality evaluation based on spectroscopy and deep learning: a review[J]. Trends in Food Science & Technology, 2021, 112: 431-441.

[17] Mishra P, Klont R, Verkleij T, et al. Translating near-infrared spectroscopy from laboratory to commercial slaughterhouse: existing challenges and solutions[J]. Infrared Physics & Technology, 2021, 119: 103918.

[18] Shi Z Q, Hermiller J, Munoz S G. Estimation of mass-based composition in powder mixtures using extended iterative optimization technology (EIOT)[J]. AIChE Journal, 2019, 65(1): 87-98.

[19] Li J Y,Chu X L. Rapid determination of physical and chemical parameters of reformed gasoline by NIR combined with Monte Carlo virtual spectrum identification method[J]. Energy & Fuels,2018,32(12):12013-12020.

[20] Sun X,Yuan H,Song C,et al. Rapid and Simultaneous determination of physical and chemical properties of asphalt by ATR-FTIR spectroscopy combined with a novel calibration-free method[J]. Construction and Building Materials,2020,230:116950.

[21] Thomas E V. Semi-supervised learning in multivariate calibration[J]. Chemometrics and Intelligent Laboratory Systems,2019,195:103868.

[22] Wang Q,Teng G,Chen Y,et al. Identification and classification of explosives using semi-supervised learning and laser-induced breakdown spectroscopy[J]. Journal of Hazardous Materials,2019,369:423-429.

[23] Tsakiridis N L,Theocharis J B,Symeonidis A L,et al. Improving the predictions of soil properties from VNIR-SWIR spectra in an unlabeled region using semi-supervised and active learning[J]. Geoderma,2021,387:114830.

[24] Chen Y,Gao S,Jones E J,et al. Prediction of soil clay content and cation exchange capacity using visible near-infrared spectroscopy,portable X-ray fluorescence,and X-ray diffraction techniques[J]. Environmental Science & Technology,2021,55(8):4629-4637.

[25] Rego G,Ferrero F,Valledor M,et al. A portable IoT NIR spectroscopic system to analyze the quality of dairy farm forage[J]. Computers and Electronics in Agriculture,2020,175:105578.

[26] Xia J,Zhang W Y,Zhang W X,et al. A cloud computing-based approach using the visible near-infrared spectrum to classify greenhouse tomato plants under water stress[J]. Computers and Electronics in Agriculture,2021,181:105966.

[27] Bojkovic A,Vermeire F H,Kuzmanović M,et al. Analytics driving kinetics:advanced mass spectrometric characterization of petroleum products[J]. Energy Fuels,2022,36:6-59.

[28] 闫乃锋,胡智中. 加氢裂化反应动力学模型研究及应用进展[J]. 无机盐工业,2021,53(2):28-33.

[29] 田旺,秦康,胡元冲,等. 石油分子重构技术的研究进展[J]. 石油学报(石油加工),2022,38(2):449-466.

[30] 张霖宙,赵锁奇,史权,等. 石油分子表征与分子层次模型构建:前沿及挑战[J]. 中国科学:化学,2020,50(2):192-203.

[31] 吴青. 油气资源分子工程与分子管理的核心技术与主要应用进展[J]. 中国科学:化学,2020,50(2):173-182.

[32] 吴青. 石油分子工程及其管理的研究与应用(Ⅰ)[J]. 炼油技术与工程,2017,47(1):1-9.

[33] 顾松园,周昌. 石油化工流程模拟技术应用及案例[M]. 北京:中国石化出版社,2020.

[34] 高立兵,吕中原,索寒生,等. 石油化工流程模拟软件现状与发展趋势[J]. 化工进展,2021,40(S2):1-14.

[35] 王建平,王乐. 流程工业生产过程优化技术发展趋势探讨[J]. 中外能源,2021,26(4):61-68.

[36] 刘秋芳,褚小立,陈瀑,等. 基于近红外光谱快速预测石脑油单体烃分子组成[J]. 石油炼制与化工,2022,53(1):86-92.

索　　引

B

饱和烃　38
倍频　1,5
苯胺点　39
苯含量　169,249
比色皿　58,98
变量投影重要性方法　106
变量选择　25,80,106,260
便携式　64,65,69,71
标准方法　26,43
标准正态变量变换　81
冰点　28,36,43
波长范围　61
波长筛选　167
波长重复性　62
波长准确性　62

C

残炭　39,323,333,340,349,415,431,437
侧线在线　44,133
测样装置　136
柴油　37
柴油调和　37,281
柴油分析　37,277
常压渣油　38,431,433
成品油管道　405
乘性散射校正　81,101,104,162
醇烯比　220,224,230
催化柴油　37
催化裂化　3,26
催化裂化汽油　28,34,232,243,285
催化重整　3,149,159,204,207,211,355
萃余　395,398

D

单体烃　153
单体烃分布　154
氮含量　39,322,340,436
导数　80,82,105,150,160,190,261,372,420
等规度　41,372
低层融合　382
典型相关分析　111
定量分析　23,43,80,87,94,108,366,375,413
定量建模方法　87,94,101,170
定量校正　97,108,140,159,176,269,302,378,435
动态正交投影算法　112

独立成分分析　107
多光谱融合方法　104,112,390,441
多光谱数据融合　71,112,441
多块偏最小二乘　113
多维偏最小二乘　111,176,388
多元分辨　114,118
多元线性回归　81,87,101,205
多元校正　23,29,43,80,89,114,336,441

E

二维红外相关光谱　413,416
二烯含量　35
二烯值　422,425

F

法布里-珀罗干涉仪　56
反向传输人工神经网络　33,223
芳烃　8,28,30,33,38,149,160,182,207,236,243,255,
　　271,285,293,358,424,433
废旧塑料　42
费米共振　5
分辨率　54,61,82,141,146,235,241,281,295,321,376,
　　394,400,415,422,432,439
分段直接校正　81,94,111,180,189,195
分析模型　23,33,94,133,140,146,162,189,193,205,
　　207,234,247,282,302,308,311,358,372,398
分析小屋　64,134,139,203,212,234,311,358,400
傅里叶变换　24,38,54,62,80,104,134,345,414

G

高层融合　385
高斯过程回归　108
共轭二烯　423
光谱采集　96,140,155,160,172,181,207,213,224,235,
　　241,282,290,302,312,376,393,415,422,432
光谱残差　85,98,102,194,242,295,427
光谱空间转换方法　111
光谱去噪　105,178
光谱融合模型　382
光谱预处理　25,81,101,104,156,179,251,372
光纤　29,60,64,98,134,198,206,406
光纤多路转换器　64,135,198
光纤探头　59,64,136,225,406
光栅　54,199,365
过程分析技术　3,24

H

合频　1,5

核磁共振　39,117
化学计量学　2,25,80,94,100,114,149,205,282
化学计量学软件　23,97,100,200,234,344
环烷烃　30,38,149,236,287,307,359,362
混兑比例　40,331,334,342,413
混兑原油　4,329,342,418
混合校正模型　162,170,196,207
混油界面检测　405,410
机器学习　104,107,111,440
积分球　59,96,98
基础数据　23,97,155,234,312
基频　1,4,14,28
基线校正　105
激光诱导击穿光谱　71,117
极限学习机　108,256
即时学习　111
集成建模策略　109
加氢精制柴油　286
加氢裂化尾油　310,355,360,363
加氢尾油　27,39,301,311
加氢异构基础油　301
甲醇　14,42,220,227,294
甲基叔丁基醚　42,220
减压馏分油　38,301
减压渣油　38,117,431,438
碱值　426,430
交互验证　83,85,97,157,178,209,249,271,424
交互验证标准偏差　39,84,91,235,242,256,291
交互验证方法　87,187,278,419,433
交替三线性分解　111
胶质　38,285,321,333,349,415,431
焦化柴油　37
界外样本　25,84,85,86,91
近红外光谱数据库　40,241,281,290,321,339,342
净分析信号　104
竞争性自适应权重取样　83
局部加权回归　108
聚丙烯专用分析仪　365
聚类分析　86,109,252
卷积神经网络　110,440
决定系数　92,97,261

K

抗爆指数　33,35,242,246,251
库光谱拟合　40,336,342
快速分析　26,43,64,115,151,233,256,285

L

拉曼光谱　6,28,44,110,113,376,440
蜡含量　28,39,323

朗伯-比尔定律　7,80,185,220,331,342
冷滤点　38
离子回旋共振质谱　116
沥青　27,28,39,117
沥青质　38,118,321,333,349,415,431,435
粒子群优化算法　106,117
连续统去除　105
连续投影算法　83,106
链烷烃　8,30,38,149,150,285,290,307,360
流通池　24,64,135,136,190,198,206,371,407
硫含量　39,40,116,321,323,340,418
馏程　21,28,30,36,115,181,234,272,312,358

M

马氏距离　81,85,98,101,149,194,247,282,427
迈克尔逊干涉仪　54
漫反射　23,58,64,96,106,136,368
漫透反射　60
漫透射　60,368
煤油　27,36,115
蒙特卡罗方法　34,83,88,291,345
密度　28,30,39,115,227,234,268,321,323
模拟退火算法　106,162
模式识别　25,35,81,101,107,109,114
模型传递　25,62,81,94,104,111,180,185
模型更新　99,111,245,439
模型维护　26,111,112,147,246,293,346,441
目标因子分析　185

N

黏度　28,39,115,301,305,312,338,426
黏度指数　28,39,301,308,312,315,427
黏重常数　301,307,309
凝点　28,38,337,338

P

配方原油　40,347,348,352
喷气燃料　36,116
偏最小二乘　81,88,113,159,176,186,214,220,247,257
偏最小二乘回归残差-极限学习机　257,258
平滑　81,105,175,372,377
平均光谱差值校正方法　189,194,196
平行因子分析　111,176
普鲁克分析　180,185

Q

汽油调和　3,32,241,265,275
迁移成分分析　112
轻循环油　285
氢含量　38,282,284,355
氢化液　392,393,395,400,403

氢键　7,14,16,42,221
氢效　392,394,397
倾点　28,39,115,301,310,312,317,427
取样系统　135,143,225
全二维气相色谱　115
全二维气相色谱-飞行时间质谱　115
全局模型　68,111,170,297
全局校正模型　162,196,297,435

R

热值　29,36,115,117
人工神经网络　33,81,89,223,246,277,282
人工智能　104,440
熔融指数　41
熔体流动速率　365,372
软化点　39,117
润滑油　27,28,38,39,117,301,308,426,428
润滑油基础油　28,38,39,301,308
润滑油加氢异构　309,311,318

S

三维荧光光谱　118
色谱　33,38,39,111,115,149,154,183,234,285,294,
　298,320,325,431
色谱-质谱联用　39,111,285
闪点　28,36,38,115,277,279,280,427
深度学习　65,66,104,110,113,440
生物柴油　27,42,70,115,116,294,295,296
声光可调滤光器　55,64,134
十六烷值　22,28,37,38,115,281,283,294
石脑油　27,30,31,153,155,268,350,355,358,362
实沸点蒸馏　28,39,320,325,351
实时分析　30,34,133,237,355
实时优化　35,232
实验室考核　226
适用性　44,98,99,158,242,297,322,427
手持式　64,65,66,68
数据降维　87,106,107
数字微镜阵列　56,57
衰减全反射　413,419
双氧水　392,395,396,401
酸值　28,39,116,117,321,419,426~430
随机森林　106,109,301,393,395

T

碳含量　38,281~284
碳数分布　21,28,30,35,204,355
特征提取　107,108,113
特征选择　107,114
天然气　29,117
透反射　58,136

脱硫汽油　35,232~240

W

外部参数正交化　105
微光机电系统　56,64
微机电系统　24,56,64,439
文冠果油　294~297
稳健分析模型　162,167,170
无接触在线　133
无信息变量消除　82,83,106
物联网　64,65,71,346,439
物性参数　28,30,67,115,331
误差反向传输人工神经网　33,89,223

X

吸光度重复性　62,141
吸光度准确性　62,141
吸收谱带　8,14,18,19
烯烃含量　35,239~256,270~274,358~363
先进过程控制　132,197,211,240,309,355
现场分析　26,52,65,139,358,400
线内在线　44,133
线性处理方法　303,305~309
线性渐变滤光片　53
相关系数　92~94,150~153,287,326~331,417
相关系数法　82,110,326
小波变换　80,104,171,174~180
校正标准偏差　91,209,247,271
校正集　85~88,91~94,97~104,156~159,196,242,
　299,376,427
校正模型　25,94,213,228,251,297,334,427
辛烷值　2,22,28,31~37,158,203,242~266
性能评价　140,347
袖珍式　64~70,112
虚拟样本　290~293
序贯正交偏最小二乘　106,113,386
训练集　94,259,278

Y

研究法辛烷值　31~35,158,177,202,204,242~256
验证集　33,86,91~93,97,151,155~172,177~196,
　242,284,393,421
氧含量　33,249,271
氧化液　392~403
氧效　395,397
样品集　86,101,181,186,295,393
样品预处理　29,135~147,212,225,269,371
移动窗口相关系数法　34,40,110,291,326,417
遗传算法　80~84,106,159~163,170~176,384
乙烯　30,355,369
乙烯基含量　41,44

异丁烯　220～230
异构烷烃含量　358～363
预测标准偏差　91,153,184,209,284,419
预测残差平方和　83,150,160,178,191,214
预处理　165,225
域不变偏最小二乘　112
原油　21,28,39,115～118,320
原油快评　40,320,342～348
原油评价　29,320,336,342,351
原油相容性　117
原油蒸馏　3,31,320
跃迁　4
云计算　64,104,439

Z

杂散光　63
在线分析　26,132,310,361
在线近红外分析系统　232,310,356,362,399
在线近红外光谱仪　64,189,233,310,356,440
噪声　63,81～83,104,173,368
渣油　28,29,38,413,431～438
针入度　28,39,117
蒸气压　2,33,232,238,270～274
蒸汽裂解　3,355～358
正构烷烃含量　31,358～363
正交信号校正　104,162
支持向量回归　81,90,220
支持向量机　90,108,220,325
脂肪酸甲酯　116,294～299
直接校正算法　111
直馏柴油　37,278,281
质谱　38,111,115～118,285,307
智能工厂　28,439,441
中层融合　112,383～390
中红外光谱　1,28,43,54,413,419,426
重复性　33,62,92,97,152,288,297,379,395,403,421,430
重整汽油　28,149～152,158～172,210,268～273
重整生成油　149,212～216
主成分分析　81,85～89,112,183～186,292,433
主成分回归　81,87,97,101,205
主动学习　111
准确性　33～44,62,92～99,151,287,401
自动检索算法　250
族组成　28,32～38,150,289,290,431
组合频　5,7～23
最邻近距离　85,98,103,140

其他

ANN　81,89,101,114,196,220,247,278～285
AOTF　53,55,200
APC　132,240,309,355
BMCI值　30,355,361
BP-ANN　33,37,38,89,223
CCD　36,149,155,180,190,197～204,365
ComDim　113
DLP　56,57,67～70
FPI　56
GA　83,101,106,167,384
InGaAs　52～57,235,356,365
In-line　24,133,211
K-S方法　86,155,177,192,221,247,295,431
K-最近邻法　109
LCO　38,285,289
LIBS　71,105,113,117,440
LTAG　38,285,290
LVF　53
MD　81,84,85,101,149,205,225
MEMS　24,56,64,80,439
MLR　81,87,114,205,269
MOEMS　56,64
MON　28,31,235,265～274
MSSC　189～197
MTBE　28,42,220,224,249,268,275
Non-invasive　133
Norris光谱导数　105
N-PLS　111,115,176～180,388～390
On-line　24,133
PAO　375～390
PAT　24
PCA　81,84～101,114～116,205,269,383,433
PCR　81,87～89,114,205,269,279～281
PDS　81,94,111,187～190,195～197
PINOA　28,30,355
PLS　81,88,161,221,255,291,295,303,377,428
PLSRR-ELM　256～265
PLS-ANN　189,196,247,282
PLS-DA　55,69,109,432
PRESS　83,87,101,150,160,191,259,271,421
RMSC　279
RMSEC　91,102,162,221,368,373
RMSEP　84,91,153,161,221,288,368
RON　28,158,163～177,192,210,237,259～204
RPD　91～94,377～390,419
RTO　35,132,232,301,309,442
S Zorb　28,35,232～240,242～246
SARA四组分　117,431,435
Savitzky-Golay卷积求导　105

SEC 90~93,155~158,165~180,208,213,271
SECV 91,235~237,256,291,358,377,379,428
SEP 91,156,168,175,184,186,209,214,256,291,377,379
SIMCA 方法 109,114,433
SVM 90,107~109,325
SVR 81,90,113,220~224

S-G 卷积平滑 81
TBP 蒸馏 39,320~325,340,341
t-分布式随机邻域嵌入算法 107
t 检验 92,194,215
Unfold-PLS 179
VGO 38,301
α-烯烃 375